V&R

Analysen und Dokumente

Band 49

Wissenschaftliche Reihe des Bundesbeauftragten für die Unterlagen des Staatssicherheitsdienstes der ehemaligen Deutschen Demokratischen Republik (BStU)

Vandenhoeck & Ruprecht

Arno Polzin

Mythos Schwedt

DDR-Militärstrafvollzug und NVA-Disziplinareinheit
aus dem Blick der Staatssicherheit

Vandenhoeck & Ruprecht

Umschlagabbildung:
Arrestzelle im ehemaligen Bereich der Disziplinarbestraften. Ein Gitter hinter der Zellentür sollte eintretende Personen vor vermuteten Angriffen der Arretierten schützen und verkleinerte den Zellenbereich zusätzlich. Der im Gitter links unten erkennbare Durchlass diente dem Durchschieben der Matratze, die tagsüber aus der Zelle entnommen wurde.
(Foto: Stefan Csévi)

Mit 13 Abbildungen und 8 Tabellen

Bibliografische Information der Deutschen Nationalbibliothek

Die Deutsche Nationalbibliothek verzeichnet diese Publikation in der Deutschen Nationalbibliografie; detaillierte bibliografische Daten sind im Internet über http://dnb.d-nb.de abrufbar.

ISSN 2198-1108
ISBN 978-3-525-35126-0

Weitere Ausgaben und Online-Angebote sind erhältlich unter:
www.vandenhoeck-ruprecht-verlage.com

Printed in Germany.

Druck und Bindung: Hubert & Co GmbH & Co. KG, Robert-Bosch-Breite 6, D-37079 Göttingen

Gedruckt auf alterungsbeständigem Papier.

Inhalt

Biogramme und Exkurse

1. Einleitung

Unter den Titeln »Ab nach Schwedt!«, »Spür die Angst«, »... sonst kommst du nach Schwedt«, »Sag dein letztes Gebet« oder »Wer dort war, schweigt« wurden in den letzten Jahren Erkenntnisse zum DDR-Militärstrafvollzug in Schwedt/Oder vorgelegt.[1] Die allgemein eher wegen ihrer chemischen Industrie bekannte Stadt an der Grenze zu Polen war von 1968 bis 1990 der Standort des einzigen Militärgefängnisses der DDR – und damit Schreckensort Nummer eins für viele junge Männer in der DDR. Nahezu jeder Wehrpflichtige der DDR verband mit dem Namen etwas Bedrohliches, in der Regel ohne zu wissen, was dort geschah. Auch nach dem Mauerfall blieb »Schwedt« bis etwa zur Jahrtausendwende weitgehend unerforscht und unbekannt. Der Mythos lebte fort.

Die Verhältnisse im Militärgefängnis zu beschreiben, die vielen mündlich tradierten Legenden zu hinterfragen und dabei die spezielle Rolle der Staatssicherheit zu untersuchen sind die Themen der hiermit vorgelegten Studie.

Schwedt – Militärstrafvollzug, Strafarrest und Disziplinareinheit

Schwedt war der Vollzugsort dreier unterschiedlicher Strafarten, die im Kontext mit Militarisierung und Wehrpflicht das Personal der sogenannten bewaffneten Organe der DDR betrafen. Das waren zunächst der Militärstrafvollzug für gerichtlich verurteilte Personen mit einer Strafdauer von bis zu zwei Jahren und der Strafarrest für ebenfalls gerichtlich verfügte, kürzere Haftzeiten von bis zu drei (bzw. ab 1977 bis zu sechs) Monaten. Zusätzlich wurden 1982 die Regiments- und Divisions-Kommandeure ermächtigt, ohne Beteiligung eines Militärgerichts eine bis zu dreimonatige Disziplinarstrafe als »Dienst in der Disziplinareinheit Schwedt« zu verhängen. Betroffen waren Angehörige der Nationalen Volksarmee, der Grenztruppen und der zum Innenministerium gehörenden Bereitschafts- und Transportpolizei. Die Mehrzahl der Strafgefangenen und Arrestanten leistete zum Deliktzeitpunkt ihren Grundwehrdienst. Aber auch für Zeitsoldaten, Berufsunteroffiziere und einige Offiziere wurde Schwedt zum Ort

1 Rüdiger Wenzke: Ab nach Schwedt! Die Geschichte des DDR-Militärstrafvollzugs. Berlin 2011; Paul Brauhnert; Ilja Hübner (Hg.): Spür die Angst. Die Disziplinarstrafeinheit des Militärgefängnisses in Schwedt/Oder. Schwedt 2012; Klaus Auerswald: ... sonst kommst du nach Schwedt! Rudolstadt 2010; Paul Brauhnert: Sag dein letztes Gebet. Norderstedt 2009 sowie Wer dort war schweigt. Das DDR-Militärgefängnis Schwedt zwischen Mythos und Wahrheit. Film von Reinhard Joksch und Stefan Starina. Berlin 2012.

der Strafverbüßung. Im Wehrpflichtgesetz war geregelt, dass eine während des Wehrdienstes verbüßte Strafzeit die Dienstzeit entsprechend verlängerte. Hierin dürfte - neben den Haftbedingungen vor Ort – eine wesentliche Ursache für das Entstehen des bedrückenden Mythos um Schwedt zu sehen sein. Das Verhalten der Entlassenen vor dem Hintergrund ihrer dortigen Erfahrungen und unter dem Druck auferlegter beziehungsweise empfundener Schweigepflichten trug zum abschreckenden Bild von »Schwedt« bei, das innerhalb der Armee zunehmend als Drohpotenzial zur Disziplinierung eingesetzt wurde. Etliche der ehemaligen Insassen konnten die weitere Anwesenheit in den militärischen Strukturen von Befehl und Gehorsam nur mit besonders angepasstem Verhalten ertragen. Das galt umso mehr, wenn die Entlassung aus Schwedt vorzeitig und auf Bewährung erfolgte, was für einen nicht unerheblichen Teil der ehemaligen Insassen zutraf. Bewährungszeiten von einem oder zwei Jahren, bei Amnestien sogar drei Jahren, hielten den Druck auf die Entlassenen aufrecht.

Die Zuständigkeit für den Militärstrafvollzug lag bis Ende 1982 beim Ministerium des Innern. Dann übernahm das Ministerium für Nationale Verteidigung dessen Verwaltung. Damit gehörte die Haftanstalt zu den wenigen in der DDR, die nicht dem MdI unterstanden. In dieser Studie wurde besonders untersucht, welchen Einfluss das MfS auf die Institution Disziplinareinheit und den Strafvollzug hatte. Da es bei Projektbeginn nur marginale wissenschaftlich abgesicherte Kenntnisse über den Gesamtkomplex gab, stand eine Beschreibung der Vor-Ort-Verhältnisse am Beginn der Forschungsfragen. Hierzu erfolgten auch Recherchen im Bundesarchiv/Militärarchiv und im Brandenburgischen Landeshauptarchiv. Maßgeblich wären die ehemaligen Unterlagen aus »Schwedt«, insbesondere Verwaltungsvorgänge, Gefangenen- und Personalakten. Dieses Material liegt nur sehr unvollständig beziehungsweise gar nicht vor. Zum Teil ist nicht einmal der Verbleib bekannt.

Unterlagen des MfS kommt somit eine besondere Bedeutung zu, auch wenn sie die Lücke nicht schließen können. Sie ermöglichen jedoch einen Blick auf die wahrgenommenen Abweichungen vom »Normalzustand«, woraus Rückschlüsse auf den regulären Betrieb möglich sind. Zur Entwicklung von Militärjustiz und Militärstrafvollzug in der DDR liegen mittlerweile ausführliche Studien vor.[2] Daher beschränkt sich deren Darstellung im Rahmen dieser Studie auf wesentliche Punkte beziehungsweise neue Erkenntnisse.

Neben der Staatssicherheit ist bei der Untersuchung der Überwachungsstrukturen im Militärstrafvollzug Schwedt auch die mit inoffiziellen Zuträgern agierende Arbeitsrichtung K I der Volkspolizei zu berücksichtigen. Wegen der bis 1982 geltenden Zuordnung des Militärstrafvollzugs zum Innenministerium war die K I, wie in den anderen Haftanstalten des MdI auch, für die inoffizielle Ar-

2 Heinz Josef Wagner: Die Militärjustiz. Unter besonderer Berücksichtigung der Rechtsprechung der Militärgerichte. Berlin 2006 sowie Wenzke: Ab nach Schwedt!

beit unter den Insassen zuständig. Im Folgenden sind unter K I auch die Jahre 1968 bis 1974 mit der Tätigkeit der Vorläuferstruktur »MdI, Verwaltung Strafvollzug, Abt. IV« subsumiert, die entsprechende Aufgaben wahrnahm. In begründeten Einzelfällen wird entsprechend differenziert zugeordnet.

Auch wenn eine ausführliche Geschichte des Militärgefängnisses Schwedt und der dortigen Disziplinareinheit bisher aussteht, sollte eine solche hier nicht verfasst werden. Eine Institutionsgeschichte allein auf der Basis personenbezogener, einzelfallgebundener Akten zu rekonstruieren, wäre nicht möglich. Dies hätte methodisch einen anderen Zugriff erfordert. Tatsächlich wurde untersucht, ob, in welchem Umfang und auf welche Art und Weise ein Einfluss der Staatssicherheit auf das Militärgefängnis beziehungsweise die Disziplinareinheit ausgeübt wurde.

Es kann im Ergebnis gezeigt werden, dass der Strafvollzug in Schwedt wegen seiner Kombination des Haftregimes mit militärischer Ausbildung und ideologischer Schulung eine verschärfte Variante von Freiheitsentzug darstellte. Zusätzlich kann belegt werden, dass die Insassen in einer Vielzahl von Fällen nicht (nur) wegen Militärstraftaten belangt wurden. Es gab ein hartes Tagesregime, Ungerechtigkeiten, Schikanen und Übergriffe – auch untereinander. Doch es gab keine Arbeit im »Steinbruch«, es gab nach bisherigen Kenntnissen weder Todesfälle noch vollendete Suizide unter den Insassen. Entgegen dem Mythos scheint »Schwedt« nicht die repressivste Haftanstalt in der DDR gewesen zu sein. Diese Aussage soll das Leid der Betroffenen keinesfalls relativieren.

1.1 Stand von Forschung und Publikationen

Bis circa 2008 blieb das Militärgefängnis Schwedt ein weitgehend »weißer Fleck« in der Forschung. De facto war bis in die 2000er-Jahre kaum bekannt, wie die Planstellensituation des Militärstrafvollzugs oder die Struktur der Disziplinareinheit aussah, wie viele Insassen es gab oder wie sich die Entwicklung des Geländes bis zum Jahr 1989 vollzog. Grundlegende empirische Befunde, wie der Ressortwechsel vom Innen- zum Verteidigungsministerium, die drei Strafarten oder die funktionale Vermischung von Disziplinareinheit und Militärstrafvollzug, mussten erst erarbeitet werden. Bei solch zentralen Fragen herrschte sowohl unter den ehemaligen Insassen als auch bei den Forschern zunächst teilweise Verwirrung.

Literatur bis 1989/90

Im Westen war die Informationslage zum Militärstrafvollzug bis zur friedlichen Revolution von 1989 überschaubar und zum Teil widersprüchlich. Mangels Zugang zu den Örtlichkeiten oder involvierten Personen konnten nur gelegentlich und bruchstückhaft Erkenntnisse veröffentlicht werden, die sich aber nicht überprüfen ließen. Beispielsweise füllte der magere Erkenntnisstand zu »Schwedt« in einer Überblicksdarstellung zum politischen Strafvollzug in der DDR von G. Finn und K. W. Fricke 1981 nur fünf Zeilen.[3] 1987 äußerte sich P. Lapp in einem Buch über die Grenztruppen der DDR auf gut fünf Seiten allgemein zu Disziplinarvorschriften, Militärstrafrecht und Militärstrafvollzug. Der anhaltend geringe Kenntnisstand zeigte sich unter anderem darin, dass Schwedt als Standort des Vollzugs nicht benannt und zusätzlich gerätselt wurde, wie viele der neuen Disziplinareinheiten in der DDR existieren mochten.[4] Auch die »Arbeitsgemeinschaft 13. August« versuchte Erkenntnisse zur Haftsituation in der DDR zu sammeln. Eine Aufstellung aus dem Sommer 1987 über politische Gefangene[5] benennt für den Militärstrafvollzug in Schwedt eine Zahl von 150 Insassen, die aber ausdrücklich »auf Angaben, die ein Jahr oder länger zurück liegen« zurückgeführt wird. Zudem wurde bei den Insassen nicht zwischen Militärstrafgefangenen, Strafarrestanten und Disziplinarbestraften unterschieden.[6] Zusätzlich wird auf weitere Militärstrafvollzugseinrichtungen in Parchim und Schökiswalde verwiesen, in denen – wiederum mit Bezug auf ältere Angaben – 100 beziehungsweise 50 Insassen verwahrt sein sollten; in Schökiswalde nur Offiziere.[7]

3 Gerhard Finn, Karl Wilhelm Fricke: Politischer Strafvollzug in der DDR. Köln 1981, S. 54.

4 Peter Joachim Lapp: Frontdienst im Frieden – die Grenztruppen der DDR. 2., überarb. u. aktualis. Aufl., Koblenz 1987, S. 105–111. In der DDR existierte nur eine Disziplinareinheit.

5 »Politische Gefangene in der DDR – eine Enquete der Arbeitsgemeinschaft 13. August« – hier aus BStU, MfS, BV Halle, Abt. IX Nr. 394, Bl. 32 f.

6 Diese Einschränkung stellt keinen Vorwurf gegen die Autoren dar. Vielmehr verweist dies auf die dürftige Quellenlage. Zu den bis heute anhaltenden Schwierigkeiten bei der Ermittlung der Insassenzahlen vgl. im 3. Kapitel den Abschnitt Belegungszahlen und Trends.

7 Hier zeigt sich gut das Dilemma überwiegend mündlicher Überlieferungen, auf deren Basis die AG arbeiten musste: einen Ort Schökiswalde gab es nicht und das vermutlich gemeinte Schirgiswalde ist im Zusammenhang mit der Inhaftierung von Militärpersonen bisher nicht bekannt. Auch Parchim war im erwähnten Zeitraum irrelevant. Im gleichen Jahr 1987 entstand im Übrigen ein Material des BND zum Strafvollzug in der DDR und den politischen Häftlingen, welches naturgemäß weniger unter den Begriff der Publikationen fällt. Dort ist – ohne auf die Spezifik des Militärstrafvollzugs näher einzugehen – Schwedt als Militärstrafvollzugsanstalt mit der deutlich geringeren Zahl von 55 Insassen, darunter 5 politischen Gefangenen erwähnt, vgl. BND Aufzeichnung POL A 0112/87: DDR-Innenpolitik, hier Strafvollzug in der DDR, politische Häftlinge, 24.7.1987, S. 36; BArch B 206-518 (o. Pag.). Ich danke Ilko-Sascha Kowalczuk herzlich für den Hinweis auf dieses Schriftstück.

In der DDR entstanden zum Thema bis 1989 akademische oder sonstige Abschlussarbeiten, die jedoch nur zum Teil in Universitätsbibliotheken oder gedruckt vorliegen. Typisch war eine Einstufung als Verschlusssache. Siegfried Knobelsdorf, Hauptmann des MfS, legte 1985 eine Fachschulabschlussarbeit zur »Organisation und Durchführung der inoffiziellen politisch-operativen Arbeit unter disziplinar bestraften Armeeangehörigen in der Disziplinareinheit der NVA« vor.[8] Knobelsdorf war von 1982 bis 1989 als hauptamtlicher Mitarbeiter der MfS-Hauptabteilung I, Abteilung MfNV, Unterabteilung Hauptstab für »Schwedt« zuständig und jahrelang auch als Führungsoffizier mit inoffiziellen Mitarbeitern sowohl im Personal als auch unter den Insassen tätig.[9] Die Arbeit suggerierte eine deutlich systematischere Unterwanderung der Insassen als in der Praxis möglich war. Sie scheint eine theoretisch gewünschte Situation umrissen zu haben.[10] 1975 legte Siegfried Mehrmann an der Humboldt-Universität zu Berlin seine Dissertation »Die rechtliche Stellung der zu Freiheitsstrafen verurteilten Militärpersonen und der Vollzug der Freiheitsstrafen an Militärpersonen« vor.[11] Schon 1970 gab Mehrmann als damaliger Stellvertreter des Leiters der Abt. Kommandantendienst des MfNV eine Studie über die Entwicklung des Militärstrafvollzugs in Auftrag. Untersucht werden sollte der Zeitraum 1914 bis 1969 sowohl in den sozialistischen als auch in den kapitalistischen Armeen.[12] In der Dissertation wurde unter anderem die Kombination von schwerer körper-

8 BStU, MfS, JHS MF VVS 1724/84. Die Signatur verweist auf die MfS-interne Einstufung als Vertrauliche Verschlusssache.

9 Führungsoffizier – hier hauptamtliche Mitarbeiter von MfS oder K I, die IM warben, beauftragten, Bericht erstatten ließen und die entsprechenden Akten verwalteten – vgl. Das MfS-Lexikon. Begriffe, Personen und Strukturen der Staatssicherheit der DDR/Roger Engelmann u. a. (Hg.). 3. aktual. Aufl. Berlin 2016, S. 96.

10 Insbesondere liegen trotz zahlreicher ausgewerteter Akten keine Erkenntnisse zu den in der Arbeit angesprochenen Erfassungen von Kontaktpersonen (KP) auf Sicherungsvorgängen, der Ablage von Material der Kontaktpersonen als AP-Signatur im Zentralarchiv bzw. der Arbeit mit IME unter den Disziplinarbestraften vor. Zum ebenfalls thematisierten Einsatz der Abhörmaßnahme 26 B gibt es nur sehr wenige Nachweise. Zur Grundlage der Arbeit mit KP speziell in der HA I des MfS siehe im 6. Kapitel den Abschnitt Sonderformen inoffizieller Zusammenarbeit. Ein Sicherungsvorgang war eine Form der Erfassung von Personen für das MfS – vgl. MfS-Lexikon, S. 303. AP steht für Allgemeine Personenablage als Teil der sogenannten operativen Hauptablage im MfS-Archiv und umfasste nichtregistriertes Material über Personen; ebenda, S. 261.

11 Universitätsbibliothek Humboldt-Universität zu Berlin; 75 HB 2133.

12 MfNV/Abt. Kommandantendienst, Ltr. [ohne Adressat]: Informationsanforderung, 17.2.1970; BArch, DVW 1/126204 (o. Pag.). Ob es einen Zusammenhang zu der ebenfalls 1970 vom damaligen Leiter des SV Schwedt, Major Richter, beantragten Freigabe von Sperrliteratur in der Militärbibliothek gibt, kann derzeit nicht gesagt werden. Richter hatte ein Erzieherkollektiv mit einem Forschungsauftrag über die Entwicklung des Militärstrafvollzuges beauftragt. Ltr. StVK Schwedt an MfNV, stv. Chef des Hauptstabes: Genehmigung für Sperrliteratur, 5.1.1970; ebenda.

licher Arbeit und militärischer Ausbildung thematisiert, die später Grundlage der Behandlung insbesondere der Disziplinarbestraften wurde.[13]

Unter dem Titel »Die geringfügigen Militärstraftaten und ihre Abgabe an den Kommandeur zur Behandlung nach der Disziplinarvorschrift der Nationalen Volksarmee – DV 10/6« legte 1966 Alfred Hartmann (Oberrichter am Obersten Gericht der DDR und Oberstleutnant des MfNV) eine weitere Dissertation vor.[14] Sie thematisiert Verfehlungen unter der Schwelle strafrechtlicher Verurteilungen, die aber dennoch geahndet werden sollten. 16 Jahre später wurde für diese Fälle die Disziplinarstrafe »Dienst in der Disziplinareinheit« eingeführt.

1985/86 arbeitete der damalige Fregattenkapitän Lutz-Rainer Brzezinka an einer Diplomarbeit zum Thema »Die Aufgaben der militärischen Vorgesetzten und der gesellschaftlichen Kräfte in der NVA bei der Eingliederung von Armeeangehörigen in den Truppendienst nach Vollzug einer Strafe mit Freiheitsentzug oder Freiheitsbeschränkung«. Dessen Konzeption wurde durch den zehn Jahre zuvor promovierten Oberst Dr. Siegfried Mehrmann bestätigt.[15] Die Arbeit ist bislang nicht aufgefunden worden.

Gerd Fugmann (Major des MfS in der HA I, Abt. MfNV, UA Hauptstab) legte im Januar 1982 an der Juristischen Hochschule Potsdam des MfS eine Diplomarbeit unter dem Titel »Organisation und Durchführung einer effektiven, planmäßigen, zielstrebigen und schwerpunktorientierten Militärspionageabwehr in der Unterabteilung Hauptstab der Abteilung MfNV zur Erarbeitung von operativ bedeutsamen Hinweisen auf aktive Spionage im Verantwortungsbereich« vor.[16] Fugmann arbeitete in jener MfS-Unterabteilung, die den Hauptstab im Verteidigungsministerium überwachte. Dieser Hauptstab war aus Sicht des MfNV auch für »Schwedt« zuständig. Fugmann stieg in der genannten MfS-Diensteinheit zum stellvertretenden Leiter auf und war der Vorgesetzte

13 Mehrmann war seit Ende 1982 als Leiter der Abt. Innerer Dienst des MfNV weiterhin mit Schwedt verbunden. Ihm war z. B. der Oberoffizier für Sicherheit und Ordnung in Schwedt (Riesbeck) unterstellt. Außerdem zum Werdegang und den Schwedt-Bezügen Mehrmanns: Wenzke: Ab nach Schwedt!, S. 168 f. Die dort angegebene Signatur von Mehrmanns IM-Akte ist allerdings auf BStU, MfS, AIM 3909/91 zu korrigieren.

14 Die Dissertation wurde im März 1966 an der Deutschen Akademie für Staats- und Rechtswissenschaft Potsdam-Babelsberg eingereicht, siehe Universitätsbibliothek Potsdam; 1966, 904, 2. Die Veröffentlichung erfolgte 1968 im Deutschen Militärverlag Berlin mit dem zusätzlichen Untertitel »Die Behandlung im militärischen Kollektiv«. Hartmann war zugleich OibE des MfS, vgl. BStU, MfS, BV Potsdam KS II 215/77. OibE waren hauptamtliche MfS-Mitarbeiter, die mit legendierter Biografie in staatlichen Strukturen und Betrieben der DDR tätig waren und dort verdeckt für das MfS arbeiteten, s. a. MfS-Lexikon, S. 251.

15 [MfNV, Volksmarine] Fregattenkapitän Brzezinka [o. D. und Adressat]: Konzeption zur Erarbeitung der Diplomarbeit, mit Bestätigungsunterschrift Mehrmanns v. 11.9.1985; BArch, DVW 1/126215 (o. Pag.).

16 BStU, MfS, JHS MF GVS 1-73/81. Die Signatur verweist auf die Einstufung als Geheime Verschlusssache.

der in Schwedt eingesetzten hauptamtlichen MfS-Mitarbeiter Knobelsdorf und Krugenberg. Seine Diplomarbeit ist eine abstrakt-theoretische Abhandlung ohne weitere Aussagen zum Hauptstab oder zu »Schwedt«.

Publikationen nach 1990

Erste autobiographisch geprägte Publikationen veröffentlichten nach dem Mauerfall Stefan Wachtel[17] und Paul Brauhnert,[18] die in den 1980er-Jahren in Schwedt einsaßen, sowie Klaus Auerswald,[19] der 1969 in Schwedt inhaftiert war. Die Bücher von Brauhnert und Wachtel enthalten nur knappe Darstellungen der allgemeinen Umstände in Schwedt. Beide waren relativ kurz in Schwedt. Ausführlicher ist das Buch von Auerswald, das neben der Schilderung des eigenen Schicksals (Verurteilung wegen Äußerungen zum Einmarsch der Warschauer-Pakt-Truppen 1968 in die ČSSR) Einzelheiten zur Organisation des Militärstrafvollzugs in dieser frühen Phase enthält. Ein zweites Buch von Brauhnert widmet sich ausführlicher seinen Erfahrungen im Militärstrafvollzug.[20] 2001 erschien eine 45-minütige Film-Dokumentation des MDR, die von den Filmemachern Reinhard Joksch und Stefan Starina mit vier ehemaligen Insassen und einigen Bediensteten beziehungsweise anderweitig Verantwortlichen gedreht wurde.[21] Zehn Jahre später präsentierten Stefan Roloff und Carola Stabe eine Videoproduktion unter dem Titel »Das Schweigen«, die vier ehemalige Insassen zu Wort kommen und damit eben jenes Schweigen brechen ließ.[22] Gegenstand zweier anderer Publikationen sind Sammlungen zeitgeschichtlicher Selbstzeugnisse.[23] Deren Spannbreite reicht von Erinnerungen Militärstrafgefangener aus

17 Stefan Wachtel: Delikt 220. Bestimmungsort Schwedt. Gefängnistagebuch. Rudolstadt 1991.

18 Brauhnert: Sag dein letztes Gebet.

19 Auerswald: ... sonst kommst du nach Schwedt.

20 Paul Brauhnert: Tiere in Menschengestalt. Die Anatomie eines Mythos. Militärstrafvollzug Schwedt. Ein Bericht mit Illustrationen. Bonn 2011. 2016 folgte eine Graphic Novel, die insbesondere jüngere Interessierte zu erreichen sucht – Paul Brauhnert: Komm' Se, komm' Se, Strafgefangener. Der Militärstrafvollzug Schwedt. Schwedt 2016.

21 Reinhard Joksch und Stefan Starina: Armeeknast Schwedt – Das Straflager der NVA. Die Dokumentation wurde am 28.6.2000 in der Gedenkstätte Deutscher Widerstand in Berlin uraufgeführt. Seit 2001 erfolgten mehrfach Ausstrahlungen im deutschen Fernsehen. Seit 2012 wird der Film auch über die Stiftung Aufarbeitung als DVD inklusive einigen Lehrmaterials angeboten.

22 Im Internet wird das Projekt englischsprachig vorgestellt unter http://when6is9.de/films-and-videos/the-silence/. Die Einzelporträts in Deutsch lassen sich unter https://vimeo.com/tag:Stefan+Roloff/page:5/sort:date/format:thumbnail und der darauffolgenden Seite aus der dortigen Liste finden.

23 Brauhnert; Hübner (Hg.): Spür die Angst bzw. Paul Brauhnert, Ilja Hübner, Arno Polzin (Hg.): Der DDR-Militärstrafvollzug und die Disziplinareinheit in Schwedt (1968–1990).

der Frühphase des Schwedter Militärgefängnisses bis hin zu Berichten Disziplinarbestrafter aus den 1980er-Jahren und wird durch Sachtexte ergänzt.

Im Zusammenhang mit Veröffentlichungen auf wissenschaftlicher Ebene ist besonders der Potsdamer Militärhistoriker Rüdiger Wenzke zu nennen. Nach Ausführungen zu Militärjustiz und -strafvollzug in unterschiedlichen Zusammenhängen[24] legte er 2011 eine umfangreiche Monographie zum Thema vor.[25] Darin wird zweierlei geleistet: Eine detaillierte Einführung in die damaligen Regelungen der DDR-Militärjustiz sowie die Beschreibung des eigentlichen Militärstrafvollzugs inklusive dessen Erweiterung um die Sonderform des »Dienstes in der Disziplinareinheit«. Hier finden sich auch eine ausführliche Darstellung der Vorgeschichte von »Schwedt« und der strukturellen beziehungsweise institutionellen Grundlagen bis hin zur Entwicklung eines zu 100 Prozent mit militärisch bestraften Personen besetzten Strafvollzugs. Das Buch von Wenzke avancierte sofort zum Referenzwerk für entsprechende Forschungen und diente auch dieser Untersuchung als Grundlage.

Zur Geschichte der Militärjustiz ist vor allem die zweibändige Publikation von Heinz Josef Wagner von Bedeutung, die insbesondere die Rechtsprechung der Militärgerichte behandelt. Der dort verfolgte Ansatz ist übergreifender, da der Anteil der militärgerichtlich Verurteilten, die tatsächlich nach Schwedt kamen, nur ein Bruchteil der Gesamtzahl der Abgeurteilten ausmachte. Nicht betroffen waren zum Beispiel sämtliche zu Geldstrafen oder auf Bewährung verurteilten Militärpersonen sowie diejenigen, deren Strafmaß über zwei Jahre Freiheitsentzug hinausging. Daher nimmt »Schwedt« bei Wagner keinen zentralen Platz ein. Immerhin ist ein Unterkapitel der »Übergabe an den Kommandeur« zur Anwendung der Disziplinarvorschrift gewidmet, womit berücksichtigt wird, dass es ab 1982/83 eine neue Statusgruppe von Schwedt-Insassen gab: die Disziplinarbestraften.[26] An anderer Stelle benennt Wagner das seinerzeit noch vorherrschende Dilemma: »Ein offenes Kapitel ist nach wie vor die Haftanstalt Schwedt und der Strafvollzug in der Militärjustiz. Unterlagen hierüber sind bislang nicht ans Bundesarchiv gelangt und es ist nicht bekannt, ob

Zeitzeugen brechen ihr Schweigen. Berlin 2013.

24 U. a.: Rüdiger Wenzke: Zwischen Bestenabzeichen und Armeeknast. Wahrnehmungen und Forschungen zum Innenleben der DDR-Volksarmee. In: Hans Ehlert, Matthias Rogg (Hg.): Militär, Staat und Gesellschaft der DDR. Berlin 2004, S. 497–530 bzw. Rüdiger Wenzke (Hg.): Staatsfeinde in Uniform? Widerständiges Verhalten und politische Verfolgung in der NVA. Berlin 2005 sowie Ders.: NVA-Soldaten hinter Gittern. »Schwedt« und der militärische Strafvollzug in der DDR. In: Silke Klewin u. a. (Hg.): Hinter Gittern. Zur Geschichte der Inhaftierung zwischen Bestrafung, Besserung und politischem Ausschluss vom 18. Jahrhundert bis zur Gegenwart, Leipzig 2010, S. 219–240.

25 Wenzke: Ab nach Schwedt!

26 Wagner: Die Militärjustiz, hier Bd. 1, S. 315–318.

und wo dieses Material existiert«.[27] Der bereits erwähnte Peter Joachim Lapp konnte 2013 – und damit 26 Jahre nach seiner oben vorgestellten Äußerung zu Schwedt etwas konkreter werden. In seinem Buch über das »Grenzregime der DDR« benennt er den »Dienst in der Disziplinareinheit« als »härteste disziplinarische Maßnahme«; übersieht in diesem Zusammenhang aber, dass neben den circa 2 500 Disziplinarbestraften auch knapp 800 Militärstrafgefangene in den 1980er-Jahren in Schwedt waren. Hervorzuheben ist, wie das Drohpotenzial dargestellt wird. »Seitens der Vorgesetzten wurde der Eindruck erweckt, als wäre der Weg nach Schwedt vorgezeichnet, wenn man als Grenzposten zum Beispiel die Schusswaffengebrauchsbestimmungen nicht einhalten würde und Grenzverletzer laufen ließe; offenbar reichte in der Grenzpraxis die im Raum stehende Drohung aus, um im Notfall zu schießen«.[28]

Eine Regionalstudie von Philipp Springer zu Herrschaft, Stadtentwicklung und Lebensrealität in Schwedt von 2006 widmet sich trotz über 800 Seiten Umfangs auf nur drei Seiten dem Thema Militärstrafvollzug.[29] Heidrun Budde integrierte 2002 in ihr Buch »Willkür! Die Schattenseite der DDR«[30] ein (Unter-)Kapitel mit dem Titel »Militärstraftäter – ›schleifen‹ bis zum Zusammenbruch«, in dem sie – überwiegend aus der Sicht der 1977 vom Innenminister erlassenen Strafvollzugsordnung – auf gut sieben Seiten die Regimeverhältnisse drastisch zu beschreiben versucht. Birger Dölling muss in seinem Werk über »Strafvollzug zwischen Wende und Wiedervereinigung«[31] noch 2009 konstatieren, dass die Überlieferungslage zum Militärstrafvollzug sehr dürftig ist, weswegen er diesen bis auf einige verstreute Hinweise in seiner Arbeit ausklammert.

So nimmt nicht wunder, dass der bereits einige Jahre vorher erschienene Band des MfS-Handbuchs zur Hauptabteilung I (der NVA und Grenztruppen überwachenden Hauptabteilung der Staatssicherheit) nur zweimal auf den Militärstrafvollzug verweist: bei der Unterstellung zum Verantwortungsbereich

27 Ebenda, Bd. 1, S. 471 f. Diese Feststellung erfolgte wenige Jahre vor Wenzke: Ab nach Schwedt! Aber auch 2018 gibt es keinen Zugang zu Personal- und Gefangenenakten und nur wenige Funde im Bundesarchiv.

28 Peter Joachim Lapp: Grenzregime der DDR. Aachen 2013. Zitate S. 422 bzw. 424.

29 Philipp Springer: Verbaute Träume. Herrschaft, Stadtentwicklung und Lebensrealität in der sozialistischen Industriestadt Schwedt. Berlin 2006. Die sehr knappe Darstellung zum Militärstrafvollzug ist erstaunlich, weil in der DDR »Schwedt« in den 1970er- und 1980er-Jahren weithin mit dem Militärstrafvollzug verbunden wurde und sich daher Fragen danach aufdrängen, wie sich dieses Negativimage auf Stadtbewohner auswirkte, ob und wie sie es reflektierten, in welcher Form der Strafvollzug in der Stadt wahrnehmbar oder wie die dort Beschäftigten integriert waren u. v. a. m. Im Jahr 2009 legte eine Schwedter Forschungsgemeinschaft eine »Wende-Chronik Schwedt 1989/90« vor, die überwiegend auf der Auswertung von Zeitungsmeldungen und Interviews ehemaliger Akteure basierte. Diese enthält ebenfalls nur marginale Hinweise auf den Militärstrafvollzug.

30 Heidrun Budde: Willkür! Die Schattenseite der DDR. Rostock 2002.

31 Birger Dölling: Strafvollzug zwischen Wende und Wiedervereinigung. Kriminalpolitik und Gefangenenprotest im letzten Jahr der DDR. Berlin 2009.

HA I/Abt. MfNV/Unterabteilung Hauptstab beziehungsweise im Zusammenhang mit der bisher nicht aufgefundenen sogenannten Leitakte Strafvollzug für Schwedt.[32] Hier ist relativierend anzufügen, dass der Militärstrafvollzug in Schwedt über den längeren Teil seiner Geschichte stärker im Blickpunkt anderer MfS-Diensteinheiten und nicht der HA I stand. Das waren die Hauptabteilung VII (wegen ihrer Überwachung des Ministeriums des Innern inklusive der Verwaltung Strafvollzug sowie der Arbeitsrichtung K I der Volkspolizei) und die territorial zuständige MfS-Bezirksverwaltung Frankfurt (Oder). Der Autor des Handbuchteiles verwies in einem späteren Beitrag über die sogenannte operative Bearbeitung der Bausoldaten in Prora auf mehrseitige Wirkungsebenen: In den Plänen der Staatssicherheit war »Schwedt« als Mittel der Zersetzung[33] missliebiger Personenzusammenhänge erkennbar, während die Armee eher mit dem Mittel der Bestrafung gegenüber den Armeeangehörigen agierte.[34] Allerdings wurde beim Bestrafen gelegentlich auch Zurückhaltung geübt, wenn der Ruf der Kompanie gefährdet schien.

Unterschiedlich weiterführende Ansätze bieten drei Dissertationen: Nicole Kampa thematisiert die Abgabe der Ahndungskompetenz von »kleineren« Straftaten oder Disziplinverstößen an den jeweiligen Divisions- oder Regiments-Kommandeur ohne militärgerichtliches Verfahren und ergänzt damit die o. g. Arbeit von Hartmann. Diese Ahndungskompetenz war Grundlage für bis zu dreimonatige Strafen in der Disziplinareinheit, deren Einführung im Ergebnis einen beschönigenden Knick in der Statistikkurve militärgerichtlicher Verurteilungen nach 1982 bewirkte.[35] Jan Henrik Bookjans Arbeit zur Militärjustiz in der DDR[36] enthält unter anderem eine kurze Beschreibung der Aktenlage beim BStU. Er unterscheidet nach Personal- und Sachakten und richtet seinen Blick konkret auf die Militärjustiz. Nur wenige Seiten widmet er dem Militärstrafvollzug, wobei auch der Themenkomplex Schwedt angesprochen wird. Hel-

32 Stephan Wolf: Hauptabteilung I. NVA und Grenztruppen. Berlin 2005. (BStU. MfS-Handbuch; III/13). Zur Leitakte siehe Abschnitt Überblick über Archive mit themenrelevanten Beständen in diesem Kapitel.

33 Unter Zersetzung begriff das MfS eine Reihe von Maßnahmen der verdeckten Bekämpfung von Personen und Personengruppen, die vom MfS als ›feindlich-negativ‹ angesehen wurden. Darunter konnten Leumundsherabsetzungen ebenso fallen wie gezielt gestreute Gerüchte oder Versagungen von Berechtigungen, vgl. dazu MfS-Lexikon, S. 390, Siegfried Suckut (Hg.): Das Wörterbuch der Staatssicherheit. Definitionen zur »politisch-operativen Arbeit«. Berlin 1996, S. 422. (Das Wörterbuch selbst erschien erstmals 1970. Die hier zugrunde liegende Fassung stammt aus dem Jahr 1985.) Vgl. auch Sandra Pingel-Schliemann: Zersetzen. Strategie einer Diktatur. Berlin 2004.

34 Stephan Wolf: »Bausoldat ist eben ein Status«. Bausoldaten und das MfS in Prora. In: Waffenverweigerer in Uniform/Hg. v. Prora-Zentrum. Bergen 2011, S. 74–92, hier 87.

35 Nicole Kampa: Die Strafgewalt der Kommandeure in der Nationalen Volksarmee. Eine rechtshistorische und rechtstatsächliche Untersuchung zu dem Rechtsinstitut der »Abgabe von geringfügigen Straftaten« an den Kommandeur. Aachen 2004.

36 Jan Henrik Bookjans: Militärjustiz in der DDR 1963–1990. Clausthal-Zellerfeld, 2006.

mut Irmen befasste sich mit dem »Einfluss des Ministeriums für Staatssicherheit auf Strafverfahren und Strafvollzug in der Militärjustiz der DDR«. Sehr eindrücklich und ausführlich geht er dabei auf die vielfältigen Steuerungsmöglichkeiten des MfS ein. Diese begannen mit der Einflussnahme auf die Juristenausbildung und die Personalpolitik in der Strafjustiz. Sie erstreckten sich über die Beeinflussung von Gesetzesverfahren, betrafen den Gerichtsstand und die Militärschöffen sowie die Kontrolle und Steuerung von Rechtsanwälten und reichten bis zur Mitgestaltung der Ermittlungsverfahren und des Strafvollzugs. Das Unterkapitel »Disziplinareinheit und Militärgefängnis Schwedt« fällt bei Irmen angesichts der im Gesamtwerk auch behandelten langjährigen Freiheitsstrafen und Todesurteile nachvollziehbar knapp aus.[37]

Eine Masterarbeit von 2014 konzentriert sich auf die 1982 eingeführte Strafe des Dienstes in der Disziplinareinheit.[38] Der Autor entwirft Kategorisierungen der Disziplinarbestraften und entwickelt Theorien über die Wahrnehmung durch die Insassen beziehungsweise die unterschiedlich empfundene Härte des Strafregimes in Schwedt.

Einen gänzlich anderen Ansatz verfolgte Torsten Dressler, der als Archäologe ein Projekt zur Liegenschaft des Militärstrafvollzugs bearbeitete, bei dem es um die geschichtliche Entwicklung der Liegenschaft mit ihren Bauten sowie um (Foto-)Dokumentation und Einmessung des aktuellen Rest-Zustandes geht.[39] Der Band enthält Zeitzeugeninterviews, die über die archäologischen beziehungsweise liegenschaftsgebundenen Fragen hinaus Einblick in die Verhältnisse vor Ort geben.

Auch aus der Perspektive von ehemals im Militärstrafvollzug tätigen Bediensteten sind Veröffentlichungen zu verzeichnen. Die einzige eigenständige Publikation eines ehemaligen Bediensteten dürfte die autobiografische Darstellung von Reinhold Lenz sein, der seine Dienstjahre bei der Polizei beziehungsweise im Justizvollzugsdienst und damit auch seine Arbeitsjahre in Schwedt (1977–1981) beschreibt.[40] Der letzte Kommandeur, Reinhard Decker, ist mit Inter-

37 Helmut Irmen: Stasi und Militärjustiz. Der Einfluss des Ministeriums für Staatssicherheit auf Strafverfahren und Strafvollzug in der Militärjustiz der DDR. Berlin 2014.

38 Christopher Geißler: Die Disziplinareinheit 2 der Nationalen Volksarmee in Schwedt (1982–1990). Die Angst als Herrschaftsmittel in der DDR. Eine Untersuchung anhand der Bestrafung »Dienst in der Disziplinareinheit«.

39 Torsten Dressler: »Stillgestanden – Blick zur Flamme!«. Das DDR-Militärstrafgefängnis und die NVA-Disziplinareinheit in Schwedt/Oder von 1968–1990. Baugeschichte, Bestandsdokumentation und Zeitzeugenberichte. Berlin 2013. Den außerordentlich detailfreudigen Beschreibungen der Liegenschaft und der Gebäude stehen leider diverse Ungenauigkeiten und ein fehlendes Lektorat entgegen.

40 Reinhold Lenz: Der Lenz ist da. Der Lebensweg eines Justizvollzugsbeamten 1943–2003. Berlin 2003. Die sachlich wirkenden Informationen zu den Vor-Ort-Verhältnissen werden durch Larmoyanz und fragwürdige persönliche Einstellungen beeinträchtigt.

views in den Bänden von Wenzke und Dressler vertreten.[41] Dressler konnte zusätzlich Gespräche mit dem in den 1980er-Jahren im Wachdienst bei den Disziplinarbestraften beschäftigten Harald Blaschke und dem Stellvertreter des Kommandeurs und Stabschef, Hans-Jörg Nagel, als Interviews veröffentlichen.[42] Blaschke und Nagel wurden zusätzlich von Geißler befragt.[43] In der erwähnten Filmdokumentation von Joksch und Starina kamen auf unterschiedliche Weise in Schwedt involvierte Personen zu Wort.[44]

Die jeweils geäußerten Sichtweisen blieben in der Regel unwidersprochen. Der letzte Kommandeur, Reinhard Decker, beschönigte zum Beispiel die Verhältnisse erheblich, wenn er Wenzke gegenüber behauptet, er habe in seiner Dienstzeit keine Veranlassung gehabt, gegen ihm Unterstellte wegen Unregelmäßigkeiten vorzugehen oder dass es keine Entweichungen und Suizidversuche unter den Insassen gegeben habe.[45]

Deckers Äußerungen im Interview mit dem Archäologen Dressler enthalten ebenfalls einige Ungenauigkeiten. Zwar räumte er nun eine Flucht aus Schwedt ein, erzählte aber von nur je einem Rückfalltäter unter den Strafarrestanten und den Disziplinarbestraften.[46] De facto sind sowohl in den vom Oberoffizier[47]

41 Wenzke: Ab nach Schwedt!, S. 456–460 bzw. Dressler: Stillgestanden, S. 277–294.

42 Dressler: ebenda S. 257–277 bzw. 295–313.

43 Geißler: Die Disziplinareinheit 2, S. 81–102.

44 Joksch; Starina: Armeeknast Schwedt, mit Wortmeldungen des Militärrichters Rolf Breitenstein, des Kommandeurs Reinhard Decker, des Vollzugsoffiziers Manfred Goerlitz, des für die Auswahl des Standortes Schwedt als Militärgefängnis verantwortlichen MfNV-Mitarbeiters Siegfried Mehrmann sowie des ehemaligen DDR-Militärstaatsanwalts Rolf Rebhahn.

45 Wenzke: Ab nach Schwedt!, S. 458 f. Schon die von Decker verantwortete Chronik der Disziplinareinheit räumt alljährlich eine im oberen zweistelligen Bereich liegende Anzahl von Disziplinarmaßnahmen gegen Angehörige des Personals ein. Für das Ausbildungsjahr 1986/87 wurde explizit festgehalten, dass von den ausgesprochenen 63 Disziplinarmaßnahmen der Schwerpunkt bei Armeeangehörigen lag, die wegen schwerwiegender Verletzungen der militärischen Bestimmungen und der Dienstpflichten bzw. ihres Verhaltens »im Umgang mit dem Wechselbestand bestraft werden mussten« (Chronik der Disziplinareinheit; BArch, DVW 5-16/74001, Bl. 1–107, hier 69. Wechselbestand war die damalige Bezeichnung für die Insassen.). Unter der Gesamtzahl mag ein deutlicher Anteil von Disziplinverstößen von Angehörigen des Wachzuges gewesen sein, deren Delikte sich im Rahmen des in der NVA üblichen bewegt haben dürften (Wachvergehen, Alkoholverbotsverstöße). Aber die konkrete Erwähnung des Umgangs mit dem Wechselbestand kann nur disziplinierungswürdige Sachverhalte im Zusammenhang mit den Insassen betreffen. In den Zuständigkeitszeitraum Deckers fiel auch der zunächst geglückte Ausbruch eines Disziplinarbestraften vom August 1986. Der wurde zwar binnen zwei Stunden im Schwedter Stadtgebiet festgenommen, aber jede Entweichung in Abrede zu stellen, ist definitiv falsch. Auch Deckers Antwort zu den Suizidversuchen ist zu ergänzen: Die nachträgliche Wertung solcher Geschehnisse als untaugliche Versuche der Selbsttötung wird hier in ein Nicht-Vorhanden-Sein solcher umgedeutet. Ähnlich korrigierende Anmerkungen wären zu einigen der Ausführungen des ehemaligen Stabschefs Nagel angemessen.

46 Dressler: Stillgestanden, S. 286 f.

47 Oberoffizier: außerhalb des Militärs eher ungebräuchliche Bezeichnung, meist in Verbindung mit Planstellen im Offizierskorps, wie hier im Falle des genannten Riesbeck.

für Sicherheit und Ordnung, Manfred Riesbeck, erstellten Personalanalysen als auch in einem *trend*-Artikel aus dem Frühjahr 1990 Zahlen zur Rückfallquote angegeben, die Deckers Aussage widersprechen. Allein aus den wenigen aufgefundenen Personalanalysen ist die Zahl von 48 zweimal mit »Dienst in der Disziplinareinheit« bestraften Personen überliefert.[48] In den statistischen Angaben der NVA-Wochenzeitung *trend* zu den Insassen sind für den Zeitraum von November 1982 bis Dezember 1989 Rückfallquoten von 0,9 Prozent für die Militärstrafgefangenen und Strafarrestanten beziehungsweise von 2,6 Prozent bei den Disziplinarbestraften angegeben.[49] Unter Berücksichtigung der im gleichen Artikel genannten absoluten Zahlen ergäbe das über 70 Personen als Rückfalltäter. Im Rahmen dieses Forschungsprojektes sind für den gesamten Zeitraum (also nicht nur in der Zeit des Kommandeurs Decker) über 100 Fälle namentlich bekannt geworden.

Auch das bundesdeutsche Militär interessierte sich für Schwedt. Der damalige Leiter der Medienredaktion im Informations- und Pressestab des Bundesverteidigungsministeriums, Volker Koop, hat seine Erkenntnisse in Zeitungsartikel und Pressemitteilungen sowie mindestens zwei Bücher einfließen lassen. Mit dem Informationsstand von Dezember 1990 beschreibt er Details zur Auflösung des Objektes.[50] Einige Jahre später widmete er sich in einem Kapitel der Situation in »Schwedt« ab 1982 und in der Auflösungsphase.[51]

1.2 Mediale und politische Aufarbeitung

Bis 1989 war »Schwedt« in Zeitungen oder Zeitschriften nahezu kein Thema. Gründe für das Schweigen in der DDR liegen auf der Hand. Aus der Bundesrepublik sind immerhin einige Darstellungen bekannt. Die vermutlich älteste

48 Personalanalyse über die Zuführung von DB im Zeitraum 1.12.1986–30.11.1987 [von OibE »Manfred« unterzeichnetes Durchschlagexemplar o. Verf. und Adressat], 3.12.1987; BStU, MfS, AIM 5382/88 Teil II/2, Bl. 72–81, hier 75.

49 Erik Sündram: Schwedt von gestern. In: trend (1990) 5, S. 4.

50 Volker Koop: Im Kittchen sind die Zimmer frei. In: Märkische Oderzeitung vom 2.1.1991; ausführlicher auch in ders.: Erbe NVA. Eindrücke aus ihrer Geschichte und den Tagen der Wende. Hrsg. v. d. Akademie der Bundeswehr für Information und Kommunikation, 2. Aufl. Waldbröl 1993, S. 53–56.

51 Ders.: Abgewickelt? Auf den Spuren der Nationalen Volksarmee. Bonn 1995, S. 84–90. Die Arbeiten von Koop standen immer wieder in der Kritik, weil sie qualitative Mängel aufwiesen, womit »diesen Sachbüchern zuweilen ihre Sachlichkeit abhandenkommt«, so Ilko-Sascha Kowalczuk: Rezension zu: Volker Koop: Das Recht der Sieger. Die absurdesten alliierten Befehle im Nachkriegsdeutschland. Berlin 2004 , in: H-Soz-Kult, 17.02.2005, http://www.hsozkult.de/publicationreview/id/rezbuecher-4994. Auch im hier relevanten Buch (Abgewickelt ...) sind Quellen nicht angegeben und Zitate nicht zugeordnet.

war sicherlich auch die brisanteste: Im Mai 1970 erschien in der *Welt* ein Artikel über das seit 1968 für Militärstraftäter genutzte ehemalige Haftarbeitslager in Schwedt.[52] Hierin wurde ohne Nennung der Quellen sehr detailliert über die Belegung und die herrschenden Zustände informiert. Erst einen Monat später, am 26. Juni 1970, wurde die Westveröffentlichung dem Kreis der Abteilungsleiter des Militärstrafvollzugs Schwedt durch den Haftstättenstaatsanwalt der NVA bekannt gegeben. Der an der Sitzung teilnehmende inoffizielle Mitarbeiter »Egon« berichtete daraufhin der Staatssicherheit, in »diesem Artikel wurde die Lagerstärke, die Schulung und Ausbildung, die Umwehrung, die Bewaffnung sowie die persönlichen Verbindungen bis aufs Kleinste geschildert«. Außerdem informierte »Egon«, dass der Leiter [Albinus] im Nachhinein erklärte, dass »er bereits von diesen Dingen in Kenntnis gesetzt wurde, er diesem Personenkreis dies nicht mitteilen wollte. Wo es nun geschehen ist, verlangte er, dass niemand über die oben angeführten Dinge zu sprechen hat«.[53]

Im Januar 1977 stellte Der *Spiegel* in einem sechsseitigen Beitrag den bewegten Lebenslauf von Harry Pfeil vor und erwähnte dessen Verurteilung »zu einem Jahr Militärstraflager in Schwedt an der Oder« wegen »Nichtanzeigens einer Fahnenflucht«, ohne näher auf Schwedt einzugehen.[54] Wiederum auf einen Einzelfall bezogen, aber mit ausführlicherer Darstellung der Zu- und Umstände in Schwedt berichtete die *Berliner Morgenpost* im Juli 1982 über einen Marinesoldaten, der zu vier Monaten Strafarrest wegen unerlaubter Entfernung verurteilt wurde.[55] Die eigentliche Absicht einer Flucht in die Bundesrepublik wurde erst durch den Verrat eines Schwedter Mithäftlings bekannt und führte zu einer neuen Verurteilung zu nunmehr drei Jahren, die nicht in Schwedt zu verbüßen waren. Der Fall ist durch MfS-Akten gut belegt.[56]

Zwei Jahre später berichtete *Das Ostpreußenblatt* unter anderem über angeblich mehrere Militärstraflager in der DDR in einer Art und Weise, die entwe-

52 Johannes Rath: Himmelstoß kommandiert bei Schwedt ... Militärstrafvollzug der »DDR«. Schaufeln im Kombinat, üben mit dem Holzgewehr. In: Die Welt v. 26.5.1970. Laut Wenzke geht dieser Artikel auf Aussagen des ehemaligen NVA-Angehörigen Klaus Sch. zurück, der nach seiner Inhaftierung in Schwedt in die Bundesrepublik übersiedelte und in der Erfassungsstelle Salzgitter über Schwedt informierte, Wenzke: Ab nach Schwedt!, S. 262. Der Name Himmelstoß spielt offenbar auf die Schleifer-Figur in Erich Maria Remarques »Im Westen nichts Neues« an.

53 IM-Bericht »Egon«, 26.6.1970; BStU, MfS, A 642/82, Bd. 1, Bl. 15. Ob es in diesem Zusammenhang auch zu einer TV-Veröffentlichung kam, ist unbekannt. Allerdings behauptete ein in Schwedt tätiger Hauptwachtmeister im Juni 1970, dass in der ganzen Stadt erzählt würde, dass die Dienststelle im Westfernsehen lobend erwähnt worden sei, IM-Bericht »Egon« [o. D.]; ebenda, Bl. 16.

54 Harry Pfeil: Dieser Terror, diese Zermürbungstaktik. Ein ehemaliger DDR-Agent über seine Arbeit für den Staatssicherheitsdienst. In: Der Spiegel 31 (1977) 5 v. 24.1.1977, S. 49.

55 Lutz-Peter Naumann: Ein Glaser aus Genthin wollte zu uns – da landete er im Gulag. Bericht aus Erich Honeckers Strafbataillon. In: Berliner Morgenpost v. 11.7.1982, S. 49.

56 BStU, MfS, AOP 23176/80.

der von totalem Unwissen oder/und von Propaganda- und »Kalter-Kriegs-Rhetorik« geprägt war: Neben den Strafkompanien »in vielen NVA-Einheiten« gäbe es noch Disziplinareinheiten [Mehrzahl] und »drei sogenannte Militärstraflager«.[57] Als Standorte wurden Schwedt, Berndshof und Parchim benannt. Für die außerdem aufgestellte Behauptung, dass 120 Gefangene aus Schwedt in Mukran auf der Baustelle der neuen Hafenanlagen eingesetzt seien, gibt es keine Belege.[58]

In der friedlichen Revolution hat auch die DDR-Presse das Thema aufgegriffen. Im November 1989 waren (unter Bezug auf die DDR-Nachrichtenagentur ADN) die Begriffe Militär-Strafvollzugseinrichtung, Schwedt und Disziplinareinheit in einem Artikel des *Neuen Deutschland* über die Ermittlungen der DDR-Staatsanwaltschaft zu eventuellen Verfahren wegen Befehlsverweigerungen im Zusammenhang mit den Ereignissen am 7. und 8. Oktober 1989 zu lesen.[59] Einen guten Monat später informierte das SED-Organ für den Bezirk Frankfurt (Oder), *Neuer Tag*, über eine Arbeitsniederlegung der Militärstrafgefangenen in Schwedt und deren Forderungen, beispielsweise nach Anrechnung der Strafdauer auf die Wehrdienstzeit und nach Verbesserung der Regeln für Einkauf und Paketempfang. Acht Tage später berichtete die gleiche Zeitung über einen Besuch von Journalisten, Vertretern der Sozialdemokratischen Partei in der DDR und des Neuen Forums im Verwahrbereich des Militärstrafvollzugs mit Begehung des Geländes sowie zu Reaktionen auf die Forderungen der Gefangenen.[60] Ausführlicher wurden Militärgerichtsbarkeit und -strafvollzug im April 1990 in *trend*, der NVA-Wochenzeitung (Nachfolger der Militär-Wochenzeitung *Volksarmee*) ganzseitig vorgestellt, und nun sogar mit der Vokabel »Armeeknast« in Verbindung gebracht.[61] Bis zum Erscheinen des Buches von Wenzke im Jahr 2011 waren die in *trend* genannten Zahlen von knapp

57 Georg Bensch: Schüsse in die Luft und ihre Folgen. Honeckers Militärstraflager sind überfüllt – In Mukran auf Rügen stehen 120 Armeesträflinge im Einsatz. In: Das Ostpreußenblatt 35 (1984) 29 v. 21.7.1984, S. 13.

58 Die Behauptung zu den Gefangenen in Mukran beruht vermutlich auf einer Verwechselung: Auf der Hafenbaustelle in Mukran waren seit 1982 auch über 100 Bausoldaten eingesetzt.

59 ADN: Kein Verfahren wegen Befehlsverweigerung. In: ND v. 6.11.1989, S. 2. Die Befehlsverweigerungen wurden bei Einsätzen von Polizei, Armee und Staatssicherheit gegen demonstrierende Bürger, hier insbesondere im Umfeld der Feiern zum 40. Jahrestag der DDR in Berlin vermutet.

60 Karin Ernst: Militärstrafgefangene nannten Forderungen. In: Neuer Tag v. 8.12.1989, S. 2 sowie Dies.: Das Tor öffnete sich. In: Neuer Tag v. 16.12.1989, Lokalseite Schwedt.

61 Erik Sündram: Schwedt von gestern bzw. Sondergerichte. In: trend (1990) 5, S. 4 bzw. trend (1990) 15, S. 5. Sündram begann im Herbst 1989 nach 5-jährigem SU-Studium als NVA-Oberleutnant in der Redaktion der Volksarmee zu arbeiten. Ob seine Berichterstattung noch im Frühjahr 1990 von alten Erwartungen des MfS geprägt war, bei dem er unter dem Decknamen »Siegfried Eisler« geführt wurde, muss offenbleiben. Von seiner Berichtsakte wurde bisher nur der Aktendeckel aufgefunden; BStU, MfS, AIM 4509/91.

800 Militärstrafgefangenen und circa 2 500 Disziplinarbestraften für die Zeit von 1982 bis 1989 die einzigen zitierfähigen Angaben zur Anzahl der Insassen.

Aus dem Medium Radio sind zwei längere Beiträge bekannt. Ein älteres Radiofeature, das bereits in den 1990er-Jahren vom MDR gesendet wurde, ist insbesondere durch Interviewpassagen mit einem der ehemaligen Strafvollzugsoffiziere beachtenswert.[62] Der frühere Kompaniechef, Ulrich Künkel, äußerte sich unter anderem zum vermutlich hartnäckigsten Fall einer Arbeitsverweigerung durch einen Insassen.[63] Was der damalige Rundfunkjournalist nicht wusste und Künkel verschwieg, war Künkels langjährige inoffizielle Zusammenarbeit mit dem MfS als IM »Rudloff«.[64] Der Deutschlandfunk sendete 2014 ein knapp einstündiges Feature, das die Sichtweisen der Gefangenen, der Bediensteten, des Archäologen und des Forschers präsentierte. Darin ist ein Interview mit dem Stellvertreter des Kommandeurs und Stabschef, Hans-Jörg Nagel, enthalten, in dem dieser eine offizielle Zusammenarbeit mit dem MfS erwähnt. Den zusätzlichen, inoffiziellen Teil unter dem Decknamen »Kurt« [65] räumte er erst auf spätere Nachfrage ein.[66] Eine umfangreiche Internetdarstellung rundet die Präsentation eindrucksvoll ab.[67]

Auch in der belletristischen Literatur kommt »Schwedt« vor. Uwe Tellkamp lässt in seinem 2008 erschienenen Roman »Der Turm« eine seiner Romanfiguren eine Strafe im Militärstrafvollzug Schwedt absitzen, wobei etliche der geschilderten Details der Darstellung von Wachtel folgen.[68] Im September 2010 wurde der Tellkamp-Stoff vom Staatsschauspiel Dresden auf die Theaterbühne gebracht. Der Co-Autor der Bühnenfassung, Armin Petras, war selbst Schwedt-Insasse. Das Film- und Romanprojekt »NVA« von Leander Haussmann unter Mitarbeit von Thomas Brussig zeigt in der Figur des Soldaten Krüger recht nachdrücklich, wie dieser sich durch seine Zeit in Schwedt veränderte und anschließend widerspruchslos funktionierte.[69] Ähnliches findet sich auch

62 Thomas Bärsch: Disziplinareinheit Schwedt. Das Militärgefängnis der DDR. Erst-Ausstrahlung am 2.3.1996 auf MDR Kultur. Ich danke dem Autor herzlich für die Überlassung einer Kopie.

63 Siehe Abschnitt Nonkonformes Verhalten der Insassen in Kap. 4.

64 IM-Akten »Rudloff«; BStU, MfS, AIM 3844/91 und A 638/82. S. a. entsprechendes Biogramm in Kap. 6.

65 IM-Akte »Kurt«; BStU, MfS, AIM 5253/91.

66 Benjamin Hammer: »Ab nach Schwedt!« Die fast vergessene Geschichte des DDR-Militärgefängnisses. Ausstrahlungen am 12.7.2014 und modifiziert am 4.10.2014. Die Modifikation v. 4.10.2014 berücksichtigte insbesondere neue Erkenntnisse zum ehemaligen Stabschef bzw. IM »Kurt«.

67 http://www.deutschlandfunk.de/wochenendjournal-spezial.2248.de.html.

68 Uwe Tellkamp: Der Turm. Frankfurt/M. 2008 in Verbindung mit Wachtel: Delikt 220.

69 Leander Haussmann: NVA. Köln 2005.

bei Christoph Brumme: »Was ist ihm in Schwedt passiert?« »Keine Ahnung, er redet nicht darüber. Er kam ziemlich apathisch zurück.«[70]

In den letzten Jahren widmen sich auch Internetseiten dem Thema »Schwedt«: Neben einem Eintrag in Wikipedia[71] befassen sich (Unter-) Seiten des DDR-Lexikons ddr-wissen.de, als auch Seiten speziellerer Art wie zur DDR-Luftwaffe mit dem Militärgefängnis Schwedt.[72] Insbesondere war das Internet die Basis für ein im Herbst 2008 installiertes Forum für (überwiegend) ehemalige Insassen von Schwedt. Hier haben sich bisher über 800 Nutzer angemeldet (Stand 11/2016) und tragen Wissen aus vorwiegend eigenem Erleben zusammen. Durch Initiative aus dem Kreis der im Internet-Forum engagierten Personen kam es im Frühjahr 2013 zur Gründung des Vereins »Militärgefängnis Schwedt e. V.«, der das Forum übernahm und eine eigene Webseite betreibt.[73]

Anlässlich des 21. Jahrestages der Schließung der Disziplinareinheit veranstalteten die Beauftragte des Landes Brandenburg zur Aufarbeitung der Folgen der kommunistischen Diktatur, die Städtischen Museen Schwedt, das Militärgeschichtliche Forschungsamt, die Bundesstiftung Aufarbeitung und das Archäologiebüro Dressler am 31. Mai 2011 ein Symposium an den Uckermärkischen Bühnen Schwedt. Neben verschiedenen Fachvorträgen wurden eine »Lesung hinter Gittern« im Zellentrakt der Disziplinareinheit und die Aufführung der Videoproduktion »Das Schweigen« unter Anwesenheit der interviewten Betroffenen geboten. 2009 begannen erste, inzwischen regelmäßige Führungen auf dem Gelände der ehemaligen Disziplinareinheit. An der ersten Begehung und der anschließenden Diskussion nahm auch der letzte Kommandeur Decker teil.[74]

Die zweibändige Sammlung zeitgeschichtlicher Selbstzeugnisse ehemaliger Insassen war Ergebnis der Arbeit einer übergreifenden Projektgruppe.[75]

70 Christoph Brumme: Ein Gruß von Friedrich Nietzsche. München 2014, S. 116. Der Roman dreht sich um drei Männer in der Endphase der DDR, von denen einer eine Schwedt-Erfahrung hatte. Die wird mehrmals, aber mit nur wenigen Details erwähnt. Dagegen wird ein anderer Gefängnisaufenthalt eines der drei Protagonisten in Rummelsburg und Schwarze Pumpe ausführlich und authentisch wirkend geschildert, mit vielen Hinweisen auf die vorherrschende Knastsprache und geltende »Spielregeln«.

71 http://de.wikipedia.org/wiki/Milit%C3%A4rgef%C3%A4ngnis_Schwedt

72 http://www.ddr-wissen.de/wiki/ddr.pl?Milit%E4rgef%E4ngnis_Schwedt, http://home.snafu.de/veith/schwedt.htm

73 Verein bzw. Forum sind erreichbar unter http://www.psrb.de/militaer/beziehungsweise http://www.psrb.de/militaer/phpbb/.

74 Zweifel an seiner Tätigkeit ließ er nicht erkennen. Zum Verbleib der Akten verwies er auf eine Übergabe an das Ministerium für Abrüstung und Verteidigung.

75 Brauhnert; Hübner (Hg.): Spür die Angst bzw. Brauhnert; Hübner; Polzin (Hg.): Der DDR-Militärstrafvollzug. Von der Buchvorstellung des ersten Bandes in Schwedt wurde u. a. in einer eigenen Dokumentation über Schwedt im Länderreport bei Deutschlandradio berichtet, Axel Flemming: Ab nach Schwedt! Deutschlandradio Kultur Länderreport. Erstausstrahlung am 21.11.2012. In der Projektgruppe sind einige Betroffene, der Verein »Militärgefängnis

Der Mit-Autor und Herausgeber Ilja Hübner hat vor dem Hintergrund seiner eigenen Bestrafung mit »Dienst in der Disziplinareinheit« und seiner Erfahrung ideologischer Indoktrination in der DDR ein Hörspiel verfasst, das als szenische Lesung in der Öffentlichkeitsarbeit einsetzbar ist.[76] Die Uraufführung erfolgte im Rahmen der Veranstaltungen zum 25. Jahrestag der Schließung der Disziplinareinheit am 31. Mai 2015 im Gauß-Gymnasium Schwedt. Im Frühjahr 2016 zeigte das Stadtmuseum Schwedt eine Ausstellung zum Militärstrafvollzug und der Disziplinareinheit mit 20 Text-Bild-Tafeln und einigen Objekten.[77] Im Anschluss daran wurden die Tafeln dauerhaft in die Räume der ehemaligen Disziplinareinheit verlagert. Im September 2016 wurden auf dem Gelände des ehemaligen Militärgefängnisses Informationstafeln enthüllt, die an die damaligen Geschehnisse erinnern. Letztlich kam es gerade in den Jahren 2010 bis 2017 zu landespolitischen Diskussionen über die Form der Erinnerungsarbeit und die Möglichkeiten des Denkmalschutzes für die wenigen noch erkennbar originalen Gebäude vor Ort.

1.3 Zur Anlage des Projektes

Idealerweise sollte ein Projekt zum Militärgefängnis Schwedt auf dessen »eigenen« Akten basieren. Dem sind enge Grenzen gesetzt: Die Gefangenenakten sind seit dem Sommer 1990 verschollen,[78] die Personalakten der Bediensteten nur rudimentär überliefert (aber nicht zugänglich) und von den Verwaltungsakten befinden sich nur Bruchstücke in unterschiedlichen Archiven. Bei der Recherche nach den Akten aus Schwedt sowie zur Erforschung des rechtlichen

Schwedt e. V.«, die Brandenburger Landesbeauftragte zur Aufarbeitung der Folgen kommunistischer Diktatur, das Schwedter Stadtmuseum, das Archäologiebüro Dressler sowie der Autor vertreten.

76 Ilja Hübner: Ein gottverdammter Albtraum. Hörspiel. Brandenburg 2015. Ich danke dem Autor herzlich für die Überlassung einer Kopie des Manuskripts.

77 »NVA-Soldaten hinter Gittern. Der Armeeknast Schwedt als Ort der Repression.« Sonderausstellung im Stadtmuseum Schwedt/Oder, 27.5.–31.7.2016, unter Förderung durch die Bundesstiftung Aufarbeitung und das Brandenburger Ministerium für Wissenschaft, Forschung und Kultur. Unter gleichem Titel erschien eine Dokumentation zur Ausstellung, herausgegeben vom Stadtmuseum Schwedt.

78 Beim Verantwortungswechsel vom MdI zum MfNV 1982 wurden neben den je 139 aktuellen Vollzugs- und Erziehungsakten noch 539 Pakete von archivierten Gefangenenakten erwähnt: Ltr. StVE Schwedt an Kommandeur der DE: Übergabeprotokoll v. 31.10.1982, hier: Anlage 5 »Archivakten«; BArch, DVW 1/126212 (o. Pag.). Im Sommer 1990 waren es »nur« noch 97 Pakete mit ca. 820 Akten, die in einem weiteren Protokoll wegen der Übernahme durch das Ministerium für Abrüstung und Verteidigung erwähnt wurden: NVA, DE an MfVA, Abt. f. allg. Fragen: Übergabe-/Übernahmeprotokoll, 31.8.1990; BArch, DVW 1/126218 (o. Pag.). Zum ungeklärten Verbleib der Akten siehe insbesondere Wenzke: Ab nach Schwedt!, S. 21 f.

Rahmens und der grundlegenden Befehle und Bestimmungen für den Betrieb des Militärgefängnisses und der Disziplinareinheit als auch der geschichtlichen und strukturellen Entwicklung sind zunächst die Bestände der Ministerien des Innern und für Nationale Verteidigung der DDR relevant. Daher wurden Recherchen im Bundesarchiv Berlin, dem Militärarchiv Freiburg sowie dem Brandenburgischen Landeshauptarchiv vorgenommen. Parallel erfolgten Recherchen in den Archiven des BStU. Vergeblich oder nicht weiter führend waren die Recherchen zu Parteistrukturen innerhalb der Disziplinareinheit oder dem MfNV, zu Unterlagen der ehemaligen Wehrkreis- und Wehrbezirkskommandos der DDR beziehungsweise im Polizeipräsidium Frankfurt (Oder), in der Justizvollzugsanstalt Brandenburg, in der Zentralen Gefangenenkartei des Ministeriums des Innern der DDR und in der ehemaligen Zentralen Erfassungsstelle in Salzgitter.[79]

Nachdem absehbar war, dass in keinem der genannten Archive größere Bestände zum Thema aufzufinden sind, wurde die Recherche auf die personenbezogenen Unterlagen des MfS fokussiert. Hierzu mussten zunächst Personalien ermittelt werden. In der o. a. Filmdokumentation »Armeeknast Schwedt – Das Straflager der NVA«[80] waren erste Daten von ehemaligen Insassen und Bediensteten enthalten, die zur Recherche genutzt werden konnten. Für den Nachweis weiterer Personalien erwies sich die Anlage einer Datenbank als unerlässlich. Letztlich konnten während der Projektlaufzeit über 4 700 Datensätze zu ehemaligen Insassen und circa 1 400 Datensätze zu Bediensteten oder anderweitig involvierten Personen zusammengetragen werden (Stand 4/2017). Unter Berücksichtigung von Mehrfachzählungen (beispielsweise liegen fast 40 verschiedene Fundstellen zu Insassen namens Müller vor) kann die Anzahl der über diesen Weg bekannt gewordenen, tatsächlich differenzierbaren Personen mit ungefähr 2 900 für die Insassen und circa 400 für die Bediensteten angegeben werden (was *keinesfalls* der jeweiligen Gesamtzahl entspricht). Von diesen Personen hat jedoch nur ein Teil eine »eigene« Akte bei der Staatssicherheit, von denen wiederum diejenigen unberücksichtigt bleiben konnten, die keinen Bezug zum Forschungsgegenstand hatten.[81] Zahlreiche Vorgänge sind bisher nicht auffindbar und müssen als vernichtet gelten. Insgesamt wurden Akten mit circa 920 verschiedenen Archivsignaturen aus dem Bestand des MfS ausgewertet.

Zu den im Projekt genutzten Vorgängen gehören auch Akten des Arbeitsgebietes I der Kriminalpolizei (K I). Die K I kooperierte eng mit dem MfS und

79 Eigentlich: Zentrale Beweismittel- und Dokumentationsstelle der Landesjustizverwaltungen in Salzgitter.

80 Joksch; Starina: Armeeknast Schwedt.

81 Da das MfS sich für nahezu alles interessierte, entstanden zahlreiche Akten zu den hier relevanten Personen auch unabhängig von deren »Schwedt«-Bezug. Dies betraf zeitlich davor oder danach liegende Sachverhalte oder andere Problemkonstellationen, gegebenenfalls auch im Umfeld der Betroffenen.

wandte ähnliche Mittel und Methoden der inoffiziellen Arbeit an, jedoch verfügte das MfS gegenüber der Kriminalpolizei über erhebliche Einspruchs- und Versagungsrechte. Nicht zuletzt wurde auch die Kriminalpolizei durch das MfS überwacht. Für die systematische, »vorbeugende« Kontrolle der Strafgefangenen in den Haftanstalten des MdI war seit 1974 die Arbeitsrichtung 4 des Arbeitsgebiets I (AG I/4) zuständig (Vorläuferorganisation war die Abteilung/Arbeitsrichtung IV der Verwaltung Strafvollzug – VSV/4 – des MdI).[82] Zu den Vorbehaltsrechten des MfS gegenüber dem Arbeitsgebiet I zählten die Freigabe einer Person zur inoffiziellen Nutzung oder verdeckten Bearbeitung durch das AG I, aber auch die Ablage von Akten des AG I respektive AG I/4 im MfS-Archiv.[83] Hierzu zählten die Akten von inoffiziellen kriminalpolizeilichen Mitarbeitern sowie Kriminalakten und operative Materialien, die zu anderen Personen angelegt wurden. Solche Akten, auch mit Schwedt-Bezug, sind tatsächlich in den MfS-Archiven zu finden. Sie bilden aber keinen eigenen Archivbestand. Diese Akten sind nicht durch eigene Findhilfsmittel erschlossen, sondern nur über die Namen der erfassten Personen zu ermitteln. Doch im Gegensatz zu den Möglichkeiten bei den MfS-Decknamen ist eine Recherche nach den von der K I vergebenen Decknamen oder Registriernummern über die Findhilfsmittel der MfS-Archive nicht möglich. In vielen Fällen sind aus den eingesehenen Unterlagen zwar zusätzliche Hinweise auf damalige Erfassungen für die K I bekannt geworden, aber nur in einem Bruchteil der Fälle konnten auch zugehörige Archivsignaturen ermittelt werden. Ob die ausbleibenden Rechercheerfolge den nicht erfolgten Abgaben der Unterlagen an das MfS oder den Unzulänglichkeiten der MfS-Findhilfsmittel zu diesen »fremden« Akten geschuldet sind, muss offen bleiben. Nachweisbar ist, dass insbesondere ältere Vorgänge regulär der MfS-internen Kassation unterlagen.[84] Die zusätzlich festgestellte Reduzierung von MfS-Akten, insbesondere zum Ende des Jahres 1989, kann mit der unkontrollierten Auflösung des MfS innerhalb der NVA erklärt werden.

82 Siehe u. a. Richtlinie 03/76 des MdI über die Aufgaben des Arbeitsgebietes I der Kriminalpolizei zur operativen Kontrolle von Personen; BStU, MfS, BdL/Dok. Nr. 9064, Bl. 5.

83 Ordnung über die Überprüfung von Personen mit Suchzettel und die Registrierung und Archivierung der operativen Dokumente der Abteilung IV der Verwaltung Strafvollzug v. 22.4.1966; BStU, MfS, BdL/Dok. Nr. 10085, Bl. 7.

84 Mitte der 1980er-Jahre begann in den MfS-Archiven eine systematische Reduzierung älterer Akten, zu denen auch K-I-Materialien gehörten.

1.4 Überblick über Archive mit themenrelevanten Beständen

Bestand »Militärarchiv Freiburg« im Bundesarchiv

Schon auf der Internetseite des Militärarchivs findet sich der Hinweis: »Akten zum Dienstbetrieb [der Disziplinareinheit] und zu den Strafgefangenen sowie den Arrestanten liegen nicht vor«.[85] Der zugehörige Bestand wird mit nur einer Akteneinheit und einem Umfang von 0,1 lfm[86] benannt. Im Findbuch zum Bestand des Ministeriums für Abrüstung und Verteidigung[87] sind die Begriffe »Schwedt« und »Disziplinareinheit« nicht vorhanden. Dennoch lassen sich diverse Spuren zum Militärstrafvollzug beziehungsweise zu »Schwedt« in anderen Beständen des Militärarchivs finden:

- Mehrere Signaturen der Bestände DVW 1, 9 und 13–1 betreffen sowohl die 1960er-, die 1970er- und die 1980er-Jahre. Hier liegen Materialien zum Schwedt-Vorläufer, dem Strafvollzugskommando Berndshof, und Unterlagen zur Übergabe der Verwaltung des Strafvollzugs an das Ministerium für Nationale Verteidigung vor. Zusätzlich gibt es Einzeldokumente zu speziellen Überprüfungen und Untersuchungen, so zur ordnungsgemäßen Verwirklichung des Strafarrestes, dem Einsatz der Strafgefangenen im VEB Instandsetzungswerk Pinnow und zu Problemen der Wiedereingliederung entlassener Insassen.
- Die Urteilssammlung der Hauptabteilung Militärgerichte[88] basiert auf dem Aktenbestand »Militäroberstaatsanwalt« der DDR, der 1994 in einer Fachzeitschrift beschrieben wurde.[89] Demnach waren dort circa 40 000 Strafverfahrensakten der einzelnen Militärstaatsanwaltschaften abgelegt. Das inzwischen erstellte Findbuch enthält auf über 70 Seiten entsprechende Signaturen. Einzelne Stichproben konnten eingesehen werden: Die Sammlungen sind sortiert nach urteilendem Gericht, dann nach Aktenzeichen innerhalb eines Jahrgangs. Die Urteile betreffen auch Bewährungsstrafen, Freiheitsstrafen über zwei Jahre Dauer hinaus, Strafbefehle über Geldstrafen, öffentliche Tadel, Strafen zu Personen, die aus der NVA entlassen wurden beziehungsweise Aufhebung/Linderung vorheriger Urteile und diverse Verurteilungen von

85 http://www.argus.bstu.bundesarchiv.de/Bestaendeuebersicht/index.htm?kid=619BA-58B21E546B2855F1DD3320799DD.

86 lfm – laufende Meter; die im Archivwesen übliche Abkürzung für Bestandsumfangsangaben, hier in einem Umfang, der einem Aktenordner entspricht.

87 Nachfolger des Ministeriums für Nationale Verteidigung; entstand infolge der friedlichen Revolution in der DDR im Frühjahr 1990.

88 Bestand BArch, DVW 9 mit 36 900 Akteneinheiten.

89 Karl-Heinz Friedrich: Der Bestand »Militäroberstaatsanwalt« (MOStA) der ehemaligen DDR im Militärischen Zwischenarchiv Potsdam. In: Mitteilungen aus dem Bundesarchiv (1994) 1/2, S. 37–40. Der Bestand wurde inzwischen dem Militärarchiv Freiburg zugeordnet.

Personen, die den Reservistendienst verweigerten. Alle genannten Konstellationen haben nichts mit »Schwedt« zu tun. Somit ist die Urteilssammlung für die hier bearbeitete Thematik von nur begrenztem Nutzen. Potenziell relevant wären allein Strafhöhen bis zu zwei Jahren. Außerdem enden die Akten in der Regel mit der Urteilsverkündung, also vor der Ankunft der Verurteilten in Schwedt.

- Die Original-Chronik der Disziplinareinheit 2 bis zur Auflösung 1990[90] trägt den Charakter eines Rechenschaftsberichts und orientiert sich an den Strukturen der eigenen »Verwaltung«. Trotz interessanter Angaben lässt sie Belange der Insassen weitgehend außer Betracht und war als »Chronik« sicher nie für eine »externe« Nutzung vorgesehen. Da sie in Teilen der Richtlinie zur »Chronikführung im Truppenteil« von 1977 widerspricht,[91] ist ihr Überlieferungswert deutlich eingeschränkt. Beispielsweise wurde die Vorgabe des Betrachtens gleichwertiger Zeitabschnitte nicht beachtet, sodass sich exakte Aussagen über die Entwicklung der Personal- oder Belegungsstärken nicht treffen lassen.
- Der jüngste Erschließungserfolg des Militärarchivs betrifft 18 im Sommer 2010 aufgefundene Akteneinheiten zu Schwedt, die archivtechnisch aufbereitet und verzeichnet wurden.[92] Sie stammen aus dem Zeitraum 1963 bis 1990 und betreffen zum Beispiel die Vorbereitung für die Schaffung einer Disziplinareinheit, dortige Inspektionen, Kontrollberichte, aber auch Eingaben, einzelne Personalien und Beurteilungen sowie Auflösungsprotokolle. Diese Unterlagen sind als Teil des verwaltungstechnischen Schriftgutes des Militärstrafvollzuges beziehungsweise der Disziplinareinheit Schwedt zu verstehen, können aber niemals den Gesamtumfang des ehemaligen Bestandes darstellen. Das Erscheinungsbild vieler Unterlagen (Anschreiben, Adressen, Verteiler) spricht dafür, dass es sich (überwiegend) um einen Teil des Schriftverkehrs mit dem übergeordneten Ministerium für Nationale Verteidigung handelt, eventuell ist das sogar der ursprüngliche Fundort. Aus historischer Sicht erscheint das Protokoll vom 31. August 1990 zur Übernahme von circa 820 Archivakten (genauer: Erziehungs- und Vollzugsakten) der Entlassungsjahre 1980 bis 1990 durch Oberstleutnant Laurich vom Ministerium für Abrüstung und Verteidigung/Abt. für allgemeine Fragen[93] am wertvollsten. Dem Buch von Wenzke ist zu entnehmen, dass im März 1991 bei einer Kel-

90 Chronik der Disziplinareinheit; BArch, DVW 5-16/74001.

91 Richtlinie Nr. 01 des Chefs der Verwaltung Militärwissenschaft im MfNV zur Chronikführung im Truppenteil v. 28.12.1977; BStU, MfS, BdL/Dok. Nr. 12550.

92 BArch, DVW 1/126201–126218.

93 Im Original mit der unkorrekten Abkürzung MfVA für Ministerium für Verteidigung und Abrüstung angegeben. Dem damaligen Minister Rainer Eppelmann war gerade die Reihenfolge der Begriffe »Abrüstung« vor »Verteidigung« wichtig. NVA/DE an MfVA/Abt. f. allg. Fragen: Übergabe-/Übernahmeprotokoll, 31.8.1990; BArch, DVW 1/126218 (o. Pag.).

lerbegehung in Strausberg im Haus 4b des ehemaligen Ministeriums für Nationale Verteidigung unter anderem »Akten der ehemaligen Militärvollzugsanstalt [sic!] Schwedt (Vollzugsakten)« gesichtet wurden.[94] Ob es sich dabei um den 1990 übergebenen Bestand handelt, ist genauso unbekannt wie dessen weiterer Verbleib. De facto gibt es bis heute keinen Zugang zu einem größeren Posten Vollzugsakten aus Schwedt.

- Weitere Einzeldokumente zur Schwedt-Thematik finden sich »versteckt« im allgemeinen Schriftgut zu anderen Themen. Sie tragen eher grundsätzlichen Charakter (Befehle, Vereinbarungen, Stellenpläne und dergleichen) oder betreffen zum Beispiel DDR-weite Übersichten zu Befehlsverstößen, Disziplinlosigkeiten und besonderen Vorkommnissen in der NVA. Aus derartigen Informationen ist nicht herauszulesen, ob sie in der Konsequenz die Täter nach Schwedt führten.

Bestand »Ministerium des Innern« im Bundesarchiv

Im Bestand DO 1 »MdI, Verwaltung Strafvollzug« befinden sich nur wenige Signaturen mit Schwedt-Bezug, darunter diverse zur Vor-, Gründungs- und Baugeschichte (inklusive bautechnischer Zeichnungen und Prüfprotokollen aus den 1960er-Jahren),[95] DDR-weite Statistiken und Analysen zu Straftaten und -tätern bei der NVA (mit nur marginalem oder indirektem Bezug zu Schwedt) sowie Stellenpläne aus der Zeit von 1969 bis 1978. Außerdem lagert dort die Zentrale Gefangenenkartei des Ministeriums des Innern (MdI).[96] Diese enthält Daten der Strafgefangenen aus allen vom MdI verwalteten Gefängnissen. Da die Kartei alphabetisch geordnet ist und keinen gesonderten Zugang zu einzelnen Strafvollzugseinrichtungen ermöglicht, sind Recherchen zu Strafgefangenen des Militärstrafvollzugs nur bei Kenntnis von Namen, Vornamen und Geburtsdatum möglich. Bei einzelnen Stichproben konnten Karteikarteneinträge gefunden werden, die den Aufenthalt in Schwedt bestätigen. Es zeigte sich aber auch, dass zu Personen, die definitiv in Schwedt inhaftiert waren, keine Karteikarte auffindbar ist. Letztlich enthalten diese Karteikarten bestenfalls Aufnahme- und Entlassungsdatum in Verbindung mit Strafhöhe und -gründen

94 Wenzke: Ab nach Schwedt!, S. 22.

95 Ausführlicher siehe Dressler: Stillgestanden.

96 Diese Kartei basiert auf dem Formular SV 1 mit Angaben zur Person, Verurteilungen, Vorstrafen, Vollzugsorten u. a. Eine Stichprobenauswertung dieser Kartei ist beschrieben bei Jan Philipp Wölbern: Die historische Aufarbeitung der Zwangsarbeit politischer Häftlinge im Strafvollzug der DDR. Potsdam 2015, S. 37–49, Online-Publikation https://www.beauftragte-neue-laender.de/BNL/Redaktion/DE/Downloads/Anlagen/studie-zwangsarbeit-politischer-haeftlinge-in-der-ddr.pdf?__blob=publicationFile&v=3. Für Schwedt lassen sich daraus jedoch keine fundierten Erkenntnisse ableiten.

sowie Angabe des damit befassten Gerichts, aber keine inhaltlichen Aussagen zum Dienstbetrieb in Schwedt. Allenfalls können Daten für statistische Analysen genutzt werden, die aber solange vorbehaltlich bleiben, bis die Namen sämtlicher Insassen bekannt sind.[97] Kopien dieser Karteikarten finden sich gelegentlich auch in den Akten der Staatssicherheit.

Brandenburgisches Landeshauptarchiv (BLHA), Bestand BDVP Frankfurt (Oder)

Im BLHA ließen sich sieben Signaturen mit Schwedt-relevantem Material bis 1982 finden; so aus der Planungs- und Bauphase des Komplexes oder die Arbeitsordnung der Strafvollzugseinrichtung Schwedt aus dem Jahr 1977. Aus dem Zeitraum 1976 bis 1982 liegen jeweils einzelne Halbjahreseinsatzpläne des Leiters, Quartalsarbeitspläne für die 1. bis 3. Kompanie, Kontrollpläne für die 2. Kompanie, Maßnahmepläne, Jahres-, Halbjahres-, Lageeinschätzungen sowie diverse Beratungsprotokolle mit unterschiedlichen Teilnehmerkreisen vor. Weil auch dieser Bestand gravierende Lücken aufweist, stellt sich einmal mehr die Frage nach dem Verbleib der übrigen Unterlagen.[98]

Aus den im Brandenburgischen Landeshauptarchiv eingesehenen Unterlagen sind zwei Erkenntnisse zum damaligen Umgang mit Akten besonders erwähnenswert:

1. In der Tagesordnung und im Protokoll der Abteilungsleiterberatung vom 19. März 1981 wurde festgehalten, dass über eine Aufbereitung von Akten zur Mikroverfilmung beraten werden sollte, die dann als abgeschlossen galt.[99] Welche Akten betroffen waren, ist nicht ersichtlich. [100] Ebenso fehlt jeglicher

97 Angesichts der Lücken und der damit verbundenen Rechercheumstände wurde darauf verzichtet, die partiell mögliche Analyse zu erwähnten Verurteilungsparagraphen vorzunehmen. Ob darüber eine fundierte Unterscheidung politischer von kriminellen Delikten möglich wäre, muss daher offen bleiben.

98 Auf eine weitere Einschränkung bei der Verwendung insbesondere der Abteilungsleiterprotokolle sei an dieser Stelle hingewiesen: Im Januar 1978 informierte der inoffizielle MfS-Mitarbeiter »Arnold«, dass der Leiter des Militärstrafvollzugs, Gerhard Albinus, Protokolle der Abteilungsleiterberatungen nachträglich fälsche. Offensichtlich wollte der Leiter bei der vorgesetzten Dienststelle weniger Anlass für Rückfragen bieten. Vgl. IM-Bericht »Arnold«, 10.1.1978; BStU, MfS, A 641/82, Bd. 3, Bl. 49 f.

99 BLHA, Rep. 671/16.1, Nr. 301, Bl. 99 u. 103.

100 Doch ein Arbeitsplan für das 2. Halbjahr 1980 erwähnt »Aussortierungsarbeiten der Gefangenenakten mit einer Aufbewahrungsfrist mit 30 Jahren« entsprechend eines Mikrofilmprojekts, vgl. Ltr. StVE, Albinus [o. Adressat]: Arbeitsplan für das 2. Halbjahr 1980, 23.6.1980; BLHA, Rep. 671, BDVP Ffo 1121, Bl. 104 ff., hier 116. Ich danke Thomas Welz herzlich für den Hinweis auf dieses Dokument.

Hinweis zu den Hintergründen der beabsichtigten Verfilmung und zum Verbleib der vermutlich angefertigten Filme.[101]

2. In einer weiteren Akteneinheit gleicher Provenienz ist auf jedem Titelblatt der vier Schwedt-relevanten Dokumente ein handschriftlicher Eintrag »Archivgut« vorhanden. Zusätzlich ist für jedes dieser Dokumente am 25. Mai 1988 mit Stempel und Paraphe der damalige Geheimhaltungsgrad »Vertrauliche Verschlusssache« aufgehoben worden.[102] Unklar bleibt, ob dies noch in Schwedt oder später im Archiv erfolgte.[103]

Archiv der Justizvollzugsanstalt (JVA) Brandenburg

Im JVA-Archiv fanden sich neun Filmrollen mit Unterlagen zu Schwedt-Insassen aus den Vollzugs-Jahrgängen 1961 bis 1969. Ausweislich der zu Beginn der Filme befindlichen Vorblätter handelt es sich um Material des Zentralen Archivs des Innenministeriums; insbesondere der Bezirksbehörde der Volkspolizei Frankfurt (Oder), Abteilung Strafvollzug. Verfilmt wurden auf Aufnahmebogen, Entlassungsschein, Arbeitskarte und Gesundheitsunterlagen reduzierte Gefangenenpersonalakten. Die Filme für 1968 und 1969, den beiden ersten Jahrgängen des Militärstrafvollzugs in Schwedt, wurden eingesehen. Vom Zeitraum her war zu erwarten, dass unter den Strafgefangenen auch Militärangehörige beziehungsweise dass bei den geahndeten Delikten auch Militärstraftaten vertreten sind (am 22. Juni 1968 wurde der Militärstrafvollzug in Schwedt eröffnet). Auf den vorliegenden Filmen sind jedoch »nur« Unterlagen zu verurteilten Zivilisten, die wiederum »nur« zivile Straftaten begangen hatten, zu finden. Die Spannbreite erstreckt sich von Verstößen gegen das Passgesetz über Sittlichkeitsdelikte, Kindstötung, Diebstahl, Unterschlagung, Betrug, Landstreicherei, Körperverletzung und anderen bis hin zu Verkehrsunfällen unter Alkohol.

101 Zu vermuten wäre zunächst ein Zusammenhang mit der bereits absehbaren Umstellung der Verwaltung vom MdI zum MfNV. Der letzte Kommandeur der MfNV-Phase, Decker, erinnerte sich, dass die Personalakten der Angestellten auf Mikrofilm verfilmt wurden. Zum Verbleib der Filme äußerte auch er nichts – Dressler: Stillgestanden, S. 293. Eine entsprechende Anfrage wurde noch Anfang 2016 sowohl vom Militärarchiv, als auch vom BLHA und dem Berliner Bundesarchiv negativ beauskunftet. Im MfS war bekannt, dass im MdI/VSV 1981 eine prinzipielle Mikroverfilmung von Gefangenenakten begann, vgl. Ltr. HA VII, GM Büchner an Stv. Minister, GM Neiber: Vorschlag zur Übernahme von politisch-operativ bedeutsamen Gefangenenakten des Organs Strafvollzug, die nach erfolgter Mikroverfilmung zur Vernichtung vorgesehen sind; BStU, MfS, Abt. XII Nr. 7770, Bl. 1–4. Bisher ist nicht ersichtlich, dass darunter auch Schwedt-relevante Unterlagen fielen.

102 BLHA, Rep. 671/16.1, Nr. 322, Bl. 92, 125, 133 u. 140.

103 Sollte das noch in Schwedt geschehen sein, hieße das, dass sich dort 1988 jemand bewusst mit dem Material aus der vorherigen Zuständigkeitsphase des Innenministeriums befasste.

Nur in Einzelfällen sind politische Tatbestände wie »Hetze« oder Staatsverleumdung erkennbar. Die ausgesprochenen Strafmaße betrugen zum Teil auch mehr als zwei Jahre und lagen damit über dem ab 1968 für Schwedt geltenden Höchstmaß. In Einzelfällen ist vor dem Aufenthalt in Schwedt eine Inhaftierung in Berndshof ersichtlich. Ein Bezug zu einer damals aktuellen Armeezugehörigkeit ist auszuschließen: Die Aufnahmebögen der Haftanstalt enthalten sowohl eine Angabe zur Tätigkeit vor Inhaftierung als auch zu den Zeiträumen einer Tätigkeit bei den bewaffneten Organen und die entsprechenden Eintragungen verweisen definitiv auf jeweils andere Zusammenhänge. Für die frühen 1960er-Jahre sind auch weibliche Insassen nachweisbar. Ab 1967 gilt dies dann nicht mehr. Die vorgefundenen Filme enthalten offensichtlich keine Hinweise auf Militärstraftäter. Eine Erklärung hierfür wurde bei einem Archivbesuch im Jahre 2010 trotz Nachfrage nicht geboten. Es gibt somit Grund zur Annahme, dass die Unterlagen zu den ab 1968 dort untergebrachten Militärstrafgefangenen separat verwaltet wurden.

Archiv des Polizeipräsidiums Frankfurt (Oder)

Im Polizeiarchiv Frankfurt werden nach eigener Aussage über 100 Personalakten ehemaliger Schwedt-Bediensteter aufbewahrt.[104] Diese betreffen nicht nur den Zeitraum der Zuständigkeit der Verwaltung Strafvollzug (die Teil der Volkspolizei war), sondern überraschenderweise zum Teil auch die späteren Jahre unter der Verwaltung durch das Ministerium für Nationale Verteidigung. Eine Einsichtnahme war bisher nur in eine Akte zu einer Person möglich, die durch ihre mehrfache Anbindung in Polizei-, Strafvollzugs- und Staatssicherheitsstrukturen besonders interessant war. Neben den typischen Unterlagen einer Personalakte (Personalbögen, Lebensläufe, Beurteilungen, Auszeichnungen usw.) enthielt die Akte nur marginale Hinweise auf Verbindungen zum Ministerium für Staatssicherheit und keine Erkenntnisse zum Dienstbetrieb oder dem »operativen« Geschäft in Schwedt. Da das Archiv des Polizeipräsidiums kein öffentliches Archiv ist und die Akten als Personalakten betrachtet werden, war eine Einsichtnahme in weitere Personalakten bisher nicht möglich. Auch wenn dort über 100 Personalakten lagern sollen, kann dies bei weitem nicht der Gesamtbestand der zu den Bediensteten angelegten Unterlagen sein.

104 Telefonische Auskunft einer dortigen Archivmitarbeiterin gegenüber dem Autor im Juni 2010.

Zentrale Beweis- und Dokumentationsstelle der Landesjustizverwaltung (Erfassungsstelle) Salzgitter

Von der Erfassungsstelle Salzgitter wurde zu Schwedt ein nur zwei Blatt umfassender Haftanstalts-Ordner mit Erkenntnissen von 1970 und 1987 bekannt. Das Material wurde inzwischen dem Bundesarchiv zugeordnet und unterliegt den dortigen Nutzungsregeln für personenbezogene Unterlagen.[105] Laut Wenzke handelt es sich um zwei Aussagen über Stockschläge und andere körperliche Misshandlungen.[106]

Bundesverwaltungsamt (BVA), Außenstelle Strausberg

Im BVA sind in bisher unbekanntem Umfang ebenfalls Personalakten ehemals in Schwedt Beschäftigter vorhanden. Im Rahmen dieses Forschungsprojektes war ein Zugang zu den Akten nicht möglich, da »eine Auskunftserteilung an Dritte auch erst nach Einwilligung des jeweils konkret Betroffenen möglich« sei.[107] Zum Umfang der dortigen Akten und den Namen der betreffenden Personen wurden vom BVA keine Angaben gemacht. Bisher war lediglich eine Bestätigung zu erhalten, dass von einer eingereichten Liste mit 16 Personen zu »einem Teil der [...] aufgeführten Personen Personalunterlagen in unterschiedlichen Umfang vorhanden« seien.[108]

Bundesbeauftragter für die Unterlagen des Staatssicherheitsdienstes

Neben MfS-Akten sind hier auch Akten der Arbeitsrichtung K I[109] der Volkspolizei relevant. Die Zuständigkeit der K I bis 1982 ergab sich aus der Zuordnung des Militärstrafvollzugs zur Verwaltung Strafvollzug des MdI. Aufgrund entsprechender Vereinbarungen sind Akten der K I zum Teil im Archiv des MfS überliefert. Projekt-relevante Diensteinheiten des MfS sind die HA I (Überwachung von NVA und Grenztruppen), HA VII (Überwachung von Volks-

105 BArch, Bestand B 197.

106 Wenzke: Hinter Gittern, S. 233, Fn. 48 mit Benennung der Vernehmungen von Sch., Klaus am 18.12.1969 bzw. von F., Uwe am 26.1.1987.

107 Schreiben des BVA v. 26.5.2014 an den Autor; BStU-Vorgang Tgb.-Nr. 012832/08 Z.

108 Schreiben des BVA v. 15.4.2014 an den Autor; ebenda.

109 Für inoffizielle Verbindungen unter Strafgefangenen des MdI war seit 1966 die innerhalb der Verwaltung Strafvollzug des MdI aufgestellte Abt. 4 zuständig, die 1974 vom Arbeitsgebiet I der Kriminalpolizei (K I) als Arbeitsrichtung 4 übernommen wurde. Die hauptamtlichen Mitarbeiter der K I wurden in den Gefängnissen als Offiziere für Kontrolle und Sicherheit (OKS) bezeichnet und waren zum Werben und Führen von inoffiziellen kriminalpolizeilichen Mitarbeitern (IKM) unter Strafgefangenen berechtigt; vgl. MfS-Lexikon, S. 186.

polizei und Strafvollzug) und HA IX (Untersuchungsführung) der MfS-Zentrale sowie die Bezirksverwaltung (BV) Frankfurt (Oder) wegen des Standorts Schwedt; dort insbesondere die Linie VII. Die Annahme, auch die Kreisdienststelle Schwedt böte relevante Aktenbestände, erwies sich als Irrtum. Die Mehrzahl der themenrelevanten Unterlagen des Ministeriums für Staatssicherheit betreffen personenbezogene Vorgänge zu Bediensteten oder Insassen in Schwedt und sind nur bedingt geeignet, das Bild von Schwedt zu rekonstruieren. Angesichts der Vielzahl der Einzelfälle und wegen der Lücken in den anderen Beständen sind sie jedoch eine wesentliche Bereicherung.

Der Archivbestand des BStU besteht mehrheitlich aus personenbezogenen und nach Personendaten erschlossenen Unterlagen. In weit geringerem Umfang ist auch Material ohne Personenbezug überliefert. Nachfolgend wird ein kurzer Überblick über relevante Unterlagen nach Formalkriterien gegeben:

Sachakten
Unter Sachakten werden nach sachlichen Kriterien beziehungsweise Themen verzeichnete Unterlagen verstanden. Einen eigenen Bestand zu »Schwedt« gibt es nicht. Recherchen in den Beständen der dargestellten Diensteinheiten führten zu Dienstvorschriften des MfNV (die kein originäres MfS-Material darstellen und auch außerhalb des BStU zu finden sein dürften) und zu einigen Unterlagen über die für die Arbeitskommandos relevanten Betriebe. Bei letzteren ist aber noch offen, ob tatsächlich ein Themenbezug vorhanden ist oder andere Betriebsabläufe beobachtet wurden. Zusätzlich gab es mehrere Zufallsfunde in Sammelakten zu besonderen Vorkommnissen aus entsprechenden Sammlungen der Hauptabteilungen I und IX. Nicht gefunden wurde bisher Material aus der Arbeit der Linie 26 (elektronische Abhörmaßnahmen), obwohl mindestens ein Fall von Abhörmaßnahmen in einem Verwahrraum belegbar ist. Auch relevante Fotos sind in den Beständen des BStU bisher nicht nachweisbar.[110]

Personenbezogene Akten
Recherchen erfolgten sowohl zu ehemals Bediensteten als auch zu damaligen Insassen. Zu beiden Personengruppen liegen diverse Aktenformen vor: Operative Personenkontrollen (OPK), Operative Vorgänge (OV) und Akten inoffizieller Mitarbeiter (IM). Zu den Insassen existieren zusätzlich Untersuchungsvorgänge (AU). Dabei sind folgende Einschränkungen zu beachten:

1. OPK oder AU zu Delikten, deren Ahndung später nach Schwedt führen konnte, enden zeitlich und inhaltlich mit der Übergabe an die Militärstaats-

110 Die im Bundesarchiv überlieferte Chronik der Disziplinareinheit enthält jedoch einige Fotos von der Bautätigkeit bzw. von offiziellen Höhepunkten; BArch, DVW 5-16/74001 (o. Pag., nach Bl. 107).

anwaltschaft beziehungsweise der Urteilsverkündung. Regime und Bedingungen der Strafverbüßung sind nicht Gegenstand solcher Materialien. Hier sind also ähnliche Einschränkungen zu machen wie zur Urteilssammlung im Bundesarchiv/Militärarchiv. Oft ist schon nicht erkennbar, welcher Vollzugsort galt beziehungsweise wann Betroffene in Schwedt waren.
2. Durch die friedliche Revolution von 1989 ergaben sich Auswirkungen auf den Aktenbestand des MfS. So erstellte zum Beispiel die für die Disziplinareinheit Schwedt zuständige Struktureinheit des MfS (HA I, Abt. MfNV, UA Hauptstab) am 9. November 1989 eine »Konzeption zur Organisation besonderer Sicherheitsmaßnahmen in den Arbeitsgebieten der Unterabteilung Hauptstab«, in der zur »vorbeugenden Sicherung der inoffiziellen Basis« unter anderem verfügt wurde, die »IM-Akten Teil I auf das Notwendigste zu reduzieren und zur Einlagerung am Sitz der Abteilung« vorzubereiten beziehungsweise »IM-Akte Teil II ohne Protokoll zu vernichten«.[111] Der Teil I der IM-Akten ist die sogenannte Personalakte und enthält insbesondere umfangreiche Klardaten des IM, seine Verpflichtung und Decknamen sowie Einsatzüberlegungen. Der Teil II der IM-Akten enthielt die inoffiziellen Arbeitsergebnisse (Berichte und an das MfS vom IM übergebene Materialien, Treffberichte, -auswertungen). Die Vernichtung betraf in der Regel »nur« den Bestand der damals aktiv arbeitenden IM. (Dies war im Übrigen auch in den anderen Abteilungen der HA I eine weit verbreitete Praxis, sodass für die gesamte NVA und die Grenztruppen festzustellen ist, dass die Arbeitsergebnisse der bis zum Schluss tätigen IM nur rudimentär archiviert wurden).

Die Zahl der eingesehenen Vorgänge liegt bei über 920 (nach dem Kriterium der Archivsignaturen, die Bandzahl liegt deutlich höher). An inoffiziellen Mitarbeitern (sowohl der K I als auch des MfS) sind inzwischen über 260 bekannt. Als besonders relevant erwiesen sich die umfangreichen (dennoch unvollständigen) Akten folgender Personen:[112]

– Heinz Colberg – Offizier für Kontrolle und Sicherheit (OKS) in der Zeit der Zuständigkeit des Innenministeriums. Seine Dienststellung berechtigte zum Werben und Führen von inoffiziellen kriminalpolizeilichen Mitarbeitern unter den Insassen. Gleichzeitig war Colberg der Staatssicherheit als IM »Johannes« verpflichtet. Nach dem Auffinden von dessen MfS-Akten bekam das Projekt eine solidere Basis, weil hier zahlreiche Namen zu finden waren.

111 BStU, MfS, HA I Nr. 19872, Bl. 1. Die Verfahrensweise der Unterabteilung Hauptstab scheint sich von der in anderen UA der HA I/MfNV zu unterscheiden, da für die anderen UA Protokolle über die Vernichtung von über 1 200 IM-Vorgängen im November 1989 vorliegen, vgl. MfS, Abt. XII Nr. 873 passim.

112 Zu den jeweiligen Aktenlagen siehe die Biogramme in Kap. 2, 5 und 6.

Zu Colberg hat auch der eingangs erwähnte Klaus Auerswald in seinem Buch ausführliche Passagen geschrieben.[113]

- Manfred Riesbeck – OibE des MfS auf der ab 1983 in der Disziplinareinheit eingerichteten Stelle des Oberoffiziers für Sicherheit und Ordnung. Riesbeck war offiziell der von der MfNV-Abt. Innerer Dienst nach Schwedt entsandte Zuständige für Sicherheitsfragen, eigentlich aber verdeckt agierender hauptamtlicher Offizier des MfS.
- Wolfgang Bailleu – langjähriger Offizier für politische Schulung und Parteisekretär in Schwedt. Er war von 1964 bis 1989 unter dem Decknamen »Arnold« inoffiziell für das MfS tätig und damit der dienstälteste IM in der Dienststelle Schwedt.

Leitakte über die Strafvollzugseinrichtung Schwedt

Gemäß Dienstanweisung (DA) Nr. 2/75 des Ministers für Staatssicherheit war über jede Strafvollzugseinrichtung von der territorial zuständigen Bezirksverwaltung beziehungsweise Kreisdienststelle eine sogenannte »Leitakte Strafvollzug« anzulegen.[114] Die DA enthält Vorgaben zum Führen solcher Leitakten und eine Übersicht zu deren vorgesehenem Inhalt. Die DA benennt den Militärstrafvollzug oder den Standort Schwedt nicht gesondert, erwähnt aber mehrmals die Zusammenarbeit mit und die Abgrenzung gegenüber der Arbeitsrichtung K I, wie sie für »Schwedt« aus zahlreichen anderen Akten auch belegt ist. Auch wenn eine solche Leitakte für Schwedt bisher nicht aufgefunden wurde, gibt es zahlreiche Hinweise auf deren damalige Existenz und die Art beziehungsweise Inhalte der dort abgelegten Materialien. So ist mehrfach durch die Führungsoffiziere des MfS in Auswertung der Treffen mit ihren inoffiziellen Mitarbeitern als auswertende Notiz festgehalten worden, dass diese oder jene Information Eingang in die Leitakte finden solle.[115] Als es 1982 zur Verwaltungsübergabe des

113 Auerswald: … sonst kommst du nach Schwedt.

114 DA Nr. 2/75 des MfS »Politisch-operative Aufgaben des MfS im Strafvollzug der DDR« v. 13.3.1975; BStU, MfS, BdL/Dok. Nr. 2378. Sie wurde außer Kraft gesetzt bzw. aktualisiert durch DA 5/85, die sich aber nur auf das MdI bezog, zu diesem Zeitpunkt also für Schwedt irrelevant war, da das MdI 1985 keine Zuständigkeit für das Militärstrafgefängnis mehr hatte.

115 Dabei handelt es sich insbesondere um Vorgänge bezüglich des Personals oder die Sicherheit verletzende Vorkommnisse. Z. B. betraf das IM-Berichte über das angespannte Verhältnis zwischen dem Leiter, dem Politstellvertreter und dem Offizier für politische Schulung und Parteisekretär, die Aufstellung über die bestätigten Betriebsangehörigen bzw. zivilen Lenkungskräfte, die unmittelbaren Kontakt mit Strafgefangenen hatten oder Berichte über Angehörige des Strafvollzugs (vgl. IM-Berichte »Egon« bzw. »Arnold«, 30.10.1975 u. 4.11.1975 in Verbindung mit Treffauswertungen durch FO Feller v. 27.11.1975 u. 29.1.1976; BStU, MfS, A 641/82, Bd. 2, Bl. 218, 220 u. 232). Auch offizielle Befragungsprotokolle und Aktenvermerke über ein Vorkommnis unter zwei namentlich benannten Bediensteten sollten in der Leitakte abgeheftet werden (FO Schübler: Treffbericht IMS «Egon«, 3.2.1981; BStU, MfS, A 641/82, Bd. 2, Bl. 280).

Militärstrafvollzugs vom MdI zum MfNV kam, wechselte gleichzeitig die Zuständigkeit des MfS. In einem diesbezüglichen Protokoll vom 25. Oktober 1982 wurde auch die Übergabe der »Leitakte über StVE Schwedt (O)« mit damals 80 Blatt vermerkt.[116]

Erst zum Redaktionsschluss wurde bekannt, dass durch die anhaltenden Erschließungen nunmehr eine sogenannte Sachverhaltskartei zu Vorkommnissen aus dem Bereich der 1. Mot.-Schützendivision zur Verfügung steht. Von den circa 3 400 Karteikarten weisen circa 160 auf eine Verurteilung mit einem Strafmaß bis zu zwei Jahren hin.[117] Aussagen zum Militärstrafvollzug sind nicht enthalten. Für Recherchen nach eventuell betroffenen Personen fehlte die Zeit. Insgesamt sind hier ähnliche Einschränkungen zu machen wie bei der oben beschriebenen Urteilssammlung im Militärarchiv Freiburg.

1.5 Struktur und Form des Bandes, Begriffsklärungen

Im Kapitel 2 werden zunächst Geschichte, Struktur und Organisation des Militärstrafvollzugs beziehungsweise der Disziplinareinheit allgemein betrachtend beschrieben. Dabei geht es um institutionelle, organisatorische und territoriale Fragen des »Objekts« und die Personalstruktur bis hin zur Organisation von äußerer und innerer Bewachung. Das Kapitel 3 fasst die in Schwedt verbüßten Delikte, die daraus abgeleiteten Kriterien der Verwahrung der Insassen sowie Fakten und Hochrechnungen zu Insassenzahlen zusammen. Im Kapitel 4 folgt die Darstellung von Verwahrroutinen, Tagesablauf und Haftalltag (samt Schilderung von Schikanen durch das Personal) als auch von Varianten nonkonformen Verhaltens und des Aufbegehrens der Insassen. Das Thema von Kapitel 5 sind die Institutionen Staatssicherheit und K I in Militärstrafvollzug und Disziplinareinheit Schwedt, deren Verflechtungen und Interessenlagen sowie das hauptamtliche Personal. Während hier überwiegend das offizielle Agieren im Mittelpunkt steht, beleuchtet Kapitel 6 Formen, Zielstellungen und Begrenzungen der inoffiziellen Arbeit von Staatssicherheit und K I, überwiegend am konkreten Beispiel. Mit der Zusammenfassung und Ausführungen zum Stand der politischen Aufarbeitung schließt Kapitel 7 die Darstellung.

Zu einzelnen Begriffen: Die Insassen gliedern sich in die drei Gruppen Militärstrafgefangene, Strafarrestanten und Disziplinarbestrafte. Allein von Gefangenen oder Häftlingen zu sprechen, widerspräche dem Status der Disziplinar-

116 [MfS] BV Frankfurt (Oder), Ltr. Abt. VII, OSL Lägel und HA I/Abt. MfNV/UA HS, Ltr. OSL Willert: Protokoll, 25.10.1982; BStU, MfS, BV FfO, Abt. VII Nr. 217, Bl. 28.

117 Sachverhaltskartei der HA I/Abt. Militärbezirk V/UA 1. MSD; BStU, MfS, HA I Nr. 20046–20049.

bestraften. Wo erforderlich, ist auf den unterschiedlichen Status hingewiesen. Bei allgemein zutreffenden Sachverhalten wird der Oberbegriff Insasse verwendet.

Das Personal hatte sehr unterschiedliche Aufgaben zu erfüllen (z. B. Verwaltung, Bewachung der Insassen, Außensicherung des Objektes) und nicht in jedem Fall direkten Kontakt zu den Insassen. Verallgemeinernd von Erziehern, Schließern oder Aufsehern zu sprechen, ist nur im Einzelfall zutreffend. Daher werden überwiegend die Begriffe Personal oder Bedienstete genutzt.

Die Unterbringung der Insassen erfolgte in Räumen, die eher einer Kaserne glichen und nicht der klassischen Zellensituation anderer Gefängnisse entsprachen (mit Toilettenbecken oder gar Kübel im Raum). Daher wird überwiegend von Verwahrräumen gesprochen. Der Begriff Zelle wird nur für die gesonderte Situation des Arrestes (Absonderung) innerhalb des Militärstrafvollzugs beziehungsweise der Disziplinareinheit verwandt.

Inoffizielle Mitarbeiter (IM) des MfS oder der K I (IKM) haben aus vielfältigen Motiven und mit unterschiedlicher Intensität ihre Informationen geliefert. Insbesondere können diesbezügliche Entscheidungen, die unter der Bedingung eines Freiheitsentzuges getroffen wurden, wohl nur vor dem Hintergrund des jeweiligen Einzelfalls gewichtet werden. Die pauschale Benennung als Denunziant oder Spitzel würde dieser Situation nicht gerecht. Daher wird überwiegend mit dem Begriff IM gearbeitet, gegebenenfalls mit der Konkretisierung um die relevante Institution (MfS oder K I).

Die neue Rechtschreibung wurde auch auf originale Bezeichnungen aus DDR-Zeiten angewandt, das erstreckt sich auch auf Zitate. Die vorgefundenen Schreibweisen von Frankfurt/O. beziehungsweise Frankfurt/Oder wurden überwiegend und stillschweigend zu Frankfurt (Oder) angepasst, auch in Zitaten. Die amtliche Bezeichnung Schwedt/Oder wurde zumeist zu Schwedt verkürzt. Anonymisierungen und Pseudonymisierungen betreffen in der Regel ehemalige Insassen oder andere Betroffene von Informationserhebungen durch das MfS oder anderer Institutionen.

Eine Vielzahl von Quellen stammt aus Unterlagen des MfS, zumeist aus IM-Akten oder operativen Vorgängen. Die einzelnen Dokumente lassen oftmals einordnende Hinweise auf institutionelle Struktur, Verfasser, Adressat, Titel und Datum vermissen. Aus Vereinfachungsgründen wurden IM-Berichte beziehungsweise die zugehörigen Treffberichte der Führungsoffiziere in den Anmerkungen nur mit der Kurzform »IM-Bericht + Deckname, Datum« beziehungsweise »Führungsoffizier, Treffbericht, IM Deckname, Datum« gekennzeichnet, also ohne vorangestellte Zuordnung »MfS, Hauptabteilung, Abteilung, Unterabteilung« beziehungsweise »MfS, Bezirksverwaltung, Abt.« oder »Bezirksverwaltung, Kreisdienststelle«. IM-Berichte sind generell an den Führungsoffizier gerichtet, tragen jedoch keinen Adressaten. Sie haben nur selten einen eigenen Titel. Insofern wurde auch auf die Ergänzung »[ohne Adressat und Titel]« verzichtet. Ähnliches gilt für die Treffberichte der Führungsoffiziere. Der Führungsoffizier der Arbeitsrichtung K I, Colberg, führte einige IM ohne Decknamen. In diesen Fällen reduziert sich die Bezeichnung der Dokumente auf »FO Colberg, Treffbericht, Datum«.

Zahlreichen Dokumenten ist die übergeordnete Struktur (oft innerhalb eines drei- bis vierstufigen Hierarchiesystems) nicht zu entnehmen. Die hier relevanten Konstellationen betreffen zumeist das Ministerium für Staatssicherheit, die Bezirksbehörde der Volkspolizei Frankfurt (Oder) sowie die Disziplinareinheit der Nationalen Volksarmee. Zum besseren Verständnis wurde in den Quellenangaben in eckigen Klammern entsprechend ergänzt, zum Beispiel [MfS/HA I/Abt. MfNV] UA Hauptstab oder [BDVP Frankfurt (Oder)] Verwaltung Strafvollzug. Zu jeder Fundstelle ist selbstverständlich die Signatur angegeben. Einzelne Akten des Bundesarchivs, des BLHA und des BStU sind unpaginiert.[118]

Bei mehrfach herangezogenen, zitierten Literaturquellen sowie Dokumenten mit überlangen Titeln und Herkunftsangaben erfolgt ab der zweiten Nennung die Angabe in Kurzform.

Das letzte Zugriffsdatum auf die Internet-Links war der 31. Januar 2018.

118 Gegebenenfalls in Klammern angegebene Seiten- oder Blattnummern beziehen sich entweder auf eine ursprüngliche MfS- oder eine vom Autor vorgenommene Zählung.

2. Geschichte und Organisation des Militärstrafvollzugs und der Disziplinareinheit

2.1 Kurzer geschichtlicher Abriss

Schwedt war ab 1968 einziger Standort des Militärstrafvollzugs in der DDR. Doch auch vor 1968 wurden Militärangehörige und Polizisten strafrechtlich verurteilt und inhaftiert.[1] Wiederholt diskutierten die Verantwortlichen darüber, ob Straftäter der sogenannten bewaffneten Organe zu entlassen seien, in den zivilen Strafvollzug überführt oder als Gruppe gesondert verwahrt werden sollten. Daran gekoppelt war die Frage, unter welcher Zuständigkeit der Strafvollzug für diese Personengruppe zu organisieren sei. Vor der NVA-Gründung, als die Kasernierte Volkspolizei und die Deutsche Grenzpolizei etabliert waren und die Strukturen der DDR-Militärjustiz sich verfestigten, erging 1954 ein Befehl zur Regelung der Inhaftierung von Polizeiangehörigen. Die bisherige Praxis, verurteilte Straftäter aus dem Polizeidienst zu entlassen, sollte aufgegeben werden. Wer »nur« zu einer Strafe bis zu zwei Jahren Freiheitsentzug verurteilt wurde, sollte in den Reihen der Polizei gehalten werden. Als Folge eines entsprechenden Befehls des Innenministers wurde 1954 entschieden, dass für die Freiheitsstrafen von VP-Angehörigen das Straflager Berndshof zu nutzen sei.[2]

Berndshof war mit Unterbrechungen bis 1968 der Strafvollzugsort für Volkspolizisten, ab 1956 auch für Armeeangehörige.[3] Aber auch das 1955 eröffnete Haftarbeitslager Nitzow im Bezirk Magdeburg wurde ab Ende 1957 für einige Jahre als Vollzugsort genutzt.[4] Ab Ende 1963 konzentrierte sich alles wieder auf Berndshof. Die dortigen Zustände stellten den Militär-Oberstaatsanwalt aller-

1 Angehörige des MfS kamen zur Strafverbüßung nicht nach Schwedt. Sie wurden entsprechend den Kaderrichtlinien des MfS auch bei Freiheitsstrafen unter zwei Jahren aus dem MfS entlassen und waren damit keine Militärangehörigen mehr.

2 Befehl Nr. 30/54 des MdI v. 11.3.1954 zur Regelung der Inhaftierung von VP-Angehörigen in Verbindung mit Anordnung Nr. 47/54 des MdI v. 30.11.1954; BStU, MfS, BdL/Dok. Nr. 50294 bzw. Dok. Nr. 50482.

3 Zur Geschichte des Vollzugsortes Berndshof siehe insbesondere Falk Bersch; Hans Hermann Dirksen: Strafvollzug Berndshof/Ueckermünde (1952–1972). Schwerin 2012. Einer der dortigen Militärstrafgefangenen war Rainer Eppelmann, siehe Rainer Eppelmann: Fremd im eigenen Haus. Mein Leben im anderen Deutschland. Köln 1993, insbesondere S. 47–90.

4 Wenzke: Ab nach Schwedt!, S. 216. Dort findet sich der Hinweis, dass neben Nitzow bis zu 25 weitere Einrichtungen des MdI in die Unterbringung verurteilter Uniformträger eingebunden waren.

dings nicht zufrieden. Er berichtete Anfang 1965, eine »Befragung ehemaliger Insassen (Strafarrestanten und Strafgefangene) ergab [die] einhellige Meinung, dass der Strafvollzug in Berndshof einem ›Sanatorium‹ gleiche«.[5] Die Insassen wiesen zudem ein deutlich höheres Bildungsniveau auf, als die zu ihrer Erziehung eingesetzten VP-Angehörigen, und die geforderte straffe innere Ordnung und Disziplin innerhalb des Vollzugs sei bis dahin nicht umsetzbar gewesen. Da Berndshof spätestens 1967 auch wegen baulicher Mängel und Kapazitätsproblemen umstritten war,[6] wurde erneut nach alternativen Standorten gesucht.

So rückte neben anderen Standorten Schwedt in den näheren Fokus. Die Stadt an der Oder spielte für die DDR-Armee bis dahin keine große Rolle. Es gab ein Wehrkreiskommando und wegen der Lage an der polnischen Grenze auch einen Grenzposten. Die größeren Herausforderungen an die Stadt ergaben sich daraus, dass seit 1963 die Erdölleitung aus der Sowjetunion in Schwedt endete und ein Erdölverarbeitungswerk (EVW – später Petrolchemisches Kombinat-PCK) aufzubauen war. Zusammen mit anderen größeren Bauprojekten bewirkte das einen großen Bedarf an Bauarbeitern und Hilfskräften.[7] Mit der Erfahrung, dass Probleme in der Volkswirtschaft gemildert werden konnten, wenn Strafgefangene als Arbeitskräfte eingesetzt wurden, begann in den 1960er-Jahren für Schwedt die Planung eines entsprechenden Gefängnisses. Dies hatte auch den Hintergrund, dass bei der Errichtung des EVW für die manuellen Arbeiten im Bau- und Montagekombinat (BMK) Ost »gewöhnliche« Werktätige nicht zu finden waren.[8]

Im Herbst 1963 kam es zum Abschluss von Verhandlungen zwischen der Verwaltung Strafvollzug des MdI und dem BMK Ost. Vorgesehen war ein neues Strafvollzugskommando für bis zu 200 Strafgefangene, das 1964 fertig gestellt werden sollte.[9] Verschleiernd wurde in der Folgezeit vom »Wohnlager ›S‹« gesprochen. Statusmäßig bedeutete das, dass noch 1964 aus dem bishe-

5 Militär-Oberstaatsanwalt Leibner an Mitglied des Politbüros des ZK der SED, Erich Honecker: Situation im StVK Berndshof, 20.2.1965; BArch, DO 1/3375 (o. Pag.).

6 So liegt ein 21-seitiger Kontrollbericht vom Januar 1967 vor, der eine desaströse Bilanz zog und eine »grundlegende Neugestaltung der Organisation und Durchführung des Militärstrafvollzuges« inklusive räumlicher Veränderung für notwendig hielt: Militär-Oberstaatsanwalt Müller [ohne Adressat]: Bericht über die Überprüfung des Strafvollzuges an MSG und SA im StVK Berndshof, 17.1.1967; BArch, DVW 1/126202 (o. Pag.).

7 Zur Entwicklung Schwedts in DDR-Zeiten siehe vor allem Springer: Verbaute Träume.

8 Tobias Wunschik: Knastware für den Klassenfeind. Häftlingsarbeit in der DDR, der Ost-West-Handel und die Staatssicherheit (1970–1989). Göttingen 2014, S. 43 unter Bezug auf einen Vermerk der Verwaltung Strafvollzug v. 29.10.1963.

9 MdI, Stv. des Ministers für die bewaffneten Organe, GL Seifert an Chef der BDVP Frankfurt (Oder), Oberst Krüger: Errichtung eines Strafvollzugs-Kommandos im EVW Schwedt, 19.11.1963; BLHA, Rep. 671/16.1, Nr. 296, Bl. 1. Wenzke nennt dies »quasi die Geburtsurkunde der Schwedter Haftanstalt«, vgl. Wenzke: Ab nach Schwedt!, S. 245. Zu den baulichen Gegebenheiten siehe Dressler: Stillgestanden.

rigen Standkommando Schwedt ein Strafvollzugskommando wurde. Zu dessen Leitung wurde der bisherige Leiter des Standkommandos, VP-Leutnant Ernst Reihs, eingesetzt, jedoch schon ein Jahr später wegen Leitungsmängeln wieder abgelöst.[10] Nachfolger wurde VP-Major Siegfried Richter. Aus den Gefangenenunterlagen jener Zeit ist ersichtlich, dass es sich bei den Insassen um Zivilisten ohne Bezug zu Militärstraftaten handelte. Für die frühen 1960er-Jahre sind auch weibliche Insassen belegt.[11] Parallel liefen Abstimmungen beziehungsweise Vorbereitungen zur Umwandlung des Strafvollzugs in Schwedt für die vorgesehene Nutzung als Militärstrafgefängnis. In der Frage, ob der Strafvollzug an Militärpersonen weiterhin unter Verwaltung des Innenministeriums oder unter dem Verteidigungsministerium angesiedelt sein soll,[12] kam es 1968 zur Entscheidung: Am 3. Mai 1968 unterzeichneten Generaloberst Dickel (MdI) und ein Vertreter von Generaloberst Keßler (MfNV) die »Vereinbarung über die Vorbereitung und Durchführung des Vollzuges von Freiheitsstrafen und des Vollzuges von Strafarrest an Militärpersonen«.[13] Darin war unter anderem geregelt, dass das MdI das Strafvollzugskommando Schwedt ausschließlich für Strafen an Militärpersonen zur Verfügung stellt. Zum 30. Mai 1968 wurden 27 Zivil-Strafgefangene aus Schwedt vorzeitig entlassen.[14] Die Mehrzahl der restlichen Insassen wurde zum Sommer 1968 von Schwedt nach Rüdersdorf verlegt.[15] Am 22. Juni 1968 kamen die Militärstrafgefangenen aus Berndshof nach Schwedt.[16] Militärstrafgefangene und Strafarrestanten waren nun in Schwedt konzentriert.

Nach zwölfjährigem Betrieb bestimmte ein Beschluss des Nationalen Verteidigungsrates vom November 1980 die Übernahme des Strafvollzugs an Militärpersonen durch das MfNV sowie Grundsätze zur Schaffung der Disziplinarstrafe »Dienst in der Disziplinareinheit«. Zusätzlich wurde beschlossen, dass dieser Vollzug weiter in Schwedt erfolgen sollte, was einschneidende Verände-

10 Leiter Standkommando Schwedt, Ltn. Reihs [ohne Adressat]: Programm für die durchzuführenden Arbeiten im SV-Kommando Schwedt bis Ende 1964, 23.6.1964; BLHA, Rep. 671/16.1, Nr. 296, Bl. 18–21 in Verbindung mit BDVP Frankfurt (Oder): Attestationsblatt zur Ablösung als Leiter des SV-Kommandos Schwedt, 4.6.1965; BStU, MfS, BV FfO, AOPK 303/78, S. 48 f. (MfS-Zählung). Siehe auch Wenzke: Ab nach Schwedt!, S. 245–247.

11 Vgl. Ausführungen zum Archivbestand der JVA Brandenburg im Einführungskapitel.

12 Siehe ausführlich hierzu Wenzke: Ab nach Schwedt!, S. 232–240 u. 247–249.

13 BArch, DVW 1/30205, Bl. 8–12.

14 [MfS/BV Frankfurt (Oder)/Abt. VII], FO Schröter: Anmerkung zum Berichtsauszug GI »Klaus Ring«, 26.5.1968; BStU, MfS, BV FfO, AOP 508/69, Bl. 324.

15 Etwas ausführlicher äußert sich ein damals beteiligter Bediensteter zur Phase der Umstellung, Lenz: Der Lenz ist da, S. 123–126.

16 Zu den aus Berndshof übernommenen Gefangenen gehörten u. a. Günter Meyer und Manfred Schulze, die ihre Erinnerungen festhielten, siehe Brauhnert; Hübner; Polzin (Hg.): Der DDR-Militärstrafvollzug, S. 36–82.

BStU
000343

201

NATIONALE VOLKSARMEE
4. MOT.-SCHÜTZENDIVISION

BEFEHL Nr. 131/89
des Kommandeurs
über

Bestrafung von Armeeangehörigen

vom 30.10.1989

Während seiner Zugehörigkeit zur NVA kam es durch den Soldaten [redacted] wiederholt zu Beleidigungen und Herabwürdigungen von Mitgliedern der SED sowie der Partei selbst. Weiterhin schädigte er das Ansehen der NVA in der Öffentlichkeit grob.
Trotz geführter Aussprachen und durchgeführter Disziplinarmaßnahmen war er nicht gewillt, sein Verhalten zu ändern. Er demonstrierte weiterhin eine ablehnende Haltung zu gesellschaftlichen Verhältnissen in der DDR und setzte seine Beleidigungen von Parteimitgliedern fort.
In Auswertung der genannten Verstöße

BEFEHLE ICH:

Auf der Grundlage der DV 010/0/006, Ziffer 51, Abs.2 (d) wird bestraft:
1. Mit 3 Monaten Dienst in der Disziplinareinheit
Soldat [redacted] [redacted]63 AR-4

Eine Ausfertigung dieses Befehls ist dem Kommandeur der Disziplinareinheit zu übergeben.

O.U., den 30.10.1989

Leistner
Generalmajor

Abb. 1: Einer der letzten Kommandeursbefehle zur Disziplinarbestrafung in Schwedt rungen mit sich brachte.[17] Bis zum 30. November 1982 sollte der Aufbau der dazu vorgesehenen militärischen Einheit abgeschlossen sein.[18] Das führte ab November 1981 zu einer Doppelstruktur. Neben dem weiterhin vom MdI realisierten Strafvollzug war mit Wirkung vom 1. November 1981 die Disziplinareinheit der NVA aufzustellen. Trotz großer Personalnöte wurde Ende 1982 in drei Schritten die Übergabe des Militärstrafvollzugs an das MfNV vollendet: Zum 1. Oktober 1982 wurde die neue Strafe »Dienst in der Disziplinareinheit« eingeführt und ab 1. November 1982 erfolgte der Strafvollzug in Verantwortung des MfNV. Die Übernahme der Strafgefangenen galt am 15. November 1982 als abgeschlossen.[19]

Nun gab es unter dem übergreifenden Namen »Disziplinareinheit 2« zwei getrennte Bereiche für den Vollzug militärgerichtlicher Strafen mit Freiheitsentzug (Militärstrafgefangene und Strafarrestanten) einerseits und Disziplinarbestrafte andererseits. Dieser Zustand hielt mit unterschiedlichen Belegungsstärken bis 1989 an. Noch am 30. Oktober 1989 bestrafte der Kommandeur der 4. MSD einen Soldaten wegen mehrfacher Beleidigung und Herabwürdigung der SED und deren Mitglieder sowie grober Schädigung des Ansehens der NVA in der Öffentlichkeit mit drei Monaten »Dienst in der Disziplinareinheit« Schwedt.[20]

2.2 Strukturen, Organisation und Immobilie

NVA und Schwedt – mit diesem Begriffspaar werden schnell »Militärgefängnis« oder »Armeeknast«, vielleicht sogar die letzte offizielle Bezeichnung »Disziplinareinheit 2« assoziiert. Doch was verbarg sich dahinter? Welchen Namen hatte die »Dienststelle«, welchen Status hatten die Insassen? Die Bezeichnung der Dienststelle kann chronologisch in zwei Phasen unterschieden werden, die mit der Änderung der Verwaltungshoheit zusammenhängen:

17 Das Beschlussprotokoll zur 62. Sitzung des NVR am 21.11.1980 ist einsehbar unter http://www.argus.bstu.bundesarchiv.de/DVW1_NVR/mets/DVW1_NVR_39523/index.htm?target=midosaFraContent&backlink=/argus-bstu/DVW1_NVR/index.htm-kid-4e743c14-4451-41ad-9a52-891136a2e880&sign=DVW%201/39523.

18 Ebenda, S. 281.

19 MfNV, Stv. des Chefs des Hauptstabes an Stv. des Ministers und Chef des Hauptstabes: Hausmitteilung [o. T.] v. 16.12.1982; BArch, DVW 1/126211 (o. Pag.).

20 NVA/4. MSD, Kommandeur GM Leistner: Befehl 131/89, 30.10.1989; BStU, MfS, AOPK 3559/91, Bl. 343. Die MfS-Akte zum Bestraften wurde neun Tage nach Ausspruch der Strafe geschlossen. Andere Akten sind zur Person nicht bekannt, sodass keine Aussage zum Strafverlauf in Schwedt getroffen werden kann. Mitte Dezember 1989 wurden jedoch alle Disziplinarbestraften vorzeitig entlassen, vgl. den Abschnitt zur Auflösung der DE 1989/90 im vorliegenden Kapitel.

- Ab Juni 1968 wurde das zuvor für Zivilstrafgefangene genutzte »Strafvollzugskommando« Schwedt mit militärgerichtlich verurteilten Insassen belegt. Offenbar ohne formellen Beschluss wurde ab 1975 zunehmend der leicht abgewandelte Begriff »Strafvollzugseinrichtung« gebraucht.[21]
- Ab Ende 1982 übernahm das Ministerium für Nationale Verteidigung die Verwaltung der Dienststelle, die fortan »Disziplinareinheit 2«[22] hieß und den Militärstrafvollzug fortsetzte, aber eine zusätzliche Gruppe von Insassen für den sogenannten »Dienst in der Disziplinareinheit« aufnahm.

Bezeichnungen und Adressen

In der Selbstbezeichnung kam die Dienststelle zu allen Zeiten ohne den Zusatz »Militär-«Strafvollzug aus. Lediglich das Ministerium für Staatssicherheit nutzte zeitweise in seinen Unterlagen diese vorangestellte Zuordnung. Das machte zur Differenzierung insofern Sinn, weil die Staatssicherheit im Bezirk Frankfurt (Oder) sowohl die Gefängnisse des Innenministeriums (z. B. Rüdersdorf), den Jugendstrafvollzug in Wriezen,[23] die eigene Untersuchungshaftanstalt in Frankfurt und den Strafvollzug in Schwedt überwachte.

Die Bediensteten trugen in der Zeit der Verwaltung durch das Innenministerium, sofern sie nicht Zivilbeschäftigte waren, dunkelblaue Uniformen und führten zu ihren Polizei-Dienstgraden den Zusatz »des Strafvollzugs«. Bei Übernahme des Strafvollzugs durch das Ministerium für Nationale Verteidigung wurde nur ein Teil der Bediensteten übernommen. Mehrere Berufssoldaten wurden neu zum Dienst nach Schwedt versetzt. Das neu hinzuversetzte und das übernommene Personal trug die NVA-üblichen Uniformen und NVA-Dienstgrade. Eine dritte Gruppe von Personen kam hinzu: Grundwehrdienstleistende

21 Ungenutzte Brief-Vordrucke mit der Absenderangabe Strafvollzugs-Kommando und der Anschrift unter Postfach 70 waren mit der Rückseite noch bis in die 1980er-Jahre als verwendbares Papier in Gebrauch. Die bisher aufgefundenen Exemplare nutzte interessanterweise das MfS, nicht der Strafvollzug oder die Disziplinareinheit; BStU, MfS, AOPK 1601/83, Bl. 39 f. bzw. 46 f.

22 Die Ziffer 2 in der Bezeichnung DE-2 ist kein Verweis auf die Existenz mehrerer Disziplinareinheiten sondern signalisiert deren unmittelbare Unterstellung unter das MfNV. Die Begrifflichkeit Disziplinareinheit ist in Texten der MfNV/Rechtsabt. oder MfNV/Abt. Kommandantendienst seit mindestens 1967 im Gebrauch; BArch, DVW 1/126202 (o. Pag.).

23 Gerichtlich verfügte Freiheitsstrafen an Jugendlichen wurden in sogenannten Jugendhäusern bzw. Jugendstrafanstalten vollzogen. Deren nördlichste lag in Wriezen, im Bezirk Frankfurt (Oder); vgl. Frieder Dünkel; Sabine Lang: Jugendstrafvollzug in den neuen und alten Bundesländern. In: Mechthild Bereswill; Theresia Höynck (Hg.): Jugendstrafvollzug in Deutschland. Grundlagen, Konzepte, Handlungsfelder. Beiträge aus Forschung und Praxis. Godesberg 2002, S. 39. Mehrmals wurde Vollzugspersonal aus Schwedt (vorübergehend) auch in Wriezen eingesetzt.

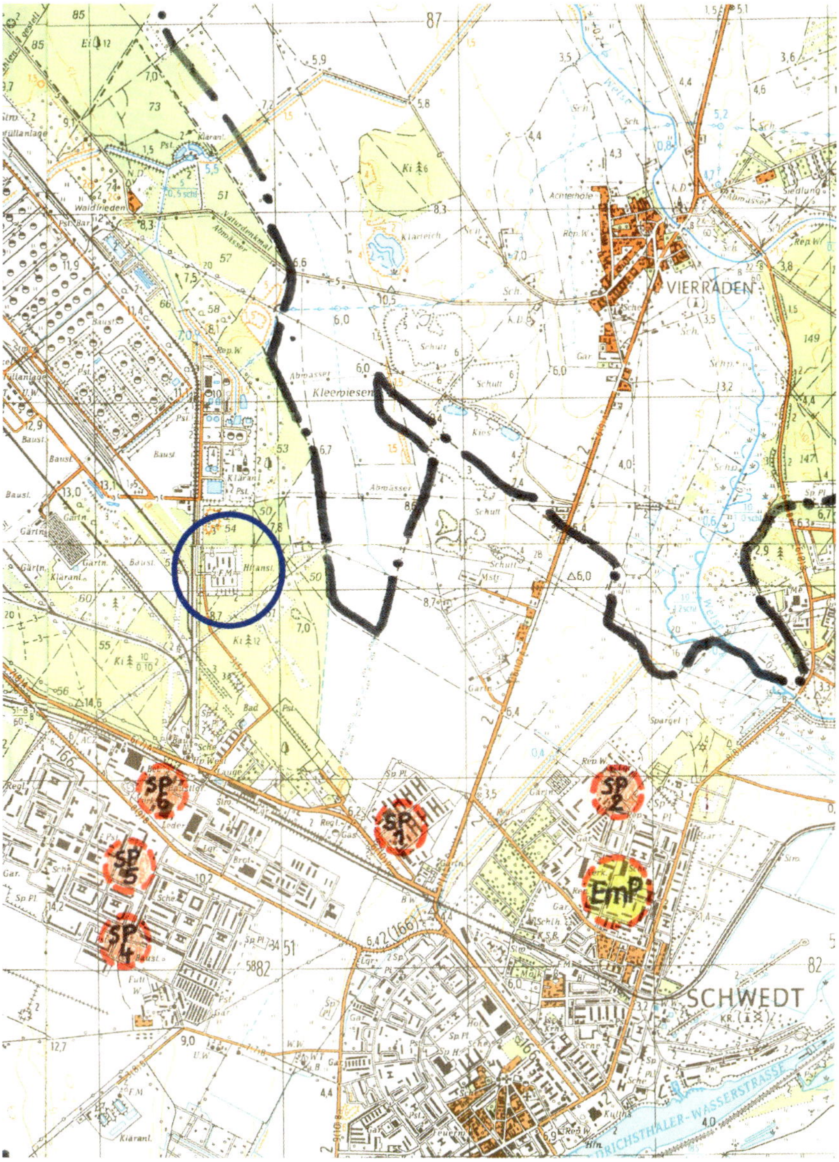

Abb. 2: Das StVK Schwedt (Hft.anst. in der blauen Markierung) auf der topografischen Karte von 1974. Deutlich erkennbar ist, dass der Strafvollzug relativ weit entfernt von der Stadtmitte, aber nahe dem nordwestlich gelegenen PCK angesiedelt war. Die abgebildete Karte aus dem Bestand des MfS enthält Einträge für Mobilmachungszwecke (EmP - Empfangspunkt, SP – Sammelpunkt). Die Strichpunktlinie markiert den Stadtkreis Schwedt. BStU, MfS, BV FfO, KD Schwedt 135, Bl. 3.

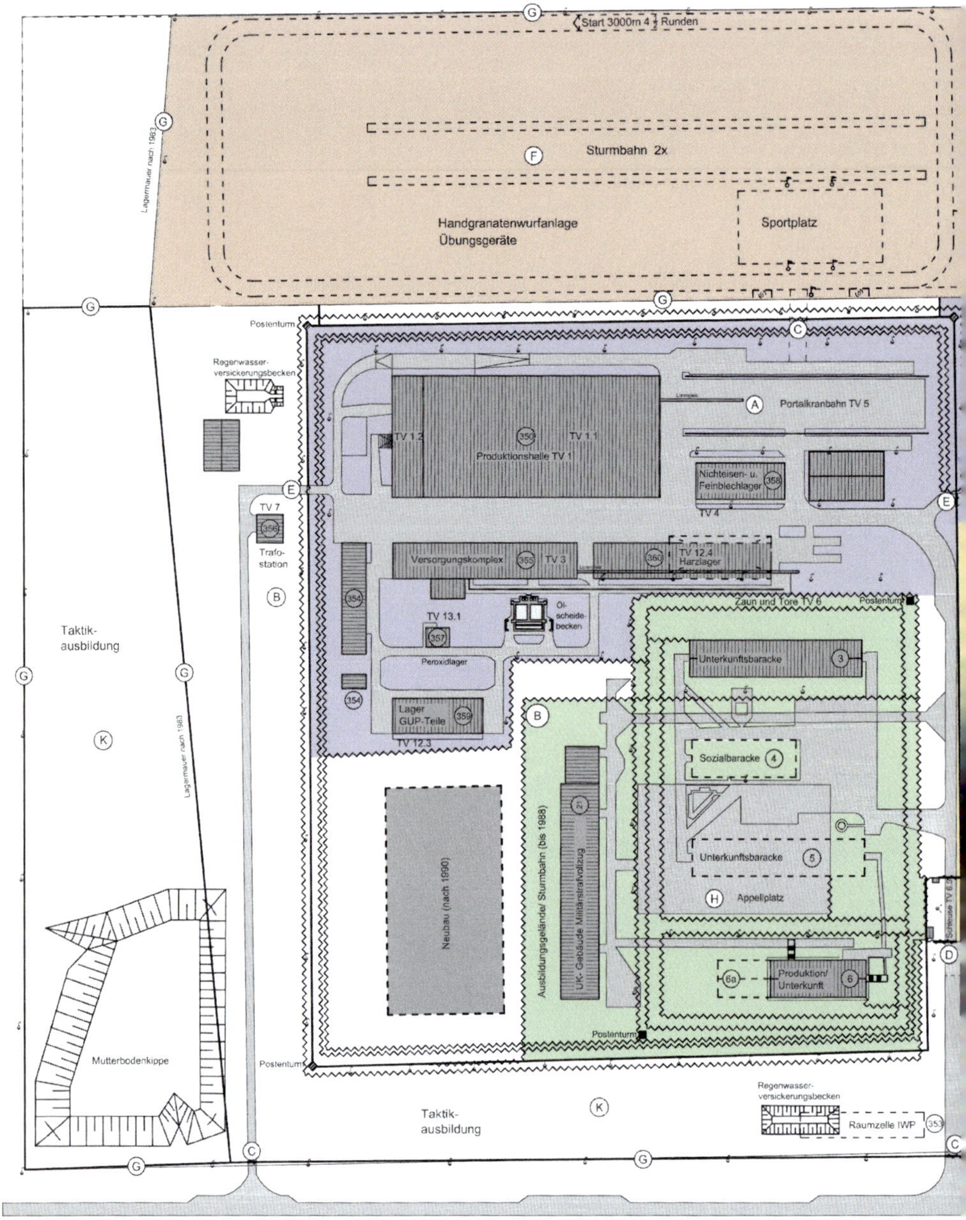

Abb. 3: Gesamtplan der baulichen Entwicklung des Militärgefängnisses/der Disziplinareinheit von 1964–1989. Legende zur Abbildung siehe Seite 52. © ABD-Dressler.

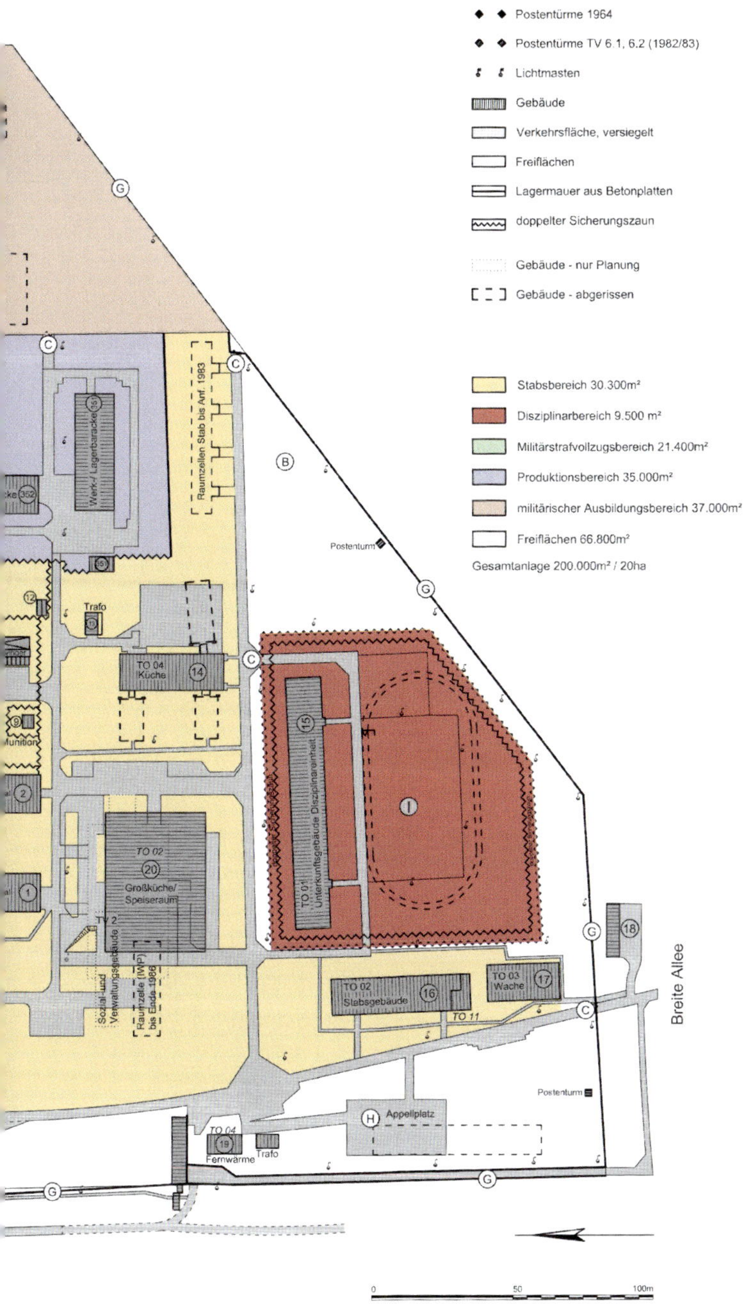

Postentürme 1964
Postentürme TV 6.1, 6.2 (1982/83)
Lichtmasten
Gebäude
Verkehrsfläche, versiegelt
Freiflächen
Lagermauer aus Betonplatten
doppelter Sicherungszaun
Gebäude - nur Planung
Gebäude - abgerissen
Stabsbereich 30.300m²
Disziplinarbereich 9.500 m²
Militärstrafvollzugsbereich 21.400m²
Produktionsbereich 35.000m²
militärischer Ausbildungsbereich 37.000m²
Freiflächen 66.800m²
Gesamtanlage 200.000m² / 20ha
Raumzellen Stab bis Anf. 1983
Werk-/ Lagerbaracke
Postenturm
Trafo
TO 04 Küche
TO 01 Unterkunftsgebäude Disziplinareinheit
TO 02 Großküche/ Speiseraum
TV 2
Sozial- und Verwaltungsgebäude
Raumzelle (IWP) bis Ende 1986
TO 02 Stabsgebäude
TO 03 Wache
TO 11
Breite Allee
Appellplatz
TO 04 Fernwärme
Trafo
0
50
100m

Legende zum Gesamtplan des Militärgefängnisses (Abb. 3)

1	Unterkunftsgebäude Wachpersonal, Kleiderkammer, militärische Handelsorganisation (MHO), Bücherei (Baujahr 1964)
2	Unterkunftsgebäude Wachpersonal (1964)
3	Unterkunftsbaracke/Schulungsräume Militärstrafgefangene (1964)
4	Sozialbaracke Arzt/Zahnarzt/Krankenstation/Küche/Speisesaal/Verkauf (1964)
5	Unterkunftsbaracke Militärstrafarrestanten (1964)
6	Unterkunft Militärstrafgefangene, Produktion Leuchtenbau (1970er-Jahre)
6a	Arrestbereich (1970er-Jahre bis 1988)
7	Wache/Schleuse/Kontrolldurchlass (1970er-Jahre)
8	Lager (Krafttoffe/Öle/Schmierstoffe) (1970er-Jahre)
9	Munitionsbunker (1970er-Jahre)
10	Garage, Hundezwinger (1964)
11	Lager (1970er-Jahre)
12	Nebengebäude (1970er-Jahre)
13	Trafo (1970er-Jahre)
14	Küche und Speiseräume Disziplinarbestrafte und Wach-/Dienstpersonal TO 04 (1982 bis 1986)
15	Unterkunftsgebäude Disziplinareinheit; Arrestzellen und Produktionsräume TO 01 (1982)
16	Stabsgebäude, Kommandeur, Verwaltung, MfS TO 02 (1982)
17	Wache/Kontrolldurchlass mit Arrestzellen TO 03 (1982)
18	Geräteschuppen
19	Fernwärmestation TO 04
20	Großküche/Speiseraum Disziplinarbestrafte und Wach-/Dienstpersonal und Wirtschaftsräume TO 02 (1987)
21	Unterkunftsgebäude Militärstrafgefangene/Militärstrafarrestanten mit Arrestzellen (1988)
350	Produktionshalle TV1 (1982/1983)
351	Werk-/Lagerbaracke (1970er-Jahre)
352	Werk-/Lagerbaracke (1970er-Jahre)
353	Raumzelle Instandsetzungswerk Pinnow (IWP)
354	Werk-/Lagerbaracke (1980er-Jahre)
355	Versorgungskomplex TV 3 (1982/1983)
356	Trafostation TV 7 (1982/1983)
357	Peroxidlager TV 13.1 (1982/1983)
358	Nichteisen- und Feinblechlager TV 4 (1982/1983)
359	Lager vorgefertigter Teile aus glasfaserverstärktem ungesättigtem Polyesterharz (GUP) TV 12.3 (1982/1983)
360	Harzlager TV 12.4 (1982/1983)
A	Kranbahn TV 5 (1982/1983)
B	Abwasser, Klärbecken
C	Toranlage
D	Toranlage und Schleuse zum Militärstrafvollzug TV 6.5 (1982/1983)
E	Werktor (1982183)
F	militärisches Ausbildungsgelände (1980er-Jahre)
G	Umfassungsmauer und Sicherheits-/Maschendrahtzäune TV 6.3, 6.4, 6.6 (1982/1983)
H	Appell-/Exerzierplatz Militärstrafvollzug (1988)
I	Appell-/Exerzierplatz Diziplinareinheit (1982)
K	militärisches Taktikausbildungsgelände
TV	Teilvorhaben Ausbau Produktionsbereich
TO	Teilobjekte (verschiedene Baumaßnahmen)

und Unteroffiziere, die in den Wachzug der Disziplinareinheit 2 versetzt wurden und bei kasernierter Unterbringung dem Kommandeur der Disziplinareinheit unterstellt waren. Die Aufgabe des Wachzuges war, ohne direkten Kontakt zu den Insassen, das gesamte Gelände abzusichern.

Die Insassen sind in drei Gruppen zu unterscheiden, deren dritte erst ab 1982 relevant wurde:

1. gerichtlich verurteilte Militärstrafgefangene mit Freiheitsstrafen bis zu zwei Jahren,
2. Strafarrestanten mit einem Strafmaß von bis zu drei (später sechs) Monaten,
3. Disziplinarbestrafte, die ohne gerichtliches Urteil, durch Kommandeursbefehl zum neu eingeführten »Dienst in der Disziplinareinheit« für die Dauer von ein bis drei Monaten nach Schwedt befohlen waren.

Bei diesen Bezeichnungen ist die Abgrenzung voneinander noch deutlich erkennbar. Unabhängig von allen Begriffsbestimmungen bildete sich insbesondere bei den Insassen ein eigenes Vokabular heraus, das nicht immer deckungsgleich mit dem amtlichen Sprachgebrauch war. Gerade die sprachliche Unterscheidung zwischen dem »klassischen« Militärstrafvollzug und dem neuen Bereich für die Disziplinarbestraften ab Ende 1982 führte zu nicht immer zutreffenden Benennungen. Eigentlich war die Bezeichnung »Disziplinareinheit« (vollständig »Disziplinareinheit 2«) per Definition als Oberbegriff zu verstehen. So heißt es zum Beispiel im Rahmen der Mitzeichnung zum Befehlsentwurf über die Schaffung der Disziplinareinheit:

> Ich empfehle, die Bildung des Begriffs ›Disziplinareinheit‹ als Oberbegriff für den Ort des Vollzuges der Disziplinarstrafe ›Dienst in der Disziplinareinheit‹, des Strafarrestes und der Freiheitsstrafe nicht nur im Zusammenhang mit dem Befehl [Nr. 26/81 des MfNV] vorzunehmen, sondern ihn generell einzuführen. Damit würde die Vollzugseinrichtung einen militärischen Namen haben, es würden alle Möglichkeiten des Vollzugs erfasst werden und die Angleichungen an die Bedingungen des Verteidigungszustandes würden vereinfacht.[24]

In diesem Sinn wurde in der Militärstrafvollzugsordnung von 1982 formuliert: »Der Militärstrafvollzug ist ein gesonderter Verwahrbereich in der Disziplinareinheit der NVA«.[25] Von den Insassen wurde die Bezeichnung »Disziplinareinheit« jedoch mehr als Abgrenzung zum Militärstrafvollzug und nicht als Oberbegriff benutzt. Interessanterweise ist in dem wenigen überlieferten Schriftgut

24 MfNV/Rechtsabt., Ltr. Oberst Krumbiegel an Stv. des Ministers und Chef des Hauptstabes: Entwurf des Befehls des MfNV über die Schaffung der Disziplinarstrafe »Dienst in der Disziplinareinheit«, 26.1.1981; BArch, DVW 1/67006, Bl. 100.

25 Ordnung Nr. 036/9/005 des MfNV v. 17.12.1982 über den Vollzug der Strafen mit Freiheitsentzug an Militärpersonen – Militärstrafvollzugsordnung (nachfolgend Militärstrafvollzugsordnung 1982 genannt); BStU, MfS, AGM Nr. 610, S. 6 der internen Nummerierung.

aus dem Dienstbetrieb kaum zu erkennen, wie sich die damaligen Bediensteten sprachlich beholfen haben. Die »Chronik der Disziplinareinheit« verwendet in unmittelbarer textlicher Nähe die Begriffe »Verwahrbereich« beziehungsweise »Vollzugsbereich« als Abgrenzung zum »Disziplinarbereich«.[26] In einem Dokument der übergeordneten Abteilung Innerer Dienst des MfNV wurden die Begriffe »Unterkunftsbereich« für den Vollzug der Disziplinarstrafe und »Verwahrbereich« für die Strafen mit Freiheitsentzug gebraucht.[27] Vermutlich aber reichte dem Personal neben der Unterscheidung der Personengruppen schon die Nummerierung der Kompanien, um zu wissen, welcher Bereich gemeint war. Die Kompanien 1 bis 3 waren mit Militärstrafgefangenen und Strafarrestanten zu belegen. Die Kompanien 4 bis 6 waren den Disziplinarbestraften vorbehalten (wobei manche Kompanie, z. B. die 4. Kompanie, lange Zeit nicht oder nie belegt waren). Wenn also aus der Sicht der Betroffenen von »Militärstrafvollzug« und »Disziplinareinheit« die Rede ist, geht es eher um eine Unterscheidung der Strafarten als um die korrekte Benennung der Dienststelle. Denn die Unterschiede der Strafarten waren erheblich: Die gerichtlich verurteilten, vergleichsweise lang einsitzenden Militärstrafgefangenen standen über einen längeren Zeitraum unter dem Einfluss der »Erzieher« und für diesen Kreis von Insassen wurde auch eine Art Freizeitstruktur organisiert. Die Einflussnahme auf die nur kurzzeitig anwesenden Disziplinarbestraften war deutlich strenger organisiert. Ihr Tagesablauf ließ kaum Spielraum für Abweichungen, geschweige denn Freiräume.[28] So konnte in beiden Bereichen Druck aufgebaut werden: Den Militärstrafgefangenen war das straffere Regime bei den Disziplinarbestraften ein Hinweis darauf, dass sie es vergleichsweise »gut« hätten. Und den Disziplinarbestraften konnte mit einer erneuten Verurteilung und folgender Verlegung in den Bereich für die »Langstrafer« gedroht werden.[29] Daher war die unterschiedliche Wahrnehmung des Trennenden für die Insassen relevant. Dennoch zählten beide Bereiche zur »Disziplinareinheit 2«. Im Detail galten also folgende Bezeichnungen:

26 Chronik der Disziplinareinheit; BArch, DVW 5-16/74001, Bl. 11.

27 MfNV/Abt. ID: Bericht zum Stand der Sicherheit in der DE, 28.3.1985 [von OibE »Manfred« unterzeichnetes Durchschlagexemplar, vermutl. auch der Verfasser]; BStU, MfS, AIM 5382/88, T. II/1, Bl. 87.

28 Ein ehemaliger Wärter beschrieb es rückblickend so: »Meine Aufgabe war, die Jungs so müde zu machen, dass sie nicht auf dumme Gedanken kamen. […] Damals war das normal.« In: Super Illu (2013) 18, S. 36.

29 Exemplarisch sowohl für die beschriebene Begriffsvermischung als auch das dargestellte Drohpotenzial äußert sich der Nutzer »Biblio« aus dem Schwedt-bezogenen Internetforum: »Wir mussten in der Disziplinareinheit fast stets singen, und fast immer das Lied ›Im Regiment nebenan‹ – wahrscheinlich um uns an die benachbarte Militär-Strafanstalt zu erinnern«, Eintrag »Biblio« v. 5.5.2012.

Bezeichnung	Zuständiges Ressort	Zeitraum
Strafvollzugskommando Schwedt bzw. StVK Schwedt	Ministerium des Innern	ab 1964
Strafvollzugseinrichtung Schwedt bzw. StVE Schwedt	Ministerium des Innern	ab 1975
Nationale Volksarmee Disziplinareinheit 2 bzw. NVA, DE-2	Ministerium für Nationale Verteidigung	ab Ende 1982

Tab. 1: Bezeichnungswechsel des Militärstrafvollzugs

Die in der NVA vielfach üblichen Tarnnamen für einzelne Diensteinheiten waren für die Disziplinareinheit 2 die Bezeichnungen »Machtbereich« und später »Teekessel«. Insbesondere bei der telegrafischen Ankündigung von Strafantrittsdaten spielten die Tarnnamen eine Rolle.

Postalisch war, wie in der NVA allgemein, die Verbindung von Postleitzahl und Post(schließ)fachnummer als Adressangabe üblich. Für die Zeit ab 1968 war das 133 Schwedt/O. PSF 70. Durch eine Erweiterung nach einem Schrägstrich konnten zusätzliche strukturelle Angaben hinzukommen, die zum Beispiel auf einzelne Kompanien/Züge/Gruppen deuteten.[30] Durch die EDV-bedingte Durchsetzung des Gebrauchs der eigentlich vierstelligen Postleitzahlen in der DDR veränderte sich die PLZ zu 1330. Anschließend wurde auch die Postfachnummer geändert. Beispielhaft können folgende Varianten genannt werden:

Zeitraum	Adressvariante (ohne städtischen Namenszusatz »Oder«)
Oktober 1968	133 Schwedt PF 70/III
August 1974	133 Schwedt PF 70/I-3
März 1975	133 Schwedt PSF 70/I/III
Mai 1976	133 Schwedt PSF 70/II-1

30 Der unterschiedliche Gebrauch arabischer und römischer Ziffern in identischen Zeiträumen führt zu gewisser Verwirrung. Eine ähnliche Vielfalt gab es beim städtischen Namenszusatz »Oder«: mal in Klammern, mal mit Schrägstrich, mal ausgeschrieben, mal abgekürzt.

Zeitraum	**Adressvariante** (ohne städtischen Namenszusatz »Oder«)
1977	133 Schwedt PSF 70 II/2
1978	133 Schwedt PSF 70/2 HA
Februar 1982	1330 Schwedt PSF 70/III/III/I
Oktober 1982	1330 Schwedt PF 70/2/1/2
Dezember 1982	1330 Schwedt PF 15705/B
Dezember 1989	1330 Schwedt PF 15705/E

Tab. 2: Adressvarianten. Die Bedeutung der Abkürzung HA ist unklar; vermutlich steht sie für (den Bereich der) Hausarbeiter.

Im internen Schriftverkehr der Dienststelle kam es teilweise zu zusätzlichen, nicht standardisierten Varianten. So verwandte im November 1970 ein Zivilstrafgefangener in einem Brief an den Offizier für Kontrolle und Sicherheit, Colberg, die Absenderangabe »133 Schwedt/Oder StVK Schwedt Lager 2«.[31] Für die in Schwedt stationierten Armeeangehörigen vom Wachzug sind für 1984 und 1985 eigene Adresszusätze bekannt geworden. Hier wurde nach der fünfstelligen Postfach-Nummer die dreistellige Kennung 170 angehängt:
1330 Schwedt/O. PF 15705/170.[32]

Die Liegenschaft

Das Gefängnis lag nicht im Zentrum Schwedts, sondern am nordwestlichen Stadtrand[33]. Das ursprüngliche Lager entstand zur Unterbringung von Arbeitskräften, die zum Bau des Erdölverarbeitungswerks (EVW) benötigt wurden.[34] Nur sekundär ergab sich die spätere Nutzung für die Zwecke des (Militär-)Straf-

31 SG XXX an OKS Colberg, 26.10.1970; BStU, MfS, BV Rostock, AIM 474/82, T. I/1, S. 68 (eigene Zählung).

32 Zwei Beispiele fanden sich im Schriftverkehr der AG Eingaben und Beschwerden innerhalb des MfNV; BArch, DVW 126214 (o. Pag.).

33 Siehe Abb. 2 zu Beginn des Kapitels 2.2.

34 Dank der 2013 veröffentlichten Arbeit des Archäologen Torsten Dressler (Dressler: Stillgestanden) liegt eine in diesem Teil überzeugende Studie über die Entwicklung der Liegenschaft und die baulichen Veränderungen vor, die auch zahlreiche Fotos, Zeichnungen und Pläne bietet. Größtenteils ist auch die Aufteilung und Nutzung der einzelnen Räume beschrieben, sodass gute Möglichkeiten zur Rekonstruktion damaliger Verhältnisse gegeben sind. Neben einzelnen Dokumenten aus dem Bundes- und dem Brandenburgischen Landeshauptarchiv ist die Dressler-Studie wesentliches Basismaterial für dieses Kapitel. Wegen der Fülle der Hin-

vollzugs. Das EVW lag an der Fernverkehrsstraße F 166 (heute B 166) in Richtung Passow. An der östlichen Seite des Werksgeländes wurde das in den frühen 1960er-Jahren zunächst noch »Sonderlager S« genannte Objekt zur Unterbringung von Strafgefangenen vorbereitet und dann entsprechend genutzt. Die Lage am Rand der Stadt beziehungsweise des Werksgeländes erlaubte Erweiterungen, die auch getätigt wurden.[35] Die Erschließung des Geländes erfolgte sowohl vom EVW als auch von der Breiten Allee aus. Heute würde die Adresse Breite Allee 31–35 zumindest für Teile des damaligen Standortes gelten. Aus dem Dezember 1967 liegt ein Bericht des Leiters des Strafvollzugskommandos Schwedt vor, der den Zustand des Geländes beschreibt und schon mit Blick auf die Umprofilierung zum Militärstrafvollzug verfasst wurde.[36] Die Bedingungen wurden unter anderem wie folgt geschildert:

- das Objekt war ein abgeschlossener Komplex im Bereich des Werksgeländes des EVW,
- es gliederte sich in einen Teil für die Bediensteten und einen Teil für die Strafgefangenen,
- der Teil des Personals umfasste eine Unterkunfts- und eine Verwaltungsbaracke, Garagen sowie Hundezwinger und -küche,
- der Verwahrteil der Gefangenen gliederte sich in zwei Unterkunfts- und eine Spezialbaracke,
- die Verwahrraumgröße lag bei 25 m^2, die mit je acht bis zehn Gefangenen belegt wurden.

Die Gesamtfläche des Lagers lag ursprünglich bei circa 180 x 120 Metern. Für die Zwecke des Militärstrafvollzuges und eine vorgesehene Kapazitätserweiterung galten zumindest kleinere An- beziehungsweise Umbauten als erforderlich. Einer der ersten Erweiterungsbauten war Ende der 1960er-Jahre das Produktionsgebäude für den Leuchtenbau. Das diente unter anderem dem Ziel, Strafgefangene, die man wegen unterstellter Fluchtabsichten nicht außerhalb des Lagers einsetzen wollte, mit produktiver Arbeit innerhalb zu beschäftigen. Dem Produktionsgebäude folgten in den 1970er-Jahren weitere Neubauten für Wach- und Lagerzwecke beziehungsweise eine Trafostation. Noch in den 1960er-Jahren wurde das in Anspruch genommene Gelände erweitert, sodass der Lagerzaun eine Fläche von circa 430 x 300 Metern einschloss. Nach der Ausreise eines ehemaligen Schwedt-Häftlings in die Bundesrepublik wurden im Mai 1970 zumindest der westdeutschen Öffentlichkeit die Existenz und die Dimension des

weise wird auf einzelne Seitenangaben verzichtet. Die nachfolgende Beschreibung konzentriert sich auf die für den Militärstrafvollzug relevante Zeit von 1968 bis 1990.

35 Ein Stadtplanausschnitt, der die Lage des Geländes zwischen PCK und Stadtgebiet gut erkennen lässt, findet sich bei Wenzke: Ab nach Schwedt!, S. 316.

36 Leiter StVK Schwedt [ohne Adressat]: Auskunftsbericht, 21.12.1967; BLHA, Rep. 671/16.1, Nr. 300, Bl. 204–210.

Schwedter Strafvollzugs bekannt. In einem Zeitungsartikel wurden die örtlichen Bedingungen und Gegebenheiten vorgestellt, darunter Angaben zu sechs Holzbaracken mit Stuben à zehn Personen für die ständige Unterbringung von circa 200 Insassen.[37] Im Oktober 1974 weilten Vertreter der Abt. Kommandantendienst des MfNV und der Unterkunftsabteilung Frankfurt (Oder) zu einer Kontrolle des baulichen Zustandes vor Ort. Sie überprüften Stabs-, Wirtschafts- und Unterkunftsbaracken, Garagen, Umzäunung und Postentürme. Der bauliche Zustand wurde für gut befunden und eine weitere Nutzung von zehn bis 15 Jahren für möglich gehalten. Bauvorhaben betrafen offenbar nur eine Garagenerweiterung und eine Waschrampe.[38] Kleinere An- und Umbauten beziehungsweise Umwidmungen einzelner Räume und Gebäude fanden immer wieder statt. So waren im Januar 1977 Baumaßnahmen an der Wache im Gange und am Betonwerk wurde weiterhin am Sicherungszaun gebaut.[39] Etwa im Oktober 1978 wurden neue Räume im Bereich der Wache bezogen.[40] Im gleichen Monat waren die Baumaßnahmen für die Produktionshalle des Instandsetzungswerks Pinnow auf dem Gelände der StVE in der Phase von Tiefbau-, Planier- und Schachtarbeiten und betrafen Kanalisation und die Verlegung von Baustraßen.[41]

Über die Jahre unterlagen die Gebäude der StVE einem hohen Verschleiß. Im zweiten Halbjahr 1980 wurde konstatiert, dass der bauliche Zustand der Unterkünfte derart schlecht sei, »dass die Grenzen der Nutzung als Verwahrräume erreicht und teilweise schon überschritten sind«.[42] Vor diesem Hintergrund und in Verbindung mit der Entscheidung zur Übernahme des Strafvollzugs durch das MfNV sowie der Einführung der neuen Strafe »Dienst in der Disziplinareinheit«, für deren Betroffene eine separate Unterbringung vorgesehen war, wurden größere Neubaupläne entworfen. So sollten unter anderem drei neue Unterkunfts- und ein Dienstgebäude errichtet werden. Schätzungen der Baukosten für die vorgesehenen zwei Bauabschnitte lagen bei insgesamt circa 26 Millio-

37 Johannes Rath: Himmelstoß.

38 MfNV/Abt. Kommandantendienst, OSL Schweingel: Notiz über eine am 9.10.1974 durchgeführte Kontrolle im StVK Schwedt [o. D. und Adressat]; BArch, DVW 1/126206 (o. Pag.). Die Waschrampe wurde im Zusammenhang mit Garagenbauten erwähnt und sollte offenbar durch Kfz genutzt werden.

39 Protokoll v. 7.1.1977, [o. D., Verf. und Adressat, vermutlich der Abteilungsleitersitzung der StVE]; BLHA, Rep. 671/16.1,, Nr. 301, Bl. 4–6.

40 Leiter [StVE Schwedt], Mj. Albinus an BDVP Frankfurt (Oder): Einschätzung der Sicherheit in der StVE, 17.10.1978; BStU, MfS, BV FfO, TA 70/84, Bd. 3, Bl. 164–166, hier 164.

41 Leiter StVE Schwedt, Mj. Albinus [ohne Adressat]: Berichterstattung zum Stand der Masseninitiative in Vorbereitung des 30. Jahrestages der DDR, 28.10.1978; BLHA, Rep. 671/16.1. Nr. 300, Bl. 222–232, hier 232.

42 Einschätzung der Wirksamkeit des Sicherungssystems für das 2. Halbjahr 1980 [ohne Kopfdaten; hier von IM »Egon« unterzeichnet u. überliefert]; BStU, MfS, A 642/82, Bd. 2, Bl. 271–278, hier 274.

nen DDR-Mark.[43] Damit einher ging auch eine Vergrößerung des Geländes: So wurden ein völlig neuer Produktionsstandort und der Bereich für die Unterbringung der Disziplinarbestraften inklusive Ausbildungsbereich geschaffen sowie der Stabsbereich erweitert. In einer zweiten Etappe wurden bis Ende Mai 1982 das Wirtschaftsgebäude und das Unterkunftsgebäude für die Disziplinarbestraften fertig gestellt, in der dritten (bis Ende November 1982) die Bauphase mit der Übernahme von unter anderem den Stabs- und Wachgebäuden mit Besuchertrakt und Arrestanstalt abgeschlossen. Parallel hierzu »wurde durch das Kombinat Spezialtechnik Dresden eine Produktionshalle errichtet, um den perspektivischen Einsatz des Wechselbestandes im Innenarbeitseinsatz zu sichern«.[44] Im Januar 1983 wurde festgehalten, dass sich wegen Mängeln in der Bauausführung die Übergabe des neuen Stabsgebäudes verzögere; dennoch konnte es im Laufe des Jahres 1983 bezogen werden.[45] Mit der oben angesprochenen Produktionshalle entstand der Betriebsteil des VEB Instandsetzungswerk Pinnow (IWP), der zukünftig Arbeitsmöglichkeiten innerhalb des Strafvollzugs-Objektes schaffen sollte. Neben einer großen und einer kleinen Produktionshalle wurden auch ein Sozial- und Verwaltungsgebäude, ein Versorgungskomplex, diverse Lagerflächen und technische Einrichtungen errichtet. Die nunmehr – auch wegen des Baus neuer Anlagen zur militärischen Ausbildung – stark erweiterte Fläche des gesamten Objektes betrug gerundet 400 x 600 Meter, reduziert um einen dem trapezähnlichen Flächengrundriss geschuldeten Abschnitt. Kleinere Umbauten oder Umwidmungen fanden auch in den 1980er-Jahren statt. Ab Frühjahr 1983 wurde ein neuer Besucherbereich für die Disziplinareinheit genutzt.[46] Größere Zwänge ergaben sich durch einen Brand im Küchengebäude, das 1986 abgerissen und 1988 durch einen Neubau ersetzt wurde.

Infolge der friedlichen Revolution 1989 wurden bis zum Ende April 1990 alle Insassen entlassen. Vorübergehend gab es Planungen auch unter den veränderten Bedingungen das Gelände weiter für Zwecke des Strafvollzuges zu nutzen.[47] Da das sowie eine Übernahme des Objektes durch die Grenztruppen nicht zum Tragen kamen, fiel das Gelände im Zuge der Einheit Deutschlands an das Bundesvermögensamt. Die Stadt Schwedt erwarb einen Teil und betreibt im ehe-

43 Chef Militärbauwesen und Unterbringung des MfNV an Stv. des Ministers und Chef des Hauptstabes: Mitzeichnung zum Entwurf des Befehls über die Vorbereitung der Bildung einer Disziplinareinheit, 23.2.1981; BArch, DVW 1/67006, Bl. 81–84.

44 Chronik der Disziplinareinheit; BArch, DVW 5-16/74001, Bl. 5. »Wechselbestand« ist ein MfNV-Synonym für die Insassen.

45 MfNV/Abt. ID, Oberst Neugebauer [ohne Adressat und Tagesdatum]: Bericht über die Arbeit der Disziplinareinheit, Januar 1983; BArch, DVW 1/126210 (o. Pag.), in Verbindung mit Chronik der Disziplinareinheit; BArch, DVW 5-16/74001, Bl. 18.

46 [MfS]/HA I/Abt. MfNV an Ltr. HA I: Information zur Sicherheit und Ordnung in der DE, 26.5.1983; BStU, MfS, HA I Nr. 15091, Bl. 40–46, hier 45.

47 Chronik der Disziplinareinheit; BArch, DVW 5-16/74001, Bl. 106 f.

maligen Stabsgebäude ein Städtisches Wohnheim. Das nebenstehende Unterkunftsgebäude der Disziplinarbestraften gehört ebenfalls der Stadt, steht aber leer beziehungsweise wird für Lagerzwecke genutzt. Hier verhandelt der Verein DDR-Militärgefängnis Schwedt e. V. mit der Stadt Nutzungsmöglichkeiten. Dieser Teil sowie der letzte noch existierende Wachturm sind seit 2012/13 auf der Denkmalliste des Landes Brandenburg eingetragen. Diverse Teilflächen des Geländes wurden an unterschiedliche Nachnutzer zur überwiegend gewerblichen Nutzung abgegeben. In den Folgejahren wurden zahlreiche Gebäude abgerissen, sodass die vormaligen baulichen Gegebenheiten kaum noch zu erkennen sind.[48]

2.2.1 Juristische und militärdisziplinarische Normierungen

Aus der Sicht des materiellen wie auch des Verfahrensrechtes war mit dem Strafgesetzbuch (StGB) und der Strafprozessordnung (StPO) der DDR das Instrumentarium für die Militärjustiz vorhanden (Vorschriften zum Ermittlungs-, Eröffnungs- und gerichtlichem Hauptverfahren).[49] Insgesamt darf nicht übersehen werden, dass als Vorstufe militärrechtlichen Vorgehens die disziplinare Praxis in den bewaffneten Strukturen eine wichtige Rolle spielte. Entsprechende Verschärfungen der Disziplinarordnung beziehungsweise der relevanten Dienstvorschriften lassen sich bis in die 1950er-Jahre zurückverfolgen.[50] Die Einführung des »Dienstes in der Disziplinareinheit« war der Schlusspunkt einer jahrelangen Entwicklung.[51] Zusätzlich war seit mindestens 1963 geregelt, dass eine Disziplinarbestrafung eine gerichtliche Bestrafung nicht ausschloss.[52]

Erste militärrechtliche Regelungen reichen bis in die Zeit vor der NVA zurück. Als Vorstufe der späteren Militärstaatsanwaltschaft ist das 1953 gebildete

48 Zu den Verhältnissen ab 1990 siehe insbesondere Dressler: Stillgestanden, S. 320–324 sowie zur Denkmalliste, ebenda, S. 399–401.

49 Wagner: Die Militärjustiz, Bd. 1, S. 20, 22. Das Werk von Wagner sei an dieser Stelle ausdrücklich für die vertiefende Betrachtung der Entwicklung der Militärjustiz und deren Spruchpraxis empfohlen. Auch Wenzke geht ausführlicher auf das System und die Praxis der Militärjustiz und die Entwicklung des Disziplinarwesens ein, als das im Rahmen dieser Publikation zu leisten wäre, Wenzke: Ab nach Schwedt!

50 Ebenda, S. 110–146.

51 Ausführlich dazu Kampa: Die Strafgewalt.

52 Disziplinarvorschrift der NVA DV-10/6, Artikel 38; BStU, MfS, ZAGG Nr. 2299 Bl. 1–58, hier 22. Diese Konstellation war vielen Betroffenen nicht bewusst. Sie meinten, mit der disziplinarischen Strafe von bis zu 10 Tagen Kasernenarrest sei alles erledigt. Dass im Hintergrund die »Klärung« mit der Militärstaatsanwaltschaft erfolgte, wurde ihnen schmerzhaft bewusst, wenn sie nach Arrestverbüßung nicht zurück in die »Truppe«, sondern in Untersuchungshaft kamen. Siehe z. B. Manfred Schulze: Häftlings-Nummer 707077. In: Brauhnert; Hübner; Polzin (Hg.): Der DDR-Militärstrafvollzug, S. 69–83, hier 71.

Untersuchungsbüro im MdI zu betrachten, das noch im gleichen Jahr in »Staatsanwalt der Volkspolizei« umbenannt wurde.[53] Aus dem Folgejahr 1954 stammen mindestens zwei wichtige Dokumente zur Gestaltung des Umgangs mit strafrechtlich angefallenen Uniformträgern: Im März 1954 erließ der Minister des Innern einen Befehl zur Regelung der Inhaftierung von Polizeiangehörigen[54] und im November 1954 konkretisierte er diesen mit einer Anordnung zur Einweisung von Strafgefangenen in ein Straflager.[55] Letztere regelte, nachdem zuvor Beschuldigte bei Beginn eines Strafverfahrens in der Regel aus den Reihen der Polizei entlassen wurden, »dass VP-Angehörige mit Freiheitsstrafen bis zu 2 Jahren nicht mehr aus dem Dienst zu entlassen, sondern in das Straflager Berndshof einzuweisen sind«.[56] Hier war auch fixiert, dass die verbüßte Strafzeit nicht auf die Dienstzeit angerechnet wird. Das daraus resultierende Nachdienen empfanden viele Betroffene als doppelte Bestrafung.[57] Wichtige weitere Ereignisse waren die Gründung der NVA (1956), die Bildung der Militärstaatsanwaltschaft[58] beziehungsweise das Inkrafttreten des 1. Strafrechtsergänzungsgesetzes (StEG), in dem erstmals Militärstraftaten ausgewiesen wurden[59] (jeweils 1957) sowie das Inkrafttreten von Wehrpflichtgesetz und Militärstrafgesetz (jeweils 1962).[60] Insbesondere letzteres war von erheblicher Bedeutung, denn es »hebt den Teil des StEG, der die Verbrechen gegen die militärische Disziplin (§§ 32–38 StEG) zum Gegenstand hatte, auf und regelt das materielle Militärstrafrecht insgesamt neu. Während das StEG lediglich 6 Straftatbestände im Abschnitt über die Militärstraftaten kennt, regelt das MStG 22 Straftatbestände.«[61] Neu aufgenommen wurden zum Beispiel die »Nichtanzeige von Fahnenflucht« und »Feigheit vor dem Feind«. Gänzlich neu eingeführt wurde die bis zu 3-monatige Strafform »Strafarrest«. Wenzke betont die Bedeutung des neuen Gesetzes, in dem er

53 Irmen: Stasi und Militärjustiz, S. 30.

54 Befehl Nr. 30/54 des MdI v. 11.3.1954 zur Regelung der Inhaftierung von VP-Angehörigen; BStU, MfS, BdL/Dok. Nr. 50294.

55 Anordnung Nr. 47/54 des MdI v. 30.11.1954 über die Einweisung von Strafgefangenen in das Straflager Berndshof; BStU, MfS, BdL/Dok. Nr. 50482. Sowie Wenzke: Ab nach Schwedt!, S. 398, Bersch; Dirksen: Strafvollzug Berndshof, S. 35 f.

56 Gerhard Sälter: Grenzpolizisten. Konformität, Verweigerung und Repression in der Grenzpolizei und den Grenztruppen der DDR 1952 bis 1965. Berlin 2009, S. 193.

57 Ein ehemaliger Disziplinarbestrafter griff 1986 zu einer in den 1990er-Jahren in ganz anderen Zusammenhängen gebräuchlichen Vokabel. Er bezeichnete seine 100 Tage nachzudienende Armeezeit als »Solizuschlag«. Vgl. IM-Bericht »Roland Boden«, 1.9.1986; BStU, MfS, AOP 4977/87, Bd. 1, Bl. 108.

58 Per Befehl Nr. 71/57 des MfNV; BArch, DVW 1/1832, Bl. 48–54.

59 Gesetz zur Ergänzung des Strafgesetzbuches. In: DDR-GBl. T. I (1957), S. 643–647.

60 Gesetz über die allgemeine Wehrpflicht (Wehrpflichtgesetz). In: DDR-GBl. T. I (1962), S. 2–6 sowie 2. Gesetz zur Ergänzung des Strafgesetzbuches (Militärstrafgesetz). In: DDR-GBl. T. I (1962), S. 25–28.

61 Wagner: Die Militärjustiz, Bd. 1, S. 19.

unter anderem darauf verweist, dass es »ausdrücklich den ›Erziehungsprozess‹ zum ›sozialistischen‹ Soldaten in der NVA unterstützen« sollte.[62]

Exkurs: Militärstaatsanwaltschaft (MStA)[63]

Als älteste normative Grundlage für die MStA gilt das Staatsanwaltschaftsgesetz (StAG) aus dem Jahr 1962. Es übertrug die »Erfüllung der staatsanwaltschaftlichen Aufgaben in den bewaffneten Organen« der Militärstaatsanwaltschaft, die dem Generalstaatsanwalt der DDR unterstellt war. Ihre Struktur folgte der der Streitkräfte mit ihren jeweiligen Militärbezirken und Verbänden.[64] Der MStA oblagen neben dem MfS[65] die Einleitung und Durchführung militärstrafrechtlicher Ermittlungsverfahren. Sie war beispielsweise zuständig für die Beantragung des Haftbefehls beim Militärgericht[66] oder für vom MfS gewünschte Verlängerungen der Bearbeitungsfrist von Untersuchungsverfahren.[67] Sie konnte Durchsuchungen und Beschlagnahmungen als strafprozessuale Sicherungsmaßnahmen veranlassen. Sie entschied über die Besuchsgenehmigung der Verteidiger sowie der Familienangehörigen und war letztlich für die Anklageerhebung zuständig. In vom MfS bearbeiteten Verfahren folgte dieser Schritt nach Übergabe des MfS-Schlussberichtes. In Schwedt war die Militärstaatsanwaltschaft zwar nicht ständig präsent, verfügte aber über ein eigenes Dienstzimmer. Sie trat bei Beschwerden oder der Untersuchung neuer Vorkommnisse (insbesondere bei Hungerstreiks oder Ausreiseanträgen) in Erscheinung. Ferner konnte sie Insassen erneut vernehmen oder sogenannte Vorbeugungsgespräche führen. Sie hatte wesentlichen Einfluss auf die Entscheidung vorzeitiger Haftentlassungen auf Bewährung. Zum 30. September 1990 wurde die MStA aufgelöst.

Die Situation für Soldaten an der innerdeutschen Grenze barg in disziplinarischer und strafrechtlicher Hinsicht ein besonderes Drohpotenzial. Die Angehörigen der Grenztruppen wurden auf Verhinderung jeglicher Grenzdurchbrüche gedrillt. Dabei wurde ihnen unter anderem verdeutlicht, dass erfolgreiche »Re-

62 Wenzke: Ab nach Schwedt!, S. 60.

63 Nachfolgende Ausführungen beruhen überwiegend auf Wagner: Die Militärjustiz, ohne hier auf einzelne Fundstellen zu verweisen.

64 Gesetz zur Ergänzung des Gesetzes über die Staatsanwaltschaft der DDR v. 24.1.1962. In: DDR-GBl. T. I (1962), S. 28.

65 Das MfS war für Fälle schwerer Kriminalität und sämtliche Fahnenfluchten zuständig.

66 Wagner geht davon aus, dass dem grundsätzlich immer entsprochen wurde.

67 Ihr wurde laut Wagner »in jedem Falle stattgegeben, ohne dass eine Prüfung der Ermittlungsakten vor Fristverlängerung durch den Militärstaatsanwalt zu belegen wäre«.

publikfluchten« penibel daraufhin untersucht würden, ob sie hätten verhindert werden können. Die Nichtanzeige von Erkenntnissen zu Republik- und Fahnenfluchten oder die Duldung von Grenzdurchbrüchen waren Straftatbestände, die bei einer entsprechenden Verurteilung nach »Schwedt« führen konnten. Irrigerweise hielt sich selbst unter Experten noch bis 2011 die Meinung, es sei »kein Fall belegt, in dem jemals ein Grenzsoldat im Rahmen eines Militärstrafverfahrens verurteilt wurde, weil er die Schusswaffe zur Verhinderung einer Flucht nicht eingesetzt hatte«.[68] Im Rahmen dieser Studie wurden drei solcher Urteile bekannt.[69] Hinzu kamen circa zehn weitere Urteile wegen des Vorhalts einer Beihilfe zur Flucht beziehungsweise des Unterlassens einer Anzeige.[70]

Die Einführung der Strafart »Strafarrest« stellte insofern ein Novum dar, da sie nur gegen Militärpersonen verhängt werden konnte und nicht zu einem Eintrag im Strafregister der DDR führte. Die betroffenen Personen galten somit nach Strafverbüßung nicht als vorbestraft. Der Strafarrest stand zwischen den disziplinarischen Strafmöglichkeiten der Armee/Polizei (bis zu 10 Tagen Kasernenarrest) und der militärgerichtlichen Verurteilung. Im Juni 1964 wurde nach Abstimmung zwischen Verteidigungs-, Justiz- und Innenministerium (und vermutlich auch mit Einbindung des MfS) eine Anordnung erlassen, die Vollstreckung und Vollzug des Strafarrestes regelte und deren Umsetzung in Berndshof festlegte.[71] Außerdem war in § 13 Abs. 4 des neuen Wehrpflichtgesetzes die Nachdienpflicht für Militärstrafgefangene und Strafarrestanten geregelt: »Werden aktiv dienende Angehörige der Nationalen Volksarmee wegen Begehung strafbarer Handlungen verurteilt [...],[72] so werden sie nicht vom weiteren Wehrdienst ausgeschlossen. Ihr Wehrdienst verlängert sich um die Dauer der Strafverbüßung«.[73] Im Folgejahr 1963 erließ der Staatsrat der DDR die Militär-

68 Klaus Marxen; Gerhard Werle: Strafjustiz und DDR-Unrecht. Bd. 2/1: Gewalttaten an der deutsch-deutschen Grenze. Berlin 2002, S. XXXII. Von Wenzke wurde dieses Zitat noch 2011 unwidersprochen übernommen, vgl. Wenzke: Ab nach Schwedt!, S. 385.

69 Zwei solcher Verurteilungen werden im 6. Kapitel im Zusammenhang mit MfS-Aktivitäten im MfS-OV »Feigling« erwähnt. Das Schicksal eines dieser Betroffenen wurde 2002 in der Literatur aufgegriffen, siehe Budde: Willkür!, S. 315.

70 Diese Urteile betrafen Fälle von Mitwisserschaft oder Beihilfe ohne direkten Zusammenhang mit dem Postendienst oder einem Schusswaffeneinsatz an der Grenze. Die relevanten StGB-Paragrafen waren §§ 22 – Beihilfe, 213 – ungesetzlicher Grenzübertritt, 225 – Unterlassung der Anzeige, 254 – Fahnenflucht, 262 – Verletzung der Dienstvorschriften über die Grenzsicherung. Die Betroffenen machten nach dem Mauerfall sehr unterschiedliche Erfahrungen bei ihren Rehabilitierungsversuchen – siehe Kap. 7.

71 Anordnung des MfNV über die Durchführung der Vollstreckung und des Vollzuges des Strafarrestes v. 24.6.1964; BStU, MfS, BdL/Dok. Nr. 15132; nachfolgend Strafarrestordnung 1964 genannt.

72 Zur Auslassung: hier nicht abgedruckt sind Sonderfälle, die doch zu einer Entlassung führen sollten.

73 Wehrpflichtgesetz 1962. In: DDR-GBl. T. I (1962), S. 2–6, hier 3. Eines der raren Fundstücke zur Anordnung einer solchen Dienstzeitverlängerung wurde im Rahmen dieses Projek-

gerichtsordnung und die Militärgerichte nahmen ihre Arbeit auf.[74] Parallel zu Überlegungen über den Umgang mit Militärstrafgefangenen wurde im Verlauf der 1960er-Jahre über Veränderungen der juristischen Grundlagen entschieden. Dabei wurde auch geprüft, wie sozialistische Bruderländer diese Probleme regelten; insbesondere die Sowjetunion, der auch in diesem Bereich eine Vorbildwirkung zufiel. Dort gab es seit den 1920er-Jahren ein eigenes Militärstrafrecht, das 1958 in einem Gesetz über die strafrechtliche Verantwortlichkeit bei Militärstraftaten neu formuliert worden war.[75] Dem sowjetischen Modell folgend, verfügten die Streitkräfte der Ostblockstaaten über Militärstaatsanwaltschaften und Militärgerichte mit vergleichbarem Zuschnitt. Auch die sowjetische Disziplinarvorschrift war Orientierung für die »Bruderstaaten«. Als 1967 Diskussionen zur Regelung des Strafarrestes im StGB der DDR anstanden und dabei auch die Rolle des Militärstrafvollzugs berührt wurde, entstand eine vergleichende Übersicht zu den diesbezüglichen Regelungen in der Sowjetunion, der ČSSR und Ungarn. Diese ließ erkennen, dass in diesen Ländern die Variante der konzentrierten Unterbringung unter konsequenter Beibehaltung militärischer Strukturen für Strafen bis zu zwei Jahren bereits umgesetzt war.[76] Analoges galt für Polen. In allen genannten Staaten mussten strafrechtlich verurteilte Grundwehrdienstleistende die Strafzeit nachdienen.[77]

Wenige Monate vor Verlegung der Militärstrafgefangenen nach Schwedt wurde im Januar 1968 das neue StGB verabschiedet, welches im seinem 9. Kapitel die Militärstraftatbestände aufführte; gegenüber dem Militärstrafgesetz von 1962 um den Tatbestand der Meuterei ergänzt.[78] Ab April 1968 galt zudem die neue DDR-Verfassung.[79] In deren Artikel 92 sind Militär(ober)gerichte ausdrücklich als rechtsprechende Institutionen für Militärstrafsachen benannt.

tes bekannt: ein Kommandeurs-Befehl »über Verlängerung des Grundwehrdienstes«, in dem zunächst 14 Personen mit ein- bis zwölftägiger Verlängerung (vermutlich aus Kasernenarrest) bestraft wurden. Die abschließende Regelung galt einem Armeeangehörigen mit vorhergehendem Schwedt-Aufenthalt: hier wurde eine Verlängerung um sechs Monate und einen Tag befohlen. Befehl 19/85 des Kommandeurs des Artillerieregimentes 4 v. 20.3.1985; BStU, MfS, BV KMS, AIM 2143/88 T. I/1, Bl. 134. De facto war die Verlängerung der Wehrdienstzeit tausendfach geübte Praxis.

74 Erlass des Staatsrates der DDR über die Stellung und die Aufgaben der Gerichte für Militärstrafsachen (Militärgerichtsordnung) v. 4.4.1963. In: DDR-GBl. T. I (1963), S. 71–75, sowie Wagner: Die Militärjustiz, Bd. 1, S. 25.

75 Vgl. hierzu und im Folgenden Wenzke: Ab nach Schwedt!, S. 200–206.

76 [MfNV]/Rechtsabteilung, Ltr. OSL Krumbiegel [ohne Adressat]: Vorschläge zur Regelung des Strafarrestes, 21.3.1967, Anlage: Regelungen über den Vollzug von Freiheitsstrafen in besonderen Disziplinareinheiten in der UdSSR, der ČSSR und der VR Ungarn; BArch, DVW 126202 (o. Pag.).

77 Wenzke: Ab nach Schwedt!, S. 205 f.

78 Strafgesetzbuch v. 12.1.1968. In: DDR-GBl. T. I (1968), S. 1–48. In dieser Neufassung wurden u. a. auch die Maximalstrafen für unerlaubte Entfernung und Fahnenflucht erhöht.

79 Verfassung v. 6.4.1968. In: DDR-GBl. T. I (1968), S. 199–222.

Die Militärgerichte waren aber auch zuständig für die in den übrigen Kapiteln des StGB geregelten Straftaten der allgemeinen Kriminalität, soweit sie von Militärpersonen begangen wurden. Dies machte einen nicht unerheblichen Teil der Delikte aus.[80] Ein Passus im Strafvollzugs- und Wiedereingliederungsgesetz von 1968 erlaubte den »Vollzug von Freiheitsstrafen an Militärpersonen und von Strafarrest [...] bei militärischer Notwendigkeit durch die Organe des Ministeriums für Nationale Verteidigung« vornehmen zu lassen.[81] Eine Woche vor Verlegung der Militärstrafgefangenen nach Schwedt wurde in der Ordnung über den Strafvollzug an Militärpersonen geregelt, dass der relevante Personenkreis eindeutiger und intensiver den militärischen Bedingungen unterliegen solle.[82] Dies betraf die Struktur der Unterbringung (Kompanien mit NVA-typischer Untergliederung) und die geplante militärische/politische Ausbildung. Wenige Tage nach dem Umzug nach Schwedt trat am 1. Juli 1968 die neue StPO in Kraft.[83] Sie basierte wesentlich auf der Fassung von 1952.

Für Schwedt war 1968 vor allem eine Vereinbarung des MdI mit dem MfNV vom 3. Mai wichtig, die die Grundlage für die Verlegung der militärgerichtlich bestraften Personen mit Strafdauer bis zu zwei Jahren nach Schwedt bildete.[84] Damit entstand eine neue Form der doppelten Zuständigkeit der Ministerien des Innern beziehungsweise für Nationale Verteidigung für die Militärstrafgefangenen und Strafarrestanten. Der Strafvollzug erfolgte weiterhin unter der Hoheit des MdI, die militärische und politische Ausbildung sowie anderweitige Betreuung wurden aber vom MfNV verantwortet.[85] Dieser Zustand dauerte bis 1982 an.

In den 1970er-Jahren gab es weitere grundlegende Veränderungen. So galt zunächst ab September 1974 eine Neufassung der Militärgerichtsordnung, die

80 Wagner: Die Militärjustiz, Bd. 1, S. 20 u. 345–408, Wenzke: Ab nach Schwedt!, S. 64–68.

81 Gesetz über den Vollzug der Strafen mit Freiheitsentzug und über die Wiedereingliederung Strafentlassener in das gesellschaftliche Leben v. 12.1.1968; nachfolgend Strafvollzugs- und Wiedereingliederungsgesetz 1968 genannt. In: DDR-GBl. T. I (1968), S. 109–120, hier § 8, Abs. 3. Die bisherigen Erkenntnisse laufen darauf hinaus, dass es sich hier um eine theoretische Ermächtigung handelt, zu der keine praktische Umsetzung bekannt ist. Unabhängig hiervon gab es in der NVA die sogenannten Standortarrestanstalten, auf die im Rahmen dieser Studie nicht eingegangen wird.

82 2. DB zum Strafvollzugs- und Wiedereingliederungsgesetz – Ordnung über den Strafvollzug an Militärpersonen v. 15.6.1968; BStU, MfS, BdL/Dok. Nr. 10069; nachfolgend Militärstrafvollzugsordnung 1968 genannt.

83 Strafprozessordnung v. 12.1.1968. In: DDR-GBl. T. I (1968), S. 49–96.

84 Vereinbarung von MdI und MfNV über die Vorbereitung und Durchführung des Vollzuges von Freiheitsstrafen und des Vollzuges von Strafarrest an Militärpersonen v. 3.5.1968; BArch, DVW 1/30205 Bl. 8–12.

85 Zu den Hintergründen und Querelen siehe vor allem Wenzke: Ab nach Schwedt!, S. 232–240.

für »Schwedt« jedoch keine Auswirkungen besaß.[86] Im März 1975 trat die Militärstrafvollzugsordnung in Kraft, die die vorherigen diesbezüglichen Durchführungsbestimmungen ersetzen sollte.[87] Sie enthielt detaillierte Orientierungen zur Gestaltung des Dienstalltags im Militärstrafvollzug. Diese reichten von Regelungen zur Aufnahme und Unterbringung der Insassen über Vorgaben hinsichtlich Arbeit, Schulung und Ausbildung bis zu den Möglichkeiten von Belobigungen und Bestrafungen. Neue Möglichkeiten von Vergünstigungen, die an Wohlverhalten und Erfüllung von Produktionskennziffern gekoppelt waren, ergaben sich aus einer Änderung der Gesetzgebung, die zum April 1977 in einem neuen Strafvollzugsgesetz mündete.[88] Angeblich führte das zu einer Erhöhung von Arbeitsproduktivität und Qualität und sogar dazu, dass sich die Mehrzahl der Militärstrafgefangenen anbot, auch in ihrer Freizeit Arbeiten zu verrichten, um Vergünstigungen zu erhalten.[89] Verheißungsvolle Aussichten boten Möglichkeiten des Besuchsempfangs außerhalb der Gefängnismauern sowie des Urlaubs aus dem Strafvollzug. Zugleich wurde im neuen Strafvollzugsgesetz die mögliche Dauer des Strafarrestes von bisher ein bis maximal drei Monaten auf maximal sechs Monate verlängert.[90]

Die nächste gravierende Änderung für die Abläufe im Militärstrafvollzug Schwedt ergab sich aus dem Beschluss des Nationalen Verteidigungsrates vom November 1980, der die Grundsätze zur Schaffung der Disziplinarstrafe »Dienst

86 Militärgerichtsordnung v. 27.9.1974. In: DDR-GBl. T. I (1974), S. 481, s. a. Wagner: Die Militärjustiz, Bd. 1, S. 27.

87 Ordnung Nr. 106/75 des MdI v. 25.3.1975 über die Durchführung des Vollzuges der Strafen mit Freiheitsentzug an Militärpersonen und die Durchführung des Strafarrestes – Militärstrafvollzugsordnung; BStU, MfS, BdL/Dok. Nr. 10394; nachfolgend Militärstrafvollzugsordnung 1975 genannt; s. a. Wenzke: Ab nach Schwedt!, S. 175 f.

88 Gesetz über den Vollzug der Strafen mit Freiheitsentzug (Strafvollzugsgesetz) v. 7.4.1977. In: DDR-GBl. T. I (1977), S. 109.

89 IM-Bericht »Arnold«, 25.5.1977; BStU, MfS, A 641/82, Bd. 2, Bl. 402. Gleiches enthielt sein Informationsbericht vom selben Tag als Parteisekretär unter dem Klarnamen Bailleu; ebenda, Bl. 415.

90 Hintergründe und Zwischenmaterial zur Verlängerung des Strafarrestes finden sich als Ergebnisse der Zusammenarbeit der zentralen Justizorgane auch im MfS-Archiv; BStU, MfS, HA IX Nr. 3081. Weitere Regelungen aus den 1970er-Jahren mit Vorgaben sowohl für die Insassen als auch die Bediensteten trafen die Dienstlaufbahnordnung NVA v. 10.12.1970. In: DDR-GBl. T. I (1970), S. 382–390; die Dienstlaufbahnordnung MdI v. 3.5.1976. In: DDR-GBl. T. I (1976), S. 277–280; die Innendienstordnung des SV v. 17.6.1976; BStU, MfS, BdL/Dok. Nr. 9203 bzw. die Disziplinarordnung des SV v. 17.6.1976; BStU, MfS, BdL/Dok. Nr. 9205 sowie die Strafvollzugsordnung des MdI v. 7.4.1977 (eigentlich: Ordnung Nr. 0107/77 des MdI v. 7.4.1977 über die Durchführung des Vollzuges der Strafen mit Freiheitsentzug; nachfolgend Strafvollzugsordnung 1977 genannt), Teil A-D; BStU, MfS, BdL/Dok. Nr. 9263, 9276, 9277 u. 9279 sowie Teil E v. 19.1.1978; BStU, MfS, BdL/Dok. Nr. 9280. In die 1970er-Jahre fiel auch die Festlegung der Aufgaben des MfS im Strafvollzug, MfS-DA Nr. 2/75 v. 13.3.1975 zu den politisch-operativen Aufgaben des MfS im Strafvollzug der DDR; BStU, MfS, BdL/Dok. Nr. 2378.

in der Disziplinareinheit« sowie zur Übernahme des Strafvollzugs und der Untersuchungshaft an Militärpersonen durch das MfNV bestimmte.[91] Darin wurde vorgegeben, dass die neue Strafe »Dienst in der Disziplinareinheit« zum 1. Januar 1982 einzuführen und in die Disziplinarvorschrift der NVA aufzunehmen sei. Neben Ausführungen zu den Modalitäten wurden auch die Verlängerung des Grundwehrdienstes um die Dauer des Vollzugs der Disziplinarstrafe und eine Liste von »spürbar eingeschränkten Rechten« festgehalten.[92] Zusätzlich wurde beschlossen, dass der Vollzug dieser und der bisherigen Strafarten Freiheitsstrafe und Strafarrest vom MfNV übernommen und (weiter) in Schwedt erfolgen soll. Der Aufbau der dazu vorgesehenen militärischen Einrichtung sollte stufenweise geschehen und zum 30. November 1982 abgeschlossen sein.[93] Die neue Strafe »Dienst in der Disziplinareinheit« war »gegen Soldaten und Unteroffiziere anzuwenden, die sich wiederholt und hartnäckig der militärischen Disziplin widersetzen und deren Handlung noch keine Straftat ist«.[94] Aus dieser Formulierung und der anschließenden Aufzählung der Voraussetzungen ergibt sich, dass überwiegend an »Wiederholungstäter« gedacht war und nur im Ausnahmefall schon ein einzelner, schwerwiegender Disziplinverstoß mit dem Dienst in der Disziplinareinheit geahndet werden sollte.[95] Spätere Analysen zeigten jedoch, dass der Ausnahmefall in deutlich mehr als 50 Prozent aller Fälle angewandt wurde.[96] Auch wenn der NVR-Beschluss das nicht explizit benannte, folgte daraus eine weitgehende Änderung des freiheitsbeschränkenden Vorgehens gegen Armeeangehörige. Die bis zu drei Monate betragende Strafe »Dienst in der Disziplinareinheit« sollte von Regiments- beziehungsweise Divisionskommandeuren ausgesprochen werden und nicht als gerichtlich angeordnete Strafhaft gelten.[97] Dies erweiterte nicht nur das Potenzial von Willkür seitens der Vorgesetzten, sondern engte auch die Möglichkeiten von Widerspruch

91 Beschlussprotokoll zur 62. Sitzung des NVR am 21.11.1980 http://www.argus.bstu.bundesarchiv.de/DVW1_NVR/mets/DVW1_NVR_39523/index.htm?target=midosaFraContent&backlink=/argus-bstu/DVW1_NVR/index.htm-kid-4e743c14-4451-41ad-9a52-891136a2e880&sign=DVW%201/39523.

92 Ebenda, S. 285 des Protokolls. Die Einschränkungen stellten sich als Ausgangs-, Urlaubs- und Besuchsverbot sowie Einschränkungen in der persönlichen Freizeit, des Einkaufs und des Wehrsolds dar.

93 Ebenda, S. 281 des Protokolls.

94 Dienstvorschrift des MfNV v. 21.6.1982 über Disziplinarbefugnisse und disziplinarische Verantwortlichkeit – Disziplinarvorschrift (DV 010/0/006), Abs. 51; BStU, MfS, HA IX Nr. 16509 (o. Pag.), nachfolgend Disziplinarvorschrift MfNV 1982 genannt.

95 Ebenda.

96 Personalanalysen über den Zugang an DB [von OibE »Manfred« unterzeichnete Durchschlagexemplare o. Verf. und Adressat aus 1986/87]; BStU, MfS, AIM 5382/88, T. II/1, Bl. 344 u. 444, T. II/2, Bl. 27, 55 u. 72.

97 Ein Beispiel eines solchen Kommandeursbefehl über eine Bestrafung mit drei Monaten Dienst in der Disziplinareinheit liegt aus dem Oktober 1989 vor, s. Abb. 1 am Ende von Kap. 2.1.

und Beschwerde der Betroffenen ein. Der Kommandeur der Disziplinareinheit durfte zudem solche Strafen um bis zu vier Wochen verlängern.[98]

Exkurs: Ahndung von Straftaten durch Kommandeure[99]

Vorgesetzte in den bewaffneten Organen der DDR durften ihre Untergebenen belobigen und bestrafen. Im Zusammenspiel von Strafprozessordnung (StPO) und der Disziplinarordnung wurde schon in den 1950er-Jahren die Variante gefunden, die Ahndung geringfügiger Straftaten den Kommandeuren zu überlassen. Doch gesetzliche Grundlagen hatte diese Verfahrensweise offenbar nicht. Die Praxis wurde mit dem Strafrechtsergänzungsgesetz von 1957 noch fragwürdiger. Eine Abgabe an den Kommandeur war weiterhin nicht gesetzlich vorgesehen. Stattdessen hätte zwingend zwischen einer Anklage oder der tatsächlichen Einstellung entschieden werden müssen. Dennoch wurden von 1958 bis 1960 zwischen 15 und 20 Prozent aller Strafverfahren in der NVA zwar eingestellt, dann aber an den Kommandeur zwecks Ahndung nach der Disziplinarordnung abgegeben. Erst durch veränderte gesetzliche Grundlagen in der Militärgerichtsordnung von 1963 und dem StGB von 1968 erhielten Kommandeure eine gesetzlich abgesicherte Strafgewalt. Nunmehr konnten sie sogar entscheiden, ob eine Militärstraftat auch als Disziplinarvergehen verfolgt werden kann. Als freiheitsberaubende Maßnahme konnte schon in den 1950er-Jahren eine maximal zehntägige Arreststrafe ausgesprochen werden. 1982 wurde mit der Disziplinarstrafe »Dienst in der Disziplinareinheit« der freiheitsberaubende Zeitraum ohne Einbeziehung der Militärgerichte auf bis zu drei Monate erweitert. Damit konnten größere Delikte unter der Schwelle strafrechtlicher Verurteilungen dennoch geahndet und alleine von den Kommandeuren »geklärt« werden.

98 Beschlussprotokoll zur 62. Sitzung des NVR am 21.11.1980 http://www.argus.bstu.bundesarchiv.de/DVW1_NVR/mets/DVW1_NVR_39523/index.htm?target=midosaFraContent&backlink=/argus-bstu/DVW1_NVR/index.htm-kid-4e743c14-4451-41ad-9a52-891136a2e880&sign=DVW%201/39523, S. 286 des Protokolls i. V. m. Punkt 51, Abs. 5 der Disziplinarvorschrift MfNV 1982, [S. 19]; BStU, MfS, HA IX Nr. 16509 (o. Pag.).

99 Ausführlich haben sich hiermit die Autoren zweier Dissertationen mit über 35 Jahren Abstand (1966 bzw. 2003) befasst. Vgl. aus DDR-Zeiten Hartmann: Die geringfügigen Militärstraftaten, insbes. S. 44–65 und nach der Wiedervereinigung Kampa: Die Strafgewalt, insbes. S. 53–115 u. 153–222. Nachfolgende Aussagen beziehen sich auf diese Quellen. Auf einzelne Seitenangaben wird dabei verzichtet.
Der Begriff des Kommandeurs ist hier zu verstehen als »Dienststellenbezeichnung für den unmittelbaren Vorgesetzten eines taktischen oder operativ-taktischen Verbands, Truppenteils, Bataillons, der als militärischer Einzelleiter die ungeteilte Befehlsgewalt über die ihm Unterstellten hat«, vgl. Militärlexikon, Berlin 1973, S. 179.

Ein generelles Problem über alle Zeiträume hinweg blieb, dass durch Kommandeure ausgesprochene Disziplinarstrafen nicht justiziabel waren und ihnen allenfalls mit einer Beschwerde innerhalb der NVA begegnet werden konnte. Die Betroffenen erhielten zudem kein die Freiheitsberaubung belegendes Schriftstück.[100] Mindestens in einem Fall aus dem Frühjahr 1986 ist belegbar, dass der NVA-Befehl zur Bestrafung eines Soldaten mit Dienst in der Disziplinareinheit (außer der Urschrift) innerhalb von fünf Monaten vernichtet werden sollte.[101] Es ist zu vermuten, dass dies gängige Praxis war.

Dem Beschluss des NVR vom November 1980 folgend, wurde in die Disziplinarvorschrift des MfNV die neue Strafe »Dienst in der Disziplinareinheit« aufgenommen.[102] Sowohl in dieser Disziplinarvorschrift als auch in dem 1982 neu gestalteten Wehrdienstgesetz wurde fixiert, dass Strafen mit Freiheitsentzug und der Dienst in der Disziplinareinheit nicht auf die Dauer des Grundwehrdienstes anzurechnen seien.[103] Ergänzend wurde das (wie schon vorher) in der 1982 ebenfalls neu erlassenen Dienstlaufbahnordnung geregelt.[104] Während im Wehrdienstgesetz diesbezüglich nur die Grundwehrdienstleistenden angesprochen waren, erweiterte die Dienstlaufbahnordnung die Nachdienpflicht (seit mindestens 1970) auf die Vertragslaufzeit der Soldaten/Unteroffiziere/Offiziere auf Zeit; allerdings nur bei der gerichtlichen Verurteilung, nicht bei Disziplinarbestrafung.[105]

1981/82 zeichnete sich eine »Kadermisere«[106] bei der Besetzung der Planstellen der Disziplinareinheit ab, was im Sommer 1982 das MfS alarmierte. Bei einer Aussprache über die Kadersituation mit dem Kommandeur schlug das MfNV vor, als Notlösung Unteroffiziere auf Zeit in die Planstellen der Berufsunteroffiziere einzusetzen. Das MfS fertigte daraufhin eine offizielle Information über die Defizite bei der Personalauffüllung und hielt die erwogene Notlösung für einen Verstoß gegen das Strafvollzugsgesetz, da dieses Anforderungen

100 Selbst die Wehrdienstausweise, in denen Standortveränderungen üblicherweise eingetragen wurden, lassen allenfalls die verlängerte Wehrdienstzeit, nicht aber den Aufenthaltsort Schwedt erkennen.

101 Eine Abschrift hat der IME »Manfred« erstellt und dem MfS übergeben; BStU, MfS, AIM 5382/88, T. II/1, Bl. 293.

102 Disziplinarvorschrift MfNV 1982, Abs. 48 u. 51; BStU, MfS, HA IX Nr. 16509.

103 Ebenda, DV, Abs. 104 bzw. § 30 Abs. 6 u. 7 des Gesetzes über den Wehrdienst in der DDR (Wehrdienstgesetz) v. 25.3.1982. In: DDR-GBl. T. I (1982), S. 221–229.

104 Anordnung des NVR der DDR über den Verlauf des Wehrdienstes in der NVA (Dienstlaufbahnordnung) v. 25.3.1982. In: DDR-GBl. T. I (1982), S. 237–241, § 28.

105 Ebenda.

106 So äußerte sich der Kaderoffizier Oltn. Pfotenhauer zum geringen Auffüllungsstand in einem unadressierten Auskunftsbericht zur Kaderarbeit v. 15.11.1982; BStU, MfS, AIM 5647/91, Bl. 132.

an Strafvollzugsangehörige festlegte, die offenbar durch Unteroffiziere auf Zeit nicht erfüllbar waren: »Auch wenn der Vollzug von Freiheitsstrafen an Militärangehörigen durch die NVA übernommen wird, ist das Strafvollzugsgesetz nicht außer Kraft gesetzt«.[107] Trotz der Personalnöte war Ende 1982 die Übergabe des Militärstrafvollzugs an das MfNV vollendet: zum 1. Oktober 1982 (zehn Monate später als vorgesehen) wurde die neue Strafe »Dienst in der Disziplinareinheit« eingeführt. Seit 1. November 1982 erfolgte der Strafvollzug in Verantwortung des MfNV. Die Übernahme der Gefangenen und der Grundmittel galt zum 15. November 1982 als abgeschlossen.[108]

Im Januar 1985 registrierte das MfS die erfolgreich abschreckende Wirkung von »Schwedt«:

> Der erstaunliche Rückgang extremer Erscheinungen [unter NVA-Soldaten] ist in erster Linie auf die neuen Möglichkeiten der Disziplinierung zurückzuführen. ›Schwedt‹ und ›Nachdienen‹ sind in kürzester Zeit zu Begriffen geworden, die im starken Maße disziplinierend auf zur Renitenz und zum Rowdytum neigende grundwehrdienstleistende Personen wirken. Mit der Einführung dieser Möglichkeiten ist die seit dem Übergang von der Freiwilligen- zur Wehrpflichtarmee bestehende Disproportion in den Erziehungsmitteln und -methoden im Wesentlichen beseitigt.[109]

107 [MfS/HA I/Abt. MfNV]/UA Hauptstab/DE, Hptm. Krugenberg [ohne Adressat]: Offizielle Information, 30.8.1982; ebenda, Bl. 125 f.

108 MfNV, Stv. des Chefs des Hauptstabes an Stv. des Ministers und Chef des Hauptstabes: Hausmitteilung [o. T.] v. 16.12.1982; BArch, DVW 1/126211 (o. Pag.). Parallel wurden die neuen Gegebenheiten in diversen Dokumenten verankert. Eigens wegen der neuen Strafe »Dienst in der Disziplinareinheit« wurde im MfNV eine Ordnung über diesen Dienst erstellt, in der auf knapp 60 Seiten die Regularien für die Einweisung/Aufnahme über Unterkunft/Versorgung/Sicherheit bis zu Erziehung/Rechte und Pflichten benannt wurden (Ordnung Nr. 036/9/004 des MfNV über den Dienst in der Disziplinareinheit v. 17.12.1982; BStU, MfS, AGM Nr. 610, Bl. 151). Mit nahezu gleicher Struktur wurde zum selben Zeitpunkt die Militärstrafvollzugsordnung für die Strafarrestanten und Militärstrafgefangenen überarbeitet (Militärstrafvollzugsordnung 1982). 1983 folgte eine Erneuerung der Melde- und Untersuchungsordnung, die u. a. Pflichten des Truppenteils, aus dem der Schwedt-Insasse ursprünglich stammte, regelte (Ordnung Nr. 036/9/001 des MfNV über die Meldung, Untersuchung und Bearbeitung von Straftaten und besonderen Vorkommnissen sowie über die Aufgaben bei der Durchsetzung des sozialistischen Rechts v. 25.3.1983, nachfolgend Melde- und Untersuchungsordnung 1983 genannt); BStU, MfS, HA I Nr. 17445, Bl. 2–128 u. 393. Die Vorläuferfassung stammte v. 21.3.1975. Der Vollständigkeit halber sei an dieser Stelle erwähnt, dass 1983 auch die Untersuchungshaft für Militärpersonen neu geregelt wurde (Ordnung Nr. 036/9/006 des MfNV v. 24.5.1983 über den Vollzug der Untersuchungshaft an Militärpersonen in Untersuchungshaftarrestanstalten der NVA; BStU, MfS, HA IX Nr. 1420 Bl. 125–152). Die Untersuchungshaft wurde jedoch nicht in Schwedt realisiert. Mit diesem Regelwerk schien dem MfNV eine ausreichende Basis für disziplinarische Ahndung und strafrechtliche Verfolgung vorhanden zu sein. Juristische Regelungen der Folgejahre bezogen sich mehr auf Fragen des Schadenersatzes und der Wiedergutmachung – also der materiellen Schadensseite, nicht der freiheitsberaubenden Strafe, weswegen hier nicht weiter darauf eingegangen wird.

109 »Zuarbeit der Verwaltung 2000« v. 22.1.1985 [o. Verf., Adressat und Unterschrift, bezogen auf einen Vergleich von negativen Erscheinungen in den Jahren 1981–1984]; BStU,

Ohne dass der Anlass dafür bekannt ist, erarbeiteten 1987 der Militäroberstaatsanwalt, das Militärkollegium beim Obersten Gericht und die HA Militärgerichte einen sogenannten »Gemeinsamen Standpunkt« zur Abgrenzung von Disziplinverstoß und Straftat sowie zur Anwendung von Strafarrest.[110] Darin wird unter anderem ausgeführt, dass bei Disziplinverstößen durch die Bestrafung mit »Dienst in der Disziplinareinheit« der Strafarrest zwischen einem und drei Monaten gegenstandslos sei. Ergänzend dazu wurde ausgeführt, dass eine schwerere Verletzung von Disziplin und Ordnung erst dann als Militärstraftat zu verfolgen sei, wenn eine Strafe ab vier Monaten zu erwarten sei. Für ausdrücklich zulässig galt die Bestrafung mit Strafarrest auch bei Delikten, die nicht unter die im Kapitel 9 des StGB benannten Militärstraftaten fielen. Hier wurde sogar explizit auf die differenzierte Anwendung »in der vom Gesetz angedrohten Dauer« verwiesen, womit die Möglichkeit des unter vier Monaten liegenden Strafarrestes gemeint sein dürfte.[111] Zweideutig erscheint folgender Hinweis:

> Eine bereits erfolgte Bestrafung mit Strafarrest hat keine strafverschärfende Wirkung als Vorstrafe im Sinne der Rückfallbestimmung des StGB. Sie ist jedoch zur Charakterisierung der Persönlichkeit des Täters und seines Verhaltens vor der Tat [...] festzustellen und zu bewerten (bis zu einem Jahr und sechs Monaten nach Beendigung des Vollzuges).[112]

Das dürfte auf ein Umgehen des gesetzlichen Verbots des Strafregistervermerks bei Strafarrest durch die leitende Militärgerichtsbürokratie hinausgelaufen sein, die sich zugleich eine Ermächtigungsfrist für diesen Normenbruch schuf.

MfS, HA I Nr. 13456, Bl. 273–275, Zitat von Bl. 275. »Verwaltung 2000« war der offizielle Begriff für die innerhalb der NVA verankerte Struktur des MfS/HA I. Die hier euphemistisch als extreme Erscheinung umschriebenen Auswüchse des Binnenregimes der einzelnen Diensthalbjahre von Wehrdienstverpflichteten zueinander bestanden vielfach aus Drangsalierungen, Erniedrigungen und Dienstleistungserzwingungen gegenüber den Dienstjüngeren (EK-Bewegung). Da dies in der NVA in unterschiedlichem Maße geduldet (oder teils gefördert) wurde, stützte die EK-Bewegung die Durchsetzung widerspruchsfreier Unterordnung unter militärischen Gehorsam und Kasernenhofdisziplin. Interessant ist bei dem Zitat auch der Gedankengang von der, seit Einführung der Wehrpflicht 1962 unbewältigt »bestehenden Disproportion in den Erziehungsmitteln und -methoden«. Die Möglichkeit einer 1- bis 3-monatigen Bestrafung war mit dem Strafarrest seit 1962 eigentlich vorhanden. Offenbar war aber die dabei zu überschreitende Schwelle eines militärgerichtlichen Verfahrens als zu hoch wahrgenommen worden.

110 Gemeinsamer Standpunkt des Militäroberstaatsanwalts, des Militärkollegiums beim Obersten Gericht der DDR und der HA Militärgerichte v. 1.12.1987 zu Fragen der Abgrenzung zwischen einem Disziplinverstoß und einer Militärstraftat sowie zur Anwendung der Strafart Strafarrest; BStU, MfS, HA IX Nr. 3575, Bl. 65–68 u. 89–96.

111 Ebenda, Bl. 96.

112 Ebenda, Bl. 67.

In einer Ausgabe der vom MfNV herausgegebenen »Information über Rechtsfragen« wurden 1988 Fragen der Anwendung des Ordnungswidrigkeitsrechts gegen Militärpersonen und die Probleme bei der Wiedereingliederung von Armeeangehörigen nach Strafverbüßung in der Disziplinareinheit behandelt.[113] Der erste Teil befasste sich mit Sachverhalten, die vom Kommandeur außerhalb des Disziplinarrechts beziehungsweise ohne militärgerichtliche Klärung zu entscheiden waren und in der Regel das Verhalten von Armeeangehörigen in der Öffentlichkeit betrafen (z. B. ruhestörender Lärm, Störung der öffentlichen Ordnung durch Trunkenheit, Zuwiderhandlungen bei Weisungen des Bahnpersonals).[114] Der zweite Teil zu Problemen der Wiedereingliederung knüpft an bereits in der Melde- und Untersuchungsordnung thematisierte Pflichten der Betreuung durch den Truppenteil an.

Die friedliche Revolution von 1989 erreichte mit leichter Verspätung auch die Gefängnisse:[115] Am 6. Dezember 1989, dem Tag des Rücktritts Egon Krenz' von seinem Ämtern als Vorsitzender des Staatsrates und des NVR der DDR, erließ der Staatsrat eine Amnestie, die mehr als der Hälfte aller Gefangenen in der DDR die Freiheit brachte.[116] Fünf Militärstrafgefangene fielen jedoch durch das Amnestieraster und blieben in Haft.[117] Schon eine Woche vor dem Amnestiebeschluss wandte sich der stellvertretende Justizminister an seinen Amtskollegen im Verteidigungsministerium mit dem Vorschlag, die Bestimmungen über den »Dienst in der Disziplinareinheit« mit sofortiger Wirkung außer Kraft zu setzen. Die in der zugehörigen »Dienstvorschrift getroffenen Festlegungen zur Freiheitsbeschränkung stehen im Widerspruch zu verfassungsmäßig garantierten Persönlichkeitsrechten, die auch nicht durch die diese Rechte einschränkenden Bestimmungen über den Wehrdienst getragen werden«.[118] 13 Tage später wurde die Antwort formuliert: Inzwischen seien – dem Vorschlag entsprechend – vom MfNV die den »Dienst in der Disziplinareinheit« regelnden Dokumente außer Kraft gesetzt worden. Die betreffenden Militärpersonen sollten am 14. und

113 MfNV/Rechtsabt.: Information über Rechtsfragen Nr. 2/88; BStU, MfS, Rechtsstelle Nr. 688, Bl. 209–221.

114 Das stellt eigentlich eine Ergänzung zu den Möglichkeiten der Kommandeursgewalt dar.

115 Allgemein zum Gefangenenprotest im letzten Jahr der DDR bzw. speziell in Bautzen siehe Dölling: Strafvollzug bzw. Ronny Heidenreich: Aufruhr hinter Gittern. Das »Gelbe Elend« im Herbst 1989. Leipzig 2009. Beide äußern sich jedoch nicht zu »Schwedt«.

116 Beschluss des Staatsrates der DDR über eine Amnestie v. 6.12.1989. In: DDR-GBl. T. I (1989), S. 266. Zur Amnestie vgl. den Abschnitt zur Schließung der Disziplinareinheit im vorliegenden Kapitel sowie: Dölling: Strafvollzug, S. 197.

117 Erik Sündram: Schwedt von gestern. In: trend (1990) 5, S. 4. Nur zu zwei betroffenen Personen sind Delikt bzw. Strafmaß benannt. Wegen Nötigung/Vergewaltigung bzw. Raub erhielten sie 9 bzw. 7 Monate Freiheitsstrafe.

118 Stv. MfJ, GM Kalwert an stv. MfNV, GO Streletz [o. T.], 29.11.1989; BArch, DVW 9/69578 (o. Pag.).

15. Dezember 1989 zurückkommandiert werden.[119] Ergänzend, aber leicht abweichend schrieb die Wochenzeitung *trend*, am 21. Dezember 1989 seien 31 Militärgefangene [sic!] amnestiert und außerdem 28 Disziplinarbestrafte entlassen worden.[120]

In diesen Tagen wurde die Tätigkeit der Militärgerichte allerdings auch verteidigt und die HA Militärgerichte trat der Forderung nach Beseitigung derselben energisch entgegen. Unter anderem wurde unter Auslassung der bisherigen Praxis der Kommandeursgewalt eine Übertragung bisheriger militärgerichtlicher Aufgaben an zivile Gerichte abgelehnt, »vor allem bei vorgesehener Überprüfung von Disziplinarentscheidungen der Kommandeure«.[121] In einem Ende Dezember 1989 in Strausberg erstellten Schreiben wurde die Disziplinarvorschrift DV 010/0/006[122] immer noch als »für die Arbeit der Militärabwehr bedeutsam« benannt und erläuternd ausgeführt:

> Die Disziplinarstrafe ›Dienst in der Disziplinareinheit‹ wurde abgeschafft, es bleiben die Strafen Strafarrest und Freiheitsstrafen für Angehörige der NVA. Gegenwärtig wird geprüft, ob die Disziplinareinheit in der bisherigen Form bestehen bleibt oder als Strafvollzugseinrichtung dem MdI bzw. dem Ministerium für Justiz unterstellt wird. Weiterhin wird gegenwärtig geprüft, ob die Disziplinarstrafe ›Arrest in der Arrestanstalt‹, die in den NVA-Dienststellen vollzogen wird, noch haltbar ist.[123]

Nachdem zum 26. April 1990 die von der letzten Amnestie nicht erfassten Insassen auf Grundlage des § 349 StPO – also auf Bewährung – entlassen waren,[124] konnte die Disziplinareinheit geschlossen werden. Das geschah mit Befehl des Chefs der NVA vom 31. Mai 1990.[125] 20 Jahre nach Schließung der Disziplinareinheit hielt es deren ehemaliger Kommandeur Decker für angebracht, auf Folgendes hinzuweisen: »Zur ›Ehrenrettung‹ der Disziplinareinheit sollte auch nicht unerwähnt bleiben, dass der Generalstaatsanwalt der DDR, Günter Wendland, die Einheit mit der ›Medaille für vorbildliche Rechtspflege‹ auszeichnete.«[126]

Zum Vergleichszweck sei erwähnt, dass die Bundesrepublik im hier relevanten Zeitraum zwar über ein Wehrstrafgesetz (seit 1957), eine Wehrdisziplinar-

119 Stv. MfNV, GO Streletz an stv. MfJ, GM Kalwert [o. T.], 12.12.1989; ebenda.

120 Erik Sündram: Schwedt von gestern. In: trend (1990) 5, S. 4.

121 HA Militärgerichte/UA Recht, OSL Penndorf [ohne Adressat]: Position der HA MG zur Tätigkeit der Militärgerichte im einheitlichen Gerichtssystem der DDR, 13.12.1989; BArch, DVW 9/69579 (o. Pag.).

122 Disziplinarvorschrift MfNV 1982; BStU, MfS, HA IX Nr. 16509.

123 [o. Verf. und Adressat]: Übersicht zu den DV der NVA, die für die Militärabwehr bedeutsam sind, 27.12.1989; BStU, MfS, HA I Nr. 19872, Bl. 99–101, hier 100. Die Benennung als Militärabwehr lässt auf das AfNS als Verfasser schließen.

124 Chronik der Disziplinareinheit; BArch, DVW 5-16/74001, Bl. 107.

125 Befehl Nr. 8/90 des Chefs der NVA v. 31.5.1990 über die Auflösung der Disziplinareinheit; BArch, DVW 1/44496, Bl. 11–13, Abschrift bei Dressler: Stillgestanden, S. 319.

126 Dies geschah 1988, siehe Wenzke: Ab nach Schwedt!, S. 343, Zitat ebenda, S. 458.

sowie eine Bundeswehrvollzugsordnung verfügte, aber weder Militärgerichtsbarkeit noch Militärstrafvollzug kannte.[127]

2.2.2 Wechsel der Unterstellung vom MdI zum MfNV

Für den Strafvollzug in der DDR war seit Anfang der 1950er-Jahre das Ministerium des Innern zuständig. Passend dazu wurde das von Wenzke als »Geburtsurkunde der Schwedter Haftanstalt« bezeichnete Dokument auch vom stellvertretenden Minister des Innern erstellt.[128] Das 1963/64 in Schwedt existierende Standkommando sollte zum Strafvollzugskommando verändert und bis zum 30. September 1964 aus dem Unterstellungsverhältnis des Volkspolizeikreisamts (VPKA) Angermünde herausgelöst[129] sowie dem Chef der VP im Bezirk unmittelbar unterstellt werden.[130] Da Schwedt im Bezirk Frankfurt (Oder) lag, war fortan die Abt. Strafvollzug der BDVP Frankfurt (Oder) für die Haftanstalt in Schwedt zuständig. Übergeordnete Fragen waren mit der Verwaltung Strafvollzug (VSV) des MdI zu klären. Für die tägliche Arbeit galten die Grundsatzdokumente des MdI. Spätestens ab 1965 gab es kontrollierende Brigadeeinsätze der BDVP Frankfurt, in deren Berichten auch auf Mängel hingewiesen wurde.[131] Zu größeren Veränderungen kam es ab Mai 1968 mit der Vereinbarung zwischen Innen- und Verteidigungsministerium über die Durchführung des Vollzuges von Freiheitsstrafen und des Strafarrestes an Militärpersonen.[132] Darin wurde die doppelte Zuständigkeit beider Ministerien fixiert und aufgeteilt. So wurde unter anderem geregelt, dass

- das MdI das Strafvollzugskommando Schwedt mit erforderlichem Personal ausschließlich für Strafen an Militärpersonen zur Verfügung stellt,
- alle relevanten Dokumente nach gegenseitiger Abstimmung beider Ministerien erlassen werden,

127 Vgl. Kampa: Die Strafgewalt, S. 87; Wagner: Die Militärjustiz, Bd. 1, S. 1 bzw. Wenzke: Ab nach Schwedt!, S. 207–210.

128 MdI, Stv. des Ministers für die bewaffneten Organe, GL Seifert, an Chef der BDVP Frankfurt (Oder), Oberst Krüger: Errichtung eines Strafvollzugs-Kommandos im EVW Schwedt, 19.11.1963; BLHA, Rep. 671/16.1, Nr. 296, Bl. 1, vgl. Wenzke: Ab nach Schwedt!, S. 245.

129 BDVP Frankfurt (Oder)/Abt. SV, Ltr. Mj. Koch [ohne Adressat]: Maßnahmeplan zur Nutzung des neu errichteten SV-Kommandos Schwedt, 18.9.1964; ebenda, Bl. 25 f.

130 Leiter Standkommando Schwedt, Ltn. Reihs [ohne Adressat]: Programm für die durchzuführenden Arbeiten im SV-Kommando Schwedt bis Ende 1964, 23.6.1964; ebenda, Bl. 18–21.

131 BDVP Frankfurt (Oder)/Abt. SV, Oltn. Junker [ohne Adressat]: Auswertung des Brigadeeinsatzes im SV-Kommando Schwedt; ebenda, Bl. 30–37.

132 Vereinbarung von MdI und MfNV über die Vorbereitung und Durchführung des Vollzuges von Freiheitsstrafen und des Vollzuges von Strafarrest an Militärpersonen v. 3.5.1968; BArch, DVW 1/30205, Bl. 8–12.

- die politische Schulung und kulturelle Betreuung im Zusammenwirken der Politorgane der NVA und der Verwaltung Strafvollzug des MdI erfolgen,
- die Anleitung der militärischen Ausbildung durch die Abt. Kommandantendienst des MfNV und deren materielle Sicherstellung durch die NVA erfolgen,[133]
- die Leiter der Abt. Strafvollzug des MdI und der Abt. Kommandantendienst des MfNV zur ständigen direkten Zusammenarbeit ermächtigt sind und
- jährliche Inspektionen durch das MdI/Abt. Verwaltung Strafvollzug, das MfNV/Abt. Kommandantendienst, das Polit-Organ der NVA und unter Einbeziehung der Militäroberstaatsanwaltschaft stattfinden sollten.

Folgerichtig setzten ab 1968 Überprüfungen, Inspektionen und Kontrollen ein.[134] Irritation gab es im November 1970, als ein Vertreter der Polit-Abteilung der BDVP Frankfurt (Oder) anreiste, um die Politschulungen in Schwedt zu kontrollieren. Der Stabschef des Schwedter Gefängnisses war jedoch der Meinung, allein das MfNV sei hierzu berechtigt. Letztlich galt aber der vom Chef der BDVP unterschriebene Dienstauftrag.[135] Auch im Mai 1972 gab es Kompetenzgerangel bezüglich der Anleitungsbefugnis: Ein Major der BDVP verwies gegenüber dem Gefängnisleiter Albinus darauf, dass diesem gegenüber nur Oberst Tunnat weisungsberechtigt sei. Eine Anweisung vom [untergeordneten] Leiter der Abt. K I/4 der BDVP an die Offiziere für Kontrolle und Sicherheit, wonach alle Fahnenflüchtigen wie Ausbrecher zu sichern seien, wurde damit als bedeutungslos abgetan.[136] Dies deutet auf Zuständigkeitsrangeleien bei der regulären Unterstellung der gesamten Einrichtung und der Besonderheiten der (auch inoffiziellen) Arbeit der Offiziere für Kontrolle und Sicherheit hin, die von der Arbeitsrichtung K I der BDVP gesteuert wurden.[137]

133 Mittels einer Durchführungsbestimmung wurde daraufhin der Militärstrafvollzug dem Versorgungsbereich II (Militärbezirk V) wirtschaftlich angeschlossen. MfNV/Abt. KD, Oberst Wollmann [ohne Adressat]: Unzulänglichkeiten bei der Instandsetzung der PSA im Militärstrafvollzugskommando Schwedt durch den MB V, 28.10.1974; BArch, DVW 1/126206 (o. Pag.).

134 Kontrollberichte sind in den Überlieferungen des Militärarchivs bzw. des Brandenburgischen Landeshauptarchives auffindbar. Ergänzend gab es Berichtspflichten des Leiters des Strafvollzugskommandos an die jeweiligen Institutionen, z. B. monatliche Lageeinschätzungen an den Chef der BDVP. Solche sind insbesondere für den Zeitraum Februar 1980 bis Oktober 1982 nachweisbar, vgl. BLHA, Rep. 671/16.1, Nr. 299, Bl. 76–150.

135 FO Schröter: Treffauswertung zu FIM »Arnold«, 3.11.1970; BStU, MfS, A 641/82, Bd. 1, Bl. 30.

136 IM-Bericht »Arnold«, 24.5.1972; ebenda, Bd. 1, Bl. 177. Hier mit falscher Namensschreibweise Tunert, gemeint war Oberst Hans Tunnat, MdI, Ltr. VSV.

137 Die Tatsache auch anderer Berichtswege oder Zuständigkeiten offenbarte sich dem Leiter Albinus spätestens im November 1972, als er bei der BDVP zu einem Diebstahl eines seiner Unterstellten Stellung nehmen musste, obwohl dieses Vorkommnis nicht offiziell nach oben gemeldet wurde. Bei der anschließenden Auswertung in Schwedt äußerte Albinus, dass er sich be-

Eine definitive Aussage zum Status der Strafvollzugseinrichtung Schwedt findet sich in einer Arbeitsordnung vom Januar 1977: »Die StVE ist eine gesonderte Vollzugseinrichtung des MdI, die der BDVP unmittelbar nachgeordnet ist. [...] Der Leiter ist dem Chef der Bezirksbehörde der Deutschen Volkspolizei Frankfurt (Oder) unmittelbar unterstellt«.[138]

Am 20. November 1980 wurde zur »weiteren Erhöhung der wissenschaftlichen Gestaltung des Erziehungs- und Bildungsprozesses« »ein gesellschaftlicher Beirat gebildet, in dem Vertreter des MfNV, der Politischen Verwaltung, des Inneren Dienstes und des Arbeitseinsatzbetriebes Instandsetzungswerk Pinnow« sowie Vertreter des Gefängnisses saßen.[139] Grundlage war die entsprechende Richtlinie gemäß Anlage 9 der Strafvollzugsordnung. Zusammenkünfte wurden halbjährlich erwogen und fanden mindestens zweimal statt.[140] Am 17. September 1981 gab es eine Sitzung des Beirates in der StVE inklusive einer Besichtigung des Außenarbeitseinsatzbereiches im Instandsetzungswerk Pinnow. Eine Folgesitzung fand Ende März 1982 statt, bei der die Einschätzung der militärischen Ordnung und Disziplin bei der Durchführung des Vollzugs an Militärpersonen und der Stand der Vorbereitung auf die Zwischenüberprüfung im April auf der Tagesordnung standen.[141]

Als Folge des Beschlusses des Nationalen Verteidigungsrates vom November 1980, der unter anderem die Grundsätze der Schaffung der Disziplinarstrafe »Dienst in der Disziplinareinheit« und zur Übernahme des Militärstrafvollzugs durch das Verteidigungsministerium bestimmte,[142] erließ der Minister für Nationale Verteidigung im März 1981 einen Befehl, der das Unterstellungsverhält-

spitzelt vorkam; vgl. IM-Bericht »Arnold«, 22.11.1972; BStU, MfS, A 641/82, Bd. 1, Bl. 231 f. Im gleichen Monat wollten Dienststellenleiter Albinus und sein Polit-Stellvertreter in Auswertung eines anderen besonderen Vorkommnisses unter den Bediensteten von einer Bestrafung und Meldung an die BDVP ebenfalls Abstand nehmen; vgl. IM-Bericht »Arnold«, 17.11.1972; ebenda, Bd. 1, Bl. 273. Ähnliche Ansätze gab es in den Folgejahren.

138 Leiter StVE Schwedt, Mj. Albinus [ohne Adressat]: Arbeitsordnung der Strafvollzugseinrichtung Schwedt – überarbeitet 1977, 10.1.1977; BLHA, Rep. 671/16.1, Nr. 322, Bl. 92–123, hier 94 u. 97.

139 Leiter StVE Schwedt, OSL Albinus an Chef der BDVP Frankfurt (Oder): Lageeinschätzung Monat November 1980, 24.11.1980; BLHA, Rep. 671/16.1, Nr. 299 Bl. 97 in Verbindung mit Redemanuskript [vermutlich des Leiters der StVE] für Dienstversammlung am 18.3.1981; BLHA, Rep. 671/16.1, Nr. 300, Bl. 167–179, hier 172.

140 Als Teilnehmer waren ursprünglich auch die Militärstaatsanwaltschaft, das Wehrkreiskommando und Kommandeure eines Truppenteils vorgesehen; vgl. Protokolle der Abteilungsleiterbesprechungen v. 15.5. u. 7.8.1980; BLHA, Rep. 671/16.1, Nr. 301, Bl. 57–62, hier 62 sowie Bl. 74–77, hier 74.

141 Leiter StVE Schwedt, OSL Albinus an Chef der BDVP Frankfurt (Oder): Lageeinschätzungen v. 22.9.1981 für September 1981 bzw. v. 23.4.1982 für April 1982; BLHA, Rep. 671/16.1, Nr. 299, Bl. 114–116, hier 115 bzw. Bl. 136–138, hier 137. Weitere Hinweise auf Aktivitäten dieses Gremiums wurden im Rahmen dieses Projektes bisher nicht bekannt.

142 Beschlussprotokoll zur 62. Sitzung des NVR am 21.11.1980 http://www.argus.bstu.bundesarchiv.de/DVW1_NVR/mets/DVW1_NVR_39523/index.htm?target=midosaFra-

nis zum Stellvertreter des Ministers für Nationale Verteidigung und Chef des Hauptstabes regelte.[143] Im September 1981 wurden dem MfS aus der Verwaltung Strafvollzug des MdI Details zur Übergabe der Strafvollzugseinrichtung Schwedt an die NVA bekannt. Demnach sollte zum Beispiel die Verwaltung Strafvollzug des MdI weiter eine anleitende, aber keine kontrollierende Funktion mehr haben. Die Aufgaben der (auch mit inoffiziellen Mitteln arbeitenden) Arbeitsrichtung I/4 der Kriminalpolizei (bisher über den Offizier für Kontrolle und Sicherheit realisiert) sollten durch die zuständige Abteilung des MfS übernommen werden. Der berichtende IM schloss seine Ausführungen mit dem Hinweis, die BDVP Frankfurt (Oder) verlöre die Dienststelle Schwedt ungern, ohne dies näher zu begründen.[144]

Im Jahr 1982 war in »Schwedt« eine Doppelstruktur zu verzeichnen: Neben dem weiterhin vom MdI realisierten Strafvollzug wurde ab dem 1. November 1981 etappenweise die Disziplinareinheit der NVA aufgestellt. Dies brachte insbesondere personelle, aber auch sicherheitsrelevante Probleme mit sich. Am 1. Oktober 1982 wurde die neue Strafe »Dienst in der Disziplinareinheit« eingeführt und zum 1. November 1982 erfolgte die Übernahme des Militärstrafvollzuges durch das MfNV.[145] Die Kontrollen erfolgten nun durch die Abteilung Innerer Dienst des MfNV (vormals Kommandantendienst genannt, eine dem Hauptstab des MfNV unterstehende Abteilung[146]) und begannen spätestens im Januar 1983.[147] Mängel in der Arbeit des neuen Kommandeurs wurden im Juni 1983 vom Stellvertreter des Chefs des Hauptstabes für allgemeine Fragen, Generalmajor Rudolf Magnitzke, ausgewertet.[148] Der Hauptstab beziehungsweise dessen Abt. Innerer Dienst war in der Folgezeit die anleitende beziehungsweise kontrollierende Diensteinheit. In der Erinnerung des letzten Schwedter Stabschefs Nagel war der Leiter der Abteilung Innerer Dienst, Siegfried Mehrmann, mindestens einmal pro Quartal vor Ort in Schwedt.[149]

Content&backlink=/argus-bstu/DVW1_NVR/index.htm-kid-4e743c14-4451-41ad-9a52-891136a2e880&sign=DVW%201/39523.

143 Befehl Nr. 26/81 v. 30.3.1981 über die Vorbereitung der Bildung einer Disziplinareinheit und der Übernahme des Strafvollzugs und der Untersuchungshaft an Militärpersonen durch das MfNV; BArch, DVW 1/67006 Bl. 67–75, hier 69.

144 IM-Bericht »Heinrich Krause«, 3.8.1981; BStU, MfS, BV FfO, AIM 1956/89, T. II/2, Bl. 205–207.

145 MfNV, Stv. des Chefs des Hauptstabes an Stv. des Ministers und Chef des Hauptstabes: Hausmitteilung [o. T.] v. 16.12.1982; BArch, DVW 1/126211 (o. Pag.).

146 Wenzke: Ab nach Schwedt!, S. 167–170.

147 MfNV/Abt. ID, Oberst Neugebauer [ohne Adressat und Tagesdatum]: Bericht über die Arbeit in der Disziplinareinheit am 11. und 12.1.1983, Januar 1983; BArch, DVW 1/126210 (o. Pag.).

148 [MfS]/HA I/Abt. MfNV/UA Auswertung an HA I/Abt. AKG: Information, 28.6.1983; BStU, MfS, HA I Nr. 15091, Bl. 38.

149 Geißler: Die Disziplinareinheit 2, S. 99.

Eine Besonderheit in der Verbindung zwischen der übergeordneten MfNV-Abt. Innerer Dienst und der Disziplinareinheit stellte die neu eingerichtete Planstelle eines Oberoffiziers Sicherheit und Ordnung der Disziplinareinheit dar. Der Inhaber dieser Planstelle unterstand direkt dem Leiter der Abt. Innerer Dienst im MfNV und war zur Dienstausübung in der Disziplinareinheit Schwedt abkommandiert.[150] Die bei der Übernahme durch das MfNV vereinbarte anleitende Funktion des MdI, Verwaltung Strafvollzug kam offenbar kaum zum Tragen oder war seitens des MfNV nicht mehr erwünscht. Beispielsweise fand am 7./8. November 1985 eine Beratung der Verwaltung Strafvollzug statt, zu der deren Leiter Lustik die MfNV-Genossen Mehrmann (Abt. Innerer Dienst) und Decker (Kommandeur in Schwedt) einlud, die jedoch nicht teilnahmen. Mehrmann schickte immerhin seinen Stellvertreter.[151] Ein Jahr zuvor war ein Schwedter Offizier zwar Teilnehmer eines Lehrgangs der Verwaltung Strafvollzug des MdI, doch zeigte sich auch hier die Entfremdung zwischen zivilem und Militärstrafvollzug: Trotz positiver Eindrücke aus dem Lehrgang wurden die vermittelten Erkenntnisse aus prinzipiellen Gründen in der Disziplinareinheit nicht umgesetzt.[152]

2.2.3 Innere Organisation und Personal des Militärstrafvollzugs

Der Militärstrafvollzug orientierte sich in seiner Struktur mehr am Militär als am Strafvollzug. Dies wird einerseits durch die Unterbringung und bauliche Gestaltung, andererseits durch die Organisation deutlich. Die Insassen waren eher kasernenähnlich als in »klassischen« Zellen inhaftiert.[153] Wie in der NVA erfolgte die Unterbringung in (nicht verschlossenen) Mehrbettzimmern mit Etagenbetten. Sanitäre Anlagen waren nicht in diesen Räumen, sondern wie in den Kasernen, je Etage/Flur für die Insassen mehrerer Verwahrräume angelegt. Ein Aufsuchen von Toiletten und Waschräumen war den Insassen »frei« möglich.[154]

150 [MfS]/HA I/Abt. MfNV, Ltr. Oberst Grawunder an Ltr. HA I, GM Dietze: Auswahl und Schaffung eines OibE, 1.10.1982; BStU, MfS, KS 19082/90, Bl. 80. Näheres siehe in Kap. 5.

151 Einladungsschreiben und Antwort in BArch, DVW 1/126215 (o. Pag.).

152 DE, Oberoffizier operative Arbeit, Hptm. Nagel [ohne Adressat]: Information über die Teilnahme an einem Lehrgang der VSV des MdI, 12.1.1985; BArch, DVW 1/126215 (o. Pag.), vgl. Abschnitt Mauern, Stacheldraht und Hunde in diesem Kapitel.

153 Daher wird im Folgenden der Begriff Zelle nur in Verbindung mit den Arrestzellen verwandt.

154 Sehr eindrücklich schildert dies Klaus Auerswald, der nach mehrmonatiger Untersuchungshaft nach Schwedt kam und dort nach Zuteilung auf einen Verwahrraum von anderen Gefangenen ungläubig erfuhr, dass man hier einfach auf die Toilette gehen könne, ohne Be-

Die strafvollzugsübliche Absperrung erfolgte gegenüber anderen Flurbereichen beziehungsweise insbesondere zu den Treppenhäusern und Ausgängen hin.

Gemäß Militärstrafvollzugsordnung gliederte sich die Struktur in Kompanien, Züge und Gruppen. Das folgte der Struktur eines Mot.-Schützenbataillons: drei Kompanien zu je drei Zügen, die wiederum in bis zu drei Gruppen unterteilt waren.[155] Aus den anfänglich drei Kompanien wurden mit der Umprofilierung zur Disziplinareinheit und der Einführung der neuen Strafe »Dienst in der Disziplinareinheit« bis zu sechs Kompanien, die jedoch nicht ständig belegt waren. Auch die Anzahl der Züge und Gruppen variierte je nach Belegungsstärke und Art der Delikte.

Für die Arbeit gab es eine Aufteilung in Brigaden, deren Bezeichnung sich offensichtlich an den Kompanien und den Nummern der Verwahrräume orientierte. Typisch war, dass Insassen als Gehilfen und für bestimmte Aufgaben und Funktionen eingesetzt wurden. Basierend unter anderem auf den Regeln der Militärstrafvollzugsordnung wurden Aufgaben und Posten in den untersten Hierarchien vergeben, die an kleine Privilegien gebunden waren (wie separate Unterbringung, geringere Einschränkungen für Raucher, bessere Verdienstmöglichkeiten/Zulagen). In gewisser Weise sollte das eine Stärkung des Verantwortungsgefühls der Insassen bewirken, weshalb oft dienstgradhöhere Gefangene zum Einsatz kamen, deren (weitere) Führungstauglichkeit für den regulären Armeedienst zu testen war.[156] Gleichzeitig war dies aber auch eine Form der »Teile-und-Herrsche-Strategie«, die bestimmte Verantwortlichkeiten an die Insassen delegierte. Mitunter konnte dies zu paradoxen Konstellationen führen. 1989 monierte ein Gehilfe unter den Militärstrafgefangenen, dass ihm und den anderen »Gehilfen im Monat Februar die Uhren eingezogen wurden«, obwohl sie »ja auch für den Tagesdienstablaufplan einzustehen und für seine Absicherung zu sorgen« hatten.[157] Auch in früheren Jahren war der Umgang mit den Gehilfen beziehungsweise anderen besonders beauftragten Insassen inkonsequent. Für diejenigen, die berechtigt waren, sich zur Sicherstellung der Essensversorgung oder des Materialnachschubs für die Produktion innerhalb des Geländes zu bewegen, aber beim Übergang in andere Bereiche einer Begleitung bedurften, gab es öfter Schwierigkeiten, weil das Personal des Straf-

wachung, ohne vor verschlossenen Türen warten zu müssen. Auerswald: … sonst kommst du nach Schwedt!, S. 8.

155 Wenzke: Ab nach Schwedt!, S. 250.

156 Beispielsweise wurde 1977 einem MSG schon am 2. Tag seiner Anwesenheit in Schwedt mitgeteilt, dass er als Gehilfe des Kompaniechefs zum Einsatz kommen solle. Hintergrund war, dass der MSG frischer und erfolgreicher Absolvent der OHS war und auf Bitten der OHS im Strafvollzug verantwortliche Aufgaben als Bewährungssituation erhalten sollte, siehe BDVP Frankfurt (Oder)/Abt. K/Dez. K/I, Oltn. Colberg [ohne Adressat]: Protokoll über das Kontaktgespräch, 21.9.1977; BStU, MfS, AIM 5657/89 Teil I/1, Bl. 36 f.

157 OibE-Bericht »Manfred«, 24.5.1989; BStU, MfS, AOPK 8542/89, Bl. 154.

Abb. 4: Waschraum (Zustand 2009)

Abb. 5: Gitter zwischen Flurbereich und Treppenhaus (Zustand 2009)

vollzugs sich weigerte, dem zeitnah nachzukommen, was zu Stockungen in der Produktion, Missmut unter den Gehilfen und kritischen Anfragen an die Kompaniechefs führte.[158]

Die Belegung der Kompanien erfolgte nach Strafart beziehungsweise Strafmaß, aber auch nach Wehrdienstverhältnis (Grundwehrdienst oder Zeitsoldaten). Insbesondere sollten Offiziere von Unteroffizieren und Soldaten getrennt untergebracht werden.[159] Zudem war eine getrennte Unterbringung von Strafarrestanten und Strafgefangenen gefordert. Die Anzahl der Kompanien, Züge und Gruppen variierte also in Abhängigkeit von Belegungsstärke und Deliktverteilung. So galt für Ende 1970, dass in der 1. Kompanie nur Gefangene mit einem Strafmaß von ein bis zwei Jahren untergebracht waren.[160] Ein Jahr später hieß es, dass in der 1. Kompanie überwiegend die Delikte Staatsverleumdung und Fahnenflucht anzutreffen wären. Diese 1. Kompanie hatte damals zwei Züge mit 29 beziehungsweise 31 Personen, während die 2. Kompanie aus vier Zügen mit 29, 30, 34 und 60 Personen bestand. [161] Die hohe Zahl der Insassen des 4. Zuges lässt vermuten, dass dort die Strafarrestanten konzentriert waren.

Bezüglich der Arbeitsbrigaden gab es Unterschiede im Grad der Beaufsichtigung. So wurden ständige Bewachung, bewachungslose und nur zeitweilig bewachte Brigaden unterschieden. Aufsicht und Bewachung erfolgten zum Teil durch zivile Arbeitskräfte auf den jeweiligen Arbeitskommandos. Strafarrestanten sollten bewachungsarm beziehungsweise bewachungslos eingesetzt werden. Insassen, die sich unerlaubt von der Truppe entfernt oder Fahnenflucht begangen hatten, kamen in der Regel nicht in weniger bewachte Brigaden.

Eine Besonderheit der Anfangsjahre des militärischen Strafvollzugs in Schwedt stellte die Anwesenheit von Zivilstrafgefangenen bis zum Jahreswechsel 1971/72 dar. Diese wurden einerseits separat untergebracht (im sogenannten Zivillager bzw. Lager II), andererseits überwiegend als Hausarbeiter eingesetzt. Nach ihrer Verlegung 1972 sollten deren Stellen mit Arreststrafgefangenen[162] besetzt werden. Dazu wurde in der 1. Kompanie ein 3. Zug neu geschaffen.[163] Ab März 1972 wurde dann die 3. Kompanie für die Arrestanten eingerichtet

158 IM-Bericht »Rudloff«, 18.3.1979; BStU, MfS, A 638/82, Bl. 259.

159 Das spielte wegen der geringen Zahl der Offiziers-Fälle kaum eine Rolle und war nur in den Anfangsjahren in Schwedt relevant. Dennoch hielt sich diese Vorgabe bis in die 1982er-Militärstrafvollzugsordnung hinein.

160 StVK Schwedt, OKS, Oltn. Colberg [ohne Adressat]: Vorschlag zur Werbung, 11.12.1970; BStU, MfS, BV FfO, AOG 1412/78, Teil I, Bl. 28–32.

161 StVK Schwedt, Offizier für politische Schulung, Oltn. Bailleu [ohne Adressat]: Einschätzung der Abschlussprüfung in der Politschulung bei den MSG, 10.11.1971; BArch, DVW 1/126204 (o. Pag.).

162 Die ungewöhnliche Bezeichnung »Arreststrafgefangene« dürfte die Strafarrestanten meinen.

163 IM-Bericht »Klaus Herder«, 13.3.1972; BStU, MfS, BV Dresden, AIM 1417/83, Teil II/1, S. 3 (MfS-Zählung). S. a. Exkurs Zivilstrafgefangene im Kap. 3.

und als »volle Verwirklichung der Trennungsgrundsätze zwischen Strafarrestanten und zu Freiheitsstrafen verurteilten Armeeangehörigen« interpretiert.[164] In der Folgezeit galt die Aufteilung:
1. Kompanie – Freiheitsstrafen ein bis zwei Jahre,
2. Kompanie – Freiheitsstrafen bis zu einem Jahr,
3. Kompanie – Strafarrestanten mit einem bis drei Monaten Strafdauer.[165]

Für Oktober 1972 wurde eine Struktur mit drei Kompanien und sieben Zügen angegeben.[166] Infolge der Amnestie im Spätherbst war das Gefängnis zum Jahresende aber fast leer, was offenbar zur Schließung der 1. Kompanie führte, da die Belegungszahlen des Kontrollberichtes aus dem März 1973 nur noch auf die 2. und 3. Kompanie verwiesen. Im Juni 1973 sollte die 1. Kompanie wieder eröffnet werden. Spätestens im Herbst 1973 waren tatsächlich wieder drei Kompanien installiert. In der 2. Kompanie saßen erneut Gefangene mit einem Strafmaß bis zu einem Jahr, deren Einsatz in Außenarbeitskommandos erfolgte, in der dritten wiederum Strafarrestanten. Alle drei Kompanien waren in je zwei bis drei Züge mit je zwei bis drei Gruppen untergliedert.[167] Nachdem 1975 offenbar eine kleinere Veränderung durch die Verlegung des ehemaligen 3. Zuges der 1. Kompanie zur 2. Kompanie stattfand[168] wurden zum 1. Juli 1976 einige größere Strukturveränderungen bestätigt. Durch den Anschluss der 3. Kompanie mit Strafarrestanten als 3. Zug der 1. Kompanie gab es nur noch zwei statt drei Kompanien. Die Abt. Kommandantendienst des MfNV betrachtete dies jedoch als »Hemmnis beim Umerziehungsprozess im Militärstrafvollzug«, zumal diese von der BDVP Frankfurt (Oder) vorgenommene Umstrukturierung »ohne Absprache mit den dafür verantwortlichen Bereichen im MdI bzw. MfNV erfolg-

164 Einschätzung der Aufgabenerfüllung des Militärstrafvollzugs im Ausbildungsjahr 1971/72 [o. D., Verf. und Adressaten]; BArch, DVW 1/126205 (o. Pag.).

165 IM-Bericht »Johannes«, 5.3.1972; BStU, MfS, BV FfO, TA 1111/79, Bd. 1, Bl. 234. Bei Wenzke wird ohne Quellenangabe die Zuordnung der Insassen auf die 1. und 2. Kompanie genau anders herum geschildert, Wenzke: Ab nach Schwedt!, S. 252 ff.

166 StVK Schwedt, Offizier für politische Schulung, Oltn. Bailleu [ohne Adressat]: Einschätzung der Abschlussprüfung in der politischen Schulung, 22.11.1972; BArch, DVW 1/126205 (o. Pag.).

167 [MfNV/Abt. KD] Major Schweingel [ohne Adressat]: Berichte zu den Kontrollen im StVK Schwedt am 29.3., 23.5. und 21.9.1973; BArch, DVW 1/120205 (o. Pag.) in Verbindung mit StVK Schwedt, OKS, Oltn. Colberg: Vorschlag zur Werbung, 12.11.1973; BStU, MfS, BV FfO, Abt. VII Nr. 2357, Bl. 54.

168 BDVP Frankfurt (Oder)/Abt. K/Dez. I.4, Oltn. Colberg [ohne Adressat]: Protokoll über die Abschöpfung eines MSG, 14.8.1975; BStU, MfS, AIM 18068/91, Teil I/1, Bl. 72.

te«.[169] Laut Wenzke wurde diese Eigenmächtigkeit »offenbar rasch wieder zurückgenommen«.[170]

Durch die Verlängerung des Strafarrestes von drei auf maximal sechs Monate mit dem Strafrechtsänderungsgesetz von 1977 kam es in der Zusammensetzung des Gefangenenbestandes zu einer Verschiebung: Einer wachsenden Zahl von Strafarrestanten stand eine sinkende Zahl von Gefangenen mit kurzer Freiheitsstrafe gegenüber. Neben Auswirkungen auf die Arbeitskommandos hatte dies auch Einfluss auf die Kompaniestruktur, insbesondere der 3. Kompanie. Außerdem kam es zu einem steigenden Anteil der Strafarrestanten mit der bisher nicht relevanten Arrestdauer von fünf beziehungsweise sechs Monaten. Somit war die 3. Kompanie nicht nur mit mehr Insassen, sondern auch mit längeren Verweilzeiten konfrontiert.[171] Das führte auch zu räumlichen Problemen. Im Januar 1978 musste wegen der gestiegenen durchschnittlichen Stärke von 80 bis 90 Strafarrestanten in der 3. Kompanie die bisherige »isolierte und abgegrenzte Unterbringung dieser Kompanie aufgegeben werden«.[172]

Ähnlich wie schon 1972 führte die 1979er-Amnestie zu einer spürbaren Reduzierung der Insassenzahl, die sich auch strukturell auswirkte. Im November 1979 wurde die 1. Kompanie aufgelöst und vor Juni 1980 nicht wieder eröffnet.[173] Auch die 2. Kompanie hatte Ende 1979 nur eine geringe Stärke. Für die Feiertage zum Jahreswechsel 1979/80 wurden die Arrestanten der 3. Kompanie mit den Militärstrafgefangenen der 2. Kompanie zusammengelegt, womit kurzzeitig zwei Kompanien geschlossen waren.[174] Ab August 1980 war die 1. Kompanie wieder eingerichtet.[175]

Ende 1980 beschloss der Nationale Verteidigungsrat die Grundsätze zur Schaffung der Disziplinarstrafe »Dienst in der Disziplinareinheit« sowie die Übernahme des Strafvollzugs und der Untersuchungshaft an Militärpersonen

169 MfNV/Abt. KD, OSL Schweingel [ohne Adressat]: Teilbericht über die Jahreskontrolle in Schwedt, 18.11.1976; BArch, DVW 1/126207 (o. Pag.).

170 Wenzke: Ab nach Schwedt!, S. 254 – ohne Angabe von Quellen und ohne Konkretisierung des zeitlich unbestimmten Begriffs »rasch«.

171 Leiter StVE Schwedt, Mj. Albinus [ohne Adressat]: Jahreseinschätzung der Aufgabenerfüllung im Bereich der StVE Schwedt, 19.12.1977; BLHA; Rep. 671/16.1. Nr. 299, Bl. 11–25, hier 13 u. 20.

172 MfNV/Abt. KD [ohne Adressat und Tagesdatum]: Teilbericht über die Jahresüberprüfung in der Militärstrafvollzugseinrichtung Schwedt, Januar 1978; DVW 1/126209 (o. Pag.).

173 Leiter StVE Schwedt [ohne Adressat]: Einschätzung zur Wirksamkeit des Erziehungsprozesses, 16.6.1980 [um die eigentliche Unterschrift gekürztes, dann von »Arnold« unterschriebenes Durchschlagexemplar]; BStU, MfS, A 641/82, Bd. 3, Bl. 366–374, hier 369.

174 FIM-Bericht »Arnold« über Treff mit IM »Rudloff«, 7.11.1979; BStU, MfS, A 641/82, Bd. 3, Bl. 290.

175 StVE Schwedt [ohne Adressat]: Protokoll über die am 10.7.1980 durchgeführte Abteilungsleiterberatung, 17.7.1980; BLHA, Rep. 671/16.1, Nr. 301, Bl. 66–73, hier 72.

durch das MfNV ab Ende 1982.[176] Zur Durchsetzung dieses NVR-Beschlusses erließ der MfNV im März 1981 einen entsprechenden Befehl, der auch erste Aussagen zur Struktur enthielt.[177] Demnach sollte sich die Disziplinareinheit in drei Bereiche gliedern:

- den Stab,
- drei Kompanien für den Vollzug der neuen Disziplinarstrafe und
- drei Kompanien für Strafarrestanten und Militärstrafgefangene.

Gleichzeitig wurden in dem Befehl drei Etappen definiert, in denen verschiedene Teilschritte zu realisieren waren.[178] Da dies bei laufendem Betrieb des Militärstrafvollzuges erfolgte, führte das zu Parallelstrukturen, in denen Angehörige der Disziplinareinheit schon und Angehörige des MdI-Strafvollzugs noch vor Ort waren. Die beabsichtigte neue Struktur wurde vom MfNV in einem sogenannten »Stellenplan und Ausrüstungsnachweis« fixiert.[179] Als neuer Kommandeur wurde Oberstleutnant Reinhard Decker[180] mit dem Aufbau der Disziplinareinheit beauftragt. Ihm zur Seite standen als Stellvertreter für politische Arbeit Major Roland Goethner beziehungsweise als Stellvertreter für Rückwärtige Dienste Major Eckhardt Zielke.[181] Diese drei Personen waren ab Ende 1981 in Schwedt tätig. In der zweiten Etappe des Aufbaus bis Ende Mai 1982 wurden der Stab bis zu 70 Prozent aufgefüllt und der Wach-, Transport- und Versorgungszug durch Zuversetzungen von Soldaten aus dem Wachregiment 2 formiert.[182] Der Wachzug galt ab Juni 1982 mit fünf Unteroffizieren und 36 Soldaten (GWD) als aufgefüllt.[183] Zur Übergangsphase gehörte ab Sommer 1981 auch der vorübergehende Einsatz von 30 Zivilstrafgefangenen aus Rüdersdorf zur Erfüllung von Bauaufgaben. Das führte zu Umsetzungen und Umgruppierungen in der 1. und 3. Kompanie sowie zur Unterbringung der

176 Beschlussprotokoll zur 62. Sitzung des NVR am 21.11.1980 http://www.argus.bstu.bundesarchiv.de/DVW1_NVR/mets/DVW1_NVR_39523/index.htm?target=midosaFraContent&backlink=/argus-bstu/DVW1_NVR/index.htm-kid-4e743c14-4451-41ad-9a52-891136a2e880&sign=DVW%201/39523.

177 Befehl Nr. 26/81 v. 30.3.1981 über die Vorbereitung der Bildung einer Disziplinareinheit und der Übernahme des Strafvollzugs und der Untersuchungshaft an Militärpersonen durch das MfNV; BArch, DVW 1/67006, Bl. 67–75.

178 Vgl. auch Chronik der Disziplinareinheit; BArch, DVW 5-16/74001, Bl. 3–5.

179 MfNV, Stellenplan und Ausrüstungsnachweis Nr. 7142/3, 2.11.1981; BArch, DVW 1/44067 (o. Pag.). Ausführungen zu Struktur und Stellenplan folgen im aktuellen Kapitel.

180 Reinhard Decker, Jahrgang 1929, vorher tätig in einem Raketenausbildungszentrum der Landstreitkräfte, vgl. Biogramm im aktuellen Kapitel.

181 Chronik der Disziplinareinheit; BArch, DVW 5-16/74001, Bl. 3.

182 Ebenda, Bl. 4.

183 [MfS]/HA I/Abt. MfNV/UA HS, Hptm. Krugenberg [ohne Adressat]: Vorschlag zur Bestätigung als GMS, 21.6.1982; BStU, MfS, AGMS 14824/83, Bl. 20.

Zivilstrafgefangenen in der Baracke der 2. Kompanie. Im April 1982 sollten sie nach Rüdersdorf rückverlegt werden.[184]

Im Oktober/November 1982 erfolgte in mehreren Teilschritten die Übernahme der Strafvollzugseinrichtung durch das MfNV. Die 1. bis 3. Kompanie waren nunmehr den Militärstrafgefangenen und Strafarrestanten vorbehalten, während die 4. bis 6. Kompanie für die Disziplinarbestraften gedacht waren. Die insgesamt sechs Kompanien waren jedoch nicht durchgängig »gefüllt«. Offenbar waren die Militärstrafgefangenen und Strafarrestanten zu Beginn auf nur zwei Kompanien verteilt, während der Bestand an Disziplinarbestraften erst nach und nach anstieg. Bei den Disziplinarbestraften war neben der räumlichen Abgrenzung zu den gerichtlich verurteilten Gefangenen zusätzlich eine Trennung der Unteroffiziere von den Soldaten gefordert, die durch Zuweisung in unterschiedliche Kompanien zu realisieren war, was offenbar durch Verteilung auf unterschiedliche Etagen erfolgte.[185] Eine genaue Chronologie der Belegungssituation zu erstellen ist bisher nicht möglich. Derzeit liegen nur unsystematische Hinweise auf die damalige Situation vor, die schon im Zusammenhang mit Amnestien Veränderungen erfuhr.

Frühestens im Januar 1984 wurden die 1. und 4. Kompanie wieder eröffnet. Daher wurde der vorgesehene Politstellvertreter der 1. Kompanie für andere Aufgaben herangezogen.[186] Es war aber nicht nur die geringe Belegung, die die Eröffnung der Kompanie verzögerte, auch das nötige Stammpersonal fehlte noch.[187] Anfang 1984 bestand die Disziplinareinheit aus folgenden Strukturelementen:

- Führung und Stab,
- sechs Kompanien für bis zu je 100 Insassen,
- Transport-/Versorgungszug,
- Wachzug,
- medizinischer Versorgungspunkt,

184 Leiter StVE Schwedt, OSL Albinus [ohne Adressat]: Protokoll über die Beratung spezifischer Probleme mit der Leitung und den Abteilungsleitern/Kompaniechefs, 19.6.1981; BLHA, Rep. 671/16.1, Nr. 300, Bl. 107 f. in Verbindung mit Leiter StVE Schwedt, OSL Albinus an Chef der BDVP Frankfurt (Oder): Lageeinschätzung Monat März 1982, 24.3.1982; ebenda, Nr. 299, Bl. 135.

185 Ordnung Nr. 036/9/004 des MfNV über den Dienst in der Disziplinareinheit v. 17.12.1982; BStU, MfS, AGM Nr. 610, Bl. 151 (hier Bl. 9/Rückseite des Dokuments). S. a. Interview mit Harald Blaschke in Dressler: Stillgestanden, S. 257–277, hier 264.

186 [MfS]/HA I/AKG, Ltr. Oberst Riebe [ohne Adressat]: Information zum Stand der Organisation und Führung der politisch-operativen Arbeit in der DE der NVA, 5.1.1984; BStU, MfS, HA I Nr. 15717, Bl. 30–39, hier 31, i. V. m. den Aktenvermerken des MfS-Mitarbeiters Krugenberg v. 24.5. u. 5.9.1983; BStU, MfS, AIM 2121/88, Teil I/1, Bl. 207–209.

187 FO Krugenberg: Treffbericht IMS »Günter Richter«, 20.6.1983; BStU, MfS, AIM 2121/88, Teil II/1, Bl. 4.

- Produktionsstätte des VEB Instandsetzungswerk Pinnow/ Betriebsteil Schwedt,
- Produktionsstätte des VEB Leuchtenbau Finow.[188]

Bis Ende 1989 gibt es sporadische Hinweise auf kleinere Veränderungen. Zum Beispiel war die 4. Kompanie (für Disziplinarbestrafte) längere Zeit nicht eingerichtet und eine ganze Etage im vierstöckigen Gebäude nicht bezogen. Unterschiedliche Zuordnungen scheint es auch bei den Strafarrestanten gegeben zu haben, die getrennt von den Militärstrafgefangenen unterzubringen waren. So wurden im Frühjahr 1987 die Strafarrestanten als gesonderter Zug in die 3. Kompanie der Militärstrafgefangenen eingegliedert. Dies soll nahegelegen haben, weil »man ja bisher auch im Prozess der Produktion zusammen gearbeitet hat«.[189] Von Anfang 1988 liegt ein Hinweis vor, dass Strafarrestanten als 2. Gruppe des ersten Zuges in der 2. Kompanie zusammengefasst waren und im selben Monat eine Trennung der Arrestanten von den Strafgefangenen erfolgte. Kurz darauf wurde im Mai 1988 die 2. Kompanie getrennt. In der 2. Kompanie verblieben nur sechs Militärstrafgefangene mit besonderen Aufgaben, die anderen wurden in die 3. Kompanie verlegt.[190]

Leitungspersonal, Strukturen, Besetzungssorgen und Aufgabenzuweisungen

Ab spätestens 1967 liefen Vorbereitungen zur Umstellung des zivilen Strafvollzugskommandos auf den Militärstrafvollzug. Von den damals 75 Bediensteten verfügten nur vier über den Abschluss der 10. Klasse, 68 waren Mitglied der SED.[191] Leiter des Strafvollzugskommandos zum Zeitpunkt der Umwidmung zum Militärstrafvollzug war Siegfried Richter.

188 [MfS]/HA I/AKG, Ltr. Oberst Riebe [ohne Adressat]: Information zum Stand der Organisation und Führung der politisch-operativen Arbeit in der DE der NVA, 5.1.1984; BStU, MfS, HA I Nr. 15717, Bl. 30–39, hier 31.

189 OibE-Bericht »Manfred« über ein Erziehungsgespräch, 18.3.1987; BStU, MfS, AIM 5382/88, T. II/2, Bl. 21.

190 IM-Berichte »Wolfgang Schuster«, 15.2.1988 bzw. o. D. [Mai 1988]; BStU, MfS, AIM 3397/89, T. II/1, Bl. 5, 14.

191 Leiter StVK Schwedt [ohne Adressat]: Auskunftsbericht, 21.12.1967; BLHA, Rep. 671/16.1, Nr. 300, Bl. 204–210, hier 208 f.

Biogramm: Siegfried Richter[192]

Geboren 1922, gestorben 1984; Volksschule, Lehre zum Maschinenschlosser, 1940–45 Wehrmacht/Gefangenschaft; Schlosser, Sachbearbeiter, Abteilungsleiter im Thüringer Stahlbau,
1950 Eintritt in die SED,
1955 Oberkommissar/Oberleutnant der VP; stellvertretender Leiter der VP-Schule Biesenthal (Hauptmann/Major der VP),
1965 Leiter SV-Kommando Schwedt,
1970 Offizier für SV in AG SV des BDVP Frankfurt (Oder),
1971 Abteilungsleiter Vollzugsdienst in der Jugendstrafanstalt Wriezen.

Richter brachte es ohne Studium bis zum Major des Strafvollzuges. Nachdem schon kurz nach der Umwidmung zum Militärstrafvollzug vermerkt wurde, dass unter Richters Leitung die anfangs positiven Entwicklungen des Lagers seit Juli 1968 stagnieren und »Tendenzen einer rückläufigen Entwicklung« feststellbar seien,[193] kam es im April 1969 zu einer »Kaderaussprache«. Dabei räumte Richter ein, seine Leistungsgrenze erreicht zu haben, was ihm insbesondere seit der Umwandlung vom allgemeinen zum Militärstrafvollzug bewusst geworden sei. Ihm wurde »im beiderseitigen Interesse« eine Entbindung von der Funktion »angeboten«. Er erhielt 1970 die Medaille für treue Dienste in Gold. Fünf Jahre nach seinem Weggang wurde in dem von ihm in Schwedt genutzten Büro ein Schriftstück gefunden, das belegte, dass Richter zum Ende des Zweiten Weltkriegs Leutnant der Wehrmacht war, was im Widerspruch zu seinen bisherigen Angaben (1945 Feldwebel) stand. Außerdem hatte Richter einige Auszeichnungen und Beteiligungen an Kampfhandlungen verschwiegen. Das Dokument wurde über IM »Arnold« am Dienststellenleiter vorbei dem MfS übergeben. Im April 1976 kam es deswegen zu einem Parteiverfahren, das mit einer strengen Rüge durch die Kreisleitung endete. Von seiner neuen VP-Dienststelle Wriezen wurde Richter zusätzlich disziplinarisch mit einem Verweis bestraft.

Wenige Monate nach der Umstellung auf den Militärstrafvollzug inspizierte die Abteilung Kommandantendienst des MfNV gemeinsam mit der Verwaltung Strafvollzug des MdI die Verhältnisse vor Ort. Der daraus resultierende

192 Zu Richter liegen MfS-Akten vor, aus denen die biografischen Angaben stammen; BStU, MfS, BV FfO, AIM 1051/63 u. BStU, MfS, BV FfO, AOPK 105/77.

193 MfNV/Abt. KD und MdI/Verwaltung SV [o. D. und Adressat]: Kontrollbericht über die gemeinsame Inspektion im StVK Schwedt v. 8.–10.10.1968; BArch, DVW 1/126203 (o. Pag.).

Bericht schildert Unzulänglichkeiten, die auch auf die Stellenbesetzung zurückgeführt wurden.[194] Hier zeichneten sich zwei Problemkreise ab, die die Dienststelle dauerhaft beschäftigen sollten: Probleme bei der Auffüllung der freien Stellen und der Bildungsstand der Bediensteten. Den Nachwuchssorgen versuchte die Dienststelle durch aktive Werbungen sowohl im eigenen Personal als auch außerhalb des Hauses zu begegnen. So kam es beispielsweise 1969 anlässlich des 20. Jahrestages der Gründung der DDR in der Belegschaft zu 66 Einzel- und 4 Kollektivverpflichtungen. Darunter fielen 48 Verlängerungen von ablaufenden Dienstzeiten. Von sechs zum Herbst 1969 eingereichten Kündigungen wurden fünf zurück genommen.[195] Die Stellensituation wurde auch dadurch verkompliziert, dass immer wieder Angehörige des Personals aus Schwedt in andere Gefängnisse versetzt wurden.[196] Zusätzlich fehlten mehrfach Personen, die wegen ihres geringen Bildungsstandes zu einem längeren Schulbesuch delegiert waren. Zum Bildungsniveau wurde noch Ende 1968 festgehalten, dass 27 Prozent des Personals nicht über einen Abschluss der 8. Klasse verfügten.[197] Daher wurden Lehrgänge angeboten, die zum Beispiel von einem internen Qualifizierungssystem für alle Zug- und Gruppenführer über einen Intensivlehrgang in Mathematik und Physik bis hin zu Fachschulausbildungen reichten. Für 1975 wurden zwei tendenziell unterschiedliche Interpretationen des Bildungsstandes bekannt: Der SED-Parteisekretär Bailleu verwies darauf, dass alle drei Kompaniechefs und acht von neun Zugführern einen Fachschulabschluss hätten.[198] Der Bericht zur Jahresüberprüfung bekannte dagegen, dass acht Wachtmeister über keinen 8-Klassenabschluss und 23 weitere nur über diese 8 Klassen verfügten.[199]

Hinzu kamen die obligatorische politische Ausbildung sowie Sport für die Bediensteten. Für die zweite Hälfte der 1970er-Jahre gibt es einen Hinweis, dass es Vorgaben zur Durchführung sogenannter politisch-aktueller Gespräche (PAG)

194 Ebenda.

195 StVE Schwedt: Sicht-Agitationsmaterial [o. D., Verf. und Adressat]; BLHA, Rep. 671/16.1, Nr. 299 (o. Pag.).

196 »Die Vorgaben hinsichtlich der Abversetzung eines Genossen zur StVE Berlin, 2 Versetzungen und 4 Kommandierungen zur StVE Rüdersdorf wurden termingemäß erfüllt.« [O. D., Verf. und Adressat:] Einschätzung der Ergebnisse der schöpferischen Masseninitiative »DDR 30 – Alles für die Erfüllung des Klassenauftrages« [von »Arnold« handschriftl. unterschrieben u. mit Datum 10.8.1979 versehen]; BStU, MfS, A 641/82, Bd. 3, Bl. 239–249, hier 246.

197 BDVP Frankfurt (Oder)/Abt. SV [ohne Adressat]: Information zum Kontrolleinsatz im StVK Schwedt v. 2.–14.12.1968/3.1.1969; BLHA, Rep. 671/16.1, Nr. 296, Bl. 38–45, hier 39.

198 [StVK Schwedt, Sekretär der SED-GO, Bailleu an MfNV/Abt. KD]: Auskunftsbericht über die Durchführung der politischen Schulung und Gefechtsausbildung, 28.5.1975; BStU, MfS, A 641/82, Bd. 2, Bl. 162–173, hier 165.

199 Ein Jahr später hatte sich das kaum verändert: mit weniger als 8 Klassen wurden nunmehr 8 und mit 8-Klassenabschluss 21 Wachtmeister ausgewiesen; MdI/Verwaltung SV u. MfNV/Abt. KD [ohne Adressat]: Berichte über die Jahresüberprüfungen in Schwedt, 5.12.1975 bzw. 25.11.1976; BArch, DVW 1/126207 (o. Pag.).

gab. Die diesbezügliche Regelung ging auf eine Direktive des Innenministers zurück und sollte »der schnellen Information und Orientierung der Angehörigen« [des Strafvollzugs] und der »Schaffung einheitlicher Standpunkte in den Kollektiven« dienen. So war zum Beispiel das auf wöchentlich 30 Minuten angesetzte PAG für die Genossinnen in der Verwaltung jeweils mittwochs um 7.00 Uhr durchzuführen. Für DDR-Verhältnisse typisch war, dass der Stellvertreter für Politische Arbeit bei der Abhaltung dieser PAG unter den Bediensteten angehalten wurde, »in der Nachweisführung mehr die Tendenzen der Meinungsäußerung der Genossen festzuhalten«.[200] An der sportlichen Ausbildung beteiligte sich das Personal wohl nur ungern, was angesichts der Zuständigkeit des Personals (auch) für die militärische Ausbildung der Insassen nicht uninteressant ist. Manche erschienen zu den anberaumten Terminen nicht, andere ließen sich vom Sport befreien. 1977 zum Beispiel erklärten zwei Angehörige des SV, kein Geld für einen Trainingsanzug zu haben, ein anderer wollte keinen Schweißtropfen vergießen. Letztlich war die gesamte Beteiligung unbefriedigend und wurde im Einzelfall als »unparteiliche Herangehensweise« kritisiert.[201] Auch 1978 wurde die Einstellung der SV-Angehörigen zur eigenen – auch physischen – Ausbildung moniert und zusätzlich kritisiert, dass der den Leiter Siegfried Richter ersetzende Leiter Gerhard Albinus den mangelnden Eifer seiner Untergebenen betreffs der körperlichen Betätigung ignorierte.[202]

Biogramm: Gerhard Albinus[203]

Geboren 1926, gestorben 2000; Wehrmacht/Gefangenschaft, Diplom-Jurist (HUB), vor Schwedt zuletzt tätig als Stellvertreter des Leiters der Strafvollzugseinrichtung Bautzen,
1946 Eintritt in die SED,
ab circa 1947 VP,
1970 Leiter Strafvollzugskommando Schwedt (Major/OSL),
1982 Stellvertreter des Kommandeurs für Vollzug,
1987 Entlassung aus Altersgründen.

200 StVE Schwedt, Stv. für politische Arbeit, Oltn. Weyh an Leiter StVE: Einschätzung zur Durchführung und Wirksamkeit der PAG, 23.11.1977; BLHA, Rep. 671/16.1, Nr. 300, Bl. 56.

201 StVE Schwedt: Protokolle zu den Beratungen der Abteilungsleiter v. 11. u. 25. 8.1977; ebenda, Nr. 300, Bl. 41 u. ebenda, Nr. 301, Bl. 33 i. V. m. IM-Bericht »Rudloff« v. 8.9.1977; BStU, MfS, A 638/82, Bl. 101.

202 IM-Bericht »Rudloff«, 27.12.1978; BStU, MfS, A 638/82, Bl. 183.

203 Zu Albinus liegen weder eine Personalakte, noch eine Akte des MfS vor. Nachfolgende Erkenntnisse beziehen sich auf unterschiedliche Fundstellen aus dem Bundes-, dem Militär- und dem Brandenburgischen Landeshauptarchiv sowie den Unterlagen des MfS zu anderen Personen.

Noch im Jahr seines Dienstantritts in Schwedt erhoben sich Stimmen, die Albinus Mängel in der Dienstdurchführung und in der Leitungstätigkeit vorwarfen und ihn für genauso ungeeignet hielten wie seinen Vorgänger Siegfried Richter. In der Folge entwickelten sich distanzierte Verhältnisse insbesondere zum SED-Parteisekretär Wolfgang Bailleu und zum Offizier für Kontrolle und Sicherheit, Heinz Colberg, die sich aus ihrer Funktion heraus erlaubten, Albinus Paroli zu bieten. Gerade über die Auseinandersetzungen mit dem Parteisekretär wurde auch Einfluss auf Albinus genommen. Zumindest einmal entschuldigte sich Albinus in der Parteigruppe für sein Verhalten. Nachträglich nannte er das einen einmaligen Vorgang und drohte stattdessen damit, das »MfS aufräumen« zulassen, wobei unklar blieb, ob er diese Äußerung absichtlich gegenüber einem IM des MfS tätigte.[204] Auch seine Sekretärin suchte den Weg der Auseinandersetzung über die Partei, als sie seines unbeherrschten und launenhaften Leitungsstils überdrüssig war.[205] Zusätzlich wurde ihm nachgesagt, »besondere Vorkommnisse« eher zu vertuschen, als offensiv auszuwerten. Dies reichte bis zur nachträglichen Manipulation von Protokollen von Arbeitsberatungen, um gegenüber der vorgesetzten Dienststelle besser dazustehen.[206] Zudem beklagten sich sein Stabschef und der Parteisekretär, mehrfach von ihm nicht über relevante Sachverhalte informiert worden zu sein. Albinus wurde 1982 zwar vom MfNV übernommen, aber nur noch als Stellvertreter Vollzug unter dem neuen Kommandeur Reinhard Decker eingesetzt. Dies brachte gelegentlich Spannungen mit sich. Nach jahrelanger Leitung des Gefängnisses fiel es ihm offenbar schwer, sich in »seiner« Dienststelle einem anderen unterzuordnen.

Für die Jahre 1969, 1972, 1974, 1978, 1981 und 1986 liegen Stellenpläne vor, denen sich unter anderem Strukturveränderungen entnehmen lassen.[207] Das Strukturschema des 1969er-Stellenplans benennt sechs dem Leiter untergeordnete Funktionsbereiche. Der 1. Stellvertreter war gleichzeitig Stabschef (zuständig u. a. für die Geschäftsstelle und Fragen des Arbeitseinsatzes der Gefangenen), während der Stellvertreter für politische Arbeit nur einen Offizier für

204 IM-Bericht »Arnold«, 24.1.1973; BStU, MfS, A 641/82, Bd. 1, Bl. 261.

205 IM-Bericht »Arnold«, 18.10.1975; ebenda, Bd. 2, Bl. 213.

206 IM-Berichte »Arnold«, 10.1.1978 u. 5.6.1980; ebenda, Bd. 3, Bl. 50 u. 360.

207 Der unterschiedliche Aufbau dieser Stellenpläne steht einer einfachen Vergleichbarkeit entgegen. Beispielsweise sind in den ältesten Exemplaren die Beschäftigtengruppen nach Dienstgrad sortiert, in den späteren nach Laufbahn. Dies bedeutet, dass die früher eingesetzten Wachtmeister (Hauptwachtmeister, Meister, Obermeister) des Strafvollzugs nicht mit den später verwendeten Soldaten/Gefreiten im GWD, UaZ, Berufsunteroffizieren/Fähnrichen der NVA vergleichbar sind. Nicht zuletzt beschreiben die Pläne einen theoretischen Zustand, der oft nicht erreicht wurde.

politische Schulung unter sich hatte. Der Abteilungsleiter Versorgungsdienste (VD) war verantwortlich für Bewaffnung, Quartierfragen, Verpflegung, medizinische Betreuung und den Fuhrpark. Der Leiter der operativen Dienste regelte unter anderem die Objektsicherung, das Diensthabenden-System und Transportfragen. Nicht zuletzt waren die Kompanieführer dem Leiter unterstellt, die wiederum Zug- und Gruppenführer für die direkte Arbeit mit den Insassen anzuleiten hatten.[208] Ein erster Stellenplan von 1972 enthält nur marginale Abweichungen, galt aber nur sieben Monate. Der neue Plan für die Zeit ab August 1972 wies neben der deutlichen Reduzierung von Stellen auch strukturelle Umstellungen aus, die vor allem die Unterordnung des Leiters der operativen Dienste unter den Stabschef betrafen.[209] Der ab Januar 1974 geltende Stellenplan enthält Änderungen bei den Bezeichnungen einzelner Bereiche/Stellen wie auch in der strukturellen Zuordnung. Der Posten des Leiters der operativen Dienste scheint nunmehr entfallen zu sein. Die ihm zugeordneten Wachtmeister und Posten sind in der tabellarischen Übersicht zwar enthalten, im Strukturschema aber nicht mehr erkennbar.

Erst mit der Arbeitsordnung der Strafvollzugseinrichtung Schwedt von 1977 liegt ein Dokument mit ausführlicheren Angaben zu Hierarchien und Aufgabenverteilung vor.[210] Dem Leiter waren unmittelbar unterstellt:
- der Stellvertreter,
- der Stellvertreter für politische Arbeit[211],
- der Leiter der Versorgung,
- der Leiter der AG Ökonomie,
- die Kompaniechefs,
- der Offizier Kader/Ausbildung,
- der Offizier für politische Schulung,
- der Sachbearbeiter Finanzen,
- die Sekretärin.

208 MdI, Stellenplan StVK Schwedt, 11.6.1969; BArch, DO 1/12088 (o. Pag.).

209 MdI, Stellenplan StVK Schwedt, 21.12.1971 bzw. 1.8.1972; ebenda.

210 Leiter StVE Schwedt, Mj. Albinus [ohne Adressat]: Arbeitsordnung der Strafvollzugseinrichtung Schwedt – überarbeitet 1977, 10.1.1977; BLHA, Rep. 671/16.1, Nr. 322, Bl. 92–123.

211 Hier galt eine mehrfache Unterstellung unter den Leiter, das zuständige leitende Parteiorgan und den Leiter der Politischen Abteilung der BDVP.

Dem Stellvertreter des Leiters waren unmittelbar unterstellt:
- der Offizier für operativ-taktischen Einsatz und Information,
- die operativen Diensthabenden,
- der Wachtmeister operativer Dienst mit funktionellen Pflichten eines Leiters der Diensthundestaffel,
- der Leiter der Vollzugsgeschäftsstelle,
- der Sachbearbeiter Verschlusssachen/Zentraler Kurierdienst.

Dem Leiter der Versorgung waren unmittelbar unterstellt:
- der Offizier Intendantur,
- der Sachbearbeiter Technik, Waffen und Geschützmeister,
- der Schirrmeister, zugleich Kraftfahrer,
- der Offizier für Organisation der medizinischen Betreuung.

Dem Leiter der Arbeitsgruppe Ökonomie war unmittelbar unterstellt:
- der Sachbearbeiter Eigengeld.

Den Kompaniechefs waren unmittelbar unterstellt:
- die Zugführer,
- die ihnen zugeteilten Kräfte der operativen Dienste (im Rahmen der Dienstaufsicht).

Dem ODH (Operativer Diensthabender) waren unmittelbar unterstellt:
- die Wachtmeister der operativen Dienste (Wachdienst),
- die Gruppenführer Aufsicht während der Dienstdurchführung.

Der ODH war außerhalb der normalen Tagesdienstzeit gegenüber allen im Dienst befindlichen SV-Angehörigen weisungsberechtigt.

Diese Struktur wurde wohl im Wesentlichen bis zur Übernahme des Militärstrafvollzuges durch das MfNV beibehalten, was sich zum Beispiel aus dem Verteiler der Beratungsprotokolle schließen lässt.

Für die Phase der MdI-Verwaltung beinhalten die Stellenpläne keine Angaben zu Zivilbeschäftigten und zur Geschlechterverteilung. Die Anzahl der Frauen im Personal blieb wohl durchgängig im einstelligen Bereich. Ihr Einsatz konzentrierte sich auf die Verwaltung, mindestens eine Frau war in der Objektwache tätig. Einige Frauen waren als Zivilbeschäftigte angestellt, andere trugen Uniform und in der Mehrzahl Dienstgrade von Unter- bis Hauptwachtmeister. In zwei Fällen sind Offiziersränge nachweisbar. Nach ihrem Fernstudium erreichten zwei Frauen zu MdI-Zeiten jeweils den Rang eines Oberleutnants. Eine wurde nach der Übernahme durch die NVA noch zweimal befördert, trug zuletzt den Dienstgrad Major und war damit die ranghöchste Frau im Militärstrafvollzug der DDR.[212]

Die Umstellung auf die Verwaltung durch das MfNV brachte verschiedene Veränderungen mit sich. In einer Übergangsphase kam es zu Parallelstrukturen, da neben dem Militärstrafvollzug die neu geplante Disziplinareinheit aufgebaut wurde. Das bisherige Personal wurde etwa zur Hälfte übernommen[213] und die Stellen dann mit Armeeangehörigen aufgefüllt. Den theoretisch vorgesehenen Zustand beschrieben ein Stellenplan und ein Strukturschema aus dem November 1981.[214] Demnach waren dem Kommandeur vier Stellvertreter zugeordnet (Stabschef und die Stellvertreter für Vollzugsdienst, für Politische Arbeit, für Rückwärtige Dienste). Eigens ausgewiesene Unterstrukturen betrafen den Stab, den Transport und Versorgungs- beziehungsweise den Wachzug, das Lager, den Bereich der Finanzökonomie und natürlich die bis zu sechs Kompanien für die Insassen. Erstmals waren nun in einem Stellenplan auch die Zivilbeschäftigten ausgewiesen.

Die Stellvertreter für Politische Arbeit und für Rückwärtige Dienste waren mit dem neuen Kommandeur Reinhard Decker schon in der Übergangsphase ab Ende 1981 vor Ort, um den Aufbau mitzugestalten.[215]

212 Waltraud Laurisch, Jahrgang 1941. Zu ihr liegen keine MfS-Akten vor. Die biografischen Angaben resultieren aus Akten aus dem Bundes-, dem Militär- und dem Brandenburgischen Landeshauptarchiv sowie den Unterlagen des MfS zu anderen Personen. Laurisch begann spätestens 1969 in Schwedt als Sekretärin und erarbeitete sich im Laufe der Jahre die Leitung der Vollzugsgeschäftsstelle. In den 1980er-Jahren nannte sich ihre Planstelle Ober-Offizier Org. Auffüllung. Sie verbrachte mehr als 20 Jahre in der Dienststelle. In der Auflösungsphase der Disziplinareinheit 1990 führte sie Dienstsiegel und -stempel. Das Übergabe-/Übernahmeprotokoll der Gefangenenakten aus dem August 1990 trägt ihre Unterschrift.

213 Der Abschlussbericht der BDVP Frankfurt (Oder) v. 9.11.1982 zur Übergabe der Strafvollzugseinrichtung verweist auf die Übernahme von 14 Offizieren, 13 Wachtmeistern und 3 Zivilbeschäftigten durch die NVA. Nicht übernommen wurden 29 Angehörige des Strafvollzugs; BArch, DO 1/3701 (o. Pag.).

214 MfNV, Stellenplan und Ausrüstungsnachweis Nr. 7142/3, 2.11.1981; BArch, DVW 1/44067 (o. Pag.). In einem vorherigen Entwurf lagen die Zahlen in den einzelnen Kategorien um bis zu 21 Stellen höher; in der Gesamtzahl jedoch um fünf niedriger, vgl. Wenzke: Ab nach Schwedt!, S. 323 unter Bezug auf BArch, DVW 1/116312, Bl. 22.

215 Chronik der Disziplinareinheit; BArch, DVW 5-16/74001, Bl. 3.

Biogramm: Reinhard Decker[216]

Jahrgang 1929; gestorben 2015,
1948 Eintritt in die VP,
1952 Ausbildung zum Offizier,
1963 Raketentruppen, zuletzt Kommandeur Raketenausbildungszentrum Prora, Beförderungen bis zum OSL,
1981 Kommandeur der Disziplinareinheit (zunächst im Aufbau),
1988 Oberst,
1990 Invalidenrente.
Ähnlich wie seine Vorgänger Siegfried Richter und Gerhard Albinus war Decker wegen fehlender Führungsqualitäten umstritten. Noch in der Aufbauphase der Disziplinareinheit berichtete der dortige Kaderoffizier, dass Decker selbstherrliche Entscheidungen treffe, seine Stellvertreter diskriminierend behandle und Kompetenzen seiner Untergebenen beschneide.[217] Das MfS vermerkte zwei Jahre später, dass mit Decker wiederholt Aussprachen geführt wurden, eine Besserung jedoch nicht festgestellt werden konnte.[218] Immerhin beteiligte er sich bei anhaltend schlechter Stimmungslage innerhalb des Wachzuges an sogenannten Rundtischgesprächen. Diese in der NVA eher ungewöhnliche Form der Kommunikation zwischen Vorgesetzten und Untergebenen brachte allerdings auch keine Veränderung, zumal Decker gedroht haben soll, es koste ihn ein Lächeln, die Genossen des Wachzuges als Insassen in den Disziplinarbereich zu befördern.[219] Schlechte Stimmung, die auf den Leitungsstil des Kom-

216 Zu Deckers Biografie ist noch weniger bekannt als zu seinen Vorgängern. Es gibt keine MfS-Akten über ihn. Auch eine Personalakte ist bisher nicht bekannt geworden. Aus handschriftlichen Notizen des zuständigen MfS-Mitarbeiters Krugenberg im Rahmen des Arbeitsnachweises für GMS »Gerd Schuster« geht hervor, dass es 1982 eine sogenannte »Leiterakte – Decker –« gab (BStU, MfS, AIM 5647/91, Bl. 140). Diese ist bisher nicht aufgefunden worden. Vermutlich ist damit eine nicht registrierte Handakte beim MfS gemeint. Die nachfolgend dargelegten Erkenntnisse beziehen sich auf unterschiedliche Fundstellen aus dem Bundes-, dem Militär- und dem Brandenburgischen Landeshauptarchiv sowie den Unterlagen des MfS zu anderen Personen. Aufschlussreich, wenn auch nicht immer in Übereinstimmung mit den aufgefundenen Unterlagen, sind die beiden Interviews, die Decker gab: Wenzke: Ab nach Schwedt!, S. 456–460 bzw. Dressler: Stillgestanden, S. 277–294.

217 IM-Bericht »Gerd Schuster«: Einschätzung der sozialistischen Führungsprinzipien, 28.8.1982; BStU, MfS, AIM 5647/91, Bl. 115.

218 FO Knobelsdorf: Arbeitsnachweis für GMS »Gerd Schuster«, 10.4. bzw. 11.9.1984; ebenda Bl. 148 u. 153. Offensichtlich lagen dem MfS mehrere inoffizielle Berichte zu Decker vor, die bisher jedoch nicht aufgefunden wurden. Nur die auswertenden Notizen des Führungsoffiziers sind überliefert.

219 Eingabe des Soldaten XXX des Wachzuges der Disziplinareinheit v. 30.7.1984 an den Minister für Nationale Verteidigung; BArch, DVW 1/126214 (o. Pag.) i. V. m. Bericht des GMS »Hens« v. 4.8.1984; BStU, MfS, AGMS 9147/85, Bl. 51.

mandeurs zurückgeführt wurde, herrschte aber auch unter den Berufsunteroffizieren. Im Frühjahr 1989 wollte die Mehrzahl derjenigen, deren Dienstzeit bis 1991 auslief, sich eher beim MdI bewerben, als in Schwedt zu verlängern.[220] Letztlich wurde im Herbst 1989 im MfNV festgehalten, dass Decker altersbedingt nicht mehr in der Lage sei, den Besonderheiten des Dienstes in der Disziplinareinheit Rechnung zu tragen.[221] Im August 1990 übergab er die Kommandeursaufgaben an Oberstleutnant Manfred Riesbeck.[222] Da waren jedoch sämtliche Insassen seit Monaten entlassen.

Trotz großer Nachwuchssorgen und einzelner Bedenken, insbesondere des Kaderoffiziers, aber auch des MfS, kam es im Oktober/November 1982 zur Übernahme des Militärstrafvollzuges durch das MfNV, auch wenn erst jede zweite Personalstelle besetzt war (Auffüllungsstand 51 %).[223] Die Struktur des o. g. Stellenplans blieb gültig. Kleinere Änderungswünsche bezogen sich auf einzelne Stellen, die ggfs. neu einzurichten oder umzuwandeln seien.[224] Der Stellenplan wies 26 Stellen für Zivilbeschäftigte aus (z. B. als Handwerker, Werkstattleiter, Schreibkräfte). Frauen waren durchgängig in der Disziplinareinheit beschäftigt, ähnlich wie in MdI-Zeiten sowohl als Zivilbeschäftigte als auch in den »bewaffneten Organen«. Der Stellenplan von 1986 gab erst- und einmalig auch den Anteil der Stellen für weibliche Beschäftigte an: Sie verteilten sich auf je eine bei den Offizieren und Fähnrichen sowie vier bei den Berufsunteroffizieren.[225] Aus Sicht des MfS wurden ab spätestens 1984 in Übersichten auch die Produktionsbereiche des Instandsetzungswerks Pinnow beziehungsweise des Leuchtenbaus Eberswalde mit ausgewiesen, die jeweils eigenes Personal in diesen Bereichen beschäftigten.

Berichte über den schlechten Stand der Stellenbesetzung zogen sich durch die gesamten 1980er-Jahre. Für Januar 1985 wurde beispielsweise konstatiert, dass zwei Offiziere und 26 Fähnriche und Berufsunteroffiziere fehlten. Zusätzlich wurde die mangelnde Ausbildung beklagt und überlegt, wie neues Perso-

220 IM-Bericht »Arnold«, 22.5.1989; BStU, MfS, AGMS 4387/91, Bl. 131.

221 MfNV/Abt. ID, Leiter [ohne Adressat]: Einschätzung über den physischen und psychischen Zustand Oberst Decker, 30.11.1989; BArch, DVW 1/126217 (o. Pag.).

222 NVA/DE an MfVA/Abt. f. allg. Fragen: Übergabe-/Übernahmeprotokoll, 31.8.1990; BArch, DVW 1/126218 (o. Pag.).

223 [MfNV/DE] Kaderoffizier Oltn. Pfotenhauer [ohne Adressat, offenbar Redemanuskript]: Auskunftsbericht zur Kaderarbeit, 15.11.1982; BStU, MfS, AIM 5647/91, Bl. 132.

224 MfNV/DE, Kommandeur an Stv. des Chefs des Hauptstabes: Eingabe zur Problematik der Lagerverwalter und des Sachbearbeiters Rückwärtige Dienste, 14.12.1983; BArch, DVW 1/126214 (o. Pag.).

225 MfNV, GO Streletz: Stellenplan und Ausrüstungsnachweis 7142/3 für die Disziplinareinheit ab 1.12.1986, [o. D.]; BArch, DVW 1/44162 (o. Pag.).

nal rekrutiert werden könne.[226] Im gleichen Jahr wurde ein ungeeigneter Unterfeldwebel nicht etwa entlassen, sondern in sogenannte Patenschaft genommen, »damit dieser wenigstens den Grundanforderungen an einen Gruppenführer im Strafvollzug gerecht werden kann«.[227] Als das MfS wenige Monate später ernste Hinweise auf die Führungsschwäche eines anderen Gruppenführers erhielt, konnte es nur vermerken, dass dessen »unzureichende Kenntnisse, Fähigkeiten und Fertigkeiten im Umgang mit Unterstellten« den Vorgesetzten bekannt seien. »Eine Änderung dieses Zustands erfolgt jedoch nicht, aufgrund des Mangels an Berufsunteroffizieren, wie durch die Führung der Disziplinareinheit erklärt wird«.[228] Auf die prinzipielle Misere reagierend, sollten ab 1986 den Berufskadern der Vollzugskompanien monatliche Zulagen gezahlt werden. In der Begründung wurde darauf verwiesen, dass damit ein »Anreiz für eine längere Dienstzeit unter den vorhandenen erschwerten Bedingungen« gegeben werden sollte.[229] Größere Veränderungen scheint es bis zum Herbst 1989 nicht gegeben zu haben.

Statistisches zur Stellenbesetzung

Kurz vor der Einrichtung des Militärstrafvollzugs in Schwedt galt ein Stellenplan[230] für eine Kapazität von 200 bis 240 Insassen. Demnach gab es 81 Planstellen, von denen 75 besetzt waren. Für die Umprofilierung zum Militärstrafvollzug wurde eine Erhöhung um fünf Stellen für erforderlich gehalten.[231]

226 MfNV, Stv. Chef des HS, GM Magnitzke an Chef Kader: Auffüllung der Disziplinareinheit, 23.1.1985; BArch, DVW 1/126217 (o. Pag.).

227 IM-Bericht »Freitag«, 19.6.1985; BStU, MfS, AIM 4753/91, Teil I/1, Bl. 46.

228 FO Knobelsdorf: Arbeitsnachweis für IME »Manfred«, 17.1.1986; BStU, MfS, AIM 5382/88, T. II/1, Bl. 261.

229 MfNV, Stv. des Chefs des Hauptstabes an stv. Minister und Chef des Hauptstabes: Hausmitteilung zur Zahlung von Zulagen, 7.12.1985; BArch, DVW 1/126213 (o. Pag.). Die in diesem Zusammenhang erstellte Auflistung der infrage kommenden Personen erlaubt eine detaillierte Rekonstruktion der personellen Besetzung der Kompanien, auf deren Wiedergabe hier jedoch verzichtet wird.

230 Aufgrund der Überlieferungslage sind genaue Angaben zum jeweiligen Personalbestand nicht durchgängig möglich. Die folgenden Ausführungen beschränken sich auf größere Veränderungen im Personalbestand, wichtige Struktureinheiten oder Zeitpunkte, zu denen entsprechend aussagekräftiges Material vorliegt. Unvollständig müssen insbesondere die Aussagen zum Anteil der Frauen und der Zivilbeschäftigten bleiben, da diese beiden Gruppen nur unregelmäßig erwähnt sind. Nachfolgend geht es mehr um Zahlen als um Strukturen. Auch die von der Disziplinareinheit alljährlich ergänzte Chronik hilft nicht weiter: Unter grober Vernachlässigung der MfNV-Vorgaben zur »Chronikführung im Truppenteil« wechselten von Jahr zu Jahr die Bezugsgrößen und die Aussagen wurden immer allgemeiner. Sie sind damit für statistische Auswertungen über die Gesamtzeit der Disziplinareinheit nicht verwendbar.

231 Leiter StVK Schwedt [ohne Adressat]: Auskunftsbericht, 21.12.1967; BLHA, Rep. 671/16.1, Nr. 300, Bl. 204–210, hier 208 f.

Wenige Monate nach Verlegung der Militärstrafgefangenen nach Schwedt äußerte sich im Oktober 1968 eine Inspektion auch zur »Kadersituation«. Dabei wurde festgestellt, dass von 10 erforderlichen Zugführern acht und von den 30 notwendigen Gruppenführern nur 27 vorhanden seien.[232]

Für einzelne Jahre liegen Stellenpläne vor. Der von 1969 weist mit 25 Offizieren und 58 Wachtmeistern insgesamt 83 Planstellen aus.[233] In den Folgejahren reduzierte sich der bewilligte Stellenbestand, bis er sich mit 64 Sollstellen für die Jahre ab 1972 manifestierte, von denen wechselnd 20 bis 25 auf Offiziere und 40 bis 45 auf Wachtmeister entfielen.[234] Besetzungsschwankungen resultierten auch aus Abkommandierungen und Versetzungen. Die früheste Aussage zur Wachmannschaft findet sich für 1970: Demnach war diese mit 40 Volkspolizisten besetzt.[235]

Ab Frühjahr 1981 finden sich erste Spuren zur beabsichtigten Übergabe der Verwaltung des Militärstrafvollzugs vom MdI an das MfNV. Das Personal sollte nur teilweise und in Etappen übernommen werden.[236] Im September 1981 standen die 13 zur Übernahme vorgesehenen Offiziere fest. An den Übernahmekriterien scheiterten insgesamt 9 Offiziere und 17 Wachtmeister.[237]

232 MfNV/Abt. KD und MdI/VSV: Kontrollbericht über die gemeinsame Inspektion im StVK Schwedt, [o. D., bezogen auf Kontrolle v. 8.–10.10.1968]; BArch, DVW 1/126203 (o. Pag.). Zahlen zur Gesamtsituation liegen hier nicht vor.

233 MdI, Stellenplan StVK Schwedt, 11.6.1969; BArch, DO 1/12088 (o. Pag.). Mit Ausnahme der Planstelle Sekretärin (des Leiters) gibt es keine Hinweise auf Frauen in der Belegschaft. Doch die Präsenz weiterer Frauen ist für 1970 belegt, denn die Vollzugsgeschäftsstelle war »seit 1969/70 mit noch zwei parteilosen Genossinnen als Sacharbeiter« und einer Leiterin besetzt; vgl. IM-Bericht »Egon« [o. D., ca. April 1971]; BStU, MfS, A 642/82, Bd. 1, Bl. 40. Die Bezeichnung »Genosse«/»Genossin« war in den »bewaffneten Organen« auch jenseits der Parteistrukturen üblich. Im März 1975 gab es acht Frauen im Personal, von denen sieben in der Verwaltung tätig waren, eine im Wachdienst; vgl. IM-Bericht »Arnold«, 25.3.1975; BStU, MfS, A 641/82, Bd. 2, Bl. 110. Auch im Dezember 1975 gab es mindestens sieben Frauen unter den Bediensteten; siehe IM-Bericht »Johannes«, 8.12.1975; BStU, MfS, BV FfO, TA 1111/79, Bd. 2, Bl. 205.

234 Gleich zwei Stellenpläne liegen für 1972 vor. Der erste galt nur bis 31.7.1972. Der spätere enthält gegenüber der früheren Fassung eine Reduzierung um neun Stellen. Handschriftliche Einträge strichen zehn weitere; vgl. MdI, Stellenpläne StVK Schwedt ab 1.1. bzw. 1.8.1972; BArch, DO 1/12088 (o. Pag.). Der 1974er Stellenplan knüpft an die handschriftlichen Änderungen des vorherigen an, in dem er als Ausgangsgröße die vorher reduzierte Stellenzahl von 64 ausweist. Vgl. MdI, Stellenplan ab 1.1.1974; BArch, DO 1/12170 (o. Pag.). Das Dokument enthält wiederum handschriftliche Änderungen. S. a. StVE Schwedt, Stellenplan v. 28.9.1978; BArch, DO 1/12088 (o. Pag.).

235 Rath: Himmelstoß kommandiert.

236 Chef der BDVP Frankfurt (Oder), GM Zirkenbach [o. D. und Adressat]: Maßnahmeplan zur Konzeption des Ministers v. 17.6.1981 zur Übergabe der StVE Schwedt; BLHA, Rep. 671/16.1, Nr. 322, Bl. 140–142. Die Übernahme erfolgte gestaffelt: zum 1.1.1982 einige Stabsoffiziere, bis 1.5.1982 operative Offiziere und technische Kräfte und zu einem späteren Zeitpunkt wurden dann die weiteren Kräfte zugeordnet.

237 IM-Bericht »Egon«, 2.9.1981; BStU, MfS, A 642/82, Bd. 2, Bl. 354 f.

Am 1. November 1981 begann die erste Etappe des Aufbaus der Disziplinareinheit. Parallel zum weiter laufenden Militärstrafvollzug wurden Oberstleutnant Decker, Major Goethner und Major Zielke mit der Leitung beauftragt. Gleichzeitig nahmen die MfS-Mitarbeiter ihre Tätigkeit in der Disziplinareinheit auf.[238] Ab 1. Dezember 1981 galt ein Stellenplan, der insgesamt 190 Planstellen vorsah, die sich folgendermaßen verteilten:[239]

Binnenstruktur	**Offz.**	**Fähnr.**	**BU**	**UaZ**	**GWD**	**ZB**	**Gesamt**
Führung	12	1	5	–	3	14	35
Komp. MSG/SA	9	9	27	–	–	–	45
Komp. DB	6	12	27	–	–	–	45
Transport-/ Versorgungs-Zug	–	2	1	1	4	9	17
Wach-Zug	–	1	1	3	36	–	41
Med. Punkt	1	–	1	1	1	3	7
Gesamt	28	25	62	5	44	26	190

Tab. 3: Stellenplan der Disziplinareinheit ab Dezember 1981

Dieser und der nachfolgende Stellenplan von 1986 weisen eine gänzlich andere Struktur als die vorherigen Pläne auf. In der MdI-Zuständigkeit wurde nur zwischen Offizieren und Wachtmeistern unterschieden. Nun wurde das Personal in sieben Statusgruppen unterteilt und zusätzlich sechs Strukturbereichen zugeordnet.[240] Eine weitere Besonderheit ist die drastisch gestiegene Zahl von Planstellen: Allein die Anzahl der Stellen für Uniformträger stieg von 64 im Jahr 1978 auf 164 im Jahr 1981, also um mehr als 100 Prozent. Hinzu kamen noch

238 Chronik der Disziplinareinheit; BArch, DVW 5-16/74001, Bl. 3.

239 MfNV, Stellenplan und Ausrüstungsnachweis Nr. 7142/3, 2.11.1981; BArch, DVW 1/44067 (o. Pag.).

240 Vgl. Tabelle 3, in der Soldaten und Gefreite zu den Grundwehrdienstleistenden zusammengefasst wurden.

26 Stellen für Zivilbeschäftigte. Für den 15. Dezember 1981 liegt eine Tabelle zum Auffüllungsstand vor. Demnach waren von den 115 Planstellen für Offiziere, Fähnriche und Berufsunteroffiziere nur 64 besetzt.[241] Offen waren insbesondere 39 Gruppenführerstellen bei den Berufsunteroffizieren, also denjenigen, die die direkte Arbeit mit den Gefangenen zu realisieren hatten.[242] Im August 1982 hielt der Kaderoffizier der Disziplinareinheit die erheblichen Schwierigkeiten bei der Besetzung der Planstellen fest. So musste er auf das Fehlen von 2 Offizieren, 24 Fähnrichen und 32 Berufsunteroffizieren verweisen, was einem Fehlbestand von 50 Prozent für diese Gesamtgruppe entspräche. Sein Fazit mündete in dem Vorschlag, den Beginn des »Dienstes in der Disziplinareinheit« um ein halbes Jahr zu verschieben.[243] Der Abschlussbericht zur Übergabe der Strafvollzugseinrichtung vom 9. November 1982 benennt die Übernahme von 14 Offizieren, 13 Wachtmeistern und 3 Zivilbeschäftigten durch die NVA und die Versetzung beziehungsweise Entlassung von 29 Angehörigen des Strafvollzugs.[244] Mit Stand vom 15. November 1982 bekräftigte der Kaderoffizier die von ihm mit »Kadermisere« bezeichnete Situation und verwies darauf, dass gerade in der Ebene der Berufsunteroffiziere und Fähnriche, die »die eigentliche Erziehungsarbeit mit den straffälligen beziehungsweise disziplinarisch bestraften Armeeangehörigen« zu leisten habe, der Auffüllungsstand bei nur 30 Prozent liege.[245] Waren bisher die Vergleiche zum Soll immer noch auf die Zahlen aus dem Stellenplan von Dezember 1981 bezogen, so scheint es im Laufe der Jahre 1982/83 Veränderungen gegeben zu haben. Eine MfS-Information vom 5. Januar 1984 weist insbesondere bei den Zivilbeschäftigten eine deutliche Zunahme aus:[246]

241 Anlage zu MfNV, Stv. des Chefs des Hauptstabes an Stv. des Ministers und Chef des Hauptstabes: Hausmitteilung [o. T.] v. 16.12.1982; BArch, DVW 1/126211 (o. Pag.). Zu den Unteroffizieren auf Zeit, Grundwehrdienstleistenden und Zivilbeschäftigten liegen hier keine Angaben vor.

242 Die Struktur war auf eine theoretische Belegung mit 600 Insassen ausgelegt. Die Gruppenführer waren je für bis zu 10 Insassen zuständig.

243 IM-Bericht »Gerd Schuster«: Einschätzung zum Stand der Auffüllung der DE mit Berufssoldaten, 27.8.1982; BStU, MfS, AIM 5647/91, Bl. 110 f.

244 BDVP Frankfurt (Oder), Stv. des Chefs, Oberst Jentsch [ohne Adressat]: Abschlussbericht zur Übergabe der StVE Schwedt, 9.11.1982; BArch, DO 1/3701 (o. Pag.).

245 [MfNV/DE] Kaderoffizier Oltn. Pfotenhauer [ohne Adressat, offenbar Redemanuskript]: Auskunftsbericht zur Kaderarbeit, 15.11.1982; BStU, MfS, AIM 5647/91, Bl. 132.

246 [MfS]/HA I/AKG, Ltr. Oberst Riebe [ohne Adressat]: Information zum Stand der Organisation und Führung der politisch-operativen Arbeit in der DE der NVA, 5.1.1984; BStU, MfS, HA I Nr. 15717, Bl. 30–39, hier 31.

Besetzungsstand	Offz.	Fähnr.	BU	GWD	ZB	Gesamt
Soll	33	22	67	44	96	262
Ist	134				77	211

Tab. 4: Soll/Ist der Planstellenbesetzung im Januar 1984

Der Grund für dieses deutlich höhere Soll bleibt unbekannt.[247] Aufgrund der Summenbildung des Ist für die Armeeangehörigen kann eine differenzierte Betrachtung nicht vorgenommen werden. Den Stand von Ende Februar 1985 zeigt Tabelle 5.[248]

Besetzungsstand	Offz.	Fähnr.	BU	UaZ	GWD	ZB	Gesamt
Soll	28	25	62	5	44	26	190
Ist	26	12	49	5	44	22	158

Tab. 5: Soll/Ist der Planstellenbesetzung zum 28. Februar 1985

Ab 1. Dezember 1986 galt ein neuer Stellenplan, der nur geringe Abweichungen bei einer konstanten Gesamtzahl von 190 Planstellen aufwies, aber zusätzlich den Anteil der Stellen für weibliche Beschäftigte deklarierte.[249] Sie verteilten sich auf je eine bei den Offizieren und Fähnrichen sowie vier bei den Berufsunteroffizieren. Als im Zusammenhang mit einer Zulagenzahlung für Hauptfeldwebel die Größe des Verantwortungsbereichs relevant war, hieß es 1988, dass die Sollstärke der Kompanien der Disziplinareinheit einschließlich des Wechselbestandes 114 Armeeangehörige betrage. Diese Zahl ergibt sich aus der Summe der theoretisch möglichen Maximalbelegung mit 99 Insassen und der Soll-Personalstruktur mit einem Kompaniechef, drei Zugführern, neun Gruppenführern, einem Stellvertreter für Politische Arbeit und dem Hauptfeldwebel selbst.[250]

247 Einen Erklärungsansatz könnte der neue Produktionsbereich des Instandsetzungswerks Pinnow bieten.

248 Handschriftl. Zwischenmaterial zur Disziplinareinheit [o. D. und Verf.]; BArch, DVW 1/126215 (o. Pag.).

249 MfNV, GO Streletz: Stellenplan und Ausrüstungsnachweis 7142/3 für die Disziplinareinheit ab 1.12.1986, [o. D.]; BArch, DVW 1/44162 (o. Pag.).

250 [MfNV]/Abt. ID, Ltr. Oberst Mehrmann an Ltr. Abt. Besoldung des Bereiches Finanzökonomie: Zahlung der Zulage für Hfw. in der DE, 29.7.1988; BArch, DVW 1/126217 (o. Pag.).

2.2.4 Besondere Vorkommnisse und Probleme

In den Protokollen von Dienstberatungen sowie in IM-Berichten nahmen sogenannte »besondere Vorkommnisse« als Abweichungen von der Norm breiten Raum ein. Dies betraf einerseits unerwünschte Ereignisse (z. B. Havarien oder Unfälle), andererseits fehlerhafte Verhaltensweisen einzelner Personen. Allein für den Zeitraum 1976 bis 1980 sind mindestens vier Brände belegt. Diese betrafen die Schlosserwerkstatt, Müllkübel an einer Außenfassade, Matratzen und Handtücher in einem Verwahrraum beziehungsweise zwei Eimer Bohnerwachs in der Besenkammer des Verwahrbereiches. In mindestens zwei dieser Fälle erfolgten, wenn auch verzögert, Meldungen an die Feuerwehr beziehungsweise den Leitungsdienst. Schon beim zweiten erwähnten Fall ergänzte IM »Arnold«, dass es in den letzten Jahren mehrfach Brände gab. Dieser Fall war besonders brisant, weil die Flammen an der Außenfassade meterhoch bis zu den Fenstern schlugen, hinter denen zwei Militärstrafgefangene in sogenannter Absonderung waren.[251]

Ein Dauerthema waren Diebstähle in Schwedt. Dabei ging es sowohl um Dinge aus Beständen des Strafvollzugs beziehungsweise den Betrieben als auch um Privateigentum der Insassen. Manipulationen »zum Nachteil sozialistischen Eigentums« waren für Insassen zum Beispiel durch Einsätze in der Küche oder der Verkaufsstelle möglich, ebenso durch die Arbeit in der Bekleidungs- und Ausrüstungskammer. Oftmals ging es Gefangenen auch darum, Versorgungs- und Ausstattungsmängel zu mindern.[252] In anderen Fällen wurde versucht, Diebesgut (Stiefel, Hemden, im Einzelfall auch Schlagstock oder Handfessel) über die Arbeitsstätten gegen im Strafvollzug verbotene oder reglementierte Dinge zu tauschen (Geld, Tabak, Tee, Kaffee, Alkohol). Nicht zuletzt waren auch Bedienstete in Eigentumsdelikte verstrickt.[253]

Nahezu durchgängig wurden besondere Vorkommnisse im Bereich der Objekt- und Personensicherung registriert. Eher baulich-technische Probleme bewirkten zum Beispiel im März 1977 erhebliche Sicherheitsmängel im Außen-

251 IM-Bericht »Johannes«, 15.1.1976; BStU, MfS, BV FfO, TA 1111/79, Bd. 2, Bl. 219; IM-Berichte »Arnold«, 26.1.1977 u. 16.10.1980; BStU, MfS, A 641/82, Bd. 2, Bl. 371 u. ebenda, Bd. 3, Bl. 420 sowie IM-Bericht »Paul Meier«, 4.12.1978; BStU, MfS, BV Potsdam, AKAG 2650/87, Teil II, Bl. 37.

252 Im Mai 1971 gab es eine Kontrolle von Bekleidung und Ausrüstung (B/A) der Gefangenen. Der (Neupreis-) Wert der dabei eingezogenen B/A-Gegenstände, die unrechtmäßig im Besitz allein der wenigen Zivilstrafgefangenen gewesen sein sollen, lag bei 4 000,00 Mark, vgl. IM-Bericht »Conrad«, 20.9.1971; BStU, MfS, BV Potsdam, AIM 963/75. T. II/1, Bl. 41.

253 Eher in den anekdotischen Bereich fällt der Diebstahl eines Mopeds, Typ Schwalbe, das als Dienstfahrzeug im Stadtgebiet Schwedt ordnungsgemäß gesichert abgestellt worden sei, vgl. Leiter StVE Schwedt, OSL Albinus an Chef der BDVP Frankfurt (Oder): Lageeinschätzung Monat November 1980, 24.11.1980; BLHA, Rep. 671/16.1, Nr. 299, Bl. 97.

arbeitskommando Betonwerk, sodass begonnen wurde, den Arbeitsbereich mit einer massiven Mauer einzufrieden.[254] Im gleichen Jahr war die Rufanlage der Arrestzellen defekt, vier Jahre später wurden mangelhafte Brandschutzvorrichtungen und fehlende Abweiser auf einigen Zaunstellen moniert. Mängel in den 1980er-Jahren bezogen sich auf Defizite bei Schließanlagen und Objektsicherung. Im Außenarbeitskommando der Papierfabrik war seit längerem ein Zaun defekt und im Juni 1989 war der Verschluss des Giftschrankes im Arbeitsbereich Wickelei nicht durchgängig gewährleistet, sodass Insassen unkontrollierten Zugriff hatten.[255] Als besondere Vorkommnisse im Bereich der Personensicherung wurden auch Begegnungen zwischen Militärstrafgefangenen/Strafarrestanten und Disziplinarbestraften betrachtet. Dazu konnte es beispielsweise während der Schleusungen auf dem Strafvollzugsgelände, bei parallelem Einsatz in der Küche oder bei Schichtübergaben in den Arbeitskommandos kommen.[256]

Ein auch hygienisches Problem bestand im Winter 1985 darin, dass mindestens 14 Tage lang für 25 Gefangene nur eine Toilette zur Verfügung stand, weil die Übrigen defekt waren. Trotz mehrfacher Meldung wurde keine Abhilfe geschaffen. Der Stellvertreter des Kommandeurs für Rückwärtige Dienste vertrat die Ansicht, die Gefangenen sollten im Betrieb zur Toilette gehen, es gäbe bei den Handwerkern jetzt wichtigere Probleme. Unter den Gefangenen wurden daraufhin Stimmen laut, die Arbeit zu unterbrechen, wenn keine Abhilfe geschaffen werde.[257]

Auch juristische Probleme traten auf. 1985 traf ein Gefangener in Schwedt ein, dessen vom Militärgericht Halle erlassenes Urteil ohne Rechtskraft war. Die Abhilfe nahm drei Tage in Anspruch.[258] Im Folgejahr wurde einem Disziplinarbestraften mitgeteilt, er würde wegen guter Führung vorzeitig entlassen. Der wahre Grund der Entlassung war die zum Zeitpunkt der Bestrafung bereits eingetretene Verjährung seines Deliktes. Der Betroffene absolvierte rechtsgrundlos

254 [O. Verf., vermutl. Ltr. StVE Schwedt]: Referat zur Dienstversammlung am 22.3.1977, 2.3.1977; BLHA, Rep. 671/16.1, Nr. 300, Bl. 142–162, hier 157.

255 Leiter StVE Schwedt [ohne Adressat]: Protokoll der Abt.-Leiter-Beratung v. 17.6.1977, 27.6.1977; BLHA, Rep. 671/16.1, Nr. 301, Bl. 31 Rs. u. MfS/BV Frankfurt (Oder)/Abt. VII, Ltr. OSL Lägel an MfS, stv. Ltr. HA VII, Oberst Spange: Bericht über Sicherheitskontrollen, 10.12.1981; BStU, MfS, BV FfO, Abt. VII Nr. 217, Bl. 1–16, hier 10 u. GMS-Bericht »Paul Anders«, 25.8.1982; MfS, AGMS 8750/83, Bl. 59 sowie FO Knobelsdorf: Arbeitsnachweis für GMS »Horst«, 7.6.1984; BStU, MfS, AIM 4388/91, T. I, Bl. 73; BStU, MfS, AGMS 4387/91, Bl. 132 bzw. [MfNV] OSL Besmer [ohne Adressat]: Kontrolle in der DE, 31.12.1982; BArch, DVW 1/126210 (o. Pag.).

256 Beispiele finden sich u. a. in BStU, MfS, AIM 4388/91, Teil I, Bl. 73; MfS, AIM 2121/88, T. II/1, Bl. 34 bzw. BStU, MfS, AGMS 4387/91, Bl. 113.

257 FO Krugenberg: Treffbericht IM »Günter Richter«, 3.1.1985; BStU, MfS, AIM 2121/88, T. II/1, Bl. 33.

258 [O. Verf. und Adressat; von OibE »Manfred« unterzeichnetes Durchschlagexemplar]: Personalanalyse über den Zugang an MSG, 6.6.1985; BStU, MfS, AIM 5382/88, T. II/1, Bl. 127–131, hier 130. In welcher Form diese Abhilfe erfolgte, ist unbekannt.

fast einen Monat Disziplinareinheit, ohne dass dies ihm gegenüber eingestanden wurde. Zudem seien Teile der Anschuldigung, so die interne Einschätzung der NVA, nur durch trickreiche Überrumpelung der Ehefrau zustande gekommen.[259] Andere Fehleinweisungen betrafen Personen, die spätestens am Tag der Verurteilung aus dem aktiven Wehrdienst entlassen wurden. Ein derart Betroffener übertraf zudem mit seinem Strafmaß von drei Jahren die Zwei-Jahres-Schwelle von Schwedt deutlich. Das wurde relativ schnell durch Verlegung in eine zivile Strafvollzugseinrichtung korrigiert. So kam der Verurteilte zu einer »Schwedt-Erfahrung« von nur sieben Tagen.[260]

Schwierigkeiten bei der Versorgung der Insassen erzeugten unter anderem die Anlieferung überlagerter Fischkonserven oder verdünnter Milch, die ungenügende Ausstattung mit Bekleidung und Schuhen[261] oder ausstehende Reparaturen, zum Beispiel beim Ausfall einer Boiler-Station für Warmwasser.[262]

Organisatorische Probleme gab es im Frühjahr 1988, als (nach einer Amnestie) die 2. Kompanie auf einen Bestand von nur sechs Militärstrafgefangenen reduziert war: Von diesen sechs waren jeweils zwei pro Nacht zu besonderen Diensten verplant, was eine auf vier Stunden reduzierte Nachtruhe bewirkte. Die geringe Zahl an Personen führte zu einem entsprechenden Einsatz aller drei Tage. Dennoch wurden die jeweiligen Insassen in die üblichen Tagesabläufe von Frühsport bis Produktionsprozess integriert. MfS-Mitarbeiter Knobelsdorf nannte diesen Zustand »unzumutbar«.[263]

259 IM-Bericht »Peter Voigt«, 11.12.1986 in Verbindung mit MfS/HA I/LSK-LV/UA 3. LVD Neubrandenburg: Abschlussbericht zum OV »Geheimbund«, 20.3.1987; BStU, MfS, AOP 5436/87, Bd. 1, Bl. 187 u. 230.

260 [O. Verf. und Adressat; von OibE »Manfred« unterzeichnetes Durchschlagexemplar]: Personalanalyse über den Zugang an MSG, 6.6.1985; BStU, MfS, AIM 5382/88, T. II/1, Bl. 127–131, hier 130.

261 Eine unerwartete Argumentation fand sich in der Aussage des Leiters der Versorgungsdienste, Lenz, der 1977 dafür plädierte, dass abgetragene Schuhe der Gefangenen von einem gelernten Schuhmacher instandgesetzt werden. Er brachte die ordnungsgemäße Einkleidung der Gefangenen mit einem Verweis auf die »Achtung und Würde des Menschen als oberstes Gebot« in Verbindung. Vgl. StVE Schwedt [ohne Adressat]: Protokoll über die Beratung mit den Abteilungsleitern und KC, 11.8.1977; BLHA, Rep. 671/16.1, Nr. 300, Bl. 38.

262 IM-Bericht »Römer«, 11.11.1970; BStU, MfS, BV FfO, AIM 787/71, T. II/1, Bl. 5 u. DE Schwedt/3. Kp./3. Zug, Zughelfer [ohne Adressat]: Einschätzung des 3. Zuges für Monat April, 2.5.1985; BStU, MfS, AIM 5382/88, T. II/1, Bl. 106 sowie StVE Schwedt: Protokoll Abt.-Leiter-Beratung, 17.7.1980; BLHA, Rep. 671/16.1, Nr. 301, Bl. 66–73, hier 66 bzw. StVE Schwedt: Tagesordnung [und Protokoll] für die Abt.-Leiter-Beratung, 11.6.1981; ebenda, Nr. 301, Bl. 121.

263 IM-Bericht »Wolfgang Schuster« [o. D.] in Verbindung mit Treffauswertung FO Knobelsdorf, 30.5.1988; BStU, MfS, AIM 3397/89, T. II/1, Bl. 13 u. 15.

Verfehlungen und Delikte des Personals

Das Interesse des MfS war auf jegliche Normabweichung ausgerichtet und schloss daher »besondere Vorkommnisse« ein, die Mitarbeiter des Strafvollzugs oder der kooperierenden Arbeitsbetriebe verursachten. Dabei waren Fehler in Form unerwünschter Kontakte zwischen Insassen und Bediensteten, bei der Bewachung der Gefangenen und des Geländes, im Verwaltungshandeln, Defizite bei der Versorgung der Insassen und anderes personelles oder dienstrechtliches Fehlverhalten zu beobachten. Gemeinsam ist den meisten Vorkommnissen, dass sie Auswirkungen auf die Betreuung der Insassen[264] hatten und die vermeintliche Vorbildwirkung der Beschäftigten im Strafvollzug, die sich ja als »Erzieher« sahen, beeinträchtigte. Einen kleinen quantitativen Einblick gibt der von IM »Arnold« gefertigte ausführliche »Bericht über die Lage und Situation im StVK Schwedt«, der für 1973 Hinweise auf 17 dienstlich zur Verantwortung gezogene Strafvollzugsangehörige, drei von der SED bestrafte Genossen und weitere ungeahndete besondere Vorkommnisse enthält.[265] Dass die Situation wenige Jahre später kaum anders war, zeigt ein Zitat Colbergs aus dem Mai 1977: »Mit dem eigenen Personalbestand haben wir gegenwärtig mehr Sorgen als mit den Militärstrafgefangenen.«[266] Im Folgenden sollen gravierende Ereignisse beschrieben werden. Erkennbar ist das mehrfache Bemühen, solche Vorkommnisse nicht bekannt werden zu lassen und Meldungen nach »oben« zu verzögern, zu beschönigen oder zu unterlassen.

1970 berichtete ein Offizier der Strafvollzugseinrichtung als IM »Egon« dem MfS über Mängel und Manipulationen in der Gefangenenstatistik. So hieß es, dass bereits seit über einem Jahr die Quartalszahlen Differenzen von zwei bis sechs Gefangenen enthielten, die jeweils zum Stichtag »bereinigt« würden, um zu einem stimmigen Ergebnis zu gelangen. Außerdem fehle seit Mitte August eine Gefangenenakte, die normalerweise in der Vollzugsgeschäftsstelle läge. Zwei Jahre später informierte IM »Egon« über den Verlust einer weiteren Gefangenenakte in der Vollzugsgeschäftsstelle.[267] Auch bei der Verwaltung der Finanzen der Insassen gab es Unregelmäßigkeiten: Ende 1971 wurde von »Egon« gemeldet, dass ein Minusbetrag bei dem Gefangenengeld von 486,03 Mark be-

264 Dass sich Fehlhandlungen nicht immer zum Nachteil der Insassen auswirken mussten, zeigt das Beispiel der falsch berechneten Strafzeit für einen Gefangenen, der 1972 einen Tag vorzeitig aus der Haft entlassen wurde; vgl. IM-Bericht »Egon« [o. D., ca. Sept. 1972]; BStU, MfS A 642/82, Bd. 1, Bl. 141.

265 IM-Bericht »Arnold«, 8.1.1974; BStU, MfS A 641/82, Bd. 1, Bl. 324.

266 Äußerung von OKS Colberg im Kreise der Abteilungsleiter, vgl. StVE Schwedt [ohne Adressat]: [Protokoll der] Abteilungsleiterberatung, 18.5.1977; BLHA, Rep. 671/16.1, Nr. 301, Bl. 23.

267 IM-Berichte »Egon« [o. D. bzw. 17.11.1970]; BStU, MfS, A 642/82, Bd. 1, Bl. 24, 26 u. 108. An gleicher Stelle befinden sich ausführlichere Anmerkungen zum Aktenumgang in der Vollzugsgeschäftsstelle.

stehe. Es stellte sich heraus, dass bestimmte Einnahmen unprotokolliert blieben und ungesichert gelagert wurden. Zwei Verwaltungsmitarbeiterinnen wurden deswegen in Regress genommen. Eine von ihnen wurde zusätzlich mit einem Verweis, eine dritte mit einem Tadel bestraft.[268] Wiederum die Vollzugsgeschäftsstelle trug auch Schuld daran, dass nach Weihnachten 1978 noch über 100 Briefe von Gefangenen in Schwedt lagen, die eigentlich vor den Feiertagen schon zu den Angehörigen hätten versandt sein sollen.[269] Probleme bei der Versorgung der Insassen wurden in der Regel durch klassisches Missmanagement, manchmal aber auch durch regelrechte Diebstähle verursacht. Ende 1970 wurden bewusst alte Brote eingekauft und für die Gefangenen aufgeschnitten, die jedoch die Annahme verweigerten. Zur gleichen Zeit verdarben 55 Kilogramm Butter. Mindestens 40 Kilogramm sollen dann unter das Futter der Hunde gemischt worden sein.[270] 1987/88 stand eine weibliche Armeeangehörige, die als Oberfähnrich auch für Versorgungsfragen zuständig war, unter dem dringenden Verdacht, sich an den Verpflegungsbeständen der Disziplinareinheit bereichert zu haben. Dabei ging es um eine größere Menge Konservenbrot, das als Tauschware gegen Aal verwandt wurde, sowie um 50 Kilogramm Apfelsinen. Andere Verluste an Geflügel, Nussschinken, Fisch- und Obstkonserven konnten ihr nicht zweifelsfrei zugeordnet werden.[271]

Zahlreich sind die Hinweise auf Vorkommnisse bei der Personen- und Objektsicherung. Viele davon beziehen sich auf Alkoholgenuss und/oder Schlafen im Dienst beziehungsweise andere Mängel in der Wahrnehmung von Aufsichts- und Wachaufgaben. Einen extremen Vorfall verursachte 1971 der Waffenmeister des Militärstrafvollzugs, dem der Schlüssel von der Waffenkammer abhandenkam. Das Vorkommnis wurde der VP-Bezirksdirektion gemeldet und der Schuldige für ein neues Schloss in Regress genommen sowie mit einem strengen Verweis bestraft.[272]

Oftmals wurden aus praktischen Gründen Insassen für bestimmte Tätigkeiten inner- oder außerhalb der jeweiligen Aufenthaltsbereiche eingesetzt, in die sie eigentlich nicht gelangen durften. Bei Bekanntwerden solcher Vorkommnisse wurden Meldungen möglichst unterlassen. Auch der Gefängnisleiter Albi-

268 IM-Berichte »Egon« [o. D., Dez. 1971] bzw. »Johannes«, 29.12.1971; ebenda, Bd. 1, Bl. 92 u. BStU, MfS, BV FfO, TA 1111/79, Bd. 1, Bl. 174.

269 IM-Bericht »Arnold«, 27.12.1978; BStU, MfS, A 641/82, Bd. 3, Bl. 168.

270 IM-Berichte »Römer«, 11.11.1970 bzw. »Arnold«, 12.11.1970; BStU, MfS, BV FfO, AIM 787/71, T. II/1, S. 5 (MfS-Zählung) u. BStU, MfS, A 641/82, Bd. 1, Bl. 36. Gut ein Jahr später erhielten die Gefangenen oberflächlich bereinigten, mit Schimmel befallenen Brathering. Die Folge, eine zwei Tage dauernde stationäre Behandlung zweier Insassen, wurde nach »oben« vertuscht. Der sichergestellte Rest des Herings verschwand kurz vor der vorgesehenen Untersuchung. Siehe IM-Bericht »Egon« [o. D., März 1972]; BStU, MfS, A 642/82, Bd. 1, Bl. 105.

271 IM-Bericht »Volker«, 27.2.1988 i. V. m. Treffbericht FO Knobelsdorf, 29.2.1988; BStU, MfS, AIM 5068/91, Bl. 149–152.

272 IM-Bericht »Arnold«, 22.9.1971; BStU, MfS, A 641/82, Bd. 1, Bl. 106.

nus versuchte kleinere Missstände und Verfehlungen zu vertuschen. 1978 etwa ließ er nachträglich Protokolle der Abteilungsleiterberatungen fälschen, damit »Genossen von der vorgesetzten Dienststelle beim Kontrollieren der Protokolle keine Verstöße gegen Sicherheitsfragen feststellen können«. Der Manipulation sollen insbesondere wörtliche Mitschriften der Einlassungen des Offiziers für Kontrolle und Sicherheit zu Sicherheitsfragen zum Opfer gefallen sein. Während Albinus Verdunklungsstrategie zum Teil von Erfolg gekrönt war, wurde sein Nachfolger Decker wegen zahlreicher Regelverstöße vor allem im Bereich der Sicherheit und Ordnung 1983 disziplinarisch mit einem Verweis bestraft.[273]

Aufgrund des täglichen Umgangs miteinander kam es über die Jahrzehnte hinweg zu einigen Kontakten zwischen Insassen und Bediensteten, die eigentlich verboten waren. So ließen sich 1972 drei weibliche, parteilose Strafvollzugsangestellte durch einen Strafgefangenen ihre Konspekte für die angeordnete Politschulung anfertigen. Die Initiatorin hatte als Zuständige für Eigengeld dienstlichen Kontakt mit dem als HO-Verkäufer eingesetzten Gefangenen. Im gleichen Jahr wurde ein offenbar zeichnerisch talentierter Insasse zur Anfertigung eines Strukturorganigramms der Strafvollzugseinrichtung herangezogen, was wegen der Einstufung als Vertrauliche Verschlusssache nicht statthaft war.[274] 1974 kam es dreimal dazu, dass Bedienstete auf Insassen trafen, die sie von früher kannten. In einem Fall wohnten sie im gleichen Aufgang eines Wohnhauses, in einem anderen Fall kannten sie sich von einer Schulung der Feuerwehr. In zwei Fällen ließen sich die Strafvollzugsangehörigen auf unerlaubte Gefälligkeiten ein, indem sie Grüße an Angehörige übermittelten beziehungsweise Briefe und ein Päckchen ausschleusten.[275]

Eine Sonderaktion, bei der auf Ersuchen des Kommandantendienstes der NVA im Strafvollzug Schwedt ausgesuchte Insassen die Einzelblätter der Melde- und Untersuchungsordnung der NVA zusammensortieren mussten, führte zum Diebstahl von vier vollständigen Exemplaren sowie von Auszügen und einzelnen Blättern. Ein Täter war ein Aufseher, der ein eigenes Interesse am Besitz dieser Ordnung hatte und beabsichtigte, sie im Dienst zu verwenden. Bei der Inbesitznahme bediente er sich der Hilfe eines Gefangenen. Bei der nachträglichen Rekonstruktion stellte sich heraus, dass der Gefangene den Aufseher beobachtete, wie der ein Exemplar der Ordnung am Körper verstecken wollte, woraufhin er

273 IM-Bericht »Arnold«, 10.1.1978; ebenda, Bd. 3, Bl. 49 f. u. [MfS]/HA I/Abt. MfNV/UA Auswertung/Information, Ltr. OSL Hillig an HA I/AKG: Information, 28.6.1983; BStU, MfS, HA I Nr. 15091, Bl. 38.

274 IM-Berichte »Arnold«, 24.5.1972 bzw. »Johannes«, 5.7.1972; BStU, MfS, A 641/82, Bd. 1, Bl. 181 u. 192.

275 IM-Bericht »Heinrich Krause«, 2.5.1976; BStU, MfS, BV FfO, AIM 1956/89, T. II/1, Bl. 324 bzw. IM-Bericht »Ernst, 29.8.1974; BStU, MfS, BV FfO, AOG 1280/80, Teil II, S. 29 (MfS-Zählung) sowie BDVP Frankfurt (Oder)/Abt. K/Dez. I/4, Oltn. Colberg [o. T. und Adressat], 16.10.1974; BStU, MfS, BV Halle, VIII 1774/89, T. I/1, Bl. 82.

dem Bediensteten anbot, den versteckten Transport für ihn zu übernehmen. Da der betreffende Hauptwachtmeister offenbar Vertrauen zum Gefangenen hatte und sicher schien, dass dieser schweigen würde, ließ er sich darauf ein.[276]

Mindestens im Jahr 1975 nutzten Bedienstete die Möglichkeit, an bestimmten Arbeitsplätzen Dinge für den privaten Gebrauch herzustellen und beauftragten die Insassen mit der Fertigung von Vasen, Flurgarderoben, Kerzenhaltern u. Ä.[277] Zeichen eines eher kollegialen statt hierarchischen Verhältnisses zwischen Betriebsangehörigen und Insassen waren Begrüßungen per Handschlag auf der Arbeitsstelle, das gegenseitige Duzen sowie das gemeinsame Tischtennisspiel eines Oberleutnants des Strafvollzugs mit einem Gefangenen. In einem Fall verriet 1976 ein Hauptwachtmeister einem Häftling, dass eine Tiefenkontrolle stattfinden sollte.[278]

Einen intimen Kontakt gab es 1979 zwischen der zuständigen Sachbearbeiterin für Eigengeld und einem Militärstrafgefangenen bei Abrechnungsaufgaben. Zwischen den beiden gab es mindestens einmalig eine Umarmung mit Kuss. Ihr Arbeitsvertrag wurde daraufhin aufgehoben und der Gefangene kam in Einzelunterbringung.[279] Sonstige Vorkommnisse betrafen untersagte Westverbindungen, Eigentums- und Alkoholdelikte sowie Verstöße gegen die »sozialistischen Moralvorstellungen«, womit in der Regel Intimverhältnisse des Personals untereinander beziehungsweise außereheliche Beziehungen gemeint waren. Letztere führten mitunter zu einer dreifachen Auswertung: Die dienstlichen Vorgesetzten, die Parteiebene und das MfS mischten sich in solche Angelegenheiten ein. Die mangelnde Abgrenzung gegenüber den Einflüssen des »ideologischen Gegners« reichte vom Ignorieren des Verbots der Nutzung westlicher Radio- und TV-Sender beziehungsweise postalischer oder persönlicher Verbindungen (von Familienangehörigen) bis hin zum Unverständnis darüber, dass Mitarbeiter des Strafvollzugs keine Pannenhilfe von Westautos in Anspruch nehmen beziehungsweise diesen anbieten durften. Als besonderes Vorkommnis galt 1985 das Weihnachtsgeschenk eines Bediensteten an einen Kollegen in Form einer mit ARD und ZDF beschrifteten Antennenempfangsweiche.[280] Alkoholdelikte in der Öffentlichkeit beeinträchtigten den Ruf des Strafvollzugs im Allgemeinen

276 Hierzu liegen u. a. ein IM-Bericht, zwei Protokolle sogenannter informatorischer Befragungen beteiligter Personen sowie eine Aufstellung der im Rahmen einer Durchsuchung sichergestellten Blätter der Ordnung vor; BStU, MfS, BV FfO, TA 1111/79, Bd. 2, Bl. 84–92.

277 IM-Berichte »Johannes«, 23.7. bzw. 14.8.1975; ebenda, Bd. 2, Bl. 119 f. u. 141 f.

278 IM-Bericht »Arnold«, 19.4.1979; BStU, MfS, A 641/82, Bd. 3, Bl. 190 u. IM-Bericht »Dengler«, 28.12.1982; BStU, MfS, AIM 5781/89, T. II/1, Bl. 360 u. IM-Bericht »Rudloff«, 19.3.1980; BStU, MfS, A 638/82, Bl. 294 sowie IM-Bericht »Egon«, 6.2.1976; BStU, MfS, A 642/82, Bd. 1, Bl. 306.

279 IM-Bericht »Johannes«, 20.7.1979; BStU, MfS, BV FfO, TA 70/84, Bd. 3, Bl. 215.

280 NVA/DE, Kommandeur OSL Decker [ohne Adressat]: Überprüfung der nicht erfolgten Meldung zum Vorkommnis v. 17.12.1985 betreffs Überreichung von Geschenken im Kollektiv der 5. Kompanie im Kreis der Vorgesetzten, 23.1.1986; BArch, DVW 1/126215 (o. Pag.).

und den der Schwedter Dienststelle im Besonderen. Zu den Eigentumsdelikten gehörten unter anderem mehrere Einbrüche zweier Berufsunteroffiziere der Disziplinareinheit. Sie brachen Pkw auf und stahlen Autoteile beziehungsweise Benzin, auch der eigenen Kollegen. Der Sachverhalt wurde vom Militärstaatsanwalt geprüft. Ein Strafverfahren stand bevor: »Bei Bestrafung mit Freiheitsstrafe oder Strafarrest, was im Bereich des Möglichen liegt, tritt der Vollzug der Strafe in der DISE-Vollzugsteil ein – was tunlichst zu verhindern wäre.« Was letztlich tatsächlich geschah, ist bisher unbekannt.[281]

Eine unerwartete Sicht auf das Problem der Ausreiseanträge offenbart ein »Auskunftsbericht zum Stimmungsbild in der Disziplinareinheit« aus dem Januar 1985. Demnach hätte der Kommandeur der Disziplinareinheit, Decker, beim Rapport seine Stellvertreter und den Oberoffizier Ordnung und Sicherheit mit dem Ausspruch brüskiert: »Wenn Sie mit mir so arbeiten würden, würde ich auch 'nen Antrag stellen«. Vorausgegangen war dem eine Aussprache des Kommandeurs mit zwei Insassen, deren Inhalt den Kommandeur offenbar an der Vorgehensweise seines Personals gegenüber diesen Gefangenen zweifeln ließ.[282]

In einigen Fällen gab es im Personal Selbstmordversuche. Namentlich bekannt wurden neun Personen mit Selbstmordabsichten beziehungsweise -versuchen. Von den Betroffenen waren fünf Berufssoldaten und vier Angehörige des Wachzuges. Der einzige Fall vollendeter Selbsttötung in Schwedt war ein Gefreiter, der sich im Dezember 1986 während eines nächtlichen Einsatzes als Posten auf einem Wachturm erschoss.[283]

2.2.5 SED-Parteiarbeit im Militärstrafvollzug

Als 1968 der Militärstrafvollzug nach Schwedt verlagert wurde, trat auch die neue DDR-Verfassung in Kraft, in der der seit 1949 faktisch bestehende Führungsanspruch der SED nunmehr festgeschrieben wurde. Folgerichtig war, wie in jeder staatlichen Institution der DDR, die SED auch im Militärstrafvollzug

281 Hierzu sind 20 Blatt Schriftwechsel überliefert in BArch, DVW 1/126212 (o. Pag.). Das Zitat stammt aus einer nicht zuzuordnenden handschriftl. Notiz unter der Überschrift »Auskünfte des MStA-MfNV am 11.07.83«. DISE = selten für Disziplinareinheit.

282 OibE-Bericht »Manfred«: Auskunftsbericht zum Stimmungsbild in der DE, 25.1.1985; BStU, MfS, AIM 5382/88. T. II/1, Bl. 38. Ob dieser für DDR-Verhältnisse außergewöhnliche Vorgang für den Kommandeur Folgen hatte – immerhin erfolgte die Äußerung vor Angehörigen der NVA, die mehrheitlich SED-Mitglieder waren – war trotz Recherchen nicht zu ermitteln.

283 BStU, MfS, AIM 11737/87, passim. Aus der Sicht des Disziplinarbestraften Detlef W. gibt es eine Schilderung der damaligen Unruhe um den Todesfall in Brauhnert; Hübner; Polzin (Hg.): Der DDR-Militärstrafvollzug, S. 287 ff., zu Selbstmordversuchen unter den Insassen vgl. entsprechenden Abschnitt in Kap. 4.

Schwedt verankert. Die hier beteiligten Institutionen MfS, MdI und MfNV wurden besonders intensiv von der SED gesteuert. Im Folgenden geht es darum, welche Parteistrukturen sich in »Schwedt« herausbildeten und welche Einflussmöglichkeiten damit verbunden waren.[284] Nicht zuletzt weil der Strafvollzug – egal unter welcher Verwaltung – immer Bestandteil der sogenannten »bewaffneten Organe« war, ergab sich eine hohe Quote von Parteimitgliedern unter den Bediensteten. Die Insassen, wenn sie überhaupt Mitglied der SED waren, wurden in der Regel wegen ihrer Strafe aus der Partei ausgeschlossen. Auch in Schwedt – wie in allen staatlichen Einrichtungen – bildete die SED eine Parallelstruktur zu den dienstlichen Hierarchien heraus. In den Archiven ließen sich allerdings nur wenige, eher allgemeine Unterlagen finden, die die Arbeit der städtischen SED-Kreisleitung betrafen und in nur einem Fall einen Militärbezug, zur sogenannten wehrpolitischen Massenarbeit aufwiesen. Allerdings ist die MfS-Akte zum langjährigen Sekretär der SED-Grundorganisation und Polit-Stellvertreter des Kommandeurs, Wolfgang Bailleu überliefert.

Biogramm: Wolfgang Bailleu (1)[285]

Jahrgang 1931, Volksschule, Bezirksparteischule, Fachschule des MdI-Strafvollzugs für Offiziere der mittleren Laufbahn,
1954 Eintritt in die SED,
1950 VP (Wachtmeister bis Hauptwachtmeister), Diensthundeführer im Wachschutz Niederfinow,
1954 ABV für VPKA Eberswalde (VP-Meister bis Unterleutnant),
1960 Leiter des Betriebsschutzkommandos vom Schiffshebewerk Niederfinow,
1961 hauptamtlicher Parteisekretär beziehungsweise Politstellvertreter im VPKA Eberswalde,
1962 Leutnant der VP,
1964 Politstellvertreter in der StVE Schwedt (Zivil-SV),
1965 Oberleutnant des Strafvollzugs,
1969 Offizier für politische Schulung und Parteisekretär des StVK Schwedt,
1973 Hauptmann des Strafvollzugs,
1981 Politstellvertreter,
1982 Übernahme in die Disziplinareinheit, Hauptmann der NVA, Oberoffizier Propaganda,
1983 Major der NVA.

284 Zur politischen Schulung der Insassen vgl. entsprechenden Abschnitt in Kap. 4.

285 Zu Bailleu liegen MfS-Akten unter den Signaturen BStU, MfS, AIM 3626/91 u. BStU, MfS, A 641/82 vor, vgl. auch Kap. 6.

Schon vor seinem Einsatz im Strafvollzug Schwedt war Bailleu ab 1961 beruflich ausschließlich auf der Parteiebene tätig, was er in Schwedt fortsetzte. Dorthin kam er noch vor der Umwidmung zum Militärstrafvollzug, in dem er dann bis 1989 tätig blieb.

Aussagen zu Parteistrukturen im Strafvollzug Schwedt lassen sich bis in die Zeit vor der Spezifizierung zum Militärgefängnis finden. So hatte im Frühjahr 1965 das Strafvollzugskommando Schwedt eine eigene Parteileitung und mit Fred Lenz ein Leitungsmitglied, das bis 1985 in verantwortlichen Positionen im Militärstrafvollzug arbeitete.[286] Ab spätestens 1970 gab es offenbar zwei Parteiorganisationen (PO), wobei die PO II die operativen Dienste und die Versorgungsdienste/Verwaltung umfasste.[287] Für das Folgejahr lassen sich eine Grund- und zwei Parteiorganisationen nachweisen. Der damals für die Absicherung des Militärstrafvollzugs zuständige MfS-Offizier Schröter ließ sich 1971 von IM »Arnold« den sogenannten Kaderspiegel der Parteileitungen besorgen und verfügte im zugehörigen Treffbericht, dass zu den neu aufgestellten Leitungskandidaten eine Überprüfung in der Registraturabteilung des MfS erfolgen sollte. Dieser Kaderspiegel listet 20 Personen auf, die seinerzeit als Parteisekretäre oder andere Leitungsmitglieder tätig waren.[288] Ende 1973 bestand die Parteistruktur bereits aus fünf Parteigruppen, zwei PO-Leitungen und einer GO-Leitung bei 57 Mitgliedern der GO und zwei Kandidaten. Die Personalstärke lag damals bei insgesamt 64 Personen, sodass 89 Prozent der SED angehörten.[289] Ein für 1980 gel-

286 StVK Schwedt, Parteileitung, Parteisekretär Schmidt [ohne Adressat]: Ausspracheprotokoll, 17.6.1965; BStU, MfS, BV FfO, AIM 31/87, Bl. 97 i. V. m. Chronik der Disziplinareinheit; BArch, DVW 5-16/74001, Bl. 39.

287 IM-Bericht »Egon«, 23.8.1972; BStU, MfS, A 642/82, Bd. 1, Bl. 128.

288 FO Schröter: Treffbericht FIM »Arnold«, 17.2.1971 i. V. m. Kaderspiegel Parteileitung GO bzw. PO I u. II StVK Schwedt; BStU, MfS, A 641/82, Bd. 1, Bl. 59–63. Der Fakt ist nicht uninteressant: Das MfS als Auftragnehmer der SED überprüft das Personal der institutionellen Leitungsebenen der auftraggebenden Partei bzw. diesbezügliche Kandidaten. Weitere Zahlen zur Parteimitgliedschaft sind kaum vorhanden und gelten oft nur für Teilstrukturen. Die noch selteneren Hinweise auf parteilose Beschäftigte verweisen sämtlich auf Zahlen im einstelligen Bereich.

289 IM-Bericht »Arnold«, 8.1.1974; BStU, MfS, A 641/82, Bd. 1, Bl. 325. Zum Zuschnitt der beiden PO bzw. der fünf Parteigruppen in den Folgejahren gibt es nur sehr wenige Aussagen. Die PO I betraf offenbar den Vollzugsdienst, die PO II die Verwaltung. Die Hinweise auf die untergeordneten Parteigruppen zielen auf die Verwaltung, die Objektsicherung, den Bereich der Operativen Dienste und die 3. Kompanie – vgl. IM-Bericht »Arnold«, 23.9.1974; ebenda, Bd. 2, Bl. 38 sowie StVE Schwedt, Hptm. Weyh an BDVP Frankfurt (Oder)/Politische Abteilung, Oberst Hausner: Probleme und Entwicklungstendenzen des politisch-moralischen Zustands in der StVE, 11.9.1978; ebenda, Bd. 3, Bl. 148; StVE Schwedt, Genn. Meißner: Diskussionsbeitrag zur [Partei-] Aktivtagung, 16.4.1979; ebenda, Bd. 3, Bl. 194 u. StVE Schwedt [ohne Adressat]: Protokoll der Berichtswahlversammlung der SED-GO, 14.11.1980; ebenda, Bd. 3, Bl. 437.

tender Hinweis betraf sieben parteilose »Genossen« unter den Bediensteten.[290] Das Zahlenverhältnis von Parteimitgliedern zu Parteilosen spielte auf der Beratung der Abteilungsleiter und Kompaniechefs mit dem Leiter der Dienststelle vom 6. November 1980 eine Rolle. Der als Offizier für politische Schulung und als Parteisekretär tätige Hauptmann Bailleu forderte, dass »die Zusammensetzung der Dienstschichten überprüft werden sollte und eine Konzentration von Parteilosen in einer Dienstschicht nicht zuzulassen ist. Die parteilosen Genossen sind in die Maßnahmen der fachlichen und politischen Schulung einzubeziehen. Eine passive Haltung ist nicht zu dulden.« Was genau er befürchtete, blieb hier unerwähnt, vermutlich eine Gruppenbildung vergleichsweise SED-kritischer Kader.[291] Andererseits war ohne die parteilosen Angestellten der reguläre Dienstbetrieb des Strafvollzugs gerade während der Dauer von Parteiveranstaltungen nicht zu realisieren.

Im Zusammenhang mit den Vorbereitungen auf die Verwaltungsumstellung und die Eröffnung der Disziplinareinheit kam es Anfang 1982 zur Gründung einer Parteiorganisation Stab mit 13 Parteimitgliedern.[292] Die Parteiversammlung der GO vom 18. Oktober 1982 wurde dann in der Lageeinschätzung für den laufenden Monat als »abschließende Gesamtmitgliederversammlung der Grundorganisation« benannt.[293] Dieses »abschließend« dürfte sich sowohl auf die Phase der Verwaltung vom MdI als auch auf die Existenz nur einer GO bezogen haben. Für die folgenden Jahre sind mindestens drei unterschiedliche GO bekannt geworden: eine GO Stab, eine GO 802 im Unterkunftsbereich der Militärstrafgefangenen und die GO 803 für den Verwahrbereich der Disziplinareinheit. Letztere hatte Ende 1985 eine Stärke von 28 Mitgliedern.[294] Im Zusammenhang mit den Veränderungen während des Herbstes 1989 kam es im Dezember 1989 zu einer Neu-Konstitution der Parteiorganisation, die sich aber schon im Folgemonat auflöste. Die Parteimitglieder sollten sich nun in den Grundorganisationen der Wohnbezirke organisieren.[295]

Entsprechend ihrem Herrschaftsanspruch dominierte die SED auch das Gefängniswesen der DDR. Dies betraf neben der ideologischen Seite auch Fragen

290 StVE Schwedt [ohne Adressat]: Protokoll der Abteilungsleiterberatung v. 15.5.1980, 19.5.1980; BLHA, Rep. 671/16.1, Nr. 301, Bl. 57–62, hier 59. Die Bezeichnung »Genosse« war in den »bewaffneten Organen« auch jenseits der Parteistrukturen üblich.

291 StVE Schwedt [ohne Adressat]: Protokoll über die Beratung mit dem Abteilungsleitern und KC am 6.11.1980, 10.11.1980 ; BLHA, Rep. 671/16.1, Nr. 300, Bl. 85–91, hier 86.

292 Chronik der Disziplinareinheit; BArch, DVW 5-16/74001, Bl. 6.

293 Leiter StVE Schwedt, OSL Albinus an Chef der BDVP Frankfurt (Oder): Lageeinschätzung Monat Oktober 1982, 25.10.1982; BLHA, Rep. 671/16.1, Nr. 299, Bl. 149–150.

294 OibE-Bericht »Manfred« über eine außerordentliche Parteileitungssitzung, 8.10.1985 i. V. m. FO Krugenberg: Arbeitsnachweis IME »Manfred«, 11.10.1985; BStU, MfS, AIM 5382/88, T. II/1, Bl. 203 u. 206 sowie IM-Bericht »Arnold«, 28.4.1987; BStU, MfS, AIM 6358/91, T. I, Bl. 136.

295 Chronik der Disziplinareinheit; BArch, DVW 5-16/74001, Bl. 106.

der Dienststrukturen und des Privatlebens der Bediensteten. Die SED befasste sich mit auffälligem Verhalten ihrer Mitglieder, »wertete« es »aus« und veranlasste Parteisanktionen, die oft, aber nicht immer, Hand in Hand mit dienstlichen Reglementierungen gingen. Dabei wurde die Leitungsebene des Gefängnisses von Kritik nicht ausgespart. Vermutlich hing das auch mit der Person des langjährigen Parteisekretärs Bailleu zusammen, der Konflikte mit dem Dienststellenleiter oder anderen Führungskräften offenbar nicht scheute. Die zusätzliche Bindung des Parteisekretärs an das MfS, mit dem er seit den 1960er-Jahren als Inoffizieller Mitarbeiter »Arnold« zusammenarbeitete, verschaffte ihm neben seiner dienstlichen Stellung und der Parteifunktion eine verdeckte dritte Einflussmöglichkeit.

Eine direkte Einbindung in die Stellenstruktur erfuhr die Parteiarbeit durch die Planstellen des Stellvertreters des Kommandeurs für Politische Arbeit (Politstellvertreter) beziehungsweise ab 1982 des Oberoffiziers für Propaganda. Die für 1977 bekannt gewordene Arbeitsordnung der Strafvollzugseinrichtung Schwedt verweist in einem fast dreiseitigen Kapitel unter anderem darauf, dass der Stellvertreter für politische Arbeit »im Auftrage des ZK zur Verstärkung der Leitung der politischen Arbeit der PO, des Leiters sowie der Abt.-Leiter und Kompaniechefs eingesetzt« sei und einer mehrfachen Unterstellung unterlag: dem Leiter, dem zuständigen leitenden Parteiorgan und dem Leiter der Politischen Abteilung der BDVP.[296]

Aus Protokollen und Berichten sind das allgemeine wie auch das individuelle Wirken der Partei nachvollziehbar. Aus dem Herbst 1972 liegt zum Beispiel ein »Bericht über den politmoralischen Zustand im StVK Schwedt/O.« vor,[297] der die im laufenden Jahr in der Belegschaft angefallenen sieben Disziplinarstrafen und sieben Entlassungen sowie sechs weitere Parteierziehungsmaßnahmen aufführt. Im selben Zusammenhang wurde bemängelt, dass Dienststellenleitung und Abteilungsleiter sich bei bestimmtem Fehlverhalten von Angestellten »liberal« verhielten und erst auf Druck der Leitung der GO die Vorkommnisse geklärt wurden. Außerdem gab es die Tendenz, Verstöße nicht der vorgesetzten Dienststelle zu melden. Parteiversammlungen wurden gegebenenfalls auch dazu genutzt, aufgekommene Missstimmung gegen den Leiter zu klären. Auf einer Parteiversammlung der PO I im Januar 1973 kam es zur Diskussion um den wegen seines Auftretens umstrittenen Gefängnisleiter Albinus:

> Der Leiter Gen. Albinus bekam von der Leitung der GO dabei die notwendige Unterstützung und Hinweise, wie er sich als Leiter zu verhalten hat. Es muss einge-

296 Leiter StVE Schwedt, Mj. Albinus [ohne Adressat]: Arbeitsordnung der Strafvollzugseinrichtung Schwedt – überarbeitet 1977, 10.1.1977; BLHA, Rep. 671/16.1, Nr. 322, Bl. 92–123, hier 105 u. 107. Dort finden sich auch weitere Angaben zu institutionalisierten Arbeitskontakten.

297 Zugleich IM-Bericht »Arnold«, 11.10.1972; BStU, MfS, A 641/82, Bd. 1, Bl. 207.

> schätzt werden, dass viele Probleme auch berechtigt waren, die er selbst hervorgerufen hat in seiner nicht immer richtigen Umgangsform. Der Leiter hat sich in der Versammlung für seine Verhaltensweisen entschuldigt.[298]

Welch tiefen Eindruck dieses Vorgehen bei Albinus hinterließ, zeigt zweierlei: Noch am Tag der Parteiversammlung soll er in einer späteren Unterhaltung geäußert haben, dass er sich zukünftig nicht mehr entschuldigen werde, sondern stattdessen »durch [das] MfS aufräumen lässt«.[299] Und als Monate später die Überlegung anstand, wer zum 1. Juli[300] zur Beförderung anstünde, hatte der Parteisekretär bei Albinus zunächst schlechte Karten. Obwohl Bailleu aus Sicht des Abteilungsleiters Vollzug der einzig akzeptable Vorschlag aus Schwedt war, stieß dieser bei Albinus auf Widerstand. Als IM »Egon« berichtete der Abteilungsleiter diesbezüglich, »dass der Gen. Albinus seiner ganzen persönlichen Verärgerung Luft machte, weil der Gen. Bailleu als Parteisekretär offen und kritisch die mangelhafte Arbeitsweise des Gen. Albinus kritisierte und seine parteiliche Haltung zur Veränderung forderte.«[301]

Das MfS hielt Anfang des Folgejahres in einem ausführlichen »Bericht über die Lage und Situation im StVK Schwedt« für 1973 fest, dass neben 17 dienstlichen auch drei parteiliche Bestrafungen erfolgten. Der Berichterstatter verwies außerdem auf die Verantwortung der Grundorganisation, bestimmte, vom Leiter beziehungsweise anderen Vorgesetzten nicht verfolgte Sachverhalte »ohne Ansehen der Personen« zu klären.[302] In der Folgezeit scheint sich nicht viel verändert zu haben. Ein IM-Bericht aus dem November 1974 informierte erneut über Verhaltensweisen des Leiters Albinus und nun auch des Politstellvertreters, insbesondere über deren Verzögerungen bei der Behandlung von besonderen Vorkommnissen und Versuche, diese Dinge außerhalb der Dienststelle nicht bekannt werden zu lassen. Dabei stellte der IM die Rolle der Partei in den Vordergrund und ließ erkennen, dass er durch die Einbindung von externen Parteistrukturen (Kreisparteikontrollkommission bzw. Kreisleitung) Möglichkeiten hätte, die Missstände der aus seiner Sicht unzureichenden Tätigkeit der Leiter zu hinterfragen beziehungsweise aufzuklären. Gegen drei Angehörige des Strafvollzugs sollten Parteierziehungsmaßnahmen eingeleitet werden. Die zugrunde liegenden Sachverhalte waren dabei nur zum Teil dienstlicher Natur: Ein Bediensteter hatte bei der Rückfahrt von der Baustelle drei Gefangene »vergessen«.

298 IM-Bericht »Arnold«, 24.1.1973; ebenda, Bd. 1, Bl. 261 f.

299 Ebenda, Bd. 1, Bl. 262.

300 Der Strafvollzug des MdI galt als Polizeistruktur und der 1. Juli war in der DDR als »Tag der Volkspolizei« ein regelmäßiger Anlass für Auszeichnungen und Beförderungen.

301 IM-Bericht »Egon«, 23.3.1973; BStU, MfS, A 642/82, Bd. 1, Bl. 163. Bailleu wurde 1973 dennoch befördert.

302 Hier überliefert als IM-Bericht von »Arnold«, 8.1.1974; BStU, MfS, A 641/82, Bd. 1, Bl. 324.

Die beiden anderen waren wegen ihres gewalttätigen beziehungsweise bevormundenden Umgangs mit den Ehefrauen aufgefallen.[303] Andere Konstellationen, in die sich die SED »erzieherisch« einmischte, betrafen dienstliche und private Verhaltensweisen. Die Spannbreite reichte vom Benzindiebstahl im eigenen Fuhrpark über intime Verhältnisse unter den Bediensteten bis hin zum Besuch eines Intershops. Der Benzindieb bekam neben der Auflage zum Schadensersatz auch eine Parteirüge. Im Fall des Intimverhältnisses hielt IM »Arnold« wegen ausbleibender Reaktionen durch die Vorgesetzten gegenüber dem MfS schriftlich fest: »Durch die Leitung der GO wird diesbezüglich Einfluss genommen, die Dienststellenleitung dazu [zu] zwingen, energische Maßnahmen dazu einzuleiten«. Der Einkäufer im Intershop musste sich vor der Parteileitung rechtfertigen.[304]

Zur erzieherischen Ahndung besonderer Vorkommnisse von Parteiangehörigen kam es mitunter zur Einbindung auswärtiger Parteifunktionäre, zum Beispiel der Kreisleitung beziehungsweise der Kreisparteikontrollkommission.[305] 1976 war beispielsweise vorgesehen, einen Hauptwachtmeister des Strafvollzugs zu kündigen (u. a. wegen seiner Haltung zu den Westkontakten seiner Mutter). Die Parteileitung des Nachfolgebetriebes sollte über dessen Verhaltensweisen und »polit-ideologische Unklarheiten« in Kenntnis gesetzt werden. Der Betreffende stellte noch in Schwedt den Antrag, ihn als Kandidaten der SED zu streichen.[306] Im Juni 1979 monierte der Stellvertreter für politische Arbeit in Schwedt, dass im familiären Umfeld zweier Strafvollzugsangehöriger bis zu acht Personen nicht zur Wahl gehen wollten. »Die Klärung dieser Probleme konnte nur durch die konsequente parteiliche und dienstliche Auseinandersetzung mit diesen Genossen sowie Rücksprache mit der Kreisleitung der SED und dem Rat der Stadt von Seiten leitender Genossen der Dienststelle erreicht werden«.[307] Auch im Zusammenhang mit der Versorgung der im Strafvollzug beschäftigten

303 IM-Bericht »Arnold« [o. D., ca. Nov. 1974]; ebenda, Bd. 2, Bl. 79 f.

304 StVK Schwedt, PO II, Sekretär Bernsee [ohne Adressat]: Anschuldigung zum Parteiverfahren, 21.9.1972 in Verbindung mit StVK Schwedt, PO II: Beschluss über die Erteilung einer Parteistrafe [o. D., Sept. 1973]; BStU, MfS, BV FfO, AOPK 196/75, S. 5–8 (MfS-Zählung), IM-Bericht »Arnold«, 24.5.1972; BStU, MfS, A 641/82, Bd. 1, Bl. 178 f. u. IM-Bericht »Rudloff«, 30.5.1978; BStU, MfS, A 638/82, Bl. 144. Intershop: Einzelhandelskette in der DDR, in deren Läden westliche Importware und hochwertige Inlandsprodukte gegen westliche Währungen erhältlich waren. Der Besitz von Westgeld war bei Angehörigen der »bewaffneten Organe« wegen des Westkontaktverbotes auffällig und galt als Indiz ideologischer Aufweichung.

305 Diverse Beispiele finden sich in der IM-Akte des langjährigen Parteisekretärs in Schwedt; z. B. BStU, MfS, A 641/82, Bd. 3, Bl. 196, 325, aber auch in der Chronik der Disziplinareinheit; BArch, DVW 5-16/74001, Bl. 33 f.

306 Div. Schriftstücke hierzu in IM-Akte »Arnold«; BStU, MfS, A 641/82, Bd. 2, Bl. 249–259.

307 StVE Schwedt, Stv. für politische Arbeit [ohne Adressat]: Einschätzung der Probleme und Entwicklungstendenzen des politisch-moralischen Zustandes in der StVE Schwedt, 11.6.1979; BStU, MfS, A 641/82, Bd. 3, Bl. 232–235, Zitat von Bl. 233.

Armeeangehörigen und ihrer Familien mit Wohnraum, Arbeits-, Kindergarten- und Krippenplätzen wurde 1983 explizit auf die Einbeziehung der Kreisleitung der SED (und anderer örtlicher Organe) verwiesen.[308]

Eine Daueraufgabe der Parteiarbeit war die Bewertung des sogenannten politisch-moralischen Zustandes der Einrichtung. Sie richtete sich nicht zuletzt gegen die eigenen Genossen. Im Zusammenhang mit einer Diskussion über tagespolitische Ereignisse aus dem Spannungsverhältnis DDR – BRD legte der Politstellvertreter (PV) 1977 dar, »dass es darauf ankommt, zu dieser Problematik ganz spezifische Stimmungen und Meinungen der Genossen zu erfassen und dem PV zuzuarbeiten«.[309]

2.3 Bewachung und Sicherung der Anlage

Der Schwedter Strafvollzug wies im Vergleich mit anderen Gefängnissen Besonderheiten auf. Die Unterbringung der Insassen erfolgte nicht in Zellen, sondern war eher kaserniert. Außerdem waren Flächen zur militärischen Ausbildung (Sturmbahn, Handgranatenwurfanlage) beigeordnet. Zusätzlich wurden separate Produktions- und Lagerhallen errichtet. Letztlich waren die Bereiche der Militärstrafgefangenen und Strafarrestanten streng vom Gelände der Disziplinarbestraften getrennt, sodass es mehrere interne Zäune und Schleusen gab.

2.3.1 Mauern, Stacheldraht und Hunde

Im Dezember 1967 legte der Leiter des Strafvollzugskommandos Schwedt einen Bericht vor, in dem er den Zustand des Geländes mit Blick auf die Umprofilierung zum Militärstrafvollzug beschrieb: »Das StVK Schwedt/Oder ist durch die Werkmauer umgeben und selbst nochmals mit einem kleinen und großen Stacheldrahtzaun umspannt. An der West- und Südseite laufen an Drahtseilen Wachhunde. An der Nordostecke ist das Objekt durch einen Postenturm gesichert«.[310] Der äußere Zaun war 3, der innere 1,50 Meter hoch.

308 NVA/DE, Kommandeur OSL Decker [ohne Adressat]: Bericht über die Sicherstellung der Armeeangehörigen und deren Familien mit Wohnraum, Arbeits-, Kindergarten- und Krippenplätzen, 27.6.1983; BArch, DVW 1/126212 (o. Pag.).

309 [O. D., Verf. und Adressat]: Problemdiskussion; BLHA, Rep. 671/16.1, Nr. 301, Bl. 12 Rs.

310 Leiter StVK Schwedt [ohne Adressat]: Auskunftsbericht, 21.12.1967; BLHA, Rep. 671/16.1, Nr. 300, Bl. 204–210, Zitat von Bl. 204 f. Dressler verweist auch für die frühe Phase bis 1968 auf zwei diagonal angeordnete hölzerne Postentürme in der Nordwest- bzw. Südostecke, zu denen wenig später ein dritter im Südwesten hinzukam, vgl. Dressler: Stillgestanden, S. 70 f. u. 163.

Im Zusammenhang mit Baumaßnahmen ab 1980/81 und der Erweiterung um Neubauten für den Stab beziehungsweise zur Unterbringung der Disziplinarbestraften wurden der Verwaltungsbereich eingezäunt,[311] ein Schlagbaum im Bereich der Objektwache angebracht[312] und zur Schaffung von Baufreiheit der äußere Stacheldrahtzaun um den Verwahrteil abgerissen.[313] Während der Bauphase registrierten die Wachsoldaten missmutig, dass diejenigen, die wegen fehlender Zutritts-/Zufahrtsberechtigung am Haupteingang abgewiesen wurden, wenig später über das Zufahrtstor des PCK auf das Gelände kamen.[314] Bis Ende 1982 wurde eine Objektmauer mit drei neuen Postentürmen aus Beton fertiggestellt.[315] In den 1980er-Jahren stellte sich die Gesamtsituation so dar, dass die Bereiche der Disziplinarbestraften, der Militärstrafgefangenen und der Produktion jeweils eigens eingezäunt und nur über Schleusen zu betreten waren.[316] Das gesamte Gelände umgab eine Mauer. Noch 1989 war eine Modernisierung der Schließanlagen beabsichtigt, in dem die bisherigen, »handelsüblichen«, elektrischen Türöffner gegen Magnetschließeinrichtungen getauscht werden sollten.[317]

Schon in dem für Zivilstrafgefangene eingerichteten Lager in den 1960er-Jahren dienten Hunde zur Bewachung. Für die Zeit der Zuständigkeit des Innenministeriums für den Schwedter Militärstrafvollzug galt das ebenfalls. In den 1970er-Jahren spielten Hunde mehrfach eine Rolle: sei es im Zusammenhang mit Fluchtgedanken von Insassen, sei es wegen verschiedener Beobachtungen, dass die Hunde nicht anschlugen, sich füttern oder gar streicheln ließen. Mehrfach konnten sich im Sommer 1980 Hunde losreißen, aus dem Drahtzwinger entkommen und über das Gelände streichen, sodass sie wieder eingefangen werden mussten. In einem Fall hat sogar ein Militärstrafgefangener einen Hund wieder angebunden.[318]

Im Zusammenhang mit dem Verantwortungswechsel vom MdI zum MfNV wurde der Einsatz von Hunden in Schwedt beendet. Ende 1984 wurde das noch einmal Thema, als ein Schwedter Offizier an einem Lehrgang der Verwaltung Strafvollzug des MdI teilnehmen konnte, bei dem offenbar über gute Erfahrun-

311 Leiter StVE Schwedt [ohne Adressat]: Jahresbericht – Einschätzung der schöpferischen Initiative im Jahre 1981, 22.12.1981; BLHA, Rep. 671/16.1, Nr. 299, Bl. 34–42, hier 35.

312 Leiter StVE Schwedt, OSL Albinus an Chef der BDVP Frankfurt (Oder): Lageeinschätzung Monat Juli 1981, 23.7.1981; ebenda, Nr. 299, Bl. 111 f.

313 StVE Schwedt, Stv. Operativ, Mj. Zimmermann [ohne Adressat]: Protokoll über die Dienstberatung mit den Abteilungsleitern und KC, 21.8.1981; ebenda, Nr. 300, Bl. 109.

314 GMS-Bericht »Paul Anders«, 25.8.1982; BStU, MfS, AGMS 8750/83, Bl. 59.

315 Chronik der Disziplinareinheit; BArch, DVW 5-16/74001, Bl. 5.

316 Eindrucksvolle Pläne dazu befinden sich bei Dressler: Stillgestanden, S. 70 u. 163–171.

317 NVA/DE, Kommandeur Oberst Decker an Stv. des Chefs des Hauptstabes für allgemeine Fragen [Antrag o. T.], 5.7.1989; BArch, DVW 1/126216 (o. Pag.). Dass die gewünschten Schlösser in der StVE Brandenburg hergestellt wurden, ist eine Ironie des Schicksals.

318 IM-Bericht »Arnold«, 17.7.1980; BStU, MfS, A 641/82, Bd. 3, Bl. 396.

gen berichtet wurde. In seiner mehrseitigen Information über den Lehrgang verwies Hauptmann Nagel auf die Vorteile des Hundeeinsatzes. Handschriftliche Auswertungsnotizen ohne Quelle lassen auf Ablehnung des Vorschlags schließen.[319] Auch zwei Jahrzehnte später erinnerte sich der damalige Befürworter:

> Das MdI hatte Hunde, und wir haben gesagt, ein Hund, das macht doch viel mehr Sicherheit. Wir haben die beantragt, an höchster Stelle, und da ist uns dann gesagt worden: Nein! Das haben die strikt verboten. Wir hetzen keine Hunde auf Soldaten. Beim MdI war es gang und gäbe, die Gefängnisse mit Hunden zu bewachen, genau. Bei uns war es an der Grenze eigenartigerweise erlaubt, aber im Strafvollzug aus erzieherischen Gründen verboten. Wir hätten fünfzig Prozent des Wachpersonals sparen können, oder fünfzig Prozent der harten Dienstzeitstunden sparen können, wenn wir Hunde gehabt hätten. Nein, wollte man nicht von oben, weil wir hier erziehen, wir sperren hier zwar auch ein, aber wir erziehen.[320]

2.3.2 Bewaffnung und Wachdienste

In der Regel wurden für die äußere Bewachung Handfeuerwaffen bis hin zum leichten Maschinengewehr (LMG) verwandt. Für den Einsatz im Gefängnis waren Schusswaffen nicht vorgesehen, sondern »nur« Führungskette, Handfesseln und Schlagstock.[321] Spätestens ab 1982 gab es in der DDR auch Möglichkeiten für den Einsatz von Reizstoffspray, die vom Leiter der jeweiligen Strafvollzugseinrichtung zu regeln waren und geheim gehalten werden sollten.[322]

In den Stellen- und Ausrüstungsplänen ist erstmals für 1972 die Bewaffnung ausgewiesen. Demnach lag das Soll bei 83 Pistolen und 83 Maschinenpistolen. Anderes Material (Schlagstöcke, Führungsketten o. ä. für den Innen-Einsatz) ist allenfalls unter nicht entschlüsselten Bezeichnungen der Formulartabelle versteckt.[323] Die Stellenpläne bis 1978 verzichten auf Bewaffnungsangaben. Erst 1981 – nunmehr schon unter der Bezeichnung Disziplinareinheit – sind sie wie-

319 DE, Oberoffizier operative Arbeit, Hptm. Nagel [ohne Adressat]: Information über die Teilnahme an einem Lehrgang der VSV des MdI, 12.1.1985, mit auswertenden »Bemerkungen zur Information«; BArch, DVW 1/126215 (o. Pag.).

320 Interview mit Hans-Jörg Nagel in Dressler: Stillgestanden, S. 304.

321 Dennoch wiesen Stellen- und Ausrüstungspläne die Ausstattung mit Pistolen und MPi bis zur Sekretärin und dem Krankenpfleger aus – z. B. für 1972 in BArch, DO 1/12088 (o. Pag.). Aus Sicht der westlichen Berichterstattung wurde aus dem Schlagstock ein Totschläger, siehe Rath: Himmelstoß kommandiert.

322 Ordnung Nr. 0102/81 des MdI v. 18.12.1981 Teil A, über die Gewährleistung der Sicherheit der Strafvollzugseinrichtungen, Jugendhäuser und Untersuchungshaftanstalten (Sicherungsordnung SV); BStU, MfS, BdL/Dok. Nr. 11178 (o. Pag.). Ein Einsatz in Schwedt ist jedoch nicht bekannt.

323 Stellenpläne 1972; BArch, DO 1/12088 (o. Pag.).

der vorhanden. Demnach lag der Soll-Bestand bei 77 Pistolen, 120 Maschinenpistolen und 6 leichten Maschinengewehren. Auch hier sind Schlagstöcke, Führungsketten o. ä. nicht erwähnt. Das ab 1986 vorgesehene Soll war mit einer Minderung um acht Maschinenpistolen nahezu identisch.[324]

Bei Kontrollen im Militärstrafvollzug wurden auch Verstöße gegen die Regeln zum Umgang mit Waffen festgehalten. Diese Verstöße bezogen sich beispielsweise auf eine »falsche« Bewaffnung[325] oder auch auf grobe Mängel in der Munitionsnachweisführung.[326] Ein »besonderes Vorkommnis« ereignete sich im Mai 1977, als zwei Militärstrafgefangene beim Transport eines Schrankes Zugang zu Sportwaffen und Munition erhielten. Die darauf folgende Auswertung durch den Offizier für Kontrolle und Sicherheit, den Leiter der Strafvollzugseinrichtung und dessen Vorgesetzten in Frankfurt (Oder) ließ erkennen, dass die Bedeutung heruntergespielt wurde. Die Bestrafung des verursachenden SV-Obermeisters wegen »Vernachlässigungen in der Wachsamkeit beim Umgang mit Sportwaffen« war im Dezember 1977 bereits wieder gestrichen.[327]

Im Zuge der Auflösung der Dienststelle wurden offenbar im Mai/Juni 1990 die gesamte Bewaffnung und Munition »belegmäßig und vollzählig« an das Wachregiment-2 in Strausberg zurückgegeben.[328]

Die äußere Bewachung des Geländes war getrennt von der direkten »Betreuung« der Insassen. Die Objektsicherung zählte nicht zu den Pflichten der Kompanieführer und der zugeordneten Zug- und Gruppenführer. Dies erleichterte

324 Stellenpläne 1981 bzw. 1986; BArch, DVW 1/44967 u. DVW 1/44162 (jeweils o. Pag.).

325 Hier unerlaubt mit Waffe zur Bewachung eines Außenkommandos in Eberswalde, MdI/VSV und MfNV/Abt. KD: Bericht über Ergebnisse der Jahresüberprüfung in der StVE Schwedt, 25.11.1976; BArch, DVW 1/126207 (o. Pag.) bzw. ohne Waffe als Operativer Diensthabender, IM-Bericht »Arnold«, 10.3.1980; BStU, MfS, A 641/82, Bd. 3, Bl. 322–330.

326 So wurden 1986 über 300 Patronen als Plus-Bestand ausgewiesen. MfNV/Abt. Rückwärtige Sicherstellung [ohne Adressat]: Bericht über die Kontroll- und anleitende Tätigkeit in der DE, 8.8.1986; BArch, DVW 1/126216 (o. Pag.).

327 IM-Bericht »Johannes«, 12.5.1977; BStU, MfS, BV FfO, TA 70/84, Bd. 3, Bl. 71 i. V. m. IM-Berichten »Rudloff«, 11. u. 12.5.1977; BStU, MfS, A 638/82, Bl. 45–48 u. StVE Schwedt [ohne Adressat]: Protokoll der Abteilungsleiterberatung, 26.5.1977; BLHA, Rep. 671/16.1, Nr. 301, Bl. 28. Des Obermeisters bis mindestens 2014 anhaltende Neigung zum Schießen kommt auch im Radio-Feature des DLF (Hammer: »Ab nach Schwedt!«) zum Ausdruck. Auch zwei andere Konstellationen verdienen besondere Erwähnung: Mehrmals wurde berichtet, dass es unter den Soldaten des Wachzuges Personen gäbe, die Skrupel oder Vorbehalte bezüglich des Schusswaffeneinsatzes hätten. Bei mindestens einem Fall wurde auf den religiösen Hintergrund des Soldaten verwiesen und seine Abversetzung erwogen – FO Knobelsdorf: Treffauswertung GMS »Bernd«, 23.6.1989; BStU, MfS, AGMS 6566/91, Bl. 19. Im April 1983 konnte ein Disziplinarbestrafter zunächst unbemerkt einen Schlagstock und eine Handfessel entwenden, die er auf der Arbeitsstelle des Instandsetzungswerks Pinnow für 50,00 Mark verkaufte. NVA/DE, Mj. Zimmermann [ohne Adressat]: Abschlussbericht zum besonderen Vorkommnis in der 6. Kompanie, 17.5.1983; BArch, DVW 1/126212 (o. Pag.).

328 NVA/DE an MfVA/Abt. f. allg. Fragen: Übergabe-/Übernahmeprotokoll, 31.8.1990, Anlage 3: Rückwärtige Dienste; BArch, DVW 1/126218 (o. Pag.).

auch die Umsetzung des erwähnten Bewaffnungsgrundsatzes, wonach nur im Außeneinsatz Schusswaffen erlaubt waren. In der Zeit der Zuständigkeit des Innenministeriums war die Bewachung dem sogenannten Operativen Dienst zugeordnet. Bei den Aufgaben wurde unterschieden in Wachtmeister, Posten und Hundeführer. In den 1970er-Jahren gab es hierfür nur zehn Planstellen.[329]

Nach dem Verwaltungswechsel, der deutlichen Erweiterung des zu bewachenden Geländes um neue Produktionsstätten und den Disziplinarbereich sowie den Verzicht auf die Wachhunde wurde der Stellenplan deutlich erweitert: Der 1981 installierte Wachzug war mit 41 Personen besetzt.[330] Die Struktur des Wachzuges lag bei 5 Unteroffizieren und 36 Soldaten des Grundwehrdienstes. Auch in der Disziplinareinheit sollten die Angehörigen des Wachzuges keinen direkten Kontakt zu den Insassen haben.

2.4 Schließung und Abwicklung der Disziplinareinheit 1989/90

Als sich im Herbst 1989 die Verhältnisse in der DDR zu verändern begannen, erreichte die Umgestaltung mit Verzögerung auch die Gefängnisse.[331] Anfang November 1989 befürchteten NVA-Offiziere zunächst, dass sich Demonstranten aus dem Raum Dresden auf den Weg nach Schwedt machen könnten. Eine Chronologie zu Handlungen der NVA im Herbst 1989 verweist nüchtern und knapp darauf, dass

> ›zur Verstärkung der Sicherung des Objektes der Disziplinareinheit Schwedt‹ gegen vermutliche Demonstranten aus dem Bezirk Dresden eine Hundertschaft der Militärtechnischen Schule der Nachrichtentruppen Frankfurt (Oder) bis zum 3.11.1989, 23.30 Uhr, an diesen Standort verlegt [wurde]. Eine weitere Hundertschaft dieser Einrichtung wird in Bereitschaft gehalten. [...] Bis 5.11.1989, 0.30 Uhr kehrt ebenfalls die zur Sicherung des Objektes der Disziplinareinheit Schwedt befohlene Hundertschaft der Militärtechnischen Schule der Nachrichtentruppen nach Frankfurt (Oder) zurück.[332]

329 Vgl. z. B. mit den Stellenplänen in BArch, DO 1/12088 u. DO 1/12170, (jeweils o. Pag.). Dem steht die Angabe von 40 Volkspolizisten in der Wachmannschaft für 1970 entgegen, vgl. Rath: Himmelstoß kommandiert.

330 MfNV, Stellenplan und Ausrüstungsnachweis Nr. 7142/3, 2.11.1981; BArch, DVW 1/44067 (o. Pag.).

331 Zum Gefangenenprotest im letzten Jahr der DDR bzw. speziell in Bautzen siehe Dölling: Strafvollzug sowie Heidenreich: Aufruhr hinter Gittern. Beide äußern sich jedoch nicht zu »Schwedt«.

332 Wilfried Hanisch: Herbst 1989. NVA und Grenztruppen der DDR. Chronologie wesentlicher Handlungen und Rahmenbedingungen. In: Was war die NVA? Studien, Analysen, Berichte. Berlin 2001, S. 550 f. Das innere Zitat wird keiner Quelle zugeordnet.

Auf denselben Hintergrund dürfte sich die anekdotenhafte Erinnerung des ehemaligen Stabschefs von Schwedt, Hans-Jörg Nagel, beziehen, der Demonstranten aus Leipzig erwartete, wobei er sich auf eine Warnung durch das MfS bezog.[333] Nagel führte aus, dass Fähnrichschüler einer entsprechenden Schule aus Frankfurt (Oder) heimlich nachts in das Unterkunftsgebäude der Disziplinarbestraften geschleust und mit abgesägten Besenstielen ausgestattet wurden, während die eigentlichen Waffen in einem Schutzraum hinter einer verschweißten Tür weggeschlossen blieben. Die erwarteten Demonstranten sind jedoch nie angekommen. Nagel brachte dies mit dem Verkehrschaos rund um Berlin in Verbindung, das im Zusammenhang mit der Großdemonstration am 4. November entstanden war. Recherchen in den MfS-Überlieferungen zu den Hintergründen blieben ergebnislos. Ein Zeitzeuge der Militärtechnischen Schule bestätigte im Internet die Vorgehensweise mit den abgesägten Besenstielen. Angeblich wollten die Demonstranten in Schwedt Polizisten befreien, »die sich bei der überharten Auseinandersetzung um den Bahnhof und die Demo in Dresden, geweigert hätten, gegen das eigene Volk vorzugehen«.[334]

In den nächsten Wochen wurde den SED-Machthabern klar, dass zumindest die Regeln für die Strafe »Dienst in der Disziplinareinheit« juristisch fragwürdig und wohl nicht haltbar waren. Ende November 1989 wandte sich der stellvertretende Justizminister an seinen Amtskollegen im Verteidigungsministerium mit dem Vorschlag, die Bestimmungen über den »Dienst in der Disziplinareinheit« mit sofortiger Wirkung außer Kraft zu setzen. Die in der zugehörigen »Dienstvorschrift getroffenen Festlegungen zur Freiheitsbeschränkung stehen im Widerspruch zu verfassungsmäßig garantierten Persönlichkeitsrechten, die auch nicht durch die diese Rechte einschränkenden Bestimmungen über den Wehrdienst getragen werden«.[335]

Die Umbrüche und Unsicherheiten jener Wochen spiegelten sich auch in den Wortmeldungen der Insassen wieder. 15 Disziplinarbestrafte der 5. Kompanie wandten sich fünf Wochen nach dem Fall der Mauer schriftlich an den in Strausberg neu eingerichteten »Konsultationspunkt Militärreform«.[336] Offenbar damals formulierte Ansprüche der NVA, sich »zu einer souveränen Armee des Volkes einer neugestalteten, demokratischen DDR« zu wandeln aufgreifend,

333 Interview mit Hans-Jörg Nagel in Dressler: Stillgestanden, S. 312–314, ähnlich auch bei Geißler: Die Disziplinareinheit 2, S. 98.

334 In Dresden war es zu tagelangen Unruhen rund um den Bahnhof gekommen, als Fernverkehrszüge mit Ausreisenden von Prag über Dresden in die Bundesrepublik geleitet wurden. http://www.nva-forum.de/nva-board/index.php?s=8c8542fa7ff1be42f3524da7666bf0e0&showtopic=10927&st=0&#entry254656 (Nur für angemeldete Nutzer zugängliche Unterseite.)

335 Stv. MfJ, GM Kalwert an stv. MfNV, GO Streletz [o. T.], 29.11.1989; BArch, DVW 9/69578 (o. Pag.).

336 Die Anordnung Nr. 4/89 v. 20.11.1989 des MfNV verfügte die Bildung eines Konsultationspunktes Militärreform mit Wirkung v. 21.11.1989. Die Anordnung ist überliefert in BArch, DP 1/22374 (o. Pag.).

baten die Schwedter Insassen um Berücksichtigung acht konkret benannter Punkte.[337] Dabei verwiesen sie eingangs darauf, dass die Mehrzahl von ihnen »entgegen bestehender Menschenrechte« bestraft worden sei. Die Forderungen befassten sich mit Fragen des Dienstablaufplans, des Zugangs zu Medien, Kritik am herabgesetzten Wehrsold, der Verpflegung und der Kontrolle des eingeschränkten Postempfangs und mit der Frage nach dem prinzipiellen Sinn einer aus Arbeit, militärischer Disziplin und Ausbildung geformten Bestrafung.

13 Tage nach dem Vorstoß des stellvertretenden Justizministers wurde die Antwort verfasst: Inzwischen seien – dem Vorschlag entsprechend – vom MfNV die den »Dienst in der Disziplinareinheit« regelnden Dokumente außer Kraft gesetzt worden. Die betreffenden Militärpersonen sollten am 14. und 15. Dezember 1989 zurückkommandiert werden.[338] Vor diesem Hintergrund wurde am 14. Dezember 1989 vermerkt, dass der Initiator des erwähnten Protestbriefes kein Antwortschreiben erhalten würde, da »mit der Außerkraftsetzung der Bestimmungen über die Disziplinarstrafe Dienst in der Disziplinareinheit sich die in dem Schreiben« genannten Probleme erledigt hätten, was dem Betreffenden mündlich mitgeteilt werden sollte.[339] Davon abweichend erinnert sich der vermutlich letzte verbliebene Disziplinarbestrafte, erst »vier Tage vor Weihnachten« freigekommen zu sein. Ausdruck der veränderten Verhältnisse war auch die Erlaubnis für die Disziplinarbestraften, sich einen Oberlippenbart wachsen zu lassen.[340] Die geschilderte Entwicklung betraf jedoch nur die Disziplinarbestraften. Die Militärstrafgefangenen und Strafarrestanten mussten zunächst weiter im Vollzug verbleiben. Doch regte sich, wie in anderen Haftanstalten auch, zunehmend Protest unter den Häftlingen.

Am 5. Dezember 1989 kündigten Militärstrafgefangene für den Folgetag einen Streik an. In zwei Schreiben formulierten sie ihre Forderungen. Zum einen ging es – bei gleichzeitiger Solidarisierung mit den Strafgefangenen in Brandenburg, Bautzen und anderswo – um die Abschaffung der Militärgerichtsbarkeit, Überprüfung bisher ausgesprochener Urteile, Verbesserung der Arbeits- und Lebensbedingungen im Strafvollzug, allgemeine Amnestie, Verurteilung der ehemaligen Mitglieder der DDR-Führung und eine öffentliche Besichtigung des Schwedter Objektes durch Vertreter von Massenmedien inkl. Gesprächsmöglichkeit der Insassen mit Vertretern von »Massenmedien, Kirche, Bürgeriniti-

337 Schreiben der Disziplinarbestraften der 5. Kompanie v. 3.12.1989 an den Konsultationsstützpunkt Militärreform [o. T.]; BArch, DVW 1/126214, (o. Pag.).

338 Stv. MfNV, GO Streletz an stv. MfJ, GM Kalwert [o. T.], 12.12.1989; BArch, DVW 9/69578 (o. Pag.).

339 Handschriftl. Kurznotiz mit unbekannter Paraphe v. 14.12.1989; BArch, DVW 1/126214, (o. Pag.).

340 Interview mit Mario Biegel in Brauhnert; Hübner; Polzin (Hg.): Der DDR-Militärstrafvollzug, S. 303 bzw. 306.

ativen, Justiz und zuständigen Ministerien«.[341] Zum anderen wurden die Forderungen in 16 Einzelpunkten präzisiert.[342] Dabei ging es unter anderem um die Anrechnung der Strafzeit auf die Militärdienstzeit, Wegfall von Ausbildungsmaßnahmen an Arbeitstagen, bessere Entlohnung und medizinische Betreuung, Verbesserung bei Post- und Paketempfang sowie um die Überprüfung der Rechte und Pflichten des Stammpersonals beziehungsweise eine öffentliche Kontrolle der Haftbedingungen. Unter der Ankündigung, solange die Arbeit niederzulegen, »bis das Gespräch mit den Massenmedien zustande gekommen ist sowie einzelne Punkte unserer Forderung erfüllt worden sind«, realisierten sie die Bedingungen militärischer Befehlsgewalt und grenzten ein: »Wir werden uns nicht über militärische Befehle hinwegsetzen, die außerhalb des Arbeitsbereiches liegen.«[343] Schon am 6. Dezember 1989 gab es die geforderte Diskussion mit Vertretern der Öffentlichkeit. Generaloberst Streletz, damals stellvertretender Minister für Nationale Verteidigung, fertigte eine Aktennotiz sowohl über den Forderungskatalog der Militärstrafgefangenen als auch über die Reaktionen. Interessant ist, dass jeglicher Hinweis auf eine fehlende Legitimation für den Streik oder eine Interpretation als Befehlsverweigerung oder gar Meuterei unterblieb. Im Gegenteil wurde festgehalten, »das Verhalten der Militärpersonen war organisiert, diszipliniert und gewaltlos«.[344] Teilnehmer der öffentlichen Diskussion waren Vertreter der Opposition und der SED. Seitens des MfNV waren die »Abteilung Innerer Dienst« und der Kommandeur der Disziplinareinheit mit einer unbekannten Anzahl von Begleitern vertreten, außerdem ein Militärstaatsanwalt. Auch wenn nicht alle Fragen sofort zur allseitigen Zufriedenheit geklärt wurden, war die Gesprächsatmosphäre wohl konstruktiv. Die Militärstrafgefangenen entschlossen sich, wegen des strittigen Punkts des Nachdienens der Wehrpflichtzeit eine Eingabe an den Minister zu richten und kündigten am 7. Dezember die Wiederaufnahme der Arbeit für Montag, den 11. Dezember an. Zumindest bei Streletz schien die Forderung, die Nachdienpflicht zu streichen, auf Akzeptanz zu stoßen. Seine Vorschläge an den Minister liefen genau darauf hinaus.[345] Eine direkte Reaktion des Ministers ist nicht überliefert. Die getroffenen Entscheidungen sprechen für sich.

Der *Neue Tag* berichtete erst am 16. Dezember 1989 über den Zugang ins Innere des Objekts, konnte aber auf einen zweiten Besuch einer Journalistin ver-

341 [NVA]/Militärstrafanstalt Schwedt [sic!], MSG, [o. T.; Solidarisierungsschreiben], 5.12.1989, übergeben an Kommandeur der DE; BArch, DVW 1/44536 (o. Pag.).

342 [NVA]/DE, MSG: Forderungskatalog zur Verbesserung der Haftbedingungen, 5.12.1989, übergeben an Kommandeur der DE; ebenda.

343 [NVA]/Militärstrafanstalt Schwedt, MSG, [Solidarisierungsschreiben], 5.12.1989, übergeben an Kommandeur der DE; ebenda.

344 [MfNV, Chef HS] GO Streletz an MfNV: Aktennotiz, 9.12.1989; ebenda.

345 Ebenda. Abschriften der Aktennotiz von Streletz und der Forderungsschreiben der Gefangenen sind abgedruckt in Dressler: Stillgestanden, S. 315–318.

weisen, die vom evangelischen Pfarrer Hans-Rainer Harney begleitet wurde. Nach der Entscheidung des MfNV, die Haftzeit als Militärdienstzeit anzuerkennen, suchte die Dienststelle von sich aus die Öffentlichkeit: Der amtierende Kommandeur Major Hans-Jörg Nagel meldete sich in der Redaktion und teilte die Neuigkeit mit. Außerdem informierte er über die Aufhebung der Strafe »Dienst in der Disziplinareinheit«.[346]

Noch am 6. Dezember, dem Tag des Rücktritts von Egon Krenz als Staatsratsvorsitzender und Vorsitzender des Nationalen Verteidigungsrates, kam es zu einer auch »Schwedt« betreffenden Amnestie. Der entsprechende Staatsratsbeschluss brachte mehr als der Hälfte aller Gefangenen in der DDR die Freiheit.[347] Einige Militärstrafgefangene blieben aber in Haft.[348] Die letzten wurden am 26. April 1990 auf der Grundlage des § 349 StPO auf Bewährung entlassen.[349]

Aus Sicht der in Schwedt Bediensteten waren die Umwälzungen der friedlichen Revolution existentiell bedrohlich. Noch vor Wegfall der Disziplinarstrafe und Erlass der Amnestie schrieben die drei Offiziere, Major Hans-Jörg Nagel, Major Klaus-Dieter Pfotenhauer und Hauptmann [Ralf?] Werner, am 29. November 1989 einen Brief an den Vorsitzenden des Ministerrates. Es ging ihnen um den Status und die Stellung der NVA-Angehörigen in Zeiten des politischen und gesellschaftlichen Umbruchs. Sie bewegte weder das Schicksal der Insassen noch juristische Fragen zum bisherigen Vorgehen gegen die in Schwedt einsitzenden Personen. Vielmehr monierten sie, dass die vorgesehenen 48 Monate Übergangsbeihilfe für den Fall einer NVA-Entlassung »nicht den Erfordernissen unserer Zeit« entsprächen und fühlten sich beruflich benachteiligt.[350] In der der Disziplinareinheit übergeordneten Institution machte man sich ganz andere Sorgen. Am 30. November 1989 vermerkte die Abt. Innerer Dienst des MfNV, dass die Leistungsfähigkeit des Kommandeurs eingeschränkt und er alters-

346 Karin Ernst: Das Tor öffnete sich. In: Neuer Tag v. 16.12.1989, Lokalseite Schwedt. Auch in der Chronik der Disziplinareinheit wurden diese Vorgänge knapp, nüchtern und sachlich dargestellt, vgl. Chronik der Disziplinareinheit; BArch, DVW 5-16/74001, Bl. 105.

347 Beschluss des Staatsrates der DDR über eine Amnestie v. 6.12.1989. In: DDR-GBl. T. I (1989), S. 266. Ausführlicher zu Amnestien siehe Abschnitt Vorzeitige Entlassungen im Kap. 4 sowie: Dölling: Strafvollzug, S. 197.

348 In der bisher einzigen Quelle hierzu heißt es lapidar, dass fünf MSG durch das Amnestieraster fielen. Zwei Fälle werden pseudo-/anonymisiert mit den Straftaten sexuelle Nötigung bzw. Raub in Verbindung gebracht. Sündram: Schwedt von gestern, S. 4.

349 Chronik der Disziplinareinheit; BArch, DVW 5-16/74001, Bl. 107. Dölling schreibt dagegen, dass die verbliebenen Gefangenen am 26.4.1990 in Anstalten des MdI verlegt worden seien – Dölling: Strafvollzug, S. 251.

350 NVA/[DE], Mj. Nagel, Mj. Pfotenhauer und Hptm. Werner an den Vorsitzenden des Ministerrates, [o. T.], 29.11.1989; BArch, DVW 1/126214 (o. Pag.). Nagel war stv. Kommandeur u. Stabschef, Pfotenhauer Kaderoffizier, Werner vermutlich Zugführer in Schwedt. Mindestens zwei der Genannten waren als IM für das MfS erfasst. Interessant ist auch, dass die Autoren sich als Opfer von Abrüstungsmaßnahmen wähnten.

bedingt nicht mehr in der Lage sei, den »Besonderheiten des Dienstes in der Disziplinareinheit« gerecht zu werden.[351]

Nachdem die Disziplinarbestraften entlassen und ein Großteil der Militärstrafgefangenen amnestiert waren, formulierten abermals zwei Offiziere aus Schwedt ein Schreiben an den Vorsitzenden des Ministerrates. Der schon erwähnte Stabschef und amtierende Kommandeur, Nagel, und der Stellvertreter des Kommandeurs für den Vollzugsdienst, Manfred Goerlitz, nahmen Bezug auf den Brief vom 29. November 1989 und verwiesen darauf, dass durch die Aufhebung der Disziplinarstrafe »Dienst in der Disziplinareinheit« für 50 Prozent der Berufssoldaten des Vollzugsdienstes keine Arbeitsgrundlage mehr vorhanden sei: »Diese Berufssoldaten arbeiten derzeit freiwillig in den Produktionsstätten, wo noch vor wenigen Tagen Strafgefangene beziehungsweise Disziplinarbestrafte eingesetzt waren!« Der Vorschlag der Absender lief auf eine Herauslösung aus der NVA und Nutzung als Strafvollzugsanstalt hinaus, die dem dann zuständigen Ministerium zu unterstellen wäre. Dabei verwiesen die Autoren auf den baulichen Zustand, den sie, verglichen mit anderen Strafvollzugseinrichtungen der DDR, für weitaus besser und moderner hielten und auf die Arbeitsmöglichkeiten innerhalb des Objektes beziehungsweise in der näheren Umgebung.[352] Den »Wechsel« von Vollzugsbediensteten auf Arbeitsplätze der Insassen bestätigte auch ein davon Betroffenener: »Wir vom Dienstpersonal wussten nämlich vor Langeweile nicht mehr, was wir machen sollten und haben daher selbst die Lampen zusammengebaut, die bis dato die Bestraften fertigen mussten.«[353]

Sowohl im MfNV als auch im zum Amt für Nationale Sicherheit umbenannten MfS war im Dezember 1989 »Schwedt« noch nicht aufgegeben. Zu den juristischen und Statusfragen hieß es Ende 1989: »Die Disziplinarstrafe ›Dienst in der Disziplinareinheit‹ wurde abgeschafft, es bleiben die Strafen Strafarrest und Freiheitsstrafen für Angehörige der NVA. Gegenwärtig wird geprüft, ob die Disziplinareinheit in der bisherigen Form bestehen bleibt oder als Strafvollzugseinrichtung dem MdI beziehungsweise dem Ministerium für Justiz unterstellt wird. Weiterhin wird gegenwärtig geprüft, ob die Disziplinarstrafe ›Arrest in der Arrestanstalt‹, die in den NVA-Dienststellen vollzogen wird, noch haltbar ist«. Gleichzeitig wurde ohne Begründung festgestellt, dass die Disziplinarvorschrift[354] »für die Arbeit der Militärabwehr bedeutsam« sei.[355]

351 MfNV/Abt. ID, Ltr. [ohne Adressat]: Einschätzung über den physischen und psychischen Zustand Oberst Decker, 30.11.1989; BArch, DVW 1/126217 (o. Pag.).

352 NVA/[DE], Mj. Nagel und OSL Goerlitz an den Vorsitzenden des Ministerrates: Vorschlag zur zukünftigen Nutzung des Objektes der DE, 20.12.1989; BArch, DVW 9/69578 (o. Pag.).

353 Interview mit Harald Blaschke, in Dressler: Stillgestanden, S. 275.

354 Disziplinarvorschrift MfNV 1982.

355 [O. Verf. und Adressat]: Übersicht zu den DV der NVA, die für die Militärabwehr bedeutsam sind, 27.12.1989; BStU, MfS, HA I Nr. 19872, Bl. 99–101, Zitate von Bl. 100.

Doch die Bemühungen liefen ins Leere. Am 31. Mai 1990 befahl der Chef der NVA die Schließung. Demnach war die Disziplinareinheit ab 1. Juni 1990 aufzulösen, wofür 18 Monate Zeit eingeräumt wurden – bis zum 30. November 1991.[356]

Über die folgenden Monate ist wenig bekannt. Die Chronik der Disziplinareinheit endet im April 1990. Die Staatssicherheit befand sich in Auflösung und war mehr bemüht, Akten zu vernichten beziehungsweise zu reduzieren, als weiter zu führen oder neue anzulegen. Die NVA bereitete sich auf die Integration in die Armee des bisherigen »Klassenfeindes« vor und die Dienststelle Schwedt war weitgehend sich selbst überlassen. Ein Protokoll von August 1990 regelte die Übergabe der Dienstgeschäfte von Oberst Decker an Oberstleutnant Riesbeck und enthält in den Anlagen Details zur Personalsituation sowie zur materiellen und finanziellen Ausstattung. Riesbeck sollte bis zur endgültigen Auflösung Leiter der Einrichtung bleiben, die immer noch 95 Personen beschäftigte.[357] Anlage 2 des Protokolls enthält den interessanten Hinweis, dass circa 820 Archivakten der ehemaligen Militärstrafgefangenen »trotz vielfacher Bemühungen noch nicht an das Zentralarchiv des MdI abverfügt werden« konnten.[358] Einige Tage später wurden diese Erziehungs- und Vollzugsakten der Entlassungsjahrgänge 1980 bis 1990 in 97 Paketen sowie zwei Pakete Personenkarteikarten nicht an das MdI, sondern an das MfAuV, Abt. für allgemeine Fragen übergeben.[359] Bis heute sind diese Unterlagen nicht auffindbar.[360] Letzte Erkenntnisse aus der Selbstauflösung der Dienststelle sind Wenzke und Koop zu verdanken. Ohne Datierung und Quelle schildert Wenzke, dass Riesbeck nach Bekanntwerden seiner MfS-Tätigkeit entlassen wurde und Pfotenhauer die Auf-

356 Befehl Nr. 8/90 des Chefs der NVA v. 31.5.1990 über die Auflösung der Disziplinareinheit; BArch, DVW 1/44496, Bl. 11–13.

357 Obwohl am 26.4.1990 der letzte Insasse das Objekt verließ, wurden dort am 23.8.1990 noch 14 Offiziere, 10 Fähnriche, 32 Berufsunteroffiziere und 39 Zivilbeschäftigte verwendet, vgl. NVA/DE an MfVA/Abt. f. allg. Fragen: Übergabe-/Übernahmeprotokoll, 31.8.1990; BArch, DVW 1/126218 (o. Pag.).

358 NVA/DE, Oberst Decker an OSL Riesbeck: Übergabeprotokoll, 22.8.1990; BArch, DVW 1/126218 (o. Pag.). Im April 1990 gab es erste Verhandlungen zur Abgabe von ca. 200–300 Gefangenenakten. Zwischen Vertretern der MdI-Verwaltung Strafvollzug und des Ministeriums für Abrüstung und Verteidigung »wurde vereinbart, dass diese Akten durch NVA ausgelichtet werden und nur das unbedingt erforderliche Schriftgut enthalten bleibt«. Weiter war vorgesehen, dass die Akten dann von der VSV übernommen und einer Mikroverfilmung unterzogen werden sollten; vgl. [MdI]/VSV: Aktenvermerk v. 27.4.1990; BArch DO/1 3816 (o. Pag.).

359 NVA/DE/Org./Auffg., Mj. Laurisch sowie MfAuV/Abt. f. allg. Fragen, OSL Laurich [sic!]: Übergabe-/Übernahme-Protokoll, 31.8.1990; BArch, DVW 1/126218 (o. Pag.). Die übernehmende Institution wurde mit der unkorrekten Abkürzung MfVA für Ministerium für Verteidigung und Abrüstung angegeben. Dem damaligen Minister Eppelmann war aber gerade die Reihenfolge der Begriffe wichtig: »Abrüstung« vor »Verteidigung« (MfAuV).

360 Siehe insbesondere Wenzke: Ab nach Schwedt!, S. 22.

lösung übernahm.[361] Der wechselte die Seite und ließ sich von der Armee des vorherigen ideologischen Gegners übernehmen. Aus Sicht der Bundeswehr bekam die Abkürzung DE für Disziplinareinheit in dieser Zeit eine neue Bedeutung: dauerentbehrlich. So löste Pfotenhauer als Hauptmann der Bundeswehr im Dezember 1990 mit rund 20 Soldaten und knapp 40 Zivilbeschäftigten den »NVA-Knast« auf: Signaldrähte wurden abgebaut, das spärliche Zellenmobiliar war bereits geräumt.[362]

2.5 Wahrnehmung des Militärstrafvollzugs in der Stadt Schwedt

Auch wenn das Gelände des Militärstrafvollzugs außerhalb der Stadt Schwedt lag, war dessen Existenz in der Stadt gegenwärtig. Der letzte Kommandeur der Disziplinareinheit Reinhard Decker formulierte 20 Jahre nach der Schließung:

> Die Disziplinareinheit pflegte ein ausgezeichnetes Verhältnis zu allen Einwohnern, Schulen und anderen Einrichtungen und Organisationen der Stadt. Es gab gegenseitige Informationsbesuche, man nahm an Veranstaltungen der Stadt teil, half bei Rekonstruktionsarbeiten, unterstützte die GST-Arbeit und die vormilitärische Ausbildung in den Betrieben, empfing Delegationen zu Jahrestagen und pflegte Patenschaften, so auch zu einem sowjetischen Gardenachrichtenregiment in Eberswalde. Der Ruf in Schwedt war gut. Viele Schwedter Bürger arbeiteten gemeinsam in der Produktion.[363]

Diese Beschreibung, die aus Propagandafloskeln der Zeit vor 1989 zusammengesetzt scheint, listet nicht alle der damaligen Berührungspunkte mit der Öffentlichkeit auf, zeigt aber, dass sich der Militärstrafvollzug offenbar nicht versteckte. Schon die An- und Abfahrt der bestraften Armeeangehörigen geschah nicht im Verborgenen, da sie in mehr als der Hälfte aller Fälle mit öffentlichen Verkehrsmitteln erfolgte. Sogenannte Selbststeller wurden vom Truppenteil auf den Weg geschickt und ihre Ankunft auf dem Bahnhof Schwedt war nicht zuletzt wegen des mitzuführenden prall gefüllten Seesacks unübersehbar. Anfahrten aus den Untersuchungshaftanstalten erfolgten mit dem Gefangenentransportwagen der Bahn, der die für Schwedt bestimmten Insassen in Angermünde absetzte. Insbesondere der in die Morgenstunden fallende Stopp erregte deutliches Aufsehen.[364] Für die Rückkehr von Schwedt war als Regelfall die individuelle Rückfahrt per Bahn vorgesehen. Ausgestattet mit einer Fahrkarte und legi-

361 Ebenda S. 381. Zum OibE Riesbeck siehe die Kap. 5 u. 6.

362 Koop: Erbe NVA, S. 53. Zum MfS-Hintergrund Pfotenhauers siehe Kap. 6.

363 Wenzke: Ab nach Schwedt!, S. 459.

364 Details aus dem Schriftverkehr zu einem »Neuerervorschlag zur Erhöhung der Sicherheit beim Gefangenentransport« aus 1984; BArch, DVW 1/126210 (o. Pag.). Zu den Gepflogenheiten von Strafantritt und Entlassung sowie Haftalltag vgl. das Kap. 4.

timiert mit einem Entlassungsschein sollten sich die Armeeangehörigen zurück in ihre Einheiten begeben.

Insassen wurden bei Bedarf auch zu Arbeiten außerhalb des Strafvollzugsgeländes eingesetzt. Dazu zählten Außenarbeitskommandos bestimmter Betriebe, aber auch Arbeitseinsätze im mehr oder weniger öffentlichen Bereich, wie beispielsweise die Rübenernte im Winter 1974/75. Dieser Einsatz betraf Gefangene und Personal zugleich.[365] Zu den relevanten Arbeitsbetrieben für die Schwedter Insassen gehörten das Bau- und Montagekombinat, das Petrolchemische Kombinat, der Leuchtenbau Eberswalde, das Instandsetzungswerk Pinnow und die Papier- und Kartonwerke Schwedt. Kurzzeitige Außenarbeitskommandos betrafen Baustellen in Schwedt und Umgebung. Von 1969 bis 1971 bauten Häftlinge am Gesundheitszentrum Schwedt.[366] Andere Baustellen waren in den 1970er-Jahren das Warenhaus Schwedt beziehungsweise das Wasserwerk[367] sowie das Finanzamt und der Dienstleistungskomplex in Eberswalde.[368] Die Fahrten zu den Einsatzbetrieben erfolgten, wenn keine betriebseigenen Fahrzeuge genutzt werden konnten, mit Bussen des VEB Kraftverkehr Schwedt. Vor beziehungsweise nach den Fahrten mit den Insassen standen die Busse wieder dem städtischen Linienverkehr zur Verfügung.[369]

Wegen des Einsatzes von Gefangenen außerhalb des eigenen Geländes erfolgten regelmäßige Abstimmungen des Strafvollzugs mit verschiedenen Einrichtungen. So tauschten beispielsweise der Leiter des VPKA Schwedt und der Leiter der Strafvollzugseinrichtung (StVE) Schwedt 1976 regelmäßig Informationen aus. Das Gleiche galt für die Ebene Stabschef VPKA und Stellvertreter der StVE. Die zur Arbeit ausrückenden Brigaden wurden täglich dem Ope-

365 Von den in ihrer Freizeit, jedoch nicht freiwillig eingesetzten Bediensteten wurde ein ehrenamtliches Engagement erwartet, obwohl der Einsatz zwischen der Haftanstalt und dem Nutznießer, der Kooperativen Abteilung Pflanzenproduktion (KAP) Altranft, verrechnet wurde – was zu mindestens einer Beschwerde eines Beteiligten führte, siehe IM-Bericht »Heinrich Krause«, 10.12.1974; BStU, MfS, BV FfO, AIM 1956/89, T. II/1, Bl. 242.

366 IM-Bericht »Arnold«, 7.4.1971; BStU, MfS, A 641/82, Bd. 1, Bl. 72. Hier gleich mit Informationen zu illegalen Verbindungen zur Beschaffung von Schwarztee und Alkohol. Dass sich Hoffnungen der Insassen, über diese Baustelle jüngere Frauen zu Gesicht zu bekommen, nicht erfüllten, beschreibt G. Meyer in: Brauhnert; Hübner; Polzin (Hg.): Der DDR-Militärstrafvollzug, S. 57 f.

367 IM-Bericht »Johannes«, 9.11.1971; BStU, MfS, BV FfO, TA 1111/79, Bd. 1, Bl. 155 bzw. [MfNV/Abt. KD] OSL Schweingel [o. D. und Adressaten]: Kontrollbericht über die Kontrolle im StVK Schwedt am 29.3.1973; BArch, DVW 1/126205 (o. Pag.).

368 [MfS]/BV Frankfurt (Oder)/Untersuchungsabteilung [ohne Adressat]: Schlussbericht, 14.6.1973; BStU, MfS, HA I Nr. 12818, Bl. 296 i. V. m. IM-Bericht »Paul Fischer«, 20.3.1973; BStU, MfS, BV FfO, AIM 872/74, T. II/1, S. 7 (MfS-Zählung).

369 Leiter StVE Schwedt, OSL Albinus [ohne Adressat]: Einschätzung des Standes der Sicherheit und Ordnung beim Außenarbeitseinsatz der SG, 25.2.1981; BLHA, Rep. 671/16.1, Nr. 322, Bl. 133.

rativen Diensthabenden des VPKA an- und abgemeldet.[370] Die aus dem Jahr 1977 überlieferte Arbeitsordnung der StVE Schwedt enthält eine detaillierte Auflistung zu regelmäßigen Verbindungen und der Zusammenarbeit mit der SED-Kreisleitung, den Leitern des VPKA und des Wehrkreiskommandos, dem Leiter der Abt. Kommandantendienst beim MfNV, dem zuständigen Militärstaatsanwalt, den Dienststellen des MfS, den Kriminalisten der Arbeitsrichtung AR I/IV sowie den Leitern anderer Rechtspflegeorgane und der Arbeitseinsatzbetriebe.[371] Auch später kam es zum sogenannten »Zusammenwirken« mit den VP-Kreisämtern Schwedt und Angermünde, inklusive der Nutzung einer Direktleitung zum VPKA Schwedt.[372] Letztere wurde mit dem Verwaltungswechsel zum MfNV abgeschaltet, wie generell eine Reduzierung der Kontakte zur VP folgte.

Die öffentliche Wahrnehmung der Insassen und die Kontakte zu Institutionen waren nur ein Teil der Schnittstellen in das gesellschaftliche Leben in Schwedt und Umgebung. Ein anderer Teil betraf das Personal, das überwiegend in Schwedt wohnte. Gerade die Wohnraumversorgung konnte von der Dienststelle in der Regel nicht allein realisiert werden. Zwar wurden durch Versetzungen frei werdende Wohnungen zeitweise dem Rat der Stadt zur Vergabe überlassen, wobei sie bei Bedarf wieder der Dienststelle zur Verfügung stehen sollten.[373] Bei Engpässen bedurfte es aber einer Unterstützung von »oben«, indem beispielsweise im November 1982 der Leiter der Abt. Innerer Dienst des MfNV mit Oberbürgermeister Dr. Sader über Wohnungsfragen sprach oder ein knappes Jahr später der Oberoffizier für Sicherheit und Ordnung der Disziplinareinheit, Riesbeck, den direkten Kontakt zu Oberbürgermeister Klose suchte.[374] Um den Armeeangehörigen und Zivilbeschäftigten der Disziplinareinheit auch Garagenplätze anbieten zu können, informierte der Schwedter Oberbürgermeister im Sommer 1984, dass sich der Rat der Stadt bereit erklärt habe, einen geeigneten Standort für den Garagenbau zur Verfügung zu stellen.[375]

370 Leiter StVE Schwedt, Mj. Albinus [ohne Adressat]: Jahreseinschätzung, 4.1.1977, Anlage 1; BLHA, Rep. 671/16.1, Nr. 299, Bl. 1–10, hier 5.

371 Leiter StVE Schwedt, Mj. Albinus [ohne Adressat]: Arbeitsordnung der Strafvollzugseinrichtung Schwedt, überarbeitet 1977, 10.1.1977; BLHA, Rep. 671/16.1, Nr. 322, Bl. 92–123, hier 101.

372 Einschätzung der Wirksamkeit des Sicherungssystems für das 2. Halbjahr 1980 [ohne Kopfdaten; hier von IM »Egon« unterzeichnet und überliefert]; BStU, MfS, A 642/82, Bd. 2, Bl. 271–278, hier 271 bzw. [MfNV]/Abt. ID, Ltr. Oberst Wollmann an Chef Nachrichten [o. T.], 5.10.1982; BArch, DVW 1/126212 (o. Pag.).

373 Leiter StVE Schwedt, OSL Albinus [ohne Adressat]: Protokoll zur Leitungsberatung, 21.4.1980; BLHA, Rep. 671/16.1, Nr. 300, Bl. 3–5, hier 4.

374 Diverse Schriftstücke zu Wohnungsfragen der Jahre 1981–1985 sind überliefert in BArch, DVW 1/126212 (o. Pag.).

375 NVA/UKA Frankfurt, Ltr. an MfNV, Stv. des Chefs des Hauptstabes für allgemeine Fragen: Standort für Pkw-Garagen, 14.8.1984, unter Bezugnahme auf das vorherige Schreiben

Aufgrund der durchgängig desolaten Kadersituation wurde ständig Personal für den Dienst in Schwedt gesucht.[376] Dazu wurden meist mehrere Bedienstete des Strafvollzugs in unterschiedliche Aktivitäten eingebunden. Entsprechende Bemühungen galten erwachsenen Personen für die kurzfristige Besetzung freier Stellen, aber auch der langfristigen Nachwuchsgewinnung unter Kindern und Jugendlichen. 1977 beispielsweise sind zwölf namentlich benannte Personen für entsprechende Werbungsversuche verplant worden. An Einsatztagen sollten von den Werbenden gleich mehrere Kandidaten aufgesucht werden. Die Adressen wurden offenbar vom Wehrkreiskommando (später auch von der SED-Kreisleitung) geliefert und bezogen sich nicht nur auf das Stadtgebiet von Schwedt, sondern betrafen zum Beispiel auch Prenzlau. 1980/81 wurden gezielt Armeeangehörige aus NVA-Objekten in Prenzlau und Pasewalk angesprochen, ebenso NVA-Angehörige, die zur Baustelle des Militärstrafvollzugs in Schwedt abgeordnet wurden und im Herbst 1981 ihren aktiven Wehrdienst beendeten.[377] Die Zahl der insgesamt geführten Gespräche muss deutlich im dreistelligen Bereich gelegen haben.

Ein zweiter Werbeschwerpunkt richtete sich auf die Nachwuchsgewinnung. Wie Armee, Polizei und Staatssicherheit versuchte auch der Militärstrafvollzug Schüler für den Dienst in seinen Reihen zu begeistern. Zu diesem Zweck – und damit Bemühungen der Volksbildung ergänzend[378] – schwärmten spätestens ab 1977 auch Strafvollzugsangestellte in die Schwedter Schulen aus. Zunächst waren »nur« neun namentlich benannte Angehörige des Strafvollzugs, darunter eine Frau beteiligt.[379] 1981 waren in dieser Mission 21 Werber unterwegs. Aufgesucht wurden die Polytechnischen Oberschulen I bis XIII, die Berufsschulen der Papier- und Kartonwerke Schwedt, des Petrolchemischen Kombinates und des Bau- und Montagekombinates sowie ein weiteres Berufsbildungszentrum.[380] Hier dürften Hunderte von Schülern mit Angehörigen des Strafvollzugs

des OB; BArch, DVW 1/126215 (o. Pag.).

376 Details zur Problematik der Stellenbesetzung finden sich im Abschnitt Innere Organisation und Personal im vorliegenden Kap. 2.

377 StVE Schwedt: Protokolle der Beratung der Abteilungsleiter, 28.1., 5.5. u. 25.8.1977 bzw. v. 18.1.1980; BLHA, Rep. 671/16.1, Nr. 301, Bl. 1 ff., 20 ff. u. 33 ff. sowie ebenda, Nr. 300, Bl. 70 ff. sowie Lageeinschätzung des Leiters für August 1981; ebenda, Nr. 299, Bl. 113.

378 Das Wehrdienstgesetz verpflichtete staatliche Organe und Betriebe, die Bürger auf den Wehrdienst vorzubereiten. Diese Auflage deckte sich mit der zunehmenden Militarisierung der DDR-Gesellschaft und galt auch für die »allgemeinbildenden Schulen, Einrichtungen der Berufsbildung, Fachschulen, Hochschulen und Universitäten« – Wehrdienstgesetz 1982, § 5 Abs. 1 u. 2.

379 StVE Schwedt: Protokoll der Beratung der Abteilungsleiter, 7.4.1977; BLHA, Rep. 671/16.1, Nr. 301, Bl. 18 ff.

380 Siehe u. a. StVE Schwedt [vermutl. Leiter Albinus] an Gen. Wachtmeister, Offiziere und Zivilbeschäftigte [o. T., Redemanuskript zur Dienstversammlung], 18.3.1981; ebenda, Nr. 300, Bl. 167–179 i. V. m. Ltr. StVE Schwedt, Mj. Albinus [ohne Adressat]: Maßnahmeplan zur Stabilisierung des Personalbestandes, 4.1.1978, Anhang; ebenda, Nr. 298, Bl. 150.

konfrontiert worden sein, auch wenn die sich vielleicht »nur« als (uniformierte) Mitarbeiter des MdI und nicht als Gefängnispersonal vorgestellt haben mögen.

Nach Übernahme des Strafvollzugs durch das MfNV gingen die Bemühungen um Nachwuchs weiter. Da mangels Insassen 1983 die 1. Kompanie noch nicht aufgestellt war, wurde der vorgesehene Politstellvertreter des Kompaniechefs in Zusammenarbeit mit dem Wehrkreiskommando zur Nachwuchsgewinnung herangezogen, »so dass er tagelang nicht in der Dienststelle« Schwedt war.[381] Auch die Chronik der Disziplinareinheit verweist mehrmals auf den Einsatz mehrerer Offiziere zur Nachwuchsgewinnung an Oberschulen des Stadtkreises Schwedt. Für 1986/87 wurde ausdrücklich die Verbindung zur vormilitärischen Ausbildung benannt.[382] Seit den frühen 1970er-Jahren waren Angehörige des Strafvollzugs auch im Bereich des Kinder- und Jugendsports tätig. So wurden beispielsweise 1971 auf dem neben dem Objekt liegenden Schießplatz vom Schwedter Waffenmeister Seehagen jugendliche Sportschützen trainiert; mit denen er offenbar Erfolge im gesamten Gebiet der DDR hatte. Allerdings wurde ihm 1980 vorgeworfen, dass er als Übungsleiter der GST Waffen und Munition auf dem GST-Schießplatz nicht sicher genug verwahren würde, sodass Kinder ihm 12 Luftgewehre, 3 KK-Pistolen und 2 300 Schuss Munition stehlen konnten.[383] Die Schießausbildung währte bis in die 1980er-Jahre, ergänzt durch andere Angebote im Rahmen der GST. Die Chronik der Disziplinareinheit verweist auf anhaltende Aktivitäten. Neben der Gründung einer sogenannten Schießgemeinschaft Luftgewehr an der POS I 1985 ist für die Folgejahre detailliert aufgelistet, wie viele Strafvollzugsangehörige welche Unterstützungsleistungen erbrachten. Dazu zählten Mitgliedschaften in diversen Strukturen der GST, die Ausbildung von Militärkraftfahrern, die Unterstützung der Kreiswehrspartakiaden sowie GST-Ausbildungen in den drei Großbetrieben PCK, PKS und BMK.[384] In den 1980er-Jahren wurde außerdem mit einer Hundertschaft der Kampfgruppen des VEB PCK Schwedt (1984/85) kooperiert. Zusätzlich wurden durch Berufssoldaten der Disziplinareinheit circa 100 kubanische Werktätige im militärischen Mehrkampf geschult.[385]

Der Nachwuchsrekrutierung sollten seit den 1970er-Jahren auch Patenschaften mit Schwedter Schulen dienen. Mindestens viermal müssen Schulkinder auf dem Strafvollzugsgelände gewesen sein. 1973 studierten Schüler der Heinrich-Heine-Schule ein Theaterstück ein, das den Militärputsch in Chile themati-

381 [MfS/HA I/Abt. MfNV/UA HS/DE] Mj. Krugenberg: Aktenvermerk, 24.5.1983; BStU, MfS, AIM 2121/88, T. I/1, Bl. 207.

382 Chronik der Disziplinareinheit; BArch, DVW 5-16/74001, Bl. 12 u. 61.

383 IM-Berichte »Arnold«, 22.9.1971 u. 12.3.1980; BStU, MfS, A 641/82, Bd. 1, Bl. 106 u. ebenda, Bd. 3, Bl. 328 i. V. m. StVE Schwedt: Protokoll der Beratung der Abteilungsleiter, 10.4.1980; BLHA, Rep. 671/16.1, Nr. 301, Bl. 52 ff.

384 Chronik der Disziplinareinheit; BArch, DVW 5-16/74001, Bl. 37, 49 u. 61 f.

385 Ebenda, Bl. 36, 48 f., 61 u. 92 f.

sierte. Die damalige Lehrerin erinnert sich, dass »der Partnerbetrieb der Schule« – das Militärgefängnis – Interesse zeigte. So kam es zu einer Aufführung für das Vollzugspersonal auf dem Gefängnisgelände.[386] Ein ehemaliger Schüler der Bertolt-Brecht-Schule berichtete, dass er nach der Amnestie 1979 mit seiner Klasse zu einem mehrstündigen Arbeitseinsatz im Rahmen des UTP-Unterrichts auf dem Gelände des Militärstrafvollzugs war.[387] Etwas feierlicher ging es ein Jahr später zu:

> Anlässlich des Geburtstages der Pionierorganisation Ernst Thälmann fand im Traditionszimmer der Strafvollzugseinrichtung die Rechenschaftslegung der gewählten Pionierfunktionäre vor leitenden Genossen der Dienststelle und der Patenschule statt. Anschließend wurde ein freundschaftliches Zusammentreffen durchgeführt, bei dem u. a. ein Dia-Ton-Vortrag über die Arbeit der Volkspolizei und der anderen Organe des MdI gezeigt wurde. Damit wurde die Patenschaft vertieft und weitere Voraussetzungen zur [...] Nachwuchsgewinnung geschaffen.[388]

Aus der Chronik der Disziplinareinheit ist erkennbar, dass zum 30. Jahrestag der NVA (1. März 1986) ein Besuch von Kindern der Patenschule POS I auf dem Gelände der Disziplinareinheit erfolgte.[389] Offenbar im Zusammenhang mit dem Verwaltungswechsel vom MdI zum MfNV kam es bereits im Frühjahr 1982 zur Präzisierung des Patenschaftsvertrages mit der POS »Bertolt Brecht«. Spätere Hinweise bestätigen die andauernde Patenschaft bis mindestens 1987.[390] Andere Einflussmöglichkeiten ergaben sich durch Mitgliedschaften von Militärstrafvollzugsangehörigen und MfS-Mitarbeitern in Elternaktiven und -beiräten. Für 1985 liegen entsprechende Erkenntnisse für zwei solcher Fälle vor.[391]

386 Die Anfahrt erfolgte dabei auf einem Pritschen-Lkw ohne Aussichtsmöglichkeit und offenbar auf Umwegen, um die Nähe zur Stadt zu verschleiern. Häftlinge bekamen die Schüler nicht zu sehen. Vgl. Andrea Weil: Weißt du noch? Mitten aus'm Schwedter DDR-Alltag. Kassel 2015, S. 30.

387 Aussage des Brandenburger Landtagsabgeordneten Mike Bischoff (SPD) im Grußwort zur Veranstaltung zum 25. Jahrestag der Schließung des Militärstrafvollzuges am 31.5.2015 in Schwedt. UTP war der Unterrichtstag in der Produktion, an dem einmal wöchentlich Schüler der oberen Klassen in Betrieben arbeiteten. Details zur Art des Arbeitseinsatzes nannte Bischoff nicht.

388 Leiter StVE Schwedt, OSL Albinus an Chef der BDVP Frankfurt (Oder): Lageeinschätzung Dezember 1980, 23.12.1980; BLHA, Rep. 671/16.1, Nr. 299, Bl. 98 f.

389 Im Text der Chronik ist der Besuch nicht erwähnt. Der Bildanhang enthält jedoch zwei diesbezügliche Fotos, Chronik der Disziplinareinheit; BArch, DVW 5-16/74001, o. Pag. Bildteil.

390 Chronik der Disziplinareinheit; ebenda, Bl. 11 u. 61.

391 Direktor Carl-Friedrich-Gauß-Schule/EOS Schwedt an Gen. Riesbeck [o. T.], 17.10.1985; BStU, MfS, AIM 5382/88, T. I/1, Bl. 68 sowie [MfS]/HA I/Abt. MfNV/UA HS, Ltr. OSL Willert [ohne Adressat]: Beurteilung, 19.6.1985 u. 29.9.1988; BStU, MfS, KS 20343/90, Bl. 136–138 u. 148–150, hier 138 u. 149.

Weitere Außenkontakte ergaben sich durch die Parteiarbeit. Oben wurde schon erwähnt, dass die SED-Kreisleitung an die Strafvollzugseinrichtung Adressen von potenziell für die Arbeit im Strafvollzug zu werbenden Personen übergab. Auf den diversen Parteiveranstaltungen sprachen Gäste aus den Parteiebenen der Bezirksbehörde der Volkspolizei und der Kreisleitung Schwedt. Ähnliches dürfte für die Gewerkschaft, die FDJ und die Gesellschaft für Deutsch-Sowjetische Freundschaft, vielleicht auch für den Kulturbund und den Frauenbund gegolten haben.

Eine besondere Form von Außenkontakten stellten Besuche von Militär- und anderen Delegationen dar. Während sich die NVA-internen Besuche eher im Rahmen von Kontrollen und Inspektionen bewegten, waren internationale Delegationen mehr an Haftregime und Organisationsstrukturen betreffendem Erfahrungsaustausch interessiert. Unter anderem erschienen eine ungarische Militärdelegation (1977), eine polnische und eine kubanische Delegation von (Militär-)Juristen (1984 bzw. 1986), eine Delegation der Sowjetarmee (1986) und eine von ungarischen Militärrichtern (1988).[392] Die intensivsten Beziehungen bestanden zur Sowjetarmee. 1980 – noch unter MdI-Hoheit – wurde ein Vertrag über Freundschaft und Zusammenarbeit mit der sowjetischen Gardenachrichteneinheit »Lwowskij-Berlinskij« aus Eberswalde unterzeichnet. Nach dem Wechsel der Verwaltung zum MfNV kam es im November 1982 zum Abschluss eines neuen Patenschaftsvertrages mit dem sowjetischen Gardenachrichtenregiment aus Eberswalde.[393]

Andere Bezüge in das öffentliche Leben mit zum Teil einmaligem Charakter oder nur minimalen Spuren in den zugänglichen Akten seien exemplarisch kurz erwähnt. Allein im ersten Halbjahr 1978 traten leitende Offiziere der StVE in acht Veranstaltungen außerhalb der StVE auf (Wohngebiet, Patenschule, Betriebe), um sozialistisches Recht zu erläutern. 1979 sollen nach einem Aufruf des Gesundheitswesens der Stadt Schwedt 150 Militärstrafgefangene Blut für Vietnam gespendet haben. Im April 1980 sollte Kompaniechef Künkel im Auftrag

392 Wegen der Vielzahl der unterschiedl. Fundstellen hier nur die Signaturen: BStU, MfS, A 642/82, Bd. 1, Bl. 367; ebenda, Bd. 2, Bl. 11; Chronik der Disziplinareinheit; BArch, DVW 5-16/74001, Bl. 36; BArch, DVW 1/126213 sowie ebenda, 126215, jeweils o. Pag. Ex-Kommandeur Decker erwähnt auch eine Delegation aus Laos, die er aber in seiner eigenen Chronik nicht aufführte, vgl. Wenzke: Ab nach Schwedt!, S. 458.

393 Chronik der Disziplinareinheit; BArch, DVW 5-16/74001, Bl. 7 u. 11. Hinweise auf Begegnungen mit dem sowjetischen Patenregiment betreffen u. a. einen Besuch einer Delegation in Schwedt, als am 1.3.1984 (dem Tag der NVA) das Traditionszimmer der Disziplinareinheit eröffnet wurde, ein Freundschaftstreffen im April 1985 oder eine Betriebsbesichtigung im VEB Schuhfabrik Ende der 1980er-Jahre; ebenda, Bl. 25 u. 92 sowie [MfS]/HA I/Abt. MfNV/UA HS/DE, Hptm. Knobelsdorf [ohne Adressat]: Information, 22.4.1985; BStU, MfS, AOP 9870/85, Bl. 103. Mehrmals sind ausdrücklich die Frauen beider Einrichtungen als Beteiligte genannt.

der StVE Glückwünsche zum Tag des Metallurgen übermitteln.[394] Zur festlichen Veranstaltung zum Tag des Bauarbeiters 1982 (dem 4. Sonntag im Juni) waren wiederum Kompaniechef Künkel und ein Obermeister des Strafvollzugs als Teilnehmer benannt. Ende 1982 wurde der Schwedter MfS-Kreisdienststelle durch den IM »Hans« (VP-Vertragsarzt Bornschein) bekannt, dass der evangelische Pastor Dietrich Schulze wiederholt Zimmer im Arbeiterwohnheim »bestellt hat für Personen, die Angehörige haben, die zurzeit im Schwedter Militärstrafvollzug einsitzen«. Das soll dem MfS auch schon durch den IME »Juri« (damaliger Stellvertreter des Oberbürgermeisters für Inneres, Detlef Klose) berichtet worden sein. Weitere Schnittstellen in die Stadt bezogen sich auf die Mitwirkung im sogenannten HO-Beirat (Gaststätten), die Beteiligung am Bezirks-Kulturausscheid des künstlerischen Volksschaffens und der Bezirks-Neuererausstellung oder die Begleitung eines Transportes in das Kinderferienlager Glubigsee.[395]

394 Der Empfänger der Glückwünsche ist hier ungenannt. Vermutlich lag eine Verwechslung vor: auf den 2. Sonntag im April fiel der Tag des Metallarbeiters, der Tag des Metallurgen dagegen auf den 3. Sonntag im November.

395 Hier nur die Fundstellen-Signaturen für die gesamte Liste: BStU, MfS, A 641/82, Bd. 3, Bl. 31 f., 247, 297 u. 302; BStU, MfS, A 642/82, Bd. 2, Bl. 336; BStU, MfS, BV FfO, AIM 252/89, T. II/3, Bl. 268; BLHA, Rep. 671/16.1, Nr. 300, Bl. 230; ebenda, Nr. 301, Bl. 44, 56, 72, 103 u. 172; BArch, DVW 1/126210 (o. Pag.); IM-Akte »Juri«: BStU, MfS, BV FfO, AIM 1766/88.

3. Die Insassen

Es waren keineswegs nur Militärstraftaten, wegen derer Personen nach »Schwedt« kamen. Vielmehr konnten das auch Delikte der allgemeinen Kriminalität und politisch interpretierte Taten bewirken. Eine abschließende Analyse zu den Strafgründen oder der prozentualen Verteilung verschiedener Delikte ist aus mehreren Gründen nicht möglich. Die Gefangenenakten sind nur rudimentär zugänglich und die genaue Insassenzahl ist nicht bekannt. Es kann nur auf einzelne, partiell zusammenfassende Dokumente aus Armee- oder Staatssicherheitsbeständen zurückgegriffen werden. Dennoch lassen sich zur Gesamtkonstellation Aussagen treffen. Zuvor gilt es aber mehrere verbreitete Irrtümer aufzuklären.

3.1 Zu Militärstrafen führende Delikte

Irrtum Nr. 1:
Militärstraftaten konnten nur von Militärpersonen begangen werden.
Das Militärstrafgesetz von 1962 regelte in § 2 Absatz 3: »Wegen Anstiftung und Beihilfe zu einer Militärstraftat kann auch bestraft werden, wer nicht Militärperson nach Absatz 2 ist«.[1] Allerdings mussten daraus gegebenenfalls resultierende Freiheitsstrafen von Zivilpersonen nicht in Schwedt verbüßt werden.

Irrtum Nr. 2:
Mit »Schwedt« wurden nur Verstöße gegen Militärstraftaten geahndet.
Die Verfahrensweise der 1950er-Jahre, VP-Angehörige mit Freiheitsstrafen bis zu zwei Jahren nicht aus dem Dienst zu entfernen, sondern in ein Straflager einzuweisen,[2] wurde nach Bildung der NVA auch für Armeeangehörige beibehalten. Ab 1968 erfolgte die entsprechende Umsetzung in Schwedt. Die 1963 eingerichteten Militärgerichte urteilten auch über Straftaten der allgemeinen Kriminalität, soweit die von Militärpersonen begangen wurden. Das machte ei-

1 Militärstrafgesetz 1962. In: DDR-GBl. T. I (1962), S. 25–28, Zitat von S. 25.

2 Gerhard Sälter: Grenzpolizisten. Konformität, Verweigerung und Repression in der Grenzpolizei und den Grenztruppen der DDR 1952 bis 1965. Berlin 2009, S. 193.

nen nicht unerheblichen Teil der Delikte aus.[3] Das schon genannte Militärstrafgesetz von 1962 regelte in § 3, dass Militärpersonen auch zu Strafarrest verurteilt werden können, »wenn sie eine andere Straftat begangen haben, als dieses Gesetz vorsieht und eine Gefängnisstrafe von nicht mehr als drei Monaten ausgesprochen werden würde«.[4] Auch in den 1980er-Jahren wurde bei Delikten jenseits der Militärstraftaten eine Bestrafung mit Strafarrest ausdrücklich für zulässig erklärt. Hier wurde explizit auf die differenzierte Anwendung »in der vom Gesetz angedrohten Dauer« von ein bis sechs Monaten verwiesen,[5] womit es im Strafbereich von ein bis drei Monaten zu Überschneidungen mit der Disziplinarstrafe »Dienst in der Disziplinareinheit« kam. Beide Arten der Bestrafung führten nach Schwedt.

Irrtum Nr. 3:
Um nach »Schwedt« zu kommen, musste man zum Tatzeitpunkt Angehöriger der »bewaffneten Organe« gewesen sein.
Es gab mehrere Fälle, in denen zwischen Tatzeitpunkt und Verurteilung beziehungsweise Strafantritt die Einberufung zur Armee erfolgte. Spätestens 1975 gab es eine gesetzliche Regelung, wonach die Militärgerichte vom Tag der Einberufung beziehungsweise der Einstellung »auch für Straftaten zuständig [sind], die Militärpersonen vor ihrer Einberufung begangen haben«.[6] So sah sich, wer sich im Zivilleben zum Beispiel durch Diebstahl, Körperverletzung oder Vergewaltigung strafbar gemacht hatte und noch nicht verurteilt war, aber in die NVA eingezogen wurde, damit konfrontiert, seine Strafe als Militärstrafe verbüßen zu müssen. Die Zahl der im Rahmen dieses Projektes bekannt gewordenen Fälle liegt im unteren zweistelligen Bereich. Eine andere Konstellation lag vor, wenn ein Armeeangehöriger noch unter Bewährung einer vorherigen Strafe aus dem Zivilleben stand. Kam es während der Bewährungszeit innerhalb des Wehrdienstes zu einer neuen Straftat, wurde die Strafandrohung aus dem Zivilprozess als Militärstrafe vollzogen, gegebenenfalls um ein neues Strafmaß aus dem Delikt der Armeezeit verlängert. Das konnte dazu führen, dass die betreffende Person insgesamt mehr als zwei Jahre in Schwedt zu verbüßen hatte, ob-

3 Wagner: Die Militärjustiz, Bd. 1, S. 20 u. 345–408, Wenzke: Ab nach Schwedt!, S. 64–68. Auch hier ist eine Zahlenangabe schwierig. Eine indirekte Orientierung ergibt sich aus der Struktur des Militärkollegiums beim Obersten Gericht der DDR. Einer von zwei Militärstrafsenaten befasste sich nur mit Strafsachen der allgemeinen Kriminalität, vgl. Wenzke: Ab nach Schwedt!, S. 86.

4 Militärstrafgesetz 1962, in: DDR-GBl. T. I (1962), S. 25.

5 Gemeinsamer Standpunkt des Militäroberstaatsanwalts, des Militärkollegiums beim Obersten Gericht der DDR und der HA Militärgerichte v. 1.12.1987 zu Fragen der Abgrenzung zwischen einem Disziplinverstoß und einer Militärstraftat sowie zur Anwendung der Strafart Strafarrest; BStU, MfS, HA IX Nr. 3575 Bl. 65–68 u. 89–96, hier 96.

6 1. DB zur Militärgerichtsordnung v. 12.5.1975. In: DDR-GBl. T. I (1975), S. 454 f., Zitat aus § 1 Absatz 2, S. 454.

wohl das Höchstmaß für »Schwedt« bei eben jenen zwei Jahren lag. Bisher bekannt gewordene Fälle erstreckten sich über bis zu 37 Monate in Schwedt zu verbüßender Haftzeit.[7]

Die Aussagekraft überlieferter Statistiken und Analysen aus der Militär- und Strafvollzugsverwaltung wird auch dadurch eingeschränkt, dass bestimmte Delikte verschieden interpretierbar waren und der allgemeinen Kriminalität oder Militärstraftaten oder politischen Straftaten zugerechnet werden konnten.

Die Art der nachfolgenden Auslegungen war charakteristisch:

- »Körperverletzung« wurde zu »Widerstand gegen die Staatsgewalt« oder zum »Angriff auf eine Militärperson« oder zur »Befehlsverweigerung«,
- »Diebstahl« wurde zur »Beeinträchtigung der Gefechtsbereitschaft«, auch ein Verkehrsunfall mit entsprechendem Sachschaden konnte so interpretiert werden,
- »Beleidigung« wurde zu »Verunglimpfung/Herabwürdigung«,
- »unerlaubte Entfernung« wurde zu »Fahnenflucht« oder »Republikflucht« – abhängig davon, wie lange sie »glückte« und in welche Richtung sie erfolgte.

Es gab also Interpretationsspielräume, mal Militärstrafrecht, mal allgemeines Strafrecht zugrunde zu legen. Das war auch dem MfS bewusst, das sogar eine Möglichkeit zur Manipulation darin sah. Im Zusammenhang mit Erörterungen zu einer Sicherungskonzeption unter Bausoldaten in Prora/Mukran heißt es: »Im Einzelfall ist über die Anwendung entsprechender Straftatbestände des Kapitels 9 StGB (Militärstraftaten) oder der allgemeinen Kriminalität sowie militärischer Befehle und Weisungen zu entscheiden, um den Folgemaßnahmen den politischen Charakter zu nehmen.«[8] Viele »Vorkommnisse« geschahen außerdem unter Alkoholeinfluss, was auf dem Kasernengelände in der Regel als Befehlsverweigerung galt.[9] Außer Befehlsverweigerung und unerlaubter Entfernung beziehungsweise Fahnenflucht hatten die meisten Delikte kaum einen direkten Militärbezug. Ohne Einberufung der jungen Männer zur NVA oder Polizei wären etliche Taten vermutlich nie passiert; andere wären zivil zu ahnden

7 Mangels Unterlagen kann jedoch nicht geklärt werden, ob diese längeren Strafen in jedem Fall voll verbüßt wurden oder eine vorzeitige Entlassung per Amnestie oder auf Bewährung erfolgte. Ein Fall, bei dem eine Person wegen mehrfacher Strafen mit fünfmonatiger Lücke insgesamt über 31 Monate in Schwedt verbrachte, ist jedoch bekannt; BStU, MfS, BV Leipzig, AOG 18/85.

8 Heinz Mäder: Ausgewählte Orientierungen zur operativen Sicherung des konzentrierten Einsatzes von Bausoldaten auf der Grundlage einer Sicherungskonzeption. Diplomarbeit. JHS Potsdam, 1984; BStU, MfS, JHS Nr. 20102, Bl. 45. Mäder war seinerzeit Major der HA I des MfS. Zu Bausoldaten siehe Eisenfeld; Schicketanz: Bausoldaten in der DDR. Schwedt-Fälle sind dort auf S. 153, 190, 277 u. 434 geschildert.

9 Die Befehle 30/66 bzw. 30/74 des MfNV verhängten das Alkoholverbot im Dienst bzw. für Grundwehrdienstleistende auch in der Freizeit, sofern diese auf dem Kasernengelände verbracht wurde.

gewesen.[10] Ein Beispiel: für 1976/77 liegen Analysen vor, aus denen hervorgeht, dass 63,7 Prozent der damaligen Insassen ausschließlich wegen Militärstraftaten verurteilt waren. Also waren weniger als zwei Drittel aller Verurteilten Militärstraftäter. Von deren Straftaten entfielen mehr als ein Drittel (40,3 %) auf »Angriffshandlungen, Beleidigung und Nötigung gegenüber Vorgesetzten, Unterstellten bzw. anderen Militärpersonen« – also durchaus auch zivil zu ahndende Delikte.[11] Nähme man diesen Anteil heraus, bliebe weniger als die Hälfte aller Insassen als Militärstraftäter übrig.[12]

Ab 1983 war Manfred Riesbeck als sogenannter Oberoffizier für Sicherheit und Ordnung in die Schwedter Struktur eingebunden. Er übergab in seinem zusätzlichen Dienstverhältnis als MfS-Offizier im besonderen Einsatz (OibE) dem MfS sogenannte Personalanalysen zu Militärstrafgefangenen beziehungsweise Disziplinarbestraften ergänzt um zusätzliche Untersuchungen statistischer Art. Seine Analysen beinhalten Angaben zum Bildungsstand, zu Vorstrafen/Hafterfahrung, oft auch in Bezug auf vorherige Zeiträume.[13]

Für die mit »Dienst in der Disziplinareinheit« bestraften Armeeangehörigen hat OibE »Manfred« den prozentualen Anteil derjenigen errechnet, die Bestimmungen des StGB verletzt hatten. Bei den fünf vorliegenden Analysen aus den Jahren 1986/87 schwankte dieser Anteil zwischen 28 und 49 Prozent. Dies bestätigt die Funktion der Disziplinarstrafe: Überwiegend ahndete sie disziplinare Verstöße. Aber mit ihrer Möglichkeit der bis zu dreimonatigen Bestrafung deckte sie zugleich den unteren Bereich des bei Straftaten ebenfalls möglichen Strafarrestes ab. Wenn der OibE darauf verwies, dass der Alkoholmissbrauch an

10 Vgl. auch Günter Meyer: Bevor ich es vergesse. in: Brauhnert, Hübner, Polzin (Hg.): Der DDR-Militärstrafvollzug, S. 37–42.

11 Zusammengefasste Zahlen aus: MfNV/Abt. KD, OSL Schweingel [ohne Adressat]: Teilbericht über die Jahreskontrolle in Schwedt, 18.11.1976; BArch, DVW 1/126207 (o. Pag.) sowie Information v. Juli 1977 [o. D., Verf. und Adressat] über die Wirksamkeit des Strafvollzuges an Militärpersonen; BArch, DVW 1/126208 (o. Pag.).

12 Armee, Justiz und Staatssicherheit versuchten in statistischen Erhebungen das Straftatgeschehen zu analysieren. Die damals relevanten Fragestellungen scheinen hier nicht weiter erörternswert: z. B. die Streuung unterschiedlicher Haftdauerzeiten oder die Verteilung auf die Waffengattungen, Diensthalbjahre, Wehrdienstverhältnisse (GWD oder Zeitsoldaten). Außerdem wurden die prozentualen Anteile der Selbststeller und der aus U-Haft zugeführten Personen erfasst und die Rückfallquote festgehalten. Ermittelt wurden ferner das Verhältnis der Zeitanteile in Untersuchungshaft zu denen im Strafvollzug, die Verteilung von in Schwedt angefallenen Belobigungen und Bestrafungen bis hin zum Anteil der wegen guter Führung vorzeitig auf Bewährung Entlassenen.

13 Bisher wurden acht solcher Personalanalysen aufgefunden; BStU, MfS, AIM 5382/88, T. II/1, Bl. 127, 344, 444 u. 461; ebenda, T. II/2, Bl. 27, 55, 72 u. 84. Da die Basis der Untersuchungen nicht bekannt ist und offensichtlich Doppelzählungen erfolgten (z. B. wurde das Vergehen des Alkoholmissbrauchs gekoppelt mit anderen Delikten, für die aber jeweils eigene prozentuale Entwicklung ausgewiesen wurden), können diese Angaben nicht seriös nachvollzogen werden. Außerdem liegen diese Analysen nicht für alle Zeiträume vor, sodass auch durch Unvollständigkeit Beeinträchtigungen entstehen.

oberster Stelle der Vergehen stand, die mit der Disziplinarstrafe »Schwedt« geahndet wurden,[14] bekräftigt das die oben getroffene Aussage, dass ein großer Teil der Schwedt-Insassen nicht wegen wirklich militärspezifischer Delikte dort war. Andere Feststellungen von »Manfred« beziehen sich auf dehnbare Begrifflichkeiten, die mit Disziplinar- oder Strafrecht nicht direkt zu tun haben, zeigen aber, dass immer die politischen Grundeinstellungen relevant waren:

> Von den Disziplinarbestraften [DB] wurden in den Beurteilungen vom Truppenteil 72 DB = 87,80 % als charakterlich labil eingeschätzt, was gegenüber der letzten Berichtsperiode eine deutliche Steigerung um fast 20 % bedeutet und damit etwa dem Stand des 3. Quartals 1985 entspricht. Der prozentuale Anteil der Disziplinarbestraften, bei denen egoistische Motive den Vergehen zugrunde lagen, ist gegenüber dem letzten Berichtszeitraum um fast 8 % angestiegen und hat 76,83 % erreicht. [...] Eine politisch negative, ja feindliche Grundhaltung beziehen 18 DB = 21,95 %, was einer Steigerung gegenüber der letzten Analyse von 12 % entspricht. 56 DB = 68,29 % haben eine ungefestigte politische Grundhaltung bzw. bekunden offen politisches Desinteresse, was insgesamt einem Anteil von 90,24 % und somit einer deutlichen Steigerung um über 10 % gegenüber der letzten Berichtsperiode entspricht. [...] Die mangelnde politische Grundhaltung zu unserem Staat und zum Wehrdienst bei über 90 % der Disziplinarbestraften, verbunden mit der fehlenden persönlichen Reife und solchen charakterlichen Schwächen wie Egoismus und Labilität beim größten Teil der Disziplinarbestraften bilden die Hauptursache für die Vergehen, die zur Bestrafung mit ›Dienst in der Disziplinareinheit‹ führten.[15]

Bei den Militärstrafgefangenen beziehungsweise Strafarrestanten wies »Manfred« in den Personalanalysen auch die Häufigkeit der herangezogenen StGB-Paragrafen aus. In mindesten einem Falle belegt er die Auslegung einer Verfehlung als sowohl politische als auch militärische Straftat. Durch Beiziehen der §§ 220 (öffentliche Herabwürdigung des Staates) und 270 StGB (Beleidigung Vorgesetzter oder Unterstellter) wird aus einem wohl rügenswerten Delikt eine Straftat gemacht und eine Deliktgruppe konstruiert.[16] In einem anderen Dokument ist das Verhältnis der Militärstraftaten zu denen der allgemeinen Kriminalität mit 60 : 40 % angegeben, wobei zur allgemeinen Kriminalität in diesem Fall auch vorsätzliche Sachbeschädigung, Widerstand gegen staatliche Maßnahmen und Staatsverleumdung zählten, bei denen eine politische Motivation denkbar ist.[17]

14 Personalanalyse über den Zugang an DB im Zeitraum 1.1.–31.3.1986 [von OibE »Manfred« unterzeichnetes Durchschlagexemplar o. Verf. u. Adressat]; BStU, MfS, AIM 5382/88, T. II/1, Bl. 344.

15 Ebenda.

16 Personalanalyse über den Zugang an MSG im Zeitraum 24.11.1984–31.5.1985; ebenda, T. II/1, Bl. 128.

17 Personalanalyse über die Zuführungen von MSG im Zeitraum 1.12.1986–30.11.1987; ebenda, T. II/2, Bl. 86. Zu den Schwierigkeiten der Differenzierung zwischen politischen De-

Da Gefangenenakten und Urteile nicht vollständig zur Verfügung stehen, ist eine sichere Aussage zur Verteilung der Taten nach allgemeiner Kriminalität, Militärstraftaten oder politisch interpretierten Delikten nicht möglich und muss auf Stichproben beschränkt bleiben. Im Übrigen war eine »Schwedt-Strafe« kein hinreichender Grund, nicht zum Reservistendienst eingezogen zu werden. Es sind zwar bisher nur wenige Fälle bekannt, diese betreffen aber sowohl Militärstrafgefangene aus den 1960er- und 1970er-Jahren als auch Disziplinarbestrafte der 1980er-Jahre.[18]

3.2 Kriterien für die Insassenverwahrung

Der Militärstrafvollzug in Schwedt wies die Besonderheit der Orientierung an der Kasernenunterkunft statt einer Ausrichtung an Zellenbauten auf. Das brachte Konsequenzen für die Unterbringung der mit verschiedenen Strafarten belegten Insassen mit sich, die auf unterschiedliche Kompanien verteilt wurden. Relevante Faktoren dafür waren:

- die Strafart (Strafarrest, Freiheitsstrafe, Dienst in der Disziplinareinheit),
- das Strafmaß (bis drei/sechs Monate, bis zu ein Jahr, bis zu zwei Jahren),
- das Wehrdienstverhältnis (Grundwehrdienst, Soldat/Uffz. auf Zeit, Berufsunteroffizier, Offizier),
- das Delikt (zur Entscheidung über den Einsatz in unterschiedlich intensiv bewachten Brigaden beziehungsweise Innen- oder Außenarbeitskommando),
- die Arbeitsstätte (innen, außen bzw. Schichtdienste),
- die Wahrnehmung von Funktionen.

Zu verschiedenen Zeiten kamen Zivilstrafgefangene als gesonderte Insassengruppe hinzu.

likten und denen der allgemeinen Kriminalität bzw. den Problemen der Ermittlung realistischer Zahlen siehe auch Wölbern: Zwangsarbeit, S. 37–49, ohne Bezug zu Schwedt.

18 Im Internetforum haben bisher vier Betroffene darüber berichtet, vier Fälle sind aus MfS-Unterlagen bekannt. G. Meyer musste sogar zweimal zur Reserve, siehe Brauhnert, Hübner, Polzin (Hg.): Der DDR-Militärstrafvollzug, S. 64.

Exkurs: Zivilstrafgefangene im Militärstrafvollzug[19]

Trotz der ab Juni 1968 geltenden »Spezialisierung« auf den Militärstrafvollzug gab es mehrere Phasen, in denen auch zivile Strafgefangene in Schwedt inhaftiert waren. Dabei können folgende Zeiträume voneinander unterschieden werden:

1. der Übergang vom zivilen zum militärischen Strafvollzug ab 1968,
2. das zeitliche Umfeld der X. Weltfestspiele in Ost-Berlin 1973,
3. die Bauphase 1981/82.

In Vorbereitung der Umstellung auf den Militärstrafvollzug wurden die meisten Zivilstrafgefangenen im Sommer 1968 aus Schwedt nach Rüdersdorf bei Berlin verlegt.[20] Doch blieben einzelne Zivilstrafgefangene vor Ort, die als Hausarbeiter oder zur Bedienung technischer Anlagen auf den Baustellen eingesetzt wurden. Manfred Schulze, der zu den ersten Militärstrafgefangenen in Schwedt gehörte, erinnert sich an sechs bis sieben Zivilstrafgefangene zum Zeitpunkt seiner Verlegung nach Schwedt.[21] Bei Wenzke findet sich ein Hinweis, wonach im März 1970 zu den zehn Hausarbeitern 33 Strafgefangene hinzukamen, »die nicht Militärpersonen waren«.[22] Ein inoffizieller Mitarbeiter des MfS unter den Insassen berichtet im März 1970 ebenfalls von Neuzugängen unter den Zivilstrafgefangenen.[23] Der Offizier für Kontrolle und Sicherheit in Schwedt vermerkte dagegen [erst?] für November 1970 einen erheblichen Zugang von Zivilstrafgefangenen.[24] Aus MfS-Akten ist erkennbar, dass die Zivilstrafgefangenen sowohl in der Produktion als auch als Hausarbeiter (Küchenarbeiter, HO-Verkäufer, Schuster) zum Einsatz kamen. Unterbringung, Essenausgabe und Sprechstunden beim Sanitäter respektive Arzt erfolgten getrennt von den Militärstrafgefangenen, Begegnungen mit Militärstrafgefangenen waren unerwünscht und verboten. Mehrmals ist bezüglich der zivilen Insassen von Lager II oder Zivillager die Rede, das im Dezember 1970 circa 40 Personen umfasste.[25] Im Sommer 1971 war die Aufnahmekapazität für Strafarrestanten erschöpft. Ursache soll die Anwesenheit der Zivilstrafgefangenen gewesen sein. Das wurde zum Gegenstand einer Intervention

19 S. a. Wenzke: Ab nach Schwedt!, S. 268 f.

20 Zur Sicht eines damals beteiligten Bediensteten auf die Phase der Umstellung vgl. Lenz: Der Lenz ist da, S. 123–126.

21 Telefongespräch mit dem Autor am 2.2.2014.

22 Wenzke: Ab nach Schwedt!, S. 269 (ohne Quellenangabe).

23 IM-Bericht »Bruno Arnold«, 15.3.1970; BStU, MfS, BV Leipzig, AIM 1545/71, T. II/1, [Bl. 15 f.] (Mikroverfilmung).

24 IM-Bericht »Schwarz«, 1.12.1970; BStU, MfS, BV FfO, AOG 646/74, Bl. 33.

25 Die Akte des IM »Richard Neumann« unter den Zivilstrafgefangenen enthält diverse Hinweise auf die Umstände vor Ort; BStU, MfS, BV Rostock, AIM 474/82.

des Kommandantendienstes des MfNV bei der Verwaltung Strafvollzug des MdI. Als vorrangige Lösungsvariante wurde die Herausnahme der Zivilstrafgefangenen vorgeschlagen.[26] Die tatsächliche Verlegung zog sich bis Anfang 1972 hin und erforderte anschließend, deren Arbeitsstellen mit Arrestanten zu besetzen.[27] Eine zweite Episode mit Zivilstrafgefangenen in Schwedt fiel in das Umfeld der X. Weltfestspiele in Ost-Berlin (28.7.–5.8.1973). Mitte Juli 1973 wurden 17 zivile Strafgefangene nach Schwedt verlegt, die bis zum 5. September dort blieben. Deren Unterbringung erfolgte erst bei den Strafarrestanten, dann bei den Strafgefangenen der 2. Kompanie.[28] Der zu dieser Zeit in Schwedt befindliche Gefangene Heinz Streblow erinnert sich so:

> Die Weltfestspiele durften wir uns im Fernsehen anschauen. [...] Bei uns im Lager Eins, wo die Paletten genagelt wurden und sich der Arrest befand, war etwas sehr Seltsames zu beobachten. Eine bunte Menge von Zivilisten war anzutreffen. [...] Sie wurden da auf Bahnhöfen sowie im Zentrum von Berlin in kleine Barkasse, auch als B 1000[29] bekannt, verfrachtet, getarnt als Lieferfahrzeuge des Handels, auf denen zu lesen war: ›Nimm ein Ei mehr‹ oder auch ›Frischen Fisch auf jeden Tisch.‹ Als Ulbricht dann starb und Honecker das Zepter übernahm, wurden die Zivilisten wieder aus dem Lager entfernt.[30]

Die dritte Phase mit Zivilstrafgefangenen im Militärstrafvollzug Schwedt bedingten Bauvorhaben ab 1981. Im Juni 1981 wurden

> »Vorbereitungen zur Aufnahme von 30 Zivilstrafgefangenen aus der StVE Rüdersdorf getroffen, die zur Sicherstellung der Arbeitskräfte (Strafgefangene) für das Bauvorhaben der NVA notwendig sind. Der Einsatz der Zivilgefangenen erfolgt ab 1. Juli 1981 im BMK-Betonwerk Schwedt. Die Militärstrafgefangenen,

26 MfNV/Abt. KD, Ltr. Oberst Wollmann an [MdI] Chef der Verwaltung SV Oberst Tunnat [o. T.], 19.8.1971; BArch, DVW 1/126204 (o. Pag.).

27 IM-Bericht »Klaus Herder«, 13.3.1972; BStU, MfS, BV Dresden, AIM 1417/83, Teil II/1, S. 3 (MfS-Zählung).

28 [MfNV/Abt. KD], Major Schweingel [o. D. und Adressat]: Bericht über die Kontrolle im StVK Schwedt am 21./22.9.1973; BArch, DVW 1/126205 (o. Pag.).

29 B 1000 – Kleinbus der Barkas-Werke, Karl-Marx-Stadt. Zu den Transportbedingungen siehe Andrea Herz (Hg.): »So reingepfercht.« Vom Transport politischer DDR-Gefangener. Erfurt 2013.

30 Heinz A. Streblow: Ausgang gestrichen. In: Brauhnert, Hübner, Polzin (Hg.): Der DDR-Militärstrafvollzug, S. 146. In der DDR wurden wegen der Weltfestspiele u. a. 2 293 Personen »vorsorglich« verhaftet, gegen 2 982 Personen wurden im Vorfeld der Weltfestspiele »staatliche Kontrollmaßnahmen« wirksam, 800 Personen mussten die »Hauptstadt der DDR« verlassen, vgl. http://www.bpb.de/geschichte/deutsche-geschichte/weltfestspiele-73/65345/weltfestspiele-in-zahlen-und-fakten.

die aus dem Betonwerk herausgelöst wurden, werden im Sonderbauvorhaben eingesetzt.«[31]

Relativ schnell merkten die zivilen Gefangenen, dass in Schwedt ein strengeres Regime herrschte und sie bedauerten die Verschlechterung. Letztlich blieben sie bis Mitte April 1982.[32]

Die Modifizierungen bei den Strafarten (Verlängerung des Strafarrestes, Einführung der Disziplinarstrafe »Dienst in der Disziplinareinheit«), der Ausbau der Produktionsstätten sowie die Fluktuation unter den Gefangenen bewirkten häufige Veränderungen in den Kompanien, Arbeitskommandos oder Brigaden, die nicht allumfassend zu ermitteln sind.[33] Die Unterbringung erfolgte nach Kompanien getrennt in Gemeinschaftsräumen mit Etagenbetten. In Phasen stärkerer Belegung wurden diese offenbar von doppel- auf dreistöckig umgerüstet.[34] Die Belegungsstärken schwankten von sechs bis 14 Personen, was auch in Abhängigkeit von den genutzten Gebäuden und den unterschiedlichen Raumgrößen zu betrachten ist.[35]

Insassen wurden auch mit bestimmten logistischen und administrativen Aufgaben betraut (z. B. als Gruppen-/Zughelfer, Verwahrraum-/Stations-/Lager-/Kompanieälteste, Brigadiere, Diensthabende).[36] Dies hatte auch strukturelle Auswirkungen, da zum Beispiel Gruppenhelfer in der Regel separat von den übrigen Insassen untergebracht waren und kleinere Privilegien hatten (z. B. durch geringere Belegung der Verwahrräume). Die Anzahl solcher Funktionsübertragungen lag im Herbst 1975 bei drei Gehilfen des Kompaniechefs, sechs der Zug- und 19 der Gruppenführer sowie 43 weiteren Personen, die in Kompanieaktiven beziehungsweise anderen Funktionen tätig waren. Für 1976 wurde angegeben, dass 77 Prozent des Gefangenenbestandes in die Erziehungsarbeit eingebunden waren (23 Älteste, 35 Ordner, 22 Brigadiere, 10 Beauftragte, 68 in Aktiven/Kommissionen tätig).[37] Für 1980 ist bekannt, dass 112 Insassen mit Auf-

31 Leiter StVE Schwedt, OSL Albinus an Chef der BDVP Frankfurt (Oder): Lageeinschätzung Monat Juni 1981, 23.6.1981; BLHA, Rep. 671/16.1, Nr. 299, Bl. 109 f.

32 Leiter StVE Schwedt, OSL Albinus an Chef der BDVP Frankfurt (Oder): Lageeinschätzungen Monat Juli 1981 u. März 1982, 24.3.1982; ebenda, Bl. 111–112 u. 133–135, hier 112 u. 135.

33 Zusätzlich bewirkte der Offizier für Kontrolle und Sicherheit aus Sicherheitsgründen Umstrukturierungen und Verlegungen, vgl. z. B. dessen Schreiben v. 25.11.1977 an den Kommandeur betreffs der Auflösung der Brigade 11 aus Gründen der Sicherheit; BStU, MfS, AIM 5657/89, Teil II/1, Bl. 8.

34 Hierzu gibt es mehrere Zeitzeugenberichte im Internetforum.

35 Vgl. hierzu Dressler: Stillgestanden, passim.

36 Im Folgenden wird für diese Personen auch der Begriff Funktionshäftlinge benutzt.

37 MfNV/Abt. KD, OSL Schweingel [ohne Adressat]: Teilbericht zur Jahreskontrolle in der StVE Schwedt, 14.11.1975; BArch, DVW 1/126206 (o. Pag.) u. Leiter StVE Schwedt, Mj. Al-

gaben besonderer Verantwortung betraut waren, aus deren Auflistung folgende Struktur abgeleitet werden kann: zwei Kompanien, fünf Züge, 16 Gruppen und 20 Verwahrräume.[38] Die Hausarbeiter waren separiert. Ihre Unterbringung erfolgte in der Regel konzentriert in nur einer Kompanie, zum Beispiel in einem sogenannten Hausarbeiterzug. Sie wurden in unterschiedlichen Bereichen eingesetzt, meist jenseits der übrigen Arbeitskommandos (z. B. Küche, HO-Verkaufsstelle, Sanitäter, Bekleidungskammer, Bibliothek, Schlosserei und Tischlerei, Ökonomie).

Neben der Aufteilung auf Kompanien, Züge und Gruppen war eine Einteilung in Arbeitsbrigaden üblich.[39] Dabei ging es um verschiedene Arbeitsstellen (z. T. auch im Schichtbetrieb) mit unterschiedlich strenger Bewachung. Die Nummerierung und Bezeichnung der Brigaden orientierte sich oft an den Nummern der Verwahrräume, sodass eine vermeintlich hohe Zahl (z. B. Brigade 27) nichts über die Gesamtzahl der Brigaden aussagt. Andere Bezeichnungen richteten sich nach dem Arbeitseinsatz. So gab es beispielsweise eine Stahlbau-, eine Tiefbau-, eine Spezialistenbrigade oder einen Zug der Zerspaner. Auch beim Leuchtenbau war die Arbeitsstelle Namensgeber für ganze Züge. Hier bestanden zudem eigene Unterstrukturen, zum Beispiel eine Transportbrigade Leuchtenbau. Zwischenzeitliche Veränderungen führten auch zu neuen Namensschöpfungen: so gab es im Sommer 1978 in der 2. Kompanie einen Hausarbeiter- und Leuchtenbauzug, der wohl identisch mit dem numerisch zweiten Zug war.

Andere Bezeichnungen richteten sich nach der Strafart. So ist insbesondere oft von Arrestanten- beziehungsweise Strafarrestantenbrigaden zu lesen.[40] Nach

binus [ohne Adressat]: Jahreseinschätzung, 4.1.1977, Anlage 1; BLHA, Rep. 671/16.1, Nr. 299, Bl. 1–10, hier 9. Hier sind jeweils Zählungen der Funktionen bei mehrfacher Übertragung auf einzelne Personen zu vermuten.

38 Leiter StVE Schwedt [ohne Adressat]: Einschätzung zur Wirksamkeit des Erziehungsprozesses, 16.6.1980 [um die Unterschrift gekürztes, dann von »Arnold« unterschriebenes Durchschlagexemplar]; BStU, MfS, A 641/82, Bd. 3, Bl. 366–374, hier 372.

39 Die Gruppengröße lag bei ca. 4–10 Personen, Arbeitsbrigaden konnten auch kleiner als die Gruppen sein. Gelegentlich lag aber die Zug-Größe nahe der oder gar unter der Mitgliederzahl größerer Gruppen, vgl. hierzu Akte des OibE »Manfred«: BStU, MfS, AIM 5382/88, T. II/1, Bl. 6 u. 49 sowie ebenda, T. II/2, Bl. 44.

40 Wie ernst die Trennung nach Strafarten genommen wurde, zeigt das Beispiel eines Insassen, der 1978 zunächst eine Freiheitsstrafe aus vorheriger Bewährung und direkt anschließend einen Strafarrest zu verbüßen hatte: Er wurde tatsächlich umgesetzt und war zunächst in der 1. und für den Strafarrest dann in der 3. Kompanie untergebracht, siehe Oltn. Colberg: Protokoll über die informatorische Befragung eines SA, 8.8.1978; BStU, MfS, AOG 31/81, Bl. 8. Auch den umgekehrten Fall gab es: 1977 wechselte ein MSG, der zuvor in der 3. Kompanie eingesetzt war zur 1. Kompanie, da (aus bisher unbekannten Gründen) eine Umwandlung einer Arreststrafe in eine Freiheitsstrafe erfolgte, siehe BDVP Frankfurt (Oder)/Abt. K/Dez. I/4, Oltn. Colberg an [Ltr. StVE Schwedt] Mj. Albinus: Auflösung der Brigade 11, 25.11.1977; BStU, MfS, AIM 5657/89, T. II/1, Bl. 8.

1982 blieb zwar der Begriff der Arrestantenbrigaden (oder gar -kompanien) erhalten, jedoch wurden unter dem Begriff »Vollzugskompanien« die Militärstrafgefangenen und Strafarrestanten zusammengefasst den Disziplinarbestraften gegenübergestellt. Manche der aufgefundenen Bezeichnungen bleiben unverständlich: Im Sommer 1980 gab es zum Beispiel einen »C-Beschäftigten-Bereich (Kammer)«, in dem MSG offenbar als Hausarbeiter zum Einsatz kamen. Im gleichen Zusammenhang fiel auch der Begriff »C-Beschäftigte«.[41] Der Begriff kann aus dem zu Schwedt vorliegenden Material nicht erklärt werden. Nach Neubert gab es in den größeren Haftanstalten der DDR sogenannte C-Bereiche, womit eigene Werkstätten (Schuhreparatur, Wäscherei, Tischlerei u. ä.) gemeint waren.[42]

In der Phase des Militärstrafvollzugs unter Verwaltung des Innenministeriums verbüßten auch Offiziere ihre Strafe in Schwedt. Aus den Jahren 1971 bis 1981 sind bisher sieben Fälle mit Dienstgraden von Unterleutnant bis Major bekannt, von denen mindestens fünf wegen fahrlässiger Tötung, meist in Verbindung mit Verkehrsunfällen verurteilt wurden. Trotz der eingeschränkten Recherchemöglichkeiten wegen der zum Teil nur unvollständig vorliegenden Personendaten sind einzelne Besonderheiten feststellbar. Unter den sieben Gefangenen waren mindestens vier als inoffizielle Mitarbeiter für das MfS oder die K I tätig. Mindestens fünf sind per Amnestie oder auf Bewährung vorzeitig aus dem Strafvollzug entlassen worden. Einer, auf den beides zutraf, soll 1972 die Haftbedingungen in Schwedt für nicht straff genug gehalten haben.[43]

Im Herbst 1982 wurde die Verwaltung des Militärstrafvollzugs dem MfNV unterstellt. Die bisherigen Straffformen Freiheitsstrafen und Strafarrest wurden wie bisher in den Kompanien 1 bis 3 verbüßt. Die Übergabe der Militärstrafgefangenen und Strafarrestanten erfolgte zugweise anhand und samt der Gefangenenakten am 31. Oktober 1982.[44] Die neu hinzukommenden Disziplinarbestraften sollten in die Kompanien 4 bis 6 aufgenommen werden. Gemäß der MfNV-Ordnung über den Dienst in der Disziplinareinheit sollten Unteroffiziere und Soldaten kompanieweise getrennt voneinander untergebracht werden.[45] Bis zur Auflösung der Disziplinareinheit gab es keine größeren Strukturänderungen mehr.

41 Leiter StVE Schwedt, OSL Albinus [ohne Adressat]: Protokoll der Abteilungsleiterberatung, 14.8.1980; BLHA, Rep. 671/16.1, Nr. 301, Bl. 78–81, hier 79 f.

42 Vgl. Uwe Bastian; Hildigund Neubert: Schamlos ausgebeutet. Das System der Haftzwangsarbeit politischer Gefangener des SED-Staates. Berlin 2003, S. 70.

43 FO Bilevic: Treffbericht GMS Bohne, 23.11.1972; BStU, MfS, AGMS 22598/80, Bl. 55.

44 Leiter StVE Schwedt, OSL Albinus an Chef der BDVP Frankfurt (Oder): Lageeinschätzung Monat Oktober 1982, 25.10.1982; BLHA, Rep. 671/16.1, Nr. 299, Bl. 149–150 i. V. m. Chronik der Disziplinareinheit; BArch, DVW 5-16/74001, Bl. 6.

45 Ordnung Nr. 036/9/004 des MfNV über den Dienst in der Disziplinareinheit v. 17.12.1982; BStU, MfS, AGM Nr. 610, Bl. 151.

3.3 Belegungszahlen und Trends

Eine genaue Zahl der Insassen zu benennen, ist aus mehreren Gründen nicht möglich. Erstens ist mit dem 22. Juni 1968 zwar der Termin der Erstbelegung mit Militärstrafgefangenen bekannt, aber es fehlen Angaben zur Anzahl der von Berndshof nach Schwedt verlegten Militärstrafgefangenen und der in Schwedt noch verbliebenen Zivilstrafgefangenen.[46] Eine Übersicht zur ersten Zeit des Militärstrafvollzugs listet immerhin die monatlichen Veränderungen ab Juli 1968 auf, beinhaltet aber nicht die Ausgangszahlen vom Juni 1968.[47] Unter Berücksichtigung der Systematik der Übersicht würde eine Rückrechnung zu einem Anfangsbestand von 218 Insassen führen.[48] Zwei damals Inhaftierten zufolge waren es lediglich 40 bis 50 beziehungsweise 60 bis 70 Personen.[49] Zweitens liegen entsprechende Statistiken nicht für alle Zeiträume des Militärstrafvollzuges vor. Drittens unterlagen die Statistikerhebungen Veränderungen, die einer Vergleichbarkeit entgegenstehen, sei es hinsichtlich verschiedener Zeiträume (Tagesdaten, Monate, Quartale) oder durch unterschiedliche Differenzierungen von Personengruppen (Zu- und Abgänge; Strafgefangene, Arrestanten, Disziplinarbestrafte; Grundwehrdienstleistende, Berufssoldaten; Kompanien usw.).[50] Die abbildbaren Momentaufnahmen aus unterschiedlichen Zeiträumen müssen nicht repräsentativ für längere Zeitabschnitte sein.

Ein anderes Beispiel für das Statistikproblem: In der IM-Akte von »Johannes« (dem Offizier für Kontrolle und Sicherheit Colberg) findet sich ein »Be-

46 Auch Wenzke oder Bersch (als Autor der Studie zum Schwedt-Vorläufer Berndshof) haben hierzu keine Zahlen genannt.

47 MfNV/Abt. KD und MdI/VSV an Ltr. der Politabt. der unterstellten Truppenteile, Einheiten und Einrichtungen beim Stv. des Ministers und Chefs des Hauptstabes: Bericht über die gemeinsame Kontrolle im StVK Schwedt, Anlage 3: Entwicklung des Gefangenenbestandes 1968/69 [o. D.]; BArch, DVW 1/126205 (o. Pag.), s. a. Tabelle 6.

48 Siehe Tabelle 6, die 1. Zeile: Vom Gesamtbestand für Juli 1968 wären die Zugänge abzuziehen und die Abgänge zu addieren (230 - 53 + 41 = 218).

49 Siehe Berichte von G. Meyer und M. Schulze in Brauhnert, Hübner, Polzin (Hg.): Der DDR-Militärstrafvollzug, S. 36–82 bzw. bei Dressler: Stillgestanden, S. 75–101. Schulze erinnert sich außerdem an 6–7 Zivilstrafgefangene zum Zeitpunkt seiner Verlegung nach Schwedt (Telefongespräch mit dem Autor am 2.2.2014).

50 In den Jahren 1974–1976 wurde z. B. ein 11-Monats-Zeitraum mit einem 10-monatigen verglichen, für den noch irreführend der Begriff »Vorjahr« gebraucht wurde. Es ist nicht auszuschließen, dass durch andere ungenaue Begrifflichkeiten zusätzliche Unschärfen entstanden: So ist in einem Dokument mit Zu- und Abgangszahlen von 1974/75 einmal von Militärpersonen, einmal von Militärstrafgefangenen die Rede. Zu Militärpersonen würden jedoch auch die Strafarrestanten zählen. Außerdem wurden Zu- und Abgänge miteinander addiert und als Gesamtzahl ausgewiesen, die jedoch nur als Zahl der Bewegungen, nicht als Gesamtbestand zu interpretieren ist; MfNV/Abt. KD [ohne Adressaten]: Teilberichte über die durchgeführten Jahreskontrollen v. 14.11.1975 u. 18.11.1976; BArch, DVW 1/126206 i. V. m. BArch, DVW 1/126207 (jew. o. Pag.).

richt über die Entwicklung des Strafgefangenenbestandes im Jahre 1977 der Strafvollzugseinrichtung Schwedt (O)« mit monatlichen Zuordnungen von Zu- und Abgängen für alle Monate des Jahres sowie die sich daraus ergebenden Bestandszahlen.[51] Für fast den gleichen Zeitraum (12/1976–11/1977) liegen im »Teilbericht über die Jahresüberprüfung in der Militärstrafvollzugseinrichtung Schwedt/O.«[52] für die monatlichen Zu- und Abgänge leicht abweichende Zahlen vor. IM »Johannes« bezog sich auf den letzten Tag, der Teilbericht jeweils auf den 20. des Monats. Dennoch kommen beide Übersichten im monatlichen Gesamtbestand zu gleichen Ergebnissen. Bei IM »Johannes« ist das summarisch nachvollziehbar, im Teilbericht jedoch nicht. Außerdem befand es IM »Johannes« für wichtig, beim Gesamtbestand der Insassen den Anteil der Strafarrestanten zu benennen, während der Teilbericht darauf verzichtete.

Nicht zuletzt ist darauf zu verweisen, dass schon in einer Frühphase von »Schwedt« einige Statistiken »geglättet« wurden. So informierte der »Abteilungsleiter Vollzug« im November 1970 als IM »Egon« das MfS darüber, dass seit über einem Jahr die Quartalsstatistiken über den Gefangenenbestand und die Gefangenenbewegung Differenzen von zwei bis sechs Strafgefangenen beinhalteten, die jeweils zum Stichtag »stimmig« gemacht würden.[53] Auch die vereinzelt vorhandenen Verurteilungsstatistiken oder Jahresanalysen des Obersten Gerichts beziehungsweise der Militäroberstaatsanwaltschaft können die Lücken nicht schließen. Diese betreffen in der Regel auch Personen, die ihre Strafe nicht in Schwedt verbüßten (Offiziere, Angehörige der Zivilverteidigung und Zivilbeschäftigte der NVA) und beziehen auch andere Urteile (Bewährungs- oder Geldstrafen beziehungsweise längere Freiheitsstrafen als zwei Jahre) ein. Zusätzlich änderten sich auch hier mehrfach die Erfassungszeiträume vom Kalender(halb-)jahr über das Ausbildungs(halb-)jahr bis zum 2-Jahres-Zeitraum.[54]

51 IM-Bericht »Johannes«, 2.1.1978; BStU, MfS, BV FfO, TA 70/84, Bd. 3, Bl. 98.

52 MfNV/Abt. KD [ohne Adressat und Tagesdatum]: Teilbericht über die Jahresüberprüfung in der Militärstrafvollzugseinrichtung Schwedt, Januar 1978; DVW 1/126209 (o. Pag.). Ein weiteres Beispiel: Im März 1980 versuchte eine MfS-Abteilung zu ermitteln, welche Militärstrafgefangenen im Herbst 1979 gemeinsam in einem Verwahrraum in Schwedt untergebracht waren. Es wurde festgehalten, dass »infolge Fehlens von Belegungsplänen u. ä. in der StVE Schwedt« keine Möglichkeit bestünde, die zwei gesuchten ehemaligen Gefangenen zu ermitteln. Vgl. [MfS]/HA I/Abt. VM/UA 6. GBK an 1. Stv. Ltr. HA I: Informationsbericht, 31.3.1980; BStU, MfS, HA I Nr. 14868, Bl. 907.

53 IM-Bericht »Egon« [o. D., Nov. 1970]; BStU, MfS, A 642/82, Bd. 1, Bl. 24. Solche Quartalsstatistiken wurden bisher nicht aufgefunden.

54 Entsprechende Beispiele finden sich (unvollständig) für den Zeitraum 1973–1988 in BStU, MfS, HA I Nr. 15768 [passim] oder in BArch, DVW 1/55615, Bl. 65–71 u. ebenda, 55627 Bl. 7–15 u. ebenda, 55631, Bl. 295–306. Im Zusammenhang mit der Umstellung auf die Betrachtung von 2-Jahres-Zeiträumen im MfNV ab spätestens 1978 wurde auf die bisherige Angabe der absoluten Verurteilungszahlen und die Verteilung von Strafhöhen verzichtet. Weitere Zahlenangaben stammen in der Regel aus Kontrollberichten, z. B. der Abt. Kommandantendienst des MfNV. Sie beziehen sich einerseits auf (Stich-)Tagesdaten und sind ande-

Alle bisher veröffentlichten Gesamtzahlen stellen deswegen Näherungswerte dar. Auch Wenzke konnte sich teilweise nur behelfen, indem er zum Beispiel Angaben der Abt. Kommandantendienst des MfNV, des Militäroberstaatsanwaltes und der Verwaltung Strafvollzug des MdI zusammenfasste.[55]

Die 1960er-Jahre

Aus der bisher ältesten Statistik zur Entwicklung des monatlichen Gefangenenbestandes (von Juli 1968 bis Februar 1969)[56] lassen sich für die Anfangsphase in Schwedt Angaben ermitteln. Der jeweilige monatliche Gesamtbestand kann auf zwei Wegen errechnet werden. Der Gesamtzahl des Vormonats werden die Zugänge und die Abgänge des Betrachtungsmonats hinzugerechnet beziehungsweise abgezogen. Ebenso bilden die Summe aus Bestand MSG und Bestand SA einer Zeile den Gesamtbestand eines Monats. Die Gesamtzahl für Juli 1968 kann nur im letztgenannten Wege gebildet werden.

rerseits unterschiedlich untergliedert – damit oft nicht direkt vergleichbar. In Einzelfällen ist durch Überarbeitungen nicht erkennbar, welche Zahlen für welchen Zeitraum gelten. Das gilt insbesondere für die Übersicht über die »Entwicklung des Militärstrafgefangenenbestandes v. 1.12.76–30.11.77«, die offensichtlich auch als Grundlage für die gleichlautende Übersicht für den nächsten 12-Monats-Zeitraum genutzt wurde. Die dort aufgeführten Zahlen sind in sich nicht schlüssig addierbar. MfNV/Abt. KD [ohne Adressat und Tagesdatum]: Teilbericht über die Jahresüberprüfung in der Militärstrafvollzugseinrichtung Schwedt, Januar 1978, Anlage 3; BArch, DVW 1/126208 (o. Pag.).

55 Wenzke: Ab nach Schwedt!, S. 267. M. E. sind Interpretations- und Additionsfehler enthalten, die teilweise zu einer deutlich höheren Gesamtsumme der Insassen für 1973–1977 führten. Ursache dafür dürfte eine Doppelzählung der Strafarrestanten (SA) sein, da die Differenz jeweils genau die Zahl der SA ausmacht, vgl. insbesondere für 1977 den von »Johannes« übergebenen Bericht zur Entwicklung des SG-Bestandes; BStU, MfS, BV FfO, TA 70/84, Bd. 3, Bl. 98.

56 MfNV/Abt. KD und MdI/VSV an Ltr. der Politabt. der unterstellten Truppenteile, Einheiten und Einrichtungen beim Stv. des Ministers und Chefs des Hauptstabes: Bericht über die gemeinsame Kontrolle im StVK Schwedt, Anlage 3: Entwicklung des Gefangenenbestandes 1968/69 [o. D.]; BArch, DVW 1/126205 (o. Pag.). Das Dokument weist zwei Widersprüche auf. Die zusätzlich zur Tabelle angegebene Zahl von insgesamt 326 Militärpersonen als Zugänge seit 20.6.1968 widerspricht der entsprechenden Summe aus der Spalte für Zugänge, die ohne den Monat Juni 1968 schon bei 344 Personen liegt. Analoges gilt für die Abgänge: Die Summe ohne Juni 1968 ergibt 399 Personen, angegeben werden seit 20.6.1968 »nur« 348 Militärpersonen.

Monat	Zugänge	Abgänge	Bestand MSG	Bestand SA	Gesamtbestand
Juli 1968	53	41	194	36	230
August 1968	37	30	203	34	237
September 1968	43	52	188	40	228
Oktober 1968	77	67	195	43	238
November 1968	56	72	183	39	222
Dezember 1968	31	57	163	33	196
Januar 1969	30	43	153	30	183
Februar 1969	17	37	137	26	163

Tab. 6: Zugänge/Abgänge und Bestand der Insassen 1968/69

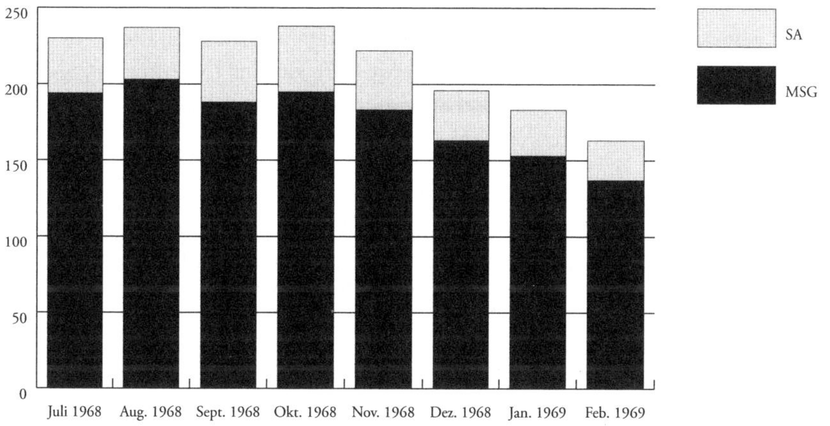

Abb. 6: Anteile der MSG und SA an den Insassenzahlen 1968/69

Die Anzahl der Militärstrafgefangenen lag im Betrachtungszeitraum Juli 1968 bis Februar 1969 immer deutlich über der der Strafarrestanten.

Die 1970er-Jahre

Größere Veränderungen in der Anzahl der Insassen beziehungsweise an deren Zusammensetzung aus Militärstrafgefangenen, Strafarrestanten und später Disziplinarbestraften ergaben sich in der Regel immer dann, wenn es entweder zu Änderungen bei den Strafarten/Strafformen kam oder Amnestien umgesetzt wurden. Veränderungen bewirkten insbesondere die Verlängerung des Strafarrestes auf bis zu sechs Monate (vorher maximal drei Monate), das Strafrechtsänderungsgesetz von 1977 und die Einführung der bis zu dreimonatigen Strafe »Dienst in der Disziplinareinheit« ab Ende 1982. Die Verlängerung der Maximaldauer des Strafarrestes erbrachte eine Verschiebung: Einer Minderung der Zahl kürzerer Freiheitsstrafen stand ein numerischer Zuwachs an Strafarresten gegenüber.[57] Bei den Amnestien führte insbesondere die von 1972 zu einer drastischen Reduzierung: Wurden im November 1971 noch 210 Insassen gezählt,[58] waren bis zum 20. November 1972 alle Militärstrafgefangenen entlassen. Insgesamt wurden in dem November 187 Personen als Abgang verbucht.[59] Am 6. Dezember 1972 betrug der Bestand 11 Personen und am 20. Dezember 1972 waren durch Neuzugänge inzwischen 23 Häftlinge vor Ort, darunter 17 Strafarrestanten. Wiederum einen Monat später hatte sich die Insassenzahl auf 44 nahezu verdoppelt. Und schon ein Dreivierteljahr nach der Amnestie waren mit 230 Insassen mehr verurteilte Personen in »Schwedt«, als im November entlassen worden waren.[60] Weitere Amnestien gab es 1979 und 1987. Sie hatten zwar Auswirkungen auf die Kompaniestrukturen und die Besetzung der Arbeitskommandos, waren aber nicht so gravierend wie die Amnestie von 1972.[61]

Im »Bericht über die Entwicklung des Strafgefangenenbestandes im Jahre 1977 der Strafvollzugseinrichtung Schwedt (O)« aus der IM-Akte von »Johannes« sind die monatlichen Zu- und Abgänge sowie die sich daraus ergebenden

57 Siehe auch Wenzke: Ab nach Schwedt!, S. 183 u. 267.

58 StVK Schwedt, Offizier für politische Schulung, Oltn. Bailleu [ohne Adressat]: Einschätzung der Abschlussprüfung in der Politschulung bei den MSG, 10.11.1971; BArch, DVW 1/126204 (o. Pag.).

59 Die Zahl von 187 Abgängen im November 1972 stammt aus einem Bericht des Leiters des StVK Schwedt v. 22.5.1973 [ohne Adressat]; BArch, DVW 1/126205 (o. Pag.). Auch hier ergibt sich beim Zusammenführen verschiedener Quellen ein Widerspruch: Bei Wenzke ist (ohne Quellenangabe) für den Vormonat Oktober 1972 als Gesamtbestand von MSG + SA die Zahl 142 genannt, Wenzke: Ab nach Schwedt!, S. 267. Addiert man hierzu die im Bericht des Leiters für November genannten 9 Zugänge, käme man auf einen Novemberbestand von maximal 151 Insassen. Bei dieser Basis ist fraglich, wie 187 Personen entlassen werden konnten.

60 IM-Bericht »Johannes«: Einschätzung der Situation des SG-Bestandes, 20.12.1972; BStU, MfS, BV FfO, TA 1111/79, Bd. 1, Bl. 352; MfNV/Abt. KD, Mj. Schweingel: Notiz über die Beratung von Vertretern des MdI, MfNV, MOSTA, BDVP und StVK Schwedt am 6.12.1972 zu Auswirkungen der Amnestie; BArch, DVW 1/126205 (o. Pag.) u. IM-Bericht »Arnold«, 20.8.1973; BStU, MfS, A 641/82, Bd. 1, Bl. 302. Die schnelle Wiederauffüllung des Gefängnisses war kein Spezifikum des Militärstrafvollzugs. Die Verurteilungs- und Begnadigungspraxis unterlag in der DDR allgemein Schwankungen. Mitunter wären ohne Amnestien die Haftanstalten überbelegt gewesen. Siehe hierzu, wie auch zum parteipolitischen Einfluss der SED auf die Justiz und die Schwankungen von Häftlingszahlen jenseits von Gnadenerlassen und Amnestien, Falco Werkentin: Politische Strafjustiz in der Ära Ulbricht, insbesondere S. 359–394.

61 Zu Amnestien vgl. im Kap. 4 den entsprechenden Abschnitt.

Bestandszahlen aufgelistet.[62] Daraus ergibt sich ein durchschnittlicher Bestand von 184 Insassen bei monatlich 21 bis 55 Zugängen und 25 bis 46 Abgängen.[63]

Monat	**Zugänge**	**Abgänge**	**Bestand MSG**	**Bestand SA**	**Bestand Gesamt**
Januar 1977	38	30	165	45	210
Februar 1977	32	40	154	48	202
März 1977	32	41	145	48	193
April 1977	41	46	143	45	188
Mai 1977	27	31	137	47	184
Juni 1977	21	44	120	41	161
Juli 1977	39	39	116	45	161
August 1977	55	25	116	75	191
September 1977	37	30	105	93	198
Oktober 1977	23	41	96	84	180
November 1977	33	38	92	83	175
Dezember 1977	32	41	84	82	166
Summe	*410*	*446*	*k. A.*	*k. A.*	*k. A.*
Durchschnitt	*34*	*37*	*123*	*61*	*184*

Tab. 7: Zugänge/Abgänge und Bestand der Insassen 1977[64]

62 BStU, MfS, BV FfO, TA 70/84, Bd. 3, Bl. 98.

63 Dementgegen hieß es im Juli 1977, dass die monatlichen Zu- und Abgänge zwischen 80 und 100 Militärpersonen lägen, vgl. Information über die Wirksamkeit des Strafvollzuges an Militärpersonen [o. D., Verf. und Adressat, Juli 1977]; BArch, DVW 1/126208 (o. Pag.). Unabhängig vom Sinn einer Summenbildung von Zu- und Abgängen: Die Summe der Zu- und Abgänge aus Tabelle 7 bleibt überwiegend unterhalb der genannten Mindestgrenze von 80 Personen. Zu- und Abgänge erreichen in keinem Fall den Betrag von 90.

64 Modifizierte Tabelle auf Basis des Berichtes von IM »Johannes« v. 2.1.1978; BStU, MfS, BV FfO, TA 70/84, Bd. 3, Bl. 98. Im Original Bestand MSG nicht separat ausgewiesen, hier errechnet aus den in der Tabelle enthaltenen Daten, das gilt auch für die zwei unteren Zeilen der Tabelle. Auf eine auf das Jahr bezogene Summenbildung beim Bestand von MSG und SA wurde verzichtet, da durch die mehrmonatige Anwesenheit der Insassen unsinnige Mehrfachzählungen entstünden (betr. vorletzte Zeile der Tabelle).

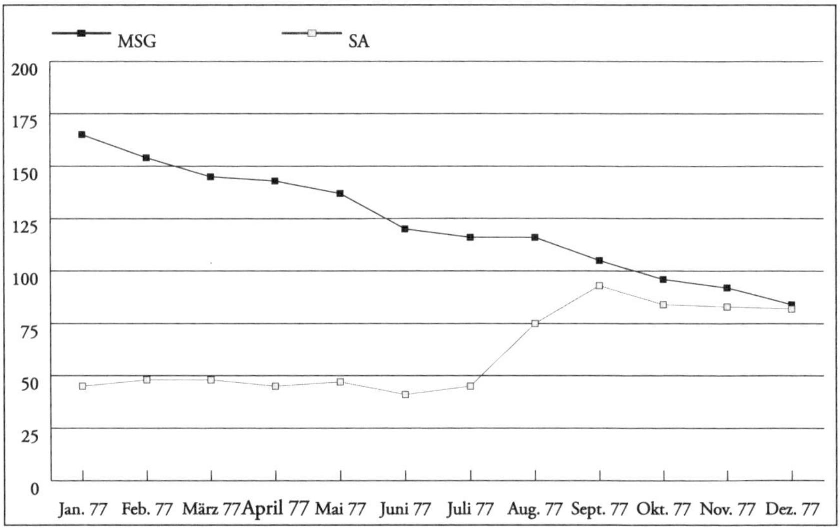

Abb. 7 Entwicklung der Bestandszahlen von MSG und SA 1977

Deutlich erkennbar ist der sprunghafte Anstieg der Zahl der Strafarrestanten im Vergleich zur Zahl der Militärstrafgefangenen ab August 1977. Lag das Verhältnis der beiden Gruppen Anfang 1977 noch bei circa 1 : 3, glichen sich die Zahlen zum Ende des Jahres nahezu an. Das ist zweifelsohne auf die Verlängerung der Maximaldauer des Strafarrestes zurückzuführen. Offensichtlich wurden »kleinere« Delikte nun vermehrt mit Strafarrest geahndet, was für die Betroffenen den Vorteil hatte, dass sie nach Verbüßung nicht als vorbestraft galten.

Die 1980er-Jahre

Als gesichert kann der Insassenbestand vom 31. Oktober 1982, dem Zeitpunkt der Übernahme der Verantwortung durch das MfNV, angesehen werden: Die 139 übernommenen Personen (85 Militärstrafgefangene und 54 Strafarrestanten) sind namentlich in einer überlieferten Übergabeliste aufgeführt.[65]

Für die Folgezeit änderten sich die Erhebungszeiträume: Waren in der Zeit des MdI Kalenderjahre, Quartale oder Monate relevant, wurden nun zunehmend militärische Ausbildungs(halb-)jahre zugrunde gelegt. Das erste Ausbildungshalbjahr (AHJ) ging in der NVA vom 1. November bis zum 30. April, das

65 Ltr. StVE Schwedt an Kommandeur der DE: Übergabeprotokoll v. 31.10.1982; BArch, DVW 1/126212 (o. Pag.).

zweite vom 1. Mai bis 31. Oktober, was mit der Praxis der Einberufungen zum Anfang Mai beziehungsweise Anfang November in Verbindung stand.[66]

Der in die Schwedter Struktur eingebundene OibE »Manfred« wiederum übergab ab 1983 dem MfS sogenannte Personalanalysen zu Militärstrafgefangenen beziehungsweise Disziplinarbestraften für unterschiedliche Zeitintervalle. Diese betrafen jeweils drei bis zwölf Monate, die in der Mehrzahl nicht mit dem Kalenderrhythmus und nur gelegentlich mit den Ausbildungszeiträumen übereinstimmten.[67] Zusätzlich fand sich in seiner Akte eine Bestandsübersicht zu den monatlichen Entwicklungen (nur) der Militärstrafgefangenen (inklusive Strafarrestanten) für den Zeitraum Dezember 1982 bis Mai 1985, also den ersten Jahren in der Zuständigkeit des MfNV.[68] »Manfred« hatte offenbar Gefallen an zusätzlichen Untersuchungen statistischer Art: So finden sich diverse Analysen zur Verteilung der Insassen auf die unterschiedlichen Wehrdienstverhältnisse (Berufsunteroffizier, UaZ, SaZ, GWD), die Diensthalbjahre, den Bildungsstand, den Strafzeitraum, Vorstrafen/Hafterfahrung, Delikte und zur Verteilung auf Teilstreitkräfte – jeweils in prozentualen Vergleichen.

Als weitere Quelle beinhaltet die 1984 vom hauptamtlichen MfS-Mitarbeiter, Siegfried Knobelsdorf, vorgelegte Fachschulabschlussarbeit einige Zahlen.[69] Sie enthält eine Übersicht über die monatlichen Zu- und Abgänge beziehungsweise die Bestandszahlen der Disziplinarbestraften für die kompletten Jahrgänge 1983 und 1984. Auch wenn unsinnigerweise die Zahlen des monatlichen Bestandes addiert wurden, lassen sich andere Zahlen sinnvoll zuordnen: Für 1983 wurden 330 Zugänge und 332 Abgänge gezählt und durchschnittlich waren monatlich 52 Disziplinarbestrafte vor Ort. Für 1984 wurden 377 Zugänge und 370 Abgänge ausgewiesen und der durchschnittliche Bestand lag bei monatlich 57 Disziplinarbestraften.[70] In Verbindung mit der von OibE »Manfred« gelieferten Bestandsübersicht können somit für 1983 und 1984 für jeden Monat die Veränderungen im Bestand der drei Insassengruppen ausgewiesen werden.

66 Welchen Sinn diese Orientierung bei der Betrachtung von bestraften Militärangehörigen macht, deren Aufenthaltsdaten in Schwedt jenseits des Einberufungs-Halbjahres-Rhythmus lagen, kann an dieser Stelle nicht geklärt werden. Insbesondere die Chronik der Disziplinareinheit und einzelne der aufgefundenen Personalanalysen orientierten sich an diesen Zeiträumen. In den 1970er-Jahren waren die Zeiträume abweichend definiert: Das 1. AHJ ging von Dez. bis Mai, das 2. AHJ von Juni bis Nov., siehe z. B. Aufgabenstellung für die militärische Ausbildung im StVK Schwedt [o. D., Verf. und Adressat]; BArch, DVW 1/126204 (o. Pag.).

67 Auf die mangelnde Vergleichbarkeit wegen unterschiedlicher Zeiträume hat »Manfred« selbst hingewiesen, ohne Ursachen oder Gründe dafür zu benennen; BStU, MfS, AIM 5382/88, T. II/1, Bl. 449 u. ebenda, T. II/2, Bl. 31.

68 Ebenda, T. II/1, Bl. 131.

69 Zur FS-Arbeit Knobelsdorf siehe Abschnitt Stand von Forschung u. Publikationen in Kap. 1.

70 FS-Arbeit Knobelsdorf: Organisation, Bl. 46.

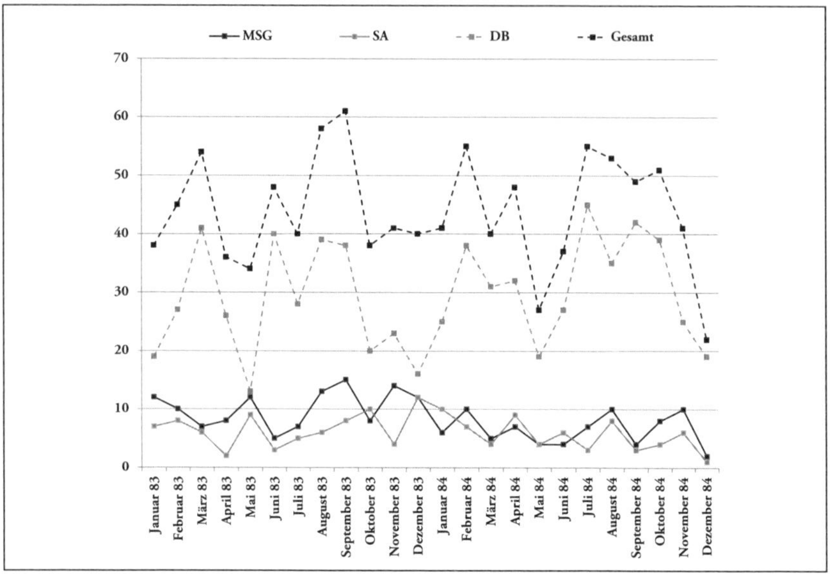

Abb. 8: Entwicklung der Zugangszahlen von MSG, SA und DB 1/1983–12/1984
Die Daten basieren auf Knobelsdorf: Organisation, Bl. 46 und Anlage Bestandsübersicht der Personalanalyse über den Zugang an MSG vom 24.11.1984 bis 31.5.1985 von OibE »Manfred«; BStU, MfS, AIM 5382/88, T. II/1, Bl. 131.

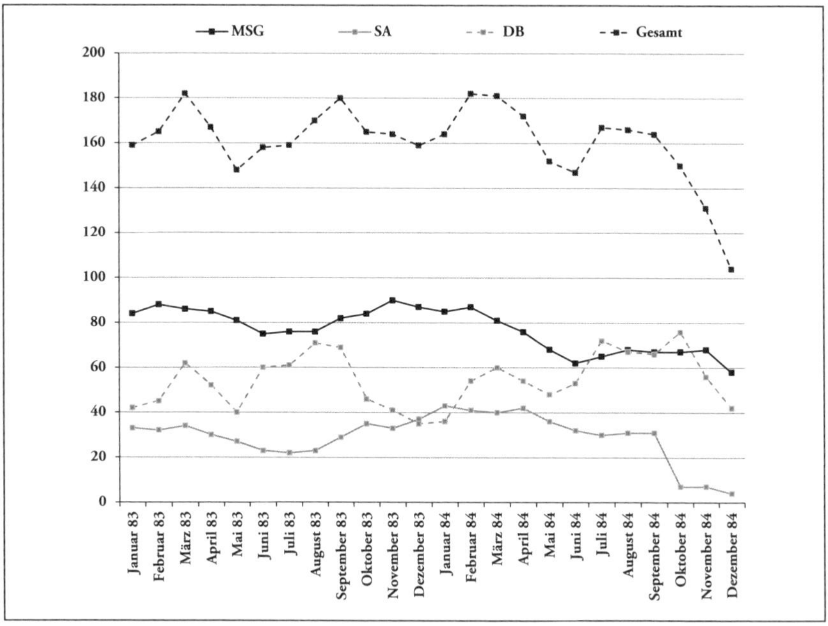

Abb. 9: Entwicklung des Bestandes von MSG, SA und DB 1/1983–12/1984 (Quelle wie Abb. 8)

Deutlich erkennbar ist, dass die Anzahl der hinzukommenden Disziplinarbestraften durchweg über der der Strafarrestanten und Militärstrafgefangenen lag. Bei der Zusammensetzung des Gefangenenbestandes zeigt sich, dass die Bedeutung des Strafarrestes gesunken war. Durch dessen Verlängerung auf bis zu sechs Monate (1977) näherten sich die Zahlen von Militärstrafgefangenen und Strafarrestanten einander an (siehe Abb. 7). Nach Einführung des »Dienstes in der Disziplinareinheit« gab es deutlich weniger Strafarrestanten als zuvor und die Anzahl der Disziplinarbestraften lag in der Regel klar darüber.

Eine ebenfalls für 1983 erstellte Analyse der Verurteilungen und begangenen Straftaten (mit Zahlen der zu Strafarrest beziehungsweise bis zu zwei Jahren Freiheitsentzug Verurteilten), lässt einen Rückgang der Zahl der Verurteilten um 22 Prozent und der Militärstraftaten um 46 Prozent erkennen, was »vor allem auf die erstmalig 1983 wirksam gewordene Disziplinarstrafe ›Dienst in der Disziplinareinheit‹« zurückgeführt wurde.[71] Für die späteren Jahre sind keine so detaillierten Statistiken gefunden worden. Lediglich einzelne tendenzielle Aussagen aus anderen Zusammenhängen lassen indirekte Schlüsse zu. So galt im Mai 1985 für alle drei Kompanien der gerichtlich Verurteilten, dass der Bestand an Militärstrafgefangenen und Strafarrestanten weiter rückläufige Tendenzen aufwies und für Juni 1985 ist bekannt, dass die 3. Kompanie mit nur circa 30 Militärstrafgefangenen belegt war, was als wenig galt.[72]

Für den Zeitraum von Eröffnung der Disziplinareinheit im Dezember 1982 bis Ende des Jahres 1987 liegen statistische Angaben über Insassen vor, die ohne Verfasserangaben im Militärarchiv gefunden wurden.[73] Daraus lassen sich jährliche Entwicklungszahlen der Zugänge der Militärstrafgefangenen/Strafarrestanten und der Disziplinarbestraften ersehen.[74] Zusätzlich wird auch die jeweils absolute Zahl der gesamten Zugänge ausgewiesen: Demnach wurden zwischen 1.12.1982 und 28.2.1985 insgesamt 196 SA, 239 MSG und 810 DB mit »Schwedt« bestraft. Bis 31.12.1987 waren es insgesamt 294 SA, 372 MSG und 1 823 DB.

71 OG der DDR, Vorsitzender des Militärkollegiums, GM Penndorf und MfJ, Ltr. HA MG, GM Kalwert [ohne Adressat]: Information über die im Jahre 1983 verurteilten Angehörigen der NVA, der GT der DDR, der ZV sowie der ZB, 18.1.1984; BArch, DVW 1/55634 Bl. 422–431, Zitat Bl. 426; Kopie o. D. in BStU, MfS, HA I Nr. 13456, Bl. 578–587.

72 FO Krugenberg: Arbeitsnachweise für IME »Manfred« v. 24.5. u. 6.6.1985; BStU, MfS, AIM 5382/88, T. II/1, Bl. 99, 117.

73 Hierbei handelt es sich um aufwendig erstellte Diagramme und Tabellen, die offenbar als Zwischenmaterial für andere Analysen angefertigt wurden; BArch, DVW 1/126215 (o. Pag.).

74 Fatalerweise tun sich auch hier Widersprüche auf: so sind die für 1983 u.nd 1984 ausgewiesenen Zugangszahlen nicht identisch mit denen aus der FS-Abschlussarbeit von Knobelsdorf bzw. den von »Manfred« benannten.

Die von »Manfred« gelieferten Personalanalysen zu MSG beziehungsweise DB reichen bis 1987, sind aber unvollständig überliefert, sowohl hinsichtlich der Zeiträume als auch der Insassengruppen. Außerdem enthalten sie keine kompatibel aufgeschlüsselten Zahlen. Nur gelegentlich finden sich absolute Angaben, die für die bis dato gesamte Zeit der Disziplinareinheit gelten – oft aber in einer spezielleren Konkretisierung, zum Beispiel Wiederholungstäter (Personen, die zum zweiten Mal nach Schwedt kamen) oder vorzeitig Entlassene. Ergänzend zu obigen Ausführungen liegt aber eine absolute Zahl der Zugänge von Disziplinarbestraften bis zum 30.11.1987 vor: 1 798, von denen 48 zum zweiten Mal nach Schwedt kamen.[75] Zusätzlich wurde im Oktober 1987 der Durchschnitt der Zugänge an Disziplinarbestraften je Quartal mit 103,8 angegeben und sollte für die letzten fünf Jahre Geltung haben, was somit dem gesamten bisherigen Bestandszeitraum der Disziplinareinheit entspräche.[76]

Infolge der Amnestie 1987 reduzierte sich der sogenannte Wechselbestand nochmals. Am 28. Januar 1988 war die Disziplinareinheit mit nur 6 MSG, 5 SA und 43 DB belegt.[77]

Nach der friedlichen Revolution kamen im Zuge der Amnestien im Dezember 1989 die ersten Militärstrafgefangenen beziehungsweise Strafarrestanten frei. Bis zum 26. April 1990 wurden schließlich die letzten Militärstrafgefangenen auf Grundlage des § 349 StPO vorzeitig, auf Bewährung aus »Schwedt« entlassen.[78] Da die Disziplinarbestraften wegen Wegfallens dieser Bestrafungsform schon 1989 entlassen worden waren, hatte die »Disziplinareinheit 2« nun keine Insassen mehr und der Militärstrafvollzug in der DDR war Geschichte.

Das Wochenblatt der NVA, nunmehr unter dem Titel *trend*, berichtete in seiner Ausgabe 5/90 ganzseitig über den in Auflösung befindlichen Militärstrafvollzug. Demnach hatte die Disziplinareinheit von November 1982 bis Dezember 1989 788 Strafgefangene. Rund 55 Prozent von ihnen verbüßten eine

75 Personalanalyse über die Zuführung von DB im Zeitraum 1.12.1986–30.11.1987 [von OibE »Manfred« unterzeichnetes Durchschlagexemplar o. Verf. u. Adressat], 3.12.1987; BStU, MfS, AIM 5382/88, T. II/2, Bl. 72–81, hier 75.

76 Personalanalyse über die Zuführung von DB im Zeitraum 1.6.1987–31.8.1987 [von OibE »Manfred« unterzeichn. Durchschlagex. o. Verf. u. Adressat], 12.10.1987; Ebenda, Bl. 5–61, hier 55.

77 Angaben über den Vollzug von Strafen in der DE (handschriftl. Zwischenmat. zur Disziplinareinheit) [o. D. u. Verf.]; BArch, DVW 1/126215 (o. Pag.).

78 Chronik der Disziplinareinheit; BArch, DVW 5-16/74001, Bl. 107. Gemäß der Angaben aus *trend* kann es sich um maximal fünf Gefangene gehandelt haben, vgl. Sündram: Schwedt von gestern. In: trend (1990) 5, S. 4. Ein Scan dieser Zeitungsseite findet sich unter: http://www.psrb.de/militaer/intern/presse/files/2_00-00-00-trendspezial-pdf.

Freiheitsstrafe, die übrigen waren Strafarrestanten. Im gleichen Zeitraum waren 2 524 Disziplinarbestrafte in Schwedt.[79] Eine Quelle nennt das Blatt nicht.[80]

Rüdiger Wenzke kam zu der Annahme, »dass zwischen 1968 und 1982 etwa 3 000 bis 3 500 Armeeangehörige zur Haftverbüßung in Schwedt einsaßen«.[81] Das ist schwer nachzuvollziehen. Als Basis seiner Hochrechnung benennt Wenzke die von ihm als Beispieljahrgang bezeichneten Zahlen von 1976/77. Zusätzlich verweist er auf durchschnittliche monatliche Zugänge von 30 Personen.[82] Unabhängig davon, wie repräsentativ der ausgewählte Beispieljahrgang 1976/77 ist,[83] würde eine Annahme von 30 monatlichen Zugängen im Zeitraum von Juni 1968 bis zur Übernahme durch das MfNV Ende Oktober 1982 (14 Jahre und 4 Monate) zu insgesamt über 5 100 Insassen in Schwedt führen.

Die im Rahmen dieser Studie bekannt gewordenen Zahlen zu den Zugängen in konkreten Monaten aus der MdI-Phase erstrecken sich über 48 verschiedene Monate in unterschiedlich zusammenhängenden Blöcken aus den Jahren 1968 bis 1977.[84] Insgesamt sind in diesen 48 Monaten 1 858 Zugänge verzeichnet (38,7 je Monat). Nimmt man diese Zahl als Basis einer Hochrechnung (was weitaus repräsentativer erscheint als nur zwölf Monate bei Wenzke), ergeben sich 6 658 Zugänge in der Zeit von Juni 1968 bis Ende Oktober 1982 – rund das Doppelte der von Wenzke vermuteten Zahl. Zusammen mit der für die Zeit der Disziplinareinheit ausgewiesenen Zahl (788) kämen über 7 400 Personen als Militärstrafgefangene beziehungsweise Strafarrestanten zusammen. Mit den circa 2 500 Disziplinarbestraften lässt sich somit annähernd eine Gesamtanzahl von fast 10 000 Schwedt-Insassen abschätzen.

79 Ebenda.

80 Ebenda. Aus dargelegten Gründen sind diese Zahlen durch bisher zugängliche Quellen nicht nachprüfbar, dürften aber von der Tendenz her zutreffen. Insbesondere für die Zeit des Militärstrafvollzugs unter Verwaltung des MdI von 1968–1982 sind solche detaillierten Zahlen nicht zu erbringen.

81 Wenzke: Ab nach Schwedt!, S. 266, unter Verweis auf einen Prüfbericht des MfNV/Abt. KD.

82 Ebenda.

83 Wenzke räumt ein, »dass der Gefangenenbestand teilweise großen Schwankungen unterlag«, ebenda.

84 Die Blöcke betrafen je 8, 7, 10, 11 oder 12 zusammenhängende Monate, siehe MfNV/Abt. KD und MdI/VSV an Ltr. der Politabt. der unterstellten Truppenteile, Einheiten und Einrichtungen beim Stv. des Ministers und Chefs des Hauptstabes: Bericht über die gemeinsame Kontrolle im StVK Schwedt, Anlage 3: Entwicklung des Gefangenenbestandes 1968/69 [o. D.]; BArch, DVW 1/126205 (o. Pag.); StVK Schwedt [ohne Adressat]: Berichterstattung, 22.5.1973; BArch, DVW 1/126205 (o. Pag.); MfNV/Abt. KD, OSL Schweingel [ohne Adressat]: Teilbericht zur Jahreskontrolle in der StVE Schwedt, 14.11.1975, hier Anlage 1: Entwicklung des MSG-Bestandes v. 1.12.1974–30.9.1975; BArch, DVW 1/126206 (o. Pag.); MfNV/Abt. KD, OSL Schweingel [ohne Adressat]: Teilbericht über die Jahreskontrolle in Schwedt, 18.11.1976, hier Anlage 1: Entwicklung des MSG-Bestandes v. 1.12.1975–31.10.1976; BArch, DVW 1/126207 (o. Pag.) u. IM-Bericht »Johannes« über die Entwicklung des SG-Bestandes 1977; BStU, MfS, BV FfO, TA 70/84, Bd. 3, Bl. 98.

In über 100 namentlich bekannten Fällen waren Personen zweimal in Schwedt; in drei Fällen sogar dreimal. Ein ehemaliger Obermatrose, der zwischen 1985 und 1987 dreimal wegen unerlaubter Entfernung in Schwedt war, lernte alle drei Straffformen kennen (zwei Monate Disziplinarbestrafung, sechs Monate Strafarrest und zwölf Monate Militärstrafvollzug).[85]

85 [O. Verf. u. Adressat; von OibE »Manfred« unterzeichnetes Durchschlagexemplar]: Personalanalyse über den Zugang an MSG, 18.12.1986; BStU, MfS, AIM 5382/88, T. II/1, Bl. 461–466, hier 462. Ungeachtet der subjektiven Tragik erreichte er insgesamt nicht das »Schwedter« Strafhöchstmaß von zwei Jahren.

4. Der Militärstrafvollzug – Alltag und Innenleben

4.1 Der Alltag

Aussagen über den genauen Tagesablauf müssen allgemein bleiben, da die Verhältnisse sich fortlaufend änderten und für Militärstrafgefangene, Strafarrestanten und Disziplinarbestrafte zum Teil sehr unterschiedlich waren. Prinzipiell galt die Kombination von Arbeitseinsatz, politischer Schulung und militärischer Ausbildung für alle Insassengruppen. Je nach Arbeitsstelle und damit verbundenem Schichteinsatz ergaben sich unterschiedliche Stunden- beziehungsweise Tagesdienstablaufpläne, die den Betroffenen gerade wegen der ungewöhnlich frühen Aufstehzeiten zwischen 3.30 und 4.30 Uhr nachdrücklich in Erinnerung blieben.[1] Für alle galt in der Regel der Samstag als kompletter Ausbildungstag. Vorrang hatte jedoch die Erfüllung der Arbeitsaufgaben, sodass zusätzliche Schichten und Arbeitseinsätze in der Regel zulasten der Ausbildung gingen. Über allem stand der Anspruch, jederzeit unter militärischen Bedingungen auf die Insassen einzuwirken: »Der Tagesablauf hat der ständigen Festigung der militärischen Disziplin und Ordnung zu dienen«.[2] Grundsätzliche Vorgaben zur Gestaltung des Vollzugsregimes beziehungsweise zum Verhältnis zwischen Arbeits- und Ausbildungszeit enthielten die Ordnungen für Strafarrest und Strafvollzug[3] in Verbindung mit den vom MfNV herausgegebenen Ausbildungsprogrammen. Auch für die 1982 eingeführte Strafe »Dienst in der Disziplinareinheit« galt die Kombination von Arbeit, Schulung und Ausbildung in militärischer Umgebung:

> Die Disziplinierung der betreffenden Angehörigen der Nationalen Volksarmee beziehungsweise der Grenztruppen der DDR hat durch
> – entsprechende Gestaltung des militärischen Regimes,
> – politische Schulung und Ausbildung,
> – ökonomisch effektive und physisch belastende Arbeit
>
> bei spürbar eingeschränkten Rechten zu erfolgen.[4]

1 Siehe z. B. die Berichte von Günter Meyer, Klaus Auerswald, Ingolf B., Ilja Hübner oder Kai in Brauhnert; Hübner; Polzin (Hg.): Der DDR-Militärstrafvollzug, S. 46, 117, 172, 253 u. 278.

2 § 10 Absatz 1 der Militärstrafvollzugsordnung 1968, Bl. 4.

3 Strafarrestordnung 1964, Militärstrafvollzugsordnung 1968 bzw. 1975 sowie Strafvollzugsordnung 1977 Teil E, v. 19.1.1978.

4 [Berichterstatter Armeegeneral Hoffmann]: Grundsätze zur Schaffung der Disziplinarstrafe »Dienst in der Disziplinareinheit«, 62. Sitzung des NVR, 21.11.1980; http://www.argus.bstu.bundesarchiv.de/DVW1_NVR/mets/DVW1_NVR_39523/index.htm?target=midosaFraContent&backlink=/argus-bstu/DVW1_NVR/index.htm-kid-4e743c14-4451-41ad-9a52-891136a2e880&sign=DVW%201/39523.

Die neue Strafform wurde durch die Ordnung des MfNV über den Dienst in der Disziplinareinheit geregelt.[5] Sie enthält Vorgaben über die Anteile der politischen Schulung und der militärischen Ausbildung. So war für jeden normalen Arbeitstag neben der (Schicht-)Arbeit eine dreistündige militärische Ausbildung vorgesehen. Gerade den Disziplinarbestraften blieb durch einen sehr eng organisierten Tagesablauf kaum Freizeit. Offenbar sollte die kürzere Einwirkungsmöglichkeit von maximal drei Monaten durch ein extra straffes militärisches Regime kompensiert werden. Ehemalige Disziplinarbestrafte berichten, dass Kommandos oft im Brüllton und die Fortbewegung überwiegend im Laufschritt erfolgten.[6] Vorgeschobene Begründung hierfür war die in der genannten Ordnung enthaltene Formulierung: »Im Tagesdienstablauf sind vom Wecken bis zum Zapfenstreich militärische Verhaltensweisen exerziermäßig zu trainieren und einheitlich durchzusetzen«.[7] Der in der angegebenen Ordnung enthaltene Muster-Tagesdienstablaufplan beschönigt die Verhältnisse: Hier wurde in Anlehnung an das NVA-typische Tagesregime eine Nachtruhe von 22.00 bis 6.00 Uhr suggeriert, die jedoch durch den mehrschichtigen Arbeitseinsatz ausgehebelt wurde. Das Zeitfenster von einer Stunde und 20 Minuten, in dem auch Freizeit vorgesehen war, sollte zusätzlich für Abendbrot und Pflege von Bekleidung und Ausrüstung genutzt werden. Somit ist der vermeintlich geregelte Anspruch auf Freizeit wesentlich verkürzt worden.

Eine relativ realistische Kurzdarstellung der Schwedter Verhältnisse lieferte im Sommer 1984 ein Militärstaatsanwalt gegenüber den Eltern eines zu einer 20-monatigen Freiheitsstrafe verurteilten Armeeangehörigen, kurz bevor dieser aus der U-Haft nach Schwedt verlegt wurde. Offenbar eher tröstend gemeint, stellte der Militärstaatsanwalt Folgendes dar: Es gäbe den normalen Strafvollzug und die Disziplinareinheit, wobei letztere wesentlich härter sei. In der Disziplinareinheit gelte ein Tagesrhythmus von je acht Stunden Arbeit, militärischer Ausbildung sowie Freizeit und Schlaf. Gearbeitet werde an fünf Tagen die Wo-

5 Ordnung Nr. 036/9/004 des MfNV über den Dienst in der Disziplinareinheit v. 17.12.1982; BStU, MfS, AGM Nr. 610, Bl. 151.

6 Der im Personal bei den Disziplinarbestraften eingesetzte Harald Blaschke bestätigt den lauteren Ton und dessen Wirkung: »Das war bewusst so angewiesen worden, um die Leute gleich von vorn herein einzuschüchtern und um auch zu zeigen, wo es hier in der MStVE Schwedt lang geht. Das fing schon bei der Wache an, wenn man reingekommen ist: ›Stillgestanden! Blick zur Flamme‹. Das Begleitpersonal bzw. die Begleitposten der nach Schwedt überführten Arrestanten werden wohl auch diese Gangart in ihren Regimentern weitererzählt haben, sodass der Mythos Schwedt wohl auch dadurch geschürt wurde.«, Dressler: Stillgestanden, S. 262.

7 Ordnung Nr. 036/9/004 des MfNV über den Dienst in der Disziplinareinheit v. 17.12.1982; BStU, MfS, AGM Nr. 610, Bl. 151 (hier Bl. 11 des Dokuments). Nahezu identische Formulierungen gab es auch schon in der Militärstrafvollzugsordnung 1975.

che im Schichtbetrieb in der Petrolchemie oder einem Autozulieferungswerk.[8] Samstags erfolge eine achtstündige militärische Ausbildung, die mehr aus Topographie u. ä. bestehe, als dass sie körperliche Ausbildung beträfe. Am Sonntagvormittag stünden Reinigungsarbeiten an, nachmittags gäbe es Freizeit. Alle vier Wochen sei am Sonntag Besuchszeit und für die Freizeit stünden Fernsehen, Tischtennis-Platte, Bücherei und Tageszeitungen zur Verfügung. Die Unterbringung erfolge in festen Baracken mit vergitterten Fenstern, durch die man hinaussehen könne. Warme Mahlzeiten und Duschen seien gewährleistet und geschlafen würde auf Feldbetten, nicht auf Holzbrettern. Bei guter Führung seien Erleichterungen möglich, zum Beispiel »Urlaub auf Ehrenwort«. Sein ungewöhnliches Fazit lautete: »Bautzen ist viel schlimmer«.[9]

4.1.1 Gepflogenheiten von Strafantritt und Entlassung

Die Militärstrafvollzugsordnung von 1968 sah vor, dass die Verurteilten von den Kommandeuren der Einheit beziehungsweise des Truppenteiles mit Dienstauftrag und der gesamten Normausstattung (ohne Waffen) in Marsch zu setzen waren, sofern nicht eine Zuführung notwendig erschien.[10] Sowohl ehemalige Militärstrafgefangene, Strafarrestanten als auch Disziplinarbestrafte berichten, dass sie es als zusätzliche Strafe empfanden, dass sie zum Strafantritt individuell anreisen mussten. Im damaligen Sprachgebrauch hieß dieser Vorgang »Selbststeller«. Das galt jedoch nicht für alle künftigen Insassen. Wurden Personen wegen unerlaubter Entfernung oder Fahnenflucht bestraft oder gab es eine Untersuchungshaft, erfolgte die Fahrt nach Schwedt entweder als sogenannte Zuführung vom Truppenteil aus oder mit einem Gefangenensammeltransport von der Untersuchungshaftanstalt aus. Bei den Zuführungen durch den Truppenteil gab es sowohl die Nutzung öffentlicher Verkehrsmittel als auch die Variante der Nutzung armeeeigener Fahrzeuge. Der oder die Begleitposten waren in der Regel bewaffnet.[11]

8 Tatsächliche Einsätze in der Petrolchemie sind nicht bekannt. Mit dem Autozulieferungswerk dürfte der Rüstungsbetrieb Instandsetzungswerk Pinnow gemeint sein.

9 Brief der Eltern an den Sohn v. 26.6.1984; BStU, MfS, BV Dresden, AOP 1452/88, Bd. 1, Bl. 261. Der diese Details bekanntgebende Militärstaatsanwalt wurde daraufhin der Offenbarung interner militärischer Informationen beschuldigt. Vom Leiter der MfNV-Abt. Innerer Dienst wurden Maßnahmen eingeleitet, den Militärstaatsanwalt zur Rechenschaft zu ziehen; ebenda, Bd. 1, Bl. 264. Eine Abschrift des angesprochenen Briefes ist auch im Militärarchiv überliefert. Von dort stammt ein Abdruck bei Wenzke: Ab nach Schwedt!, S. 356. Der Vergleich mit Bautzen soll hier nicht thematisiert werden.

10 § 4 Absatz 3 der Militärstrafvollzugsordnung 1968. Dieser Passus bezieht sich auf die nicht inhaftierten Verurteilten. Eine ähnliche Formulierung enthielt auch die Strafvollzugsordnung 1977.

11 Der zu Überführende wurde eingeschüchtert, in dem er über die Anwendung der Schusswaffe bei Fluchtversuch belehrt wurde. Siehe hierzu z. B. die Schilderungen der Betrof-

Gefangenensammeltransporte waren an die wöchentlichen Rundkurse des »Grotewohl-Express« gebunden. Unter diesem Namen firmierten Spezialwaggons der Deutschen Reichsbahn zum versteckten Transport Strafgefangener, die in einem komplizierten Umlaufverfahren wöchentlich die per Bahn erreichbaren Vollzugsanstalten der DDR anfuhren.[12] Wegen der gebundenen Reiseroute konnte ein Transport von einer Haftanstalt zu einer anderen mehrere Tage dauern, einschließlich nächtlicher Aufenthalte in auf der Strecke liegenden Haftanstalten. Die Regeln für die Transporte bestimmte das MdI unter anderem mit der Vorgabe, dass die für den Militärstrafvollzug vorgesehenen Personen nicht in Uniform, sondern mit Strafgefangenenbekleidung mitzufahren hätten.[13] Für Schwedt bedeutete dies unter anderem, dass jahrelang der fast 20 Kilometer entfernt liegende Bahnhof Angermünde als Haltepunkt des Sammeltransportes genutzt wurde. Für den dortigen Halt waren Zeitfenster vorgegeben, die 1982 beispielsweise auf jeweils Donnerstag 16.26 bis 16.28 Uhr beziehungsweise 22.37 bis 22.40 Uhr terminiert waren.[14] Der 1984 gültige Umlaufplan sah den späteren Halt erst um 1.22 Uhr vor. Offenbar der nächtlichen Mühen überdrüssig, reichten zwei als Zugführer in Schwedt tätige Fähnriche einen Neuerervorschlag ein, der vorsah, auf den nächtlichen Stopp zu verzichten und die für Schwedt bestimmten Insassen erst bis Stralsund weiter mitfahren zu lassen, um sie dann auf der Rücktour um 8.49 Uhr in Empfang zu nehmen. Für die »Fahrgäste« hätte dies eine Fahrzeitverlängerung von über sieben Stunden bedeutet. Der Leiter der Abt. Innerer Dienst des MfNV lehnte den Vorschlag mit der bemerkenswerten Begründung ab: »Das Belassen von Verhafteten/Verurteilten in GSTW über das Maß des unbedingt Erforderlichen hinaus entspricht nicht der Menschenwürde, die auch bei Straffälligen zu achten ist«.[15]

fenen Heinz A. Streblow und Ilja Hübner in Brauhnert; Hübner; Polzin (Hg.): Der DDR-Militärstrafvollzug, S. 141 bzw. 252.

12 Zu den Transportbedingungen siehe Herz (Hg.): »So reingepfercht« sowie Jan-Henrik Peters: Der Gefangenentransport auf der Schiene. In: Susanne Kill; Christopher Kopper; Jan-Henrik Peters: Die Reichsbahn und der Strafvollzug in der DDR. Essen 2016, S. 143–197.

13 MdI/VSV, Ltr. Oberst Tunnat an Ltr. StVE Schwedt (u. a.): Transport von zu Freiheitsstrafe oder Strafarrest verurteilten Militärpersonen mit dem GSTW, 28.1.1976; BArch, DVW 1/126207 (o. Pag.).

14 StVE Schwedt [ohne Adressat]: Protokoll der Beratung mit den Abteilungsleitern und KC, 9.9.1982; BLHA, Rep. 671/16.1, Nr. 300 Bl. 141 Rs.

15 Der Schriftwechsel zum Neuerervorschlag ist überliefert in BArch, DVW 1/126210 (o. Pag.). Das Zitat stammt aus MfNV/Abt. ID, Ltr. Oberst Mehrmann an Kommandeur der DE: Entscheidung zum Neuerervorschlag, 11.2.1984; ebenda. (Ein Neuerervorschlag war ein verfahrensgebundener Weg, Verbesserungen u. a. in der Arbeitswelt umzusetzen.) Ein 1985 nach Schwedt Verbrachter erinnert sich im Internetforum, dass er zum ersten Termin am Bahnhof nicht abgeholt wurde, sodass er eine weitere Woche Rundfahrt mit dem Grotewohl-Express erdulden musste; Eintrag Zippl 65 v. 23.7.2009. Der ab Mai 1989 geltende Umlaufplan lässt erkennen, dass es nun fünf verschiedene Umlaufrouten gab, die sich jeweils zwischen Dienstag und Donnerstag durch die DDR bewegten und in Cottbus, Leipzig und Berlin-Lichtenberg

Mitte der 1980er-Jahre gab es noch einen dritten Weg der Anreise: Dieser bezog sich auf die Verlegung von Insassen der NVA-Standortarrestanstalten und betraf Personen, die zunächst mit Kasernenarrest bestraft wurden oder dort in U-Haft saßen. Aus den Standorten Ost-Berlin, Potsdam, Leipzig, Cottbus, Neubrandenburg und Rostock waren die Betroffenen mit Fahrzeugen der dortigen Militärstreifen nach Schwedt zu bringen. Personen aus Halle, Erfurt, Dresden, Schwerin und Ueckermünde sollten durch Gefangenentransportwagen der Disziplinareinheit abgeholt werden, weswegen eine Erweiterung des jährlichen Benzinkontingentes für zusätzliche 30 000 km für einen Kleinbus Barkas B 1000 beantragt wurde.[16]

Selbststeller wurden vom Truppenteil mit Marschbefehl, Fahrkarte, oft auch mit vorgeschriebener Zugverbindung auf den Weg geschickt und deren Ankunft mit konkretem Zeitfenster in Schwedt avisiert. Dennoch gab es Fälle, bei denen die zukünftigen Insassen sich unterwegs »Mut antranken« oder an der Mitropa nicht vorbeikamen. So etwa, als sich am 11. Oktober 1977 zwei Matrosen, zu je vier Monaten Strafarrest verurteilt, als Selbststeller nach Schwedt begaben. Sie blieben auf dem Weg dahin in der Mitropa Schwedt hängen. Der Gaststättenleiter informierte nach einer Stunde die Militärstrafvollzugseinrichtung, die daraufhin die Volkspolizei um Zuführung ersuchte. Diese beschränkte sich zunächst darauf, die beiden der Gaststätte zu verweisen. Kurz danach kehrten die Matrosen zurück, woraufhin der Gaststättenleiter erneut das Gefängnis benachrichtigte. Der Versuch der Volkspolizei, sie abzuführen, eskalierte: »Die Handlungen der Angehörigen der DVP die unter starkem Alkoholeinfluss stehenden Matrosen aus dem Bahnhof herauszuführen, wurden durch eine Gruppe von circa 20 Zivilpersonen behindert. Eine Zivilperson wurde wegen staatsfeindlicher Äußerungen dem VPKA zugeführt. Beide Matrosen wurden der Militärstrafvollzugseinrichtung zugeführt und aufgrund ihrer Volltrunkenheit bis zur Ausnüchterung in Arrest genommen«.[17]

Für den Antritt zum »Dienst in der Disziplinareinheit« war vorgeschrieben, dass der disziplinarisch Bestrafte »am festgelegten Einweisungstag durch einen

Umsteigemöglichkeiten boten. Angermünde wurde von Umlauf IV berührt. Die Haltezeiten waren mittwochs 1.25–1.28 Uhr bzw. 7.33–7.35 Uhr, vgl. MdI/VSV: Umlaufplan für die Gefangenen-Sammeltransportwagen auf dem Streckennetz der Deutschen Reichsbahn; BStU, MfS, HA VII Nr. 5722, Bl. 1–13.

16 [MfNV], Stv. des Chefs des Hauptstabes an Stv. des Ministers und Chef Technik und Bewaffnung: Antrag zur Freigabe von Nutzungslimit aus der Nutzungslimitreserve des MfNV für 1986, 27.3.1986; BArch, DVW 1/126215 (o. Pag.).

17 [MfNV/Abt. KD], OSL Schweingel [ohne Adressat]: Notiz über die Schädigung des Ansehens der NVA in der Öffentlichkeit, 12.10.1977; BArch, DVW 1/126208 (o. Pag.), s. a. Wenzke: Ab nach Schwedt!, S. 298 – dort aber ohne Erwähnung des »krönenden« Abschluss mit der Festnahme einer weiteren Person. Da der Name der Zivilperson ungenannt blieb, konnte nicht recherchiert werden, welche Folgen ihr entstanden.

Begleitposten der Disziplinareinheit zuzuführen« sei.[18] Dennoch gab es auch hier die Praxis der Anreise als Selbststeller.[19] Für die militärgerichtlich Verurteilten galt nach der Melde- und Untersuchungsordnung von 1983, dass sie mit bewaffnetem Begleitposten zugeführt werden sollten.[20]

Das MfNV analysierte in Kontrollberichten mehrmals den Anteil der Zugeführten im Verhältnis zu den Selbststellern. So wurde im Zeitraum Dezember 1974 bis Oktober 1975 ein Viertel (24,4 %) der Insassen zugeführt, drei Viertel mussten allein anreisen. Ein Jahr später betrug das Verhältnis 20 : 80.[21] Ähnliche Zahlen fanden sich in vergleichbaren Berichten aus anderen Jahren.

Während der Strafverbüßung sollte der Kontakt des bisherigen Truppenteils zum bestraften Armeeangehörigen aufrechterhalten werden. Dazu existierten Regeln, deren Nichtbefolgung Militärstaatsanwaltschaft und MfNV wiederholt beschäftigte. [22] In den Unterlagen finden sich zahlreiche Fälle, in denen sich einerseits die betroffenen Armeeangehörigen über die fehlende Verbindung beschwerten, andererseits die kontrollierenden Offiziere in Berichten immer wieder auf entsprechende Versäumnisse hinwiesen. Eigentlich sollte zumindest bei länger Bestraften vom zuvor zuständigen Truppenteil ein ständiger Briefkontakt mit den Strafgefangenen aufrechterhalten werden und zwei Besuche jährlich durch einen Offizier in Schwedt erfolgen. Insbesondere der ab 1983 tätige Oberoffizier für Sicherheit und Ordnung Riesbeck monierte darüber hinaus die unterschiedliche Behandlung dieses Problems in den drei Kompanien für den Strafvollzug. Er führte eine Übersicht über die Verbindungen zu den Truppenteilen, die in seiner Abwesenheit vom MfS-Hauptmann Knobelsdorf weitergeführt wurde.[23]

Die Rückkehr aus Schwedt sollte in der Regel individuell erfolgen. Ausgestattet mit einer Fahrkarte, maximal 20,00 Mark Bargeld, legitimiert durch einen Entlassungsschein sollten sich die Armeeangehörigen auf direktem Weg, in der Regel mit vorgegebener Fahrtroute in ihre Einheiten begeben. [24] Zusätzlich galt

18 Ordnung Nr. 036/9/004 des MfNV über den Dienst in der Disziplinareinheit v. 17.12.1982; BStU, MfS, AGM Nr. 610, Bl. 151 (hier Bl. 6 des Dokuments).

19 Siehe hierzu z. B. die Schilderungen des Betroffenen Marc Wendrich in Brauhnert; Hübner; Polzin (Hg.): Der DDR-Militärstrafvollzug, S. 192 u. 208.

20 Melde- und Untersuchungsordnung 1983; BStU, MfS, HA I Nr. 17445, Bl. 84.

21 MfNV/Abt. KD, OSL Schweingel [ohne Adressat]: Teilberichte zu Jahreskontrollen in der StVE Schwedt, 14.11.1975 u. 18.11.1976; BArch, DVW 1/126206 bzw. 126207 (jew. o. Pag.).

22 Ebenda.

23 [StVE Schwedt], Mj. Riesbeck [ohne Adressat]: Stellungnahme, 12.12.1988; BStU, MfS, AIM 5382/88, T. I/1, Bl. 82.

24 Über eine Ausnahme berichtete Ingolf B., dem der direkte Weg über Leipzig verboten wurde, da dort seine Verwandten wohnten. Interview mit Ingolf B. in Brauhnert; Hübner; Polzin (Hg.): Der DDR-Militärstrafvollzug, S. 164–181, hier 178.

ein Alkoholverbot, das nicht immer befolgt wurde.[25] Für einzelne zu Entlassende wurde jedoch »aus Sicherheitsgründen« eine Abholung durch den Truppenteil verfügt. Bei den zahlreichen Entlassungen aufgrund der 1979er-Amnestie wurden außerdem Sammeltransporte organisiert, »wodurch keine Störungen der Sicherheit und Ordnung in der Öffentlichkeit auftreten konnten«.[26] Fiel der reguläre Entlassungstermin auf einen Sonn- oder Feiertag, war die Entlassung am (Werk-)Tag zuvor durchzuführen beziehungsweise so zu organisieren, dass der Rückkehrer am Tag vor dem Sonn-/Feiertag in seinem Truppenteil eintraf. Sonderfälle von Abreisen aus Schwedt betrafen Personen, die aus der NVA entlassen und in eine zivile Strafeinrichtung verlegt wurden. Hier erfolgte die Fahrt wieder mit dem Sammeltransport per Bahn.

Viele Insassen erinnern sich, dass sie zur Entlassung eine dahin gehende Erklärung unterschreiben mussten, dass sie über das Erlebte schweigen und den restlichen Wehrdienst pflichtbewusst erfüllen würden. Eine genaue Prüfung dieses Textes und der eventuellen Androhung von Konsequenzen ist nicht möglich, da bisher kein Exemplar einer solchen Erklärung aufgefunden wurde.[27] Das einzige überlieferte Exemplar eines offenbar in Schwedt erstellten Formulars aus der Phase der Disziplinareinheit, das unter dem Titel »Einschätzung« inhaltlich einer Beurteilung des Insassen nahekommt, enthält die abschließende und vom zur Entlassung anstehenden Insassen zu unterschreibende Formulierung:

> Erklärung des Militärstrafgefangenen/Disziplinarbestraften
> Nach Rückversetzung in meine Dienststelle werde ich meine Pflichten als Angehöriger der bewaffneten Organe entsprechend meinem geleisteten Fahneneid gewissenhaft erfüllen. An oben genannte Dienststelle habe ich keine Forderungen mehr.
>
> Unterschrift[28]

25 Als am 14.4.1979 gleich vier Militärstrafgefangene der 3. Kompanie entlassen wurden, war ein Fünfter mit ihnen unterwegs, der als Anerkennung einen Urlaub zur Silberhochzeit seiner Eltern bekam. Letzterer berichtete als IKM nach seiner Rückkehr, dass die vier anderen in Angermünde zunächst in die Mitropa einkehrten, vgl. IM-Bericht »Paul Meier«, 22.4.1979; BStU, MfS, BV Potsdam, AKAG 2650/87, T. II, Bl. 85.

26 Leiter StVE Schwedt an BDVP Frankfurt (Oder)/AG SV: Abschlusseinschätzung über die Durchführung der Amnestie, 3.12.1979; BStU, MfS, A 642/82 Bd. 2, Bl. 203–205, Zitat von Bl. 204.

27 Der letzte Stabschef von Schwedt, Nagel, verweist in der Rückschau auf die NVA-weite Regelung, bei Entlassung aus einer NVA-Dienststelle über das bisherige zu schweigen und nennt die umgangssprachlich verkürzt »10-9« benannte Dienstvorschrift [eigentlich: DV 010/0/009] als Grundlage, Geißler: Die Disziplinareinheit 2, S. 98. Abgesehen davon, dass Nagels Behauptung in die Irre führt und von der DV nicht gedeckt wird, würde eine auf reguläre Entlassung aus einer Dienststelle abzielende Erklärung einen Passus zur ordnungsgemäßen Ableistung des restlichen Wehrdienstes nicht benötigen.

28 NVA/DE: Einschätzung [Formular ohne Adressat], hier v. 16.11.1984; BStU, MfS, AOPK 11310/85, Bl. 274 f. Der von den Insassen erinnerte Passus mit der Schweigepflicht fehlt hier.

Ende der 1970er-Jahre sandte die MfS-Bezirksverwaltung Leipzig im Zusammenhang mit einem Flugblatt, in dem die Verhältnisse in Schwedt als »sozialistisches KZ« in Verbindung mit dem Zusatz »Wehe dem, der dort war und davon erzählt!« angeprangert wurden, einen Fragenkatalog an die BV Frankfurt (Oder). Darunter fiel auch die Frage, ob bestimmte Strafgefangene eine besondere Schweigepflicht auferlegt bekämen. Dies wurde 1978 aus Frankfurt dahingehend beantwortet, »dass keine Strafgefangenen unseres Verantwortungsbereiches mit einer besonderen Schweigepflicht belegt« seien.[29]

Nach Strafverbüßung sollten die betroffenen Armeeangehörigen in ihre vorherigen Truppenteile zurückkehren. Das ist meist so geschehen. Dennoch gab es Gründe für Ausnahmen, von denen zwei erwähnt werden sollen. Der Dienst an der Grenze zur Bundesrepublik hatte einen besonderen Stellenwert. Nicht umsonst wurden schon bei Musterungen und Einberufungsüberprüfungen Fragen nach Westverwandtschaft und der persönlichen Einstellung zum Schusswaffengebrauch gestellt. So ist nachvollziehbar, dass die Armee Personen, die während ihres Dienstes an der Grenze straffällig, womöglich fahnenflüchtig wurden, nicht wieder an der Grenze einsetzte. Hier erfolgten meist Versetzungen in rückwärtige Bereiche oder in gänzlich andere Diensteinheiten. Bei Personen, die sich aus SED-Sicht auch durch Strafverbüßung nicht »läutern« ließen und womöglich einen negativen Einfluss auf andere Armeeangehörige ausüben könnten, kam es vereinzelt zu vorzeitigen Entlassungen ins Zivilleben. In der Regel wurde das nicht vorher bekannt gegeben, sondern erst nach Rückkehr aus Schwedt, zuweilen mit einigen Tagen Verzögerung. Grundlage für die Entlassung waren oft die im Strafvollzug erstellten Beurteilungen. So wurde etwa im August 1978 zu mehreren Militärstrafgefangenen mit »negativen« Äußerungen und renitenten Verhaltensweisen eingeschätzt, »dass der weitere Dienst in der Nationalen Volksarmee unter Waffen für nachfolgend aufgeführte Militärstrafgefangene eine Gefahr für die Sicherheit« darstelle.[30] Für diese bedeutete die »unehrenhafte Entlassung« vermutlich alles andere als eine Bestrafung.

Eingangsverwaltung der Neuzugänge

Neu eingetroffene Insassen kamen zunächst in einen separaten Bereich, für den es im Lauf der Jahrzehnte unterschiedliche Begriffe gab: Zugang beziehungsweise Zugangsstation, Aufnahmestation, Aufnahmezimmer oder Zugangs- und

29 [MfS]/BV Frankfurt (Oder)/Abt. VII an BV Leipzig/Abt. XX/2: Ihr Schreiben zur Fahndung nach unbekanntem Täter, 29.9.1978; BStU, MfS, BV Leipzig, AOP 2211/80, Bl. 71.

30 Es folgen elf Namen mit der jeweiligen Begründung. StVE Schwedt [von »Arnold« unterzeichnetes Durchschlagexemplar ohne Adressat]: Einschätzung über Verhaltensweisen von Militärstrafgefangenen, 3.8.1978; BStU, MfS, A 641/82, Bd. 3, Bl. 125.

Abgangszimmer. Dort verblieben sie, bis über ihre Zuordnung zu Kompanie, Verwahrraum und Arbeitsstelle entschieden wurde. In diesen Tagen erfolgte ein Aufnahmegespräch, das der ersten Einschätzung dienen sollte, wie der Bestrafte zu seiner Tat stehe, wie anpassungsfähig oder renitent er sei und daraus ableitend, wo er unterzubringen sei und arbeiten könne. Lief das Aufnahmegespräch problemlos, war für die höher bestraften Militärstrafgefangenen das nächste Erziehungsgespräch sechs Monate später vorgesehen.[31] Die Trennung der Zugangsstation von den Verwahrräumen der Strafarrestanten/Militärstrafgefangenen war unterschiedlich konsequent: In der Anfangsphase lagen die Räume für die drei genannten unterschiedlichen Zwecke auf einer Etage.[32] Bis zur Entscheidung über den zukünftigen Einsatz konnten mehrere Tage vergehen.

Die Insassen bekamen eine Gefangenennummer, die zum Beispiel im hausinternen Schriftverkehr (Beschwerden, Berichte, Anträge, aber auch Denunziationen anderer Insassen) von ihnen genutzt wurde.[33] Diese Nummer war zunächst sechsstellig und galt in der Regel ortsübergreifend, also auch bei Verlegung in andere Gefängnisse beziehungsweise schon von der U-Haft her. Die Nummer war identisch mit der auf dem Aufnahmebogen (Formular SV 7) für die Gefangenenakte einzutragenden Registriernummer. In den 1970er-Jahren veränderte sich das System zu einer in Schwedt vergebenen Kombination von bis zu dreistellig laufender Nummer in Verbindung mit dem Jahrgang, zum Beispiel 123/79. Die Nummer diente auch Vollzähligkeitskontrollen bei Schleusungen oder Zählungen.

Zu den Gefangenen wurden Akten geführt (Gefangenenakte, auch Vollzugs-, Erziehungsakte genannt), die mehrheitlich nicht überliefert sind. Kopien und Abschriften daraus finden sich gelegentlich in Akten des MfS. Auswertende Notizen lassen erkennen, dass der Offizier für Kontrolle und Sicherheit[34] Zugang zu diesen Akten hatte und diese für seine Zwecke nutzen konnte. Gefangenenakten sind in seltenen Fällen auch bei der Staatssicherheit archiviert worden. Bisher sind nur zwei Fälle solcher für den Militärstrafvollzug relevanten Gefangenenakten bekannt, die aus der Frühphase von Schwedt stammen.[35] Die Aktenführung zu den Disziplinarbestraften ist gänzlich unbekannt.

Die Anrede der Insassen war unterschiedlich: Militärstrafgefangene und Strafarrestanten wurden mit ihrem Status »Militärstrafgefangener« beziehungs-

31 So 1968 in einem Protokoll zum Aufnahmegespräch vermerkt; BStU, MfS, G-SKS 3709, Bl. 27.

32 IM-Bericht »Daniela« [o. D., ca. Sept. 1968]; BStU, MfS, AU 85/69, Bd. 5, Bl. 61. Aus einer Skizze des IM sind die räumliche Belegung mit SA, MSG und die Zugangsräume erkennbar.

33 Siehe z. B. Beschwerde und Bericht des SG XXX v. 19. bzw. 24.3.1970; BStU, MfS, AVSV 11379/71, Bl. 24 u. 27.

34 Zur Funktion des Offiziers für Kontrolle und Sicherheit vgl. Kap. 5.

35 Zu Insassen in Schwedt von 1969, in einem Fall ist die »Erziehungs-Akte« als Bd. 5 in den MfS-Untersuchungsvorgang »quasi versteckt« integriert.

weise »Arrestant« angesprochen, während bei den disziplinarisch Bestraften der militärische Dienstgrad zu verwenden war.[36]

Zur Aufnahme in Schwedt gehörten Belehrungen zur Hausordnung, zum Brandschutz und Ähnliches. In diesem Zusammenhang ist den Gefangenen in der Regel eine Erklärung abverlangt worden, deren Inhalt jedoch nicht das lange Schweigen vieler nach der Entlassung erklärt.[37] Dennoch gelang es in mindestens einem Fall in den 1980er-Jahren, unter Bezug auf diese Eingangsbelehrung Druck aufzubauen und einen Disziplinarbestraften zu belastenden Angaben über einen anderen Insassen zu veranlassen: Wenige Tage vor Entlassung des Disziplinarbestraften wurde dieser vom Oberoffizier für Sicherheit und Ordnung, Riesbeck, daran erinnert, dass er »am Tage der Eingliederung eine Belehrung unterschrieben hat, in der er sich zur strikten Einhaltung derselben verpflichtet hat. Bezug wurde genommen auf die Festlegungen des § 255 StGB [unerlaubte Entfernung] und ob ihm persönlich in diesem Zusammenhang in der Zeit seines Hierseins entsprechende Dinge bekannt wurden«.[38]

Bei der Entlassung aus Schwedt gehörten umfangreiche Kontrollen des Gepäcks beziehungsweise der Ausrüstung zu den Gepflogenheiten. So sollte vermieden werden, dass die zu Entlassenden Adressen von Mithäftlingen oder andere Aufzeichnungen mitnahmen. Teilweise wurden zuvor einbehaltene, beanstandete Briefe von oder an den Insassen ausgehändigt. Da nach den Kontrollen und Untersuchungen ein nochmaliger Kontakt zu Mitinsassen unerwünscht war, mussten viele der zu Entlassenden die letzte Nacht in anderen Verwahrräumen oder gar einer Arrestzelle verbringen.[39] Dennoch gelangen immer wieder »Materialschleusungen«.

36 Militärstrafvollzugsordnung 1975, Bl. 41 bzw. Militärstrafvollzugsordnung 1982, S. 49, Strafarrestordnung 1964, S. 5 sowie Ordnung Nr. 036/9/004 des MfNV über den Dienst in der Disziplinareinheit v. 17.12.1982; BStU, MfS, AGM Nr. 610, Bl. 151 (S. 12 des Dokuments).

37 Bisher sind drei Varianten aus den Jahren 1968, 1973 und 1983 bekannt. Im Aufnahmegespräch wurde die Unterschrift unter einen Belehrungsbogen abverlangt (selbst erstellte Formulare des StVK bzw. der DE Schwedt). Die damaligen Fassungen verwiesen auf Einhaltung der Hausordnung, Folgeleistung bezüglich der Weisungen von SV-Angehörigen und SG-Funktionären sowie auf die Strafbarkeit einer Flucht und beinhalten die Belehrung über mehrere benannte StGB-Paragrafen; BStU, MfS, G-SKS 3709, Bl. 28 sowie BStU, MfS, BV FfO, AU 1161/73, Bd. 2, Bl. 119 u. Privatarchiv Paul Brauhnert (Gefangenenakte).

38 OibE-Bericht »Manfred«, 6.8.1986; BStU, MfS, AIM 5382/88, T. II/1, Bl. 403.

39 Dressler: Stillgestanden, S. 266.

4.1.2 Zwang zu produktiver Arbeit, Arbeitsstätten

Unabhängig von den Besonderheiten des Militärstrafvollzugs galt im Gefängniswesen der DDR allgemein Arbeit als »Kernstück der Erziehung«.[40] Mit ideologischer Scheuklappe sah man sich in der DDR auf ganz anderen Wegen als im Strafvollzug der Bundesrepublik:

> Der qualitative Unterschied zwischen der Arbeit Gefangener im sozialistischen Strafvollzug und der Gefängnisarbeit im bürgerlichen Strafvollzug liegt vor allem darin, dass die Zwangsarbeit eine der bürgerlichen Gesellschaft immanente Herrschaftsform der Ausbeuterklasse darstellt, während die Arbeit im Strafvollzug des sozialistischen Staates eine Bewährungsarbeit ist. [...] Die Arbeit im sozialistischen Strafvollzug bietet dem Strafgefangenen die Möglichkeit echter Bewährung und Wiedergutmachung. Dort bloßer Zwang, hier Mittel der Erziehung und Überzeugung der Strafgefangenen.[41]

De facto herrschte in den DDR-Gefängnissen Arbeitszwang.[42] Verweigerungen wurden in der Regel geahndet. Ein im Februar 1982 entlassener Strafarrestant notierte sich, dass in der Produktionsstätte des Leuchtenbaus in roten Großbuchstaben der Makarenko-Spruch

> Was Du nicht kannst, lehren wir Dich.
> Fällt es Dir schwer, helfen wir Dir.
> Wenn Du nicht willst, zwingen wir Dich!

hing.[43] Prinzipiell war bei der Arbeit der Bestraften zu unterscheiden, ob die Insassen auf dem Gelände des Strafvollzugs (innerhalb) oder auch auf externen Arbeitskommandos (außerhalb) arbeiten sollten. Grundlage für diese Entscheidung war die vermeintliche Zuverlässigkeit des Bestraften, die oft aus dem Delikt abgeleitet wurde. Insassen, die sich unerlaubt entfernt oder Fahnenflucht

40 »Die sozialistische Arbeit – Kernstück der Erziehung« lautet eine Kapitelüberschrift in Heinz Szkibik: Sozialistischer Strafvollzug. Erziehung durch Arbeit. [Ost-]Berlin 1969, S. 73.

41 Ebenda S. 76.

42 Wegen der geschichtspolitischen Relevanz des Begriffs »Zwangsarbeit« wird hier bewusst darauf verzichtet, diesen zu verwenden. Wunschik z. B. spricht mit Blick auf das DDR-Gefängnissystem von »erzwungener Arbeit« und resümiert: »Gefangene zur Arbeit einzusetzen hatte in der DDR eine repressive, eine wirtschaftliche und eine erzieherische Funktion.« Vgl. Wunschik: Knastware, S. 11 u. 275, s. a. Christian Sachse: Das System der Zwangsarbeit in der SED-Diktatur. Die wirtschaftliche und politische Dimension. Leipzig 2014, Johannes Weberling (Hg.): Zwangsarbeit in der DDR – Ein offenes Thema gesamtdeutscher Aufarbeitung, Baden-Baden 2015 und Bastian, Neubert: Schamlos ausgebeutet.

43 Bei Entlassung entdeckter Kassiber des Strafarrestanten XXX, abgelegt in IM-Akte »Johannes«; BStU, MfS, BV FfO/KD Schwedt, V 2331/60, T. II/4, Bl. 96. Diese und ähnlich lautende Parolen waren in DDR-Haftanstalten wohl nicht selten, verfügen aber nicht zwingend über Zitateigenschaft.

begangen hatten, kamen in der Regel nicht in ein sogenanntes Außenarbeitskommando, da befürchtet wurde, sie würden erneut flüchtig. Wegen der relativ großen Zahl derer, die nur so eingeschränkt einzusetzen waren, wurden auf dem Gelände des Militärstrafvollzugs eigene Produktionsstätten errichtet. Zunächst ging es um Arbeiten für den Schiffsarmaturen- und Leuchtenbau Eberswalde. Durch die Einführung der Strafe »Dienst in der Disziplinareinheit« ergaben sich neue Zwänge für die Bereitstellung von Arbeitsmöglichkeiten. Dem wurde durch die Errichtung einer Produktionshalle für das Instandsetzungswerk Pinnow Rechnung getragen, »um den perspektivischen Einsatz des Wechselbestandes im Innenarbeitseinsatz zu sichern«.[44]

Zu den Außenarbeitskommandos (AAK) zählte unter anderem das Betonwerk, in dem schon 1968 in Schichten gearbeitet wurde, auch in Nachtschichten. Ohnehin zählte Schichtarbeit zur gängigen Praxis, auch der Innenarbeitskommandos (IAK). Dies diente einerseits höheren Arbeitsleistungen durch effektivere Auslastung der Arbeitsplätze. Anderseits ließ sich so auch die vorgeschriebene Trennung von Militärstrafgefangenen und Strafarrestanten beziehungsweise von Disziplinarbestraften und gerichtlich bestraften Insassen besser umsetzen. Die Bewachung unterschied sich je nach äußeren Sicherungsbedingungen und Art der eingesetzten Gefangenen. Es gab postenlose Brigaden, die nur durch eine Zivilkraft des Betriebes beaufsichtigt wurden, postenarme Brigaden, bei denen Strafvollzugs-Angehörige nur stichprobenartig vorbei kamen, weil die Arbeitenden hauptsächlich von zivilen Beschäftigten beaufsichtigt wurden und Brigaden, die ständig von Aufsehern bewacht wurden (sowie diverse Mischformen).

Die Fahrten zu den außen liegenden Einsatzbetrieben erfolgten, wenn keine betriebseigenen Fahrzeuge verfügbar waren, mit Bussen des VEB Kraftverkehr Schwedt. 1981 betraf dies vier von fünf Außeneinsatzarbeitsbereichen. Für die zusätzliche Sicherung gab es sogenannte »leicht montierbare Sperrmittel« (Netze zur inneren Abtrennung von Bereichen beziehungsweise Riegel zur Sicherung der Türen von außen). Ausgewählte Gefangene wurden zur Absicherung von Türen und Fenstern eingesetzt. Vor und nach den Fahrten mit den Insassen wurden die Busse wieder vom städtischen Linienverkehr genutzt.[45]

Andere Probleme beim Einsatz von Strafgefangenen im Außeneinsatz ergaben sich aus formalen Gegebenheiten: 1973 galt eine Festlegung der Bezirksbehörde der Volkspolizei, wonach Strafgefangene nur zum produktiven Außenarbeitseinsatz zugelassen wurden, wenn auf der Täterlichtbildkarte (Formular KP 17) ein Passbild angebracht war. Das führte zu Verzögerungen, da die Strafgefangenen

44 Chronik der Disziplinareinheit; BArch, DVW 5-16/74001, Bl. 5.

45 Leiter StVE Schwedt, OSL Albinus [ohne Adressat]: Einschätzung des Standes der Sicherheit und Ordnung beim Außenarbeitseinsatz der SG, 25.2.1981; BLHA, Rep. 671/16.1, Nr. 322, Bl. 133.

erst in Schwedt von Strafvollzugs-Angehörigen fotografiert werden mussten, die Filme dann zum Entwickeln in die BDVP nach Frankfurt (Oder) geschickt wurden, der Rücklauf circa acht Tage dauerte und die Arbeitsplätze der Innenproduktion bereits belegt waren. Dadurch waren bis zu 20 Strafgefangene im Lager mehrere Tage untätig, was dem SED-Parteisekretär missfiel, vom Leiter Albinus aber hingenommen wurde.[46]

Die produktive Arbeit erfolgte in der Regel nach Normvorgaben, an die auch die (gekürzte) Vergütung gekoppelt war.[47] Je nach Möglichkeit wurden Produktions-[48] beziehungsweise »sozialistische Wettbewerbe« organisiert, sodass durch die Vergleichsmöglichkeiten ein zusätzlicher Druck (bester Zug/beste Gruppe/Brigade)[49] aufgebaut werden konnte. Materielle Anreize sollten zur Übererfüllung der Norm dienen. Dabei ging es neben Prämien zum Beispiel auch um Zigaretten.[50] Da die im Betonwerk als Gruppenhelfer eingesetzten Gefangenen keine Möglichkeit hatten, durch Normübererfüllung ihre Einkünfte aufzubessern, erhielten sie mindestens zeitweise eine höhere Lohngruppe als Wertausgleich.[51] Für bestimmte Härten an den Arbeitsplätzen gab es die Möglichkeit einer Arbeitserschwerniszulage, zum Beispiel von 15 Mark im Monat

46 IM-Bericht »Arnold«, 20.8.1973; BStU, MfS, A 641/82, Bd. 1, Bl. 302. Anhand des Formulars KP 17 erfolgte beim Passieren der jeweiligen Schleusen eine Kontrolle der Gefangenen.

47 Die Vergütung betrug z. B. in den 1970er-Jahren 10,25–13,5 % des Betrages, »den Werktätige als Nettolohn [...] für die gleiche Arbeit erhalten würden« (ab 1977 dann 14,5 bzw. 18 %). Zusätzlich waren Erhöhungen und Absenkungen bei Über- oder Untererfüllung der Leistungsvorgaben und verschiedene Formen von Zulagen möglich, vgl. Militärstrafvollzugsordnung 1975, Bl. 25 f., i. V. m. 1. Änderungsmitteilung.

Die 1982er-Militärstrafvollzugsordnung änderte dies in eine pauschale Zahlung von 90,00 Mark an Grundwehrdienstleistende und 120,00 Mark an länger Dienende, wobei der sogenannte tägliche Verfügungssatz bei 2,50 Mark lag. Auch Disziplinarbestrafte wurden nicht leistungsabhängig bezahlt, vielmehr wurde deren Wehrsold um 40 % gekürzt, vgl. Ordnung Nr. 036/9/004 des MfNV über den Dienst in der Disziplinareinheit v. 17.12.1982; BStU, MfS, AGM Nr. 610, Bl. 151 (S. 32 des Dokuments).

48 Es war »zu gewährleisten, dass die Wettbewerbskennziffern bis auf den einzelnen Arbeitsplatz der Militärstrafgefangenen aufgeschlüsselt werden«, Militärstrafvollzugsordnung 1975, Bl. 15, Rückseite.

49 Solche Wettbewerbe gab es auch bei der politischen Schulung, der militärischen Ausbildung und für die Aufgabenerfüllung bei Ordnung und Sicherheit in den Kompanien und ihren Unterstrukturen. Entsprechende Wettbewerbstafeln sollten über den aktuellen Stand informieren.

50 1970 gab es eine bis zu 50%ige Leistungssteigerung am Rütteltisch des Betonwerkes, da bei einer solchen Mehrproduktion je Strafgefangenem zehn Zigaretten ausgegeben wurden, vgl. IM-Bericht »Alfred«, 28.5.1970; BStU, MfS, AVSV 6162/72, Bl. 32.

51 BDVP Frankfurt (Oder)/Abt. K/Dez. I/4, Oltn. Colberg [ohne Adressat]: Aktenvermerk, 15.10.1974; BStU, MfS, BV FfO, Abt. VII Nr. 2358, Bl. 49. Inwieweit diese Regelung auch für andere Bereiche galt, ist hier nicht ersichtlich. Unabhängig davon gab es Zulagen für die verschiedenen Gehilfen aus dem Kreis der Insassen, z. B. Gruppenhelfer.

im Sommer 1975.[52] Mindestens in einem Fall wurde die Zahlung von Zulagen genutzt, fragwürdige Lebensumstände zu kaschieren und die Stimmung in der betroffenen Brigade zu verbessern. Hintergrund war der Umstand, dass Strafgefangene in einer Halle speisen mussten, in der geschweißt und mit Farben umgegangen, aber nicht gelüftet wurde.[53]

Produktionsrückstände sollten durch zusätzliche Schichten kompensiert werden. Diese Zusatzschichten fielen dann in das Wochenende, sodass entweder die samstägliche Ausbildung reduziert werden musste oder die sonntägliche Freizeit »geopfert« wurde. Wegen solcher Sonderschichten kam es öfter zu Unruhe. Bei einer für einen Sonntag im Oktober 1969 zusätzlich anberaumten Schicht stand offenbar keine zusätzliche Mahlzeit zur Verfügung. Der Militärstrafgefangene Auerswald versuchte mit anderen zu intervenieren: Zunächst traten die Gefangenen nicht zu dieser Schicht an. Dies wurde ihnen als Arbeitsverweigerung ausgelegt, wofür Auerswald mit zehn Tagen Einzelarrest bestraft wurde.[54] Auch in anderen Fällen ist vermerkt, dass einzelne Personen, zum Teil auch ganze Gruppen, es ablehnten, Sonderschichten zu leisten. Die mindestens in einem Fall verwandte Formulierung der »anfangs« verweigerten Arbeit deutet darauf hin, dass der Widerstand gebrochen wurde.[55] In späteren Jahren scheint es einen entspannteren Umgang gegeben zu haben: Im Februar 1979 meldete sich ein Militärstrafgefangener zunächst für einen Sondereinsatz in der Produktion, den er auch begann, diesen dann aber wegen Desinteresse ungestraft abbrechen konnte.[56] Auch Feier- oder Gedenktage wurden zum Anlass genommen, Initiativschichten zu realisieren, so im September 1985 »zu Ehren des Weltfriedenstages«.[57] Mindestens einmal wurde eine tägliche Mehrarbeit von zwei Stunden

52 Hier vermutlich wegen der Schichtarbeit im Betonwerk, vgl. Ausspracheprotokoll v. 30.7.1975 in Verbindung mit Vorschlag zur Werbung v. 1.8.1975, beides von BDVP Frankfurt (Oder)/Abt. K/Dez. I/4, Oltn. Colberg; BStU, MfS, BV FfO, AOG 135/76, T. I/1, Bl. 26 u. 30.

53 StVE Schwedt, Hptm. Künkel [ohne Adressat]: Befragungsprotokoll, 14.11.1977; BStU, MfS, BV FfO, AOG 865/78, Bl. 15.

54 Auerswald: … sonst kommst du nach Schwedt!, S. 181 ff. In einer ähnlichen Situation im Winter 1976 wurde einer Eingabe eines Gefangenen wegen des nicht gereichten zweiten Frühstücks bei der Arbeit am Sonntag mit der Begründung, dass der »Arbeitseinsatz in der Freizeit ohne jegliche Vergünstigung erfolgen kann« nicht entsprochen, vgl. BDVP Frankfurt (Oder)/Abt. K/Dez. I/4, Oltn. Colberg [ohne Adressat]: Protokoll, 21.1.1976; BStU, MfS, BV Magdeburg, AOG 781/78, Bl. 60.

55 Siehe z. B. IM-Bericht »Johannes«, 30.1.1974; BStU, MfS, BV FfO, TA 1111/79, Bd. 1, Bl. 441.

56 IM-Bericht »Rudloff«, 7.3.1979; BStU, MfS, BV Neubrandenburg, AOG 563/84 T. I/1, Bl. 33. Eine ähnliche Situation wurde für März 1981 beschrieben, als ein einzelner Militärstrafgefangener ungestraft seinen Einsatz an einer freiwilligen Sonderschicht an einem Sonntagmittag beendete; vgl. IM-Bericht »Olympia« [o. D.]; BStU, MfS, AIM 7183/83, T. II/1, [S. 106].

57 DE Schwedt/2. Kp./1. Zug, Gehilfe des Zugführers [an Offz. für Sicherheit u. Ordnung Riesbeck]: Bericht Monat September, 4.10.1985; BStU, MfS, AIM 5382/88, T. II/1, Bl. 204.

angeordnet, um Produktionsrückstände abzubauen. Erst knapp vier Monate später waren die Rückstände aufgeholt.[58]

Neben den »produktiven« Arbeitskommandos gab es noch eine verhältnismäßig kleine Zahl sogenannter Hausarbeiter, die zu Arbeiten des inneren Dienstes herangezogen wurden (Küche, Verkaufsstelle der HO, Bücherei, Tischlerei, Schuhmacherei, Bekleidungskammer, gelegentlich auch als Sanitäter und Friseur). Die Militärstrafvollzugsordnung von 1968 forderte zunächst ausdrücklich, dass hierfür »besonders ausgewählte Strafgefangene, die nicht Militärpersonen sind, eingesetzt werden« sollten.[59] Dies ließ sich in der Anfangszeit mit der Anwesenheit von Zivilstrafgefangenen im Militärstrafvollzug gut umsetzen. Nach Verlegung der zivilen Gefangenen wurden Militärstrafgefangene als Hausarbeiter eingesetzt. Um auch die Hausarbeiter leistungsabhängig bezahlen zu können und deren Arbeitsmotivation zu stärken, sollten die Kompaniechefs monatlich deren Arbeitsergebnisse bewerten.[60]

Aus dem Strafvollzugsgesetz vom April 1977 ergaben sich neue Vergünstigungen, die unter anderem an die Erfüllung von Produktionskennziffern gekoppelt waren.[61] Verheißungsvoll waren insbesondere die Möglichkeit des Besuchsempfangs außerhalb der Strafvollzugseinrichtung sowie des Urlaubs aus dem Strafvollzug. Angeblich führte das zu effizienterer und besserer Arbeit sowie zu einem Motivationsschub, dass sich nun die Mehrzahl der Militärstrafgefangenen freiwillig anbot, Sonderschichten zu leisten, um in den Genuss solcher Vergünstigungen zu kommen.[62] Auch auf internen Beratungen des Strafvollzugpersonals wurde die Steigerung der Arbeitsleistung in Verbindung mit den neuen Vergünstigungen gebracht.[63]

Im Vorfeld der Amnestie vom Herbst 1979 wurde eine enorme Leistungsbereitschaft der Militärstrafgefangenen registriert. In der 2. Kompanie wurden Leistungen bis zu 200 Prozent abgerechnet.[64] Das kam den Betrieben entgegen, die befürchteten, durch die Amnestie in Planrückstand zu geraten und versuch-

58 Hier im Sommer 1984 im Bereich Endmontage/Nacharbeit der Kofferproduktion im IWP, vgl. Treffberichte von FO Krugenberg mit IM »Dengler« v. 12., 18.6. bzw. 8.10.1984; BStU, MfS, AIM 5781/89, T. II/1, Bl. 376 f. u. 389.

59 Militärstrafvollzugsordnung 1968, Zitat aus § 11 Abs. 3.

60 So wurde es zumindest für die Zeit ab Januar 1977 festgehalten im Protokoll v. 7.1.1977, [o. Verf. und Adressat, vermutl. Abteilungsleitersitzung der StVE]; BLHA, Rep. 671/16.1, Nr. 301, S. 6.

61 Gesetz über den Vollzug der Strafen mit Freiheitsentzug (Strafvollzugsgesetz) v. 7.4.1977, in: DDR-GBl. T.I (1977), S. 109.

62 IM-Bericht »Arnold«, 25.5.1977; BStU, MfS A 641/82, Bd. 2, Bl. 402.

63 StVE Schwedt [ohne Adressat]: Protokoll der Abteilungsleiterberatung, 26.5.1977; BLHA, Rep. 671/16.1, Nr. 301, Bl. 27 Rs.

64 IM-Bericht »Rudloff«, 27.9.1979; BStU, MfS, A 638/82, Bl. 249.

ten, die Anwesenheit der Gefangenen noch intensiv auszunutzen.[65] Das Potenzial für Planübererfüllung zeigte sich im Sommer des gleichen Jahres, als einem Insassen eine Normerfüllung von 160 Prozent bescheinigt wurde.[66] Auch zuvor gab es Hinweise, dass zumindest im Leuchtenbau aus Sicht eines in der technischen Kontrolle eingesetzten Gefangenen für die meisten Arbeitenden die Norm nach 3,5 Stunden erfüllt beziehungsweise eine Übererfüllung mit vermutlich 130 Prozent nach fünf Stunden möglich sei.[67] Welche Auswirkungen die Orientierung an Planübererfüllung mit sich brachte, zeigt das Beispiel eines Militärstrafgefangenen, der im März 1985 unter Druck geriet, weil er mit 100,9 Prozent Arbeitsleistung das mit Abstand schlechteste Ergebnis zeigte.[68] Als aber im Herbst 1987 durch die Führung der 2. Kompanie eigenmächtig die Norm im Leuchtenbau drastisch von 125 auf 170 Stück Handlampen erhöht wurde, monierte MfS-Mitarbeiter Knobelsdorf, der dies erst nachträglich über einen IM unter den Gefangenen erfuhr, dass hier ein eigenmächtiges Verhalten vorläge »und aufgrund der Art und Weise des Vorgehens negative Reaktionen/Äußerungen durch die Militärstrafgefangenen nicht auszuschließen sind«, zumal sich in der betroffenen Kompanie überwiegend Insassen befänden, »die wegen Fluchtverbrechen inhaftiert sind bzw. als fluchtwillig einzuschätzen sind oder eine verfestigte feindlich-negative Haltung« besaßen. Der MfS-Mitarbeiter wollte dies unter anderem mit dem Kommandeur auswerten, um zukünftig »derartige Eigenmächtigkeiten auszuschließen«.[69]

65 Die Auswirkungen von Amnestien auf die Produktion spielten 1987 eine Rolle, als entschieden wurde, die amnestierten Insassen in Kleingruppen zu sechs Terminen, verteilt über zwei Monate, zu entlassen. MfNV/AG zur Organisation und Durchführung der Amnestie [ohne Adressat]: Bericht über die Durchführung der Amnestie, 15.12.1987; BStU, MfS, HA I Nr. 15340, Bl. 49–53.

66 Leiter StVE Schwedt an Militärstaatsanwalt Neubrandenburg: Führungsbericht, 2.7.1979; BStU, MfS, BV FfO, AOG 1562/79, T. I, Bl. 34. Wettbewerbe und Anstrengungen zur Normüberbietung waren Alltag in der sozialistischen Wirtschaft. Es gehörte zum Wesen der ideologischen Propaganda, schon kleinste vermeintliche Erfolge lautstark zu verkünden. Andererseits waren die Beschäftigten sehr erfinderisch, wenn es galt, Reserven in der Abrechnung aufzuspüren. Zusätzlich wurden entsprechende Statistiken geschönt.

67 IM-Bericht »Dieter Schneider«, 5.5.1976; BStU, MfS, BV Dresden, AOG 1653/80, T. II, Bl. 37. Die bisher bekannt gewordenen Höchstleistungen von Insassen liegen bei einer 275%igen Normerfüllung 1976, vgl. IM-Bericht »Henry«, 20.5.1976, der dabei jedoch auf die Mithilfe anderer Gefangener verwies; BStU, MfS, BV Leipzig, AOP 2211/80, Bl. 80 und bei 236 % (vermutlich für einen Tag) bzw. einem ca. 200%igen Monatsdurchschnitt für zwei Militärstrafgefangene im Oktober 1981, vgl. IM-Berichte »Peter«, 6. u. 30.10.1981; BStU, MfS, BV FfO, AOG 1704/81, T. II, S. 16 u. 18 (MfS-Zählung).

68 [NVA]/DE Schwedt/2. Kp./1. Zug, Gehilfe des Zugführers [an Offz. für Sicherheit u. Ordnung Riesbeck: Monatsbericht Februar 1985], 2.3.1985; BStU, MfS, AIM 5382/88, T. II/1, Bl. 71.

69 IM-Bericht »Wolfgang Häuser«, 10.9.1987 in Verbindung mit Treffbericht von FO Knobelsdorf v. 14.9.1987; BStU, MfS, AIM 124/88, Bl. 30 u. 38.

Zu anderen Phasen waren die Normen allerdings nur schwer zu erbringen, sodass mitunter die Frühstückspause durchgearbeitet wurde, um die gesetzte Tagesnorm zu erfüllen. Bei individueller Nichterfüllung der Norm wurde mit Bestrafungen gedroht. So gab es zum Beispiel 1983 die Androhung von Einschränkung des Verfügungssatzes, wenn die Arbeitsleistungen nicht verbessert würden. [70]

Über alle Zeiträume hinweg waren Insassen daran interessiert, über Kontakte zu zivilen Betriebsarbeitern, Briefe und andere Dinge (Zigaretten, Tee, Kaffee) hinaus- und hineinzuschmuggeln. Daher wurden Zivilpersonen, die mit den Gefangenen in Berührung kamen, gesondert überprüft und ausgewählt.[71]

Je nach Möglichkeit wurde auch »Privatarbeit« betrieben oder Inventar/Eigentum des Strafvollzugs an interessierte Personen außerhalb »verkauft«. So konnten Strafgefangene einer Brigade im April 1969 illegal Kupferhalsketten herstellen, die über Zivilpersonen auf der Arbeitsstelle gegen Lebensmittel und Tabakwaren veräußert werden sollten.[72] Im Sommer 1974 wurden von einem Gefangenen während der Spätschicht Leuchter und andere Gegenstände für die Zivilarbeiter aus dem Betonwerk gefertigt, die er gegen Tabak tauschte. Auch Holzpantinen, Tabaksbeutel, Sandalen und Zeitungsständer wurden »produziert«. Erstere wurden von den Gefangenen selbst genutzt, letztere gegen Tabakwaren getauscht.[73] Im Betonwerk währten diese Zustände bis mindestens zum Sommer 1975. Die dabei hergestellten Vasen, Flurgarderoben, Kerzenhalter und andere sollen an circa 80 Prozent aller Zivilbeschäftigten im Betonwerk verkauft worden sein.[74] Das waren Möglichkeiten, von dem allgemein schlechten Warenangebot in der DDR zum gegenseitigen Vorteil zu profitieren. Gelegentlich wurde über die zivilen Beschäftigten auch Alkohol für die Gefangenen besorgt.

Zum finanziellen Nutzen des Einsatzes von Gefangenen in der Produktion wurde eine Gegenüberstellung der Einnahmen aus dem Arbeitseinsatz

70 NVA/DE/2. Kp. [ohne Adressat]: Kurzeinschätzung über MSG XXX, 1.9.1983; BStU, MfS, AOP 10009/84, Bl. 92.

71 Bei Verstößen gegen »Ordnung und Sicherheit« konnten Bestätigungen auch zurückgezogen werden; siehe z. B. Richtlinie über die Auswahl, Prüfung und Bestätigung von Betriebsangehörigen, die in den Arbeitsbereichen der Militärstrafgefangenen eingesetzt werden (zugl. Anlage 4 zur Militärstrafvollzugsordnung); Militärstrafvollzugsordnung 1975, Bl. 43. Einen Vorschlag zur Rücknahme einer solchen Bestätigung unterbreitete OKS Colberg z. B. 1975, nachdem bekannt wurde, dass ein ziviler Arbeiter einem Gefangenen Zigaretten verkaufte, vgl. IM-Bericht »Johannes«, 20.8.1975; BStU, MfS, BV FfO, TA 1111/79, Bd. 2, Bl. 148.

72 IM-Bericht »Franz«, 3.4.1969; BStU, MfS, AIM 4512/70, T. II/1, Bl. 15 f.

73 [StVK Schwedt], SG XXX [an OKS Colberg, o. T.] 15.8.1974; BStU, MfS, AP 14786/76, Bl. 40, 44 bzw. Treffbericht Colberg zu IM »Schwarz«, 17.9.1971; BStU, MfS, BV FfO, AOG 646/74, Bl. 107.

74 IM-Berichte »Johannes«, 23.7., 14.8.1975; BStU, MfS, BV FfO, TA 1111/79, Bd. 2, Bl. 119 f. u. 141 f.

Strafgefangener für 1968 und 1971 bekannt. Diese kommt auf je circa 6 200 beziehungsweise 6 100 Mark pro Strafgefangenem und Jahr, lässt aber die Berechnungsgrundlagen ungenannt.[75] Die in der DDR weit verbreitete Mangelwirtschaft führte oft dazu, dass statt einer Bezahlung eine Lieferung von Engpassgütern bevorzugt wurde. Das betraf auch das Strafvollzugskommando Schwedt, das im März 1974 einen Auftrag erhielt, dem Kalksandsteinwerk Angermünde bei Beton- und Erdarbeiten zu helfen. Die fälligen Lohnkosten sollten durch die Lieferung von Steinen jenseits der in der DDR damals üblichen Kontingente abgegolten werden.[76]

Ein negativer Einfluss auf die Produktionszahlen ergab sich, wenn aus »erzieherischen« Gründen Arreststrafen ausgesprochen wurden, da dadurch Personen auf den Arbeitsstellen fehlten. Eine für 1976 vorgenommene Analyse bezeichnete die auf diese Weise zusammengekommenen 5 568 Ausfallstunden trotz einer Senkung um 4 Prozent im Vergleich zum Vorjahr als »noch zu hoch«.[77] Welche Werte insgesamt in den ersten zweieinhalb Jahren der Disziplinareinheit durch die Arbeit der Insassen verrechnet wurden, verdeutlicht Folgendes: Im Frühjahr 1985 hieß es zu den »ökonomischen Ergebnissen beim Produktionseinsatz«: »[D]er an den Staatshaushalt abgeführte Gewinn beträgt 3,6 Millionen Mark« und »der Wert der erarbeiteten industriellen Warenproduktion, die vornehmlich der Landesverteidigung und dem Export dient, beträgt circa 50 Millionen Mark.«[78] Der bisher einzige Hinweis auf Westexporte (jenseits der Vermutungen der Insassen) stammt vom ehemaligen Stabschef Nagel, der 2014 in einem Interview auf Westexporte nach England verwies; allerdings ohne das Produkt und den Umfang zu erwähnen.[79] Vermutlich handelte es sich um Handlampen, die für den VEB Schiffsarmaturen- und Leuchtenbau Eberswalde/Finow montiert wurden.

Ein wichtiger Einschnitt in die Kooperation mit den Betrieben ergab sich durch den Verwaltungswechsel vom Innen- zum Verteidigungsministerium

75 Handschriftl. Gegenüberstellung [o. D., Verf. und Adressaten], aus der außerdem hervorgeht, dass trotz leichter Erhöhung der Normerfüllung die Einnahmen je Strafgefangenem sanken; BArch, DVW 1/126205 (o. Pag.). Für spätere Jahre sind solche Zahlen nicht bekannt.

76 IM-Bericht »Arnold«, 26.3.1974; BStU, MfS, A 641/82, Bd. 1, Bl. 354. »Arnold« nutzte die Gelegenheit, das MfS auch darüber zu informieren, dass etliche dieser Steine über die BDVP im Zusammenhang mit illegalen Bauten abgezogen wurden. Ironisierend zur Ware-gegen-Ware-Beziehung unter den Betrieben siehe Mikis Wesensbitter: Wir hatten ja nüscht im Osten … nich' ma Spaß! Die ganze Wahrheit über '89. Berlin 2015.

77 Leiter StVE Schwedt, Mj. Albinus [ohne Adressat]: Jahreseinschätzung, 4.1.1977; BLHA, Rep. 671/16.1, Nr. 299, Bl. 1–10, hier 7.

78 Meldung über die Wirksamkeit des Vollzuges von Strafen in der Disziplinareinheit, mit Anlagen [o. D., Verf. und Adressat]; BArch, DVW 1/126215 (o. Pag.). Der Kontext des Textes lässt interpretieren, dass die Unterlagen im Frühjahr 1985 erstellt wurden und die erwirtschafteten Summen nur die Zeit der Disziplinareinheit meinen, also nicht die Jahre 1968–1982.

79 Geißler: Die Disziplinareinheit 2, S. 99.

zum Herbst 1982. Schon im April 1982 wurde durch den Leiter Albinus im Zusammenhang mit der Durchsetzung des Maßnahmeplans zur Übernahme der Strafvollzugseinrichtung »allen Arbeitseinsatzbetrieben die Kündigung der Arbeitsvereinbarung übergeben«.[80] Unterlagen zu den neuen Verträgen liegen bisher nicht in nennenswertem Umfang vor. Leuchtenbau und Instandsetzungswerk Pinnow sowie zunächst auch das Betonwerk blieben aber der Dienststelle weiter verbunden.

Nahezu durchgängig wurden Missstände und schlechte Arbeitsbedingungen im Zusammenhang mit der Produktion beziehungsweise den Arbeitsstellen registriert. Diese erinnern in ihrer Art an die in der DDR weit verbreiteten Zustände von Missmanagement und Desorganisation. Das betraf defekte Technik mit langen Ausfallzeiten, schlechte Arbeitsorganisation, Materialversorgungsengpässe oder Organisationsmängel, sowohl in der Lagerwirtschaft als auch in der Arbeitskräfteplanung. Wurde das in der normalen Volkswirtschaft oft fatalistisch hingenommen, führte das im Strafvollzug wegen der dadurch nicht kontinuierlichen Beschäftigung der Gefangenen zu erhöhten Sicherheitsproblemen. Die Verantwortung hierfür trugen sowohl die Haftanstalt als auch die Einsatzbetriebe. Unabhängig von den beschriebenen Modalitäten zur (produktiven) Arbeit galt, dass Strafgefangene nach der Arbeitszeit zu »Erhaltungs-, Instandsetzungs- und Versorgungsarbeiten innerhalb der Strafvollzugseinrichtungen« eingesetzt werden durften.[81] Später wurde konkretisiert, dass sie »außerhalb ihrer Arbeitszeit ohne Anspruch auf Vergütung für Arbeiten zur Erhaltung der Sauberkeit und Ordnung sowie zur unmittelbaren Versorgung der Strafgefangenen herangezogen werden« können.[82] Das wurde in unterschiedlichem Maße, zum Beispiel für die Renovierung diverser Räume, ausgenutzt.

Die Arbeitsstätten

Für die Schwedter Insassen gab es diverse Arbeitsstätten[83], darunter zwei wichtige Innenarbeitskommandos: den »Leuchtenbau« und den Rüstungsbetrieb

80 Leiter StVE Schwedt, OSL Albinus an Chef der BDVP Frankfurt (Oder): Lageeinschätzung für April 1982, 23.4.1982; BLHA, Rep. 671/16.1, Nr. 299, Bl. 136–138, hier 137.

81 Strafvollzugsordnung 1968 (eigentl. 1. DB zum SVWG v. 15.6.1968), § 12 Abs. 2 u. 3; BStU, MfS, BdL/Dok. Nr. 10068.

82 1. DB zum SVWG v. 25.3.1975, in: DDR-GBl. T. I (1975), S. 313–320, hier § 9, Absatz 3.

83 Ohne Anspruch auf Vollständigkeit werden die bekannt gewordenen Arbeitsstätten benannt und zum Teil die dort herrschenden Gepflogenheiten beschrieben. Nicht in jedem Fall sind in den Quellen die oft nur knapp beschriebenen Arbeitsmodalitäten den damit verbundenen Betrieben oder Produktionsbereichen zuzuordnen. Mitunter ist nicht erkennbar, ob die Produktionsstätte innerhalb oder außerhalb lag. Dies gilt beispielsweise für einen Arbeitsbereich »Folie«, in dem Zivilstrafgefangene im Juni 1970 im Zwei-Schichtsystem für das VE Bau-

Pinnow. Schon Ende der 1960er-Jahre wurde auf dem Schwedter Gelände ein Produktionsgebäude für den VEB Schiffsarmaturen- und Leuchtenbau Eberswalde/Finow errichtet. Unter wechselnden beziehungsweise erweiterten örtlichen Gegebenheiten mussten die Militärstrafgefangenen bestimmte Produktions- und Montagearbeiten (z. B. für Abzweigdosen, Vorschaltgeräte/-kästen, Lampenfassungen und Handlampen) ausführen. Grundsätzlich erfolgte die Arbeit in Schichten, mitunter auch nachts. Ab Anfang 1977 wurde während der Nachtschicht warmes Essen ausgegeben.[84] Mit Lkw des VEB Kraftverkehr Frankfurt (Oder), Betrieb Eberswalde/Finow wurden die Produktionsteile auf das Gefängnisgelände gebracht und die Fertigteile abgeholt.[85] Für die anfallenden Transporte innerhalb des Strafvollzugsgeländes gab es eine eigene, aus Gefangenen rekrutierte Transportbrigade. Aus unbekannten Gründen wurden hier im Sommer 1977 auf Weisung des Leiters die bis dahin herangezogenen Militärstrafgefangenen mit Freiheitsstrafen gegen Arrestanten ausgetauscht.[86] Für die Disziplinarbestraften gab es ab 1982 im Erdgeschoss des eigenen Unterkunftsgebäudes auch Produktionsräume des VEB Leuchtenbaus.

Ab Ende der 1970er-Jahre begannen Bauarbeiten für eine Produktionshalle des Instandsetzungswerks Pinnow (IWP) auf dem erweiterten Gefängnisgelände von Schwedt. Hier wurden zunehmend Arbeitsplätze für Insassen in Innenkommandos geschaffen. Vor allem wurden sogenannte leicht absetzbare Kofferaufbauten (LAK) für Armee-Lkw hergestellt,[87] aber auch Zündstecker für Raketen oder Lagerkörper für Panzermotoren.[88] Tatsächlich konnten ab Sommer 1982 – zunächst auf der Baustelle und dann mit Aufnahme der Produktion – in der Disziplinareinheit zahlreiche Insassen innerhalb des Geländes arbeiten. Der offizielle Name dieser Produktionsstätte lautete VEB Instandsetzungswerk Pinnow/Betriebsteil Schwedt (IWP BTS). Neben den Gefangenen wurden zahlreiche NVA-Angehörige und Zivilbeschäftigte des VEB IWP eingesetzt, die in der Regel auch die Insassen anleiteten. Ab 1984 wurde im Drei-Schicht-System

und Montagekombinat Füllstoff zu Folienmatten verarbeiteten, vgl. FO Schröter: Treffbericht FIM »Arnold«, 4.6.1970; BStU, MfS, A 641/82, Bd. 1, Bl. 8 f. sowie StVK Schwedt, OKS Oltn. Colberg [ohne Adressat]: Ermittlungsbericht, 2.6.1971; BStU, MfS, AVSV 11371/71, Bl. 23.

84 Protokoll v. 7.1.1977, [o. Verf. und Adressat, vermutl. Abteilungsleitersitzung der StVE]; BLHA, Rep. 671/16.1, Nr. 301, Bl. 4–6, hier 5.

85 IM-Bericht »Johannes«, 5.11.1975; BStU, MfS, BV FfO, TA 1111/79, Bd. 2, Bl. 181.

86 BDVP Frankfurt (Oder)/Abt. K/Dez. I/4, Oltn. Colberg [ohne Adressat]: Protokoll, 23.6.1977; BStU, MfS, BV FfO, AOG 864/78, Bl. 19. Offenbar wurde befürchtet, die den Transportern eingeräumte Bewegungsfreiheit auf dem Gelände und deren zum Teil postenloser Einsatz erhöhe den Anreiz zu einer Flucht. Die relativ kurz einsitzenden Arrestanten hielt man wohl für weniger fluchtgeneigt.

87 Zu den räumlichen Verhältnissen und den produktionstechnischen Details siehe Dressler: Stillgestanden, insbesondere S. 178 ff.

88 Aus der Abschrift eines abgefangenen Kassibers des MSG XXX der 3. Kp. [o. D., Adressat und Titel, Febr. 1986]; BStU, MfS, AIM 2121/88, T. II/1, Bl. 76.

gearbeitet. Wenn aber zu wenige Insassen vor Ort waren, konnte nicht einmal ein Zwei-Schicht-Betrieb realisiert werden, was zu Produktionsrückständen führte.[89] Auf dieser Fertigungsstrecke kamen sämtliche Insassengruppen zum Einsatz. Durch das Schichtsystem beziehungsweise unterschiedliche Arbeitsbereiche (Wickelei, Schleiferei, Laminierung, Zerspanung, Turmbau, Lager) konnte das Trennungsgebot weitgehend befolgt werden.[90]

Neben den genannten Arbeitsbereichen gab es innerhalb des Lagers 1972 eine Palettenproduktion, die offenbar Ende 1973 auslief.[91] Für welchen Betrieb diese Produktion erfolgte, ist bisher nicht bekannt. Die frei werdenden Arbeitskräfte sollten ab Ende 1973 im Leuchtenbau eingesetzt werden.[92]

Gefangene wurden auch zur Reinigung von Räumen eingesetzt, die sie sonst nicht betreten durften. Über die 1988 geltende Verfahrensweise bei der Reinigung der Geschäftsstelle der Disziplinareinheit berichtete deren Leiterin als GMS »Rose«: »Der Umgang mit MSG und DB seitens der Geschäftsstelle verläuft höflich und korrekt. Bei Säuberung der Räume werden die Tische abgeräumt, der MSG beobachtet, keine Telefongespräche entgegengenommen und keine Gespräche mit ihm selbst geführt.«[93] Der Einsatz von Insassen zur Reinigung von Räumen außerhalb des eigenen Unterkunftsbereichs spielte auch bei den Varianten der Kontaktherstellung zu den Mitarbeitern des MfS eine Rolle.

Teilweise wurden Gefangene beim Außeneinsatz auf Baustellen in Schwedt und Umgebung beziehungsweise in umliegenden Betrieben eingesetzt, jedoch nie in der Produktion des Petrolchemischen Kombinats (PCK). Dennoch sind immer wieder Gefangene auf dem Gelände des PCK beschäftigt worden, sei es zum Ausheben von Gräben und anderen Tiefbauarbeiten oder auf dem im Gelände angesiedelten Betonwerk.

Das Betonwerk des VEB Bau- und Montagekombinats (BMK) Ost Schwedt war eine der ersten Arbeitsstätten für die Schwedter Gefangenen. Es galt als sogenanntes ständiges Außenarbeitskommando und wurde bis in das Ausbildungsjahr 1983/84 genutzt. Schon die ersten Militärstrafgefangenen in Schwedt, die

89 Andere Ursachen für Produktionsrückstände bzw. die insgesamt schlechte Situation im Betrieb sah ein GMS im IWP neben dem Ausfall von Technik darin, dass keine Investitionen erfolgten, Produktions-Umstellungsmaßnahmen erforderlich seien, notwendige Entscheidungen hinausgeschoben und die Beschaffung von produktionswichtigen Verschleißteilen bewusst unterlassen sowie Grundmittel zu spät angefordert wurden; vgl. Treffauswertungen zu GMS »Gustav« v. 30.9.1985 u. 22.5.1986; BStU, MfS, AGMS 5701/91, Bl. 50 f.

90 GMS-Bericht »Klaus« [o. D.]: Schichtbesetzung im Arbeitsbereich 932 ab 1.1.1986; BStU, MfS, AGMS 4768/91, Bl. 51.

91 IM-Berichte »Johannes«, 11.4.1972 u. 22.10.1973; BStU, MfS, BV FfO, TA 1111/79, Bd. 1, Bl. 251 u. 416.

92 FO Colberg: Treffbericht IM »Peter«, 4.12.1973; BStU, MfS, BV FfO, Abt. VII Nr. 2356, Bl. 10. Jahre später kam es erneut zum Zusammenbau von Paletten – allerdings in der Papierfabrik.

93 GMS-Bericht »Rose«, 25.11.1988; BStU, MfS, AGMS 4767/91, Bl. 83.

1968 aus Berndshof verlegt wurden, mussten unter anderem im Betonwerk arbeiten, auch in Schichtarbeit.[94] Im Werk kamen Militär- und Zivilstrafgefangene zum Einsatz, die Betonfertigteile gießen mussten. Wegen des Kontaktes zu zivilen Arbeitern und den damit verbundenen Schleusungsmöglichkeiten (Geld, Nahrungsmittel, Tabak, Alkohol, Briefe u. a.) stand das Betonwerk durchgängig auch im Visier des Aufsichtspersonals und der Staatssicherheit. Doch erst 1977 wurde mit dem Bau einer massiven Mauer um das Betonwerk begonnen, dem ein zusätzlicher Sicherungszaun folgen sollte.[95] 1983/84 wurde das AAK Betonwerk geschlossen.[96]

Für 1970/71 ist auch mehrfach von einem Plattenwerk die Rede, in dem Schwedter Zivilstrafgefangene zu Betonarbeiten eingesetzt waren. Dabei handelte es sich offenbar um das Großplattenwerk vom Bau- und Montagekombinat (BMK) Ost, das im Juli 1968 auf dem sogenannten Industriegelände I seine Arbeit aufnahm und von dem aus im Winter 1970 ein Zivilstrafgefangener zunächst erfolgreich fliehen konnte.[97] Die bereits angesprochenen Probleme mit Schleusungsmöglichkeiten traten dort ebenfalls auf. Das BMK Ost war aber nicht nur wegen des Beton- oder Plattenwerks für die Schwedter Insassen relevant. Gefangene wurden auch auf mehreren BMK-Baustellen eingesetzt. In den 1970er-Jahren betraf dies unter anderem einen Stahllagerplatz, die Baustelle Centrum-Warenhaus Schwedt oder eine »Objekt 412« genannte Baustelle des Instandsetzungswerks Pinnow. Andere Außenarbeitskommandos wurden nach den zu errichtenden Bauten oder den relevanten Orten benannt, ohne dass bekannt ist, welcher Betrieb verantwortlich war. Das waren eine nicht näher bezeichnete Arbeitsstelle Heinersdorf (1968–1972), das Gesundheitszentrum Schwedt (1971/72), das Wasserwerk Schwedt (1971–1973), das AAK Eberswalde (wechselnde Baustellen von 1973–1977: Dienstleistungskomplex, Finanzamt und VPKA Eberswalde) oder ein AAK Julienwalde (1978). Eberswalde dürfte der am weitesten entfernt gelegene Einsatzort gewesen sein. Ende 1975 hieß es hierzu: »Als nicht zweckmäßig wird der gegenwärtige Arbeitseinsatz in Eberswalde eingeschätzt mit täglich 90 bis 100 km An- und Abfahrt, 2,5 Std. Fahrzeit und der Einsatz in 3 räumlich voneinander getrennten Kommandos«.[98]

94 Siehe z. B. die Berichte von G. Meyer und M. Schulze in Brauhnert; Hübner; Polzin (Hg.): Der DDR-Militärstrafvollzug, S. 36–83.

95 [o. Verf., vermutl. Ltr. StVE Schwedt]: Referat zur Dienstversammlung am 22.3.1977, 2.3.1977; BLHA, Rep. 671/16.1, Nr. 300, S. 142–162, hier 157.

96 Chronik der Disziplinareinheit; BArch, DVW 5-16/74001, Bl. 27.

97 Ich danke der Leiterin der Städtischen Museen und des Stadtarchivs Schwedt/Oder, Anke Grodon, herzlich für die Informationen zum Plattenwerk. Zur angesprochenen Flucht siehe entsprechende Passage im Abschnitt Nonkomformes Verhalten.

98 MfNV/Abt. KD, OSL Schweingel [ohne Adressat]: Teilbericht zur Jahreskontrolle in der StVE Schwedt, 14.11.1975; BArch, DVW 1/126206 (o. Pag.). Andere Vorhaben im Reifenkombinat Fürstenwalde oder der Flugzeugwerft Dresden blieben offensichtlich im Planungsstadium

Anfang der 1980er-Jahre war das BMK auch am Ausbau der Produktionsstätte innerhalb des Militärstrafvollzugs beteiligt. Die Chronik der Disziplinareinheit verweist für 1983/84 noch auf die Eröffnung zweier neuer Außenarbeitskommandos des BMK. Zum einen betraf das den BMK-Betriebssitz Schwedt, zum anderen einen Bereich Abwasser.[99] Die Baustelle des Wasserwerks wurde offenbar in Koordinierung mit dem Tiefbaukombinat (TBK) Schwedt betrieben. Das TBK war phasenweise ein sogenannter Vertragsbetrieb der Strafvollzugseinrichtung und unterhielt diverse Baustellen in Wohngebieten der Stadt Schwedt, auf denen auch Schwedter Gefangene arbeiteten (insbesondere Wohnkomplexe VI und VII, 1971–1973).[100] Insgesamt summierten sich die unterschiedlichen Einsatzorte auf bis zu 20 Brigaden an 11 verschiedenen Orten des Bau- und Montage-Kombinates und des VEB Tiefbau Schwedt.[101] Die verschiedenen Einsatzorte verkomplizierten die Bewachung der Gefangenen und warfen organisatorisch-logistische Probleme auf.[102]

Größere Bedeutung fiel auch der Papierfabrik beziehungsweise den Papier- und Kartonwerken Schwedt (PKS) zu, für die mindestens für den Zeitraum 1968 bis 1984 (mit zeitweiligen Unterbrechungen) der Einsatz von Gefangenen belegt ist. Für 1980 wurden zwei unterschiedliche Einsatzgruppen bekannt: Eine sogenannte Einzelbrigade PKS/BMK war auf dem Betriebsgelände der Papierfabrik zu Erd- und Betonarbeiten eingesetzt. Ein weiteres Außenarbeitskommando nannte sich PKS (Bauhof) und leistete Arbeiten auf dem separat

stecken, vgl. IM-Bericht »Egon«, 8.10.1973; BStU, MfS, A 642/82, Bd. 1, Bl. 178 bzw. MfNV, Stv. des Ministers für Ausrüstung, AG Industrielle Instandsetzung, OSL Schubert an Stv. des Chefs des Hauptstabes für allgemeine Fragen, Mj. Müller: Einsatz von MSG, 3.2.1972; BArch, DVW 1/126205 (o. Pag.). Zu dem bei Wunschik für 1972 benannten Einsatz in Lubmin gibt es außer der von ihm beigezogenen (eher sekundären) Fundstelle keinerlei Bestätigungen, vgl. Wunschik: Knastware, S. 24.

99 Chronik der Disziplinareinheit; BArch, DVW 5-16/74001, Bl. 28.

100 Der Arbeitseinsatz von Strafarrestanten im Wohnkomplex VI im September 1971 wurde von einer unbekannten Person fotografiert. Diese Aktivität meldete einer der Arrestanten offiziell. In der Person wurde der Betriebsfotograf des WBK Eisenhüttenstadt vermutet, vgl. IM-Bericht »Arnold«, 8.9.1971; BStU, MfS, A 641/82, Bd. 1, Bl. 102.

101 MfNV/Abt. KD, Ltr. Oberst Wollmann [ohne Adressat]: Bericht über die Jahreskontrolle im StVK Schwedt, 14.12.1971; BArch, DVW 126204 (o. Pag.).

102 Im März 1972 verteilten sich 228 Militärstrafgefangene und Strafarrestanten auf drei Kompanien und zugehörige Arbeitsstellen. In der 1. Kompanie (Freiheitsstrafen bis zu zwei Jahren) arbeiteten Fahnenflüchtige als Hausarbeiter. Gefangene mit anderen Delikten wurden in Früh- und Spätschicht auf dem Eisenbiegeplatz des BMK Ost Schwedt eingesetzt. Die Insassen der 2. Kompanie (Freiheitsstrafen bis zu einem Jahr) arbeiteten im TBK und BMK Schwedt, darunter auf der Baustelle Wasserwerk im Bereich des TBK bzw. in Einzelbrigaden im Stadtgebiet Schwedt, in der Papierfabrik Schwedt oder im Bereich des PCK Schwedt. Die Strafarrestanten der 3. Kompanie (Höchststrafe drei Monate) arbeiteten im Wohnbereich VII der Stadt Schwedt auf einer Baustelle des TBK. Vgl. IM-Bericht »Johannes«: Situation in den Außenarbeitskommandos, 5.3.1972; BStU, MfS, BV FfO, TA 1111/79, Bd. 1, Bl. 234.

eingefriedeten Bauhof (Holzarbeiten, Paletten nageln, Stemm- und Betonarbeiten).[103]

Verschiedene Außeneinsätze betrafen auch das Instandsetzungswerk Pinnow. Zum einen war ab 1977 geplant, mit Gefangenen eine neue Werkhalle für mechanische Fertigung in der Militärstrafvollzugseinrichtung zu errichten, die als »Produktionsbereich des IWP« bezeichnet wurde. Außerdem sollten Militärstrafgefangene auch in einem ständigen Außenkommando im IWP bei nicht näher beschriebenen »Aufgaben der Hauptmechanik« eingesetzt werden. Als drittes war ein zeitweiliger Einsatz von circa 70 Gefangenen für ein nicht näher benanntes »Investobjekt IWP, H III« vorgesehen. Ab Juni 1977 sollten dann in diesen unterschiedlichen Einsatzorten/-stätten 100 bis 200 MSG eingesetzt werden.[104] Inwieweit es tatsächlich zu diesen Einsätzen kam, ist bisher unbekannt. Ende der 1970er-Jahre wurden im Rüstungsbetrieb IWP von den Gefangenen zum Beispiel Sicherungshebel und Schulterstützen für Kalaschnikows sowie Plattformen produziert, auf die Strela-Raketen montiert werden konnten, aber auch Mopedgepäckträger.[105] Durch die Amnestie 1979 fehlten in vielen Bereichen die Arbeitskräfte. Das IWP sollte vorrangig mit neu eingelieferten Gefangenen aufgefüllt werden.[106] Spätestens ab April 1983 wurde in Pinnow in insgesamt drei Schichten, auch in der Nacht, gearbeitet. Eine Besichtigung des Außenarbeitseinsatzbereiches im Instandsetzungswerk Pinnow gehört zu den wenigen dokumentierten Aktivitäten des Gesellschaftlichen Beirates der Strafvollzugseinrichtung.[107]

Durch das Bekanntwerden besonderer Vorkommnisse ist für 1983 auch ein AAK Kohleheizwerk Pinnow belegt. Zum einen gaben hier Vorarbeiter an die Disziplinarbestraften Alkohol aus, zum anderen spielte sich hier ein Vorfall des Westradio-Hörens durch Disziplinarbestrafte ab, weil in einem Nebenraum ein Westsender überlaut eingestellt war.[108] Gemäß Chronik liefen die Arbeits-

103 Einschätzung der Wirksamkeit des Sicherungssystems für das 2. Halbjahr 1980 [ohne Kopfdaten; hier von IM »Egon« unterzeichnet und überliefert]; BStU, MfS, A 642/82, Bd. 2, Bl. 271–278.

104 VEB Kombinat Spezialtechnik Dresden, Direktor für Technik, Oberst Schubert: Protokoll v. 2.5.1977 zur Beratung über den Einsatz von MSG i. V. m. Protokoll der Abteilungsleiterberatung v. 26.5.1977; BStU, MfS, BV FfO, TA 70/84, Bd. 3, Bl. 80 u. BLHA, Rep. 671/16.1, Nr. 301, Bl. 27.

105 Internetforum.

106 Leiter StVE Schwedt, OSL Albinus an BDVP Frankfurt (Oder)/AG SV: Zwischeneinschätzung über die Verwirklichung des Amnestiebeschlusses, 27.11.1979; BStU, MfS, A 642/82, Bd. 2, Bl. 207–211.

107 Leiter StVE Schwedt, OSL Albinus an Chef der BDVP Frankfurt (Oder): Lageeinschätzung September 1981, 22.9.1981; BLHA, Rep. 671/16.1, Nr. 299, Bl. 115. Zum Beirat vgl. im Kap. 2 den Abschnitt Wechsel vom MdI zur NVA.

108 [MfS]/HA I/Abt. MfNV an Ltr. HA I: Information zur Sicherheit und Ordnung in der DE, 26.5.1983; BStU, MfS, HA I Nr. 15091, Bl. 40–46 u. GMS-Bericht »Horst«, 28.9.1983; BStU, MfS, AIM 4388/91, T. I/1, Bl. 67.

einsätze im Heizwerk des VEB IWP beziehungsweise in der Halle 102 IWP 1983/84 aus.[109] Zwei ungewöhnliche Arbeitseinsätze sind aus den 1970er-Jahren bekannt. Im Winter 1971 wurde ein Zivilstrafgefangener für knapp zwei Monate wegen seiner fachlichen Kenntnisse zu Isolierungsarbeiten in die Jugendstrafanstalt Wriezen verlegt und im Winter 1975 waren Strafgefangene zu einem Rübeneinsatz auf dem Feld.[110]

4.1.3 Politschulung und militärischer Drill

Einer der Gründe für die Konzentration der Militärstrafgefangenen und Strafarrestanten in Schwedt war, dass diese auch im Gefängnis militärischem Drill unterliegen sollten. Das betraf insbesondere die militärische und politische Ausbildung.[111] Das Verhältnis von Arbeits- und Ausbildungszeit ergab sich aus den Ordnungen für Strafarrest und Strafvollzug[112] in Verbindung mit den vom MfNV herausgegebenen Ausbildungsprogrammen. Auch in der Vereinbarung über die Durchführung des Vollzuges von Freiheitsstrafen und des Strafarrestes von Militärpersonen wurde unter anderem geregelt, dass die politische Schulung und kulturelle Betreuung von den Politorganen der NVA und der Verwaltung Strafvollzug des MdI gemeinsam übernommen werden und die Anleitung der militärischen Ausbildung durch die Abt. Kommandantendienst des MfNV erfolgen sollte.[113]

Die Strafvollzugsordnung von 1978 formulierte als Sinn und Zweck der politischen Schulung und der militärischen Ausbildung die »strikte militärische Pflichterfüllung und widerspruchlose Unterordnung« der Militärstrafgefangenen.[114] Für die 1982 eingeführte Strafe »Dienst in der Disziplinareinheit« galt gleichfalls die Kombination von Arbeit, Schulung und Ausbildung unter militärischen Bedingungen.[115] Grundlage war die Ordnung des MfNV über den

109 Chronik der Disziplinareinheit; BArch, DVW 5-16/74001, Bl. 18 u. 27.

110 Leiter StVK Schwedt, Mj. Albinus [ohne Adressat]: Führungsbericht, 19.4.1971; BStU, MfS, AKK 22848/80, Bl. 39 u. IM-Bericht »Schöbel« [o. D., Jan. 1975]; BStU, MfS, BV Schwerin, AIM 1420/84, T. II/1, S. 9 (MfS-Zählung).

111 Militärstrafvollzugsordnung 1968, § 1 u. 2.

112 Strafarrestordnung 1964, Militärstrafvollzugsordnung 1968 bzw. 1975 sowie Strafvollzugsordnung 1977 Teil E (vom 19.1.1978).

113 Vereinbarung von MdI und MfNV über die Vorbereitung und Durchführung des Vollzuges von Freiheitsstrafen und des Vollzuges von Strafarrest an Militärpersonen vom 3.5.1968; BArch, DVW 1/30205, Bl. 8–12.

114 Strafvollzugsordnung 1977, Teil E (vom 19.1.1978), Bl. 8 Rs.

115 Grundsätze zur Schaffung der Disziplinarstrafe »Dienst in der Disziplinareinheit«, 62. Sitzung des NVR, 21.11.1980; http://www.argus.bstu.bundesarchiv.de/DVW1_NVR/mets/DVW1_NVR_39523/index.htm?target=midosaFraContent&backlink=/argus-bstu/DVW1_NVR/index.htm-kid-4e743c14-4451-41ad-9a52-891136a2e880&sign=DVW%201/39523.

Dienst in der Disziplinareinheit, die Vorgaben über die Anteile der politischen Schulung und der militärischen Ausbildung enthält.[116] So war für jeden normalen Arbeitstag zusätzlich eine dreistündige militärische Ausbildung vorgesehen, die in der Regel vor der Arbeitszeit liegen sollte. Ein Schulungssamstag sah in der Frühphase des Militärstrafvollzugs in Schwedt so aus: 6.00 bis 10.00 Uhr Politunterricht, 10.00 bis 11.00 Uhr aktuell-politisches Gespräch, 11.00 bis 12.00 Uhr militärische Körperertüchtigung (MKE) und nachmittags drei Stunden Gefechtsausbildung. Das Gesamtausbildungsprogramm setzte sich Mitte der 1970er-Jahre folgendermaßen zusammen: jeweils 14 Stunden Politschulung monatlich (vier Stunden Selbststudium, je zwei Stunden Grundsatzvortrag und Filmveranstaltung sowie sechs Stunden Seminar und schriftliche Arbeiten) mit Zwischenprüfung im ersten Halbjahr und Abschlussprüfung zum Jahresende. Zusätzlich gab es drei Monate Gefechtsausbildung im Jahr. Zwischen den Zügen, Gruppen und Kompanien wurden dabei Wettbewerbe geführt.[117]

Die einfachste Variante der politischen »Ausbildung« bestand im Pflichtfernsehen der »Aktuellen Kamera« – soweit nach Schichtplan möglich.[118] Anspruchsvoller waren in den Politunterrichtsstunden abzuarbeitende Themen und prüfungsähnliche Aufgaben. Im Rahmen der Politausbildung der späten 1960er-Jahre sollten sich die Gefangenen des 2. Zuges der 2. Kompanie beispielsweise schriftlich zu den Fragen »Worin zeigt sich das gegenwärtige Anwachsen der Kriegsgefahr in der Welt und in Europa und wie muss ein Soldat der NVA auf einen möglichen Krieg vorbereitet sein, um dem Gegner jederzeit überlegen zu sein?« oder »Begründen Sie, warum von Westdeutschland die Hauptkriegsgefahr in Europa ausgeht und wie muss der Soldat der NVA auf einen möglichen Krieg vorbereitet sein?« äußern. Zur Beantwortung hatten die Gefangenen eine Stunde Zeit. Wer mit der Aufgabe fertig war, durfte seinen Verwahrraum aufsuchen.[119] Die schriftlichen Arbeiten wurden in der Regel benotet. Auch in späteren Jahren waren Prüfungen Bestandteil der Politausbildung. Partiell liegen dazu auswertende Einschätzungen des Offiziers für politische Schulung vor, die auch die vergebenen Prüfungsnoten enthielten.[120] Solche

116 Ordnung Nr. 036/9/004 des MfNV über den Dienst in der Disziplinareinheit v. 17.12.1982; BStU, MfS, AGM Nr. 610, Bl. 151.

117 [StVK Schwedt, Sekretär der SED-GO, Bailleu, an MfNV/Abt. KD]: Auskunftsbericht über die Durchführung der politischen Schulung und Gefechtsausbildung, 28.5.1975; BStU, MfS, A 641/82, Bd. 2, Bl. 162–173.

118 Pflichtfernsehen betraf auch komplette Filme, außerdem sind Hinweise auf Kinopflichtveranstaltungen überliefert.

119 Zusammenstellung von Fakten aus einem Untersuchungsvorgang gegen einen Insassen in Schwedt (November 1968); BStU, MfS, AU 10836/70, Bd. 1, Bl. 145, 216; ebenda, Bd. 2, Bl. 5.

120 Z. B. StVK Schwedt, Offizier für politische Schulung, Oltn. Bailleu [ohne Adressat]: Einschätzung der Abschlussprüfung in der Politschulung bei den MSG, 10.11.1971; BArch, DVW 1/126204 (o. Pag.).

Politschulungen gab es auch im regulären Armeebetrieb, wie überhaupt in der DDR ein engmaschiges Netz von ideologischer »Rotlichtbestrahlung« existierte.

Mitunter versuchten Einzelne, gelegentlich auch kleinere Gruppen, sich dieser ideologischen Beeinflussung zu entziehen. Im »harmloseren« Fall äußerte sich das durch eine gewisse Ignoranz (schlafen, Skat spielen, Kreuzworträtsel lösen im Unterricht), in der gesteigerten Form verließ ein Gefangener den Schulungsraum.[121] Insbesondere Insassen mit politisch bewerteten Delikten oder solche mit Ausreisewünschen verwiesen auf die Vergeblichkeit der Erziehungsbemühungen in ihrem Einzelfall beziehungsweise begründeten ihre Zurückhaltung bei der Meinungsäußerung damit, dass ihnen bei Bekanntwerden ihrer wahren politischen Einstellung unter Umständen eine Strafverschärfung drohe. Ein Strafgefangener beantragte 1975 sogar eine Verlegung in Einzelunterbringung, weil er während der Politschulung nichts mehr sagen wollte.[122] Gelegentlich führten solche Verhaltensweisen zur Organisation besonderer Schulungsgruppen. So gab es im Mai 1976 auf Weisung des Kommandeurs eine gesonderte Politschulung für sechs auffällig gewordene Militärstrafgefangene der 2. Kompanie in Anwesenheit des Offiziers für politische Schulung und Ausbildung, der einen detaillierten Bericht auch über geäußerte Meinungen anfertigte.[123] Dennoch kam es zu anhaltenden Verweigerungen der Mitarbeit. Im Politunterricht am 12. Juli 1976 schrieben vier Militärstrafgefangene bei der geforderten schriftlichen Beantwortung der gestellten Fragen keine einzige Zeile.[124] Zwei Wochen später führte der Offizier für politische Schulung persönlich eine Politschulung mit dem Personenkreis der 2. Kompanie durch. Die Militärstrafgefangenen äußerten offen ihre Abneigung gegenüber dem politischen System in der DDR, weshalb darüber ein Bericht entstand, der mit folgenden Zeilen endete:

> Der MSG XXX machte zum Schluss die Bemerkung: Genosse Hauptmann, Sie haben sich Notizen gemacht, ist das nicht eine Gewissensschnüffelei? Der MSG YYY brachte zum Schluss zum Ausdruck, ob er wegen seiner im Seminar getätigten Äußerungen auch keinen Nachschlag bekommt.[125]

121 IM-Berichte »Rudloff«, 3.1. u. 27.2.1978; BStU, MfS, A 638/82, Bl. 114 u. 116.

122 StVE Schwedt [ohne Adressat]: Befragungsprotokoll, 4.11.1975; BStU, MfS, AOG 1023/84, Bl. 127. Zu den Modalitäten bei unterschiedlichen Arrestformen, darunter die genannte Einzelunterbringung, vgl. im vorliegenden Kapitel den Abschnitt Strafen und Belohnungen.

123 StVE Schwedt, Offz. für polit. Schulung, Hptm. Bailleu [ohne Adressat]: Bericht über die Politschulung, 17.5.1976; BStU, MfS, A 641/82, Bd. 2, Bl. 304.

124 StVE Schwedt/2. Kompanie, KC Oltn. Künkel: Aktennotiz, 14.7.1976; BStU, MfS, BV Erfurt, AOG 1911/80, Bl. 17.

125 StVE Schwedt, Offz. für polit. Schulung, Hptm. Bailleu [ohne Adressat]: Bericht über die Politschulung, 27.7.1976; ebenda, Bl. 18–20, Zitat von Bl. 20, Anonymisierung durch BStU.

Der Offizier für Kontrolle und Sicherheit nahm das zum Anlass, in einem Aktenvermerk die ausführlichen Personalien der Beteiligten, inklusive eventueller Vorstrafen und der aktuellen Erfassungs-, Bearbeitungsverhältnisse durch die Kriminalpolizei zu dokumentieren.[126] Die Gruppe blieb mehrere Monate lang unter Beobachtung.

Bei Häftlingen späterer Jahre stieß die politische Schulung ebenfalls auf Ablehnung. Im August 1978 verständigten sich der Leiter Albinus und der Offizier der K I/4, Colberg, wegen anhaltender Renitenz der Schulungsteilnehmer über die »Brechung des passiven und aktiven Widerstandes«.[127] Neben organisatorischen Versuchen, die polit-ideologische Schulung reibungslos zu gestalten, gab es auch die Meldung auffälligen Verhaltens an die Staatssicherheit. Im September 1979 sollten Militärstrafgefangene der 2. Kompanie Ausführungen zum Thema »Welche Merkmale zeichnen die sozialistische Nation in der DDR im Gegensatz zur bürgerlichen Nation in der Bundesrepublik aus?« machen. Zu zehn namentlich benannten Gefangenen, deren Antworten mit 5 benotet wurden, übermittelte »Arnold« die Inhalte der Antworten an das MfS.[128] Versuche, sich dem politischen Einfluss zu entziehen, gab es auch in den 1980er-Jahren. Im Juli 1983 beantragten drei Militärstrafgefangene schriftlich beim Kommandeur die Befreiung vom Polituntericht und dem politisch-aktuellen Gespräch. Sie beriefen sich dabei auf die Veröffentlichung eines Artikels in der *Jungen Welt*, in dem zum Verbot von Kriegs- und Hasspropaganda aufgefordert wurde.[129] Der Antrag wurde zurückgewiesen, da er gemeinschaftlich gestellt wurde, was als Verstoß gegen die Innendienstvorschrift galt.[130] So wurden formale Gründe

126 BDVP Frankfurt (Oder)/Abt. K/Dez. I/4, Oltn. Colberg: Aktenvermerk, 28.7.1976; ebenda, Bl. 21–23.

127 StVE Schwedt [von »Arnold« unterzeichnetes Durchschlagexemplar ohne Adressat]: Einschätzung über Verhaltensweisen von Militärstrafgefangenen, 3.8.1978; BStU, MfS, A 641/82, Bd. 3, Bl. 125–128, Zitat von Bl. 127. Die offenbar insbesondere von einem bestimmten Offizier wiederholt genutzte Redewendung von der »Brechung jeden Widerstandes« führte schon knapp zehn Jahre zuvor dazu, dass der solcherart Drohende von den Gefangenen als »Widerstandsbrecher« bezeichnet wurde, vgl. Berichte von Johann R. und Klaus Auerswald in: Brauhnert; Hübner; Polzin (Hg.): Der DDR-Militärstrafvollzug, S. 88 u. 116. Die bisherigen Erkenntnisse lassen den Schluss zu, dass damit der langjährige Parteisekretär bzw. Polit- und Schulungsoffizier Bailleu gemeint war, der hier mit seinem IM-Decknamen »Arnold« als Unterzeichner des zitierten Dokuments eben jene Formulierung erneut gebrauchte.

128 IM-Bericht »Arnold«, 28.9.1979; BStU, MfS, A 641/82, Bd. 3, Bl. 260.

129 »Menschenrechtskomitee beendete 19. Tagung. Das Menschenrechtskomitee der Vereinten Nationen hat zum Abschluss seiner 19. Tagung in Genf alle Staaten aufgefordert, nationale Gesetze zum Verbot von Kriegspropaganda sowie jeglicher Anstiftung zum Völker-, Rassen- oder religiösen Hass zu erlassen. Das verlange Artikel 20 der Internationalen Konvention über die zivilen und politischen Rechte, stellt das Komitee in einem Bericht fest. Artikel 20 der Konvention verlange ferner, Kriegshetze und Hasspropaganda gegen andere Völker oder Minderheiten unter Strafe zu stellen.« In: Junge Welt v. 29.7.1983, S. 15.

130 Abschrift des Antrags v. 30.7.1983 i. V. m. NVA/DE, StK Vollzug, OSL Albinus: Protokoll der Aussprache [mit einem der Initiatoren], 5.8.1983; BStU, MfS, AOPK 14111/83, Bl. 214

vorgeschoben und eine Auseinandersetzung mit dem Anliegen der drei Häftlinge vermieden. Zusätzlich gab es in den 1980er-Jahren für alle Insassen eine tägliche Zeitungsschau beziehungsweise Presseinformation, bei der als Provokation empfunden wurde, wenn ein Gefangener sich nicht ordentlich hinsetzte oder leise dazwischen redete.[131]

Ein weiteres Mittel der ideologischen Indoktrination und Überwachung, das zudem die Konkurrenz untereinander schürte, war das Initiieren von schon aus dem DDR-Alltag bekannten »sozialistischen Wettbewerben« oder »Verpflichtungsbewegungen« anlässlich bestimmter Jahrestage, SED-Parteitage oder dergleichen mehr. Als es 1979 zu bewaffneten Auseinandersetzungen zwischen China und Vietnam kam, stellte sich die DDR auf die Seite Vietnams. Durch die Mehrzahl der Militärstrafgefangenen der 2. Kompanie wurde eine Protestresolution verfasst. Sie sollen sich außerdem zu einer Spende verpflichtet haben, die jedoch nicht angenommen wurde. Daraufhin hätten sie angefragt, ob eine Sonderschicht am Ostermontag gefahren werden könne, deren Erlös Vietnam zur Verfügung gestellt werden solle.[132] In einer Rückschau aus dem Januar 1980 hieß es, dass 150 Gefangene (angeblich freiwillig) Blut für Vietnam gespendet sowie insgesamt 819,50 Mark auf das Solidaritätskonto für Vietnam überwiesen hätten.[133] Als die Sowjetunion im gleichen Jahr eine Abrüstungsinitiative startete, wurde in der DDR eine Unterschriftenaktion zu deren Unterstützung organisiert. Diese machte auch vor den Gefängnissen nicht Halt, sodass in »Schwedt« entsprechende Listen erstellt wurden. Allein in der 2. Kompanie lehnten elf Gefangene die Unterzeichnung der Willenserklärung ab. Insgesamt unterschrieben 196 von 208 Militärstrafgefangenen,[134] was unter den besonderen Regimebedingungen anders zu bewerten ist als eine Verweigerung im Zivilleben.

Ende 1981 spitzte sich in Polen die innenpolitische Krise zu, woraufhin in der DDR ideologisch motivierte Solidaritätsaktionen zugunsten der polnischen Bevölkerung anliefen. Der dem MfS inoffiziell verpflichtete Leiter der Verwaltung Strafvollzug des Innenministeriums berichtete seinem MfS-Führungsoffizier, dass aus mehreren Gefängnissen, darunter Schwedt, Anfragen eingingen, wie damit umzugehen sei, dass Gruppen von Häftlingen durch Spenden ihre Solidarität mit Polen ausdrücken wollten. Die VSV entschied, dass die Gefangenen

u. 242. Die Innendienstvorschrift war die Dienstvorschrift 010/0/003 des MfNV.

131 OibE »Manfred« [ohne Adressat]: Auszüge aus dem Beobachtungsbogen der Erziehungsakte des MSG F., 13.5.1989; BStU, MfS, AOPK 12289/89, Bl. 80.

132 IM-Berichte »Rudloff« und »Arnold«, jeweils 2.3.1979; BStU, MfS, A 638/82, Bl. 209 u. MfS, A 641/82, Bd. 3, Bl. 182. »Arnold« berichtete an das MfS auch, welche drei Gefangenen die Protestresolution nicht unterschrieben.

133 [o. D., Verf. und Adressat]: Einschätzung und Analysierung [sic!] der Erziehungswirksamkeit des Erziehungsprozesses für 1979, [von »Arnold« unterzeichnet u. mit 19.1.1980 datiert]; BStU, MfS, A 641/82, Bd. 3, Bl. 297–304, hier 302.

134 IM-Berichte »Rudloff« und »Arnold«, jeweils 8.11.1979, beide mit namentlicher Nennung der Verweigerer; BStU, MfS, A 638/82, Bl. 270 u. MfS, A 641/82, Bd. 3, Bl. 283.

ihre Solidarität durch vorbildliche Arbeitsleistungen und Sonderschichten zum Ausdruck bringen könnten.[135] An anderer Stelle heißt es jedoch für den gleichen Monat, dass Militärstrafgefangene »aus freiem Willen und ohne Aufforderung« 296,25 Mark gespendet hätten.[136]

Neben der politischen Schulung war die militärische Ausbildung der Insassen wesentlicher Bestandteil des Haftalltags in Schwedt. Sie bestand überwiegend aus der sogenannten militärischen Körperertüchtigung (MKE) und der Gefechtsausbildung. De facto wurde viel marschiert, exerziert oder an der Sturmbahn trainiert, eingeschlossen die sogenannte Schutzausbildung. Da die Insassen hierzu keine Waffen erhielten, aber unter realitätsnahen Umständen trainieren sollten, wurden aus Holz gefertigte Modelle genutzt.

Abb. 10: Holzgewehr für die militärische Ausbildung

Bezüglich der körperlichen Ausbildung gab es beim Vorliegen bestimmter Beeinträchtigungen die Möglichkeit partieller Befreiungen von der Teilnahme, zum Beispiel die Befreiung von »Schutz und Lauf« oder »MKE, Hindernis und Gefechtsdienst«.[137] Eine ungewöhnliche Variante ergab sich im September 1974 für einen unter Fluchtverdacht stehenden Militärstrafgefangenen: Weil die Sturmbahn außerhalb des Verwahrbereichs lag, wurde die Ausbildung dort von (nur einem) Posten überwacht. Aus Sicherheitsgründen wurde der Fluchtverdächtigte von dieser Ausbildung befreit.[138]

135 Treffbericht IM »Erwin«, 23.12.1981; BStU, MfS, AIM 12256/89, T. II/1, Bl. 167.

136 Leiter StVE Schwedt, OSL Albinus an Chef der BDVP Frankfurt (Oder): Lageeinschätzung Monat Dezember 1981, 22.12.1981; BHLA, Rep. 671/16.1. Nr. 299, Bl. 123.

137 StVK Schwedt/1. Kp., Hptm. Zimmermann: Befragungsprotokoll, 15.3.1972; BStU, MfS, AVSV 6161/72, Bl. 64 bzw. BDVP Frankfurt (Oder)/Abt. K/Dez. I/4, Oltn. Colberg: Protokoll, 30.4.1981; MfS, BV Halle, AKAG 3431/86, Bl. 37.

138 IM-Bericht »Ernst«, 20.9.1974; BStU, MfS, BV FfO, AOG 1280/80, T. II, S. 48 (MfS-Zählung) i. V. m. BDVP Frankfurt (Oder)/Abt. K/Dez. I/4, Oltn. Colberg: Protokoll,

Die Durchführung der militärischen Körperertüchtigung wurde mitunter an Strafgefangene übertragen, so zum Beispiel im März 1972. Der Anleitende wurde dann gelegentlich als »Menschenquäler« und »Schwein« beschimpft,[139] was auf eine gelungene Umsetzung des Teile-und-Herrsche-Prinzips beziehungsweise der sogenannten Selbsterziehung untereinander hinweist. Überhaupt war die körperliche »Ausbildung« ein beliebtes Mittel zur Disziplinierung Einzelner oder ganzer Gruppen. Das Prinzip ist aus dem »regulären« NVA-Dienst bekannt, in dem verschärfte Exerzierausbildung oft als Strafvariante eingesetzt wurde.

4.1.4 Freizeit und Haftvergünstigungen: Post, TV, Besuche

Freizeit war ein knappes Gut in Schwedt, insbesondere für die ab 1982 mit »Dienst in der Disziplinareinheit« bestraften Personen. Einschränkungen ergaben sich zusätzlich daraus, dass die Freizeitgestaltung »organisiert zu erfolgen und dem Charakter der Disziplinareinheit sowie dem Erziehungsprozess zu entsprechen« hatte beziehungsweise der Kommandeur befugt war, diese Zeit einzuschränken.[140] Auch schon vor 1982 waren etliche der kulturellen Betätigungen nur in organisierter Art und Weise erlaubt. Die Militärstrafvollzugsordnung von 1975 regelte zum Beispiel in einem eigenen Punkt die »Kulturelle Erziehung und Bildung« und verwies dabei auf die kulturelle Selbstbetätigung »junger Strafgefangener in Kulturgruppen, Arbeitsgemeinschaften und Zirkeln«.[141] In anderen Dokumenten wird auch auf die Möglichkeit des Sporttreibens hingewiesen, wobei Schwerathletik und Kampfsport nicht gestattet waren.[142] Zeitweise durften die Insassen malen, basteln[143] oder auch im Chor singen beziehungsweise

11.12.1974; BStU, MfS, BV Potsdam, AOG 587/83 Teil I, Bl. 22.

139 IM-Bericht »Klaus Herder«, 19.3.1972; BStU, MfS, BV Dresden, AIM 1417/83, T. II/1, S. 28 Rs. (MfS-Zählung).

140 Ordnung Nr. 036/9/004 des MfNV über den Dienst in der Disziplinareinheit v. 17.12.1982; BStU, MfS, AGM Nr. 610, Bl. 151 (S. 11 f. des Dokuments). Analog regelte das die Ordnung 036/9/005 v. 17.12.1982 für die Militärstrafgefangenen (Militärstrafvollzugsordnung 1982), S. 20. Weitere grundsätzliche Regelungen zur Gestaltung der Freizeit befanden sich in den Militärstrafvollzugsordnungen 1968 u. 1975 und der Strafvollzugsordnung 1977.

141 Militärstrafvollzugsordnung 1975, Bl. 17. Deren Anlage 3 regelte darüber hinaus, dass »Kulturgruppen als Chöre, Singe-, Instrumental- und Rezitationsgruppen, Zirkel auf dem Gebiet der Gesellschaftswissenschaften und Literatur, Arbeitsgemeinschaften auf künstlerischem Gebiet gebildet werden« können; ebenda, Bl. 42.

142 So z. B. für die Disziplinarbestraften geregelt in Ordnung Nr. 036/9/004 des MfNV über den Dienst in der Disziplinareinheit v. 17.12.1982; BStU, MfS, AGM Nr. 610, Bl. 151 (S. 13 des Dokuments).

143 Hintergründe zu den Bastelzirkeln sind nicht bekannt. Deren Existenz in den 1970er-Jahren geht aus Erwähnungen in Schreiben der Militärstaatsanwaltschaft bzw. des OKS Colberg hervor, siehe Treffbericht Colberg zur Quelle mit Reg.-Nr. 611/70 v. 15.2.1971;

Instrumente spielen – jeweils in Zirkeln und Gruppen. Unklar bleibt, wie kontinuierlich diese existierten, schon weil die Zahl der Gefangenen schwankte. Eher demotivierend dürfte gewirkt haben, dass zum Beispiel von Chören erwartet wurde, zur Gestaltung von Feiertagen oder anderen »Höhepunkten« beizutragen. Für alle Gruppen galt, dass sie jederzeit aufgelöst beziehungsweise verboten werden konnten, wenn sich Einzelne oder die ganze Gruppe »negativ« verhielten. So wurde im Dezember 1988 eine Singegruppe aufgelöst, »da man sich unbeherrscht gegenüber Vorgesetzten benommen hat«.[144] Andere Formen der organisierten Freizeit bestanden in der Wahrnehmung sogenannter »Aufgaben mit besonderer Verantwortung«. Hierzu zählte zum Beispiel die durch Strafgefangene zu besetzende Position des Filmvorführers. Dieser zeigte in der Regel jeden Sonntag einen Film. Ferner hatten die Insassen Zugang zu Kartenspielen, Sportgeräten oder Musikinstrumenten. Interessanterweise wurde als »Politmaterial« verbucht, was an Inventar 1968 zusammen mit den Militärstrafgefangenen aus Berndshof nach Schwedt kam: eine transportable Kinoanlage, ein Radio, ein Fernsehgerät, zwei Tonbandgeräte, je zwei Akkordeons und Gitarren sowie fünf Schachspiele.[145]

Im Zusammenhang mit Sicherungsmaßnahmen zu besonderen Anlässen (insbesondere Feiertagen, aber auch »politischen Höhepunkten« wie Parteitagen u. ä.) gab es strenge Vorgaben für die Freizeit. Das konnte Quizveranstaltungen, Sportfeste mit Fußball-, Volleyball- oder Mehrkampfturnieren, Skatturniere, Schallplattenstunden bis hin zu organisierten Weihnachtsfeiern betreffen. So folgten beispielsweise am Feiertag, dem 1. Mai 1980, für die 2. und 3. Kompanie dem 30-minütigen obligatorischen Kampfmeeting mehrstündige Skat- beziehungsweise Volleyballturniere.[146] Die in solchen Freizeitplänen aufgeführten Filmvorführungen (inklusive Politschulungsfilme) galten als Pflicht-

BStU, MfS, AIM 7172/83, T. I/1, Bl. 175 bzw. Militärstaatsanwalt Baßler an Militärgericht Berlin: Antrag auf Strafaussetzung auf Bewährung, 11.8.1973; BStU, MfS, AU 9838/73, Bd. 6, S. 5 (MfS-Zählung).

144 IM-Bericht »Wolfgang Schuster«, 14.12.1988; BStU, MfS, AOPK 8542/89, Bl. 97.

145 Liste des Ist-Bestandes der Ausrüstung mit Politmaterialien zum 31.12.1972 [o. D., Verf. und Adressat, mit handschr. Ergänzungen von Bailleu u. a.]; BArch, DVW 1/126205 (o. Pag.). Hinweise auf zusätzlich organisierte Veranstaltungen betreffen mehrere von einem Gefangenen gehaltene Lichtbildvorträge (hier Ende 1970 über das Leben in der Sowjetunion, vgl. IM-Bericht über den Strafgefangenen XXX, 24.3.1971; BStU, MfS, AIM 7172/83, T. I/1, Bl. 189), einen Beethovenabend, der im November 1977 für alle Militärstrafgefangenen durchgeführt wurde, oder ebenfalls Ende 1977 angebotene Kfz-Schulungen für die Militärstrafgefangenen der 1. Kompanie, für deren Teilnahme es einen Nachweis durch den Schirrmeister gab (jeweils StVE Schwedt [ohne Adressat]: Protokoll zur Beratung der Abteilungsleiter und KC am 8.12.1977, 12.12.1977; BLHA, Rep. 671/16.1, Nr. 30, Bl. 58 f.).

146 StVE Schwedt, Offizier für politische Schulung, Hptm. Bailleu [ohne Adressat]: Plan für die Freizeitgestaltung der Militärstrafgefangenen, 25.4.1980; BStU, MfS, A 641/82, Bd. 3, Bl. 335.

veranstaltungen, an denen alle Militärstrafgefangenen teilnehmen mussten.[147] Zum organisierten Teil der Freizeit gehörte auch die Möglichkeit, an Samstagen, Sonn- und Feiertagen den Speiseraum für Kaffeepausen zu nutzen, die in drei Durchgängen jeweils für 45 Minuten je Kompanie gestaffelt wurden. Während dieser Zeit sollten die Strafgefangenen, die als HO-Verkäufer, Abrechner und Sanitäter eingesetzt waren, Kaffee und Kuchen verkaufen.[148]

Zusätzlich zu der organisierten Freizeitgestaltung gab es geringe Freiräume für Individuelles. Bedingt durch die eher kasernenmäßige Unterbringung konnten dabei auch andere Verwahrräume oder Kompanien aufgesucht werden. Öfter kam es zu Missachtungen von Verboten, die entsprechend geahndet wurden. Dazu zählte unter anderem das Karten- oder Glücksspiel um Geld oder Wertmarken. Manche Gefangene fertigten sogenannte EK-Tücher, die mit verschiedenen Motiven und Sprüchen sowie Unterschriften versehen wurden. Insassen mit entsprechender Begabung versuchten sich im Zeichnen. In einzelnen Fällen ergab das jedoch Unruhe, so bei einem Militärstrafgefangenen, der ab März 1983 wegen seines Zeichentalents zur Wandzeitungsarbeit herangezogen wurde. Er fertigte jedoch in seiner Freizeit Bilder, die langhaarige Jugendliche oder eine eigene grafische Umsetzung der Friedenslosung »Schwerter zu Pflugscharen« zeigten. Nach Einschätzung des Kommandeurs waren das Darstellungen, »die nichts mit den sozialistischen Lebensauffassungen gemein haben. Die Bilder wurden eingezogen und ihm musste das Malen untersagt werden«. Daraufhin soll der Zeichner seine Bereitschaft zur Mitarbeit in der Wandzeitungsarbeit schriftlich zurückgezogen haben.[149]

Strafgefangene konnten in ihrer Freizeit an Renovierungsarbeiten in Räumen der Strafvollzugseinrichtung mitwirken. Dies geschah formal freiwillig, wohl zumeist auf eine gute Beurteilung (und zu gegebener Zeit vorzeitige Entlassung) spekulierend.[150] Als jedoch 1987 eine Renovierung der Verwahrräume anstand, wurde diese von der Kompanieführung unabgesprochen auf Kosten der »Stunde des Aufenthalts im Freien« angesetzt. Das brachte den Tagesdienstablaufplan durcheinander und erzeugte unter den Betroffenen eine gereizte Stim-

147 So zumindest zum Jahreswechsel 1977/78. Der entsprechende Hinweis kam vom Offizier für politische Schulung und ist vermerkt in: StVE Schwedt [ohne Adressat]: Protokoll zur Beratung der Abteilungsleiter und KC, 29.12.1977; BLHA, Rep. 671/16.1, Nr. 300, Bl. 60–65, hier 63.

148 So beschlossen für die Zeit ab 11.6.1977, siehe StVE Schwedt [ohne Adressat]: Protokoll der Abteilungsleiterberatung, 2.6.177; BLHA, Rep. 671/16.1, Nr. 301, Bl. 29 f.

149 NVA/DE, Kommandeur OSL Decker [ohne Adressat]: Führungsbericht, 4.8.1983 i. V. m. den Zeichnungen; BStU, MfS, AOPK 14111/83, Bl. 175 ff. u. 248.

150 Eine beispielhafte Erwähnung findet sich in: IM-Bericht »Rudloff«: Beurteilung, 21.5.1980; BStU, MfS, BV Rostock, AIM 3729/91, Bl. 41.

mung. MfS-Mitarbeiter Knobelsdorf wollte das mit dem Kommandeur auswerten, um »derartige Eigenmächtigkeiten auszuschließen«.[151]

Ein ganz anderes Freizeitverständnis zeigten 1982 zwei Strafgefangene, die Schalterteile aus der Leuchtenbauproduktion in den Verwahrraum mitnahmen, um sie nachts zusammenzubauen, wovon sie sich finanzielle Vorteile erhofften.[152]

Für die Insassen gab es eine Bibliothek, deren Bestand der erzieherischen und ideologischen Arbeit dienen sollte, die aber auch interessante Werke enthielt. Ein Häftling der frühen 1970er-Jahre erinnert sich:

> Besonders die Bücherei war mir sofort ins Auge gefallen, und dies war für mich als eifrige Leseratte wie ein ›Fünfer im Lotto‹.[153] Da konnte ich meine schon frühzeitig ins Auge gefasste ›Republik-Flucht‹ über alle Grenzen hinweg total ausleben. Zahlreiche Bildbände mit vielen bunten Fotos gruben sich in meine Gehirnzellen ein: wunderschöne Frauen, wild lebende Elefanten sowie Palmen und blaue Meereswellen mit weißem Sand. Ich habe viel gelesen. In Gedanken war ich längst in ferne Gefilde eingetaucht. Schwedt war immer weiter von mir entfernt. Mein Körper war dort, aber mein Inneres fieberte dem Ungewissen in fernen Ländern entgegen.[154]

Gemäß der Schwedter Hausordnung durften Militärstrafgefangene zumindest in den 1970er-Jahren nur jeweils ein Buch entleihen.[155] Zum Bestand der Bücherei gehörte auch die Bibel. Die Religionsausübung war für Häftlinge folgendermaßen geregelt: »Strafgefangenen wird bei Zugehörigkeit zu einer Religionsgemeinschaft auf Wunsch religiöse Betätigung in angemessener Form ermöglicht«.[156] Die Strafvollzugsordnung von 1977 schränkte aber ein: »Mit Militärstrafgefangenen wird kein Gottesdienst durchgeführt. Dem Wunsch nach religiöser Betätigung ist in angemessener Form zu entsprechen. Die Entscheidung über Art und Umfang der religiösen Betätigung trifft der Leiter der Strafvollzugseinrichtung«. Zusätzlich galt: »Die Ausleihe von Literatur zur religiösen Betätigung erfolgt nach Bestätigung durch den Kompaniechef«.[157]

151 IM-Bericht »Wolfgang Häuser«, 10.9.1987 i. V. m. Treffbericht des FO Knobelsdorf v. 14.9.1987; BStU, MfS, AIM 124/88, Teil I, Bl. 30 u. 38.

152 IM-Bericht »Mark«, 27.6.1982 i. V. m. Auswertung durch FO Colberg am 30.6.1982; BStU, MfS, BV Suhl, AOG 978/84, Teil II, Bl. 29 ff.

153 In der DDR war das Tele-Lotto mit »nur« 5 Gewinnzahlen die beliebteste Lotterie.

154 Heinz A. Streblow in: Brauhnert; Hübner; Polzin (Hg.): Der DDR-Militärstrafvollzug, S. 144. Günter Meyer erinnert sich für 1968/69 im gleichen Band an »Bücher von Zola, Balzac, Diderot, Camus, Hemingway, Steinbeck, Faulkner, Sinclair, Amado sowie Fallada, Tucholsky, sogar Böll – sie alle waren verfügbar, wurden verschlungen und weiterempfohlen«; ebenda, S. 42.

155 Hausordnung (zugleich Anlage 1 zur Militärstrafvollzugsordnung 1975), Bl. 37 Rs.

156 Strafvollzugs- und Wiedereingliederungsgesetz 1968, § 49. In: DDR-GBl. T. I (1968), S. 109 f.

157 Strafvollzugsordnung 1977, Teil E (vom 19.1.1978), Bl. 13 Rs. u. 22 Rs.

In mehreren Fällen wurde das Lesen der Bibel nur unter Einschluss in einen leeren Raum gestattet.[158] In einem Falle wurde die Ausleihe der Bibel abgelehnt, weil der Antragsteller angab, nicht gläubig zu sein.[159] Eine privat per Post übersandte Bibel wurde bei den Effekten aufbewahrt. Die Möglichkeit, unter Aufsicht in dieser Bibel lesen zu dürfen, wurde vom Kompaniechef in Abhängigkeit vom Verhalten des Gefangenen eingeräumt.[160] Theoretisch wäre in Schwedt eine religiöse Betreuung durch einen Seelsorger möglich gewesen, die Formulierungen in der Strafvollzugsordnung ließen dem Kommandeur entsprechenden Spielraum. De facto kam es offenbar über die gesamte Existenzzeit des Militärstrafvollzugs hinweg zu keinem einzigen Besuch eines Geistlichen. Der letzte katholische Gefangenenseelsorger in der DDR (für das Bistum Berlin, in dessen Territorium auch Schwedt liegt) und Vorsitzende der unabhängigen Untersuchungskommission der Berliner Bischofskonferenz zum Strafvollzug, Manfred Ackermann, bestätigte, dass es in seiner Tätigkeit keinen Berührungspunkt mit dem Militärstrafvollzug Schwedt gab.[161] Erst in den Monaten des Umbruchs in der DDR 1989 konnte ein evangelischer Pfarrer im Rahmen einer offiziellen Begehung die Disziplinareinheit betreten. Zeugen Jehovas, die aus Glaubensgründen in der Regel den Wehrdienst total verweigerten und deswegen oft verurteilt wurden, spielten in Schwedt keine Rolle. Deren Strafverbüßung erfolgte in zivilen Gefängnissen.[162]

Briefverkehr und Paketempfang

Die Regeln zum Postverkehr variierten je nach Häftlingsgruppe. In den 1980er-Jahren muss es eine Postordnung der Disziplinareinheit gegeben haben, die bisher aber nicht aufgefunden wurde. Der bisher einzige Hinweis darauf bezieht sich auf die Einweisung eines inoffiziellen Mitarbeiters des MfS in die

158 Siehe z. B. IM-Bericht »Rudloff«, 11.7.1977; BStU, MfS, A 638/82, Bl. 69 sowie Zivilcourage und Kompromiss. Bausoldaten in der DDR 1964–1990. Bausoldatenkongress Potsdam, 3.–5. 9. 2004. Berlin 2005 (Schriftenreihe des Robert-Havemann-Archivs; 9), S. 71.

159 IM-Bericht »Johannes« mit Abschrift des Antrags des Gefangenen; BStU, MfS, BV FfO, TA 70/84, Bd. 3, Bl. 303.

160 MfS/HA I/Abt. MfNV/UA HS, DE, Mj. Krugenberg [ohne Adressat]: Kontrolle der postalischen Verbindungen, 27.7.1983; BStU, MfS, AOPK 14111/83, Bl. 217.

161 Telefonat mit dem Autor am 9.6.2009. Ein Beispiel der ausdrücklichen Rücksichtnahme auf den katholischen Hintergrund eines Gefangenen, der als IM für das MfS geworben werden sollte, wird in Kap. 6, Abschnitt zu IM des MfS vorgestellt.

162 Zum schwierigen Stand der Zeugen Jehovas in der DDR siehe u. a. Gabriele Yonan (Hg.): Im Visier der Stasi. Jehovas Zeugen in der DDR. Niedersteinbach 2000 sowie Hans-Hermann Dirksen: »Keine Gnade den Feinden unserer Republik«. Die Verfolgung der Zeugen Jehovas in der SBZ/DDR 1945–1990. Berlin 2001; speziell zur Strafverfolgung wegen Wehrdienstverweigerung ebenda, S. 749–786.

Möglichkeiten der Postordnung zur Gestaltung der schriftlichen Verbindung zum operativen Mitarbeiter des MfS.[163]

Trotz Differenzierungen zwischen den Insassengruppen lief der Post- und Paketverkehr insgesamt darauf hinaus, dass die Anzahl, der Inhalt und der Umfang der Briefe und Pakete[164] sowie die Anzahl der erlaubten Schreibpartner begrenzt waren.[165] Nicht alle gewünschten Schreibpartner wurden akzeptiert. An Adressaten im (insbesondere westlichen) Ausland zu schreiben, war untersagt. Ein gewünschter Adressenwechsel wurde oft abgelehnt. Jeder Handlungsspielraum wurde in der Regel zur Disziplinierung oder Belohnung der Insassen genutzt. Dies konnte die Veränderung der pro Monat erlaubten Sendungen, die Erweiterung oder Reduzierung der privaten Kontaktpartner oder auch die Gewährung eines Paketes außer der Reihe bedeuten. Gerade über das Procedere zum Paketempfang ließen sich Insassen längerfristig zu Wohlverhalten bewegen. Denn zunächst war ein Paketschein zu beantragen, der nach Erhalt an die Angehörigen zu schicken war, die erst damit »legitimiert« waren, ein Paket abzuschicken. So erhielten Paketscheine nahezu den Status einer Währung. Als am Ostersamstag 1980 in der 2. Kompanie ein Skatturnier stattfand, gab ein Oberleutnant des Strafvollzugs zur Stimulierung Paketerlaubnisscheine als Preise aus. Diese wurden daraufhin unter den Insassen gehandelt. Als das über eine Postkontrolle dem Kompaniechef bekannt wurde, veranlasste er, dass diese wieder eingezogen wurden.[166]

Prinzipiell wurde die Post in beiden Richtungen kontrolliert: Briefe der Insassen waren offen, aber mit frankiertem Umschlag abzugeben, Briefe in die Strafvollzugseinrichtung wurden zunächst vom Personal gelesen.[167] Für beide Richtungen galt, dass bei missliebigem Inhalt die Weiterleitung unterbunden wurde. Bei missbilligten Briefen der Insassen wurde diesen zumeist die Gelegenheit zum Abfassen eines neuen Briefes gegeben. Beanstandete Briefe von außen

163 MfS/HA I/Abt. MfNV/UA HS/DE, Mj. Krugenberg [ohne Adressat]: Individueller Informationsbedarf für IM »Freitag«, 20.6.1984; BStU, MfS, AIM 4176/91, Teil I, Bl. 166.

164 Den mit maximal 3 Monaten »Dienst in der Disziplinareinheit« Bestraften war der Empfang von Paketen prinzipiell nicht gestattet.

165 Das Procedere war dabei sicher nicht anders als in den anderen Gefängnissen der DDR. Eine Abweichung stellt die unlimitierte Verbindung zum NVA-Stamm-Truppenteil dar, die der Erziehung und der problemloseren Wiedereingliederung förderlich sein sollte. Die mangelnde Verbindungshaltung seitens der Truppenteile wurde im vorliegenden Kapitel, Abschnitt Gepflogenheiten von Strafantritt und Entlassung bereits angesprochen.

166 IM-Bericht »Rudloff«, 8.4.1980; BStU, MfS, A 638/82, Bl. 297. Der IM-Bericht veranlasste den Führungsoffizier Schübler zur Überprüfung des Oberleutnants in den Speichern des MfS und zur Anlage einer Handakte gegen ihn, Treffbericht v. 8.4.1980; ebenda, Bl. 296.

167 Nur an die Militärstaatsanwaltschaft und das MfS waren verschlossene Briefe erlaubt. OKS Colberg schrieb 1971 bezüglich einer Variante des illegalen Briefempfangs von einem »Brief, der nicht durch die Zensur ging«, vgl. Treffbericht v. 22.10.1971; BStU, MfS, AIM 10998/74, Teil I, Bl. 110.

wurden nur auszugsweise bekanntgegeben oder gar nicht ausgehändigt. Bestenfalls landeten die beanstandeten Briefe bei den Effekten und kamen bei Entlassung in den Besitz des Adressaten. Die Regel war jedoch die Ablage in der Gefangenenakte.[168] Sowohl die regulären Bediensteten als auch das MfS hatten Befugnisse der Postkontrolle, die sie umfassend nutzten. Wegen der rigiden Regeln gab es ständig Ansätze, diese zu unterlaufen – was auch immer wieder das MfS auf den Plan rief. Über die Beschäftigten in den Außeneinsatzbetrieben gab es diverse Möglichkeiten für illegale Schleusungen.[169] Andere Versuche resultierten aus besonderen Umständen, wie zum Beispiel dem Aufenthalt in einem Krankenhaus.

Besuch, Ausgang und Urlaub

Besuche im Strafvollzug wurden wegen der dafür erforderlichen »Sprecherlaubnis« oft »Sprecher« genannt. Wie der Postempfang waren Besuche und Urlaub in den (Militär-)Strafvollzugsordnungen geregelt. Auch hier gab es wieder Unterschiede zwischen den Insassengruppen, insbesondere hinsichtlich der Häufigkeit oder Dauer des Besuches. Da es sich zum Teil um Kann-Bestimmungen handelte, konnten die Häftlinge auch in dieser Hinsicht durch Belohnung und Bestrafung zu Wohlverhalten animiert werden. Die mit »Dienst in der Disziplinareinheit« Bestraften erhielten hingegen während ihres maximal dreimonatigen Aufenthaltes weder Besuch noch Ausgang oder Urlaub.

Das Strafvollzugsgesetz von 1977 beziehungsweise die Strafvollzugsordnung von 1977 erlaubten zwei Formen einer Anerkennung: den Aufenthalt außerhalb der Strafvollzugseinrichtung während der Besuchsdurchführung und die Gewährung von Urlaub aus dem Strafvollzug. Schon die Einordnung unter das Kapitel »Anerkennung« lässt erkennen, dass es nicht um den durchschnittlichen Normalfall ging. Für Ausgang und Urlaub gab es Vorgaben, die zum Beispiel in der Vorauswahl einer bestimmten Gaststätte für den Besuchsausgang beziehungsweise in der Benachrichtigung der Volkspolizei über die außerhalb des Gewahrsams befindlichen Insassen bestanden.[170]

Urlaub wurde tatsächlich gelegentlich gewährt. 1978 sind in entsprechenden Analysen 16 Gesamtfälle von Besuchen außerhalb und Urlauben erwähnt, für 1979 sind 18 Fälle von Urlauben bis zu sechs Tagen beziehungsweise 24 Besu-

168 Auch wenn bisher nur zwei Gefangenenakten bekannt sind: Es gibt zahlreiche Verfügungen und Informationen, dass mit beanstandeten Briefen so verfahren werden sollte.

169 Ein Beispiel des Aufwands und der Zielsetzung dabei bzw. der Strategie der Arbeit mit Inoffiziellen Mitarbeitern dagegen befindet sich in: Brauhnert; Hübner; Polzin (Hg.): Der DDR-Militärstrafvollzug, S. 101–108.

170 StVE Schwedt [ohne Adressat]: Protokoll der Abteilungsleiterberatung, 5.5.1977; BLHA, Rep. 671/16.1, Nr. 301, Bl. 20.

che außerhalb der Strafvollzugseinrichtung erwähnt.[171] Ein Militärstrafgefangener bekam beispielsweise vom 14. bis 19. April 1979 anlässlich der Silberhochzeit seiner Eltern Urlaub nach Potsdam.[172] Für andere Jahre liegen entsprechende Analysen nicht vor.[173]

Besuchstag war in der Regel der arbeitsfreie Sonntag und die Besuche wurden meist überwacht. Dennoch kam es immer wieder zu Unregelmäßigkeiten. Die von Angehörigen des Strafvollzugs und des MfS registrierten »besonderen Vorkommnisse« bestanden meist in illegalen Übergaben von Geld oder Geschenken. Wurden die Bestimmungen über die Besuchsdurchführung verletzt, konnte ein Besuch auch abgebrochen werden. Dies passierte beispielsweise im April 1986 den Eltern eines Militärstrafgefangenen, obwohl der Vater Oberstleutnant im MfNV war. Bereits vor dem Besuch waren zwei Briefe des Vaters dem Insassen nur teilweise verlesen worden und die Briefe wurden »wegen nicht vorhandener Erziehungswirksamkeit« beziehungsweise »Ermutigung für das undisziplinierte Verhalten« einbehalten. Als der inhaftierte Sohn seinem Vater ironisch empfahl, vor dem Absenden »seine Briefe von seinem Politoffizier durchsehen« zu lassen, »wurde der Sprecher wegen ungenügender Erziehungswirksamkeit abgebrochen«. Da der Aufsichtsführende des Besuches den Vorfall meldete, kam es nachträglich zu einer Aussprache mit dem Vater durch dessen Parteisekretär.[174] Auffälligkeiten bei den Besuchen konnten als Eintrag im Beobachtungsbogen in der Erziehungsakte des Gefangenen Niederschlag finden. Mindestens einmal bekam der zuständige MfS-Mitarbeiter über diesen Weg Kenntnis von den Inhalten eines Gespräches zwischen einem Inhaftierten und seiner Lebensgefährtin. Da ein Zusammenhang mit einer eventuellen Ausreise in die Bundesrepublik vermutet wurde, suchte der MfS-Mitarbeiter nachträglich ein Gespräch mit dem Aufseher, der den Besuch überwacht hatte.[175]

171 MfNV/Abt. KD [ohne Adressat und Tagesdatum]: Teilbericht über die Jahresüberprüfung in der Militärstrafvollzugseinrichtung Schwedt, Januar 1978; DVW 1/126209 (o. Pag.) sowie [o. D., Verf. und Adressat]: Einschätzung und Analysierung der Erziehungswirksamkeit des Erziehungsprozesses für 1979, [von »Arnold« unterzeichnet u. auf 19.1.1980 datiert]; BStU, MfS, A 641/82, Bd. 3, Bl. 297–304, hier 298.

172 IM-Bericht »Paul Meier«, 22.4.1979; BStU, MfS, BV Potsdam, AKAG 2650/87, Teil II, Bl. 85.

173 Andere Möglichkeiten das Schwedter Gelände verlassen zu können, boten Gerichtstermine oder – bei guter Führung – die Teilnahme an familiären Anlässen. Die wenigen bekannten Fälle betrafen zwei Beerdigungen und sechs Transporte zu Scheidungsterminen. In einem Fall soll die Dauer der Abwesenheit 15 Tage betragen haben. Offenbar lagen in diesem Fall die wöchentlichen Termine der DDR-weiten Rundkurse des Gefangenensammeltransportwagens sehr ungünstig für den Gefangenen. Vgl. IM-Bericht »Johannes«, 19.9.1975; BStU, MfS, BV FfO, TA 1111/79, Bd. 2, Bl. 161.

174 IM-Bericht »Günter Richter«, 28.4.1986 i. V. m. Treffbericht des FO Knobelsdorf v. 30.4.1986; BStU, MfS, AIM 2121/88, T. II/1, Bl. 82–86, Zitat Bl. 86.

175 MfS/HA I/Abt. MfNV/UA HS, Hptm. Knobelsdorf: Aktenvermerk, 9.11.1988; BStU, MfS, AOPK 8542/89, Bl. 58.

Einkauf

Wie in den anderen DDR-Gefängnissen auch wurde in Schwedt eine kleine Verkaufsstelle der DDR-weiten Handelsorganisation (HO) betrieben. In Anlehnung an die Gepflogenheiten in der NVA wurde spätestens mit der Erweiterung zur Disziplinareinheit auch die armeetypische Bezeichnung von der militärischen Handelsorganisation (MHO) verwandt. Angeboten wurden Dinge des täglichen Bedarfs sowie Lebensmittel und Getränke.

Die Militärstrafvollzugsordnung von 1968 regelte den im Strafvollzug möglichen Einkauf nicht gesondert. Insofern ist davon auszugehen, dass die Regelungen des zivilen Strafvollzugs galten. Zudem berief sich die 1975er-Militärstrafvollzugsordnung ausdrücklich auf die Vergütungs-, Unterhalts- und Eigengeldordnung des MdI.[176] Aus der Anfangsphase des Militärstrafvollzugs in Schwedt ist überliefert, dass die Gefangenen monatliche Einkaufswertkarten besaßen, auf denen unterschiedliche Wertfelder zwischen einem Pfennig und einer Mark abgeknipst wurden. Mitte der 1970er-Jahre ersetzten Wertgutscheine diese Wertkarten.

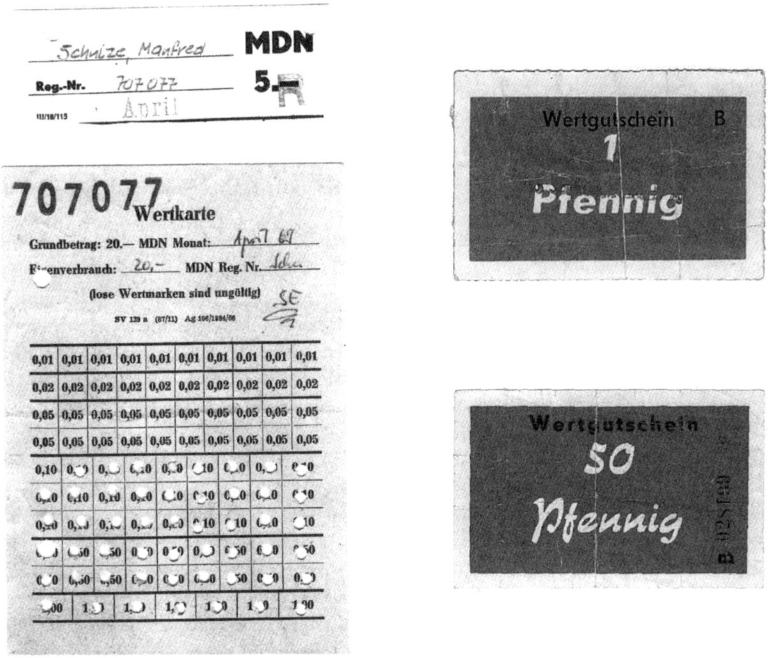

Abb. 11: Wertkarte von 1969 und Wertgutscheine von 1979. Der Autor dankt Manfred Schulze und Thomas Welz herzlich für die Gewährung der Abdruckrechte.

176 Militärstrafvollzugsordnung 1975, Bl. 27.

Die Höhe des zur Verfügung stehenden Betrages war vorgegeben. Das Strafvollzugspersonal konnte jedoch, ähnlich wie bei den Regelungen für Post, Pakete und Besuch, anerkennend oder bestrafend eingreifen. Hiervon wurde massiv Gebrauch gemacht. Einer der ersten in Schwedt einsitzenden Militärstrafgefangenen berichtet, dass er wegen seines unangepassten Verhaltens während seiner gesamten Haftzeit in Berndshof und Schwedt nicht ein einziges Mal eine Einkaufserlaubnis erhielt.[177] Solche Bestrafungen konnten unterlaufen werden, wenn sich Gruppen von Gefangenen zusammenschlossen und füreinander einkauften.[178] Die Variante einer Vergünstigung mit erweiterten Einkaufsmöglichkeiten durch zusätzliche Einkaufsgutscheine soll auch Teil des Belohnungssystems für Spitzel unter den Gefangenen gewesen sein.[179] Als HO-Verkäufer wurden Gefangene eingesetzt. Wegen der daraus resultierenden Kontakte in alle Kompanien gerieten die HO-Verkäufer leicht in das Visier des MfS.

Im Zusammenhang mit dem Verwaltungswechsel vom MdI zum MfNV wurden die Möglichkeiten zum Einkauf in nahezu textgleichen Formulierungen in der Militärstrafvollzugsordnung beziehungsweise in der Ordnung über den Dienst in der Disziplinareinheit verankert. Zusätzlich wurde auf die Hausordnung verwiesen. Der Einsatz von Militärstrafgefangenen in der Verkaufsstelle war ausdrücklich vorgesehen, der von Disziplinarbestraften hingegen nicht.[180] Leiterin der Verkaufsstelle war in den 1980er-Jahren die in der Strafvollzugseinrichtung arbeitende Ehefrau des Kommandeurs Decker.[181] Statt Wertmarken waren nun der Besitz und Gebrauch von Bargeld üblich.[182]

177 Brauhnert; Hübner; Polzin (Hg.): Der DDR-Militärstrafvollzug, Bericht von Günter Meyer, S. 51.

178 Ohne dass erkennbar ist, wie es zu einer solchen Anhäufung von Geldern kommen konnte, ergab sich für die Insassen die Möglichkeit, im Zusammenhang mit anstehenden Entlassungen größere Beträge zur Ausgestaltung von internen Zusammenkünften einzusetzen. Gleichzeitig zeigt sich dabei, welche Waren verfügbar waren: Im September 1978 sollte in der 1. Kompanie eine Entlassungsfeier stattfinden, für die zwei Militärstrafgefangene 3 Torten, 90 Flaschen Cola und 20 Schachteln Zigaretten beim HO-Verkäufer bestellten. Ein weiterer Gefangener wollte im Februar 1979 sogar zweimal seine Entlassung feiern. Er bestellte in der HO eine Nougattorte, eine Quark-Sahne-Torte, vier Kästen Cola, 20 Bockwürste und für über 20 Mark Zigaretten. Zu Weihnachten 1978 wurden in der zu den Feiertagen offenen Verkaufsstelle von den Militärstrafgefangenen u. a. 60 Torten gekauft, vgl. IM-Berichte »Paul Meier«, 21.9.1978 u. 8.2.1979; BStU, MfS, BV Potsdam, AKAG 2650/87 Teil II, Bl. 19 u. 55 sowie IM-Bericht »Arnold«, 27.12.1978; BStU, MfS, A 641/82, Bd. 3, Bl. 169.

179 Budde: Willkür! S. 314.

180 Ordnung Nr. 036/9/004 des MfNV über den Dienst in der Disziplinareinheit v. 17.12.1982; BStU, MfS, AGM Nr. 610 bzw. Militärstrafvollzugsordnung 1982 v. 17.12.1982 (S. 60, 35 des Dokuments). Ein Exemplar der Hausordnung wurde bisher nicht gefunden, obwohl in jedem Verwahrraum eines ausgehängt werden sollte.

181 Dressler: Stillgestanden, S. 282, 303 u. 387.

182 Interview mit dem letzten Kommandeur Decker, ebenda, S. 281. Zu einem nur teilweise erfolgreichen Versuch, Bargeld in die Disziplinareinheit einzuschmuggeln, siehe Beitrag von Eiti in: Brauhnert; Hübner; Polzin (Hg.): Der DDR-Militärstrafvollzug, S. 225–235.

Als Ende 1989 Militärstrafgefangene streikend eine Veränderung ihrer Lebensbedingungen einforderten, gehörten auch die Neufassung der Hausordnung bei Mitwirkung der Strafgefangenen und die Erweiterung des Einkaufes dazu.[183]

Radio und Fernsehen

Ähnlich wie die Regelungen zur kulturellen Betätigung und der Freizeit sollten auch Radio- und Fernsehempfang Bestandteil der Erziehung sein. Die Militärstrafvollzugsordnung gab vor:

> Der Empfang von Rundfunk- und Fernsehsendungen ist auf die aktuelle Berichterstattung und ausgewählte, dem Erziehungsziel dienende Programmteile, zu beschränken. [...] Die Arbeit mit [...] Fernsehen und Rundfunk ist zielgerichtet zur Erziehung der Militärstrafgefangenen einzusetzen.[184]

Die Disziplinarbestraften sollten grundsätzlich fernsehen dürfen, wenn sie beim Arbeitseinsatz ihre Normen erfüllten und die Disziplin wahrten.[185] In den Verwahrräumen waren weder den Militärstrafgefangenen noch den Disziplinarbestraften das Betreiben von Radio-, Tonband- oder Fernsehgeräten gestattet. Radio und Fernsehen wurde allein in Klub- beziehungsweise Freizeiträumen oder auch im Essensraum angeboten. Zusätzlich wurden Radiosendungen über eine zentrale Lautsprecheranlage übertragen. Vermutlich gab es zu allen Zeiten des Militärstrafvollzugs in Schwedt ein zentrales Beschallungssystem, das – wie in der Armee üblich – bis in die Verwahrräume reichte. Die bisher bekannt gewordenen Informationen beziehen sich vor allem auf technische Ausfälle oder Besonderheiten, sodass über die eigentlichen Gepflogenheiten wenig gesagt werden kann. Selbstverständlich war lediglich das Hören von DDR-Sendern erlaubt, was sowohl von den Insassen als auch den Bediensteten gelegentlich unterlaufen wurde. Für den 20. März 1977 wurde beispielsweise bekannt, dass über die Sendeanlage die Nachrichten des SFB liefen und in allen Verwahrbereichen von den Gefangenen gehört werden konnten. Als Verursacher wurde ein Diensthabender des Strafvollzugs ausgemacht, der am Tag zuvor für sich den Westsender eingestellt und vergessen hatte, wieder auf einen DDR-Sender zurückzustellen.[186] Ähnliche Vorkommnisse gab es in den Folgejahren noch mindestens zweimal. Im November 1978 kamen die Militärstrafgefangenen fast eine Stunde lang in

183 [NVA]/DE, MSG: Forderungskatalog zur Verbesserung der Haftbedingungen, 5.12.1989, übergeben an Kommandeur der DE; BArch, DVW 1/44536 (o. Pag.).

184 Militärstrafvollzugsordnung 1982, S. 23.

185 Ordnung Nr. 036/9/004 des MfNV über den Dienst in der Disziplinareinheit v. 17.12.1982; BStU, MfS, AGM Nr. 610, Bl. 151 (S. 31 des Dokuments).

186 IM-Bericht »Johannes«, 24.3.1977; BStU, MfS, BV FfO, TA 70/84, Bd. 3, Bl. 58.

den Genuss einer Sendung des SFB. Der verursachende Operative Diensthabende wurde daraufhin mit einem Verweis bestraft.[187] Am Neujahrstag 1983 lief über zwei Stunden lang RIAS I über die zentrale Rundfunkanlage.[188] In den späten 1970er-Jahren fiel die Rundfunkstation über einen längeren Zeitraum aus, sodass »zurzeit nicht gewährleistet ist, dass die Militärstrafgefangenen Nachrichten und andere Veranstaltungen hören können. Dieser Zustand muss schnellstens verändert werden, weil sonst sich daraus echte Sicherheitsfragen ergeben können«,[189] berichtete ein IM. In den 1980er-Jahren muss es feste Einschaltzeiten der Radioanlage gegeben haben, denn als ein Feldwebel der 2. Kompanie die Zeiten nicht einhielt, sorgte er damit für Unruhe unter den Strafgefangenen.[190] Die Rundfunkanlage für die Räume der Disziplinarbestraften muss auch über die Möglichkeit verfügt haben, Tonbänder abzuspielen. Als ein Zugführer des Stammpersonals hier nicht genehmigte Tonbänder abspielte, kam es zu einer Meldung an das MfS und einer anschließenden Auswertung mit dem Stellvertreter des Kommandeurs für Politische Arbeit.[191]

Insgesamt ist zu unterscheiden zwischen dem Einsatz von Fernsehen und Radio als Mittel der ideologischen Erziehung und der Möglichkeit der Freizeitgestaltung. Je nach Schichtrhythmus war den Insassen das Verfolgen der täglichen DDR-TV-Nachrichtensendung »Aktuelle Kamera« vorgegeben. So wurden zum Beispiel im Juni 1971 »im Bereich der Strafgefangenen [...] die täglichen Zusammenfassungen [vom laufenden SED-Parteitag] in der *Aktuellen Kamera* als Pflichtveranstaltungen durchgeführt«.[192]

Das Freizeitfernsehen war in der Regel an die freien Stunden des Wochenendes gebunden. Es gab den Bediensteten ein weiteres Mittel zur Disziplinierung in die Hand. Entsprechende Genehmigungen konnten kurzfristig erteilt oder widerrufen werden. Das Versagen der Fernseherlaubnis wurde so zur Strafform bei unterschiedlichen Verstößen. Als es im Sommer 1971 nach neu ent-

187 StVE Schwedt, Stv. Operativ: Ausspracheprotokoll über ein Vorkommnis durch den ODH, 10.11.1978; BStU, MfS, A 642/82, Bd. 2, Bl. 137–139. Die Rundfunkanlage verfügte – wie in der NVA üblich – über Markierungen auf der Senderskala, aus denen die Frequenzen der erlaubten DDR-Sender erkennbar waren.

188 [NVA/DE] SG XXX an MfS-Mitarbeiter Krugenberg: Bericht, 2.1.1983; BStU, MfS, AIM 17046/84, Teil I, Bl. 49.

189 IM-Bericht »Arnold«, 28.2.1978; BStU, MfS, A 641/82, Bd. 3, Bl. 60. Der Zustand muss länger angehalten haben. Im April 1978 hieß es, dass es über ein Vierteljahr keinen Radioempfang gab, vgl. IM-Bericht »Hans-Joachim«, 8.4.1978; BStU, MfS, BV Neubrandenburg, AIM 1168/79, T. II/1, Bl. 20.

190 IM-Bericht »Manfred«, 28.8.1986; BStU, MfS, AIM 5382/88, T. II/1, Bl. 417.

191 FO Knobelsdorf: Arbeitsnachweis für GMS »Horst«, 26.4.1984; BStU, MfS, AIM 4388/91, T. I, Bl. 69.

192 Treffauswertung FO Schröter zu IM »Egon«, 19.6.1971; BStU, MfS, A 642/82, Bd. 1, Bl. 56. Doch auch »für alle SV-Angehörigen, die nicht unmittelbar mit Sicherungsaufgaben betraut waren, [wurde] die Übertragung der Eröffnungsveranstaltung des VIII. Parteitages als Pflichtsendung angeordnet«; ebenda.

deckten Tätowierungen bei sieben Gefangenen nur zu einer Fernsehsperre und keiner anderen Bestrafung kam, wurde dies von den Gefangenen eher als ermutigend für weitere Tätowierungen wahrgenommen.[193] Einige Jahre später hatte sich offenbar eine disziplinierende Praxis der Gruppenhelfer herausgebildet: Sie konnten anderen Strafgefangenen wegen Kleinigkeiten die Fernseherlaubnis streichen und nach drei Streichungen erfolgte ein Eintrag in der Erziehungsakte.[194]

Mitte der 1970er-Jahre wurde im Stadtgebiet von Schwedt eine Großgemeinschaftsantennenanlage errichtet, mit der auch ARD und ZDF zu empfangen waren. Daraufhin sollte geprüft werden, ob nun auch »bei den Militärstrafgefangenen das Westfernsehen möglich ist«.[195] Eigene Versuche der Insassen, Westsender zu empfangen, bezogen sich auf das Zusammenbasteln eines einfachen Radios[196] oder die Nutzung eventueller Möglichkeiten auf den Außenarbeitskommandos.

1983 kam es auf der Arbeitsstelle des VEB Instandsetzungswerk Pinnow (IWP) zu folgendem Vorfall: In einem Raum neben dem Arbeitsraum der dort tätigen Disziplinarbestraften lief ein Radio mit einer westlichen Station so laut, dass diese mithören konnten. Ein GMS unter den Bediensteten unterrichtete seinen Führungsoffizier, der daraufhin die Schwedter Offiziere Schmukal und Riesbeck als Stellvertreter für Politische Arbeit beziehungsweise Oberoffizier für Sicherheit und Ordnung informierte. Letzterer rief dann im IWP an und ließ »Maßnahmen einleiten«.[197]

Beispiele kreativen Umgangs unter eingeschränkten Möglichkeiten sind auch die Versuche, Teile eines abgeschriebenen Plattenspielers aus der Bibliothek zur Stabilisierung des vorhandenen Lautsprechernetzes zu nutzen oder auf andere Weise selbst einen Lautsprecher zu montieren. In einem Fall betraf dies einen Verwahrraum, in einem anderen einen Arbeitsraum des Schalterbaus. Zwar gelang es in beiden Fällen tatsächlich, illegal Radio zu hören, doch aufgrund der Kontrollen beziehungsweise des Verrats durch inoffizielle Mitarbeiter waren die Aktionen nur kurzzeitig erfolgreich.[198] Mindestens in einem Fall verfügten Militärstrafgefangene illegal über einen Zweitschlüssel zum Fernsehraum, mit dem

193 IM-Bericht »Richard Neumann«, 30.8.1971; BStU, MfS, BV Rostock, AIM 474/82, T. II/1, [S. 44].

194 IM-Bericht »Maier«, 7.1.1974; BStU, MfS, BV FfO, Abt. VII Nr. 2358, Bl. 28.

195 Springer: Verbaute Träume, S. 512 f., i. V. m. Protokoll der Abteilungsleiterberatung v. 24.2.1977; BLHA, Rep. 671/16.1, Nr. 301, Bl. 11–14, Zitat Bl. 13.

196 Der hier zugrundeliegende Fall scheiterte doppelt: Das Gerät empfing nur den (Ost-) Berliner Rundfunk und wurde dann noch durch einen IM verraten, vgl. IM-Bericht »Franz«, 22.4.1969; BStU, MfS, AIM 4512/70, T. II/1, Bl. 20.

197 GMS-Bericht »Horst«, 28.9.1983; BStU, MfS, AIM 4388/91, T. I/1, Bl. 67.

198 IM-Bericht »Müller«, 13.5.1980; BStU, MfS, BV Leipzig, AOG 18/85, T. II, Bl. 55 u. IM-Bericht »Olympia«, 6.10.1980; BStU, MfS, AIM 7183/83, T. II/1, [S. 43] bzw. Notiz [o. T. und Adressat] von Hptm. Colberg, 18.12.1981; BStU, MfS, BV FfO, AOG 214/82, Bl. 62.

sie sich während der Nachtruhe Zugang verschafften. Der Fernseher hatte offenbar eine zusätzliche Verriegelung, deren Schrauben gelöst wurden. Auch das wurde von einem inoffiziellen Mitarbeiter gemeldet.[199] Ein neu eingelieferter Häftling konnte im Sommer 1980 ein Kofferradio bis in den Verwahrraum einschmuggeln, offenbarte sich dann aber gegenüber dem Kompanieältesten unter den Häftlingen, woraufhin das Gerät dem Personal übergeben wurde.[200]

Im Freizeitbereich wurde trotz genehmigter Fernsehzeiten gelegentlich der Empfang einzelner Sendungen unterbunden. Nur selten gab es dafür Begründungen. Am Abend des ersten Weihnachtsfeiertages 1973 zum Beispiel gab es »auf Grund einer nicht geeigneten Fernsehsendung für Strafgefangene kein Fernsehen«.[201] Laut damaligem TV-Programm sollten um 20.00 Uhr im Ersten Programm der zweite Teil der Serie »Das unsichtbare Visier« und im Zweiten Programm die französische Komödie »Der Schauspieldirektor« gezeigt werden.[202] Einige Jahre später wurde in mindestens zwei Kompanien aus unbekannten Gründen das sonst ab 13.00 Uhr sonntags übliche Fernsehen im laufenden Betrieb verboten und allenfalls ab 15.00 Uhr wieder erlaubt (laut ND sollte von 13.00–14.50 Uhr »Ein Kessel Buntes« laufen, eine Sendung, die sonst »erlaubt« war).[203] Eine pure Provokation war folgendes Handeln eines Zugführers: Trotz bestätigtem Fernsehprogramm verhängte er ein unbegründetes Verbot, am Sonntagnachmittag die Sendung »Sport aktuell« zu sehen. Als Reaktion darauf weigerten sich mehrere Gefangene am Abend die »Aktuelle Kamera« anzuschauen. Das besondere Vorkommnis wurde durch den Kommandeur ausgewertet und der Zugführer wurde für seine Provokation disziplinarisch zur Verantwortung gezogen.[204]

Im letzten Fall geschah das Hören des SFB offenbar mit Wissen eines Gruppenhelfers und des Zugführers.

199 IM-Bericht »Bernd Peters«, 4.2.1984; BStU, MfS, BV Magdeburg, AIM 579/88, T. II/1, [S. 32 ff.]. Im Übrigen war es in der NVA üblich, den Kanalwähler mit einem Petschaftabdruck auf einem Knetwachs-Siegel zusätzlich zu sichern.

200 Wie weit der verwandte Begriff »Kofferradio« wörtlich zu nehmen ist, bleibt unklar. De facto gab es zu der Zeit auch in der DDR schon Transistorradios in sehr kompakter Form. Der schmuggelnde Gefangene wurde mit sieben Tagen Arrest bestraft, die beiden für die mangelhafte Zugangskontrolle verantwortlichen SV-Angehörigen mussten nur eine Stellungnahme schreiben; vgl. IM-Bericht »Arnold«, 11.7.1980; BStU, MfS, A 641/82, Bd. 3, Bl. 397 f.

201 IM-Bericht »Arnold«, 31.1.1974; ebenda, Bd. 1, Bl. 341.

202 ND v. 25.12.1973, S. 8. »Das unsichtbare Visier« war eine DDR-TV-Serie um einen MfS-Agenten, der in die Bundesrepublik geschleust wurde. In der hier relevanten Folge ging es u. a. um den Aufbau der Bundeswehr. Ob das der Grund für das Fernsehverbot war, bleibt Spekulation. »Der Schauspieldirektor« im Zweiten Programm war die Sendung einer Aufzeichnung eines Singspiels nach W. A. Mozart.

203 IM-Bericht »Hans-Joachim«, 3.4.1978; BStU, MfS, BV Neubrandenburg, AIM 1168/79, T. II/1, Bl. 20 i. V. m. ND v. 1.4.1978, S. 8.

204 FO Krugenberg: Treffbericht IMS »Dieter«, 16.2.1984; BStU, MfS, AIM 1534/85, T. II/1, [S. 21 Rs.].

Im Mai 1988 beschwerte sich ein inoffizieller Mitarbeiter des MfS unter den Militärstrafgefangenen schriftlich bei seinem Führungsoffizier, dass ihm und anderen Insassen am Wochenende der TV-Empfang eingeschränkt wurde. Offenbar wurden Krimis und Spielfilme mit intimen Szenen nicht erlaubt. Der IM schrieb von Bewertungspunkten, die es wohl gäbe und wunderte sich, dass es trotz der im DDR-TV üblichen Zensur weitere Einschränkungen für die Gefangenen gab. So wurde der Sonntagskrimi »Polizeiruf 110« nicht genehmigt. Stattdessen wurde angeordnet, die Zeit zum Briefe schreiben zu nutzen, was sonst immer am Nachmittag angesetzt war. Der Führungsoffizier notierte lakonisch: »Die Festlegungen bezüglich des Empfangs von Fernsehsendungen entsprechen den Forderungen.«[205]

Eine aus Sicht der Insassen positiv verlaufene Episode, die einen Spagat zwischen Unterordnung und Interessendurchsetzung zeigt, spielte sich im Herbst 1983 ab: Unter den Disziplinarbestraften wurde bekannt, dass im Rahmen der Abschlussgala einer FDJ-Propaganda-Liedertour auch Udo Lindenberg in der DDR auftreten würde und das Konzert im DDR-Fernsehen gezeigt werden sollte. Durch geschickte Argumentation gegenüber dem Politoffizier unter Bezug auf das Motto der Tour »Für den Frieden der Welt! Europa darf kein Euroshima werden! Weg mit dem NATO-Raketenbeschluss!« gelang es den Disziplinarbestraften, die Erlaubnis zu bekommen, diese Sendung zu sehen. Angesichts der dann von Udo Lindenberg vorgetragenen Stellungnahme »Weg mit allem Raketenschrott – in der Bundesrepublik und in der DDR! Nirgendwo wollen wir auch nur eine einzige Rakete sehen, keine Pershings und keine SS 20!« dürfte den Genehmigenden ihre Erlaubnis noch sauer aufgestoßen sein.[206]

Zeitungen

Wie bei den Rundfunk- und Fernsehmodalitäten galten auch für die Lektüre von Zeitungen und Zeitschriften Vorgaben, die angeblich der Erziehung dienten. Dazu wurden spätestens ab 1975 für je vier Militärstrafgefangene ein Exemplar der Tageszeitung *Neues Deutschland*, dem Zentralorgan der SED, zur Verfügung gestellt.[207] Doch schon bei der mildesten Form von Arrest, dem sogenannten Freizeitarrest, war dies nur noch eine Kann-Bestimmung und beim

205 IM-Bericht »Wolfgang Schuster« [o. D.] i. V. m. Treffbericht FO Knobelsdorf, 30.5.1988; BStU, MfS, AIM 3397/89, T. II/1, Bl. 12–16, Zitat Bl. 13.

206 Lindenberg spielte vier Titel in dieser international besetzten Liedertour. Ausführlicher zum Auftritt Lindenbergs siehe Michael Rauhut: Schalmei und Lederjacke. Rock und Politik in der DDR der achtziger Jahre. Erfurt 2002, S. 67–100. Konkret zum Ereignis in Schwedt siehe Interview mit Detlef F. in Dressler: Stillgestanden, S. 227–238, hier 234.

207 Militärstrafvollzugsordnung 1975, Bl. 18.

strengeren Einzelarrest war jede Zeitungslektüre komplett untersagt.[208] Die der Militärstrafvollzugsordnung als Anlage beigefügte Hausordnung für Militärstrafgefangene verbot das Sammeln von Zeitungen und Zeitschriften sowie Ausschnitten daraus beziehungsweise machte das genehmigungspflichtig.[209] Drei Jahre später wurde die Zeitungsvergabe an Militärstrafgefangene leicht modifiziert: Bei gleichem Verteilerschlüssel konnte jetzt neben dem *Neuen Deutschland* auch die *Junge Welt*, das Organ des Zentralrats der FDJ, ausgehändigt werden.[210] Im Einzelarrest war nunmehr ein »Entzug der Lektüre (außer der Tageszeitung)« verbindlich.[211] Den disziplinarisch Bestraften wurde täglich pro Verwahrraum eine Tageszeitung zur Verfügung gestellt.[212]

Offenbar war zusätzlich der kostenpflichtige Bezug weiterer DDR-Zeitschriften möglich. In Einzelfällen kam es wegen bestimmter Artikel zu besonderen Einschränkungen. So wurde am 19. September 1978 aufgrund eines MdI-Fernschreibens die *Berliner Zeitung* eingezogen, weshalb die Häftlinge eine bevorstehende Amnestie vermuteten.[213] Hintergrund dürfte jedoch eher die folgende Meldung der *Berliner Zeitung* gewesen sein.

Für Hunde mehr Platz als für Strafgefangene

Düsseldorf. ADN BZ

Neue Einzelheiten über inhumane Strafvollzugsmethoden in der BRD sind jetzt aus der Justizanstalt Werl/Westfalen bekannt geworden. Wie DPA meldet, werden jeweils drei Gefangene in eine 11,5 Quadratmeter große Zelle eingeschlossen. Von den 950 in Werl einsitzenden arbeitsfähigen Häftlingen haben 250 keine Beschäftigung. Sie werden daher auch tagsüber in den engen Zellen festgehalten. Das Personal der Anstalt nennt die Räume „Wohnwaben". Gesetzliche Vorschriften in der BRD schreiben Hundehaltern eine Zwingergröße von mindestens sechs Quadratmetern vor.

Abb. 12: Ausriss aus *Berliner Zeitung* vom 19.9.1978, S. 5

208 Ebenda, Bl. 21 Rs., 22 Rs.

209 Ebenda, Bl. 38.

210 Strafvollzugsordnung 1977, Teil E (vom 19.1.1978), Bl. 9. Zum kreativen Versuch dreier Militärstrafgefangener sich unter Verweis auf einen Junge-Welt-Beitrag zur Ächtung von Kriegs- und Hasspropaganda ideologischer Indoktrination zu entziehen, vgl. den Abschnitt Politschulung und militärischer Drill im vorliegenden Kapitel.

211 Ebenda, Bl. 12 Rs. Diese Praxis wurde auch beim MfNV umgesetzt.

212 Hier für März 1985 belegt für die Junge Welt in einer Information zum DB Z. [o. Verf. und Adressat] v. 10.4.1985; BStU, MfS, AOP 9870/85, Bl. 99.

213 BDVP Frankfurt (Oder)/Abt. K/Dez. I/4, Oltn. Colberg [ohne Adressat]: Information, 26.9.1978; BStU, MfS, BV Potsdam, AKAG 2650/87, T. II/1, Bl. 18.

4.1.5 Medizinische Versorgung

Da die Militärstrafvollzugsordnung von 1968 die medizinische Betreuung nicht regelt, war wohl die vom gleichen Datum stammende allgemeine Strafvollzugsordnung verbindlich. Dort ist in § 33 der Anspruch auf Erhaltung oder Wiederherstellung der Gesundheit Strafgefangener festgelegt. Bei Erfordernis sollte die Behandlung in Einrichtungen des staatlichen Gesundheitswesens erfolgen. Für das auch hier ausgehöhlte Selbstbestimmungsrecht der Gefangenen relevant waren insbesondere zwei Regelungen, wonach zur »Beseitigung eines lebensbedrohlichen oder die Gesundheit schwer gefährdenden Zustandes [...] die ärztliche Behandlung oder der notwendige ärztliche Eingriff auch ohne Zustimmung des betreffenden Strafgefangenen vorgenommen werden« konnte und dass Strafgefangene, die die Nahrung verweigerten, »zur Erhaltung ihrer Gesundheit entsprechend ärztlichen Vorschriften und unter ärztlicher Aufsicht zwangsweise zu ernähren« seien.[214] Gemäß Strafvollzugs- und Wiedereingliederungsgesetz waren die Gefängnisleiter auch zu den notwendigen Entscheidungen über die medizinische Betreuung befugt.[215] Die Militärstrafvollzugsordnung von 1975 greift wesentliche Formulierungen aus der Version von 1968 auf, verweist aber zusätzlich auf die »gesondert festgelegten medizinischen Einrichtungen der NVA bzw. [...] den für die Strafvollzugseinrichtung zuständigen Vertragsarzt«.[216] Die hier verwandte Bezeichnung Militärstrafgefangene meint jeweils auch die Strafarrestanten.

Die Strafvollzugsordnung von 1977 enthält in ihrem speziell für bestrafte Militärpersonen gedachten »Teil E« keinen eigenen Abschnitt zur medizinischen Betreuung. Die Ordnung verweist dagegen in einem Unterkapitel »Gewährleistung des Gesundheitsschutzes« auf die Kombination von ambulanter und stationärer Betreuung in der Strafvollzugseinrichtung und, bei Bedarf, in medizinischen Einrichtungen der NVA oder des staatlichen Gesundheitswesens. An anderer Stelle erwähnt sie die erforderliche Einbindung eines Arztes bei der Aufnahmeuntersuchung beziehungsweise bei der Anwendung von Sicherungsmaßnahmen, die jeweils unverzüglich zu erfolgen habe.[217]

Die Arrestfähigkeit (also die gesundheitliche »Tauglichkeit« für eine zusätzliche Arretierung innerhalb der Disziplinareinheit) musste bei disziplinarisch Bestraften ein Arzt bestätigen. Für die Militärstrafgefangenen war zwar ebenfalls eine Bestätigung vorgegeben, aber nicht, von wem diese zu erfolgen hatte.[218] Auch bei den Sicherungsmaßnahmen gab es Unterschiede: Nur für die Militär-

214 Strafvollzugsordnung 1968, § 33.

215 Strafvollzugs- und Wiedereingliederungsgesetz 1968, § 11.

216 Militärstrafvollzugsordnung 1975, Punkt 7.2.3.

217 Strafvollzugsordnung 1977, Teil E (vom 19.1.1978), Bl. 4 u. 12 Rs., 15.

218 Ordnung Nr. 036/9/004 des MfNV über den Dienst in der Disziplinareinheit v. 17.12.1982; BStU, MfS, AGM Nr. 610, Bl. 151 (S. 57 des Dokuments) bzw. Militärstrafvoll-

strafgefangenen war vorgeschrieben, dass unverzüglich der Arzt der Disziplinareinheit konsultiert werden musste.[219]

In der Zeit der Verwaltung durch das MdI gab es (bei wechselnden Bezeichnungen) neben der Offiziersstelle für den Leiter der Ambulanz noch eine Wachtmeister-Stelle für einen Sanitäter beziehungsweise Krankenpfleger.[220] Als der Militärstrafvollzug vom MfNV übernommen wurde, erweiterte sich die personelle Ausstattung auf sieben Stellen (je ein Offizier, Fähnrich, Unteroffizier auf Zeit bzw. Soldat und drei Zivilbeschäftigte). Zu besetzen waren die Planstellen Leiter Med.-Punkt, Sanitäter, Sanitäter/Kraftfahrer, stomatologische Schwester und Fachkrankenschwester/-pfleger. 1986 veränderten sich die Bezeichnungen der Planstellen, nicht aber deren Anzahl.[221]

In der Anfangsphase des Militärstrafvollzugs in Schwedt gab es in der Sozial- und Küchenbaracke des Verwahrbereichs eine Krankenstation.[222] »Der nördliche Barackenteil war der ärztlichen Betreuung der Gefangenen vorbehalten, er enthielt einen Zahnarztraum, einen Arzt-Raum und Behandlungsraum, einen Krankenraum mit 6 Betten und ein Isolierzimmer mit 2 Betten.« Zwei damalige Militärstrafgefangene berichten von wöchentlichen Sprechtagen, an denen ein Arzt in das Gefängnis kam, »ansonsten war ein Feldscher vor Ort«. Die Krankenstation wurde allgemein als Krankenrevier[223] bezeichnet und scheint kompanieübergreifend zuständig gewesen zu sein, denn es wurde moniert, dass beim Behandlungstermin im Krankenrevier die sonst strikte Trennung zwischen den Kompanien der Militärstrafgefangenen und Arrestanten unterlaufen werden könne.[224]

zugsordnung 1982, S. 121. Es ist unklar, ob die unterschiedliche Formulierung einen juristischen Unterschied begründen sollte.

219 Militärstrafvollzugsordnung 1982, S. 46.

220 Die Stellenpläne für 1969, 1972 u. 1974 sind unpaginiert überliefert in BArch, DO 1/12088.

221 MfNV, Stellenplan und Ausrüstungsnachweis Nr. 7142/3, 2.11.1981 bzw. für die Disziplinareinheit ab 1.12.1986 [o. D.]; BArch, DVW 1/44067 u. DVW 1/44162 (jeweils o. Pag.).

222 Dressler: Stillgestanden. Für die Angaben dieses Absatzes siehe S. 68, 83, 95 u. 376.

223 Ob die im Sommer 1980 gebrauchte Formulierung Sanitätsraum diese Örtlichkeiten meint, ist noch unklar. De facto waren Strafgefangene im Sanitätsraum über Nacht einzuschließen, vgl. IM-Bericht »Arnold«, 17.7.1980; BStU, MfS, A 641/82, Bd. 3, Bl. 396.

224 So beschrieben für Herbst 1972 im IM-Bericht »Johannes«, 27.9.1972; BStU, MfS, BV FfO, TA 1111/79, Bd. 1, Bl. 325. Die Bezeichnung Krankenrevier der 1970er-Jahre wechselte spätestens nach der Unterstellung unter das MfNV zu Med.-Punkt, wie in der Armee üblich. Gerade für die 1980er-Jahre können detailliertere Angaben zur örtlichen Situation gemacht werden. Drei Standorte sind bekannt: ein Med.-Punkt im Erdgeschoss des Stabsgebäudes (Räume 121 u. 122), ein Medizinbereich mit Arztzimmer, Betten und Behandlungszimmer im Unterkunftsgebäude der Disziplinarbestraften (Räume 118 u. 120–123) sowie ein Med.-Punkt in der mittleren Baracke des Militärstrafbereichs, vgl. Dressler: Stillgestanden, S. 68, 127 f., 140, 280 u. 283.

Schon in früheren Jahren trafen hier Zivil- und Militärstrafgefangene aufeinander.[225]

Sprechstunden der Medizinischen Dienste gab es auch für die Bediensteten des Strafvollzugs (ab Februar 1981 jeweils mittwochs von 10.00–12.00 Uhr).[226] Mindestens im Jahre 1984 wurden im Med.-Punkt (vermutlich des Stabes) weibliche Zivilbeschäftigte eingesetzt.[227] 1985 verfügte die Disziplinareinheit über eine Röntgeneinrichtung, die jedoch noch nie genutzt worden war.[228] Die medizinische Betreuung erfolgte einerseits auch durch sogenannte Vertragsärzte, andererseits durch Sanitäter aus dem Kreis der Insassen. Als Vertragsärzte für den Militärstrafvollzug Schwedt wurden bisher bekannt

- Dr. Peter Surup (mind. 1968–1975)
- Dr. Eberhard Bornschein (mind. 1969–1985)
- Dr. Martin Rintisch (mind. 1977–1980)
- Dr. Klaus Kleinfeld (mind. 1979).[229]

Die Vertragsärzte hatten eine arbeitsrechtliche Bindung an die Volkspolizei und waren nur zu Sprechstunden oder bei Bedarf vor Ort im Militärstrafvollzug. Sie kamen bei der Zugangsuntersuchung, zur Unterzeichnung von Transportbegleitscheinen, bei Grippeschutzimpfungen (sowohl beim Personal als auch bei den Insassen[230]), bei der formulargebundenen Bestätigung der Arrestfähigkeit[231]

225 IM-Bericht »Richard Neumann«, 2.5.1971; BStU, MfS, BV Rostock, AIM 474/82, T. II/1, [S. 27 f.].

226 Protokoll der Leiterberatung v. 16.1.1981; BLHA, Rep. 671/16.1, Nr. 300, Bl. 96–100.

227 FO Knobelsdorf: Arbeitsnachweis für GMS »Horst«, 18.9.1984; BStU, MfS, AIM 4388/91, T. I/1, Bl. 81.

228 MfNV/Abt. Rückwärtige Sicherstellung, Ltr., [ohne Adressat]: Bericht über eine Kontrolle auf dem Gebiet der rückwärtigen, technischen und finanzökonomischen Sicherstellung, 11.2.1985; BArch, DVW 1/126216 (o. Pag.).

229 Bornschein und Kleinfeld wurden noch 1987 als mit der Verdienstmedaille der NVA ausgezeichnete Personen benannt, Chronik der Disziplinareinheit; BArch, DVW 5-16/74001, Bl. 66.

230 Grippeschutzimpfungen waren für die Insassen nicht freiwillig. Aus dem Herbst 1983 sind zwei Fälle bekannt, bei denen zur Durchsetzung der Impfung »Mittel des einfachen Zwangs« eingesetzt wurden. [HA I/Abt. MfNV/UA HS/DE] Mj. Krugenberg [ohne Adressat]: Aktenvermerk OPK »Fluchtwilliger«, 25.10.1983 u. IM-Bericht »Bernd Peters«, 2.11.1983; BStU, MfS, BV Cottbus, AOPK 1240/85, Bl. 70 u. BStU, MfS, BV Magdeburg, AIM 579/88, Teil II, [S. 23].

231 Formular SV 27. Bornschein »vergaß« einmal das Ankreuzen der Formularpassage, ob der Bestrafte arrestfähig sei oder nicht und zeichnete eine unbefristete Anordnung einer Fesselung der Hände während des Arrestes ab; BStU, MfS, BV FfO, AOP 326/81, Bl. 50. Bei einem anderen Gefangenen trug Bornschein eine Tauglichkeitsprüfung mit Datum, Stichwort »Arrestuntersuchung«, Kürzel »tgl.«, Paraphe und Stempel im Gesundheitsbuch ein; BStU, MfS, HA I Nr. 15801, Bl. 88.

oder einer Unterbrechung des Arrestes aus gesundheitlichen Gründen,[232] der Verfügung über Sicherungsmaßnahmen und bei Abschlussuntersuchungen zum Einsatz. Die Vertragsärzte hatten eigene Stempel, die sie mit ihren Unterschriften in den Nachweisblättern und Gesundheitsbüchern kombinierten. In Einzelfällen entstanden Briefbögen, auf denen ihre Anbindung an den Militärstrafvollzug deutlich wurde. Nach einer Kontrolle im Januar 1985 beurteilten die Verantwortlichen im MfNV das Fehlen eines Militärarztes als nachteilig für die medizinische Betreuung und die Arbeitshygiene.[233]

Biogramm: Dr. med. Eberhard Bornschein[234]

Geboren 1929, gestorben 2004. Eberhard Bornschein wohnte seit 1965 in Schwedt und arbeitete zunächst als Pflichtassistent im Kreisgesundheitszentrum Schwedt in der Chirurgie. Ab 1967 war er Vertragsarzt der DVP. In den Folgejahren betreute er die VPKÄ Angermünde und Schwedt (einschließlich der Angehörigen der Kampfgruppen) sowie den Mitarbeiterbestand der MfS-Kreisdienststellen Schwedt und Angermünde beziehungsweise der MfS-Paßkontrolleinheit Schwedt. Ab 1971 war er zusätzlich Kreissportarzt. Er erhielt diverse Auszeichnungen, darunter zum 1. März 1987 die Verdienstmedaille der NVA in Bronze durch den Schwedter Militärstrafvollzug[235] sowie zum 7. Oktober 1987 die Verdienstmedaille der NVA in Silber auf Vorschlag des MfS wegen seines Beitrages zur Unterstützung der Schutz- und Sicherheitsorgane. Ab 1982 wurde auch unter den Insassen bekannt, dass Bornschein wegen seiner fachlichen Leistungen umstritten war. Die Gerüchte fanden insbesondere dadurch Nahrung, dass einer der Insassen Einwohner Schwedts war und Erkenntnisse aus dem Zivilleben in den Militärstrafvollzug brachte. Bornschein soll einen zivilen Patienten unangemessen behandelt haben, woraufhin dieser

232 Z. B. wegen zu niedrigen Blutdrucks vgl. BDVP Frankfurt (Oder)/Abt. K/Dez. I/4, Oltn. Colberg: Aktenvermerk, 26.5.1975; BStU, MfS, AOPK 1507/76, Bl. 187. Einem anderen Gefangenen wurde nach 21 Tagen Arrest ein Untergewicht bescheinigt, sowie für körperliche Arbeiten nicht mehr einsatzfähig zu sein, vgl. Rat der Stadt Schwedt, Kreisgesundheitszentrum, VP-Vertragsarzt Dr. Surup an Leiter StVK Schwedt, 8.9.1969; BStU, MfS, G-SKS 3709, Bl. 74.

233 MfNV/Abt. Rückwärtige Sicherstellung, Ltr. [ohne Adressat]: Bericht über eine Kontrolle auf dem Gebiet der rückwärtigen, technischen und finanzökonomischen Sicherstellung, 11.2.1985; BArch, DVW 1/126216 (o. Pag.).

234 Bornschein war jahrzehntelang als IM »Hans« für das MfS tätig; BStU, MfS, BV FfO, AIM 252/89. Andere Quellen für die biografischen Angaben sind zusätzlich ausgewiesen. Seine IM-Tätigkeit hinterließ in seiner MfS-Akte nur minimale Spuren zum Militärstrafvollzug.

235 Chronik der Disziplinareinheit; BArch, DVW 5-16/74001, Bl. 66.

eineinhalb Jahre hätte im Krankenhaus liegen müssen.[236] Andere Quellen berichteten über Mängel bei einer Operation, die nur aufwendig zu korrigieren waren und infolge derer er nicht mehr operieren durfte. Kranke Strafgefangene sollen eher in die Sprechstunde des Sanitäters gegangen sein als zu Bornschein.[237] Später waren solche Meinungen auch aus dem Personal zu hören. Ein stellvertretender Kompaniechef hatte schlechte Erfahrungen mit ihm gemacht und erwog eine Beschwerde.[238] In einem unabhängig davon entstandenen »Auskunftsbericht zum Stimmungsbild in der Disziplinareinheit« vom Januar 1985 heißt es unter anderem:

> Nach wie vor treten Probleme hinsichtlich der ärztlichen Betreuung und der Durchführung notwendiger ärztlicher Untersuchungen sowie festzulegender Behandlungen auf. Im Stammpersonal wird immer stärker an der fachlichen Fähigkeit des Dr. Bornschein gezweifelt, da er seit dem Todesfall mit der Tablettenallergie kaum noch Entscheidungen trifft, sondern an das BKH Schwedt und an die MMA überweist. Meinung des Hauptmann Pfotenhauer: ›Hören Sie mir mit dem Bornschein auf, wenn es nach ihm gegangen wäre, würde ich mich immer noch rumquälen, da er mir sagte, ich müsse damit leben. In der Zwischenzeit bin ich in der MMA operiert und es geht mir besser‹.[239]

Zur Unterstützung des medizinischen Personals sind einzelne Insassen als Sanitäter eingesetzt worden. Es scheint nicht immer ein Vollzeiteinsatz gewesen zu sein, da ein Sanitäter zum Beispiel zusätzlich auch in der HO-Verkaufsstelle im Verwahrteil arbeitete[240] beziehungsweise ein anderer die Funktion des Sanitäters unter Militärstrafgefangenen in seiner arbeitsfreien Zeit ausüben musste.[241] Die Sanitäter hatten aber durchaus Befugnisse: Sie übten Einfluss darauf aus, wie viele Insassen zu den Arztsprechstunden vorgelassen wurden[242] oder durf-

236 Niederschrift des ehem. SG XXX [o. T. und Adressat], 19.11.1982; BStU, MfS, AIM 3000/83, T. I, Bl. 78.

237 IM-Bericht »Mark«, 6.7.1982; BStU, MfS, BV Suhl, AOG 978/84, T. II, Bl. 30.

238 FO Krugenberg: Treffbericht IM »Günter Richter«, 17.1.1985; BStU, MfS, AIM 2121/88, T. II/1, Bl. 33.

239 OibE »Manfred«: Auskunftsbericht zum Stimmungsbild in der DE, 25.1.1985; BStU, MfS, AIM 5382/88, T. II/1, Bl. 39. Den hier dargelegten Erkenntnissen der Insassen und des Personals konnte im Rahmen dieser Studie keine wissenschaftlichen Maßstäben genügende Evaluation der ärztlichen Tätigkeit angeschlossen werden.

240 IM-Bericht »Arnold«, 27.2.1973; BStU, MfS, AIM 2786/81, Teil I, Bl. 43.

241 MG Neubrandenburg: [Bewährungs-] Beschluss, 29.6.1979; BStU, MfS, AIM 6719/91, T. I, Bl. 99.

242 Das führte 1974 zu einer Beschwerde eines nicht zum Arzt vorgelassenen Gefangenen beim Kommandeur. Der Sanitäter gab an, auf Befehl zweier Angehöriger des Medizinischen Dienstes gehandelt zu haben (nicht mehr Personen vorzulassen, als in der vorgegebenen Zeit abgefertigt werden können), sollte aber trotzdem eine Missbilligung erhalten. Vgl. BDVP Frankfurt (Oder)/Abt. K/Dez. I/4, Oltn. Colberg an MfS/BV Frankfurt (Oder): Information, 29.11.1974; BStU, MfS, BV FfO, AOG 1280/80, T. I, Bl. 40.

ten in eigener Zuständigkeit Kopf- und Zahnschmerztabletten gegen Unterschrift ausgeben.[243] Offenbar schliefen sie mitunter im Krankenrevier.[244] Dass die Arbeit als Sanitäter eine privilegierte war, zeigt ein Beispiel, bei dem ein als Sanitäter tätiger Militärstrafgefangener wegen Unterlassung einer Meldung über eine Körperverletzung unter den Gefangenen mit einem sofortigen »Einsatz zur produktiven Arbeit« bestraft wurde.[245] Personelle Probleme und Kompetenzgerangel waren die Ursache dafür, dass 1985 die Praxis des Einsatzes eines Militärstrafgefangenen als Sanitäter bemängelt wurde: Eine Festlegung, dass der Sanitäter nur dann eingesetzt würde, wenn das bei Pflegefällen erforderlich sei, wurde unterlaufen. Der Sanitäter schlief ständig im Med.-Punkt, war bei jeder Medikamentenausgabe und Arztsprechstunde im Med.-Punkt anwesend und führte darüber hinaus andere MSG aus den Kompanien zur Arztsprechstunde.[246] Der Kommandeur drohte mit generellem Abzug des Sanitäters, wenn die ursprüngliche Regelung nicht eingehalten würde.[247]

Bisher sind nur wenige Analysen über das Krankenaufkommen, den Krankenstand oder deren Auswirkungen aufgefunden geworden. Die älteste Übersicht bezieht sich auf den Zeitraum Juni bis Dezember 1979. Demnach traten bei den Militärstrafgefangenen 1 103 Arbeitsausfalltage auf, denen unter anderem 49 leichte Unfälle mit 556 Ausfalltagen beziehungsweise eine Häufung bei Magenerkrankungen (38 MSG mit 208 Ausfalltagen) zugrunde lagen.[248] In den Sprechstunden der Vertragsärzte erfolgten 1 648 Vorstellungen (darunter 238 beim Zahnarzt sowie 282 Zugangs- und 435 Abgangsuntersuchungen). Im Sommer 1980 waren durchschnittlich 20 bis 25 Gefangene je Arztsprechstunde angemeldet. Zusätzlich kamen je zwei bis drei Insassen ohne Anmeldung hinzu.[249]

243 StVE Schwedt: Protokoll Abt.-Leiterberatung, 17.7.1980; BLHA, Rep. 671/16.1, Nr. 301, Bl. 66–73, hier 68. Das stand 1985 aber zur Disposition, vgl. FO Knobelsdorf: Arbeitsnachweis für IME »Manfred«, 6.6.1985; BStU, MfS, AIM 5382/88, T. II/1, Bl. 117.

244 Silvester 1982 wurde der Sanitäter der Militärstrafgefangenen mit den Patienten im Krankenrevier eingeschlossen und damit von den für die anderen Insassen möglichen Vergünstigungen wie Fernsehen und Tischtennis spielen ausgesperrt, siehe [NVA/DE], SG B. an MfS-Mitarbeiter Krugenberg: Bericht, 2.1.1983; BStU, MfS, AIM 17046/84, T. I, Bl. 49.

245 [MfNV/Abt. KD], OSL Schweingel [ohne Adressat]: Notiz [über eine Ausschreitung mit Körperverletzung], 25.6.1975; BArch, DVW 1/126206 (o. Pag.).

246 Wegen der Kontaktmöglichkeit zu allen Gefangenen und der unbeaufsichtigten Bewegung im Lager waren die Sanitäter immer auch im Blick der K I bzw. des MfS, die unter ihnen mehrere inoffizielle Mitarbeiter warben. Eine Konstellation, bei der ein solcher IM seine Stellung als Sanitäter bewusst aufs Spiel setzte, wird in Kap. 6 vorgestellt.

247 OibE »Manfred«: Vermerk zur Führungsbesprechung beim Kommandeur der DE, 19.11.1985; BStU, MfS, AIM 5382/88, T. II/1, Bl. 243.

248 Der krankheitsbedingte Ausfall im Personal des Strafvollzugs betrug im gleichen Zeitraum 1 561 Tage bezogen auf 52 Erkrankungen, vgl. StVE Schwedt: Protokoll der Leiterberatung, 7.2.1980; BLHA, Rep. 671/16.1, Nr. 301, Bl. 40–47.

249 StVE Schwedt: Protokoll Abt.-Leiterberatung, 17.7.1980; ebenda, Bl. 66–73.

Mitunter begannen die medizinischen Aufgaben schon bei Strafantritt. Im Sommer 1974 richtete der Gefängnisleiter eine Beschwerde an das MfNV, der zufolge Armeeangehörige vor Strafantritt nicht oder nur unzureichend auf ihre Haftfähigkeit hin untersucht worden waren. Bei vier namentlich benannten Gefangenen wurde moniert, dass deren Zustand es nicht erlaubte, sie im Strafvollzug aufzunehmen. Die zugrunde liegenden Erkrankungen bezogen sich auf eine Unterarmfraktur, ein Gesichtsekzem, eine Nebenhodenentzündung beziehungsweise eine ausgebliebene klinische Beobachtung vor neurologisch-internistischem Hintergrund.[250]

Die Vorgehensweise bei der medizinischen Betreuung brachte auch einige Effekte mit sich, die die Insassen zu nutzen wussten: Trotz der Vorgabe, dass Tabletten von den Gefangenen quittiert werden sollten und eigentlich sofort aufzulösen und einzunehmen waren, konnten im Dezember 1982 einige einen Vorrat von rund 30 Spalt- und Gelonida-Tabletten anlegen, die sie mit Cola und Rasier- oder Haarwasser zu einem berauschenden Mix kombinieren wollten. Drei Jahre später gab es offenbar die geregelte Variante der Mitnahme von Tabletten gegen Unterschrift.[251]

Seitens der Insassen gab es immer wieder Beschwerden. So erhielt der MfS-Mitarbeiter Krugenberg im Juni 1983 Kenntnis über Probleme mit einem (namentlich nicht benannten) Arzt, der einen Gefangenen nicht behandelt hatte und wieder arbeiten schickte. Der für den Häftling zuständige Kompanie-Hauptfeldwebel lehnte das jedoch ab, nachdem er noch einmal den Sanitäter, einen Gefangenen, konsultiert hatte. Krugenberg vermerkte hierzu, dass der Hinweis auf mangelnde medizinische Betreuung zwar nicht überprüft, aber glaubhaft sei, zumal solches schon wiederholt vorgekommen sei.[252] Ein knappes Jahr später kam aus dem Schwedter Personal ein Hinweis, dass bei Unfällen oder Schwindelanfällen der Leiter des Medizinischen Dienstes und einer seiner Mitarbeiter so lange auf sich warten ließen, dass es zu einer Häufung von Beschwerden durch die Insassen kam.[253] Als aber im Oktober 1985 ein medizinisch vorgebildeter Strafgefangener es wagte, den Diagnosen des Vertragsarztes zu widersprechen, wurde er der Störung der Disziplin und Ordnung des Vollzugsprozesses beschuldigt.[254] Doch es gab auch Entscheidungen zugunsten ein-

250 StVK Schwedt, Leiter, Mj. Albinus an MfNV/Abt. KD: Medizinische Unzulänglichkeiten bei der Aufnahme von Militärpersonen, 13.8.1974; BArch DVW 1/126206 (o. Pag.).

251 [HA I/Abt. MfNV/UA HS/DE], Mj. Krugenberg [ohne Adressat]: Bericht über MSG, 13.12.1982 i. V. m. OibE-Bericht »Manfred«, 5.6.1985; BStU, MfS, AIM 17046/84, T. I, Bl. 39 f. u. BStU, MfS, AIM 5382/88, T. II/1, Bl. 122.

252 GMS-Bericht »Viktor« i. V. m. FO Krugenberg: Arbeitsnachweis GMS »Viktor«, jeweils 14.6.1982; BStU, MfS, AGMS 9779/84, Bl. 242 u. 261.

253 GMS-Bericht »Freitag«, 26.3.1984; BStU, MfS, AIM 4176/91, T. I, Bl. 153.

254 NVA/Dienststelle Schwedt, Kommandeur OSL Decker [ohne Adressat]: Kurzeinschätzung des MSG T., 11.10.1985; BStU, MfS, HA I Nr. 15801, Bl. 115.

zelner Insassen, die so gar nicht in das Bild eines Militärstrafvollzugs passen wollen: Im Oktober 1983 wurde einem Insassen wegen seiner Kniebeschwerden eine bis zum Entlassungstermin (damals noch über ein Jahr) geltende dauerhafte Befreiung von Märschen und belastenden Ausbildungselementen bewilligt.[255] Im Sommer 1986 führte die Eingabe der Mutter eines Insassen zum Besuch eines Militärstaatsanwalts in der Disziplinareinheit. Er sollte unter anderem die gesundheitliche Betreuung überprüfen. Dazu führte er Gespräche mit der betreuenden Krankenschwester, nahm Einsicht in das Gesundheitsbuch und sprach mit dem Gefangenen selbst.[256]

In den 1970er-Jahren sind Insassen mehrfach in das NVA- beziehungsweise Militärkrankenhaus in Prenzlau verlegt worden. Die Ursachen reichten von Blinddarmerkrankungen über Hautkrankheiten bis zu Stromschlagfolgen. In Prenzlau waren offenbar die Sicherheitsbestimmungen lückenhaft: Ende 1970 hatte es sich unter den Gefangenen herumgesprochen, dass dort eine illegale Kontaktaufnahme zu Familienangehörigen möglich sei. Der Offizier für Kontrolle und Sicherheit Colberg stellte daraufhin einen Anstieg an stationären Behandlungen in Prenzlau vor allem bei Blinddarmerkrankungen fest. Auch der unkontrollierte Versand von Briefen war über Prenzlau möglich.[257]

Für die Zeit ab Ende der 1970er-Jahre häufen sich Berichte zur Einlieferung von Insassen in das zivile Krankenhaus in Schwedt. Wiederum ging es um Blinddarmreizungen, aber auch um Folgen von Körperverletzungen der Gefangenen untereinander.[258] Als im Oktober 1979 ein Militärstrafgefangener mit akuter Blinddarmentzündung erst nach stundenlanger Verzögerung in das Krankenhaus Schwedt eingeliefert und dann sofort operiert werden musste, kam es zu entsprechenden Diskussionen unter den Gefangenen.[259] Neben dem Krankenhaus in Schwedt wurde auch das – unter anderem von den Gefangenen mit aufgebaute – Kreisgesundheitszentrum genutzt.[260] Weil die Öffentlichkeit davon Notiz nahm, kam es zu Analysen über die Modalitäten beziehungs-

255 NVA/DE, StK Vollzug, OSL Albinus [ohne Adressat]: Aktennotiz über ein Gespräch mit dem Vertragsarzt, 1.12.1983; BStU, MfS, AOPK 7243/84, Bl. 22.

256 IM-Bericht »Günter Richter«, 10.9.1986; BStU, MfS, AIM 2121/88, T. II/1, Bl. 95.

257 StVK Schwedt, OKS, Oltn. Colberg an Ltr. StVK, Mj. Albinus: Lücken im Sicherheitssystem, 20.11.1970; BStU, MfS, AIM 7172/83, T. I/1, Bl. 124; Leiter StVK Schwedt, Mj. Albinus an Militärstaatsanwalt Potsdam: Führungsbericht, 17.12.1970; BStU, MfS, AOP 12509/72, Bl. 58; IM-Berichte »Johannes«, 6.1. u. 8.6.1972; BStU, MfS, BV FfO, TA 1111/79, Bd. 1, Bl. 166, 281 u. BDVP Frankfurt (Oder)/Abt. K/Dez. I/4, Oltn. Colberg an [Leiter StVE Schwedt] Mj. Albinus [o. T.], 17.2.1978; BStU, MfS, BV FfO, AOG 865/78, Bl. 25.

258 IM-Bericht »Johannes«, 12.9.1978; BStU, MfS, BV FfO, TA 70/84, Bd. 3, Bl. 158.

259 BDVP Frankfurt (Oder)/Abt. K/Dez. I/4, Oltn. Colberg an [Leiter StVE] OSL Albinus: Situation im MSG-Bereich, 1.11.1979; BStU, MfS, BV Neubrandenburg, AOG 563/84, T. II, Bl. 67.

260 Das Kreisgesundheitszentrum lag in der Auguststraße und bestand aus Zentralapotheke, Blutspendezentrale, Poliklinik und bettenführenden Abteilungen.

weise die Wahrnehmung der ungewöhnlichen Patienten.[261] Einer Analyse aus dem Jahr 1980 ist zu entnehmen, dass die Vorführungen zum Kreisgesundheitszentrum Schwedt mit Gefangenentransportwagen unter Begleitung bewaffneter Posten erfolgten. Die Militärstrafgefangenen wurden »in eingestreifter Bekleidung mittels Führungskette und Handfessel bis zum Behandlungsraum vorgeführt«[262], was sie gewiss abschätzigen (oder nur neugierigen) Blicken von Zivilisten aussetzte. 1982 gab es offenbar neue Festlegungen für die Transporte von Militärstrafgefangenen zu medizinischen Einrichtungen, weswegen der Leiter des Bereiches Ökonomie/Versorgungsdienste beauftragt wurde, »sofort ein ziviles polizeiliches Kennzeichen für den B-1000 GTW zu beantragen«.[263]

In den 1980er-Jahren wurde mehrfach das Armeelazarett in Bad Saarow genutzt. Die Zuführungen dorthin erfolgten in Armeeuniform.[264] Untersucht wurden die Hafttauglichkeit, die Arbeitsfähigkeit und psychische Auffälligkeiten. Außerdem erfolgten dort operative Eingriffe, zum Beispiel im Bereich des Verdauungssystems oder der Urologie. In schwereren Erkrankungsfällen kam es zu Unterbrechungen des Strafvollzugs oder wegen zwischenzeitlichen Ablaufs der Strafzeit zur Entlassung aus dem Strafvollzug während des Aufenthalts in Bad Saarow.[265]

In seltenen Fällen wurden Krankenhäuser anderer Strafvollzugseinrichtungen in Anspruch genommen. So wurde in den 1980er-Jahren eine erforderliche Operation in der chirurgischen Klinik des Haftkrankenhauses Leipzig-Meusdorf realisiert beziehungsweise ein Militärstrafgefangener zur selten vorkommenden Detätowierung in die Krankenhausabteilung der StVE Bautzen I verlegt.[266]

261 So ist für Sommer 1980 beispielsweise festgehalten, dass bei Vorführungen erkrankter Gefangener sich Wartezeiten von 10–15 Minuten im öffentlichen Warteraum ergaben. Letzteres sollte mit dem Direktor des Kreisgesundheitswesens besprochen werden. StVE Schwedt: Protokoll der Leiterberatung, 10.7.1980; BLHA, Rep. 671/16.1, Nr. 301, Bl. 68 f.

262 Einschätzung der Wirksamkeit des Sicherungssystems für das 2. Halbjahr 1980 [ohne Kopfdaten; hier von IM »Egon« unterzeichnet u. überliefert]; BStU, MfS, A 642/82, Bd. 2, Bl. 271–278, hier 278.

263 [StVE Schwedt:] Protokolle der Leiterberatungen v. 16.2. u. 12.3.1982; BLHA, Rep. 671/16.1, Nr. 301, Bl. 147–157.

264 Einschätzung der Wirksamkeit des Sicherungssystems für das 2. Halbjahr 1980 [ohne Kopfdaten; hier von IM »Egon« unterzeichnet u. überliefert]; BStU, MfS, A 642/82, Bd. 2, Bl. 271–278, hier 278.

265 Ltr. StVE Schwedt, OSL Albinus an Chef der BDVP Frankfurt (Oder): Lageeinschätzungen März 1981 bzw. Mai 1982, 25.3.1981 bzw. 21.5.1982; BLHA, Rep. 671/16.1, Nr. 299, Bl. 104 u. 139; NVA, Kommandeur der DE, OSL Decker [ohne Adressat]: Führungsbericht, 4.8.1983; BStU, MfS, AOPK 14111/83, Bl. 248; NVA/DE/2. Kp., Hptm. Hacker [ohne Adressat]: Bericht über die Besuchsdurchführung, 11.11.1985; BStU, MfS, BV Dresden, AOP 1452/88, Bd. 1, Bl. 282.

266 [MfS/BV Dresden]/BKG [ohne Adressat]: Prüfung der Umstände zur Behandlung des MSG XXX, 24.12.1985; ebenda, Bl. 224 u. Leiter StVE Schwedt, OSL Albinus an Chef

Zahnärztliche Behandlungen erfolgten in Schwedt nur in der reduzierten Form der akuten Schmerz- beziehungsweise ambulanten Versorgung. Eine klinische Betreuung sollte nur in Ausnahmefällen bei akuten Zuständen erfolgen. Kommandeur Decker und OibE »Manfred« verhinderten im Zusammenhang mit zwei diesbezüglichen Beschwerden eines Gefangenen dessen Behandlung außerhalb der Disziplinareinheit.[267]

Bei diesen Missständen verwundert nicht, dass die im Dezember 1989 streikenden Militärstrafgefangenen in ihrem 16 Punkte umfassenden Forderungskatalog auch die »Verbesserung der medizinischen Versorgung« verlangten.[268]

4.2 Strafen und Belohnungen

Die Modalitäten von Bestrafungen und Belobigungen waren im Strafvollzugs- und Wiedereingliederungsgesetz, den (Militär-)Strafvollzugsordnungen, Disziplinarvorschriften beziehungsweise der Ordnung über den Dienst in der Disziplinareinheit geregelt. Nur für einzelne Zeiträume liegen Statistiken über Belobigungen und Bestrafungen im Militärstrafvollzug Schwedt vor.[269]

Strafen

Bestrafungen trafen Insassen teils ungerechtfertigt als Schikane, teils wurden diese so empfunden. Persönliche Defizite in der Auseinandersetzung mit Insassen, auch intellektueller Art, versuchten einzelne Bedienstete durch Machtdemonstrationen zu kompensieren. Dass dabei, vermutlich nicht selten, das angestrebte Erziehungsziel total verfehlt wurde, zeigt das folgende Zitat aus der

der BDVP Frankfurt (Oder): Lageeinschätzung Monat Mai 1982, 21.5.1982; BLHA, Rep. 671/16.1, Nr. 299, Bl. 139–141.

267 Beschwerden des MSG S. v. 15.11.1983 bzw. 4.3.1984 [jeweils mit zusätzlichen Bemerkungen von OibE »Manfred«]; BStU, MfS, AOP 10009/84, Bl. 124 u. 178.

268 [NVA]/DE, MSG: Forderungskatalog zur Verbesserung der Haftbedingungen, 5.12.1989, übergeben an Kommandeur der DE; BArch, DVW 1/44536 (o. Pag.).

269 Beispielhaft seien die Fundstellen für einzelne, unterschiedlich geartete Analysen genannt: BArch DVW 1/126205-126207, BLHA, Rep. 671/16.1, Nr. 301 sowie diverse Funde in den IM-Akten von »Manfred« und »Arnold«; BStU, MfS, AIM 5382/88 u. BStU, MfS, A 641/82. Hier sind jedoch ähnliche Einschränkungen zu machen, wie bei den Angaben zur Zahl der Insassen. Die bisher bekannten Statistiken betreffen zum einen sehr unterschiedliche Zeiträume und liegen zum anderen nicht vollständig vor. Die ausgewerteten Zeiträume betreffen mal Monate, mal Quartale, mal (Ausbildungs-)Halbjahre, mal ganze Jahre. Andere Analysen und Einschätzungen behandeln die sogenannte Wirksamkeit des Erziehungsprozesses und machen dabei auch Angaben zu Belobigungen und Bestrafungen, benennen dabei aber nicht den Bezugszeitraum.

Beschwerde eines Gefangenen: »Eine Bestrafung als Antwort macht den Kommunismus nur noch lächerlicher.«[270]

In der Sprache des Strafvollzugs- und Wiedereingliederungsgesetzes wurden die 1968 (auch für den nichtmilitärischen Strafvollzug) vorgesehenen Disziplinarmaßnahmen als Ausspruch einer Missbilligung, Einschränkung oder Entzug von Vergünstigungen, Arrest und Überweisung in eine strengere Vollzugsart bezeichnet.[271] Dabei wurden bereits wegen geringfügiger Verstöße gegen die Hausordnung oder gegen andere Vorschriften Vergünstigungen reduziert (Fernsehverbot, Einschränkungen bei den Möglichkeiten des Einkaufs, der Postverbindungen, des Besuchs), aber offenbar nicht in jedem Fall in den Gefangenenakten dokumentiert. Rauchen an unerlaubten Orten oder in der Zeit der Nachtruhe galt beispielsweise als Verstoß gegen die Brandschutz- und die Hausordnung. Viele Strafen waren mit denen anderer Gefängnisse vergleichbar oder lehnten sich an disziplinarische Gepflogenheiten in der NVA an. Darüber hinaus wurden Tadel, (strenge) Verweise, Missbilligungen und diverse Stufungen von Absonderungen beziehungsweise Arreststrafen aktenkundig gemacht.

Strengste Sanktion (neben einer erneuten Verurteilung) war der Arrest. Beim Arrest wurde zwischen Freizeit-, Einzel- und strengem Einzelarrest unterschieden. Beim Freizeitarrest waren Arbeits- und Ausbildungsaufgaben weiter zu erfüllen. Nur die Unterbringung erfolgte isoliert in separaten Verwahrräumen. Der Einzelarrest war in eigenen Arrestzellen zu absolvieren.[272] Mit dem daran gekoppelten Ausschluss von der Arbeit war auch eine Umstellung auf die sogenannte Nichtarbeiterverpflegung verbunden, die 1972 zumindest für den strengen Einzelarrest noch verschärft wurde. Die Insassen sollten fortan nur noch »täglich 200 bis 300 Gramm Brot und mindestens 2 Liter Getränke (Malzkaffee oder Haustee) sowie zusätzlich jeden dritten Tag eine warme Mahlzeit«

270 [NVA/DE], MSG XXX an Kommandeur der DE, [o. T.], 14.11.1984; BStU, MfS, AOPK 6402/85, Bl. 45. Der Gefangene beschwerte sich über einen Zugführer, der ihn zu Tätlichkeiten provozieren wollte. Aufgrund seiner Bemühungen, dem Einfluss des Zugführers zu entkommen, sah er – schon in Einzelunterbringung sitzend – offenbar eine weitere Bestrafung auf sich zukommen.

271 Strafvollzugs- und Wiedereingliederungsgesetz 1968, § 35 Abs. 4 bzw. § 36. Die unterschiedlich strengen Vollzugsarten spielten in Schwedt faktisch keine Rolle. In der Regel galt die erleichterte Vollzugsart. Für 1983 ist z. B. belegt, dass ein einziger Insasse dem allgemeinen Vollzug unterworfen werden sollte, aber zunächst in den erleichterten eingegliedert wurde. Erst nach anhaltenden Auffälligkeiten wurde an diesem einen Insassen der strengere allgemeine Vollzug praktiziert; vgl. [MfS/HA I/Abt. MfNV/UA HS/DE], Mj. Krugenberg [ohne Adressat]: Aktenvermerk zur Bearbeitung der OPK »Übersiedler«, 2.8.1983; BStU, MfS, AOPK 14111/83, Bl. 227. Vor Überweisung in eine strengere Vollzugsart war im Übrigen spätestens ab 1975 zu prüfen, ob der Militärstrafgefangene aus dem aktiven Wehrdienst entlassen werden soll – Militärstrafvollzugsordnung 1975, Pkt. 2.6.1.

272 Das Titelbild zeigt eine Arrestzelle aus dem Bereich der Disziplinarbestraften. Der im Gitter gesondert gestaltete Bereich links unten diente dem Durchschieben der Matratze, die tagsüber aus der Zelle entnommen wurde.

erhalten.[273] Arreststrafen waren in der Regel gekoppelt mit dem Entzug jeglicher Lektüre, der Raucherlaubnis, der Einkaufsberechtigung und der persönlichen Verbindungen. Bei Freizeitarrest konnte hiervon abgesehen werden, bei strengem Einzelarrest galten manche der Einschränkungen auch über die eigentliche Dauer des Arrestes hinaus. Die Arrestfähigkeit war ärztlich zu bestätigen und zu überwachen, was eher routinemäßig abgewickelt wurde.

Ein Sonderfall war die Einzelunterbringung. Sie galt formal nicht als Strafe, da sie zum Beispiel auch aus gesundheitlichen Gründen angeordnet werden sollte. Da sie aber gemäß der Militärstrafvollzugsordnung vorgesehen war, wenn es für die Erziehung des einzelnen oder der anderen Strafgefangenen notwendig schien, war sie de facto als Strafmittel einsetzbar. Trotz Einzelunterbringung war der betreffende Gefangene in den Tagesablauf der übrigen Insassen einzubeziehen. Darüber hinaus war eine ständige Isolierung »zulässig aus Gründen der Sicherheit oder wenn es im Interesse der Vermeidung von groben Störungen der Vollzugsdurchführung erforderlich« schien.[274] Ein diesbezüglich herausragender Fall war der eines Militärstrafgefangenen, der circa neun Monate in isolierter Einzelunterbringung verbrachte und der im Abschnitt zu Arbeitsverweigerungen ausführlicher vorgestellt wird.

Zusätzlich gab es die sogenannte Absonderung durch Unterbringung in Einzelhaft. Sie galt als Sicherungsmaßnahme und nicht als Einzelunterbringung im obigen Sinne. Die Absonderung durfte nur für die Dauer der Klärung von Vorfallsumständen erfolgen und nicht in Arrestzellen praktiziert werden. Sie kam zum Beispiel zur Anwendung, wenn aus einer »Eskalation« heraus Gefangene getrennt werden mussten, ohne dass damit schon eine Schuldfrage beantwortet war.[275] Aber auch bei einem Hungerstreik 1975 wurde der betreffende Militärstrafgefangene »unter Entzug aller Bekleidungsgegenstände in Absonderung durch Unterbringung in Einzelhaft gelegt«. Nach missglücktem Selbstmordversuch wurde er zusätzlich einseitig per Handschelle fixiert, womit eine weitere sogenannte Sicherungsmaßnahme angewandt wurde.[276]

Die Abschottung der Arrestzellen konnte mehrmals durchbrochen werden. Es gibt Berichte über illegale Kontakte anderer Gefangener zu arretierten Insassen bis hin zum Schmuggel von Tabakwaren. Zusätzlich liegen Berichte über mehrfache Horchkontrollen der Strafvollzugsangehörigen vor, die Gespräche von Arrestanten untereinander betrafen. Zum Teil wurden diese auch proto-

273 MdI/Verwaltung Strafvollzug, Ltr. Oberst Tunnat an Ltr. aller Vollzugseinrichtungen (u. a.): Arrestdurchführung, 19.9.1972; BArch, DVW 1/126205 (o. Pag.).

274 Militärstrafvollzugsordnung 1975, Pkt. 2.5.3–2.5.5.

275 Die Absonderung war u. a. geregelt in der Militärstrafvollzugsordnung 1975, Pkt. 6.6.4. Einen Einblick in die Praxis bei ungerechtfertigter Umsetzung einer Absonderung als Strafe bietet G. Meyer in Brauhnert; Hübner; Polzin (Hg.): Der DDR-Militärstrafvollzug, S. 48 f.

276 Leiter StVE Schwedt, Mj. Albinus an BDVP Frankfurt (Oder)/AG SV, OSL Junker: Bericht über MSG M., 23.7.1975; BStU, MfS, BV FfO, TA 1111/79, Bd. 2, Bl. 125.

kolliert.[277] Zwei Militärstrafgefangene, die 1971 nach einem zunächst erfolgreichen Fluchtversuch wieder nach Schwedt zurückgebracht wurden, kamen für drei Monate in Absonderung, die sie gemeinsam in einer Arrestzelle verbringen mussten. Während dieser Zeit gelang es ihnen, durch den Abfluss des Waschbeckens Kontakt zur Nebenzelle aufzubauen.[278]

Trotz der mit den unterschiedlichen Arrestformen verbundenen Härten gab es Insassen, die im Interesse der Zusammenarbeit mit dem Offizier für Kontrolle und Sicherheit (OKS) beziehungsweise dem MfS bereit waren, sich vorsätzlich so zu verhalten, dass sie in den Arrest kamen. Dadurch sollten sie sich das Vertrauen der Personen erschleichen, die den OKS oder das MfS interessierten.

Exkurs: Eine Bestrafungskarriere

Extrem häufige und unterschiedliche Strafen zog ein Militärstrafgefangener auf sich, der 1983 zu einem Jahr Freiheitsentzug verurteilt worden war. Gegen ihn wurden bereits im ersten Halbjahr die folgenden »Sicherungs- und Disziplinarmaßnahmen« ausgesprochen:

- Tadel wegen Nichteinhaltens des Tagesdienstablaufes,
- Nichtgenehmigung einer persönlichen Verbindung (hier in Form einer verweigerten Paketerlaubnis),
- strenger Verweis wegen undisziplinierten Verhaltens und Beleidigungen von Vorgesetzten,
- strenger Verweis wegen Befehlsverweigerung,
- Einschränkung des monatlichen Verfügungssatzes wegen undisziplinierten Verhaltens gegenüber Vorgesetzten,
- Einschränkung der persönlichen Verbindung wegen wiederholt undisziplinierten Verhaltens gegenüber Vorgesetzten,
- einen Tag Einzelarrest wegen Störens der Ausbildung,
- zwei Tage Einzelarrest wegen undisziplinierten Verhaltens gegenüber Vorgesetzten bei der Ausbildung,
- Einzelunterbringung zur Vermeidung weiterer Störungen der militärischen Disziplin und Ordnung,
- zehn Tage Einzelarrest wegen Verletzung der Sicherheit im Arbeitsbereich.[279]

277 So z. B. 1971 und 1976, vgl. StVK Schwedt, OKS, Oltn. Colberg, Vermerk, 24.9.1971 i. V. m. [StVK Schwedt] Mstr. Hartmann [ohne Adressat]: Horchkontrolle, 4.11.1971; BStU, MfS, AVSV 8786/73, Bd. P, Bl. 37 u. 52 sowie StVE Schwedt/2. Kp., Hwmstr. Mücke [ohne Adressat]: Bericht, 1.5.1976; BStU, MfS, BV FfO, AOG 1717/76, Bl. 40.

278 Vernehmungsprotokoll eines ehem. MSG, 14.12.1972; BStU, MfS, BV Rostock, AU 2325/73, GA, Bd. 7, Bl. 89.

279 NVA, Kommandeur der DE, OSL Decker: Beurteilung, 10.4.1984; BStU, MfS, AOP 10009/84, Bl. 206.

Über gewisse disziplinarische Befugnisse verfügten auch einige Funktionshäftlinge. So konnte ein Gruppenhelfer 1972 über die Fernseherlaubnis anderer Gefangener entscheiden und Stubendienst außer der Reihe verhängen.[280] Daraus erwuchs ein Klima von Anmaßung, Willkür und Denunziation. Wegen Kleinigkeiten konnte Gefangenen die Fernseherlaubnis gestrichen werden und nach drei Vorfällen dieser Art erfolgte ein Eintrag in der Erziehungsakte.[281] Disziplinarmaßnahmen durften eigentlich nur Bedienstete des Strafvollzugs vom Zugführer an aufwärts aussprechen. Ein Kompaniechef versuchte, die ihm unterstellten Strafgefangenen-Gehilfen gar als »Agents Provocateurs« zu benutzen. Er forderte sie auf, einen bestimmten anderen Gefangenen »bis zur Gewaltanwendung zu provozieren, um so den Anlass zu schaffen, eine Arreststrafe gegen den Militärstrafgefangenen XXX aussprechen zu können«.[282]

Neben der Bestrafung als Reaktion auf unerwünschtes Verhalten gab es noch eine Reihe anderer Motivlagen, die zu einer undurchschaubaren Strafpraxis führten. Direkt auf Abschreckung und »Erziehung« zielte die im Winter 1981 militärgerichtlich angeordnete öffentliche Bekanntmachung der erneuten Verurteilung eines Militärstrafgefangenen wegen Gefangenenmeuterei in Schwedt.[283] Auch das neue Urteil gegen den erwähnten Häftling, der über neun Monate Einzelunterbringung erlitt, zeigte offenbar Wirkung. Ein IM unter den Insassen berichtete seinem Führungsoffizier, »dass seit der erneuten Verurteilung des MSG YYY und dessen Einzelunterbringung eine spürbare Veränderung in den Verhaltensweisen der MSG eingetreten ist. Das Beispiel einer erneuten Verurteilung im Strafvollzug hat wesentlich zur Disziplinierung beigetragen.«[284] Bei konkurrierenden Interessenlagen und Zielvorgaben kam es im Militärstrafvollzug mitunter zu eigenwilligen Lösungsstrategien. Das Personal sah von Bestrafungen Militärstrafgefangener ab, wenn befürchtet wurde, im sozialistischen Wettbewerb zwischen den Kompanien nach hinten zu rücken.[285]

Die Möglichkeit und Praxis der Willkür beim Strafausspruch hat die Staatssicherheit in einem Fall sogar festgehalten und »begründet«: Zwei mit gemeinsam begangenem, identischem Delikt aufgefallene Häftlinge wurden unterschiedlich bestraft. Der eine erhielt fünf, der andere zehn Tage Arrest ausgesprochen. »Die Differenzierung des Strafmaßes wurde vorgenommen, um den ZZZ zu iso-

280 StVK Schwedt, SG K. an KC 1. Kp., Hptm. Zimmermann: Bericht, 13.3.1972; BStU, MfS, AVSV 6161/72, Bl. 62.

281 IM-Bericht »Maier«, 7.1.1974; BStU, MfS, BV FfO, Abt. VII Nr. 2358, Bl. 27.

282 IM-Bericht »Jürgen Croy«, 4.6.1978; BStU, MfS, BV FfO, TA 70/84, Bd. 3, Bl. 116.

283 MG Berlin, 2. Militärstrafkammer: Urteil, 24.2.1981; ebenda Bl. 367.

284 FO Krugenberg: Treffbericht IMS »Dieter«, 30.5.1984; BStU, MfS, AIM 1534/85, T. II/1, S. 33 Rs. (MfS-Zählung).

285 So die Wahrnehmung eines GMS unter den SG im Sommer 1983, vgl. GMS-Bericht »Viktor«, 8.6.1983; BStU, MfS, AGMS 9779/84, Bl. 258.

lieren und weiteren Demonstrativhandlungen entgegenzuwirken.«[286] Die Verbindung von Verboten mit Strafen außerhalb des Regelkatalogs unterstreicht folgende Begebenheit: 1975 zeichneten zwei Insassen in ihrer Freizeit. OKS Colberg wollte nach Feststellung dessen prüfen lassen, ob »dieses Hobby mit Zustimmung des Strafvollzugs betrieben wird«. Einen Monat später schrieb er, dass es ein Verbot gäbe, auf dem Verwahrraum Bleistiftzeichnungen anzufertigen.[287]

Mit dem Wechsel des Militärstrafvollzugs vom MdI in die Verantwortung des MfNV wurde mit der Strafe »Dienst in der Disziplinareinheit« dem Kommandeur der Disziplinareinheit eingeräumt, die maximal dreimonatige Disziplinarstrafe um bis zu vier Wochen zu verlängern.[288] Hierzu wurden sowohl namentliche Einzelfälle als auch (zwischenzeitliche) Gesamtzahlen bekannt.[289] Aus den bisher auffindbaren Statistiken lässt sich die Steigerung der Gesamtfälle grob nachvollziehen.[290] Nach Entlassung des letzten Disziplinarbestraften schrieb das NVA-Wochenzeitung *trend* im Frühjahr 1990: »Bei 2,5 Prozent der Disziplinarbestraften machte sich eine Verlängerung der Strafzeit bis zu vier Wochen notwendig.«[291] Bezogen auf die im gleichen Zusammenhang angegebene Zahl von 2 524 Disziplinarbestraften insgesamt ergibt das 63 Fälle von »Nachschlag«-Strafen im Zeitraum 1982 bis 1989.

Belohnungen und Vergünstigungen

Eine Palette von differenzierten Möglichkeiten von Auszeichnungen und Vergünstigungen sollte helfen, die Insassen zu angepasstem Verhalten zu erziehen. Die 1968er-Militärstrafvollzugsordnung verweist bezüglich der Anerkennungen auf das Strafvollzugs- und Wiedereingliederungsgesetz aus dem gleichen Jahr und ergänzt, dass solche Anerkennungen in der Regel nicht vor Ablauf eines Monats nach Aufnahme in den Strafvollzug ausgesprochen werden sollen.[292]

286 HA I/Abt. MfNV/UA HS, Ltr. OSL Willert [ohne Adressat]: Abschlussbericht zum OV »Meuterer«, 29.3.1984; BStU, MfS, AOP 10009/84, Bl. 326–340, hier 334.

287 BDVP Frankfurt (Oder)/Abt. K/Dez. I/4, Oltn. Colberg: Mitteilung bzw. Information, 30.8. bzw. 29.10.1975 [jeweils unter Bezug auf IM »Förster«]; BStU, MfS, BV Rostock, AOG 3041/86, Bd. 1, Bl. 38 u. 46.

288 Disziplinarvorschrift 1982, hier Punkt 51 Abs. 5, S. 19 des Dokuments.

289 Ein Beispiel für vier Verlängerungen um zweimal eine Woche und je einmal um zwei und um vier Wochen bietet NVA, Kommandeur der DE, OSL Decker: Befehl Nr. 25/83: Bestrafung von Armeeangehörigen, 18.5.1983; BArch, DVW 1/126212 (o. Pag.).

290 Bis Ende 1987 wurden 43 Verlängerungen des Dienstes in der Disziplinareinheit gezählt. Vgl. Personalanalyse über die Zuführung von DB im Zeitraum 1.12.1986–30.11.1987 [von OibE »Manfred« unterzeichn. Durchschlagexemplar o. Verf. u. Adressat], 3.12.1987; BStU, MfS, AIM 5382/88, T. II/2, Bl. 72–81, hier 78.

291 Erik Sündram: Schwedt von gestern. In: trend (1990) 5, S. 4.

292 Strafvollzugs- und Wiedereingliederungsgesetz 1968, § 6.

Zu den Anerkennungen (auch für den nichtmilitärischen Strafvollzug) zählten das Aussprechen eines Lobes, das Gewähren von Vergünstigungen, ein Streichen früher ausgesprochener Disziplinarmaßnahmen, die Prämiierung sowie die Überweisung in eine leichtere Vollzugsart.[293] Mögliche Vergünstigungen stellten die Erweiterung der persönlichen Verbindungen (Post- und Paketempfang bzw. Besuchserlaubnis), die Erlaubnis zur individuellen Freizeitgestaltung, die Gewährung eines Sondereinkaufs und der Arbeitseinsatz in einer bewachungslosen Brigade dar.[294] Die im Strafvollzug deutlich reduzierten Geldbezüge und der eingeschränkte Kontakt zur Außenwelt motivierten die Insassen, sich anzustrengen und belohnungswürdig zu verhalten. Prämien, eine zweite Schreibadresse oder die Aussicht auf einen Verwandtenbesuch gehörten zu den ersehnten Vergünstigungen. Zusätzlich bekannt gewordene Praktiken beziehen sich zum Beispiel auf die Vorgabe der erlaubten Zigaretten pro Tag (mindestens für die Phase von Einzelunterbringung), die Erlaubnis, in der Bibel zu lesen, das Selbststudium in eigenen Fachbüchern, ein Beziehen von Geschenken oberhalb des festgesetzten Wertes oder die Erweiterung der individuellen Sportmöglichkeiten. Mit dem neuen Strafvollzugsgesetz und der Strafvollzugsordnung von 1977 kamen zwei Formen einer möglichen Anerkennung hinzu: der Aufenthalt außerhalb der Strafvollzugseinrichtung während der Besuchsdurchführung und die Gewährung von Urlaub aus dem Strafvollzug. Jenseits der Regularien wurde auch folgende Vergünstigungspraxis bekannt: Im Sommer 1985 übertrugen zwei in der Disziplinareinheit tätige Unteroffiziere ihre Tätigkeiten zum Teil an Gefangene und belohnten diese mit Zigaretten. Diese Tatsache war der Kompanieleitung offenbar bekannt, die jedoch nichts unternahm.[295]

Analog zur Möglichkeit der Verlängerung des Dienstes in der Disziplinareinheit gab es auch die der Verkürzung. Das war wiederum in der Disziplinarvorschrift geregelt und konnte einen Straferlass von ein bis vier Wochen bedeuten, durfte jedoch nicht vor Ablauf von zwei Dritteln der gesamten Strafzeit erfolgen.[296] Bis Ende November 1987 wurde in lediglich 13 Fällen eine Strafe teilweise erlassen.[297] Ein ganz anderes Feld sind dagegen die vorzeitigen Entlassungen auf Bewährung oder im Rahmen von Amnestien, die im Abschnitt 4.5 beschrieben werden.

293 Strafvollzugs- und Wiedereingliederungsgesetz 1968, § 34. Die unterschiedlich strengen Vollzugsarten spielten in Schwedt faktisch keine Rolle.

294 Strafvollzugsordnung 1968, § 22.

295 [MfS]/HA I/Abt. MfNV/UA HS/DE, Mj. Krugenberg [ohne Adressat]: Bericht über die erfolgte Verpflichtung [IMS »Rainer«], 26.9.1985; BStU, MfS, AIM 4753/91, T. I/1, Bl. 51.

296 Disziplinarvorschrift 1982, hier Punkt 51, Abs. 5 (S. 19 des Dokuments).

297 Personalanalyse über die Zuführung von DB im Zeitraum 1.12.1986–30.11.1987 [von OibE »Manfred« unterzeichn. Durchschlagexemplar o. Verf. u. Adressat], 3.12.1987; BStU, MfS, AIM 5382/88, T. II/2, Bl. 72–81, hier 78.

4.3 Demütigungen und Schikanen

Schon aus den bisher geschilderten Umfeldbedingungen ist erkennbar, dass trotz fest vorgegebener Regeln viel Spielraum für unterschiedliche Interpretationen beim Einsatz von Vergünstigungen und Strafen bestand. Willkür und die gezielte Spaltung von Gruppenzusammenhängen oder die Verunsicherung Einzelner waren vielleicht nicht »an der Tagesordnung«, stellten jedoch stets eine Option in der Hinterhand dar. Darüber hinaus lassen die Unterlagen diverse Fälle schikanöser oder demütigender Behandlungen von Insassen erkennen. Eine der merkwürdigsten und bisher nicht aufklärbaren Gepflogenheiten mit demütigendem Charakter bildete die Vorgabe, der zufolge die Insassen nachts ohne Schlaf- oder Unterhose schlafen sollten. Entsprechende Berichte liegen sowohl für die Endsiebziger, als auch die 1980er-Jahre vor. Danach waren nachts nur lange Unterhemden als Schlafkleidung gestattet. Die einen erinnern sich an grauen Feinripp, andere an weiße Hemden; offensichtlich sind die armeetypischen Exemplare der langärmligen Unterwäsche gemeint. Wie das auf die Insassen wirkte beschrieb Stefan Wachtel für 1980 so:

> Meine Pritsche, die oberste von dreien, quietscht, wenn ich mich bewege. Wir müssen weiße Baumwollunterhemden tragen, mit langen Ärmeln. Und außerdem nichts anderes. Wenn dann nach dem Wecken die Männer die Pritschen verlassen, sieht man nur die nackten Unterleiber. Den Sinn dieser Demütigung habe ich nie begriffen. [Der gleiche Zeitzeuge in anderer Quelle: …] und in der Nacht – etwas, das ich nie, bis heute nicht begriffen habe – in der Nacht mussten wir lange Unterhemden tragen und durften außerdem nichts anziehen. Das heißt, wir waren auf diese merkwürdige Weise halb nackt, nur mit diesen weißen, langen Unterhemden bekleidet. Das war Pflicht und wer dagegen verstieß, der kam auch in Einzelhaft. Das ist uns nicht erklärt worden und ich wäre auch nicht auf die Idee gekommen zu fragen, was das soll, weil das wieder als renitent empfunden worden wäre.[298]

Nach dem Verwaltungswechsel des Militärstrafvollzugs vom MdI zum MfNV scheinen Zweifel an dieser Verfahrensweise aufgekommen zu sein. Der neue Kommandeur, Decker, beantragte die Bereitstellung zusätzlicher 35 000 Mark für Wasch- und Pflegemittel, darunter allein 30 000 Mark für Nachthemden (je zwei pro Strafgefangenen/Disziplinarbestraften). Genau dieser Einzelposten wurde von einem unbekannten Empfänger im Antrag handschriftlich kommentiert: »DisE angewiesen am 28.3.83 – Größenschlüssel sowie unbedingt notw. Bedarf getrennt 1983, 1984 u. ab 1985 jährlich, erstmals an uns u. folgend selbständig planen« – ohne Unterschrift.[299] Dieser Antrag scheint vergeblich gewe-

298 Wachtel: Delikt 220, S. 85 sowie Bärsch: Disziplinareinheit Schwedt, ca. 7. Minute.

299 NVA, Kommandeur der DE, OSL Decker an MfNV, Ltr. Abt. Rückwärtige Sicherstellung: Antrag auf Bereitstellung von finanziellen Mitteln, 12.1.1983; BArch, DVW 1/126212 (o. Pag.).

sen zu sein, denn ein ab 1983 in Schwedt tätiger Unteroffizier bestätigte im o. g. Internetforum die anhaltende Praxis ohne Schlafhosen und erläuterte »Lange Nachthemden gab es keine, deshalb nur U-Hemden. Diese gehörten zur Grundausstattung. (Mangelwirtschaft DDR) [...] soweit ich weiß wurde das kaum bzw. selten kontrolliert und wenn doch mal, dann Hose runter. Mitunter kam es vor, dass der Betreffende noch einige Extraarbeiten zu erledigen hatte«.[300]

Prinzipiell war schon die Aufnahme neuer Insassen auf Einschüchterung angelegt und gelegentlich von Schikanen begleitet. So ist für die 1980er-Jahre von einem in Schwedt tätigen Aufseher eingeräumt worden, dass es ein »so genanntes Aufnahme-Prozedere« gab: da »kam es auch mal vor, dass es hieß: Sack auf den Rücken. [...] Drei Runden im Laufschritt, Marsch! Oder es kam auch mal vor, dass sie eine Runde im Entengang, mit Sack auf dem Rücken machen mussten«.[301] Da bis zu diesem Moment der Aufnahme mitunter auch noch die für den Hinweg angeordnete Begleitung aus dem Truppenteil vor Ort war, trugen die Wahrnehmungen über den rauen Ton und die verschärften Umgangsformen durch entsprechende Rückmeldungen vermutlich zur Ausprägung des Mythos um Schwedt bei.

Andere als schikanös zu betrachtende Verhaltensweisen bezogen sich auf die Nicht-Gewährung von Vergünstigungen. Auch schien es den Aufsehern Vergnügen zu bereiten, beim Duschen die Gefangenen abwechselnd zu kaltem oder zu heißem Wasser auszusetzen. »Das waren mitunter die Spielchen vom Personal.«[302] In mehreren Fällen versuchten sich Insassen im Nachhinein wegen verschiedener Strafen oder »Sicherungsmittel« (Fesselung, Entzug von Kleidungsstücken u. a.) zu beschweren. Aktenkundige Beispiele verweisen auf die Anwendung »einfacher körperlicher Gewalt« beim Haarschnitt eines Insassen, bei einem anderen wurden »Mittel des einfachen Zwangs« eingesetzt, weil er sich weigerte, an einer Grippeschutzimpfung teilzunehmen. Einem Dritten wurde trotz fehlenden Kübels im Arrest ein Abführmittel verabreicht.[303] Formulierungen in den Beurteilungen wie »Maßnahmen haben bewirkt, dass er die Forderungen erfüllt« oder »individuelles Training hat zur Verbesserung des Leistungsniveaus geführt« lassen nur vermuten, mit welcher Härte und welchen Mitteln

300 Beiträge von »Harald« am 1. u. 3.10.2009 im Internetforum.

301 So der ehemalige Berufsunteroffizier Blaschke in Geißler: Die Disziplinareinheit 2, S. 90.

302 Beitrag von »Harald« v. 8.3.2009 im Internetforum.

303 IM-Bericht »Johannes«, 24.1.1976; BStU, MfS, BV FfO, TA 1111/79, Bd. 2, Bl. 229; [MfS/HA I/Abt. MfNV/UA HS/DE] Mj. Krugenberg [ohne Adressat]: Aktenvermerk OPK »Fluchtwilliger«, 25.10.1983; BStU, MfS, BV Cottbus, AOPK 1240/85, Bl. 70 bzw. Leiter StVK Schwedt, Mj. Albinus an MfNV/Abt. KD, OSL Schweingel: Eingabe des MSG XXX (mit Anlagen); BArch, DVW 1/126206 (o. Pag.). Für das Erzwingen von Haarschnitt und Grippeschutzimpfung gibt es weitere Beispiele.

hier gearbeitet wurde.[304] Deutlicher benannte der Oberoffizier für Ordnung und Sicherheit, Riesbeck, dass mit armeetypischen Verfahrensweisen schikanös gegen Insassen vorgegangen wurde. Er schrieb als OibE »Manfred« einen »Bericht zu Störungen zwischenmenschlicher Beziehungen durch Ofw. XXX gegenüber dem Disziplinarbestraften Soldat YYY«, weil der Oberfeldwebel den Disziplinarbestraften mit überzogenen Exerzierübungen unter Schutzausrüstung »bestrafte«. Riesbeck bezeichnete dies beim Rapport vor der Führung der Disziplinareinheit als »Verletzung der Gesetzlichkeit« und der den Bericht entgegennehmende Führungsoffizier Knobelsdorf hielt »eine Auswertung vor dem Personalbestand [für] sinnvoll«.[305] So belegen einzelne Protokolle oder Berichte sowie Informationen von inoffiziellen Mitarbeitern des MfS, dass in bestimmten Fällen schikanöses Verhalten vorlag. Wenn auch die einzelnen Taten oft nicht detailliert benannt wurden,[306] so ist dennoch interessant, dass meist der SED-Parteisekretär oder der Offizier für Kontrolle und Sicherheit beziehungsweise der Oberoffizier für Ordnung und Sicherheit – oft auch in ihrer zusätzlichen Rolle als IM beziehungsweise OibE des MfS – solche Verstöße festhielten. Letztlich schlugen sich diese Dinge auch in der Bestrafungsbilanz des Personals nieder.

In nur wenigen analytischen Dokumenten gibt es Hinweise auf disziplinarische Ahndung von Verfehlungen des Personals einerseits oder berechtigte Beschwerden von Insassen andererseits. Die jeweiligen Hintergründe sind in der Regel noch seltener beschrieben, denn sie wurden gern vertuscht. Für 1973 heißt es beispielsweise, es »wurden 17 SV-Angehörige dienstlich zur Verantwortung gezogen. Drei Genossen wurden parteilich bestraft. Hierzu muss gesagt werden, dass viele Vorkommnisse nicht bis zu Ende geklärt wurden, sonst würden die Bestrafungen noch höher liegen.«[307] In den Jahren 1976 und 1977 wurden 15 respektive 14 Beschwerden von Militärstrafgefangenen als berechtigt angesehen.[308] Einer der Fälle von 1977 ist ausführlicher dokumentiert. Ein Häftling beschwerte sich über Beleidigungen durch einen Aufseher. Gemäß einer Aktennotiz des Leiters der Strafvollzugseinrichtung soll die Beschwerde als berechtigt

304 IM-Bericht »Rudloff«: Beurteilung des MSG K., 26.8.1986; BStU, MfS, AOPK 7015/87, Bl. 49.

305 IM-Bericht »Manfred«, 4.8.1987 i. V. m. FO Knobelsdorf: Arbeitsnachweis IME »Manfred«, 10.8.1987; BStU, MfS, AIM 5382/88, T. II/2, Bl. 37 u. 46.

306 Im November 1977 notierte beispielsweise »Arnold«, dass »Beweise dafür geliefert wurden, dass an MSG schikanöse Handlungen vollzogen wurden« und bezog sich dabei auf die 3. Kompanie. In welcher Form und durch wen diese Schikanen erfolgten, bleibt hier unklar. Die Verstöße wurden jedoch drei namentlich genannten Vorgesetzten angelastet, vgl. IM-Bericht »Arnold«, 28.11.1977; BStU, MfS, A 641/82, Bd. 3, Bl. 25.

307 IM-Bericht »Arnold« über die Lage und Situation im StVK, 8.1.1974; ebenda, Bd. 1, Bl. 324.

308 Leiter StVE Schwedt, Mj. Albinus [ohne Adressat]: Jahreseinschätzung, 19.12.1977; BLHA, Rep. 671/16.1, Nr. 299, Bl. 11–25, hier 21.

angesehen, der Aufseher (angeblich) zur Verantwortung gezogen und eine allgemeine Auswertung vorgenommen worden sein. Der Offizier für Kontrolle und Sicherheit vermerkte jedoch, dass er von den beiden letzten Punkten nichts registriert habe.[309]

Mangels Zugang zu den Personalakten der Bediensteten kann hierzu nur in sehr wenigen Einzelfällen Konkreteres beschrieben werden. Der vermutlich älteste schriftlich festgehaltene Fall stammt aus dem Februar 1969. Der IM »Rolf Hauer« berichtete, dass ein Strafgefangener während des samstäglichen Fernsehens grundlos mit dem Gummiknüppel geschlagen wurde. Der Führungsoffizier fertigte eine Ergänzung mit Erwähnung des Faktes und dem Hinweis auf eine diesbezüglich beabsichtigte Information an die Leitung des Strafvollzugs an.[310] Der Fall wurde nicht bestritten.

1971 schrieb IM »Arnold« – Parteisekretär und Offizier im Strafvollzugspersonal – dass ein (anderer) namentlich benannter Gruppenführer des Strafvollzugs dafür bekannt sei, Strafgefangene zu schlagen und zu schikanieren. Wegen eines Vorfalls dieser Art wurde der mit einem Verweis bestraft. Die anderen »Erzieher« reagierten darauf mit Empörung und hielten die Bestrafung für ungerecht. Der Fall wurde zusätzlich auf einer Erzieherkonferenz durch den Leiter und der gesamte Komplex auch noch parteilich ausgewertet.[311] Wiederum für die 1980er-Jahre räumte der hier schon mehrfach zitierte, bei den Disziplinarbestraften tätige Unteroffizier ein, »es wird auch den einen oder anderen Gruppen- oder Zugführer gegeben haben, der auch mal zugeschlagen hat. Das wird es auch gegeben haben. Offiziell war das absolut verboten. Nur um mir persönlich einen Angriff abzuwehren oder wenn sich zwei kloppen und keine andere Möglichkeit besteht die auseinanderzubringen, dann durfte ich auch den Schlagstock einsetzen. Aber ansonsten war das grundsätzlich verboten«.[312]

1984 wurde ein Militärstrafgefangener sogar durch mehrere Berufsunteroffiziere mehrfach misshandelt. Er wurde unter anderem gefesselt, musste sein Essen auf der Toilette einnehmen, seine Arrestzelle wurde unter Wasser gesetzt und im Hochsommer mithilfe der Heizung auf circa 60° C überhitzt. Ein inoffizi-

309 IM-Bericht »Johannes«, 15.12.1977; BStU, MfS, BV FfO, TA 70/84, Bd. 3, Bl. 95.

310 IM-Bericht »Rolf Hauer« [o. D., vermutl. 10.2.1969] mit Ergänzungen durch FO Schröter u. von unbekannter Hand; BStU, MfS, AIM 4571/70, T. II/1, Bl. 30 f.

311 IM-Bericht »Arnold« über die Atmosphäre im Erzieherkollektiv der 2. Kp., 25.9.1971; BStU, MfS, A 641/82, Bd. 1, Bl. 109–114. Auf dieselbe Person – dort nur unter »Gorilla« bekannt – laufen die Erinnerungen ehemaliger Insassen hinaus; siehe z. B. die Berichte von G. Meyer, Johann R. bzw. K. Auerswald in Brauhnert; Hübner; Polzin (Hg.): Der DDR-Militärstrafvollzug.

312 Geißler: Die Disziplinareinheit 2, S. 92. An gleicher Stelle wird auch das nachfolgend angesprochene Unter-Wasser-Setzen von Arrestzellen bestätigt. Leider gibt es aus dem Kreis der ehemals in Schwedt tätigen Bediensteten nur sehr wenige, die solche internen Auskünfte geben. Die geschilderten Fälle laufen somit auf wenige Quellen hinaus, ohne dass damit eine Aussage über eine Beteiligung der schildernden Person an bestimmten Praktiken getroffen wird.

eller Mitarbeiter des MfS aus der Leitung der Disziplinareinheit führte dieses Verhalten unter anderem auf die geringe Kenntnis der gesetzlichen Bestimmungen durch die Berufsunteroffiziere zurück.[313] Der Vorfall wurde vom stellvertretenden Kommandeur Albinus an den Leiter der Abteilung Innerer Dienst des MfNV, Oberst Mehrmann, gemeldet und angeblich gemäß § 268 StGB – Missbrauch der Dienstbefugnisse – geahndet; was unter anderem zu Schulungsseminaren für das Stammpersonal und zur Belehrung über die Rechtsvorschriften geführt haben soll. Obwohl durch Oberst Mehrmann eingeschätzt wurde, dass eine Überschreitung der Dienstbefugnisse vorlag, »die in aller Härte mit dem Stammpersonal auszuwerten« sei, sprach er sich dafür aus, dass die Berufsunteroffiziere nicht bestraft werden sollten, da sonst ein falsches Beispiel gegeben werde.[314] Eine besonders verstörende Note erhielt der Vorgang dadurch, dass das Urteil des Militärgerichts, das zur Inhaftierung des Betroffenen in Schwedt geführt hatte, einräumte, dass bereits im vorherigen regulären NVA-Truppenteil eine »äußerst schikanöse und unwürdige Behandlung anderer Armeeangehöriger gegenüber dem Verurteilten« vorlag, die zu den geahndeten Verfehlungen beigetragen hatte.[315]

4.4 Nonkonformes Verhalten der Insassen

Nicht alle Insassen ordneten sich bedingungslos unter. Schließlich waren viele gerade wegen fehlender Anpassung an die NVA-Verhältnisse in den Militärstrafvollzug gekommen. Wer sich von dem strengeren Regime in der Haft nicht einschüchtern ließ, fand unterschiedliche Varianten des Ausweichens oder gar des Protestes. Diese richteten sich in der Mehrzahl gegen die dortigen Verhältnisse, insbesondere das Personal des Strafvollzugs.[316] Schwedter Insassen artikulier-

313 Als Ursachen wurden benannt: mangelnde Verantwortung im Umgang mit MSG, nicht ausreichende Beherrschung einschlägiger gesetzlicher Bestimmungen, taktisch falsches Verhalten gegenüber provozierenden MSG, willkürliche Auslegung militärischer Bestimmungen sowie Ignoranz bezüglich der politischen Auswirkungen, vgl. IM-Bericht »Egon«, 5.9.1984; BStU, MfS, AOPK 6402/85, Bl. 19.

314 Immerhin soll einige Monate später aufgrund einer Eingabe des erneut in Untersuchungshaft befindlichen Betroffenen eine Gerichtskritik vom Militärgericht Berlin an den Kommandeur der Disziplinareinheit ergangen sein, in der – nicht genauer benannte – »einzelne unkorrekte Verhaltensweisen gegenüber dem damaligen Strafgefangenen S. gerügt wurden«, vgl. MfJ/HA MG/UA Recht, Oberst Ludwig [ohne Adressat]: Untersuchungsergebnis zur Eingabe des U-Gefangenen S., 27.6.1985; BArch, DVW 9/69661 (o. Pag.).

315 Div. Schriftstücke in der Akte des Betroffenen; BStU, MfS, AOPK 6402/85, Bl. 12–41.

316 Zum nonkonformen Verhalten von Gefangenen in der DDR s. a. Tobias Wunschik: Selbstbehauptung und politischer Protest von Gefangenen im DDR-Strafvollzug. In: Ehrhart Neubert, Bernd Eisenfeld (Hg.): Macht, Ohnmacht, Gegenmacht. Grundfragen zur politischen Gegnerschaft in der DDR. Bremen 2001, S. 267–292.

ten zum Beispiel ihren (heimlichen) Protest durch sogenannte Schmierereien, die sich meist abfällig über die DDR- oder Gefängnisverhältnisse äußerten oder gar mit nationalsozialistischem Gedankengut sympathisierten. Hakenkreuzzeichnungen ließen bei der Obrigkeit immer die Alarmglocken läuten und wurden als besonders provozierend empfunden. Im Sommer 1983 soll es sogar zum Anstimmen westlicher oder faschistischer Lieder gekommen sein, als Marschgesang befohlen wurde.[317] Etwas fantasievoller waren dagegen die Inschriften, die im Frühjahr 1980 in Arrest- beziehungsweise Verwahrräumen gefunden wurden. Hier mühten sich zwei Offiziere um das Entziffern und Abschreiben und notierten unter anderem folgendes:

> Ein Staat, geboren zu des Volkes Not, das ist unser Staat. [...] Und Du, der Du glaubst, diesen Text wieder wegwischen zu müssen, Du hilfst diesem Staat, in dem Organisationsverbot besteht, in dem Redeverbot und Pressezensur bestehen, in dem nach Willkür verurteilt wird, in dem das Volk politisch entmündigt, verängstigt, irregeführt und unterdrückt ist, für diesen Staat wischst Du das hier weg. Und vielleicht nennst Du Dich auch noch Kommunist.[318]

Eine andere Inschrift aus dem Zellentrakt der ehemaligen Disziplinareinheit, die auch 2017 noch zu erkennen war, lautet: »Verliere nie Deine Träume. Hier bist Du nur, um ihrer ganz sicher zu werden.«[319]

Aber es gab auch Reibereien und Übergriffe der Insassen untereinander. Diese wurden von der Gefängnisleitung oft als vermeintlich grober Unfug oder geringfügige Disziplinverletzung abgetan, andererseits können sie auch als eine Fortsetzung der in der Armee verbreiteten EK-Bewegung[320] verstanden werden, nur dass sich die Hierarchien im Strafvollzug anders bildeten: In der Armee nahmen sich diejenigen mit der kürzesten noch zu dienenden Wehrdienstzeit ein irreguläres Recht auf Privilegien heraus. Im Strafvollzug waren die längeren Strafzeiten Orientierung für die »Rangordnung«. Letztlich gehörte es zum Kalkül des Personals, Übergriffe der Insassen untereinander in Kauf zu nehmen oder gar zu dulden. Nicht zuletzt war der Einsatz von Funktionshäftlingen auch ein Mittel, die Aggressionen der Insassen gegen die eigenen Haftkameraden zu richten. Der Offizier für Politische Schulung gebrauchte diesbezüglich die Formulie-

317 GMS-Bericht »Viktor«, 27.3.1983; BStU, MfS, AGMS 9779/84, Bl. 240. Welche Lieder das waren, ist unbekannt. Der GMS schrieb sowohl von Westliedern als auch von Anfängen faschistischer Lieder.

318 StVE Schwedt/2. Kp., Hptm. Künkel [ohne Adressat]: Protokoll über die Durchsuchung der Arrest- und Verwahrräume, 23.5.1980; BStU, MfS, A 638/82, Bl. 324 ff.

319 Der Zustand von 2014 ist dokumentiert auf der Homepage des Vereins Militärgefängnis Schwedt e. V. unter http://www.psrb.de/militaer/?path=aktuell-detail.php&id=21.

320 Zu diesem Phänomen armeeinterner Schikanierungen siehe Lothar Tyb'l: Die EK-Bewegung. Berlin 2015, zur Soldatensprache allgemein siehe u. a. Klaus-Peter Möller: Der wahre E. Ein Wörterbuch der DDR-Soldatensprache. Berlin 2000.

rung der »Kollektiverziehung unter den Militärstrafgefangenen selbst«.[321] Dabei hatten einzelne Übergriffe sehr wohl erniedrigenden Charakter und waren zum Teil auch mit schwereren körperlichen Schäden für die Betroffenen verbunden.

Suche nach Freiräumen

Gerade die Situation hinter Gittern, in einem aufgezwungenen System von Befehl und Gehorsam veranlasste mehrere der Betroffenen dazu, sich und anderen kleine Freiräume zu erobern. Sei es aus Selbstachtungsgründen oder aus prinzipiellem Protest gegen das Regime: Immer wieder gelang es, oft nur kurzzeitig, kleine »Freiheiten« in Anspruch zu nehmen. Manches davon bezog sich »nur« auf die Weiterführung von NVA-internen Bräuchen, wie zum Beispiel die Anfertigung oder der Besitz von Bandmaßen oder Entlassungstüchern.[322] Auch etliche der kleineren Disziplinverstöße liefen letztlich nur darauf hinaus, sich wenigstens teilweise der Arbeit, der Ausbildung oder dem Frühsport zu entziehen.[323] Andere Aktivitäten wurden bereits angesprochen, wie der Besitz nicht erlaubter Gegenstände, die Schleusungen von Briefen und Geld, der illegale Bezug von Lebens- und Genussmitteln, das Unterlaufen von Kontaktsperren oder die Möglichkeiten individueller Privatarbeit. Anderes mag unvernünftig gewesen sein (z. B. der Konsum von Fensterputzmitteln und Rasierwasser wegen des darin enthaltenen Alkohols oder das Glücksspiel mit eingeschmuggelten beziehungsweise selbst hergestellten Karten), war letztlich aber nur eine Steigerung der NVA-Verhältnisse unter den Bedingungen des Militärstrafvollzugs. Schon die ersten Militärstrafgefangenen in Schwedt versuchten sich individuelle Möglichkeiten zu erhalten oder zu schaffen. Begünstigend mag damals hinzugekommen sein, dass sich etliche Gefangene aus dem vorherigen Vollzug in Berndshof kannten und insgesamt die »Spielregeln« in Schwedt noch nicht gefestigt waren. So kam es im Dezember 1968 zu einer selbstorganisierten Weihnachtsfeier einiger Insassen. Der Offizier für Kontrolle und Sicherheit Colberg meldete zwar im Vorfeld seine diesbezüglichen Erkenntnisse an das MfS,[324] konnte, wollte oder sollte aber die Feier nicht verhindern. Dank kreativer Ideen und organisa-

321 IM-Bericht »Arnold«, 25.5.1977; BStU, MfS, A 641/82, Bd. 2, Bl. 403.

322 S. a. Möller: Der wahre E.

323 IM-Bericht »Frank Schöbel«, 19.2.1978: »Es beginnt morgens mit dem Wecken, dass diese Brigade nicht aufsteht, daraufhin keinen Frühsport bzw. Morgenspaziergang durchführt und nicht mit der Kompanie zum Essen marschiert. Abends wird grundsätzlich noch geraucht, nicht selten auch im Bett und die Nachtruhe nicht eingehalten.«; BStU, MfS, AIM 5657/89, T. II/1, Bl. 24.

324 StVK Schwedt, OKS Ltn. Colberg an MfS/BV Frankfurt (Oder)/Abt. VII: MSG S., 4.12.1968; BStU, MfS, AU 85/69, Bd. 5, Bl. 116.

torischen Talents gelang eine Weihnachtsfeier, die einzelnen Teilnehmern noch über 40 Jahre danach eindrücklich in positiver Erinnerung ist.[325]

Andere Geschehnisse lassen sich als Überdehnung von Erlaubtem interpretieren, noch bevor die Grenze zum explizit Verbotenen überschritten wurde. So ergaben sich durch den Einkauf in der Gefangenenverkaufsstelle Gelegenheiten der Zusammenkunft mit Angehörigen anderer Kompanien. Spätestens, wenn dabei die Trennung unterschiedlicher Gruppen von Insassen unterlaufen wurde (Strafgefangene/Strafarrestanten), gerieten solche Zusammenkünfte in eine Tabuzone. 1985 wurde ein MHO-Verkäufer, der solche Treffen duldete, mit einem Verweis bestraft.[326] Auch die Gefangenenküche war Ort solcher unerwünschten Treffen. Aus Sicht des MfS war sie ein Konzentrationspunkt, an dem sich die Insassen zeitweilig der unmittelbaren Kontrolle entziehen konnten.[327] Zusammenschlüsse von Gefangenen waren unerwünscht. Dem Strafvollzugspersonal galten diese als sogenannte Gruppenbildungen, die den Disziplinierungsversuchen entgegenstanden. Hintergrund der Zusammenschlüsse war, bestimmte Auswirkungen von Strafen gegen Einzelne in ihrer Wirksamkeit zu mildern. Solche »Spannersystem« genannten Verabredungen sollten einer Zusammenlegung und gleichmäßigen Verteilung des Einkaufs dienen und damit Sanktionen gegen Einzelne unterlaufen, gegebenenfalls Schmuggel von Tabak und Essen in Arresträume einschließen.[328]

In dieser Intensität in Schwedt wohl einmalig war eine Gruppe dreier Militärstrafgefangener, die sich 1971 bildete und sehr geheimbündlerisch taten. Sie gaben sich den Namen »Group of mother« und ein eigens ausgearbeitetes Statut mit dem Motto »Wir lieben um zu leben«, wobei die Gruppe sich bewusst als gewaltfrei definierte und politische Propaganda strengstens verbot. Als eines der Mitglieder vom Offizier für Kontrolle und Sicherheit als inoffizieller Mitarbeiter geworben wurde, übergab es dem OKS das Statut der Gruppe und machte darüber hinaus gehende Erläuterungen. Demnach wollten die Mitglieder der Gruppe nach ihrer Entlassung aus der Armee von Diebstählen leben und nicht mehr arbeiten gehen, sich also bewusst in den Bereich der Asozialität begeben.[329]

Als trotziger Akt der Selbstbehauptung dürfte zu verstehen sein, dass Ende 1983 ein Disziplinarbestrafter am letzten Tag seiner produktiven Arbeit in

325 Siehe Berichte von M. Schulze und Johann R. in Brauhnert; Hübner; Polzin (Hg.): Der DDR-Militärstrafvollzug, S. 79 u. 95.

326 DE Schwedt/2. Kp./2. Zug, Zughelfer an [Oberoffiz. für Sicherheit u. Ordnung] Genossen Major [Riesbeck, o. T.], 7.11.1985; BStU, MfS, AIM 5382/88, T. II/1, Bl. 228.

327 [MfS]/HA I/Abt. MfNV/UA HS, Mj. Krugenberg [ohne Adressat]: Vorschlag zum Anlegen eines IM-Vorlaufes, 19.11.1985; BStU, MfS, AIM 12409/87, T. I/1, Bl. 8.

328 Ein Beispiel von vielen beschreibt »Johannes« in seinem IM-Bericht v. 23.1.1976; BStU, MfS, BV FfO, TA 1111/79, Bd. 2, Bl. 231.

329 Statut der Group of mother, 14.9.1971, i. V. m. Bericht des MSG XXX [an OKS Colberg], 24.9.1971; BStU, MfS, AVSV 8786/73, Bl. 27–33.

Schwedt eine Handlampe außer der Norm montierte – um diese dann an die Wand zu schmeißen und damit zu zerstören. Was der Disziplinarbestrafte als Einzeltat wähnte, ist laut Aussage eines damaligen Bediensteten mehrfach vorgekommen.[330]

4.4.1 Erscheinungsformen des Ungehorsams

Protest und Widerstand waren im Haftalltag nicht vorgesehen und wurden bekämpft und bestraft. Dennoch verweigerten Insassen immer wieder in unterschiedlichen Varianten ihre Mitwirkung. Die verbreitetste Protestform (neben diversen Undiszipliniertheiten im militärischen Alltag) dürften die unterschiedlichen Varianten von Arbeitsverweigerung oder Ausbildungsboykott darstellen, eine radikalere Form war der Hungerstreik.

Arbeitsverweigerung

Die geringste Art einer Arbeitsverweigerung betraf (mindestens in den späteren Jahren) die Nichtteilnahme an Sonderschichten, wenn es nicht um das Nachholen vorher bewusst verzögerter Arbeiten ging. Eine vorsätzliche Nichterfüllung der Normen wurde in der Regel geahndet. Wie schmal der Grat zwischen »normaler« Arbeit und bewusster Bummelei gewesen sein dürfte, zeigt die Interpretation von einer »nur« 100-Prozent-Normerfüllung als Zeichen der »Arbeite-langsam-Bewegung«.[331]

Im Dezember 1976 konnten Militärstrafgefangene eine Arbeitsverweigerung erfolgreich als Druckmittel einsetzen. Wegen der Nichtgewährung des Weihnachtspaketscheins für einzelne Insassen kam es zu einer sogenannten Gruppenbildung von vier Militärstrafgefangenen eines Zuges, die nur noch 50 Prozent der Arbeitsnorm erbrachten. Da negative Auswirkungen auf andere Insassen befürchtet wurden, sollten nach Absprache mit dem Leiter doch alle Gefangenen dieses Zuges einen Weihnachtspaketschein erhalten. Nach Bekanntgabe dieser Entscheidung wurde die alte Leistung wieder erbracht.[332] Das testende Ausreizen der Möglichkeiten ist auch die Erklärung für die Anfang 1977 erfolgten Arbeitsverweigerungen dreier Insassen, die im Bereich Leuchtenbau arbeiteten.

330 Geißler: Die Disziplinareinheit 2, S. 88 f.

331 BDVP Frankfurt (Oder)/Abt. K/Dez. I/4, Oltn. Colberg [ohne Adressat]: Bericht über die durchgeführte Werbung, 25.3.1976; BStU, MfS, BV Dresden, AOG 1653/80, T. I, Bl. 49. Zur Normerfüllung bzw. der Verweigerung von Zusatzschichten s. a. Abschnitt Zwang zu produktiver Arbeit im vorliegenden Kap.

332 IM-Bericht »Dieter Schneider« inkl. ergänzender Notiz Colbergs, 8.12.1976; BStU, MfS, BV Magdeburg, AOG 43/79, Bl. 35.

Falls die nur mit Arrest geahndet würden, wollten auch andere Gefangene die Verweigerung erwägen.[333] Arbeitsverweigerungen konnten jedoch als Befehlsverweigerung, somit als Straftatbestand interpretiert werden.

Aus prinzipiellen Gründen verweigerte im Frühjahr 1980 ein Strafgefangener gleich nach Verlegung von der U-Haft Halle nach Schwedt die Arbeitsaufnahme. In einer schriftlichen Erklärung am Tage seiner Ankunft in Schwedt legte er unter anderem dar,

> dass ich nicht bereit bin, innerhalb der DDR Arbeit zu leisten. Ich werde dem Staat der Deutschen Demokratischen Republik weder meine Arbeitskraft verkaufen, noch mich zu Frondiensten verwenden lassen, da ich zu der Überzeugung gelangt bin, dass die DDR eine offene Diktatur der reaktionärsten Elemente darstellt.[334]

Aufgrund dieser Verweigerung kam er in Einzelunterbringung. In den Folgewochen bekräftigte er trotz eskalierender Situation seine Auffassung, bis er circa sechs Wochen nach Verlegung nach Schwedt dann doch die Arbeit aufnahm. »Seine Arbeitsleistungen liegen weit unter dem Durchschnitt. Er erreicht kaum 50 Prozent der vorgegebenen Normen«, berichtete weitere zwei Wochen später sein Kompaniechef dem MfS.[335] Der vermutlich hartnäckigste Arbeitsverweigerer war ein Gefangener, der wegen Fahnenflucht eineinhalb Jahre Haft zu verbüßen hatte. Er verweigerte im Frühjahr 1984 nach etwa halbjährigem Aufenthalt in Schwedt jede weitere Arbeit, was ihm ein neues Ermittlungsverfahren wegen Befehlsverweigerung und zusätzlich zehn Monate Freiheitsentzug einbrachte. Im Zusammenhang mit der Arbeitsverweigerung kam er in Einzelunterbringung, die neun Monate angedauert haben soll. Interessanterweise ist der Vorgang in den zu seiner Person vorliegenden Akten kaum nachvollziehbar.[336] Allerdings äußerte sich über zehn Jahre später, nach Schließung der Disziplinareinheit, sein damaliger Kompaniechef Künkel dazu:

> Das war sein Schicksal gewesen, war sein Wille gewesen. Er hätte ja rauskommen können. [...] Jeden Tag wurde er ja praktisch gefragt: Wollen Sie arbeiten? Hat er gesagt: Nein! Bums, Türe wieder zu! [...] Der hat sich mit den Spatzen unterhalten, die an sein Fenster gekommen sind, nicht? Wir waren zwar Gesprächspartner, wir waren ansprechbar. Aber wenn er nicht will? Er hat jeden Tag seine Freistunde gehabt, nicht? Aber das war ein Jammer, das mit anzusehen, nicht? Aber wenn er so verbohrt [ist] da drin, was soll man nun machen?[337]

333 IM-Bericht »Johannes«, 22.1.1977; BStU, MfS, BV FfO, AIM 910/80, T. I/1, Bl. 32.

334 StVE Schwedt/2. Kp., [MSG] XXX an Ltr. StVE Schwedt [o. T.], 18.4.1980; BStU, MfS, BV FfO, TA 70/84, Bd. 3, Bl. 278.

335 IM-Bericht »Rudloff«, 18.6.1980; BStU, MfS, A 638/82, Bl. 335.

336 BStU, MfS, BV KMS, KD Freiberg F 988 mit nur unvollständiger Wiedergabe der Ereignisse um die Arbeitsverweigerung.

337 Die Äußerungen des ehemaligen KC Künkel sind nachhörbar bei Bärsch: Disziplinareinheit Schwedt (Radiofeature), hier Minute 32 f. Der Fall ist auch deswegen interessant, weil

Neben der Arbeitsverweigerung störten oder sabotierten einzelne Gefangene auch die Produktionsabläufe. Zu den dokumentierten Fällen gehören das Zerschneiden eines Stromkabels im Betonwerk, die bewusst fehlerhafte Montage von 1 000 Verteilerkästen und der Einbau fehlerhafter Teile in Handlampen im Leuchtenbau.[338] Hier ist eine hohe Dunkelziffer nicht dokumentierter Ereignisse zu vermuten.[339]

Ausbildungsboykott

Andere Proteste und Verweigerungen bezogen sich auf die militärische und ideologische Ausbildung.[340] Eine besondere Eskalation ergab sich im März 1975, als acht Militärstrafgefangene der 1. Kompanie eine Mitarbeit im Politunterricht ablehnten.

> Sie begründeten dies mit ihrer negativen Einstellung zu unserem sozialistischen Staat. Daraufhin wurden die acht Strafgefangenen vom Kollektiv getrennt, um mit ihr [sic!] einen gesonderten Politunterricht durchzuführen. Als der Personenkreis von den Forderungen des Strafvollzugskommandos in Kenntnis gesetzt wurde, trat ein Strafgefangener auf und ersuchte in Absonderung aus Sicherheitsgründen genommen zu werden. Sieben von den acht Strafgefangenen schlossen sich diesem Ersuchen an. Durch sofort eingeleitete operative Maßnahmen wurde die Ordnung und Sicherheit wieder hergestellt und die beteiligten Strafgefangenen erklärten sich zur Teilnahme und Mitarbeit im Politunterricht bereit. Bei der Überprüfung dieses Vorkommnisses wurde festgestellt, dass sie ihre Ansichten und Meinungen zu ihrer politischen Auffassung frei äußerten, ohne provokatorisch aufzutreten.[341]

Der bemerkenswerte Schlusssatz aus dieser Meldung des Offiziers für Kontrolle und Sicherheit, Colberg, verdeutlicht den schmalen Grat zwischen Mitwirkung

der MSG noch während seiner Strafzeit aus der NVA entlassen und in einen zivilen Strafvollzug verlegt wurde; BStU, MfS, BV KMS, KD Freiberg F 988. Der ehemalige MSG ist eine der beiden Personen, die in der Erfassungsstelle Salzgitter Aussagen zu Schwedt machten, vgl. Wenzke: Hinter Gittern, S. 233.

338 FO Colberg: Treffbericht IM »Alfred«, 6.10.1970; BStU, MfS, AVSV 6162/72, Bl. 40 u. FO Krugenberg: Treffbericht IMS »Dieter«, 16.2.1984; MfS, AIM 1534/85, T. II/1, S. 21 (MfS-Zählung) sowie [MfNV/Abt. KD], OSL Schweingel [ohne Adressat]: Notiz [über negative Produktionsleistungen], 29.1.1976; BArch DVW 1/126207 (o. Pag.).

339 Eher in den anekdotischen Bereich fällt die von G. Meyer geschilderte Episode um das Auftauen eines zugefrorenen Silos mit Schalungsöl im Betonwerk mittels offenen Feuers in Brauhnert; Hübner; Polzin (Hg.): Der DDR-Militärstrafvollzug, S. 55 f.

340 Vgl. dazu auch den Abschnitt Politschulung und militärischer Drill im vorliegenden Kap.

341 FO Colberg: Mitteilung IMK »Schwarz«, 21.3.1975; BStU, MfS, AOPK 1507/76, Bl. 65.

an der Politschulung bei ehrlicher Meinungsäußerung und dem Verdacht einer Gruppenbildung oder gar Meuterei bei »gemeinschaftlichem« Auftreten. Der Gefangene, der als erster seinen »Widerstand« formulierte, wurde anschließend unter Druck gesetzt, gegenüber den anderen progressiv aufzutreten und auf Einhaltung der Befehle zu drängen.[342]

Hart geahndet wurde die Verweigerung der militärischen Ausbildung eines Strafgefangenen, der auch beim individuellen Strafexerzieren nur ungenügende »Mitarbeit« zeigte. Gegen ihn wurde daraufhin ein neues Ermittlungsverfahren eingeleitet.[343] Einzelne Vorstöße gingen auch dahin, sich dem Gefängnisregime prinzipiell zu verweigern. Beispielsweise erklärte 1975 ein Militärstrafgefangener schon im Aufnahmegespräch in Schwedt, er gedenke in keiner Weise die Bedingungen des Strafvollzugs zu erfüllen. Daraufhin führte der Haftstättenstaatsanwalt zunächst eine »Aussprache« mit dem Häftling, bevor er in die sogenannte Sicherungsverwahrung durch Einzelunterbringung kam.[344] Ein anderer Militärstrafgefangener verweigerte 1989 die Teilnahme am »Erziehungsgespräch«. Erneute Anläufe waren aufgrund der ablehnenden Haltung des Insassen nicht vorgesehen.[345]

Hungerstreik

Eine noch stärkere Form individuellen Protestes war der Hungerstreik. Auch wenn den Betroffenen bewusst war, dass die Öffentlichkeit damit nicht zu erreichen war, kalkulierten einige von ihnen ein, dass bei anhaltender Dauer gewisse Meldepflichten bis in die Ministerien des Innern beziehungsweise für Nationale Verteidigung galten. Dadurch konnte sich die Chance ergeben, mit dem eigenen Anliegen auch außerhalb des Schwedter Gefängnisses wahrgenommen zu wer-

342 BDVP Frankfurt (Oder)/Abt. K/Dez. I/4, Oltn. Colberg [ohne Adressat und Titel], 18.3.1975; BStU, MfS, BV FfO, AOG 1165/75, Bl. 55 ff.

343 BStU, MfS, AOPK 6402/85 – passim. Der Antrag des Schwedter Kommandeurs auf Einleitung eines EV bezog sich auf mehrfache Nichtausführung von Befehlen, Beleidigung Vorgesetzter und Widerstand gegen gesetzliche Vollzugsmaßnahmen. Die Anklage erfolgte dann jedoch wegen öffentlicher Herabwürdigung, Beleidigung und Verleumdung. In Verbindung mit anderen Verhaltensauffälligkeiten wurde verminderte Zurechnungsfähigkeit zugebilligt und die neue Verurteilung erfolgte zur Bewährung. Parallel erfolgte die Entlassung aus der NVA, ohne dass der Betreffende nachdienen musste.

344 IM-Bericht »Johannes«, 19.9.1975; BStU, MfS, BV FfO, TA 1111/79, Bd. 2, Bl. 167. Die Sicherung bezog sich hier vermutlich eher auf die anderen Insassen, die damit dem vermeintlich schädigenden Einfluss des Verweigerers entzogen wurden.

345 [MfS, HA I/Abt. MfNV/UA HS/DE] Hptm. Knobelsdorf [ohne Adressat]: Auszug aus Beobachtungsbogen des MSG XXX [o. D., Eintrag zum 14.3.1989]: »Wörtlich bringt er gegenüber dem Vorgesetzten vor: ›Das können Sie stecken lassen, für mich gibt es hier kein Erziehungsziel!‹«; BStU, MfS, AOPK 8542/89, Bl. 151.

den. In diesen Kontext passt eine Episode, die der ehemaligen Gefangene Günter Meyer schildert. Er wurde in einer Situation der »vorläufigen Absonderung« zu Unrecht mit der schlechteren Verpflegung der Arrestanten versorgt und verweigerte daraufhin das Essen gänzlich, um den vollen Satz zu erhalten. Innerhalb von zwölf Stunden konnte er seine Auffassung durchsetzen.[346]

Hungerstreiks waren natürlich kein Spezifikum des Militärstrafvollzugs. Dennoch enthielten die Militärstrafvollzugsordnungen von 1975 und 1978 entsprechende Vorgaben zum Umgang mit den Verweigerern bis hin zur Zwangsernährung.[347] Hungerstreikende waren abzusondern und nicht zur Arbeit einzusetzen. Ihnen sollten mehrmals täglich Nahrung und Getränke angeboten werden. Täglich sollten Ärzte konsultiert werden.[348] Der Medizinische Dienst der Disziplinareinheit war nicht zur künstlichen Ernährung befugt. Spätestens am fünften Tag sollte eine Einweisung in eine medizinische Einrichtung erfolgen. Außerdem gab es Meldepflichten gegenüber dem Leiter der Abteilung Innerer Dienst des MfNV und der gesamte Vorgang war zu protokollieren.[349] Die Zahl der bisher bekannt gewordenen Fälle bewegt sich im niedrigen zweistelligen Bereich und betrifft überwiegend die Zeit unter der Verwaltung durch das MfNV. Darunter fallen auch Androhungen, Hungerstreiks in der Schwedt vorgelagerten U-Haft oder sehr allgemein gehaltene (nicht namentlich zuordenbare) Berichte zu solchen Ereignissen. Zum Beispiel erklärte 1975 ein Militärstrafgefangener, keine Nahrung mehr zu sich zu nehmen und sein Leben beenden zu wollen. Nach eigenen Angaben hätte er bereits seit elf Tagen nichts mehr gegessen. Aus Sicht des Strafvollzugs gab der Betroffene erst nach Vornahme der »Absonderung« inklusive zeitweiliger Fesselung mit Handschellen und diversen Aussprachen seine Absichten auf.[350] Fünf Jahre später kam ein Verurteilter nach Schwedt, der schon in der U-Haft einen fünftägigen Hungerstreik durchgestanden hatte. Drei Tage nach Ankunft in Schwedt kündigte er für den Folgetag einen erneuten Hungerstreik an. Am dritten Tag der Nahrungsverweigerung wurde er zur stationären Behandlung in den Strafvollzug Bautzen verlegt. Nach insgesamt elf Tagen Hungerstreik und zwei Beschwerdebriefen an den Leiter von Schwedt beziehungsweise an Erich Honecker nahm er wieder Nahrung zu sich. Knapp zwei Wochen später wurde er nach Schwedt zurückver-

346 Brauhnert; Hübner; Polzin (Hg.): Der DDR-Militärstrafvollzug, S. 48 f.

347 Militärstrafvollzugsordnung 1975, Bl. 24 Rs.

348 Ob und in welchem Umfang das tatsächlich geschah, ist nicht bekannt. Nur in einem Fall wurde ein entsprechendes Protokoll gefunden. Darin ist die Gesamtdauer des Hungerstreiks mit 35 Stunden angegeben. In einem 14-stündigen Zeitraum innerhalb des Hungerstreiks soll der Gefangene einen Liter Flüssigkeit zu sich genommen haben. Siehe NVA/DE, Mj. Goerlitz [ohne Adressat]: Protokoll der Verweigerung der Nahrungsaufnahme, 20.2.1984; BStU, MfS, AOP 10009/84, Bl. 147 f.

349 Strafvollzugsordnung 1977, Teil B, Kap. 4 bzw. Militärstrafvollzugsordnung 1982, Kap. VIII.

350 BStU, MfS, BV Rostock, AOG 3041/86, insbes. Bl. 11–25.

legt.[351] In einem anderen Fall ist erkennbar, dass mindestens zwei MfS-Diensteinheiten, die sonst nicht für »Schwedt« zuständig waren, über den Hungerstreik informiert wurden.[352] Der vermutlich letzte Fall betraf im August 1989 einen zu drei Monaten Strafarrest verurteilten ehemaligen Unteroffiziersschüler. Der zum Soldaten zurückgestufte, mehrfache Befehlsverweigerer nahm zwei Tage lang keine Nahrung zu sich und wurde dafür mit einer 14-tägigen Verlängerung seines Strafarrestes gemaßregelt.[353]

Tätowierungen

Laut Haus- und Strafvollzugsordnungen waren Tätowierungen verboten.[354] Doch wie in vielen Gefängnissen wurde auch in Schwedt illegal tätowiert. Die daran interessierten Insassen entfalteten ein hohes Maß an Kreativität und Fantasie und riskierten entsprechende Bestrafungen. Diese differierten: Mal wurde nur das Fernsehen gestrichen, was Häftlinge eher zu weiteren Tätowierungen ermutigte. In anderen Fällen wurde 21-tägiger, strenger Einzelarrest ausgesprochen. Den Kontrollen versuchte man auszuweichen, in dem zum Beispiel das Tätowieren in den wenigen Stunden zwischen Entlassungsuntersuchung und tatsächlicher Abfahrt aus Schwedt stattfand. Bei nachträglichen Untersuchungen wurden gelegentlich bereits entlassene Insassen als vermeintliche Täter benannt, sodass allenfalls der Tätowierte, nicht jedoch der Tätowierende bestraft werden konnte. In Einzelfällen kam es auch zu staatsanwaltschaftlichen Unter-

351 Die Rekonstruktion dieses Falles ist insofern schwierig, als die Akte des MfS zu seiner Person mit der Verurteilung – also zeitlich vor »Schwedt« – endet. Sämtliche hier vorgetragenen Erkenntnisse resultieren aus IM-Akten aus dem Personal von Schwedt, insbesondere IM-Bericht »Rudloff« v. 15.5.1980 i. V. m. Abschrift des Ausreiseantrags an E. Honecker; BStU, MfS, A 638/82, Bl. 305 u. 312 sowie Abschrift der Hungerstreikankündigung gegenüber dem Leiter StVE Schwedt v. 21.4.1980, gefertigt von IM »Johannes«; BStU, MfS, BV FfO, TA 70/84, Bd. 3, Bl. 272.

352 Die Abschlussmeldung zur »Verweigerung der Nahrungsaufnahme in erpresserischer Absicht« v. 5.8.1983 trägt Absender-, Empfängerangaben von der HA I/Abt. MfNV/UA Auswertung/Information bzw. der HA I/AKG; BStU, MfS, AOPK 14111/83, Bl. 237. Ein eigenes, in der Disziplinareinheit erstelltes »Protokoll der Verweigerung der Nahrungsaufnahme« liegt von 1984 für einen weiteren Fall vor. Das in der MfS-Akte des Betroffenen aufgefundene Exemplar ist ein Durchschlag mit dem handschriftlichen Vermerk, dass das Original der Erziehungsakte beigegeben werden sollte. Das Protokoll enthält u. a. auch Datum und Uhrzeiten der Benachrichtigungen von MfS und Militärstaatsanwaltschaft. Siehe NVA/DE, Mj. Goerlitz [ohne Adressat]: Protokoll der Verweigerung der Nahrungsaufnahme, 20.2.1984; BStU, MfS, AOP 10009/84, Bl. 147 f.

353 Zu dieser Person gibt es keine MfS-Akten, nur Karteikarten. Obige Angaben sind in einer Kartei der HA I/AKG enthalten.

354 Z. B. in der Hausordnung, die als Anlage 1 zur Militärstrafvollzugsordnung 1975 gehört, Bl. 38 bzw. in der Militärstrafvollzugsordnung 1982, S. 92.

suchungen. Ein entsprechender Bericht eines Militäroberstaatsanwalts aus dem Jahr 1976 kam zu dem Ergebnis, dass »den Angehörigen der Strafvollzugseinrichtung im Zusammenhang mit dieser Sache keine Pflichtverletzungen nachgewiesen werden konnten«. Aber »trotz dieser [im Bericht aufgelisteten] Aktivitäten ist die verbotene Tätowierung nicht vollständig auszuschließen«.[355]

Gelegentlich wurde versucht, Gefangene zu überzeugen, sich detätowieren zu lassen. Regelungen hierzu sind zum Beispiel in der 1982er-Militärstrafvollzugsordnung enthalten und betrafen vor allem »Tätowierungen, deren Charakter sich gegen die staatliche Ordnung oder die Tätigkeit staatlicher Organe beziehungsweise gesellschaftlicher Einrichtungen richtet oder sie herabwürdigt [oder] die den Militarismus oder Faschismus verherrlichen«.[356] Einem Insassen, der mit einem eintätowierten Eisernen Kreuz nach Schwedt kam, wurde einerseits ein entsprechendes Angebot gemacht (was er ablehnte), andererseits wurde ihm wegen dieses Motivs auferlegt, nur mit geschlossener Jacke herumzulaufen.[357] In einem Fall der Zustimmung zur Detätowierung wurde 1982 ein Militärstrafgefangener in die Krankenhausabteilung der Strafvollzugseinrichtung Bautzen I verlegt.[358] Eine fehlende Bereitschaft war laut Militärstrafvollzugsordnung ein Grund, eine vorzeitige Bewährungsentlassung prinzipiell auszuschließen. Einen Hinweis auf diesen Ausschlussgrund einer Bewährung enthielt das Formular »Tätowierungsbogen«[359], das die Gefangenen zu unterschreiben hatten.

4.4.2 Ausreiseverlangen

Ausreiseanträge, also Anträge auf Übersiedlung aus der DDR in den Westen (meist die Bundesrepublik), wurden von den DDR-Behörden schon im zivilen Leben in der Regel als »rechtswidrige Ersuchen« eingestuft und die Antragsteller entsprechend behandelt. Das reichte bis zu strafrechtlichen Verfolgungen bei wiederholten Antragstellungen oder darüber hinausgehenden Aktivitäten wie Information der Öffentlichkeit über den Ausreisewunsch oder eine Kontaktauf-

355 Militär-Oberstaatsanwalt, Abt. II, OSL Kucharski [ohne Adressat]: Bericht [über Hintergründe von Tätowierungen], 14.8.1976; BArch, DVW 1/126207 (o. Pag.).

356 Militärstrafvollzugsordnung 1982, Anhang 1, S. 92.

357 StVE Schwedt, Stv. Operativ, Mj. Zimmermann [ohne Adressat]: Befragungsprotokoll, 8.1.1981 i. V. m. IM-Bericht »Olympia« o. D. [ca. März 1981]; BStU, MfS, BV FfO, TA 70/84, Bd. 3, Bl. 350 u. MfS, AIM 7183/83, T. II/1, [S. 121] (Mikroverfilmung).

358 Leiter StVE Schwedt, OSL Albinus an Chef der BDVP Frankfurt (Oder): Lageeinschätzung Monat Mai 1982, 21.5.1982; BLHA, Rep. 671/16.1, Nr. 299, Bl. 139–141, hier 140.

359 Das Formular SV 19, »Tätowierungsbogen«, enthielt zwei schematische Zeichnungen von Körpervorder- und Körperrückseite, auf denen bereits vorhandene Tätowierungen eingetragen wurden.

nahme zu Institutionen aus der Bundesrepublik.[360] Umso riskanter war es für Militärstrafgefangene einen solchen Antrag zu stellen, zumal ihnen stets die Absicht »militärischen Geheimnisverrats« unterstellt werden konnte. Interessanterweise finden sich nur wenige schriftlich fixierte Regeln zum Umgang mit diesem Problem. Bis in die 1980er-Jahre gab es keinerlei gesetzliche Grundlage für Ausreiseanträge. Es existierte hingegen seit 1971 eine Anweisung des Innenministeriums zur Bearbeitung und Entscheidung von Anträgen auf Übersiedlung von Bürgern der DDR in die Bundesrepublik und nach West-Berlin, die mehrfach aktualisiert und präzisiert wurde. Die überarbeitete Fassung von 1973 benannte erstmals Sperrfristen für gediente Soldaten als Ausschlussgrund einer Ausreise. Diese betrugen je nach Dienstlaufbahn bis zu 15 Jahren, sollten aber in keinem Falle dem Antragsteller bekannt gegeben werden. Zusätzlich wurde in dieser Aktualisierung erstmals der Sonderfall von Ausreiseanträgen Strafgefangener angesprochen. Den antragstellenden Gefangenen sollte mitgeteilt werden, dass die Prüfung und Entscheidung des Antrages erst nach Beendigung des Strafvollzugs von der für den Wohnort zuständigen Abteilung Innere Angelegenheiten des jeweiligen Rates des Kreises erfolge.[361]

Ab 1978 gab es den für die Militärpersonen spezifizierten Teil E der Strafvollzugsordnung. Hier und in der Militärstrafvollzugsordnung von 1982 sind (in deren jeweils letzten Punkten) weitere Regelungen enthalten. So hieß es 1982:

> (1) Schreiben von Militärstrafgefangenen zwecks Übersiedlung in andere Staaten bzw. Westberlin sind unbearbeitet zu den Akten zu nehmen. In einer Aussprache mit dem Militärstrafgefangenen ist ihm darzulegen, dass während des Strafvollzuges in der Disziplinareinheit sowie der Zeit der Ableistung des Wehrdienstes eine Bearbeitung nicht erfolgt. Über die Aussprache ist ein Bericht zu fertigen. Eine Ausfertigung ist zusammen mit dem Schreiben zur Übersiedlung bzw. einer Kopie den Erziehungsunterlagen beizufügen.
> (2) Der Mitarbeiter des MfS ist unverzüglich über das Übersiedlungsersuchen sowie über das Ergebnis der Aussprache mit dem Militärstrafgefangenen zu informieren. Auf Anforderung sind ihm das Schreiben des Militärstrafgefangenen sowie eine Ausfertigung des Berichtes über die Aussprache zu übergeben.[362]

360 Siehe hierzu allgemein, ohne Ausrichtung auf Militär und Strafvollzug Renate Hürtgen: Ausreise per Antrag. Der lange Weg nach drüben. Göttingen 2014 sowie Bernd Eisenfeld: Die Ausreisebewegung. Eine Erscheinungsform widerständigen Verhaltens. In: Ulrike Poppe, Rainer Eckert, Ilko-Sascha Kowalczuk (Hg.): Zwischen Selbstbehauptung und Anpassung. Formen des Widerstandes und der Opposition in der DDR. Berlin 1995, S. 192–223.

361 MdI: Anweisung 042/71 über die Bearbeitung und Entscheidung von Anträgen auf Übersiedlung von Bürgern der DDR in die BRD und nach Westberlin, 6.6.1973; BStU, MfS, BdL/Dok. Nr. 10744, insbes. Bl. 4, 7 u. 19. Abgedruckt in Hans-Hermann Lochen; Christian Meyer-Seitz (Hg.): Die geheimen Anweisungen zur Diskriminierung Ausreisewilliger. Dokumente der Stasi und des Ministeriums des Innern, Berlin 1992, S. 319–345.

362 Militärstrafvollzugsordnung 1982, S. 84. Die ersetzte und deutlich kürzere Militärstrafvollzugsordnung von 1968 klammert das Problem gänzlich aus.

Für die Gruppe der Disziplinarbestraften galt die separate Ordnung über den Dienst in der Disziplinareinheit, die 1982 am gleichen Tag wie die Militärstrafvollzugsordnung (MStVO) erlassen wurde. Beide hatten einen grundsätzlich ähnlichen Gliederungsaufbau, jedoch fehlte für die Disziplinarbestraften das Kapitel, in dem in der MStVO die Übersiedlung angesprochen wurde. Somit entstand eine Regelungslücke, da die Militärstrafvollzugsordnung zwar für Militärstrafgefangene und Strafarrestanten galt, nicht jedoch für die Disziplinarbestraften.[363]

1983 wurde im Gesetzblatt der DDR die Verordnung zur Regelung von Fragen der Familienzusammenführung und Eheschließung mit Ausländern veröffentlicht. Damit entstand, wenngleich nur als »Kann-Regelung«, erstmals eine Rechtsgrundlage zur Ausreise. Zudem war sie auf einen engen Personenkreis begrenzt und enthielt eine Vielzahl von Vorbehalten.[364] Als hier relevante Einschränkungen sind in § 8 Abs. 2 die Versagungsgründe Ableistung des Wehrdienstes und Verwirklichung einer Freiheitsstrafe benannt.

Fälle von Insassen, die in Schwedt Ausreiseanträge formulierten beziehungsweise von Personen, die bereits vor ihrem dortigen Aufenthalt einen solchen Antrag gestellt hatten, gehen bis in die 1960er-Jahre zurück.[365] Allein in der 1. Kompanie wurden im Juni 1974 vier Ausreisen beantragt.[366] Spätestens ab November 1977 wurden die Kompaniechefs in Schwedt angewiesen, einen eigenen Nachweis über Militärstrafgefangene zu führen, die Ausreiseanträge stellten oder entsprechende Äußerungen tätigten.[367] Oft waren die Antragsteller in ihrem Auftreten gegenüber dem Vollzugspersonal resoluter als andere Gefangene, sodass allein das eine intensivere Aufmerksamkeit beförderte. Etliche Ausreiseantragsteller nahmen auch bei den Politschulungen »kein Blatt vor den Mund«. Zum Teil verwiesen sie darauf, dass sie wegen ihrer politischen Einstellung schon genug Probleme bekämen und es deswegen ablehnten, sich in der ideologischen Auseinandersetzung mit ihren eigentlichen Ansichten zu äußern.

363 Angesichts der relativ kurzen Anwesenheit von maximal drei Monaten in Schwedt hielt man das Problem Ausreiseanträge für die Gruppe der Disziplinarbestraften offenbar für vernachlässigbar.

364 Verordnung zur Regelung von Fragen der Familienzusammenführung und der Eheschließung zwischen Bürgern der DDR und Ausländern v. 15.9.1983. In: DDR-GBl. T. I (1983), S. 254 f. S. a. Bernd Eisenfeld: Strategien des Ministeriums für Staatssicherheit zur Steuerung der Ausreisebewegung. In: Ausreisen oder dableiben? Regulierungsstrategien der Staatssicherheit. 2. Aufl. Berlin 1998. (BStU. Analysen und Berichte; B 1/97), S. 9 f.

365 Statistische Übersichten hierzu sind nicht bekannt, sodass über Größenordnungen keine Aussage getroffen werden kann. Nachfolgende Ausführungen resultieren aus damaligen Reaktionen auf Einzelfälle.

366 Hptm. der K Karras [o. weitere Angaben und Adressat]: Ermittlungsbericht, 17.7.1974; BStU, MfS, BV FfO, AOPK 196/75, S. 40 (MfS-Zählung).

367 StVE Schwedt [ohne Adressat]: Protokoll der Beratung mit den Abteilungsleitern und KC, 11.11.1977; BLHA, Rep. 671/16.1, Nr. 300, Bl. 48–50, hier 49 Rs.

So galt Mitte der 1970er-Jahre ein Antragsteller als einer der schwierigsten Strafgefangenen überhaupt. Obwohl das Schwedter Gefängnis vorschlug, ihn aus der NVA zu entlassen, wurde dem nicht stattgegeben. Dennoch wurde er circa einen Monat vor Haftentlassung auf die Übersiedlungsliste gesetzt und einen Monat später – inzwischen aus Schwedt entlassen und als Bausoldat in der NVA weiter dienend – für die spätere Ausreise bestätigt, was er jedoch während seiner noch weitere fünf Monate dauernden Armeezugehörigkeit nicht erfuhr. Erst vier Monate nach Ende seines Wehrdienstes konnte er nach West-Berlin ausreisen.[368]

Der Grundsatz, Ausreiseanträge während der Inhaftierung nicht zu bearbeiten, ist schon in den frühen 1970er-Jahren beachtet worden, auch wenn entsprechende Regelungen noch nicht in der Strafvollzugsordnung verankert waren. Ein Häftling formulierte 1974: »Da mein Antrag auf Ausweisung in die Bundesrepublik Deutschland nicht weitergeleitet wurde, sehe ich mich gezwungen, die Arbeit niederzulegen, außerdem kündige ich Hungerstreik an, bis ich die Gewissheit habe, dass mein Antrag an die entsprechenden Behörden weitergeleitet wird«.[369] In einem anderen Fall – aus dem gleichen Jahr – hatte ein Untersuchungshäftling einen Ausreiseantrag gestellt. Noch bevor die für den zivilen Wohnort des Antragstellers zuständige Abteilung Innere Angelegenheiten erfuhr, dass der Antragsteller zwischenzeitlich verurteilt und nach Schwedt verlegt wurde, verwies sie darauf, »dass die Bearbeitung seines Antrages erst dann erfolgt, wenn eine Entlassung aus dem Strafvollzug erfolgt ist«.[370] Eine Rechtsgrundlage wurde nicht mitgeteilt. Auffällig ist, dass die Armeezugehörigkeit hier offenbar die Bearbeitung nicht behinderte. Einem anderen in Schwedt Inhaftierten gelang es, durch Schleusung Schreiben an das Zentralkomitee der SED und den Ministerrat auf den Weg zu bringen, in denen er seinen Ausreisewunsch bekräftigte. Weil die Schleusung erfolgreich war und die Schreiben zu Nachfragen in Schwedt führten, wurde der Sachverhalt dort bekannt und der Briefschreiber in die sogenannte Absonderung genommen und mit strengem Einzelarrest bestraft. De facto musste der Betroffene nach Entlassung aus Strafvollzug und NVA seinen Ausreiseantrag erneut stellen.[371] In einem weiteren Fall von 1976 vermerkte das MfS, dass ein in Schwedt gestellter Ausreiseantrag (adressiert an den Innenminister) »dem zuständigen Militärstaatsanwalt zur wei-

368 Zusammengefasst aus div. Schriftstücken aus MfS-Akten zu dessen Person; BStU, MfS, AOPK 1541/76, Bl. 6, 56, 107 u. MfS, AOP 11903/79, Bl. 80 f. u. 93.

369 [StVK Schwedt] SG R. an Oltn. Colberg [o. D.]; BStU, MfS, BV FfO, AOG 1628/76, Bl. 20. Zwei Monate später beschwerte er sich wegen der Nichtweiterleitung beim Ministerium der NVA [sic!] und bei E. Honecker/ZK, vgl. Eingaben v. 15. u. 21.8.1974; ebenda, Bl. 39–41 u. 45–48.

370 Rat des Kreises Nauen/Abt. Innere Angelegenheiten an Leiter UHA Neustrelitz: Antrag auf Übersiedlung, 3.12.1974; BArch, DVW 1/126206 (o. Pag.).

371 Diverses Material hierzu in BStU, MfS, AOG 1023/84 u. MfS, AOP 8973/81.

teren Bearbeitung übergeben« worden sei.[372] Mit einem Häftling, der 1978 in Schwedt einen Ausreiseantrag stellte, wurde drei Wochen später eine Aussprache geführt. Dabei »wurde ihm zur Kenntnis gegeben, dass sein Antrag entsprechend den rechtlichen Bestimmungen nicht bearbeitet wird und in seiner Erziehungsakte zur Ablage kommt«, notierte der K-I-Offizier Colberg.[373] In den gleichen Zeitraum fällt auch eine schriftliche Äußerung eines als IM verpflichteten. Bezüglich des Aufnahmegesprächs mit einem Militärstrafgefangenen, der zwei Monate vor der Einberufung einen Ausreiseantrag stellte, dennoch einberufen wurde, aber den Fahneneid verweigerte, formulierte er: »Besteht hier nicht die Gefahr eines 2. Falles Weinhold? Wer will das verantworten, wenn Menschen mit solcher Ideologie unter Waffen gestellt werden?«[374]

Auch Beispiele für die Behandlung von Ausreiseanträgen gemäß der 1982er-Militärstrafvollzugsordnung sind auffindbar. Am ausführlichsten dokumentiert dürfte der Fall dreier Insassen sein, die am selben Tag und nahezu wortgleich[375] ihre handschriftlichen Anträge dem MfS zukommen ließen. Mit einem der drei führte der für die Disziplinareinheit zuständige MfS-Mitarbeiter Krugenberg eine Aussprache. Im darüber angelegten Bericht heißt es unter anderem, dass

> die gestellten Anträge beim MfS nicht bearbeitet werden. Ihm wurde dargelegt, dass für die Bearbeitung solcher Anträge der für seinen Wohnort zuständige Rat des Kreises Abt. Inneres zuständig ist. Eine Bearbeitung oder Weiterleitung der Anträge durch das MfS erfolgt nicht. Gleichzeitig wurde ihm verdeutlicht, dass während der Zeit der Ableistung des aktiven Wehrdienstes solche Anträge generell unbearbeitet bleiben. Auch während der Verwirklichung einer Freiheitsstrafe im Militärstrafvollzug ist er Militärangehöriger und demzufolge sind die vorliegenden Anträge ohnehin gegenstandslos.[376]

372 Kopie des Ausreiseantrags i. V. m. Eröffnungsbericht der BV Frankfurt zur OPK gegen einen Schwedter Insassen v. 26.1.1977; BStU, MfS, BV FfO, AOP 997/77, Bl. 100 u. 158. Interessant ist, dass nicht nur in diesem Beispiel die Antragsformulierung »Ausreise« von MfS bzw. Strafvollzug als Antrag auf »Ausweisung« umgedeutet wurde.

373 BDVP Frankfurt (Oder)/Abt. K/Dez. I/4, Oltn. Colberg [ohne Adressat]: Vorschlag zur Umwandlung von IM zum KM, 16.8.1978; BStU, MfS, BV Halle, AOG 2650/79, S. 6 (MfS-Zählung).

374 IM-Bericht »Rudloff«, 7.2.1979; BStU, MfS, A 638/82, Bl. 203. Werner Weinhold flüchtete 1975 als Wehrdienstleistender in die Bundesrepublik, erschoss dabei aber zwei andere NVA-Angehörige. Die unterschiedlichen juristischen Interpretationen des Falles in der DDR bzw. der Bundesrepublik sorgten i. V. m. dem bundesdeutschen Strafmaß von 5 1/2 Jahren und einer vorzeitigen Entlassung wegen guter Führung für länger anhaltende Spannungen im innerdeutschen Verhältnis.

375 Ein gemeinsamer Antrag wäre als unzulässig interpretiert und aus diesem formalen Grund abgelehnt worden.

376 [MfS]/HA I/Abt. MfNV/UA HS/DE, Mj. Krugenberg [ohne Adressat]: Bericht über die Aussprache, 14.7.1983; BStU, MfS, AOPK 14111/83, Bl. 188.

Dennoch versuchten nach einer Antragstellung sowohl Mitarbeiter des Strafvollzugs als auch des MfS durch »Aussprachen« mit den Antragstellern diese zur Rücknahme ihrer Anträge zu bewegen. Entsprechende Vermerke finden sich in vielen MfS-Akten.[377]

Als 1986 ein Soldat im Grundwehrdienst wegen mehrerer unerlaubter Entfernungen mit einem Monat Dienst in der Disziplinareinheit bestraft wurde, erkundete dieser vor dem Strafantritt beim MfS, ob er auch nach Schwedt müsse, wenn er den schon vor der Einberufung gestellten Ausreiseantrag zurückziehe. Der gesprächsführende MfS-Mitarbeiter vermerkte, dass dem Soldaten erklärt wurde, dass sich das MfS auf keinen Handel einlasse und er auf jeden Fall mit einer Bestrafung rechnen müsse.[378]

Nach Strafverbüßung und Ende der Wehrdienstzeit kamen mehrere der ehemaligen Insassen – mit unterschiedlichen Wartezeiten – in den Westen. Zwei von ihnen meldeten sich per Postkarte aus Frankreich beziehungsweise Westdeutschland bei ihrem damaligen Schwedter Kompaniechef.[379] Es ist jedoch kein Fall bekannt, dass ein Häftling aus Schwedt in den Genuss einer vorzeitigen Entlassung wegen des Freikaufs aus der Bundesrepublik gekommen wäre.[380]

4.4.3 Ausbrüche und Fluchten

Eine weitere Protestform gegen die herrschenden Verhältnisse stellte die Flucht dar. Sie war manchem Insassen Hoffnung und Versuch wert. Die Gefängnisleitung ging selbst Vermutungen oder »scherzhaften« Äußerungen über eventuelle Fluchten energisch nach. Verdächtigte Personen kamen nicht in Außenarbeitskommandos, stattdessen oft in zeitweilige Absonderung oder Einzelunterbringung. Manch ein Insasse war genau daran interessiert und äußerte vermeintliche Fluchtabsichten, um durch anschließende Arretierung der Arbeit fernbleiben zu können. Andererseits waren Verlautbarungen über mögliche Fluchten auch immer wieder Anlass für offizielle und inoffizielle Meldungen an das Personal oder das MfS und Grundlage mancher Denunziation.

377 Lediglich in einem der bekannt gewordenen Fälle, der zusätzlich durch einen begonnenen Hungerstreik eskalierte, wurden seitens der Disziplinareinheit die Rechtsgrundlagen der Verfahrensweise schriftlich fixiert. Dabei handelt es sich um o. g. Verordnung von 1983 i. V. m. der 1982er-Militärstrafvollzugsordnung. Vgl. DE, Stv. des Kommandeurs für Vollzug, OSL Albinus [ohne Adressat]: Protokoll über die Aussprache mit dem MSG S., 22.2.1984; MfS AOP 10009/84, Bl. 149.

378 [MfS]/HA I/MB III/UA 7. PD/PR-14 [ohne Adressat]: Bericht über das Gespräch mit dem Soldat XXX, 24.3.1986; BStU, MfS, BV Dresden, AOP 1509/88, Bl. 266.

379 Eine Karteikarte der HA I vermerkt für Juli bzw. Dezember 1984 den Empfang dieser Postkarten durch den Kompaniechef.

380 Zum Freikauf allgemein siehe Jan Philipp Wölbern: Der Häftlingsfreikauf aus der DDR 1962/63–1989. Zwischen Menschenhandel und humanitären Aktionen. Göttingen 2014.

Allein in der Zeit des Dienststellenleiters Siegfried Richter (1965–1970) soll es zu insgesamt acht Entweichungen gekommen sein.[381] Diese lagen zum Teil noch vor der 1968 umgesetzten Spezialisierung zum Militärstrafgefängnis.[382] In nur drei Fällen sind die Namen bekannt. Zudem sind aus den Jahren 1968 bis 1986 sieben Fälle mit zehn Beteiligten belegt. Insgesamt kann von 13 Fluchtfällen aus dem Militärstrafvollzug beziehungsweise der Disziplinareinheit ausgegangen werden. Für alle oft nur dürftig beschriebenen Fälle gilt, dass die Flüchtigen meist innerhalb weniger Stunden wieder aufgegriffen wurden. Die betreffenden Personen bekamen zusätzliche Freiheitsstrafen, deren Höhe den anderen Insassen aus Abschreckungsgründen in der Regel mitgeteilt wurde. In den bisher bekannten Fällen handelte es sich um Zusatzstrafen von sechs Monaten[383] bis zweieinhalb Jahren, was gegebenenfalls auch zu einer Entlassung aus der Armee und Verlegung in eine zivile Haftanstalt führte. In Einzelfällen sind auch Mitwisser zu zusätzlichen Strafen verurteilt worden. Die Ausbrüche erfolgten eher von Außenarbeitsstellen aus als vom Gefängnis in Schwedt. So sind beispielsweise das Plattenwerk in Schwedt, das Betonwerk III und Außenarbeitskommandos in Eberswalde als Ausgangspunkte für zunächst erfolgreiche Ausbrüche genutzt worden. Einem Disziplinarbestraften gelang es jedoch, sogar aus einer Arrestzelle zu fliehen.[384]

Ein so nicht erwartetes Ende ihrer Flucht erlebten 1971 zwei Militärstrafgefangene, die vom Außenarbeitskommando Betonwerk III flohen. In der Absicht per Autostopp ihre Flucht fortzusetzen, hielten sie auf der Straße zwischen Gramzow und Prenzlau ausgerechnet das Auto an, in dem der Schwedter Offizier für Kontrolle und Sicherheit, Colberg, und der für Schwedt verantwortliche MfS-Offizier der Bezirksverwaltung Frankfurt (Oder), Schröter, saßen. Die beiden Offiziere erhielten für die Festnahme der Entflohenen eine Prämie, die bei-

381 IM-Bericht »Pätschke«, 5.7.1978; BStU, MfS, BV FfO, TA 15/81, Bd. 1, Bl. 316.

382 Z. B. konnte am 23.3.1966 ein wegen Erregung öffentlichen Ärgernisses zu einem Jahr verurteilter Strafgefangener von einer Arbeitsstelle des Strafvollzugskommandos Schwedt entweichen, wurde jedoch am 25.3.1966 wieder festgenommen; siehe [MdI]/VSV [ohne Adressat]: Aufstellung über Entweichungen im Jahr 1966, 9.6.1966; BArch, DO 1/3780 (o. Pag.).

383 Eine zusätzliche Strafe von »nur« sechs Monaten ließ andere Insassen interpretieren, dann »könnte man [es] auch versuchen, denn wenn es schief geht, würde man sechs Monate auch noch überstehen«, vgl. IM-Bericht »Johannes«, 19.11.1975; BStU, MfS, BV Leipzig, AIM 723/77, T. II/1, S. 25 (MfS-Zählung).

384 VPKA Angermünde/Kriminalpolizei [ohne Adressat]: Fluchtwegbericht, 29.12.1970; BStU, MfS, BV FfO, Ast I 221-3-71 u. IM-Bericht »Arnold«, 17.11.1971; BStU, MfS, A 641/82, Bl. 131 sowie VPKA Strausberg/Kriminalpolizei [ohne Adressat]: Befragungsprotokoll zum Fluchtweg, 16.3.1973; BStU, MfS, BV FfO, AOP 478/73, Bl. 67. Die Flucht aus der Arrestzelle ist beschrieben bei Dressler: Stillgestanden, S. 267 f.

den Gefangenen jeweils 21 zusätzliche Monate Freiheitsstrafe, die sie dank der Amnestie von 1972 allerdings nicht voll absitzen mussten.[385]

Ein Matrose im Grundwehrdienst, der 1974 schon zwei Monate Strafarrest in Schwedt verbüßte, wurde Ende 1975 erneut wegen »Widerstands gegen staatliche Maßnahmen« verurteilt, diesmal zu acht Monaten Freiheitsentzug. Bei der Rückführung vom Militärgericht konnte er zunächst entfliehen, wurde aber am nächsten Tag festgenommen und gelangte nach einem Zwischenaufenthalt in einer Untersuchungshaftanstalt dann zum zweiten Mal nach Schwedt.[386]

Bei einem Ausbruch galt, dass die Zeit in der sich der Geflüchtete in Freiheit befand, einschließlich des Tages der Entweichung, nicht als Strafzeit angerechnet wurde, sofern er nicht am gleichen Tag wieder ergriffen wurde.[387]

4.4.4 Suizidversuche

Die radikalste Form von Flucht ist die aus dem eigenen Leben. Eine vollendete Selbsttötung hat es im Militärstrafvollzug Schwedt unter den Insassen offenbar nicht gegeben.[388] Zu Selbstmordversuchen gibt es indes mehrere Berichte und Meldungen.[389] Suizide galten als »besondere Vorkommnisse« und konnten im Falle des »Scheiterns« als Beeinträchtigung der Dienstfähigkeit, Form der Wehrdienstentziehung oder gar der Fahnenflucht gewertet werden. Für (Versuche der) Selbsttötung gab es eine Reihe von Untersuchungs- und Meldepflichten an andere Instanzen. Daher ging man auch im Militärstrafvollzug auf »Nummer Sicher« und versuchte Personen, die im Verdacht entsprechender Absichten standen, »vor sich selbst zu schützen«. Ob die dabei angewandten Mit-

385 IM-Bericht »Johannes«, 15.2.1973; BStU, MfS, BV FfO TA 1111/79, Bd. 1 Bl. 369 i. V. m. Ltr. StVK Schwedt, Mj. Albinus an MdI/VSV/Abt. IV, Ltr. OSL Pössniger: Auszeichnung des OKS Colberg, 29.11.1971; BStU, MfS, BV FfO, AOG 1430/82, Bl. 37. Ders. an Ltr. BV Frankfurt (Oder), GM Neiber: Auszeichnung des Gen. Schröter, 29.11.1971; BStU, MfS, BV FfO, KS II 209/78, Bd. I, Bl. 84.

386 [MfS]/HA I/Abt. Volksmarine/UA 6. Flottille, Ltr. OSL Börner an [MfS]/BV Rostock, Fahndungsbeauftragter u. a.: Unerlaubte Entfernung, 20.12.1975; BStU, MfS, HA I Nr. 14851, Bl. 547.

387 Militärstrafvollzugsordnung 1975, Punkt 2.3.6.

388 Zu Selbstmordversuchen im Personal siehe Kap. 2.2.4.

389 Prinzipiell zum Selbstmordgeschehen in der DDR siehe Udo Grashoff: »In einem Anfall von Depression …«. Selbsttötungen in der DDR. Berlin 2006. Darin finden sich auch umfangreiche Ausführungen zu Suiziden in der NVA und in Gefängnissen (jedoch nicht zu Schwedt). Die Studie überrascht mit der Erkenntnis, dass die Selbstmordrate unter Strafgefangenen nicht erheblich von der des DDR-Durchschnitts abwich (S. 56) bzw. in der NVA sogar etwas unter der der vergleichbaren zivilen Bevölkerungsgruppe lag (S. 83). Kritisch dazu siehe Jochen Staadt: Suizide in den Grenztruppen. In: Klaus Schroeder; Jochen Staadt (Hg.): Die Todesopfer des DDR-Grenzregimes an der innerdeutschen Grenze 1949–1989. Ein biografisches Handbuch. Frankfurt/M. 2017, S. 529–535, hier 531 f.

tel von Isolierung, Absonderung bis hin zur Fesselung die geeignetsten waren, sei dahingestellt. In der Sprache des MfS hieß das zum Beispiel, dass ein Gefangener, der sich im Arrest befand und bei dem eine aus Kleidungsstücken gefertigte Schlinge gefunden wurde, »nach Androhung von Sicherungsmaßnahmen zum Schutze seiner eigenen Person von seinen Suizidabsichten Abstand nahm«.[390] Es existierte eine Sensibilität für die Problematik, die jedoch interessengeleitet und nicht primär an den Insassen orientiert war. Bei der Verschriftlichung der Geschehnisse wird erkennbar, dass Selbstmordversuche eher heruntergespielt wurden. Da ist von »untauglichen Versuchen« oder »vermeintlichen« Selbstmordabsichten die Rede. Aber auch Mitgefangene denunzierten mitunter solche Taten als nur vorgebliche Versuche beziehungsweise als Mittel, um aus Schwedt entlassen zu werden. Als sich zum Beispiel ein Gefangener die Pulsadern öffnete, nachdem er vom tödlichen Unfall seiner Verlobten und zweier Kinder erfuhr, meldete ein anderer Insasse dem Offizier für Kontrolle und Sicherheit, dies sei bewusst zu einem Zeitpunkt geschehen, als er sicher war, rechtzeitig gefunden zu werden.[391]

Die Einzelfälle lassen in der Regel die jeweilige Notlage erkennen. Dabei handelt es sich sowohl um private Hintergründe (Trennungen, Scheidungen, Wohnungsfragen) als auch armee- beziehungsweise gefängnisspezifische Ursachen. Zu letzteren gehörten Verzweiflungssituationen durch sadistische Machtspiele der Insassen untereinander (ähnlich der EK-Bewegung), die Entdeckung von unerlaubten Kontakten und Geschäften innerhalb des Strafvollzugs oder die Verschärfung der Gefängnissituation durch zusätzliche Arreststrafen. Mitunter fielen private und armee- beziehungsweise haftspezifische Hintergründe zusammen. Zu seinen Motiven schrieb ein suizidgefährdeter Bausoldat unter den Disziplinarbestraften 1986 an den Chefarzt des Bezirkskrankenhauses West in Stralsund:

> Zurzeit habe ich so viele Probleme, dass ich keinen Ausweg mehr sehe. Mein Mädel hat mit mir Schluss gemacht, meine Wohnung steht unter Wasser und der Grundwehrdienst lässt mir keinen Spielraum mehr, überhaupt etwas zu unternehmen. Ich habe auch Schwierigkeiten mit meinen Vorgesetzten in Bezug auf das Tragen einer Waffe. Ich bin Bausoldat und brauche keine Waffe in die Hand zu nehmen. Hier hat man mir aber schon des Öfteren gesagt, dass ich eine Imitationswaffe in die Hand nehmen soll.[392]

390 [MfS]/HA I/Abt. MfNV/UA HS/DE, Mj. Krugenberg: Aktenvermerk zur Gefangenenakte, 4.11.1983; BStU, MfS, AOPK 7243/84, Bl. 19.

391 In diesen Kontext gehört auch, dass Befragungen anderer Insassen erfolgten, wenn Suizidvorhaben bekannt wurden, was wiederum zur Legendierung von Treffen mit inoffiziellen Mitarbeitern genutzt wurde.

392 OibE-Bericht »Manfred«, 7.7.1986 mit Abschrift des Briefes des Bausoldaten; BStU, MfS, AIM 5382/88, T. II/1, Bl. 383 f. Immerhin führte die Auswertung des kontrollierten Briefes dazu, dass dem Bausoldaten in Schwedt das Tragen der Imitationswaffe erspart blieb.

Auffällig ist, dass mehrere Suizidäußerungen beziehungsweise -aktivitäten von Personen kamen, die zum zweiten Mal in Schwedt waren. Außerdem handelte es sich oft um Insassen, die bereits auf andere Weise protestiert hatten (Arbeitsverweigerung, Hungerstreik, Ausreiseanträge). Viele der erwähnten Fälle wurden im Rahmen dieser Studie eher zufällig bekannt, weswegen sich auch keine valide Gesamtzahl von Suizidversuchen ermitteln lässt. Beispielsweise enthalten die Berichte zu den jährlichen Überprüfungen keine diesbezüglichen Personalien, nach denen recherchiert werden könnte. Weitere nicht namentlich zuordenbare Hinweise stammen aus Kassibern beziehungsweise abgefangener Post. Sie betrafen zum Beispiel eine nächtliche Pulsöffnung und das Erklettern eines Krans auf der Arbeitsstelle, um sich von dort in die Tiefe zu stürzen.[393]

Ganz anders gestaltete sich 1987 der Fall eines Oberwachtmeisters der Volkspolizei.[394] Der bekräftigte seinen Wunsch nach einer dienstlichen Versetzung mit einem Selbstmordversuch, was als zeitweilige Beeinträchtigung der Dienstfähigkeit gewertet wurde. Die Militärstaatsanwaltschaft wertete die Tat als zu geringfügig für ein Ermittlungsverfahren und gab eine mündliche Empfehlung zur Bestrafung mit einem Monat Dienst in der Disziplinareinheit, die vom zuständigen Kommandeur prompt ausgesprochen wurde.[395] Hier war also der Selbstmordversuch auslösendes Moment für die nach Schwedt führende Bestrafung.

Auch wenn es im Schwedter Militärstrafvollzug keine vollendeten Selbstmorde von Insassen gab, ist darauf hinzuweisen, dass sich einige Personen nach ihrer Entlassung aus Schwedt noch zu DDR-Zeiten dennoch das Leben nahmen. Bisher sind fünf Fälle bekannt, bei denen jeweils Besonderheiten vorlagen: Zwei der Betroffenen waren zweimal in Schwedt zur Strafverbüßung, zwei arbeiteten dort zugleich als inoffizielle Mitarbeiter für die Staatssicherheit beziehungsweise die Kriminalpolizei, zwei wurden vorzeitig aus Schwedt beziehungsweise einer früher aus der NVA entlassen. Die Zeitdauer zwischen Entlassung aus Schwedt und dem Freitod betrug zwischen sechs Monaten und knapp 14 Jahren.[396]

393 Kassiber eines MSG [o. D., ca. Febr. 1986]; BStU, MfS, AIM 2121/88, T. II/1, Bl. 77 u. Brief des ehem. DB XXX v. 12.8.1986; MfS, AOP 4977/87, Bd. 1, Bl. 50.

394 Unterster Dienstgrad der Unteroffiziere in der Volks-/Bereitschaftspolizei, es besteht kein Bezug zum Vollzugspersonal in Schwedt.

395 BStU, MfS, BV Potsdam, AOPK 2122/87, passim. Die Akte spiegelt nur das Vorgeschehen und enthält keine Aussagen zum Aufenthalt in Schwedt.

396 Angaben zu evtl. Suiziden nach 1989 können nicht gemacht werden, weil die ausgewerteten Akten allenfalls die Zeit bis 1990 betreffen.

4.5 Vorzeitige Entlassungen

Es liegt auf der Hand, dass die Insassen ein Interesse daran hatten, ihre Strafzeit in Schwedt zu verkürzen. Hierzu gab es verschiedene Möglichkeiten. Die geringfügigste – aber von den Gefangenen nicht zu beeinflussende – lag vor, wenn der Entlassungstag auf einen Sonn- oder Feiertag fiel. In dem Fall wurden die Entlassungen in der Regel auf den vorherigen Werktag vorgezogen beziehungsweise waren sie so zu organisieren, dass der Rückkehrer am Tag vor dem Sonntag beziehungsweise Feiertag in seinem Truppenteil eintraf. Auch im Zusammenhang mit politischen Höhepunkten in der DDR (SED-Parteitagen, Festivals u. ä.) kam es regelmäßig zu Sonderregelungen und Terminverschiebungen von Entlassungen. Günstigstenfalls wurde der eine oder andere Insasse daher ein bis zwei Tage vor dem eigentlichen Termin entlassen. Weitere Möglichkeiten boten vorzeitige Entlassungen auf Bewährung und Amnestien. Erstere waren theoretisch jederzeit möglich. Für Amnestien zu bestimmten Anlässen oder Jubiläen bedurfte es eines Erlasses des Staatsrates. Ein wesentlicher Unterschied war, dass die Bewährungsentlassung durch individuelles Wohlverhalten erworben werden musste, während Amnestien meist delikt- oder strafzeitgebunden ganze Gruppen von Verurteilten betrafen. Schließlich gab es noch die Variante der Verlegung aus Schwedt in eine andere, zivile Strafvollzugsanstalt. Das war in der Regel an eine Entlassung aus dem Wehrdienstverhältnis gekoppelt und hatte nichts mit einem Straferlass zu tun.

Zur Gesamtzahl der auf unterschiedliche Weise davon profitierenden Personen können keine Aussagen getroffen werden. Die Gründe dafür liegen in der Unvollständigkeit des bisher zugänglichen Materials und in der mangelhaften Vergleichbarkeit der vorliegenden Statistiken. Als Beispiel sei die Aussage der NVA-Wochenzeitung *trend* angeführt: »43 Prozent der zu Freiheitsstrafen Verurteilten konnten vorzeitig entlassen werden«. Die Bezugsgröße für die Prozentangabe ist zwar die Angabe von 788 Strafgefangenen. Diese Zahl gilt jedoch nur für den Zeitraum 1982 bis 1990 und bei der prozentualen Angabe wird nicht zwischen Bewährungsentlassungen und Amnestien unterschieden. Gänzlich unerwähnt bleibt die Anzahl vorzeitig entlassener Disziplinarbestrafter.[397]

Insbesondere Gefangene, die sich wenig Hoffnung auf eine vorzeitige Entlassung machen konnten, übten sich oft im Deuten vermeintlicher Indizien. Hierfür zwei Beispiele: Im August 1978 wurden vier Gefangene aufgefordert, die Beträge ihrer noch zu leistenden Geldrückzahlungen[398] zu erhöhen, da ihnen nur noch bis Oktober Zeit dafür bliebe. Daraus schlossen die Betroffenen,

397 Erik Sündram: Schwedt von gestern. In: trend (1990) 5, S. 4.

398 Gefangene, die entweder Schadenersatz zu leisten hatten oder zusätzlich zum Freiheitsentzug noch eine Geldstrafe auferlegt bekamen, mussten entsprechende Abzüge ihrer ohnehin kargen Bezüge hinnehmen.

vermutlich im November vorzeitig entlassen zu werden.[399] Im selben Sommer, am 19. September 1978, wurde in Schwedt die *Berliner Zeitung* eingezogen, weshalb die Häftlinge eine bevorstehende Amnestie vermuteten.[400] Hintergrund dürfte jedoch eher eine Zeitungsmeldung vom genannten Tag gewesen sein, die sich kritisch mit den Platzverhältnissen westdeutscher Gefängnisse befasste.[401]

4.5.1 Entlassung auf Bewährung nach § 349 der StPO

Die in Strafgesetzbuch und Strafprozessordnung festgelegten Möglichkeiten einer vorzeitigen Entlassung auf Bewährung aufgrund einer gerichtlichen Entscheidung galten auch für den Militärstrafvollzug. Entsprechende Anträge konnten von der Staatsanwaltschaft und der Strafvollzugseinrichtung gestellt werden. Der entsprechende § 349 der StPO war in unterschiedlichen Varianten Bestandteil der Umgangssprache unter den Insassen. Der »349er«, »auf 349 machen« oder »der 349-Jäger« standen als Synonyme für sich und brauchten keine Ergänzung durch die Begriffe »Paragraf« oder »StPO«. Die Hoffnung der Insassen auf Anwendung dieses Paragrafen war für die Bediensteten Mittel zur disziplinarischen Einwirkung[402] beziehungsweise für die Insassen Motivation für »gefälliges« Verhalten. Dass dieses mitunter zulasten anderer Insassen ging, wenn jemand zum Beispiel das Fehlverhalten anderer meldete oder gar nur behauptete, sorgte immer wieder für Misstrauen und Spannungen unter den Gefangenen.

Auf Strafarrestanten, die maximal sechs Monate Strafe zu verbüßen hatten, sollten Bewährungsentlassungen in der Regel keine Anwendung finden. Auch für die Disziplinarbestraften kam § 349 StPO nicht infrage, da sie nicht aufgrund gerichtlicher Verurteilung nach Schwedt kamen. Für sie galt allenfalls die Möglichkeit der Verkürzung der Disziplinarstrafe um maximal vier Wochen.[403]

Doch nicht in jedem Fall war die Entscheidung auf vorzeitige Entlassung willkommen. Ein nur kurzer Straferlass konnte sich in Verbindung mit einer langen Bewährungsdauer durchaus als nachteilig erweisen. Statt in überschau-

399 IM-Bericht »Hans-Joachim«, 27.8.1978; BStU, MfS, BV Neubrandenburg, AIM 1168/79, T. II/1, Bl. 55. Mangels vollständiger Personalien konnte nicht geklärt werden, ob tatsächlich eine vorzeitige Entlassung erfolgte.

400 BDVP Frankfurt (Oder)/Abt. K/Dez. I/4, Oltn. Colberg [ohne Adressat]: Information, 26.9.1978; BStU, MfS, BV Potsdam, AKAG 2650/87, T. II, Bl. 18.

401 Siehe Abb. 12.

402 Das Prüfen der Voraussetzungen war »als wirksames Mittel der Disziplinierung und der Stimulierung zur bewussten militärischen Pflichterfüllung der Militärstrafgefangenen zu nutzen«, Militärstrafvollzugsordnung 1982, S. 79.

403 Siehe Abschnitt Strafen und Belohnungen, zum Ausschluss von Bewährungsentlassungen bei Vorhandensein bestimmter Tätowierungen vgl. den Abschnitt Erscheinungsformen des Ungehorsams jeweils im vorliegenden Kapitel.

bar kurzer Zeit aus der Mühle des Strafvollzugs heraus zu sein, sahen sich die Betroffenen für die gesamte Bewährungszeit unter verstärkter Kontrolle und fühlten sich zu unauffälligem Verhalten genötigt. Gerade diese Kombination bietet auch eine schlüssige Erklärung für den Mythos um Schwedt: Nach der schweren Zeit in Schwedt war noch die verbliebene Wehrdienstzeit zu absolvieren und das gegebenenfalls unter den Auflagen einer Bewährungsentlassung. Dass sich etliche der Betroffenen einschüchtern ließen, prägte die Wahrnehmung der anderen Armeeangehörigen und wurde auch Grundlage der wenigen Berichte, die über Schwedt vor 1990 bekannt wurden.

Das Verfahren der eigentlich »Strafaussetzung auf Bewährung« genannten Vergünstigung enthielt mehrere Formalien. Die Initiative konnte sowohl von der Militärstaatsanwaltschaft als auch vom Strafvollzugsorgan ausgehen. Im Regelfall war durch den Kommandeur ein Führungsbericht einzureichen, in dem bei Anforderung durch die Staatsanwaltschaft auch Stellung zu nehmen war, ob eine vorzeitige Entlassung befürwortet oder abgelehnt wurde. Solche Berichte sind in den bisher auffindbaren Akten mehrfach vorhanden, zum Teil mit zusätzlichem Schriftwechsel. Eingebunden waren auch die Vorgesetzten aus der Kompanie sowie der Offizier für Kontrolle und Sicherheit und das MfS.

Gerade letztere versuchten, die Möglichkeit der vorzeitigen Entlassung für sich auszunutzen, um Insassen für eine inoffizielle Zusammenarbeit anzuwerben. Einige wenige Fälle sind inzwischen öffentlich geworden. So berichtete ein ehemaliger Militärstrafgefangener über ein ihm 1983 aufgezwungenes Gespräch beim zuständigen MfS-Mitarbeiter nach Ablauf der halben Haftzeit. Ihm sei angeboten worden, bei Zusammenarbeit mit dem MfS eine vorzeitige Entlassung zu erhalten. Er lehnte ab und musste seine gesamte Strafzeit absitzen. In dem Zusammenhang erwähnte er auch das Negativbeispiel eines Schwedter Mithäftlings, der trotz Bewährungsentlassung recht bald wieder nach Schwedt zurückkam.[404] Nahezu zur gleichen Zeit hatte ein Disziplinarbestrafter kurz nach Antritt seiner Strafe ein Gespräch beim Oberoffizier für Sicherheit und Ordnung, Riesbeck. Der war zugleich Offizier im besonderen Einsatz des MfS und bot für Spitzeldienste einen Monat Straferlass an (von drei Monaten Gesamtstrafe). Als die Frage, ob dieses Angebot auch schriftlich zu bekommen sei, verneint wurde, lehnte der Bestrafte ab.[405] Der Ende der 1980er-Jahre zuständige MfS-Mitarbeiter Knobelsdorf wiederum sah einen groben Verstoß gegen Befehle und Weisungen darin, dass im Dezember 1988 ein Zugführer einem

404 Ingolf B. in Brauhnert; Hübner; Polzin (Hg.): Der DDR-Militärstrafvollzug, S. 164–181, hier 177.

405 Gespräch mit Detlef Fahle in Geißler: Die Disziplinareinheit 2, S. 84–94, hier 85. Zu Absprachen oder Versprechungen im Zusammenhang mit inoffizieller Mitarbeit beim MfS oder der K I gegen vorzeitige Entlassung siehe Abschnitt Vergünstigungen für IM im Kap. 6.

Militärstrafgefangenen Versprechungen bezüglich einer vorzeitigen Entlassung nach § 349 StPO gemacht hatte.[406]

Eine der auffälligsten Bewährungsentscheidungen betraf 1977 einen Strafgefangenen, der wegen fahrlässiger Tötung eines anderen Armeeangehörigen zu 22 Monaten Freiheitsstrafe verurteilt worden war. Trotz eines negativen Votums im Führungsbericht des damaligen Leiters Albinus entschied das Militärgericht Halle, den Betreffenden bereits nach der Hälfte der Strafzeit zu entlassen. Ob oder welche Rolle dabei seine Laufbahn als Offizier der NVA oder seine inoffizielle Tätigkeit für den Offizier für Kontrolle und Sicherheit spielte, ist nicht dokumentiert. Die Höhe des Straferlasses und die Nichtbeachtung des negativen Führungsberichts sind jedoch auffällig.[407]

Die älteste bekannte Statistik über die Anwendung des § 349 StPO liegt für die Monate Januar bis August 1969 vor. Sie verweist auf insgesamt 98 Bewährungsentlassungen, von denen 42 auf Antrag des Strafvollzugs und 56 auf Antrag der Staatsanwaltschaft erfolgten. Zusätzlich wurden etwa ein Viertel der beantragten Fälle abgelehnt.[408] Im Ausbildungsjahr 1985/86 standen acht Bewilligungen 18 Ablehnungen gegenüber.[409] Die älteste prozentuale Angabe zum Anteil der Bewährungsentlassungen bezieht sich auf einen Elf-Monats-Zeitraum aus den Jahren 1975/76. Bezogen auf alle Entlassungen wurden 26,1 Prozent auf Bewährung vorgenommen.[410]

In der Chronik[411] heißt es zudem: »Die letzten Militärstrafgefangenen, die nicht durch die Amnestie entlassen werden konnten, wurden bis zum 26.04.1990 auf der Grundlage des § 349 StPO aus dem Strafvollzug entlassen.«[412]

406 FO Knobelsdorf: Treffbericht »Wolfgang Schuster«, 15.12.1988; BStU, MfS, AIM 3397/89, Teil II/1, Bl. 32.

407 Vgl. IM-Akte »Andreas Fink«: BStU, MfS, BV FfO, AOG 497/77.

408 BDVP Frankfurt (Oder)/AG SV, OSL Hochstädt [ohne Adressat]: Stand der Entwicklung im StVK Schwedt, 4.9.1969, hier Anlage 8: Anwendung des § 349 StPO; BLHA, Rep. 671/16.1, Nr. 296, Bl. 57 Rs.

409 Chronik der Disziplinareinheit; BArch, DVW 5-16/74001, Bl. 54.

410 MfNV/Abt. KD, OSL Schweingel [ohne Adressat]: Teilbericht über die Jahreskontrolle in Schwedt, 18.11.1976; BArch, DVW 1/126207 (o. Pag.).

411 Die alljährlich ergänzte Chronik erweist sich auch in diesem Punkt als mangelhaft: Sie enthält nur für zwei einzelne Ausbildungsjahre Angaben über die Anzahl der auf Bewährung entlassenen Insassen. Für 1982/83 sind 40 Militärstrafgefangene erwähnt, für 1985/86 sind es acht. In beiden Fällen fehlt eine Vergleichsgröße der insgesamt entlassenen Insassen, sodass keine Aussagen zum prozentualen Anteil getroffen werden können, vgl. Chronik der Disziplinareinheit; BArch, DVW 5-16/74001, Bl. 19 u. 54.

412 Ebenda, Bl. 107. Dölling schreibt dagegen, dass die noch verbliebenen Gefangenen am 26.4.1990 in Anstalten des MdI verlegt worden seien, Dölling: Strafvollzug, S. 251.

4.5.2 Amnestien

In der DDR lag das sogenannte Amnestie- und Begnadigungsrecht beim Staatsrat.[413] Für den Militärstrafvollzug Schwedt spielten die Amnestien von 1972, 1979, 1987 und 1989 eine Rolle. Anlass war nur in einem Fall ein rundes Jubiläum der DDR-Staatsgründung: 1979 feierte die DDR ihr 30-jähriges Bestehen. Die 1989er-Amnestie beruhte auf der friedlichen Revolution. Amnestien waren den Arbeitseinsatzbetrieben eher unwillkommen, da dadurch plötzlich eine größere Gruppe von Arbeitskräften fehlte. Auch die Gefängnisleitung hatte entsprechend großen organisatorischen Aufwand. Amnestien waren mit einer pauschalen Bewährungszeit verbunden, in der Regel zwei oder drei Jahre. Das führte dazu, dass sich einzelne Betroffene benachteiligt sahen, weil durch die Amnestie ihre Bewährungszeit gegenüber einer individuellen Strafaussetzung verlängert wurde.[414]

Die Amnestie von 1972 führte zu einer drastischen Reduzierung in Schwedt: zwischen dem 10. und 24. November wurden alle 159 Militärstrafgefangenen in ihre Truppenteile entlassen.[415] Die radikale Reduzierung des Gefangenenbestandes führte innerhalb des MfS sogar zu der missverständlichen Formulierung von der abzuschließenden Auflösung des Lagers.[416] Die Information über den Amnestiebeschluss des Staatsrates vom 6. Oktober 1972, der am Folgetag im *Neuen Deutschland* bekanntgemacht wurde, erhielten die Insassen am 7. Oktober durch den Gefängnisleiter.[417]

413 Siehe Artikel 77 der Verfassung der DDR von 1968 bzw. Artikel 74 der Verfassung von 1974. Zuvor wies Artikel 106 des Gesetzes über die Bildung des Staatsrates der DDR von 1960 dem Staatsrat das Begnadigungsrecht zu.

414 IM-Bericht »Rudloff«, 6.10.1979; BStU, MfS, A 638/82, BI. 258. Aus der 1987er-Amnestie ist ein Fall bekannt, bei dem ein dreiwöchiger Straferlass (bei 20 Monaten Gesamtstrafe) mit einer dreijährigen Bewährung verbunden wurde, vgl. [DE] MSG XXX [ohne Adressat]: Meine persönliche Meinung zur allgemeinen Amnestie, 24.8.1987 i. V. m. [MfS]/HA I/Abt. MfNV/UA HS, Ltr. OSL Willert [ohne Adressat]: Einleitungsbericht zur OPK »Schachspieler«, 27.8.1987; BStU, MfS, AOPK 1777/88, Bl. 6 u. 71.

415 [MfNV, Stv. Min. und Chef des HS] GO Keßler an Stv. des Chefs des Hauptstabes für allgemeine Fragen, Oberst Maseberg u. a.: Entlassung von Armeeangehörigen aus dem Militärstrafvollzug [o. D., 1972], Anlage; BArch, DVW 1/126205 (o. Pag.), hier inkl. Namensliste der 159 Entlassenen. Im Gegensatz zur später üblichen selbständigen Rückkehr sollten diese Armeeangehörigen abgeholt werden.

416 MfNV, Stv. Min. und Chef des HS, GO Keßler [ohne Adressat]: Entlassung von Armeeangehörigen aus dem Militärstrafvollzug, 23.10.1972 u. [MfS]/HA I/Abt. MfNV, Ltr. OSL Thomas an Ltr. HA I, GM Kleinjung: Information zum Amnestieerlass, 31.10.1972; BStU, MfS, HA I Nr. 15699, Bl. 6 u. 11.

417 [StVE Schwedt] SG YYY [ohne Adressat, vermutl. an OKS Colberg]: Einschätzung der Malerbrigade, 15.10.1972; BStU, MfS, BV Neubrandenburg, AOP 671/82, Bd. 9, Bl. 195. Zur Wahrnehmung der Amnestie in einer normalen NVA-Einheit siehe Eckhard Ullrich: Kulturschock NVA. Briefe eines Wehrpflichtigen 1971–1973. Berlin 2013, S. 11: »In meine Dienstzeit fiel der Übergang der Ära Ulbricht in die Ära Honecker. Und das war am spürbarsten für uns

Nach dem Amnestieerlass vom 24. September 1979 anlässlich des 30. Gründungstages der DDR[418] wurden erneut Folgen für die Produktion befürchtet. Daher wurde unmittelbar nach Bekanntgabe versucht, die Insassen zu sogenannten Selbstverpflichtungen zu veranlassen. Zumindest in der 2. Kompanie soll dies von Erfolg gekrönt gewesen sein. Es wurde eine Normerfüllung von bis zu 200 Prozent abgerechnet und angeblich gab es Bemühungen, den Produktionsplan des Jahres schon zum 30. September zu erfüllen.[419] Erst am 5. Oktober 1979 wurden die Insassen darüber informiert, wann die Entlassungen erfolgen würden. Sieben Gefangene, denen Proteste zugetraut wurden, kamen vorbeugend in Einzelunterbringung oder Arrest.[420] Am 3. Dezember 1979 verfasste der stellvertretende Leiter in Schwedt für die übergeordnete Bezirksbehörde der Volkspolizei die Abschlusseinschätzung zur Amnestie. Die Rückführung in die Truppenteile erfolgte demnach in Sammeltransporten, »wodurch keine Störungen der Sicherheit und Ordnung in der Öffentlichkeit auftreten konnten«. Im Vorfeld wurden die Gefangenen mit täglich abzurechnenden Aufgaben eng kontrolliert.[421]

Die umfassendste Amnestie in der DDR erfolgte 1987.[422] Für den Militärstrafvollzug war diese aber nicht mit einer so hohen Zahl von Entlassungen verbunden wie die Amnestie von 1972. Zunächst hatte die Aussicht auf Amnestie wiederum den erzieherischen Effekt, dass »sofort mit der Veröffentlichung des Amnestiebeschlusses unter den Militärstrafgefangenen eine breite Verpflichtungsbewegung zu noch besserer militärischer Disziplin und höheren Leistungen in der Produktion einsetzte, die von den Vorgesetzten zielgerichtet unterstützt« wurde.[423] Aus Schwedt wurden aufgrund des Amnestiebeschlusses insgesamt 35 Insassen entlassen, darunter acht Strafarrestanten.[424] Dabei wurden maximal 21 Monate (von zwei Jahren Freiheitsstrafe) erlassen.[425] Die Ent-

in der Amnestie im Sommer 1972, die eben auch die Häftlinge im Armeegefängnis Schwedt einbezog. Für eine gewisse Zeit war die Gefahr groß, wegen eines vergleichsweise geringen Deliktes in Schwedt zu landen. Bei uns machte die Erklärung die Runde, man müsse den Knast schnell wieder füllen, weil die Arbeitskräfte im Zementwerk fehlten.«

418 Beschluss des Staatsrates der DDR über eine Amnestie v. 24.9.1979. In: DDR-GBl. T. I (1979), S. 281 f.

419 IM-Bericht »Rudloff«, 27.9.1979; BStU, MfS, A 638/82, Bl. 248 f.

420 IM-Berichte »Arnold«, 27.9. u. 5.10.1979; BStU, MfS, A 641/82, Bd. 3, Bl. 250 u. 264.

421 Leiter StVE Schwedt an BDVP Frankfurt (Oder)/AG SV: Abschlusseinschätzung über die Durchführung der Amnestie, 3.12.1979; BStU, MfS, A 642/82, Bd. 2, Bl. 203–205, Zitat von Bl. 204.

422 Beschluss des Staatsrates der DDR über eine Amnestie v. 17.7.1987. In: DDR-GBl. T. I (1987), S. 191.

423 OibE-Bericht »Manfred«, 6.1.1988; BStU, MfS, AIM 5382/88, T. II/2, Bl. 90.

424 Ebenda.

425 [MfS]/HA I/Abt. MfNV, Ltr. Oberst Grawunder an Ltr. HA I, GM Dietze: Information [zur Umsetzung der Amnestie], 17.12.1987, hier Anlage 2: Stand der MSG v. 22.10.1987; BStU, MfS, HA I Nr. 15340, Bl. 54, namentliche Aufstellung mit Angabe von Strafgründen,

lassungen erfolgten in Kleingruppen an sechs verschiedenen Tagen zwischen dem 13. Oktober und dem 10. Dezember 1987. Die Abstufung der Termine zur Entlassung sollte die Folgen für die Produktion in den Arbeitseinsatzbetrieben minimieren. Weil bei sieben der Amnestierten »keine Gewähr für eine ordnungsgemäße Dienstdurchführung gegeben war« wurden sie darüber hinaus auch vorzeitig aus dem aktiven Wehrdienst entlassen.[426]

Disziplinarbestrafte fielen eigentlich nicht unter eine Amnestie, da ihre Anwesenheit in Schwedt nicht auf einem gerichtlichen Urteil beruhte. 1987 wurde jedoch die Amnestie für die Militärstrafgefangenen zum Anlass genommen, gemäß einer Regelung der Ordnung zum Dienst in der Disziplinareinheit,[427] auch 22 Disziplinarbestrafte vorzeitig in ihre Truppenteile zurück zu schicken. Das erfolgte sogar einige Tage vor der ersten Entlassung von Amnestierten, nämlich am 5. und 6. Oktober 1987. Zuvor waren seit 1982 nur insgesamt 13 junge Männer in den Genuss einer verkürzten Disziplinarstrafe gekommen.[428]

Ebenfalls unter den Amnestiebeschluss fiel, dass eine unbekannte Zahl laufender Ermittlungsverfahren gegen Armeeangehörige eingestellt und 16 bereits gesprochene Urteile an Militärpersonen nicht mehr vollzogen wurden.[429] Das höchste nicht anzutretende Strafmaß betrug dabei ein Jahr und neun Monate wegen versuchter Vergewaltigung.[430] Diese Regelung ließ die Zahl der Zugänge in Schwedt entsprechend sinken.

Strafdauer und erlassener Zeit. Die Person mit dem zeitlich umfassendsten Straferlass zählte auch zur Gruppe der anschließend vorzeitig aus der NVA Entlassenen. Seine unangekündigte Rückkehr an den vorherigen Arbeitsplatz sorgte für einige Verwirrung. Der daraus entstandene Schriftwechsel enthält ein Schreiben des Kaderleiters vom VEB Werkzeugmaschinenkombinat »Fritz Heckert«, Karl-Marx-Stadt an den Rat der Stadt Karl-Marx-Stadt/Abt. Innere Angelegenheiten mit dem bemerkenswerten Satz »Wieso ist es möglich, dass ein amnestierter Bürger unkontrolliert sich in unserer Republik bewegen kann?«; BStU, MfS, BV Karl-Marx-Stadt, XVIII Nr. 358, Bd. 1, Bl. 109.

426 [MfS]/HA I/Abt. MfNV, Ltr. Oberst Grawunder an Ltr. HA I, GM Dietze: Information [zur Umsetzung der Amnestie], 17.12.1987; BStU, MfS, HA I Nr. 15340, Bl. 48. Dass zu den Amnestierten auch IM des MfS gehörten und welche Auswirkungen das hatte, wird in Kap. 6 näher beschrieben.

427 Ordnung Nr. 036/9/004 des MfNV über den Dienst in der Disziplinareinheit v. 17.12.1982; BStU, MfS, AGM Nr. 610, Bl. 151(S. 48 des Dokuments, Ziffer 102): »Der Stellvertreter des Ministers und Chef des Hauptstabes kann zu besonderen Anlässen die vorzeitige Beendigung des Vollzugs der Disziplinarstrafe ›Dienst in der Disziplinareinheit‹ befehlen.«

428 OibE-Bericht »Manfred«, 3.12.1987; BStU, MfS, AIM 5382/88, T. II/2, Bl. 78.

429 OibE-Bericht »Manfred«, 6.1.1988; ebenda, Bl. 84. Die erkennbare Verminderung der Zugangszahl an Disziplinarbestraften wurde auch darauf zurückgeführt, dass »die Kommandeure vom Amnestiebeschluss beeinflusst weniger von ihrem Recht Gebrauch gemacht haben, entsprechende Disziplinarvergehen mit ›Dienst in der Disziplinareinheit‹ zu ahnden«, OibE-Bericht »Manfred«, 3.12.1987; ebenda, Bl. 72.

430 MfNV/Abt. ID, Ltr. Oberst Mehrmann [ohne Adressat]: Übersicht über die aufgrund der Amnestie nicht zu vollziehenden Freiheitsstrafen von rechtskräftigen Urteilen, 20.10.1987; BStU, MfS, HA I Nr. 13509, Bl. 30.

Die friedliche Revolution 1989 brachte gleich zwei Amnestien. Die erste am 27. Oktober 1989 galt ausreisewilligen DDR-Bürgern. Die zweite vom 6. Dezember zielte auf die Insassen von Strafvollzugsanstalten und betraf auch Schwedt.[431] Die Chronik der Disziplinareinheit benennt rückblickend den 20. Dezember 1989 als Abschluss der Amnestie.[432] Im Datum um einen Tag differierend schrieb im Mai 1990 die NVA-Wochenzeitung *trend*, dass 31 Militärstrafgefangene am 21. Dezember 1989 amnestiert und 28 Disziplinarbestrafte mit entlassen wurden. Nur fünf Gefangene blieben zurück.[433]

4.5.3 Vorzeitige und unehrenhafte Entlassung aus der NVA

Eine weitere Möglichkeit, »unerwartet« Schwedt verlassen zu können, war mit der vorzeitigen und in der Regel unehrenhaften Entlassung aus der NVA verbunden. Zumeist führte das nicht zu einer Strafverkürzung, sondern zu einer Verlegung in eine zivile Strafvollzugseinrichtung. Statistiken hierzu sind in den bisher erschlossenen Unterlagen nicht überliefert. Die Ausnahme ist ein Dokument aus dem Jahr 1979, in dem von acht »aus Sicherheitsgründen aus dem aktiven Wehrdienst entlassenen« Personen die Rede ist.[434] Einzelfälle sind aus der Frühphase des Militärstrafvollzugs in Schwedt bis fast zum Ende der Disziplinareinheit (1969–1987) bekannt. Schon von 1969 stammt ein Bericht der Abteilung Kommandantendienst, der mehrere Verstöße gegen gesetzliche und militärische Normen im Zusammenhang mit »Entlassungen von Soldaten auf Zeit und Berufssoldaten aus dem aktiven Wehrdienst vor Strafantritt sowie während und nach Beendigung des Strafvollzuges« moniert.[435]

Eventuelle Versuche der NVA, sich straffällig gewordener Armeeangehöriger zu entledigen, konnten durchaus scheitern. Der Kommandeur des Mot.-Schützenregimentes 16 versuchte 1973 einen zweimal straffällig gewordenen Soldaten vorzeitig aus der NVA zu entlassen. Die zweite Verurteilung erfolgte dabei während der Strafverbüßung der ersten Strafe, sodass die zweite Strafe direkt im Anschluss anzutreten war und das Strafmaß beider Verurteilungen zweiein-

431 Beschluss des Staatsrates der DDR über eine Amnestie v. 6.12.1989. In: DDR-GBl. T. I (1989), S. 266. Laut Werkentin war das die einzige Amnestie in der Geschichte der DDR, der keine Politbüroentscheidung vorausging. Vgl. Werkentin: Politische Strafjustiz. Berlin 1995, S. 392.

432 Chronik der Disziplinareinheit; BArch, DVW 5-16/74001, Bl. 105, hier mit einem irritierenden Hinweis auf die Amnestie vom November [statt Dezember] 1989.

433 Erik Sündram: Schwedt von gestern. In: trend (1990) 5, S. 4.

434 [O. D., Verf. und Adressat]: Einschätzung und Analysierung der Erziehungswirksamkeit des Erziehungsprozesses für 1979, [von »Arnold« unterzeichn. u. auf 19.1.1980 datiert]; BStU, MfS, A 641/82, Bd. 3, Bl. 297–304, hier 298.

435 MfNV/Abt. KD, OSL Kupfer [ohne Adressat]: Kontrollbericht, 14.6.1969; BArch, DVW 1/126203 (o. Pag.).

halb Jahre erreichte. Dennoch wurde vom MfNV das Begehren aus juristischen Gründen abgelehnt. Die beiden Strafen lagen einzeln jeweils unter zwei Jahren, eine Gesamtstrafe ist vom Gericht nicht gebildet worden. Ein Ausschluss vom Wehrdienst aus disziplinaren Gründen war somit gesetzlich nicht möglich. Hätte das Gericht mit dem zweiten Urteil eine Gesamtstrafe von über zwei Jahren ausgesprochen, hätte der Fall anders gelegen.[436]

In mindestens einem Fall führte hingegen eine Entlassung aus der Armee nicht zur Verlegung aus Schwedt. Der betroffene Unteroffizier wurde im Herbst 1970 zwar am Tag der Urteilsverkündung zum Soldaten degradiert und in Unehren aus der NVA entlassen, dann aber den damals in Schwedt noch vorhandenen Zivilstrafgefangenen zugeordnet.[437] Auch andere der bekannt gewordenen Einzelfälle weisen Besonderheiten auf. Im März 1981 kam nach seinem dritten (!) Schwedt-Aufenthalt für den Gefangenen überraschend zeitgleich die Entfernung aus der NVA, die in seinem Truppenteil im Übrigen geheim gehalten werden sollte.[438] Ebenfalls 1981 wurde auf Veranlassung des MfS ein ehemaliger Strafarrestant vorzeitig aus der NVA entlassen, weil er nicht in den Besitz von Waffen und Munition kommen sollte.[439] Der Betreffende kam damit trotz kompletter Verbüßung seiner 6-Monats-Strafe noch vor Ablauf seiner Grundwehrdienstzeit aus der NVA heraus. Im Folgejahr regte der Schwedter Kommandeur Albinus in einem anderen Fall die vorzeitige NVA-Entlassung oder eine Verlegung in eine zivile Strafvollzugseinrichtung mit Krankenhausabteilung an. Hintergrund war die Gallenerkrankung eines Insassen, die nach Operation zu einer dreijährigen Dienstuntauglichkeit und einer dauerhaften Schonkostanordnung führte, was in Schwedt nicht zu gewährleisten war.[440] In einem besonderen Fall musste 1986 ein junger Mann zunächst seine 20-monatige Haftzeit voll abbüßen. Unter anderem wegen des medialen Echos in der Westpresse auf diesen Fall einer bisher verhinderten Ausreise einer ganzen Familie wurde er nach Strafende von Schwedt aus in das heimatliche Wehrkreiskommando gebracht, wo ihm gesagt wurde, dass er aus dem aktiven Wehrdienst entlassen werde. Dabei wurde unter Nichtbeachtung der Volljährigkeit des Betroffenen eine »Über-

436 MfNV/Abt. KD, Ltr. an Kommandeur Mot.-Schützenregiment 16: Vorzeitige Entlassung des Soldaten XXX im Grundwehrdienst, 1.6.1973; BArch, DVW 1/126207 (o. Pag.).

437 StVK Schwedt, OKS, Oltn. Colberg [ohne Adressat]: Bericht über die durchgeführte Werbung, 30.10.1970; BStU, MfS, BV FfO, AOG 646/74, Bl. 24. Er blieb als Zivilstrafgefangener noch elf Monate in Schwedt inhaftiert, bevor er dann mit zwei Jahren Bewährung entlassen wurde.

438 MfNV, Chef Pionierwesen, GM Seifert an Kommandeur Pionierbaubataillon 32: Vorzeitige Entlassung aus dem aktiven Wehrdienst, [o. D., März 1981]; BStU, MfS, AP 4746/83, S. 40 (MfS-Zählung).

439 [MfS]/HA I/MB III/UA 7. PD an HA I/AKG u. a.: Abschlussbericht zur OPK 7/81, 26.3.1981; BStU, MfS, HA I Nr. 15112, Bl. 246.

440 Leiter StVE Schwedt, OSL Albinus an Chef der BDVP Frankfurt (Oder): Lageeinschätzung Monat Mai 1982, 21.5.1982; BLHA, Rep. 671/16.1, Nr. 299, Bl. 139–141.

gabe« an dessen anwesenden Vater vollzogen: »Herr XXX, ich übergebe Ihnen Ihren Sohn, der mit Wirkung des heutigen Tages [...] entlassen ist«.[441]

Alternativ zur vorzeitigen Entlassung bestand die Möglichkeit der Strafreduzierung infolge einer erfolgreichen Berufung gegen das ursprünglich ausgesprochene Urteil. Bisher ist lediglich ein einziges erfolgreiches Berufungsurteil mit »Schwedt«-Relevanz bekannt geworden. Dieses betraf fünf Personen, die in der Untersuchungshaftanstalt Cottbus einsaßen. Von diesen konnten zwei eine Verkürzung ihrer Haftstrafen von zunächst jeweils einem Jahr und acht Monaten auf ein Jahr und zwei Monate erreichen. Durch die Anrechnung der U-Haft reduzierte sich die Zeit der tatsächlichen Anwesenheit in Schwedt auf knapp acht Monate. Bei zwei Mittätern wurde die zunächst ausgesprochene Haftstrafe in eine Bewährungsstrafe umgewandelt. Sie kamen nach ihrer U-Haft also nicht nach Schwedt.[442] Interessant ist, dass im Berufungsurteil festgehalten wurde, dass die Bedingungen im Truppenteil der Angeklagten massiv »begünstigend« auf die Straftäter wirkte und der dortigen NVA-Führung damit eine Mitschuld zugesprochen wurde.

4.6 Denunziationen ohne Bindung an die Staatssicherheit

Die Extremsituation von Haft und Armee bildete auch einen Nährboden für Denunziationen, unabhängig von der institutionellen Organisation der Bespitzelung durch Kriminalpolizei und Staatssicherheit. Die Praxis von Lob und Strafe, das Hoffen auf vorzeitige Entlassung sowie das Einbinden von Gefangenen in die Hierarchien schufen unter den Insassen ein Misstrauensklima, in dem manch einer eher den individuellen Vorteil suchte, als die solidarische Nähe zu seinesgleichen. In den Schilderungen der Zustände in Schwedt klang die Problematik schon mehrfach an. Adressaten von denunziatorischen Mitteilungen konnten sowohl die Gefangenen mit besonderen Aufgaben (Gruppen-, Zughelfer, Kompanieälteste), als auch die »Vorgesetzten« aus dem Strafvollzug (Gruppenführer, Kompaniechefs), aber auch der Offizier für Kontrolle und Sicherheit oder der Offizier für Ordnung und Sicherheit sein. Inhaltlich reichte die Palette in der Regel von Verstößen gegen die Hausordnung über Verdachtsfälle von Ausbrüchen, Republikfluchten oder Selbsttötungen bis hin zu offiziellen Meldungen oder gar Anzeigen wegen politischer Äußerungen.

441 NVA/WKK Pirna, Leiter Oberst Kahsnitz [ohne Adressat]: Protokoll, 20.1.1986; BStU, MfS, BV Dresden, AOP 1452/88, Bl. 228. Zum Fall befindet sich auch diverses Material im Militärarchiv; BArch, DVW 1/126214 (o. Pag.). Zwei weitere vorzeitige Armee-Entlassungen, bei denen das MfS eine aktive Rolle spielte bzw. sich Gegenleistung erhoffte, werden im Kap. 6, Abschnitt Vergünstigungen für IM vorgestellt.

442 MOG Berlin, 3. Militärstrafsenat [o. T. und Adressat; Berufungsurteil], 11.2.1985; BStU, MfS, HA I Nr. 10352, Bl. 393–413.

Der langjährige Gefängnisleiter Albinus hatte ein Interesse daran, ein vom MfS beziehungsweise der K I unabhängiges Informationssystem aufzubauen. Er riet 1972 Kompaniechef Künkel, sich unter den Gefangenen ein Netz von Informanten zu schaffen. Er müsse nur aufpassen, nicht in die Arbeit des Offiziers für Kontrolle und Sicherheit, Colberg (K I), einzugreifen.[443] Der wiederum beschwerte sich wenige Jahre später darüber, dass ein Bediensteter des Strafvollzugs einzelnen Gefangenen verriet, welche Insassen zum Gespräch mit Colberg gebracht wurden, woraufhin diese den Mitgefangenen als »Zinker«[444] und »Spitzel« galten. Damit wurde ausnahmsweise die übliche Richtung der Denunziation (von »unten« nach »oben«) umgekehrt.[445] Unabhängig von den individuellen Meldungen installierte der Oberoffizier für Sicherheit und Ordnung, Riesbeck, in den 1980er-Jahren unter den von ihm angeleiteten Gehilfen ein eigenes System von Berichten, in dem er sich zum Beispiel monatlich von den Zughelfern informieren ließ.[446]

Opfer von belastenden Informationen konnten auch die Bediensteten des Strafvollzugs werden. Schon unter dem Stichwort Parteiarbeit wurde geschildert, dass die SED-Ebenen eine Parallelstruktur bildeten, in der auch gegen einzelne Parteimitglieder vorgegangen wurde. Ausgangspunkte waren dabei oft Hinweise anderer Parteimitglieder, die sich hinter den Vorgaben des Parteistatuts zur Wachsamkeit verstecken konnten. In mindestens zwei Fällen ist sogar schriftlich fixiert worden, dass es den für die politische Arbeit Zuständigen darum ging, spezifische Stimmungen und Meinungen der Genossen zu tagespolitischen Angelegenheiten zu erfassen und dem Politstellvertreter des Kommandeurs zuzuarbeiten beziehungsweise »in der Nachweisführung mehr die Tendenzen der Meinungsäußerung der Genossen festzuhalten«.[447]

Eine besondere Situation für die Insassen trat noch einmal im Zusammenhang mit ihrer Entlassung auf. Sowohl die Vertreter der dienstlichen Hierarchien als auch von K I beziehungsweise MfS führten oft Abschlussgespräche, in denen manch einer der zu Entlassenden zu belastenden Aussagen bereit war. Sie sahen die Gelegenheit zu einer nachträglichen Revanche oder gar Rache gegenüber bisherigen Mitgefangenen, ohne Angst vor deren Reaktion haben zu

443 IM-Bericht »Egon«, 30.8.1972; BStU, MfS, A 642/82, Bd. 1, Bl. 137.

444 S. a. Tobias Wunschik: »Zinker« und »Zellenrutscher«. Die Inoffiziellen Mitarbeiter der Staatssicherheit im Strafvollzug der DDR. In: Horch und Guck (2003) 4 (44), S. 61–70.

445 BDVP Frankfurt (Oder)/Abt. K/Dez. I/4, Oltn. Colberg [ohne Adressat]: Protokoll, 19.4.1977; BStU, MfS, AIM 3691/78, T. I/1, Bl. 106.

446 Dass der Empfänger dieser Berichte als OibE »Manfred« daraus Inhalte an das MfS weitergab, spielt hier keine Rolle, da dies den berichtschreibenden Gefangenen nicht bekannt war.

447 StVE Schwedt, Stv. für politische Arbeit, Oltn. Weyh an Leiter StVE: Einschätzung zur Durchführung und Wirksamkeit der PAG, 23.11.1977; BLHA, Rep. 671/16.1, Nr. 300, Bl. 56 u. StVE Schwedt [o. D. und Adressat]: Protokoll über die am 24.2.1977 durchgeführte Abteilungsleiterberatung; BLHA, Rep. 671/16.1, Nr. 301, Bl. 11–14, hier 12 Rs.

müssen. In diesen Mitteilungen konnte es um das Schleusen von Kassibern und Briefen oder ähnliche Dinge gehen.

5. Staatssicherheit und Kriminalpolizei im Militärstrafvollzug

Im Jahr 1968, in der Anfangsphase des Militärstrafvollzugs, verfügte die Staatssicherheit noch nicht über eine eigene Kreisdienststelle im Stadtkreis Schwedt. Der vom Territorium des Kreises Angermünde weitgehend umschlossene Stadtkreis Schwedt wurde von der KD Schwedt/Angermünde des MfS mit Sitz in Angermünde mit überwacht. Im Stadtterritorium von Schwedt war diese KD lediglich mit einer Objektdienststelle (OD) vertreten. Letztere war auf die Überwachung des Petrolchemischen Kombinates Schwedt fokussiert und spielte für den Strafvollzug keine Rolle. Erst im Juni 1972 kam es zur Bildung je einer eigenen Kreisdienststelle für Staatssicherheit in Schwedt und in Angermünde.[1] Direkten Einfluss auf den Militärstrafvollzug erlangte jedoch auch die Kreisdienststelle Schwedt nicht. Vielmehr lag die Zuständigkeit für diesen Bereich bei der Abteilung VII der MfS-Bezirksverwaltung Frankfurt (Oder), die sich gegebenenfalls mit der MfS-Hauptabteilung I abzustimmen hatte, die für die Überwachung von Armee und Grenztruppen zuständig war.[2]

Innerhalb der DDR-Gefängnisse existierten zusätzliche Überwachungssysteme, die über eine reine Insassensicherung deutlich hinausgingen. Neben dem Strafvollzugspersonal arbeiteten dort hauptamtliche Mitarbeiter des Arbeitsgebietes I/Arbeitsrichtung 4 der Kriminalpolizei (K I/4), respektive deren Vorgänger aus der Abteilung 4 der Verwaltung Strafvollzug (VSV/4), und des MfS. Eine besondere Bedeutung kam in den DDR-Gefängnissen den »Offizieren für Kontrolle und Sicherheit« (OKS der K I/4, zuvor VSV/4) zu, die eigene inoffizielle kriminalpolizeiliche Mitarbeiter (IKM) unter den Insassen warben und führten. Dies galt auch für das Gefängnis in Schwedt. Die inoffizielle Arbeit des MfS im Militärstrafvollzug erfolgte von »außen«, über die Abt. VII der Bezirksverwaltung Frankfurt.

Nach Umstellung der Verwaltung des Militärstrafvollzugs unter die Hoheit des MfNV entfiel in Schwedt die Verankerung der Arbeitsrichtung K I/4, die durch das MfS ersetzt wurde. Dies betraf sowohl die offizielle institutionelle Zusammenarbeit als auch die Führung inoffizieller Mitarbeiter. Das inoffizielle

1 Minister für Staatssicherheit: Befehl Nr. 17/72 zur Bildung der KD Schwedt und der KD Angermünde aus der KD Schwedt/Angermünde und der OD Schwedt mit Wirkung v. 1.6.1972; BStU, MfS, BdL/Dok. Nr. 1476.

2 S. a. Wolf: Hauptabteilung I.

Netz der K I zerfiel, das des MfS wuchs deutlich. Mit dem Verwaltungswechsel änderte sich auch die MfS-Zuständigkeit. Die Abteilung VII der BV Frankfurt (Oder) spielte keine Rolle mehr. Stattdessen übernahm die Hauptabteilung I die Sicherung von Insassen und Personal mit inoffiziellen Mitteln und allgemeiner Überwachung, die mit einem, später zwei hauptamtlichen Mitarbeitern in das Stabsgebäude der Disziplinareinheit einzog. Sie agierten auch als Führungsoffiziere der IM. Die Zuständigkeit des MfS für die inoffizielle Arbeit bezog sich im Übrigen zu allen Zeiten sowohl auf die Insassen als auch auf das Personal.[3]

5.1 Hauptamtliches Personal mit Sonderstatus

Neben den technischen Vorkehrungen, der Außensicherung, kam im Bereich der prinzipiellen Sicherheitsfragen dem »Offizier für Kontrolle und Sicherheit« (OKS) beziehungsweise dem ihm folgenden »Oberoffizier für Sicherheit und Ordnung« eine besondere Bedeutung zu. Beide besaßen ein breites Aufgabenspektrum. Sie waren offiziell in die Personalstruktur eingebunden und zusätzlich dem MfS inoffiziell verpflichtet.[4]

Die Stelle eines Offiziers für Kontrolle und Sicherheit war schon im Zivilstrafvollzug in Schwedt vorhanden. Ab 1966 wurde Unterleutnant Heinz Colberg auf dieser Stelle eingesetzt und daher war er bei der Umprofilierung zum Militärstrafvollzug 1968 schon vor Ort.

3 Auch das Arbeitsgebiet I der Kriminalpolizei sowie deren Vorgängerinstitution VSV/4 zählten wie die DVP insgesamt zu den Sicherungs- und Überwachungsbereichen des MfS. Sicherung und Überwachung dieser Institutionen nahm das MfS durch den Einsatz von IM und OibE ebenso vor, wie durch den Einsatz ergänzender operativer Mittel und Methoden. Eine partielle Kooperation von MfS und K I/4 stand der grundsätzlichen Vorbehaltskonstellation nicht entgegen.

4 Sicherheits- und Geheimnisschutzbeauftragte gab es in nahezu allen Bereichen der DDR. Sie waren einerseits offizielle Ansprechpartner der Staatssicherheit, suchten andererseits die zunehmenden Sicherheits- und Geheimhaltungsvorgaben durchzusetzen. In wichtig scheinenden Betrieben und Verwaltungsstrukturen wurden Ende der 1960er-Jahre OibE des MfS als Sicherheitsbeauftragte eingesetzt. Ab 1983 konnten Sicherheitsbeauftragte auch als IM verpflichtet werden. Der OOSuO ist als spezifische Parallelkonstruktion zu einem Sicherheitsbeauftragten zu betrachten. Detaillierter zur Verfahrensweise in der Volkswirtschaft siehe Reinhard Buthmann: Hochtechnologien und Staatssicherheit. Die strukturelle Verankerung des MfS in Wissenschaft und Forschung der DDR. Berlin 2000, S. 131–151, die diesbezügliche Situation an der Humboldt-Universität beschreibt Ilko-Sascha Kowalczuk: Die Humboldt-Universität zu Berlin und das Ministerium für Staatsicherheit. In: Heinz-Elmar Tenorth (Hg.): Geschichte der Universität Unter den Linden, Berlin 2010, S. 437–554, hier 535–537.

Biogramm: Heinz Colberg (1)[5]

Geboren 1928, gestorben 2013, Volksschule, Lehre zum Spitzendreher (wegen Reichsarbeitsdienst nicht beendet),
1945 Landarbeiter/Schmied,
1950 Eintritt in die SED,
1950 hauptamtlicher Bezirkssekretär des FDGB,
1951 Bürgermeister der Gemeinde Blumberg,
1952 Eintritt in die Volkspolizei,
1953 Versetzung zur Abt. K,
1953 Kreisfahndungsbevollmächtigter für Angermünde,
1956 Fahndungs-Sachbearbeiter im VPKA Angermünde,
1960 VP-Meister,
1962 Leiter der Operativ-Gruppe[6] im VPKA Angermünde,
1966 Unterleutnant des Strafvollzuges,
1966 Versetzung nach Schwedt als Offizier für Kontrolle und Sicherheit (OKS, Leutnant/Oberleutnant des Strafvollzugs),
1970–1974 zeitweilige zusätzliche Einsätze als OKS in der Jugendstrafanstalt Wriezen und im Strafvollzug in Rüdersdorf,
1974 Mitarbeiter des Dezernates I/4 der Kriminalpolizei in der BDVP Frankfurt (Oder), in der Folgezeit als »Kriminalist der Arbeitsrichtung I/4« bezeichnet,
1981 Hauptmann der Kriminalpolizei,
Oktober 1982 Berentung und Invalidisierung.

Colberg nahm großen Einfluss auf Sicherheitsfragen im regulären Dienstbetrieb und nutzte dazu auch Erkenntnisse seiner inoffiziellen Arbeit unter den Insassen. Er war von 1968 bis 1982 als Führungsoffizier für zahlreiche IKM der K I/4 tätig und wurde seinerseits durch die Staatssicherheit als IM »Johannes« geführt, abgeschöpft und überwacht.[7] Seine inoffizielle Arbeit unter den Insassen galt allgemein der Vorbeugung eines Aufbegehrens gegen Personal, Ordnung und Erziehung im Militärstrafvollzug, der Verhinderung jeglicher Gruppenbildung und von Fluchten, Schmuggel und so fort. Darüber hinaus sollten

5 Die Aktenlage zu Colberg beim MfS ist unvollständig und kompliziert: Bisher aufgefundene Personal- und Arbeitsakten seiner IM-Zeit verteilen sich auf folgende Signaturen: BStU, MfS, BV FfO, TA 1111/79; BStU, MfS, BV FfO, TA 70/84; BStU, MfS, BV FfO, AOG 1430/82 u. BStU, MfS, BV FfO, KD Schwedt V 2331/60. Zusätzliches Material verbirgt sich unter weiteren dezentralen Signaturen. Zahlreiche Spuren seiner Tätigkeit sind auch in Akten der von ihm geführten IKM bzw. bearbeiteten Personen zu finden.

6 Vorläuferstruktur des mit inoffiziellen Mitarbeitern arbeitenden Arbeitsgebiets I der Kriminalpolizei (K I).

7 Zur inoffiziellen Tätigkeit Colbergs für das MfS siehe Kap. 6.

Informationen zu Umständen, Beteiligten und Begünstigten von Rechtsverstößen, gerade wenn diese unter Beteiligung von Rückfalltätern begangen wurden, ermittelt werden. Drittens konnte der OKS einzelne Personen oder Personengruppen unter den Insassen gezielt bearbeiten, um Verhaltensänderungen oder im Extremfall eine neuerliche Strafuntersuchung/Verurteilung des/der Betroffenen zu bewirken.[8] In seine reguläre Zuständigkeit fielen nahezu alle Fragen der Aufteilung der Insassen auf die Verwahrräume, des Einsatzes auf den unterschiedlichen Arbeitskommandos (innen/außen) beziehungsweise der Zuordnung der Insassen zu den Brigaden als auch der Kontrolle von Postverkehr und ähnlichem. Er hatte Mitsprache- und Einflussmöglichkeiten auch bei Entscheidungen über Belobigungen und Bestrafungen und er hatte Zugang zu den Gefangenenakten. Informationen über Missstände, die er aus dienstlichem Tun oder auch über sein IM-Netz erhielt, konnte er als neutrale Meldung sowohl der Leitung des Strafvollzugs als auch der BDVP in Frankfurt (Oder) sowie offiziell als auch inoffiziell dem MfS zukommen lassen.

Mit dem Wechsel der Unterstellung der Abt. IV von der Verwaltung Strafvollzug zum Arbeitsgebiet I der Kriminalpolizei als deren Arbeitsrichtung 4 änderte Colberg zum Jahreswechsel 1973/74 den »Briefkopf« bei seinen Schreiben.

OKS-Absender bis 1973/74	**OKS-Absender ab 1974**
Strafvollzugs-Kdo. Schwedt/Oder Offizier für K u. S	BDVP Frankfurt/Oder Abt. K – Dez. I/4

Tab. 8: Wechsel des OKS-Absenders. Häufig wurde von Colberg ab 1974 auch die Kurzform »BDVP Ffo. K/I/4« benutzt.

Colberg blieb damit aber im Geschäftsbereich des MdI. Unter dem neuen Absender richtete er Schreiben im o. g. Sinne zum Beispiel an den Leiter »Gen. Major Albinus im Hause«, versehen mit eigener Unterschrift als Oberleutnant der K. Letzteres unterschied ihn von den anderen Bediensteten, die – wie er bisher auch – den Dienstgradzusatz »des Strafvollzugs« trugen. Obwohl Colberg weiterhin tagtäglich im Strafvollzug Schwedt arbeitete, war er nun organisatorisch der Abteilung Kriminalpolizei, Dezernat I der BDVP zugeordnet. Insbesondere bei Differenzen mit dem Leiter machte Colberg deutlich, dass er in Albinus nicht seinen Vorgesetzten sah, so zum Beispiel im Sommer 1974, als es zu unterschiedlichen Auffassungen über die Auswertung eines besonderen Vorkommnisses kam.[9]

8 Vgl. dazu insgesamt Das Arbeitsgebiet I der Kriminalpolizei/Hg. v. BStU. Berlin 1994.
9 IM-Bericht »Arnold«, 23.9.1974; BStU, MfS, A 641/82, Bd. 2, Bl. 37.

Den Insassen war in der Regel bekannt, wer der OKS war und dass dieser der Ansprechpartner war für alle Belange, die die Sicherheit beziehungsweise die interne Bespitzelung berührten. Zur Kontaktaufnahme gab es für die Häftlinge die Möglichkeit, mit verschlossenem Briefumschlag an den OKS adressiert, entsprechende Mitteilungen zu machen oder um ein Gespräch zu bitten. Dieser Zugangsweg existierte unabhängig von den Kommunikationswegen der von OKS Colberg geführten IKM. Allerdings beäugten sich die Insassen untereinander auch entsprechend kritisch und vorsichtig.

Die Sonderrolle Colbergs und die Tatsache, dass er mit inoffiziellen Quellen unter den Insassen arbeitete, waren den Bediensteten bekannt, wurden jedoch nicht unbedingt akzeptiert. In Einzelfällen ließen Bedienstete gegenüber Insassen Anspielungen fallen, dass der eine oder andere unter ihnen mit dem oder für den OKS arbeiten würde. Als Colberg das einmal bekannt wurde, ließ er sich den Sachverhalt von dem involvierten Oberleutnant des SV offiziell schriftlich berichten. Dieser führte dann unter anderem aus, dass

> Oltn. Colberg mit seinen Mittelmännern nichts verändern wird, da diese schon längst auf Eis gelegt und allen Strafgefangenen bekannt sind. Er brachte auch zum Ausdruck, dass die vom Gen. Colberg eingesetzten Strafgefangenen ihre Berichte mit Decknamen unterschreiben, die allen anderen bzw. einem großen Teil der Strafgefangenen bekannt sind. Und auch er kennt schon einige und nannte den Namen ›Rose‹, mit dem ein Strafgefangener seine Berichte abzeichnet. Weiterhin kennt er weitere Decknamen, die er jedoch nicht äußerte.[10]

Im Rahmen seiner Arbeit war es Colberg gestattet, Akten über Insassen zu führen (sogenannte Kriminalakten/KA bzw. Kontrollmaterialien/KM), um diese gezielt zu bearbeiten. Zuvor war jedoch eine Abstimmung mit dem MfS erforderlich, um die Freigabe dieses Insassen für eine Bearbeitung durch die Arbeitsrichtung I/4 zu bewirken. Ein Anwerben und Nutzen von inoffiziellen Informanten unter den Bediensteten des Strafvollzugs oder deren förmliche Überwachung waren Colberg nicht gestattet. Dennoch gibt es zahlreiche Belege dafür, dass er Fehler der Mitarbeiter des Strafvollzugs differenziert auswertete und meldete.

Durch die Art und Weise seines Vorgehens, inklusive der Hartnäckigkeit im Bemühen auch den Leiter der Dienststelle mit dessen Fehlverhalten zu konfrontieren, sah Colberg sich oft isoliert, meist nur unterstützt vom Offizier für

10 StVK Schwedt, Oltn. Lenz [o. D. und Adressat; ca. April 1971]: Bericht; BStU, MfS, BV FfO, TA 1111/79, Bd. 1, Bl. 104. Ein K-I-IM »Rose« ist für den Zeitraum tatsächlich belegbar, bisher aber nicht identifiziert worden. Einen ähnlichen Fall zu einem späteren Zeitpunkt, der Colberg über eine seiner Auskunftspersonen zu Ohren kam, nahm er zum Anlass, den Leiter der Dienststelle darüber zu informieren, der »den weisungsgemäßen Zustand wieder herstellen« wollte, BDVP Frankfurt (Oder)/Abt. K/Dez. I/4, Oltn. Colberg [ohne Adressat]: Protokoll, 19.4.1977; BStU, MfS, AIM 3691/78, T. I/1, Bl. 106.

Politische Schulung beziehungsweise Parteisekretär Wolfgang Bailleu. Dieser war schon seit den 1960er-Jahren IM des MfS und zeitweilig auch als Führungs-IM »Arnold« für »Johannes« (also Colberg) zuständig. Es ist also zwingend davon auszugehen, dass Bailleu und Colberg, die offenbar auch miteinander befreundet waren, von ihren jeweiligen Doppelrollen wussten.[11]

Im Herbst 1981 wurde in Schwedt bekannt, dass mit der Übergabe der StVE Schwedt an die NVA beziehungsweise das MfNV die Arbeitsrichtung I/4 der Kriminalpolizei wegfallen und deren Aufgaben durch die zuständige Abteilung des MfS übernommen würde.[12] Folgerichtig endete Colbergs Einsatz als OKS im September 1982. Mit Bezug auf die ihm in seiner »Tätigkeit im AG I bekannt gewordenen und geheim zuhaltenden Arbeitsmethoden, Dokumente, Tatsachen und Gegenstände« wurde er nochmals schriftlich belehrt, »strengstes Stillschweigen zu bewahren«.[13]

Zum 1. Oktober 1982 erfolgte nach dem Aufbau der Disziplinareinheit Schwedt die Übernahme des Militärstrafvollzuges durch das MfNV. In diesem Zusammenhang wurde im MfNV, Abt. Innerer Dienst, eine Planstelle »Oberoffizier Sicherheit und Ordnung der Disziplinareinheit« geschaffen. Außerdem sollte zur Durchsetzung der Dienstanweisung zu den politisch-operativen Aufgaben des MfS im Strafvollzug[14] ein MfS-Mitarbeiter als Offizier im besonderen Einsatz (OibE) in der Disziplinareinheit installiert werden. Die zur Bündelung dieser beiden Ansätze nötigen Absprachen wurden mit dem für »allgemeine Fragen« zuständigen stellvertretenden Chef des Hauptstabes im MfNV, dem die Disziplinareinheit Schwedt unterstand, und dem Chef der Verwaltung Kader im MfNV getroffen. Der Inhaber dieser neuen Planstelle sollte direkt dem Leiter der Abt. Innerer Dienst im MfNV unterstehen und war in die Disziplinareinheit Schwedt abzukommandieren.[15]

Der Stelleninhaber war befugt, auf alle Probleme der inneren und äußeren Sicherheit der Disziplinareinheit und die Gestaltung der Vollzugsprozesse in den getrennten Bereichen Strafvollzug und Vollzug von Disziplinarstrafen Einfluss zu nehmen. Die Befugnisse waren in eigens formulierten »Dienstpflichten« festgelegt.[16]

11 Zu Bailleu siehe BStU, MfS, AIM 3626/91 und A 641/82 sowie Kap. 2 u. 6.

12 IM-Bericht »Heinrich Krause«, 3.9.1981; BStU, MfS, BV FfO, AIM 1956/89, T. II/2, Bl. 206.

13 Handschriftliche Schweigeverpflichtung Colbergs v. 30.9.1982; BStU, MfS, BV FfO, AOG 1430/82, Bl. 50.

14 DA Nr. 2/75 des MfS über politisch-operative Aufgaben des MfS im Strafvollzug der DDR v. 13.3.1975; BStU, MfS, BdL/Dok. Nr. 2378.

15 MfS/HA I/Abt. MfNV, Ltr. Oberst Grawunder an Ltr. HA I, GM Dietze: Auswahl und Schaffung eines OibE, 1.10.1982; BStU, MfS, KS 19082/90, Bl. 80.

16 [o. D., Verf. und Adressat]: Oberoffizier für Sicherheit und Ordnung; BStU, MfS, AIM 5382/88, T. I/1, Bl. 62 f.

Zum 1. Januar 1983 sollte diese Stelle mit Hauptmann Manfred Riesbeck besetzt werden, der bereits langjährig als OibE des MfS im MfNV tätig war.[17]

Biogramm: Manfred Riesbeck (1)[18]

Jahrgang 1942, Abitur,
1960 NVA (Soldat, Gefreiter, Offiziersschüler, Unterleutnant, Leutnant),
1963 Eintritt in die SED,
1966 MfS, HA I, Aufklärung,
1967 HA I, Grenzkommando Nord, Operativgruppe Gardelegen,
1970 Oberleutnant,
1972 OibE in HA I, Äußere Abwehr als Stellvertreter für Ausbildung und Offizier für politische Arbeit an der Zentralschule der HA I,
1973 Hauptmann,
1983 OibE der HA I als Oberoffizier für Sicherheit und Ordnung der Disziplinareinheit Schwedt,
1984 Major,
1986 Oberoffizier Vollzugsdienst in der Abt. Innerer Dienst des MfNV mit anhaltendem Einsatz in Schwedt,
1988 Oberstleutnant,
1990 kurzzeitiger Leiter der Disziplinareinheit in deren Auflösungsphase.

Der »Oberoffizier Sicherheit und Ordnung der Disziplinareinheit« beziehungsweise ab 1986 »Oberoffizier Vollzugsdienst in der Abt. Innerer Dienst des MfNV« war nicht gleichzusetzen mit der Stelle des verantwortlichen Mitarbeiters des MfS in der Disziplinareinheit Schwedt. Letztere wurde von Major Krugenberg, später von Hauptmann Knobelsdorf besetzt, die gleichzeitig auch als MfS-Führungsoffiziere gegenüber dem auf der MfNV-Stelle eingesetzten OibE »Manfred« agierten.[19]

17 [MfS]/HA I/Abt. MfNV, Ltr. Oberst Grawunder an Ltr. HA I, GM Dietze: Auswahl und Schaffung eines OibE, 1.10.1982; BStU, MfS, KS 19082/90, Bl. 80.

18 Auch die Akten zu Riesbeck sind nicht vollständig überliefert. Die Arbeitsakte des IM beginnt erst ab Dezember 1984 und endet im März 1988, obwohl Riesbeck nachweislich sowohl vorher als auch anschließend inoffiziell tätig war. Eine Arbeitsakte als OibE ist bisher nicht auffindbar. Material zu Riesbeck findet sich unter BStU, MfS, AIM 5382/88; BStU, MfS, DOS 13079/92 u. BStU, MfS, KS 19082/90. Zahlreiche Funde in anderen Akten ergänzen die Materiallage.

19 Krugenberg und Knobelsdorf führten die Akte von »Manfred« – trotz dessen nachgewiesenen OibE-Status – bis 1988 als Akte eines IME. Sie realisierten die Treffen mit »Manfred«, nahmen seine Berichte entgegen und führten sogenannte Arbeitsnachweise; vgl. BStU, MfS, AIM 5382/88, T. II passim, s. a Kap. 6. Riesbecks Formulierung: »meinem Führungsoffizier, Major Krugenberg« bei anderer Gelegenheit lässt erkennen, dass ihm diese Zuord-

Im Rahmen seines Aufgabenspektrums befragte Riesbeck unter anderem die Begleitposten neu hinzuverlegter Gefangener und führte später mit den Insassen sogenannte Erziehungsgespräche. Auch ließ er sich von den Gehilfen der Zugführer immer zur Monatsmitte Berichte zuliefern und hatte monatlich selber Stimmungsberichte für seinen Dienstvorgesetzten anzufertigen. Die Gespräche mit den Insassen, die offenbar in den Räumen des Stabes stattfanden, führten zu ähnlicher Unruhe wie zuvor die entsprechenden Aktivitäten von Colberg.

Mit seiner Anbindung an das MfNV[20] blieb Riesbeck in gewisser Weise ein Fremdkörper in der Struktur der Disziplinareinheit, was auch zu Reibereien mit Kommandeur Decker führte. Ähnlich wie schon bei Colberg gab es, gerade wenn der Kommandeur die sicherheitsrelevanten Bestimmungen und Anordnungen nicht beachtete, immer wieder Differenzen. Wohl unter solchem Eindruck erteilte der Kommandeur an seine Kompaniechefs im Mai 1983 die Auflage, keine Informationen an den Oberoffizier für Sicherheit und Ordnung weiterzuleiten, deren Inhalt dem Kommandeur nicht bekannt war.[21] Ende 1984 stellte die für Schwedt zuständige MfNV-Abteilung Innerer Dienst, in der auch Riesbecks Planstelle angesiedelt war, »Mängel in der Arbeit des Major Riesbeck« fest, was sich in der Haltung manifestiere: »nur melden, nichts verändern, besser wissen, sich hervortun« und »keine Verantwortung übernehmen«.[22]

Ab August 1985 war Riesbeck in seiner offiziellen Funktion Alleinverantwortlicher für die Eingliederung der Disziplinarbestraften, ihren Einsatz und deren Verteilung auf die Verwahrräume. Hier sah das MfS günstige Voraussetzungen, bei entsprechendem Bedarf verdeckt Einfluss auszuüben.[23] Ab Mai 1986 hieß Riesbecks Planstelle »Oberoffizier Vollzugsdienst in der Abteilung Innerer Dienst des MfNV« und war dem Leiter dieser Abteilung direkt unterstellt. Im gleichen Jahr benannte Riesbeck Schwierigkeiten bei der Abstimmung seiner doppelten Unterstellung: Einerseits erwartete Oberst Mehrmann als Leiter der Abt. Innerer Dienst umfassende Informationen über alle Belange, andererseits sah sich Riesbeck mehr dem MfS-Führungsoffizier Krugenberg verpflichtet: »Es kann nicht sein, dass ich als OibE besonderer Informant vom Oberst

nung bewusst war, auch wenn sie nicht den Regularien für OibE entsprach; BStU, MfS, DOS 13079/92, Bl. 19.

20 Die stellenmäßige Zuordnung Riesbecks zur Struktur MfNV/Hauptstab/Abt. Innerer Dienst ist aus einer beiläufig gegebenen Äußerung bestätigt, wonach er (vermutlich täglich) seine dienstliche Anwesenheit gegenüber einem Mitarbeiter der Abt. Innerer Dienst telefonisch meldete. Vgl. OibE-Bericht »Manfred«, 15.3.1985; BStU, MfS, AIM 5382/88, T. II/1, Bl. 75.

21 [MfS]/HA I/Abt. MfNV an Ltr. HA I: Information zur Sicherheit und Ordnung in der DE, 26.5.1983; BStU, MfS, HA I Nr. 15091, Bl. 40–46.

22 MfNV/Abt. ID, Oberst Neugebauer [ohne Adressat]: Bericht über die Untersuchung eines Disziplinverstoßes des Major XXX, KC der DE, 4.11.1984; BArch, DVW 1/126210 (o. Pag.).

23 FO Krugenberg: Arbeitsnachweis IME »Manfred«, 13.8.1985; BStU, MfS, AIM 5382/88, T. II/1, Bl. 163.

Mehrmann bin. Vielmehr erwarte ich, dass entsprechend meines Einsatzes die Aufgaben, die mir durch die Abteilung Innerer Dienst in administrativer Hinsicht gestellt sind, reduziert und in operativer Hinsicht präzisiert werden«.[24] Die enge MfS-Bindung wird auch dadurch deutlich, dass im Januar 1988 vorgeschlagen wurde, dass Riesbeck die »Zulage für IM-führende Tätigkeit« bekommen sollte, da er IM und GMS führe und in das Verbindungssystem des zuständigen MfS-Mitarbeiters Knobelsdorf einbezogen sei.[25]

Wie die besondere Stellung Riesbecks selbst aus der übergeordneten Ebene wahrgenommen wurde, zeigt folgende Anekdote: Der Mitarbeiter der Abt. Innerer Dienst des MfNV, Oberstleutnant (OSL) Laurich weilte im Juli 1987 zu einem Arbeitsbesuch in Schwedt und fiel Riesbeck durch ungewöhnliches Verhalten auf, das dieser zum Gegenstand einer Information an das MfS machte:

> Am 22.07.1987 hielt sich OSL Laurich während einer dienstlichen Maßnahme im Dienstzimmer des Unterzeichners im Stabsgebäude der Disziplinareinheit auf. Während der Unterhaltung fuhr er mit einem Mal zusammen, erschrak förmlich und fragte: ›Was war das für ein Geräusch?‹ Wobei er sich im Raum umsah und sein Blick an der Kabelleiste hängen blieb, die unterhalb der Decke in Richtung Fenster verläuft. Gleichzeitig sah er mich erstaunt an. Da ich kein Geräusch vernahm bzw. nichts Ungewöhnliches vernommen hatte, fragte ich: ›Was denn für ein Geräusch?‹ Er antwortete: ›Na so ein leises Summen!‹ Ich fand in dem Moment für sein Verhalten keine Erklärung. Nach ca. 15 Minuten wiederholte sich sein Zusammenzucken: ›Da war es wieder!‹ Es handelte sich um das Geräusch des elektrischen Türsummers der Schleusenanlage im Unterkunftsbereich, der durch das angekippte Fenster zu vernehmen war. Als ich dem Genossen Laurich den Ursprung des Geräusches erläutert hatte, war er sichtlich erleichtert.
>
> Für interessant halte ich seine gesamte Reaktion in Verbindung mit der danach folgenden Äußerung: ›Ich dachte schon, Mensch, ist der eingerichtet, zeichnet sogar die Gespräche mit. Hörte sich an, als wenn sich Wanzen eingeschaltet haben.‹ Ich meinerseits zeigte hierauf keinerlei Reaktion, da ich dafür keine Veranlassung sah, denn ich hatte ja die Ursache des Geräusches erläutert. Die Äußerung sowie das gesamte sonderbare Verhalten des OSL Laurich ließen erkennen, dass er sich unsicher fühlt und kein reines Gewissen hat.
>
> Manfred[26]

24 OibE-Bericht »Manfred«: Hinweis zu einem Gespräch beim Ltr. der Abt. ID, 14.1.1986; BStU, MfS, DOS 13079/92, Bl. 19. Angesichts dessen, dass Mehrmann auch IM des MfS war (IM »Hans Seeberg«; BStU, MfS, AIM 3909/91), wäre eine Klärung der Differenzen leicht möglich gewesen. Da Mehrmann und Riesbeck aber von unterschiedlichen MfS-Diensteinheiten geführt wurden, war wohl die Konspiration Mitursache für die ausbleibende klärende Abstimmung.

25 [MfS]/HA I/Abt. MfNV/UA HS, Ltr. OSL Willert [ohne Adressat]: Vorschlag zur Anweisung der Zulage für IM-führende Tätigkeit, 8.1.1988; BStU, MfS, DOS 13079/92, Bl. 21. U. U. war das als Ersatz für eine zwei Jahre zuvor gestrichene Ausgleichszahlung des MfS gedacht. Die bisher bekannten Akten bestätigen den IM-führenden Einsatz eher nicht.

26 OibE-Bericht »Manfred«, 30.7.1987; BStU, MfS, AIM 5382/88, T. II/2, Bl. 42.

Im Zusammenhang mit der Auflösung des Militärstrafvollzuges machte Riesbeck einen ungeahnten Karrieresprung: im August 1990 wurde er als Nachfolger Deckers zum Leiter der Disziplinareinheit bis zu ihrer endgültigen Auflösung bestimmt.[27] Ohne Datierung und Quelle schildert Wenzke, dass Riesbeck nach Bekanntwerden seiner MfS-Tätigkeit entlassen wurde und Pfotenhauer die Auflösung übernahm,[28] was noch 1990 erfolgt sein muss. Bei Koop heißt es gar, Riesbeck sei »kurzerhand per Telefon abberufen« worden.[29]

5.2 Zusammenarbeit von MfS, MdI und MfNV

In der Phase der MdI-Verwaltung bis 1982 waren sowohl die Staatssicherheit als auch die ebenfalls mit inoffiziellen Mitteln agierende Arbeitsrichtung I/4 der Kriminalpolizei im Militärstrafvollzug Schwedt aktiv vertreten. Der Schwerpunkt der K I/4 lag eher bei den kriminellen Insassen, das MfS hatte seine Zuständigkeit bei eher politischen Hafthintergründen. Im Gegensatz zum MfS hatte die K I/4 einen quasi offiziellen Mitarbeiter im Personal: Der Offizier für Kontrolle und Sicherheit war ständig präsent und hatte eigene Dienstzimmer in Schwedt.[30]

Die geheimpolizeiliche Absicherung des Militärstrafvollzugs in Schwedt lag bei der Abt. VII der Bezirksverwaltung Frankfurt (Oder) des MfS.[31] Deren Mitarbeiter waren nicht ständig vor Ort, konnten aber ab spätestens Ende der 1960er-Jahre ein Zimmer im Strafvollzug für ihre Zwecke nutzen. Die Vertreter der den beiden unterschiedlichen Ministerien zugeordneten Bereiche hatten jeweils Kenntnis voneinander.[32]

Weitgehend unbekannt dürften der Umfang und die Besetzung der jeweils anderen inoffiziellen Netze geblieben sein, auch wenn es hier etliche Ausnahmen gab, über die im Folgenden noch berichtet wird. Prinzipiell hatte die K I/4 in Schwedt mehr inoffizielle Mitarbeiter. Da der Mitarbeiter der K I/4 jede ihn

27 NVA/DE an MfVA/Abt. f. allg. Fragen: Übergabe-/Übernahmeprotokoll, 31.8.1990; BArch, DVW 1/126218 (o. Pag.).

28 Wenzke: Ab nach Schwedt!, S. 381.

29 Koop: Abgewickelt?, S. 90 – hier ohne Nennung des Namens Riesbeck.

30 Allgemein zu Kooperation und Konfrontation zwischen Staatssicherheit und Polizei s. a. Tobias Wunschik: »Überall wird der Stalinismus beseitigt, nur in unserer Dienststelle nicht!« Das autokratische Regime des Leiters der Haftanstalt Brandenburg-Görden Fritz Ackermann. In: Heiner Timmermann (Hg.): Die DDR. Analysen eines aufgegebenen Staates. Berlin 2001, S. 321–342.

31 Aufgabe der sogenannten Linie VII des MfS war die Absicherung der Polizei und des MdI und damit auch der vom MdI verwalteten Gefängnisse. S. a. Tobias Wunschik: Hauptabteilung VII. Ministerium des Innern, Deutsche Volkspolizei. Berlin, 2009.

32 Im Kap. 6 werden einzelne Beispiele koordinierenden oder abgrenzenden Verhaltens näher vorgestellt.

interessierende Person für die eigene Bearbeitung erst vom MfS freigeben lassen musste, war das MfS theoretisch über die Interessenlage der K I/4 im Bilde. Das heißt jedoch nicht, dass den MfS-Vertretern vor Ort jede inoffizielle Verbindung der K I/4 bekannt war,[33] zumal OKS Colberg nicht nur IM führte, sondern auch Akten gegen andere Insassen anlegte (sogenannte Kriminalakten bzw. Kontrollmaterialien). Dem MfS gelang es jedoch durch die Nutzung des OKS als IM »Johannes«, auch partiellen Einblick in dessen inoffizielles Netz zu erhalten. Der OKS wiederum wird wegen der Ähnlichkeit des praktischen Vorgehens bei der inoffiziellen Arbeit bestimmte Erkenntnisse zum inoffiziellen Netz des MfS erlangt haben. Die K I/4 war inoffiziell nur unter den Insassen tätig, somit unterlag die inoffizielle Basis stärkerer Fluktuation. Das MfS hingegen hatte IM unter den Gefangenen, im Personal und auch bei der K I/4.

Durch die stellenmäßige Verankerung des OKS als Vertreter der K I/4 ist nicht in jedem Falle auszumachen, ob die Koordinierung mit ihm eher direkt dem Strafvollzug oder der K I/4 galt. Auch die Abgrenzung zwischen offizieller und inoffizieller Zusammenarbeit ist nicht immer einfach. Oft kamen in der inoffiziellen Arbeit wichtige Themen zur Sprache, die eigentlich auf offiziellem Wege hätten besprochen werden müssen. Außerdem führte Colberg eigene IKM und war schließlich selbst für das MfS inoffiziell tätig. Auch dies führte zu einer Vermischung von Verantwortlichkeiten und Verbindungen, die nicht immer nachvollziehbar ist.

Nach der Verwaltungsumstellung zum MfNV rückte die K I/4 als Institution des MdI aus dem Militärstrafvollzug ab. Das MfS hingegen zog mit einem hauptamtlichen Mitarbeiter in das Stabsgebäude der Disziplinareinheit ein, dem kurze Zeit später ein zweiter folgte.

Das Wirken von Staatssicherheit und K I/4 nur über deren Arbeit mit inoffiziellen Mitarbeitern zu betrachten, wird der Aufgabenvielfalt nicht gerecht. Es gab eine Vielzahl offizieller Arbeitskontakte zwischen dem Strafvollzug, der Staatssicherheit und der Kriminalpolizei, bei denen zum Beispiel Lageberichte ausgetauscht und Sachfragen erörtert wurden.

Die Berührungspunkte beider beteiligter Bereiche lassen sich am ehesten in konkreten Einzelfällen erkennen. So hielt Leutnant Colberg zum Beispiel 1968 als Verantwortlicher für Kontrolle und Sicherheit im Strafvollzug Schwedt das Vorgehen gegen einen Strafgefangenen fest. Dabei gebrauchte er auch die Abkürzung VO, die für den Verbindungsoffizier des MfS steht.[34] Mit diesem VO sollten Absprachen getroffen beziehungsweise »gemeinsame Maßnahmen fest-

33 Die Freigabe erfolgte durch die Abt. XII der BV Frankfurt. Es widersprach den Regeln der Konspiration, die Mitarbeiter der für Schwedt zuständigen Abt. VII darüber zu informieren; es sei denn, die Abt. VII hatte zuvor eine Person für sich registrieren lassen.

34 Aus dem VO wurde NVA-weit umgangssprachlich der V0 (sprich: Vau Null). Der Inhaber der Stelle wurde daher auch als Vau-Nuller betitelt.

gelegt« werden. Inhaltlich ging es um die Unterbindung beziehungsweise Beeinflussung des Transports illegaler Briefe aus dem Strafvollzug.[35] Zwei Jahre später notierte ein Führungsoffizier der Frankfurter MfS-Bezirksverwaltung, dass »Koordinierungsmaßnahmen bezüglich der Zivilstrafgefangenen mit dem OKS, Oberleutnant Colberg«, festzulegen seien.[36] So lässt sich in den Schriftstücken beider Provenienzen nachvollziehen, dass die jeweils eine Seite mit den Vertretern der anderen offiziell kooperierte. Colberg verwendete dabei mehrmals die Formulierung mit dem »VO des MfS«, während die MfS-Mitarbeiter die »Arbeitsrichtung I/4 des Dezernates I der BDVP« oder den OKS als Partner benannten.

1976 notierte der MfS-Mitarbeiter Feller der Frankfurter Abt. VII, dass die vom OKS angelegten Kontrollmaterialien und Kriminalakten »hinsichtlich einer eventuellen Übernahme durch uns« gesichtet wurden. Im gleichen Zusammenhang wurden auch »Maßnahmen hinsichtlich einer weiteren zielgerichteten Bearbeitung« bestimmter Personen festgelegt.[37] Das zeigt die erheblichen Befugnisse der Staatssicherheit gegenüber der K I/4 beziehungsweise dem OKS, auch im Hinblick auf den Aktenzugang und die Übernahme von Vorgängen. Vergleichbare Vorgänge unter umgekehrten Vorzeichen sind nicht bekannt. In diversen Fällen wurde von MfS-Mitarbeitern vermerkt, dass Informationen, gegebenenfalls unter Einhaltung der Konspiration, mit dem OKS ausgewertet werden sollten, damit dieser zum Beispiel Überprüfungen vornehmen oder andere Maßnahmen einleiten könne.[38]

35 StVK Schwedt, Ltn. Colberg [ohne Adressat]: Vermerk, 12.9.1968; BStU, MfS, AU 85/69, Bd. 5, Bl. 11. Zum Verlauf der Kontrollversuche und deren Ergebnis siehe auch Brauhnert; Hübner; Polzin (Hg.): Der DDR-Militärstrafvollzug, S. 101–108.

36 FO Schröter: Treffbericht FIM »Arnold«, 30.4.1970; BStU, MfS, A 641/82, Bd. 1, Bl. 7.

37 FO Feller: Treffbericht IME »Johannes«, 19.3.1976; BStU, MfS, BV FfO, TA 1111/79, Bd. 2, Bl. 253. Diese Konstellation ist eigentlich noch komplexer, da das zugrunde liegende Zusammentreffen des MfS-Mitarbeiters mit dem OKS auf inoffizieller Basis erfolgte.

38 Auch für die Einbindung der jeweils nächsthöheren Ebenen der Polizei- bzw. Strafvollzugsstrukturen gibt es einige, wenn auch nur wenige Belege. Die BDVP in Frankfurt sollte z. B. Ende 1970 von der Frankfurter MfS-Abt. VII eine »Information über den Zustand im Versorgungsdienst im Strafvollzugs-Kommando Schwedt« erhalten, drei Monate später wollte das MfS wegen einer Befugnis-Überschreitung eines Strafvollzugsangehörigen erst mit dem übergeordneten Bereichsleiter der Abt. IV der Verwaltung Strafvollzug eine Absprache vornehmen, bevor der Dienststellenleiter in Schwedt davon erfahren sollte. Vgl. FO Schröter: Treffberichte IM »Arnold«, 12.11.1970 sowie IM »Johannes«, 10.2.1971; BStU, MfS, A 641/82, Bd. 1, Bl. 34 u. BStU, MfS, BV FfO, TA 1111/79, Bd. 1, Bl. 72.

5.2.1 Zugehörigkeit zum MdI (1968–1982)

Zwischen dem Militärstrafvollzug und der Kreisdienststelle Schwedt/Angermünde des MfS[39] bestand nur eine territoriale Verbindung, da die KD praktisch keine Zuständigkeit für das Militärgefängnis hatte. Dennoch gab es einzelne Berührungspunkte. So musste der OKS Colberg mindestens von 1968 bis 1971 über die KD des MfS prüfen lassen, ob einzelne Personen beim MfS bereits erfasst waren. Dazu nutzte er zum Teil auch die im MfS üblichen Formblätter (Suchzettel F 10). Zusätzlich gab es eine hierfür nutzbare Funkverbindung des MfS.[40] Die Verwendung der Formblätter erfolgte dabei sowohl mit der zutreffenderen Absenderangabe »Frankfurt (Oder), MDI – Tel. 2555, Schwedt/Oder« als auch mit der verschleiernden Form »BV Frankfurt, KD Angermünde«, aber beides mit Unterschrift von Colberg. Das ist auch deswegen interessant, weil sich daraus ergibt, dass OKS Colberg zum berechtigten Empfängerkreis solcher Auskünfte gehörte und in der Lage gewesen sein muss, die MfS-typischen Karteiauskünfte zu deuten. In anderen Fällen ersuchte Colberg mit formlosem Schreiben um die Überprüfung von Personen und verwandte seine Dienstbezeichnung OKS als Absender und die KD Schwedt als Adressat. Hier ist wiederum auffällig, dass das Schreiben keine (Zustell-)Adresse trägt, also offenbar per Kurier überbracht wurde.[41] Die KD Schwedt/Angermünde fungierte zudem als eine Art Mittler für den Fernschreib- beziehungsweise Telegrammverkehr des MfS zum Militärstrafvollzug. Mindestens für Anfang der 1970er-Jahre ist belegbar, dass entsprechende Anfragen über die KD Schwedt zur Weiterleitung, zum Beispiel an den »Mitarbeiter der Strafvollzugsanstalt der NVA« erfolgten.[42]

Auch nach Aufteilung der Kreisdienststelle Schwedt/Angermünde wurde die KD Angermünde gelegentlich konsultiert, vor allem weil diese für das in ihrem Kreis gelegene Instandsetzungswerk Pinnow (IWP) verantwortlich war. Das IWP hatte sowohl als Außenarbeitskommando, als auch als Stammbetrieb der später in Schwedt auf dem Gefängnisgelände errichteten Produktionsstätte langjährige Beziehungen zum Militärstrafvollzug. Mindestens 1975 hatte die KD Angermünde ein eigenes Dienstzimmer im Instandsetzungswerk und 1979

39 Auch in der Zeit der übergreifend zuständigen KD Schwedt/Angermünde ist im Postverkehr oft nur die verkürzte Angabe KD Schwedt gebraucht worden. Ob damit die OD Schwedt oder die KD Schwedt/Angermünde gemeint war, kann mangels Adressangaben nicht geklärt werden.

40 Beispiele solcher Formulare befinden sich u. a. in BStU, MfS, AIM 7172/83, T. I/1, Bl. 63–66. Zur Funkverbindung vgl. u. a.: [StVK Schwedt], OKS, Oltn. Colberg an MfS/BV Frankfurt (Oder)/Abt. VII [o. T.], 3.6.1970; ebenda, Bl. 78.

41 StVK Schwedt, OKS, Oltn. Colberg an KD Schwedt, z. Hd. des Gen. Ponto [o. T.], 30.9.1970; BStU, MfS, BV FfO, AOG 646/74, Bl. 7.

42 Zwei Beispiele von 1972 finden sich in BStU, MfS, AOP 5058/73, Bl. 79 f.

gab es eine eigene Arbeitsgruppe Pinnow der KD, die über besondere Vorkommnisse im Außenarbeitskommando Pinnow informiert wurde.[43]

StVE Schwedt und MfS-BV Frankfurt (Oder), Abt. VII

Für die Bearbeitung und Überwachung des MdI-Bereiches (und damit auch dessen Gefängnissen) war im MfS die sogenannte Linie VII verantwortlich. Da Schwedt im Bezirk Frankfurt (Oder) lag, war im MfS bis 1982 die Abteilung VII der Bezirksverwaltung Frankfurt (Oder) für den Militärstrafvollzug zuständig.[44] Neben anderen waren deren Mitarbeiter Werner Wirth, Claus Dittrich, Bruno Schröter, Detlef Feller und Reinhard Schübler mit Bezug auf das Militärgefängnis tätig. Diese agierten sowohl offiziell im Rahmen des »politisch-operativen Zusammenwirkens«, als auch auf der inoffiziellen Ebene. Für seine Zwecke konnte das MfS schon Ende der 1960er-Jahre mindestens ein Zimmer innerhalb des Strafvollzugs nutzen.

Die dem MfS bekannt gewordenen Sachverhalte aus dem Haftalltag sollten in Einzelfällen auch der Gefängnisleitung sowie ausgewählten Zuständigen mitgeteilt werden. In den Akten inoffizieller Mitarbeiter lassen die Treffberichte der Führungsoffiziere auf Missstände aller Art und »besondere Vorkommnisse« sowohl unter den Insassen als auch den Bediensteten schließen. So wollte beispielsweise der MfS-Führungsoffizier Schröter Ende 1970 den Gegenstand inoffiziell erhobener Informationen über Unzulänglichkeiten in der Tischlerei respektive in der Arbeitsweise eines Abteilungsleiters des Strafvollzugs an die Gefängnisleitung weiterleiten.[45] In mindestens einem Fall wurde das MfS jedoch deutlicher: Nachdem IM »Arnold« Ende 1971 einen Meister des Strafvollzugs als »Unsicherheitsfaktor« bezeichnete, notierte Führungsoffizier Schröter: »Absprache

43 [MfS/BV Frankfurt (Oder)]/KD Angermünde, Ltn. Wilk [ohne Adressat]: Bericht über durchgeführte Werbung, 2.4.1975; BStU, MfS, AIM 5781/89, T. I/1, Bl. 110–112 bzw. [MfS]/BV Frankfurt (Oder)/Abt. VII, Oltn. Schübler [ohne Adressat]: Information des IME »Johannes« über ein besonderes Vorkommnis im AAK Pinnow, 1.8.1979; BStU, MfS, BV FfO, TA 70/84, Bd. 3, Bl. 220.

44 Diese war auch für die laut DA Nr. 2/75 des MfS über jede Strafvollzugseinrichtung zu führende »Leitakte Strafvollzug«, hier für den Militärstrafvollzug Schwedt zuständig. Auch wenn diese Leitakte bisher nicht aufgefunden wurde, ist bekannt, dass sie am 25.10.1982 von der Frankfurter Abt. VII an die HA I/Abt. MfNV/UA HS übergeben wurde; vgl. [MfS]/BV Frankfurt (Oder)/Abt. VII, Ltr. OSL Lägel und HA I/Abt. MfNV/UA HS, Ltr. OSL Willert: Protokoll, 25.10.1982; BStU, MfS, BV FfO, Abt. VII Nr. 217, Bl. 28. Zur Leitakte s. a. im Einführungskapitel den Abschnitt zur Archivsituation.

45 FO Schröter: Treffberichte FIM »Arnold«, 16.10. u. 15.12.1970; BStU, MfS, A 641/82, Bd. 1, Bl. 27 u. 45. Die Akte enthält weitere Beispiele aus späteren Monaten.

mit dem Gen. Major Albinus, Ltr. des MStVK Schwedt, führen, mit der Zielstellung, YYY aus dem SV zu entlassen«.[46]

Doch auch den Fall umgekehrten Informationsflusses gab es: Der Schwedter Offizier für Kontrolle und Sicherheit, Colberg, informierte die Abt. VII der Frankfurter MfS-Bezirksverwaltung mehrfach über »Vorkommnisse« auch mit Bediensteten. So meldete er Anfang 1971 einen »Verstoß gegen die Wachvorschrift«, weil ein Aufseher als Posten im Außenarbeitskommando Plattenwerk während der Nachtschichten mehrfach schlief.[47] Schon in der Frühphase des Militärstrafvollzugs in Schwedt, hier von Oktober 1968 bis Juli 1969, übersandte Colberg als OKS mit Bezugnahme auf einen einzigen Strafgefangenen, gegen den das MfS einen sogenannten Untersuchungsvorgang führte, insgesamt 26 formale Schreiben an die MfS-Bezirksverwaltung Frankfurt (Oder), Abt. VII. In drei zusätzlichen Fällen verfügte er auf nicht adressierten Schriftstücken handschriftlich die Kenntnisnahme durch das MfS.[48]

In den letztgenannten Beispielen ist die Intensität der Kooperation sehr deutlich zu erkennen. Das beruht auf der Dokumentation in anderen Aktenarten: In den Akten, die das MfS oder die K I/4 zu überwachten Personen anlegte, ist viel ausführlicher dokumentiert, welche Institutionen gegebenenfalls einbezogen wurden. In den Akten der IM, von denen die relevanten Informationen stammten, heißt es dagegen nur lapidar »Klärung mit XY« oder ähnlich. In den operativen Vorgängen des MfS oder den sogenannten Kontrollmaterialien/Kriminalakten der K I/4 ist hingegen oft der ausführlichere Schriftverkehr mit den eingebundenen Partnern zu finden.

Eine direkte Einflussnahme der Frankfurter Abt. VII des MfS auf interne Abläufe im Strafvollzug ist im Fall eines Strafgefangenen dokumentiert, der 1971 bereits zum zweiten Mal wegen unerlaubter Entfernung in Schwedt einsaß. Gegen ihn ermittelte das MfS wegen eines weiteren Verdachtes. Zu diesem Zweck führte das MfS gegen den Betreffenden einen operativen Vorgang. Im Zuge des-

46 FO Schröter: Treffbericht FIM »Arnold«, 20.10.1971; BStU, MfS, A 641/82, Bd. 1, Bl. 122. Monate später unterlag der betreffende Meister des SV tatsächlich einem Parteiverfahren und 1972 wurde er entlassen, vgl. IM-Bericht »Arnold« über den politmoralischen Zustand im StVK Schwedt, 11.10.1972; ebenda Bl. 208 f.

47 [StVK Schwedt], OKS, Oltn. Colberg an MfS/BV Frankfurt (Oder)/Abt. VII: Verstoß gegen die Wachvorschrift, 8.1.1971; BStU, MfS, AVSV 3942/73, Bl. 42. Allerdings ist der Sinn dieser Meldung nicht klar. Die Geschichte wird noch undurchsichtiger weil ein anderer IM des MfS seinem Führungsoffizier den gleichen Sachverhalt ca. drei Wochen später auf ein Tonband sprach. Zum einen sind die verwandten Formulierungen auffallend ähnlich, zum anderen wird in dieser IM-Meldung ausdrücklich erwähnt, dass der Leitung des Strafvollzugskommandos noch nichts bekannt sei. Hier wurden also auf zwei verschiedenen Wegen externe »Autoritäten« informiert und die eigene Leitung außen vor gelassen, vgl. IM-Bericht »Arnold«, 26.1.1971; BStU, MfS, A 641/82, Bd. 1, Bl. 57.

48 BStU, MfS, AU 85/69, Bd. 5, Bl. 50–141. Auch diese Schreiben enthielten keine genaue Adressenangabe, was einen Transport per Kurier oder persönliche Übergabe nahelegt.

sen gab es mehrere Schriftwechsel mit »Schwedt« und im März 1972 hielt der OKS Colberg fest, dass die Abt. VII der Frankfurter MfS-Bezirksverwaltung um die Einleitung von Sicherungsmaßnahmen beim SG XXX ersuchte. Daraufhin wurden vom Gefängnisleiter gegen den Betreffenden 21 Tage strenger Einzelarrest und eine Besuchersperre verhängt.[49]

Im Januar 1974 erhielt der nun für »Schwedt« zuständige Führungsoffizier des MfS, Feller, Kenntnis darüber, dass vier für eine Nachtschicht eingeteilte Aufseher es mit den angeordneten Streifengängen nicht so genau nahmen. Feller wusste dank seines IM »Arnold« auch, dass die Beteiligten bereits bestraft wurden, das »besondere Vorkommnis« aber nicht an die Frankfurter Bezirksbehörde der Volkspolizei gemeldet worden war. Dennoch wollte er in einem Gespräch mit dem Leiter des Militärstrafvollzugs diese beiden Punkte [vermeintlich] erst prüfen.[50] Hier nutzte das MfS also einen Informationsvorsprung aus der inoffiziellen Arbeit, um den Gefängnisleiter auf seine Aussagebereitschaft und Glaubwürdigkeit zu überprüfen.

StVE Schwedt und die K I/4

Schon 1966 wurde innerhalb der Verwaltung Strafvollzug des MdI eine Abteilung IV gegründet, die durch Offiziere für Kontrolle und Sicherheit (OKS) in den meisten DDR-Gefängnissen vertreten war. Im Jahr 1974 wurde die Abteilung IV aus der Verwaltung Strafvollzug ausgegliedert und der Kriminalpolizei, Arbeitsgebiet I als Arbeitsrichtung 4 unterstellt. In Schwedt war die Stelle des Offiziers für Kontrolle und Sicherheit bis zum Verwaltungswechsel vom MdI zum MfNV 1982 mit Heinz Colberg besetzt. In seine Zuständigkeit fielen nahezu alle Fragen des Einsatzes auf den unterschiedlichen Arbeitskommandos (innen/außen), die Zuordnung der Insassen zu den Brigaden, die Unterbringung in den Verwahrräumen als auch die Kontrolle von Postverkehr und ähnlichem. Er hatte Mitsprache- und Einflussrecht bei Entscheidungen über Belobigungen und Bestrafungen sowie Zugang zu den Gefangenenakten. Informationen über Missstände, die er aus dienstlichem Tun und seinem IM-Netz erhielt, konnte er als neutrale Meldung sowohl der Leitung des Strafvollzugs als auch der Bezirksbehörde der Polizei in Frankfurt (Oder) zukommen lassen.[51]

In konzeptionellen Materialien war die Zusammenarbeit des Strafvollzuges mit der K I/4 verankert. Die 1977er-Arbeitsordnung der Strafvollzugseinrichtung verlangte vom Leiter der StVE beispielsweise »eine enge Zusammenarbeit

49 StVK Schwedt, OKS, Oltn. Colberg [ohne Adressat]: Protokoll, 18.3.1972; BStU, MfS, AVSV 6161/72, Bl. 66.

50 FO Feller: Treffbericht FIM »Arnold«, 31.1.1974; BStU, MfS, A 641/82, Bd. 1, Bl. 340 f.

51 Zusätzlich nutzte er auch offizielle und inoffizielle Verbindungen zum MfS.

mit den für die StVE zuständigen Kriminalisten der Arbeitsrichtung I/IV zur Verhütung von Gefahren« beziehungsweise »eine regelmäßige Verbindung und Zusammenarbeit« mit eben diesen (u. a.).[52] Etwas ausführlicher hieß es 1978 in einer »Einschätzung der Verhaltensweisen der Militärstrafgefangenen«, die vor dem Hintergrund der anhaltenden Renitenz einzelner Gefangener gegen die Politschulungen entstand, dass

> im Monat Juli besondere Absprachen mit dem Leiter der Dienststelle und dem Offizier K I/4 getroffen wurden, die beinhalteten:
> 1. Durchführung der Schulung mit der notwendigen und erforderlichen Konsequenz.
> 2. Brechung des passiven und aktiven Widerstands durch offensives und parteiliches Auftreten bei der Erläuterung unserer Politik.
> 3. Einleitung von Sofortmaßnahmen (Isolierung der Rädelsführer, wenn erforderlich).[53]

Der Offizier für Kontrolle und Sicherheit übermittelte relevante Informationen über Armeeangehörige an die hierfür zuständige Hauptabteilung I des MfS. Colberg verwandte hierzu offizielle Briefbögen des Strafvollzugskommandos, wobei die im Vordruck enthaltene Bezeichnung der Dienststelle von ihm um die Angabe »Offizier für K u. S« ergänzt wurde.[54] Die Informationen betrafen in der Regel Sachverhalte, die für die Armeestandorte relevant waren, aus denen die Häftlinge nach Schwedt kamen. Damit sollte dem MfS vor Ort die Möglichkeit gegeben werden, dies zu prüfen und weiter zu verfolgen.

5.2.2 Zugehörigkeit zum MfNV (1982–1990)

Mit dem Wechsel der Verwaltung des Militärstrafvollzugs vom Innen- zum Verteidigungsministerium änderte sich auch die Zuständigkeit bei der Staatssicherheit. Zum 1. November 1982 ging die sogenannte politisch-operative Sicherung des Militärstrafvollzuges von der MfS-Bezirksverwaltung Frankfurt (Oder), Abteilung VII an die MfS-Hauptabteilung I, Abteilung MfNV, Unterabteilung Hauptstab (HA I/Abt. MfNV/UA HS)[55] über. In diesem Zusammenhang

52 Leiter StVE Schwedt, Mj. Albinus [ohne Adressat]: Arbeitsordnung der Strafvollzugseinrichtung Schwedt, überarb. 1977, 10.1.1977; BLHA, Rep. 671/16.1, Nr. 322, Bl. 92–123, hier 98 bzw. 101.

53 Hier überliefert als IM-Bericht von »Arnold«, 3.8.1978; BStU, MfS, A 641/82, Bd. 3, Bl. 125–128, Zitat von Bl. 127.

54 Allein fünf Beispiele finden sich unter BStU, MfS, AIM 7172/83, T. I/1, Bl. 89, 102, 105, 107 u. 119.

55 Als Leiter bzw. Stellv. Leiter der Unterabt. Hauptstab traten in den 1980 Jahren OSL Willert bzw. Major Fugmann in Erscheinung. Sie hatten ihren Sitz in Strausberg und waren

wurde am 25. Oktober 1982 auch die beim MfS geführte, bereits erwähnte »Leitakte über StVE Schwedt« mit 80 Blatt an die HA I, Abt. MfNV, UA HS übergeben.[56] Aus Sicht der nun vorrangig zuständigen Diensteinheiten des MfS verlagerte sich mit dem Verwaltungswechsel auch der Schwerpunkt der geheimpolizeilichen Arbeit. Galt es bisher, den Aufbau der Disziplinareinheit organisatorisch und personell zu begleiten, kam jetzt die Zuständigkeit für die Insassen hinzu.

In der 1982 überarbeiteten Militärstrafvollzugsordnung wurde an verschiedenen Stellen die Mitwirkung des MfS verankert. So bei der Bestätigung des Personals für die unmittelbare Arbeit mit den Militärstrafgefangenen, bei der Anwendung von Sicherungsmaßnahmen gegen Gefangene, bei der Möglichkeit von Eingaben der Insassen an das MfS, bei der Strafaussetzung auf Bewährung oder bei Hungerstreiks und Ausreiseanträgen. Bei den beiden letztgenannten Arten von Vorfällen waren Benachrichtigungen der übergeordneten MfNV-Abteilung Innerer Dienst beziehungsweise der Militärstaatsanwaltschaft vorgeschrieben.[57] In der Folgezeit kooperierten in Schwedt die hauptamtlichen MfS-Mitarbeiter der HA I vor allem mit der Leitungsebene der Disziplinareinheit, inklusive dem neu in Schwedt verankerten Oberoffizier für Sicherheit und Ordnung.

In Anlehnung an den Sprachgebrauch in der NVA wurde nun auch in der Disziplinareinheit Schwedt die Bezeichnung »Verwaltung 2000« für die MfS-Struktur innerhalb des Armeegefängnisses eingeführt. Der Stellvertreter des Kommandeurs für den Strafvollzug, einzelne verantwortliche Offiziere der Vollzugsgeschäftsstelle, der Ein- und Ausgangskontrolle beziehungsweise »der offiziellen Postkontrolle und Zensur« [sic!] galten dem MfS als offizielle Stützpunkte.[58]

Empfänger entsprechender Meldungen aus Schwedt und kontrollierten die Arbeit der vor Ort eingesetzten Mitarbeiter und nahmen gegebenenfalls Einsicht in relevante Vorgänge, siehe z. B. BStU, MfS, AIM 11736/87, T. I/1, Bl. 43 ff.; BStU, MfS, AIM 11737/87, Bl. 26 u. 67 oder BStU, MfS, AGMS 4768/91, Bl. 3. Mindestens 1987 war für Knobelsdorf auch noch ein Referatsleiter Ludwig relevant, vgl. FO Knobelsdorf: Treffbericht IM »Klaus Krakowski«, 19.11.1987 mit avisierter Teilnahme des Referatsleiters Ludwig; BStU, MfS, AIM 5467/88 T. II/1, Bl. 78.

56 [MfS]/BV Frankfurt (Oder)/Abt. VII, Ltr. OSL Lägel und HA I/Abt. MfNV/UA HS, Ltr. OSL Willert: Protokoll, 25.10.1982; BStU, MfS, BV FfO, Abt. VII Nr. 217, Bl. 28.

57 Militärstrafvollzugsordnung 1982, S. 31, 48, 51, 79 u. 83 f. Ähnliche Regelungen für die Disziplinarbestraften fanden sich in der Ordnung Nr. 036/9/004 des MfNV über den Dienst in der Disziplinareinheit v. 17.12.1982; BStU, MfS, AGM Nr. 610, Bl. 151.

58 [MfS]/HA I/AKG, Ltr. Oberst Riebe [ohne Adressat]: Information zum Stand der Organisation und Führung der politisch-operativen Arbeit in der DE der NVA, 5.1.1984; BStU, MfS, HA I Nr. 15717, Bl. 30–39, hier 35. Damit gemeint war wohl, dass die genannten NVA-Offiziere zur Erfüllung ihrer Amtspflichten offiziell mit dem MfS kooperierten. Das »Wörterbuch der Staatssicherheit« definierte Stützpunkte eigentlich nur im Zusammenhang mit gegnerischen Aktivitäten. Siegfried Suckut (Hg.): Das Wörterbuch der Staatssicherheit. Defi-

Die Disziplinareinheit unterhielt regelmäßige Kontakte zu drei verschiedenen MfS-Diensteinheiten: der HA I sowie den Kreisdienststellen Schwedt und Angermünde. Zwei MfS-Mitarbeiter der HA I arbeiteten vor Ort in der Disziplinareinheit. Die KD Schwedt[59] wurde bei der Neueinstellung von Zivilbeschäftigten in der Disziplinareinheit oder im Betriebsteil Schwedt des Instandsetzungswerk Pinnow eingebunden. Über diese Kreisdienststelle liefen auch die Abstimmungen mit dem VEB Kraftverkehr Schwedt bezüglich der für den Gefangenentransport eingesetzten Busse und Kraftfahrer.[60] Die KD Angermünde wiederum war für den Stammbetrieb des Instandsetzungswerks Pinnow verantwortlich, der auf dem Gelände der Disziplinareinheit einen eigenen Betriebsteil unterhielt und dort Insassen zur Arbeit einsetzte. Gemäß einer Vereinbarung mit der KD Angermünde oblag die politisch-operative Sicherung des Betriebsteiles in Schwedt der MfS-Diensteinheit HA I, Abt. MfNV, UA HS.[61] Die Staatssicherheit verfügte dazu über eigene Diensträume am Eingang zum Betriebssitz.[62] Die Disziplinareinheit kooperierte auch mit der Militärstaatsanwaltschaft, dem Militärgericht und dem MfNV. Entsprechender Schriftverkehr betraf zum Beispiel Führungsberichte, Anträge auf Strafaussetzung zur Bewäh-

nitionen zur »politisch-operativen Arbeit«. Berlin 1996, S. 428 (Das Wörterbuch erschien erstmals 1970. Die hier zugrunde liegende Fassung stammt aus dem Jahr 1985).

59 Das Gebäude der KD lag »in der Karl-Marx-Str. 30. Über den Hof gibt es einen direkten Zugang zum Hauptgebäude der Volkspolizei, das Richtung Bahnhof gelegen ist«, vgl. Ines Geipel: Generation Mauer. Stuttgart 2014, S. 110. Auf Beschluss der Stadtverordnetenversammlung v. 8.2.1990 sollten die Musikschule, das Deutsche Rote Kreuz und ein Fotojournalist das Gebäude künftig nutzen. In: *Neuer Tag* v. 10.2.1990, Lokalseite Schwedt. 2010 wurde das Haus abgerissen. Bilder aus den Jahren 1989–2010 bietet http://www.schwedt.eu/de/politik-und-verwaltung/stadtverwaltung/anliegen-von-a-bis-z/karlmarxstrasse-%E2%80%93-stadtteil-zentrum/319292 (Bilder 7–9).

60 [MfS]/HA I/AKG, Ltr. Oberst Riebe [ohne Adressat]: Information zum Stand der Organisation und Führung der politisch-operativen Arbeit in der DE der NVA, 5.1.1984; BStU, MfS, HA I Nr. 15717, Bl. 36 u. 38. Als Ausdruck des guten Kontaktes dürfte zu werten sein, dass die KD Schwedt zum 60. Geburtstag des stellvertretenden Leiters Albinus zwei Kristallgläser im Wert von über 80,00 Mark übergab. Vgl. [MfS/BV Frankfurt (Oder)]/KD Schwedt, Ltr. OSL Büttner an Abt. Finanzen: Antrag auf Bereitstellung finanzieller Mittel, 4.9.1986 i. V. m. Quittung des CENTRUM-Warenhaus Schwedt; BStU, MfS, BV FfO, Abt. Fin Nr. 1121, Bl. 352–354. Interessanterweise verwandte das MfS hier noch den Begriff Militär-Strafvollzugsanstalt statt Disziplinareinheit. Der Jubilar war allerdings zwölf Jahre lang (1970–1982) der Leiter der Militärstrafvollzugseinrichtung, bevor er mit dem Verwaltungswechsel zum MfNV nur noch als 2. Mann in der neu benannten Disziplinareinheit eingesetzt wurde. Vergleichbare Abrechnungen zugunsten des späteren Leiters Decker bzw. zu anderen Jubiläen sind bisher nicht bekannt.

61 Die Vereinbarung liegt bisher nicht vor. Sie wird erwähnt in: [MfS]/HA I/Abt. MfNV/UA HS/DE, Mj. Krugenberg [ohne Adressat]: Vorschlag zur Bestätigung als GMS, 20.6.1985; BStU, MfS, AGMS 4768/91, Bl. 31.

62 [MfS]/HA I/Abt. MfNV/UA HS/DE, Mj. Krugenberg [ohne Adressat]: Vorschlag zur Bestätigung als GMS, 20.6.1985; BStU, MfS, AGMS 5701/91, Bl. 45.

rung oder auf Einleitung neuer Ermittlungsverfahren sowie Beschwerden von Insassen.

Hauptamtliche MfS-Mitarbeiter der HA I, Abteilung MfNV, Unterabteilung Hauptstab

Im Vorfeld der Entscheidung, die Verwaltung des Militärstrafvollzugs ab 1982 dem Verteidigungsministerium zu übertragen, gab es umfangreiche Abstimmungen der drei beteiligten Ministerien (Inneres, Verteidigung und Justiz) und weiterer Institutionen (ZK der SED, Generalstaatsanwaltschaft, Oberstes Gericht) zum prinzipiellen Vorhaben.[63] In einem vierten Ministerium, dem MfS, wurden allein acht Diensteinheiten einbezogen: HA I (Absicherung NVA und Grenztruppen), HA VII (Ministerium des Innern, Strafvollzug/Polizei), HA IX (Untersuchungsführung), HA Personenschutz, HA Kader und Schulung, die Rechtsstelle und das Wachregiment; koordiniert von der Arbeitsgruppe des Ministers. Diese empfahl letztlich dem eigenen Minister die Zustimmung zu den Grundsätzen zur Schaffung der Disziplinarstrafe »Dienst in der Disziplinareinheit« sowie zur Übernahme des Strafvollzuges und der Untersuchungshaft an Militärpersonen durch das MfNV, die dann mit Beschluss des Nationalen Verteidigungsrates vom 21. November 1980 verabschiedet wurden.[64] Die geheimpolizeiliche Absicherung der Disziplinareinheit wurde der HA I übertragen.

Im November 1981, ein Jahr vor der Eröffnung der Disziplinareinheit, wurde ein MfS-Mitarbeiter der HA I, Abt. MfNV, Unterabteilung Hauptstab, mit dem Aufbau des neuen Arbeitsgebietes »Disziplinareinheit der NVA« beauftragt. Er nahm noch im gleichen Monat seinen Dienst dort auf[65] und war für die Organisierung und Durchführung der sogenannten »politisch-operativen Abwehrarbeit« in der Disziplinareinheit zuständig. Sein Status als Mitarbeiter des MfS war mindestens den Bediensteten von Schwedt bekannt und glich dem der Mitarbeiter der sogenannten »Verwaltung 2000« (HA I) in den regulären NVA-Einheiten. Bis Ende Januar 1986 war Ronald Krugenberg für diese Tätigkeit verantwortlich.

63 Vgl. Wenzke: Ab nach Schwedt!, S. 312 f.

64 Der Beschluss ist einsehbar unter http://www.argus.bstu.bundesarchiv.de/DVW1_NVR/mets/DVW1_NVR_39523/index.htm?target=midosaFraContent&backlink=/argus-bstu/DVW1_NVR/index.htm-kid-4e743c14-4451-41ad-9a52-891136a2e880&sign=DVW%201/39523.

65 Chronik der Disziplinareinheit; BArch, DVW 5-16/74001, Bl. 3.

Biogramm: Ronald Krugenberg[66]

Jahrgang 1948, Elektromonteur mit Abitur, Ing.-Ökonom (NVA), Politoffizier, Fachschul-Jurist (MfS),
1967 Eintritt in die SED,
1967 NVA (Offiziersschüler, Leutnant, Oberleutnant),
1973 MfS, HA I, Abt. MfNV (Oberleutnant, Hauptmann, Major),
1981 als Offizier für Sonderaufgaben/Abwehr mit dem Aufbau des Arbeitsgebietes »Disziplinareinheit der NVA« beauftragt,[67]
1982 verantwortlicher Mitarbeiter des MfS in der Disziplinareinheit Schwedt.
Unmittelbar vor Übernahme des Militärstrafvollzugs durch das MfNV erhielt der schon in Schwedt befindliche Krugenberg die Beförderung zum Major. In Schwedt war er unter anderem für das Anwerben und Führen von inoffiziellen Mitarbeitern beziehungsweise das Bearbeiten operativer Personenkontrollen und Vorgänge zuständig. Ihm sind insgesamt 40 registrierte Aktenvorgänge zugewiesen, die mit seiner Tätigkeit in der Disziplinareinheit zusammenhängen.[68] Ab 1983 war ihm Siegfried Knobelsdorf unterstellt. 1986 wurde er in den Hauptstab des MfNV nach Strausberg versetzt. Krugenberg blieb bis Februar 1990 Mitarbeiter des MfS/AfNS.

Krugenberg war zunächst vor Ort der einzige für die Belange des Militärstrafvollzuges zuständige MfS-Mitarbeiter. In der Aufbauphase der Disziplinareinheit lag das Augenmerk hauptsächlich auf Fragen der Personalauswahl und der Objektsicherheit. Ende 1982 oder Anfang 1983[69] wurde Krugenberg ein weiterer MfS-Mitarbeiter unterstellt. Krugenberg war nun zuständig für das Personal der Führung der Disziplinareinheit, das Stammpersonal der 1. bis 3. Kompanie, die in diesen Kompanien untergebrachten Militärstrafgefangenen und die Anleitung und Kontrolle des zweiten MfS-Mitarbeiters vor Ort. Dieser war beauftragt mit der Absicherung des Stabes der Disziplinareinheit, des Stammpersonals der 4. bis 6. Kompanie, der in diesen Kompanien befindlichen Disziplinarbestraften, des Transport- und Versorgungs- als auch des Wachzuges, des

66 Zu Krugenberg liegen u. a. seine Personalakte (BStU, MfS, KS 19695/90) und diverse Karteikarten vor. Daraus stammen die biografischen Informationen.

67 Gelegentlich auch Sonderoffizier Abwehr (als Selbstbezeichnung) oder Sonderoffizier der HA I (in der Wahrnehmung anderer MfS-Diensteinheiten) genannt.

68 Vgl. Vorgangsmappe Krugenberg. Vorgangs- bzw. Nachweismappen der registrierten Vorgänge für Mitarbeiter der HA I gelten als Findhilfsmittel des BStU und tragen deswegen keine eigene Signatur.

69 Die zeitlichen Angaben in den Personalakten beider MfS-Offiziere differieren.

Med.-Punktes sowie des Personalbestandes des Betriebsteils Schwedt vom Instandsetzungswerk Pinnow.

Im Januar 1984 waren die 1. und 4. Kompanie jeweils nicht belegt. Krugenberg war in diesem Monat für 167 Personen zuständig (darunter 124 Militärstrafgefangene/Strafarrestanten). Der neue Mitarbeiter Knobelsdorf hatte 213 Personen in seinem Verantwortungsbereich (darunter 45 Disziplinarbestrafte).[70]

Biogramm: Siegfried Knobelsdorf[71]

Jahrgang 1953, Maschinenbauschlosser, Ing.-Ökonom (NVA), Fachschul-Jurist (MfS),
1971 NVA (Offiziersschüler, Leutnant),
1972 Eintritt in die SED,
1975 MfS, HA I, Abt. Volksmarine, Unterabteilung Stab (Leutnant),
1982 MfS, HA I, Abt. MfNV (Oberleutnant, Hauptmann),
1983 Mitarbeiter des MfS in der Disziplinareinheit Schwedt,
1986 Nachfolger von Krugenberg; damit alleinige Zuständigkeit für die gesamte Disziplinareinheit,
1988 Begründung eines Versetzungswunsches mit dem »niedrigen geistigen Niveau der offiziellen und inoffiziellen Kontaktpartner«[72] (wurde abgelehnt).

Auch Knobelsdorf wurde unmittelbar vor Übernahme des Militärstrafvollzugs durch das MfNV im Herbst 1982 befördert. Kurz danach erfolgte sein Wechsel nach Schwedt. Er setzte sein bereits begonnenes Fachschulstudium fort und legte 1985 seine Abschlussarbeit zum Thema »Die Organisation und Durchführung der inoffiziellen politisch-operativen Arbeit unter disziplinar bestraften Armeeangehörigen in der Disziplinareinheit der NVA« vor. Die für ihn angelegte Vorgangsmappe der HA I[73] weist über 40 registrierte Vorgänge aus, die mit seiner Tätigkeit in der Disziplinareinheit zusammenhängen. Er war bis in die Endphase der Disziplinar-

70 [MfS]/HA I/AKG, Ltr. Oberst Riebe [ohne Adressat]: Information zum Stand der Organisation und Führung der politisch-operativen Arbeit in der DE der NVA, 5.1.1984; BStU, MfS, HA I Nr. 15717, Bl. 30–39, hier 31 f.

71 Zu Knobelsdorf liegen u. a. seine Personalakte (BStU, MfS, KS 20343/90), ein Dossier (BStU, MfS, DOS 13075/92) und diverse Karteikarten vor. Daraus stammen die biografischen Informationen.

72 Das Zitat stammt nicht aus dem Versetzungsgesuch sondern aus: [MfS]/HA I/Abt. MfNV/UA HS, Ltr. OSL Willert [ohne Adressat]: Bericht zur Aussprache mit Hptm. Knobelsdorf, 2.8.1988; BStU, MfS, KS 20343/90, Bl. 146.

73 Vorgangs- bzw. Nachweismappen der registrierten Vorgänge für Mitarbeiter der HA I gelten als Findhilfsmittel des BStU und tragen deswegen keine eigene Signatur.

einheit der vor Ort zuständige MfS-Mitarbeiter und wurde im März 1990 aus dem MfS-Nachfolger AfNS entlassen.

Als spezielle Arbeitsgrundlagen der beiden hauptamtlichen MfS-Mitarbeiter vor Ort wurden vier Dokumente benannt:
1. die Dienstanweisung 2/75 des Ministers für Staatssicherheit,
2. der Arbeits-, Orientierungs- und Informationshinweis Nr. 11/82 des Leiters der HA I,
3. die Weisung des Leiters der HA I über die Arbeit mit Kontaktpersonen vom 9. November 1982 und
4. der Jahresplan 1983.[74]

Die Dienstanweisung 2/75 regelte »Politisch-operative Aufgaben des MfS im Strafvollzug der DDR« in eher allgemeiner Form für alle Gefängnisse unter Verwaltung des Innenministeriums. Somit betraf sie eher die Verhältnisse vor Errichtung der Disziplinareinheit. Durch die Veränderung zur Disziplinareinheit in Verbindung mit der Ablösung der Arbeitsrichtung K I/4 in Schwedt wandelten sich die Bedingungen, sodass im September 1982 vom Leiter der HA I ein sogenannter Arbeits-, Orientierungs- und Informationshinweis gegeben wurde. Er weist dem Hauptsachgebiet Disziplinareinheit Schwedt innerhalb der HA I, Abt. MfNV, Unterabteilung Hauptstab, die Zuständigkeit für die Absicherung des Strafvollzuges in Schwedt zu. Inhaltlich regelt das nur zwei Seiten umfassende Dokument die Informationsflüsse innerhalb des MfS zugunsten des genannten Hauptsachgebietes, was insbesondere einer optimalen inoffiziellen Arbeit dienen sollte.[75] Die Weisung des Leiters der HA I über die Arbeit mit Kontaktpersonen sowie die Jahrespläne der Disziplinareinheit sind bislang nicht aufgefunden worden.

Als sogenannte politisch-operative Aufgaben des MfS in der Disziplinareinheit galten die Kontrolle der »Angehörigen der Disziplinareinheit«[76], die Werbung und Führung inoffizieller Mitarbeiter sowie die Einflussnahme auf die Gewährleistung von Sicherheit und Ordnung besonders bei Arbeitseinsätzen außerhalb des Objektes und bei der militärischen Sicherung der Objekte.[77]

74 [MfS]/HA I/AKG, Ltr. Oberst Riebe [ohne Adressat]: Information zum Stand der Organisation und Führung der politisch-operativen Arbeit in der DE der NVA, 5.1.1984; BStU, MfS, HA I Nr. 15717, Bl. 30–39, hier 32.

75 Arbeits-, Orientierungs- und Informationshinweis, AOI Nr. 11/82, des Leiters der HA I v. 10.9.1982, »Aufgabenstellung zur politisch-operativen Sicherung des Vollzuges von Freiheits-, Arrest- und Disziplinarstrafen an Militärpersonen in der Disziplinareinheit Schwedt«; BStU, MfS, HA I Nr. 15652, Bl. 1 f., aktualisiert durch AOI Nr. I/15/87 des Leiters der HA I v. 14.9.1987 [ohne Titel]; BStU, MfS, HA I Nr. 20496, Bl. 38 f.

76 Diese Formulierung meinte die Insassen und das Personal.

77 [MfS]/HA I/AKG, Ltr. Oberst Riebe [ohne Adressat]: Information zum Stand der Organisation und Führung der politisch-operativen Arbeit in der DE der NVA, 5.1.1984; BStU,

Die Herausforderungen lagen in der neuen Situation eines Strafvollzuges unter der Verwaltung des Verteidigungsministeriums und der Einführung der neuen Strafform »Dienst in der Disziplinareinheit« in Verbindung mit den erforderlichen, auch räumlichen Veränderungen auf dem Gelände (z. B. eigener neuer Bereich für die Disziplinarbestraften, Errichtung neuer Produktionsbereiche). Insbesondere das inoffizielle Netz musste erneuert werden, da sich durch den Abzug des Arbeitsgebietes I der Kriminalpolizei (K I/4) die Verhältnisse stark verändert hatten.

Der Sitz der Mitarbeiter des MfS in Schwedt befand sich in den vier Erdgeschossräumen Nr. 123–126 des neu errichteten Stabsgebäudes. Diese lagen separat am Ende der Etage, von den anderen Räumen durch einen Flur beziehungsweise das Treppenhaus getrennt. Die direkt darüber liegenden Büros wurden von der VS-Stelle und dem Oberoffizier für Sicherheit und Ordnung genutzt,[78] also ebenfalls von Organisationsbereichen mit besonderem Status. Zusätzlich standen den MfS-Mitarbeitern (als auch der Militärstaatsanwaltschaft) sogenannte Vernehmer-Zimmer im Schleusenbereich zur Verfügung,[79] was individuelle Gespräche mit Insassen ermöglichte, ohne dass diese in das Stabsgebäude hätten geführt werden müssen. Die telefonische oder telegrafische Erreichbarkeit (auch für andere Diensteinheiten des MfS) war über die Einbindung in die NVA-Vermittlung in Verbindung mit den Tarnnamen »Wostock« und »Teekessel« möglich,[80] wobei »Wostock« für das MfNV in Strausberg und »Teekessel« für die Disziplinareinheit stand.

Neben diesen eher logistischen Grundlagen lassen sich den ausgewerteten Unterlagen auch Hinweise auf die praktische Arbeit des MfS am Ort entnehmen. Krugenberg entwickelte für die ihm zugewiesenen Kompanien der Militärstrafgefangenen die Routine, in seinem Dienstzimmer wöchentlich »2–3 offizielle Absprachen mit Kompaniechefs der Einheit zum Arbeitseinsatz, zur Umsetzung oder Bestätigung von Funktionen unter den Strafgefangenen« zu führen.[81] Er vermerkte in zahlreichen Berichten, dass er die ihm (auch aus der inoffiziellen Arbeit) bekannt gewordenen Missstände und Vorkommnisse mit dem Kommandeur oder seinen Stellvertretern auswertete und entsprechende Veränderungen einforderte. Das betraf beispielsweise Vorkommnisse unter den Berufsunteroffizieren, vermeintliche Gefahren beim Einsatz von In-

MfS, HA I Nr. 15717, Bl. 30–39, hier 32.

78 Dressler: Stillgestanden, S. 127 f. u. 391.

79 [MfS]/HA I/Abt. MfNV/UA HS/DE, Mj. Krugenberg [ohne Adressat]: Vorschlag zur Verpflichtung eines IMK/S, 30.3.1984; BStU, MfS, AIM 2121/88, T. I/1, Bl. 211.

80 [MfS]/HA I/LSK-LV/UA 3. LVD [ohne Adressat]: Aktenvermerk, 15.12.1986; BStU, MfS, AOP 5436/87, Bd. 1, Bl. 183.

81 FO Krugenberg: Treffbericht IM »Rudloff«, 12.4.1983; BStU, MfS, AIM 3844/91, Bl. 224. Analoges dürfte für Knobelsdorf in seiner Zuständigkeit für die Kompanien der Disziplinarbestraften gelten.

sassen in Außenkommandos, unerlaubte Verbindungen der Gefangenen zu anderen Personen über die Arbeitsbereiche, deplatziert eingesetzte Gefangene mit besonderen Aufgaben (Gehilfen) oder unzuverlässige Abschlusskontrollen bei Entlassungen.[82] Ähnlich wie Krugenberg agierte Knobelsdorf gegenüber seinen Ansprechpartnern. Das schloss Hinweise aus dem Privatleben der in Schwedt tätigen Bediensteten ausdrücklich ein. So wollte er 1985 die ihm vorliegenden Informationen über den Lebenswandel eines Schwedter Berufsunteroffiziers an den Kommandeur weitergeben, um diesem entsprechende Maßnahmen zu ermöglichen. Den Anspruch des MfS, sich auch in die Privatsphäre des Personals einzumischen, unterstreicht die Äußerung seines Vorgesetzten Krugenberg, der im gleichen Jahr bedauernd festhielt, dass es in Schwedt kein geschlossenes NVA-Wohngebiet gäbe, was die Arbeit des MfS hinsichtlich des Wohn- und Freizeitbereiches der in Schwedt beschäftigten Berufssoldaten beeinträchtige.[83]

Gegebenenfalls wurden relevante Hinweise an andere MfS-Diensteinheiten weitergegeben, beispielsweise als bekannt wurde, dass sich einige Militärstrafgefangene nach ihrer Entlassung 1984 auf dem Pferdemarkt in Havelberg treffen wollten.[84] Ein anderer Fall betraf die Kooperation mit der MfS-Bezirksverwaltung Berlin, die über einen Strafarrestanten Informationen zu einem seiner Familienangehörigen erlangen wollte. Hier vermittelte Krugenberg Gespräche zwischen den Mitarbeitern der BV Berlin und dem Insassen in Schwedt, die nach dessen Entlassung aus Schwedt und der NVA zu einer Verpflichtung als IM für die BV Berlin führten.[85] Andererseits erhielten die Schwedter MfS-Mitarbeiter auch Informationen und Aufträge von anderen MfS-Dienststellen. Beispielsweise wurde Knobelsdorf 1986 auf einen Disziplinarbestraften hingewiesen, gegen den schon vor seiner Bestrafung ein Operativer Vorgang einer anderen MfS-Diensteinheit lief. Hier bekam Knobelsdorf einen sogenannten Informationsbedarf übersandt, der von ihm entsprechend beantwortet werden sollte. Liefen gegen einen aktuell in Schwedt einsitzenden Insassen weitere Ermittlungen, erfolgte gegebenenfalls eine Absprache mit der für die Untersuchungen zuständigen MfS-Hauptabteilung IX. Das betraf beispielsweise einen disziplinar bestraften Bausoldaten, gegen den 1986 langfristige Zersetzungsmaßnahmen

82 Exemplarisch: BStU, MfS, AGMS 9779/84, Bl. 241–243 u. 263; BStU, MfS, AIM 4176/91, T. I/1, Bl. 158 oder BStU, MfS, HA I Nr. 15091, Bl. 42 ff.

83 FO Knobelsdorf: Auswertung Treff mit GMS »Garten«, 13.5.1985 u. [MfS]/HA I/Abt. MfNV/UA HS/DE, Mj. Krugenberg [ohne Adressat]: Vorschlag zum Anlegen eines IM-Vorlaufes, 10.6.1985; BStU, MfS, AGMS 4387/91, Bl. 100 bzw. BStU, MfS, AIM 4753/91, T. I/1, Bl. 17.

84 FO Krugenberg: Treffbericht GMS »Hubert«, 28.2.1984; BStU, MfS, BV Gera, AIM 509/87, T. I/1, Bl. 55. Der alljährliche Havelberger Pferdemarkt bot ein für DDR-Verhältnisse reiches Warenangebot und galt andererseits als Treffpunkt auch subkultureller Milieus. Beides zog zahlreiches Publikum an.

85 [MfS]/BV Berlin/Abt. II/2, Bericht, 28.6.1985 u. Vermerk, 6.8.1985 [jeweils ohne Adressaten]; BStU, MfS, BV Berlin, AIM 4870/91, T. I/1, Bl. 54–64, hier 59 u. 61.

eingeleitet wurden.[86] Im Einzelfall sollte Knobelsdorf auch nachträglich Informationen zu bereits entlassenen Militärstrafgefangenen an andere MfS-Abteilungen übermitteln.[87]

Eine besondere Konstellation ergab sich, als sich zwei Militärstrafgefangene über andere Gefangene beschwerten und eine Eingabe an den Militärstaatsanwalt schrieben. Da dieser jedoch frühestens nach Ablauf von drei Wochen wieder in der Disziplinareinheit erwartet wurde, führte MfS-Mitarbeiter Krugenberg mit den Beschwerdeführern eine Aussprache, in der er seine Einmischung als Angebot bezeichnete, da der Militärstaatsanwalt so lange nicht erreichbar sei. Auf welcher rechtlichen Grundlage das erfolgte und ob beziehungsweise in welcher Form nachträglich eine Abstimmung zwischen MfS und Staatsanwaltschaft erfolgte, ist aus dem Material nicht ersichtlich. Die Beschwerdeführer sollen aber mit der vorgezogenen Bearbeitung durch das MfS einverstanden gewesen sein.[88]

Vor dem Hintergrund der halbjährlich wechselnden Zusammensetzung des Wachzuges entwickelte Knobelsdorf die Gepflogenheit, mit den zuversetzten Soldaten meist etwa nach einem Vierteljahr Gespräche zu führen.[89] Das ermöglichte ihm, Kandidaten für eine inoffizielle Zusammenarbeit kennenzulernen.

Knobelsdorf positionierte sich mindestens zweimal bei Problemen im sogenannten Tagesdienstablauf zugunsten der Militärstrafgefangenen: Als es 1987 durch die Leitung der 2. Kompanie zu einer eigenmächtigen Erhöhung der Norm im Leuchtenbau von 125 auf 170 Stück Handlampen kam, erfuhr MfS-Mitarbeiter Knobelsdorf erst im Nachhinein davon. Er monierte, dass dadurch der bestätigte Tagesdienstablaufplan nicht eingehalten werden könne und dass es vorher keine Abstimmung mit dem Kommandeur und ihm gegeben habe. Knobelsdorf wollte dies mit der Gefängnisleitung auswerten und Maßnahmen einleiten lassen, die solche Eigenwilligkeiten zukünftig ausschlössen.[90] Im Mai 1988 gab es in der 2. Kompanie Probleme mit der sogenannten »Dienstgestellung«, zu der die Militärstrafgefangenen herangezogen wurden: Aus dem damals reduzierten Bestand von nur noch sechs Gefangenen waren jeweils zwei pro Nacht für diese Dienste einzusetzen, sodass sich ein entsprechender Einsatz aller drei Tage ergab. Obwohl während dieser Dienste die Nachtruhe auf vier Stunden reduziert war, wurden die jeweiligen Gefangenen vollständig in die

86 FO Knobelsdorf: Arbeitsnachweis IME »Manfred«, 22.5. bzw. 5.12.1986; BStU, MfS, AIM 5382/88, T. II/1, Bl. 375 u. 451.

87 FO Knobelsdorf: Treffbericht IME »Manfred«, 19.1.1987; ebenda, T. II/2, Bl. 16.

88 [MfS]/HA I/Abt. MfNV/UA HS/DE, Mj. Krugenberg [ohne Adressat]: Bericht über die Aussprache, 8.7.1983; BStU, MfS, AOPK 14111/83, Bl. 185.

89 [MfS]/HA I/Abt. MfNV/UA HS/DE, Hptm. Knobelsdorf [ohne Adressat]: Kontaktgespräch mit dem IM-Kandidaten, 15.3.1986; BStU, MfS, AIM 11737/87, T. I/1, Bl. 26.

90 IM-Bericht »Wolfgang Häuser«, 10.9.1987 i. V. m. FO Knobelsdorf: Treffbericht, 14.9.1987; BStU, MfS, AIM 124/88, T. I/1, Bl. 30 u. 38.

üblichen Tagesabläufe integriert. Knobelsdorf nannte diesen Zustand in einem MfS-internen Bericht »unzumutbar«. Er wollte das Problem mit dem zuständigen Kompaniechef besprechen, der zugleich als IM für ihn arbeitete, ohne dass erkennbar wird, ob oder was dann getan wurde.[91]

Oberoffizier für Sicherheit und Ordnung der Disziplinareinheit

Im Zusammenhang mit der Übernahme des Militärstrafvollzuges durch das MfNV und dem Aufbau der Disziplinareinheit Schwedt wurde – wie bereits erwähnt – im MfNV, Abt. Innerer Dienst, eine Planstelle »Oberoffizier für Sicherheit und Ordnung der Disziplinareinheit« (später »Oberoffizier Vollzugsdienst in der Abt. Innerer Dienst des MfNV«) geschaffen. Die nötigen Absprachen wurden mit dem Hauptstab der NVA, Stellvertreter für allgemeine Fragen (dem die Disziplinareinheit unterstand) und dem Chef der Verwaltung Kader im MfNV getroffen. Der Inhaber dieser neuen Planstelle unterstand direkt dem Leiter der Abt. Innerer Dienst im MfNV und wurde zur Dienstausübung in der Disziplinareinheit Schwedt abkommandiert. Der Stelleninhaber sollte auf alle Probleme der inneren und äußeren Sicherheit des Gefängnisses und die Gestaltung der Vollzugsprozesse in den beiden – getrennten – Bereichen Strafvollzug und Vollzug von Disziplinarstrafen Einfluss nehmen. Diese Stellung war nicht gleichzusetzen mit der des verantwortlichen MfS-Mitarbeiters in der Disziplinareinheit. Die Dienstpflichten des Oberoffiziers für Sicherheit und Ordnung wurden aus Sicht des MfS folgendermaßen beschrieben:

> Der Oberoffizier für Sicherheit und Ordnung ist dem Leiter der Abteilung Innerer Dienst unmittelbar unterstellt und versieht seinen Dienst in der Disziplinareinheit. Im Auftrag des Leiters der Abteilung bestätigt er alle Maßnahmen zur Sicherheit und Ordnung in der Disziplinareinheit und im Vollzugsprozess. Dazu hat er mit dem Kommandeur der Disziplinareinheit eng zusammenzuarbeiten. Der Oberoffizier für Sicherheit und Ordnung hat folgende Dienstpflichten:
> a) ständige Überprüfung der Einhaltung der Rechtsvorschriften und militärischen Bestimmungen über den Vollzug der Strafen mit Freiheitsentzug und der Disziplinarstrafe Dienst in der Disziplinareinheit;
> b) nach Bestätigung durch den Leiter der Abteilung, Entscheidungen über vollzugsgestaltende Maßnahmen sowie der Vollzugsorganisation zu treffen oder die Aufhebung solcher Maßnahmen zu veranlassen, wenn sie den Rechtsvorschriften und den militärischen Bestimmungen nicht entsprechen;
> c) unmittelbare Einflussnahme auf den sicheren Schutz der Disziplinareinheit, der sicheren Verwahrung/Unterbringung und des Transports der Militärstrafgefangenen und disziplinarisch Bestraften sowie auf die Verhinderung oder Beseitigung von

91 IM-Bericht »Wolfgang Schuster« [o. D.] i. V. m. FO Knobelsdorf: Treffbericht, 30.5.1988; BStU, MfS, AIM 3397/89, T. II/1, Bl. 12–15.

Gefahren oder Störungen, die die ordnungsgemäße Erfüllung der Aufgaben der Disziplinareinheit beeinträchtigen können;
d) Einflussnahme auf die Erziehung der Militärstrafgefangenen und der disziplinarisch Bestraften sowie auf die Gestaltung und Wirksamkeit der politisch-ideologischen Arbeit in allen Bereichen der Disziplinareinheit;
e) gründliche Auswertung der Vollzugsunterlagen und der vom Truppenteil übergebenen Dokumente in Vorbereitung des Aufnahmegesprächs bzw. des Aufnahmeverfahrens bei Militärstrafgefangenen sowie des Aufnahmegesprächs bei disziplinarisch Bestraften;
f) Kontrolle der Aufnahme, des Aufnahmegesprächs und der aktenkundigen Belehrung sowie Abstimmung der inhaltlichen Gestaltung der Erziehungsprogramme, deren ständige Präzisierung und strikte Einhaltung;
g) Kontrolle, Teilnahme bzw. Durchführung der periodischen Erziehungsgespräche mit den Militärstrafgefangenen/disziplinarisch Bestraften sowie konsequente Unterbindung von negativen Einflüssen;
h) Einflussnahme auf die Zusammensetzung der Gruppen/Züge und Belegung zur Sicherung einer positiven Entwicklung der Kollektive, der einzelnen Militärstrafgefangenen/disziplinarisch Bestraften; Veranlassung von Umverlegungen aus Gründen der Sicherheit, der Persönlichkeitsentwicklung oder der Entwicklung der Kollektive;
i) Veranlassung von Umsetzungen innerhalb des Stammpersonals bei Erfordernis;
j) Überprüfung der Einhaltung der Bestimmungen über die Überwachung der persönlichen Verbindungen der Militärstrafgefangenen/disziplinarisch Bestraften; Kontrolle dieser persönlichen Verbindungen;
k) Absprache mit den Verantwortlichen in den Arbeitseinsatzbetrieben hinsichtlich der Gewährleistung der Sicherheit und Ordnung beim Arbeitseinsatz der Militärstrafgefangenen/disziplinarisch Bestraften; periodische Kontrollen der Einhaltung der Bestimmungen in den Arbeitseinsatzbereichen;
l) Prüfung und Bestätigung von Betriebsangehörigen, die in den Arbeitsbereichen der Militärstrafgefangenen/disziplinarisch Bestraften eingesetzt werden, sowie deren Belehrung. Anlegen und Führen von Personalunterlagen für jeden dieser Betriebsangehörigen entsprechend den militärischen Bestimmungen;
m) Einflussnahme auf die Gestaltung der Verbindung des Truppenteils/Verbandes zum Militärstrafgefangenen/disziplinarisch Bestraften in Vorbereitung des Wiedereingliederungsprozesses ins Truppenleben;
n) periodische Teilnahme an Aussprachen vor der Rückkommandierung Militärstrafgefangener/disziplinarisch Bestrafter in den Truppenteil/Verband.[92]

Seit 1. Februar 1983 hatte die Stelle des Offiziers für Sicherheit und Ordnung der MfS-Offizier im besonderen Einsatz (OibE) Hauptmann Manfred Riesbeck inne, der zuvor als OibE der HA I, Abt. Äußere Abwehr, Offizier für politische Arbeit an der Zentralschule der HA I war.[93] Mit seinem Vornamen »Manfred«

92 [o. D., Verf. und Adressat]: Oberoffizier für Sicherheit und Ordnung; BStU, MfS, AIM 5382/88, T. I/1, Bl. 62 f.

93 Zu Riesbeck s. a. den Anfang des vorliegenden Kap. u. Kap. 6.

unterzeichnete er seine Berichte aus der eigenen inoffiziellen Arbeit.[94] Trotz seines Status als OibE, also eines MfS-Berufsoffiziers, schlug der HA I-Mitarbeiter Krugenberg vor, ihn zur »Abrechnung und Dokumentierung der Ergebnisse der Zusammenarbeit« als IME zu registrieren,[95] was dann auch erfolgte.

Die Kombination der offiziellen MfNV-Planstelle mit der Eigenschaft des MfS-Offiziers im besonderen Einsatz macht es im Einzelfall schwierig, die inoffizielle Ebene von seiner offiziellen Arbeit zu trennen. Im einfachen Fall ist die Verquickung dem betreffenden Schriftstück deutlich zu entnehmen. Als Riesbeck Geburtstag hatte, verknüpfte Krugenberg in seinen Notizen als Führungsoffizier beide Ebenen: »Der IME hat Geburtstag. Ihm wurden im offiziellen Zusammenwirken in seiner Funktion in der Dienststelle Glückwünsche überbracht und Blumen überreicht«.[96] In anderen Zusammenhängen sind Schriftstücke zwar auf der offiziellen Ebene im Dienstbetrieb entstanden, aber inoffiziell dem MfS übergeben worden. De facto sind viele Angaben zu Riesbecks Agieren auf seine inoffiziellen, oft auch handschriftlichen Berichte mit der Decknamen-Unterschrift »Manfred« zurückzuführen, wobei er mehrmals dienstlich erstellte Unterlagen als zusätzlichen Durchschlag mit seinem Decknamen versehen an das MfS übergab.

Trotz der Einbindung des Offiziers für Sicherheit und Ordnung in den Dienstbetrieb der Disziplinareinheit gibt es diverse Hinweise auf Unstimmigkeiten zwischen ihm, dem Kommandeur und zum Teil auch den vor Ort befindlichen MfS-Mitarbeitern – insbesondere was Informationsflüsse und die Bearbeitung »besonderer Vorkommnisse« betraf. So galt 1983 eine Auflage des Kommandeurs Decker an seine Kompaniechefs, keine Informationen an Riesbeck weiterzuleiten, deren Inhalt dem Kommandeur nicht bekannt war.[97]

Aus der offiziellen Arbeit Riesbecks ist bekannt, dass er mit den Militärstrafgefangenen sogenannte Erziehungsgespräche führte oder sich mit den Kompaniechefs und deren Gehilfen beriet. Er ließ sich zusätzlich von den Ge-

94 Die Verwendung des eigenen Vornamens als Deckname ist nicht besonders konspirativ, war aber bei verpflichteten Personen aus staatsloyalen Bereichen nicht unüblich, z. B. bei GMS.

95 [MfS]/HA I/Abt. MfNV/UA HS, Mj. Krugenberg [ohne Adressat]: Vorschlag zur Registrierung eines IME, 10.5.1983; BStU, MfS, AIM 5382/88, T. I/1, Bl. 11. Die Kaderakte des hauptamtlichen MfS-Mitarbeiters Riesbeck enthält u. a. eine Einschätzung, die in einem Dokument Klar- und Decknamen und beide Formen des inoffiziellen Status (OibE + IME) benennt; BStU, MfS, KS 19082/90, Bl. 85. Die genauen Hintergründe für diese mehrteilige Aktenführung sind unklar. Erschwerend kommt hinzu, dass die Akten nur unvollständig überliefert sind.

96 FO Krugenberg: Arbeitsnachweis IME »Manfred«, 3.7.1985; BStU, MfS, AIM 5382/88, T. II/1, Bl. 137.

97 [MfS]/HA I/Abt. MfNV an Ltr. HA I: Information zur Sicherheit und Ordnung in der DE, 26.5.1983; BStU, MfS, HA I Nr. 15091 Bl. 40–46, hier 42 f. Auch wenn sich Decker vermutlich nur vor dem MfNV »schützen« wollte, lief seine Anweisung de facto auf eine Blockade auch der geheimpolizeilichen Arbeit in der Disziplinareinheit hinaus.

hilfen der Zugführer schriftliche Berichte liefern. Dies gehörte nach Darstellung der zuständigen MfS-Struktureinheit zu den üblichen Modalitäten: »Militärstrafgefangene, die als Gehilfen des Zugführers eingesetzt sind, werden im Militärstrafvollzug durch den Oberoffizier für Sicherheit und Ordnung regelmäßig angeleitet und fungieren zugleich als offizielle Quellen zur Aufrechterhaltung von Ordnung und Sicherheit im Verwahrbereich«.[98] Dabei wurde aufmerksam registriert, ob die Gehilfen zu »ehrlicher« Information und »erforderlichenfalls« zur Denunziation bereit waren.

Riesbeck wiederum hatte monatlich für seinen militärischen Dienstvorgesetzten Stimmungsberichte anzufertigen. Da er die Durchschrift als OibE »Manfred« dem MfS übergab, lässt sich aus den auswertenden Notizen seines Führungsoffiziers Krugenberg erkennen, dass schon die Anfertigung dieser Berichte mit dem MfS abgestimmt war.[99] Ähnliches ist für den »Bericht zum Stand der Sicherheit in der Disziplinareinheit« nachvollziehbar. Der Führungsoffizier verweist für den 26. März 1985 auf eine »Absprache zur Sicherheitseinschätzung, die der IME für die Abt. Innerer Dienst/MfNV zu erarbeiten hat (Durchschrift für uns)«. Ein zwei Tage später erstellter »Bericht zum Stand der Sicherheit in der Disziplinareinheit« der Abt. Innerer Dienst des MfNV wurde dann als Durchschlagexemplar handschriftlich von »Manfred« abgezeichnet.[100]

Analoges trifft für sogenannte Personalanalysen zu Militärstrafgefangenen oder Disziplinarbestraften zu, die Riesbeck offenbar regelmäßig erstellte.[101] Die bisher aufgefundenen Exemplare sind ausschließlich Durchschlagexemplare ohne erkennbaren Verfasser oder Adressaten, aber mit handschriftlicher Unterschrift von »Manfred«. Dass er diese Analysen selbst erarbeitete, geht aus den begleitenden Notizen seines Führungsoffiziers hervor.[102]

»Manfred« hatte offenbar Gefallen an Untersuchungen statistischer Art: So finden sich in den Personalanalysen Berechnungen zur Verteilung der Insassen auf die unterschiedlichen Wehrdienstverhältnisse (Berufsunteroffizier, Unteroffizier auf Zeit, Soldat auf Zeit, Grundwehrdienst), die Diensthalbjahre, den Bildungsstand, den Strafzeitraum, Vorstrafen und Hafterfahrung, zugrunde lie-

98 [MfS]/HA I/Abt. MfNV/UA HS, Ltr. OSL Willert an HA I/Abt. MB III/UA 4. MSD: Information zum Soldat XXX, 21.2.1985; BStU, MfS, BV Karl-Marx-Stadt, AIM 2143/88, T. I/1, Bl. 120. Zusätzlich übergab Riesbeck diese Berichte auch dem MfS-Mitarbeiter und wertete sie mit ihm aus. Riesbecks IM-Akte enthält diverse solcher Berichte. Die Auswertung mit dem MfS ist z. B. festgehalten in FO Krugenberg: Arbeitsnachweis IME »Manfred«, 6.2.1985; BStU, MfS, AIM 5382/88, T. II/1, Bl. 29. Zu den Gehilfen s. a. im Kap. 2 den Abschnitt Innere Organisation und Personal des Militärstrafvollzugs.

99 Das ist z. B. für Januar 1985 nachvollziehbar in FO Krugenberg: Arbeitsnachweis IME »Manfred«, 25.1.1985; ebenda, T. II/1, Bl. 17.

100 FO Krugenberg: Arbeitsnachweis IME »Manfred«, 26.3.1985 i. V. m. o. a. Bericht; ebenda, T. II/1, Bl. 78, 87.

101 Ebenda, T. II/1, Bl. 127, 344, 444 u. 461 sowie T. II/2, Bl. 27, 55, 72 u. 84.

102 Ebenda T. II/1, Bl. 340, 439 u. 460 sowie T. II/2, Bl. 54, 67 u. 83.

gende Delikte oder zur Herkunft aus verschiedenen Teilstreitkräften – jeweils in prozentualen Vergleichen.

Riesbecks Arbeit schlug sich auch in Akten nieder, die das MfS zu anderen Personen führte. Beispielsweise lässt sich das Zusammenspiel von MfS, dem Oberoffizier für Sicherheit und Ordnung sowie einem als Stubenältesten eingesetzten Disziplinarbestraften aus der Akte eines anderen Disziplinarbestraften rekonstruieren: Letzterer fiel Anfang 1984 mit staatsfeindlichen Äußerungen in Schwedt auf. Der Stubenälteste des Verwahrraums berichtete im Rahmen seines Schwedt-Entlassungsgespräches über einzelne Äußerungen jenes anderen Disziplinarbestraften, die sich gegen die Verhältnisse in der NVA und der DDR richteten. Riesbeck wertete das als Verstoß gegen § 220 StGB (»öffentliche Herabwürdigung«) und veranlasste den Berichtenden, eine entsprechende Anzeige zu formulieren. Als Oberoffizier Sicherheit und Ordnung fertigte er dazu eine (nicht adressierte) Information und bat »um Kenntnisnahme und Veranlassung«. Der MfS-Mitarbeiter Knobelsdorf verfügte daraufhin, dass Anzeige und Information als Beweise an den Militärstaatsanwalt übergeben werden sollten. Letztlich wurde gegen den Beschuldigten ein erneutes Ermittlungsverfahren eröffnet.[103]

Mehrfach gab es Irritationen in Bezug auf Zusammenarbeit oder Abgrenzung von Riesbeck und dem MfS, insbesondere in Vertretungs- oder Urlaubsfällen. Für die Kompaniechefs war Riesbeck ein Ansprechpartner, wenn der zuständige MfS-Mitarbeiter nicht erreichbar war.[104] Vermutlich wurde aus pragmatischen Gründen Etliches vor Ort geregelt, was nach »außen« nicht erkennbar werden sollte. Aus der Sicht von Riesbeck dürfte seine MfS-Bindung die maßgebliche gewesen sein. Er war seit 1966 hauptamtlicher Mitarbeiter des MfS und seit den 1970er-Jahren OibE. Seine unmittelbare Unterstellung unter das Verteidigungsministerium in Strausberg ging für ihn mit einer gewissen Isolation in der Dienststelle in Schwedt einher – was ihn wiederum mehr mit dem MfS-Mitarbeiter verband als mit dem Kommandeur. Zur tatsächlichen Gestaltung eventueller Vertretungen liegen nur wenige und zum Teil widersprüchliche Hinweise vor. Im Sommer 1985 notierte der in Schwedt tätige MfS-Führungsoffizier Krugenberg wegen des Urlaubs von Riesbeck eine »Übergabe durch den IME auftragsgemäß zu führender Übersichten und Nachweise (z. B. zur Postkontrolle) an den operativen Mitarbeiter« sowie eine »Absprache und Festlegung der Maßnahmen zur weiteren Gewährleistung einer Kontrolle über die Eingliе-

103 Div. Schriftstücke im Operativen Vorgang »Kanonier«; BStU, MfS, AOP 9870/85, insbes. Bl. 74– 85. Da jenes EV nur wenige Tage vor Entlassung aus Schwedt eingeleitet und dann an die für den Truppenteil zuständige Militärstaatsanwaltschaft abgegeben wurde, ist aus den schwedtbezogenen Unterlagen dessen Ausgang nicht ersichtlich.

104 »Am 21.7.1987 sprach mich der Genosse XXX an, um zu informieren, da der Genosse Knobelsdorf in Urlaub ist«, OibE-Bericht »Manfred«, 21.7.1987; BStU, MfS, AOPK 1777/88, Bl. 68.

derung von zugeführten Militärstrafgefangenen und Disziplinarbestraften«.[105] Im Januar 1988 hieß es wiederum aus Sicht des MfS (hier des Leiters der UA Hauptstab, also aus Strausberg), dass Riesbeck »in der Lage ist, bei Abwesenheit des operativen Mitarbeiters [das war zu dem Zeitpunkt MfS-Mitarbeiter Knobelsdorf], diesen im erforderlichen Umfang und unter Wahrung der Konspiration zu vertreten«.[106] Doch schon einen Monat später musste sich Riesbeck gegenüber der UA Hauptstab in einer schriftlichen Stellungnahme erklären, da er unter dem Verdacht stand, die Regeln der Konspiration verletzt zu haben. In diesem Zusammenhang verwies Riesbeck auf die terminliche Abstimmung von Urlaubsabwesenheiten mit dem MfS-Mitarbeiter, der dann nur eine statistische Übersicht über die Verbindung der Insassen zu den Truppenteilen von Riesbeck übernehme. Die anderen Aufgaben Riesbecks würden vom Stellvertreter Vollzug der Disziplinareinheit wahrgenommen.[107] Im Sommer 1989 hieß es zur Vertretungsfrage – wiederum aus Sicht der UA Hauptstab – Riesbeck »hat auch bewiesen, dass er in der Lage ist, bei Abwesenheit des operativen Mitarbeiters diesen unter Wahrung der Konspiration im gewissen Umfang zu vertreten«.[108]

Im Zusammenhang mit der Auflösung des Militärstrafvollzuges wurde Riesbeck, nachdem alle Insassen entlassen waren, im August 1990 als Nachfolger des Kommandeurs Decker zum Leiter der Disziplinareinheit bestimmt.[109] Zu diesem Zeitpunkt war die Restbelegschaft der Disziplinareinheit schon mit der eigenen Abwicklung befasst – der Auflösungsbefehl des Chefs der NVA stammt vom 31. Mai 1990. Nach Bekanntwerden seiner MfS-Tätigkeit wurde er wohl noch 1990 entlassen.[110]

Laut einer Rückschau des letzten Stabschefs Nagel aus dem Jahr 2014 war Riesbeck »einer derjenigen, die für den Untergang der DDR mit verantwortlich waren. Der hat aus einer Mücke einen Elefanten gemacht. [...] Er hatte aber keine Chance, in irgendwelche Prozesse einzugreifen, ohne den Kommandeur oder mich zu bitten. Er konnte vielleicht ein langes Ohr machen und Berichte

105 FO Krugenberg: Arbeitsnachweis IME »Manfred«, 16.8.1985; BStU, MfS, AIM 5382/88, T. II/1, Bl. 163.

106 [MfS/HA I/Abt. MfNV/UA HS], Ltr. OSL Willert [ohne Adressat]: Vorschlag zur Einstufung in die Vergütungsstufe XII, 8.1.1988; BStU, MfS, KS 19082/90, Bl. 87.

107 [DE], Mj. Riesbeck [ohne Adressat]: Stellungnahme, 12.2.1988 i. V. m. [MfS] HA I/Abt. MfNV/UA HS, Hptm. Knobelsdorf an Ltr. UA HS: Aktenvermerk über eine durchgeführte Aussprache, 17.2.1988; BStU, MfS, AIM 5382/88, T. I/1, Bl. 82 f.

108 [MfS]/HA I/Abt. MfNV/UA HS an stv. Ltr. Abt. MfNV: Offizier im besonderen Einsatz, 4.8.1989; BStU, MfS, DOS 13079/92, Bl. 29.

109 NVA, DE an MfVA, Abt. f. allg. Fragen: Übergabe-/Übernahmeprotokoll, 31.8.1990; BArch, DVW 1/126218 (o. Pag.).

110 Angabe ohne Datierung und Quelle in Wenzke: Ab nach Schwedt!, S. 381.

schreiben, aber er hatte keine Chance, seine Meinung in unsere Arbeit mit einfließen zu lassen. [...] Er war auch der Lieblingsfeind des Kommandeurs.«[111]

111 Geißler: Die Disziplinareinheit 2, S. 99. Diese Einschätzung erscheint angesichts der von »Manfred« überlieferten Berichte unrealistisch. Mindestens in der Arbeit gegen die Insassen verfolgte Riesbeck keine anderen Intentionen als die Aufseher und Stabsoffiziere. Allenfalls die Rolle Riesbecks im Personal wird aufgrund seiner exotischen Stellung – und wenn man Nagel glauben will – wegen seiner Neigung, aus »einer Mücke einen Elefanten« zu machen, schwieriger gewesen sein.

6. Der Einsatz inoffizieller Mitarbeiter im Militärstrafvollzug

Neben den offiziellen Einwirkungsmöglichkeiten griffen MfS und K I/4 auch zu inoffiziellen Mitteln, um ihre Interessen durchzusetzen. Das erfolgte überwiegend durch den Einsatz von inoffiziellen Mitarbeitern. Andere Methoden stellten Postkontrollen oder sogenannte operative Kombinationen und Zersetzungsmaßnahmen dar. Inoffizielle Mitarbeiter agierten sowohl im Personal als auch unter den Insassen. Die Führung von IM unter den Eingesperrten gestaltete sich dabei aus zwei Gründen besonders schwierig: Zum einen waren diese nur für relativ kurze Zeit in Schwedt, zum anderen war es unter den Bedingungen des straffen Tagesablaufs und der ständigen Einbindung in Gruppen, Züge, Kompanien beziehungsweise Arbeitsbrigaden sehr aufwendig, die IM heimlich zu treffen und ihre Berichte entgegenzunehmen. Die bisherigen Erkenntnisse zeigen, dass die Staatssicherheit unter den Bediensteten durchgängig von 1964 bis 1989 mit mindestens einem, oft mehreren IM vertreten war. Bei der Unterwanderung der Insassen finden sich einzelne Lücken von wenigen Monaten für die noch keine IM recherchiert werden konnten. Nach den jetzigen Kenntnissen waren in mehr als 95 Prozent der Zeit des Militärstrafvollzugs inoffizielle Mitarbeiter unter den Insassen vorhanden – in der Regel mehrere gleichzeitig.

6.1 Zeitabschnitt 1968 bis 1982 (MdI)

In der Zeit der MdI-Verwaltung (1968–1982) arbeiteten sowohl das MfS als auch die Kriminalpolizei (respektive bis 1974 deren Vorläuferin, die Arbeitsrichtung 4 der VSV) mit inoffiziellen beziehungsweise inoffiziellen kriminalpolizeilichen Mitarbeitern.[1] Den Gefängnisleitern war die Tatsache der inoffiziellen Arbeit bekannt. Sie wurden teilweise eingebunden, allerdings eher auf einer allgemeinen Ebene der Unterstützung »unter Genossen« beziehungsweise im Rahmen der oben beschriebenen Partnerschaft des operativen Zusammenwirkens. Vom ersten Leiter des Militärstrafvollzugs in Schwedt, Major Siegfried

1 Die inoffizielle Arbeit war in beiden Ministerien durch entsprechende Richtlinien geregelt. Für die K I galt im hier relevanten Zeitraum die RL 01/78 des MdI, HA K, Abt. I über die inoffizielle und vertrauliche Zusammenarbeit des Arbeitsgebietes I der Kriminalpolizei mit Bürgern der DDR; BStU, MfS, BdL/Dok. Nr. 2375. Für das MfS waren die RL 1/68 sowie 1/79 zur Arbeit mit Inoffiziellen Mitarbeitern und Gesellschaftlichen Mitarbeitern für Sicherheit maßgeblich; BStU, MfS, BdL/Dok. Nr. 2536 u. BStU, MfS, BdL/Dok. Nr. 3278.

Richter (bis 1970), heißt es allerdings, er soll persönlich Aufträge des Arbeitsgebietes I/4 erhalten haben.[2] Über die Inhalte oder Anzahl dieser Aufträge ist jedoch nichts bekannt.

Die nachfolgenden Kommandeure Albinus und Decker hatten ein eher gespanntes Verhältnis zur Arbeit des MfS und der K I/4 in ihren eigenen Reihen – trotz der Verpflichtung zur Zusammenarbeit, die sich aus ihrer Funktion ableitete.[3] Die inoffizielle Arbeit wurde akzeptiert, auch wenn das zu mitunter eigenartigen Konstellationen führte: Im Sommer 1972 kam zum Beispiel in einem Gespräch zwischen dem Leiter Albinus und einem Kompaniechef auch die Arbeit vom Offizier für Kontrolle und Sicherheit Colberg zur Sprache. Albinus riet dem Kompaniechef dazu, sich unter den Strafgefangenen ein eigenes Netz von Informanten zu schaffen (»Das ist eine alte Sache im Strafvollzug«). Dagegen verwahrte sich dieser, da er erst ein halbes Jahr zuvor eine Aussprache hatte, weil er in die Regeln der Konspiration eingegriffen hätte. Letzteres bekräftigte Albinus mit dem Hinweis, der Kompaniechef darf nicht in die Arbeit Colbergs eingreifen, braucht auch nicht zu wissen, mit welchen Gefangenen Colberg arbeitet, könne aber trotzdem Strafgefangene nutzen, die ihn als Kompaniechef über alles informieren.[4]

Der Schwerpunkt der inoffiziellen Arbeit unter den Insassen lag bei der Arbeitsrichtung I/4 der Kriminalpolizei, nicht bei der Staatssicherheit. Die Anzahl der inoffiziellen kriminalpolizeilichen Mitarbeiter war in Schwedt deutlich höher als die Zahl der IM der Staatssicherheit. Von den bisher circa 170 ermittel-

2 Interessanterweise wurde das vom MfS und deutlich retrospektiv notiert, nicht etwa von der K I/4 oder VSV/4, siehe auswertende und ergänzende Notizen des FO Feller zum IM-Bericht »Egon«, 13.5.1975; BStU, MfS, A 642/82, Bd. 1, Bl. 252 (Hier mit zeitlich nicht zutreffender Erwähnung des Arbeitsgebietes I/4, korrekt wäre für das relevante Jahr die Arbeitsrichtung 4 der VSV).

3 Beispielsweise gab die Durchführungs-Anweisung des Leiters der Verwaltung Strafvollzug zum Befehl 23/80 des MdI und Chefs der DVP v. 10.9.1981 den Leitern der Strafvollzugseinrichtungen vor, eng mit der Arbeitsrichtung I/4 zusammenzuarbeiten. Zwar ist die inoffizielle Arbeit nicht direkt erwähnt, aber die Vielzahl der Dinge, die vor Entscheidung oder Umsetzung mit der I/4 zu beraten waren bzw. die umfassenden Zugangsrechte der Mitarbeiter der I/4 zu Gefangenen, deren Akten, deren Post, inkl. Zugriffsrechten auf Personal des Strafvollzugs und Zutrittsrecht zu allen Räumen lassen deutlich werden, dass die I/4 weitgehende Möglichkeiten des Arbeitens innerhalb der Strafvollzugseinrichtungen hatte. Die Ermächtigung zum »Einsatz der speziellen Mittel und Methoden der Arbeitsrichtung 4 des Arbeitsgebietes I« unter Strafgefangenen regelte eine separate Anweisung der MdI-Hauptabteilung Kriminalpolizei v. 2.11.1981 an die eigenen Mitarbeiter. Anweisung des MdI/HA Kripo v. 10.9. u. 2.11.1981 in BStU, MfS, BdL/Dok. Nr. 10222 u. Nr. 10223. Die Vorläuferdokumente sind außer Kraft gesetzt und im MfS-Archiv nicht mehr auffindbar, vermutlich tatsächlich wie vorgegeben vernichtet worden. Auch die Dienstanweisung 1/74 des MfS v. 5.11.1974 zur politisch-operativen Sicherung des AG I der Kriminalpolizei verweist auf die »Spezifik des Einsatzes von inoffiziellen Mitarbeitern unter Strafgefangenen […] in der Arbeitsrichtung 4 des Arbeitsgebietes I der Kriminalpolizei«; BStU, MfS, BdL/Dok. Nr. 2370, Bl. 1–38, Zitat von Bl. 17.

4 IM-Bericht »Egon«, 30.8.1972; BStU, MfS, A 642/82, Bd. 1, Bl. 137, Zitat ebenda.

ten Insassen, die in der Zeit von 1968 bis 1982 inoffiziell arbeiteten, wurden nur 30 vom MfS geführt. Diese Zahlen sind allerdings vorläufig, da eine zielgerichtete Recherche nach inoffiziellen Mitarbeitern der K I mit den Findhilfsmitteln des MfS nicht möglich ist. Nur mit Kenntnis des Klarnamens können die Karteien geprüft werden, nach Decknamen, so sie denn vorliegen, kann nicht recherchiert werden.[5] Da aber die Gesamtzahl der Insassen nicht bekannt ist und namentliche Häftlingslisten nicht vorliegen, können die bisherigen Erkenntnisse keinen Anspruch auf Vollständigkeit erheben. Die Verteilung der bisher bekannten IM auf die Jahre 1968 bis 1982 lässt nur vier einzelne Monate ohne eine IM-Präsenz erkennen. In den meisten Zeiträumen waren mehrere IM verfügbar. Die bislang bekannte höchste Dichte liegt bei 15 gleichzeitig tätigen IM unter den Gefangenen.[6]

Im Personal sah es anders aus: Hier waren die Bedingungen insofern günstiger, als die Bediensteten in der Regel längerfristig zur Verfügung standen und außerdem von ihrer politischen Grundeinstellung eher eine Zustimmung zur Zusammenarbeit zu erwarten war. Insofern überrascht es nicht, dass das MfS zwischen 1968 und 1989 zu jedem Zeitpunkt über mindestens einen IM unter den Bediensteten verfügte. Bisher sind für die hier relevante Phase bis 1982 aus dem Personal beziehungsweise den Arbeitsbetrieben 13 IM nachweisbar, zusätzlich zwei konspirative Wohnungen und ein auch inoffiziell arbeitender Vertragsarzt. Die IM unter dem Personal wurden ausschließlich vom MfS geführt.[7] Die K I/4 war hingegen für die Arbeit unter den Gefangenen zuständig, insbesondere unter Kriminellen und als asozial eingestuften Personen.[8]

Die Tätigkeit von MfS und K I/4 und insbesondere der Einsatz inoffizieller Mitarbeiter diente nicht nur der Aufklärung der Stimmungslage oder der Zustände im Strafvollzug und den Arbeitsbetrieben, sondern richtete sich auch direkt gegen (andere) Personen. Hiervon waren sowohl das Personal als auch die Insassen betroffen. Es wurden entsprechende Überprüfungen veranlasst und gegebenenfalls eigene Akten angelegt. Oftmals sind es gerade diese Akten, die Auskunft über die Intensität der Bearbeitung geben.[9]

5 Die Decknamenkartei des MfS (F 77) enthält keine IKM der K I. Ein eigenes Findhilfsmittel liegt für die IKM nicht vor.

6 So im Juni 1978. Folgt man der von Wenzke ohne Quellenangabe zusammengetragenen Übersicht von Zahlen der Abt. Kommandantendienst des MfNV, des Militäroberstaatsanwaltes und der Verwaltung Strafvollzug des MdI mit einer für den gleichen Monat ausgewiesenen Anwesenheit von 273 Insassen (Wenzke: Ab nach Schwedt!, S. 267), ergibt das einen IM-Anteil von etwas mehr als 5 %. Zu den bisher nicht mit IM belegbaren Monaten zählen auch der Dez. 1972 und der Jan. 1973, was definitiv mit der Amnestie von 1972 zu erklären ist.

7 Dies schloss nicht aus, dass Erkenntnisse der K I/4 über das Personal nicht auch gegen diesen Personenkreis eingesetzt werden konnten.

8 Nach § 249 StGB von 1974 konnte Asozialität mit bis zu zwei Jahren Haft geahndet werden.

9 Beim MfS hießen solche Akten Operative Personenkontrolle (OPK), Operative Vorgänge (OV) bzw. Untersuchungsvorgänge (UV). Die K I arbeitete mit Kriminalakten (KA) und

6.1.1 IM der K I/4

Die K I arbeitete hauptsächlich mit IKM unter den Gefangenen. Die IKM galt es auszuwählen, zu werben und zu führen. Was sie dann berichteten, wurde in den zu ihnen geführten Akten abgelegt. Je nach Relevanz entstanden daraus auch Abschriften, Kopien oder Auszüge, die in die Akten gegen andere Personen einflossen[10] oder als die Quelle verschleiernde Informationen an andere Personen oder Dienststellen weitergeleitet wurden. Empfänger konnten einzelne Verantwortliche des Militärstrafvollzugs, die vorgesetzte Ebene der Volkspolizei oder eine Diensteinheit des MfS sein.

Schlüsselfigur der inoffiziellen Arbeit der K I/4 in Schwedt war der schon angesprochene Offizier für Kontrolle und Sicherheit, Heinz Colberg. Colberg war der Führungsoffizier für die von ihm geführten IKM unter den Insassen und ständig auf der Suche nach neuen Kandidaten. Dabei machte ihm die Fluktuation unter den Gefangenen zu schaffen. Bisher konnten insgesamt über 140 Personen recherchiert werden, die der K I/4 Informationen geliefert haben. Viele der diesbezüglichen Akten sind nur unvollständig überliefert. Oft sind es nur wenige Berichte oder ein einzelner Bericht, die einem Decknamen oder der zugehörigen Registriernummer zugeordnet werden.[11] Diese Zuordnung ermöglicht aber eine eindeutige Differenzierung der genannten 140 Fälle. Nur wenig mehr als die Hälfte der mit Decknamen oder Registriernummer ausgewiesenen IKM ist mit dem Klarnamen identifizierbar.[12] Eine endgültige Zahl der IKM wird auch in absehbarer Zeit nicht ermittelt werden können, da ein systematischer Zugriff auf die entsprechenden Akten nicht möglich ist. Eine Beurteilung der Arbeit des OKS Colberg aus dem Mai 1969 verweist auf durchschnittlich zwei Werbungen je Monat. Unter Berücksichtigung des Beginns des Militärstrafvollzugs im Juni 1968 und in Verbindung mit dem Zeitpunkt dieser Beurteilung wäre allein für diese Phase von über 20 geworbenen IM auszugehen. Im Rahmen dieser Studie hier sind jedoch bisher nur sechs Fälle bekannt geworden,

Kontrollmaterialien (KM).

10 Beispielsweise fertigte Colberg Ende 1974 von einem Auszug aus einem Bericht über die Situation im 3. Zug der 1. Kompanie mindestens drei Durchschlagexemplare, die er mit jeweils unterschiedlichen Überschriften den jeweiligen Akten der im Bericht benannten Personen hinzufügte; BStU, MfS, BV FfO, AOG 1772/75, Bl. 43 u. BStU, MfS, BV FfO, AOG 431/76, Bl. 46 sowie BStU, MfS, BV Potsdam, AOG 587/83, Teil I, Bl. 24.

11 Aus diesen Berichten lassen sich oft Umfeldinformationen gewinnen: neben der Anwesenheitszeit in Schwedt vor allem der Verwahrraum, die Arbeitsstelle, die direkte Umgebung des IM oder ähnliches.

12 Hier macht sich ein Unterschied in der Karteierfassung der K-I- und MfS-IM bemerkbar. Die Decknamen der K-I-IM sind in den MfS-Karteien nicht recherchierbar, sodass trotz Kenntnis von Decknamen oder Registriernummern kein Zugriff auf die entsprechenden Akten möglich ist. Nur bei Kenntnis des Klarnamens könnten diese Akten gefunden werden.

sodass, sofern die Einschätzung zu Colberg stimmt, von einer sehr hohen Dunkelziffer auszugehen ist.

Eine Besonderheit der inoffiziellen Arbeit der K I/4 war, dass die den inoffiziellen kriminalpolizeilichen Mitarbeitern abverlangten Verpflichtungserklärungen nicht konkret erwähnten, gegenüber welcher Institution die Verpflichtung erfolgte. In der Regel ist von einem »Sicherheitsorgan« die Rede, gelegentlich auch in der Mehrzahl. Ganz selten wurden die Kriminalpolizei beziehungsweise der Offizier für Kontrolle und Sicherheit (dann eher in der Abkürzungsform OKS) benannt.[13] In der Frühphase des Militärstrafvollzugs hat sich Colberg von einigen seiner IM zusätzlich zum Ende ihrer Tätigkeit schriftlich bestätigen lassen, dass sie über ihren inoffiziellen Einsatz und die angewandten Mittel und Methoden mit keiner Person sprechen. Das war auch in anderen Haftanstalten der DDR üblich. In Einzelfällen, bei denen offenbar eine weitere inoffizielle Tätigkeit verabredet war, schloss diese Verpflichtung auch den späteren Mitarbeiter mit ein.[14] Einem Irrtum unterlag in diesem Zusammenhang ein 1972 in Schwedt einsitzender Marineangehöriger, der zuvor als Kommandant eines Torpedoschnellbootes bereits inoffiziell für das MfS arbeitete. In Schwedt verpflichtete er sich 1972 schriftlich gegenüber »den Sicherheitsorganen« und meinte genau zu wissen, wo und bei wem er sich befand. Nach seiner Rückkehr zur Volksmarine berichtete er seinem MfS-Führungsoffizier über die in Schwedt erfolgte Zusammenarbeit mit Colberg, ordnete diesen aber dem MfS zu. Der MfS-Führungsoffizier erkannte jedoch aus den ihm zugänglichen Akten, dass die inoffizielle Zusammenarbeit in Schwedt mit dem OKS erfolgt war.[15]

Als bisher frühester IKM im Militärstrafvollzug ist »Bernhard« bekannt geworden, dessen ältester vorliegender IM-Bericht aus dem Juli 1968 stammt. Zwei Monate später wurde »Anton« verpflichtet. Anhand der offenbar vollständig überlieferten »Anton«-Akte soll das prinzipielle Vorgehen von Colberg vorgestellt werden.[16] Der vom Militärgericht Neubrandenburg zu einem Jahr

13 Die Richtlinie 01/78 des MdI, HA K, Abt. I über die inoffizielle und vertrauliche Zusammenarbeit des Arbeitsgebietes I der Kriminalpolizei mit Bürgern der DDR gab vor, dass die inoffizielle Zusammenarbeit ausschließlich als »Zusammenarbeit mit der Kriminalpolizei« erfolgen solle; BStU, MfS, BdL/Dok. Nr. 2375, Bl. 5, Rs. In den eingesehenen Akten ist die Benennung der Kriminalpolizei in den Verpflichtungen jedoch eher die Ausnahme.

14 Hierfür verwandte Colberg maschinenschriftlich vorgefertigte Texte, die die IM unterschrieben, z. B. in BStU, MfS, AIM 13929/69, T. II/1, Bl. 37; BStU, MfS, AVSV 6162/72, Bl. 58 u. BStU, MfS, AIM 7172/83, T. I/1, Bl. 71.

15 Div. Schriftstücke aus den beiden Akten zur Person; BStU, MfS, BV FfO, AOG 89/77, Bl. 15–19 i. V. m. BStU, MfS, AGMS 22598/80, Bl. 55 f.

16 »Bernhard« ist wegen fehlender Akten nicht identifizierbar. Bisher sind nur Berichte unter Decknamen aus Akten derer bekannt, die er bespitzelte. Zu »Anton« liegt die Akte BStU, MfS, AIM 13929/69 vor. In Kombination mit der Akte des von ihm hauptsächlich ausgespähten Gefangenen lässt sich die Arbeitsweise der K I/4 sehr gut nachvollziehen. Auf die Angabe einzelner Fundstellen aus den Akten wird im Folgenden verzichtet. Zu »Anton« und dessen Ein-

Freiheitsstrafe verurteilte XXX kam nach rund dreimonatiger Untersuchungshaft im August 1968 zur Strafverbüßung nach Schwedt, das zum damaligen Zeitpunkt seit zwei Monaten Standort für Militärstrafgefangene war. Im Rahmen der Aufnahmeprozedur führte Colberg mit dem Neuzugang am zweiten Tag ein Gespräch, dem er entnahm, dass XXX gewillt sei, Feststellungen über Verstöße gegen Ordnung und Sicherheit mitzuteilen. Einen ersten, einen anderen Gefangenen in Schwedt belastenden Bericht fertigte XXX sofort und unterschrieb ihn mit seinem Klarnamen. Seinen eigenen, positiven Eindruck hielt Colberg in einem »Protokoll« überschriebenen Schriftstück fest, in dem er die Art des Gespräches »Kontaktgespräch« nannte, womit die vorgesehene Entwicklung zum IM schon vorgezeichnet war. Eine Abschrift des Berichts von XXX gelangte in die Akte des anderen Gefangenen. Eine Woche später ersuchte XXX um ein Gespräch mit Colberg. Er konnte berichten, dass der im Fokus der K I/4 stehende andere Gefangene nach Möglichkeiten suchte, unkontrolliert Briefe nach draußen zu schmuggeln. In Absprache mit Colberg bot sich XXX zur Realisierung der Briefschleusung an. Zwei weitere Wochen später ließ er Colberg einen zu schleusenden Brief zukommen. Vor diesem Hintergrund verfasste Colberg am 12. September 1968 auf insgesamt zehn DIN-A4-Seiten drei verschiedene Schriftstücke, die den Vorschlag zur Werbung des XXX als inoffiziellen Mitarbeiter enthielten beziehungsweise begründeten. Solche Materialien zum Stand der inoffiziellen Mitarbeit waren regelmäßig zu erstellen.[17] In diesem Fall scheinen sie etwas ausführlicher als sonst zu sein, was mit der Schilderung der guten Ausgangslage (bereitwillige Mitarbeit) erklärt werden kann. Der Plan zur Werbung enthielt auch die Verfahrensregeln, unter deren Beachtung Colberg am beabsichtigten Tag unauffällig mit XXX zusammen treffen konnte. Für den Fall einer Ablehnung der Zusammenarbeit war dennoch eine Schweigeverpflichtung über die bisherigen Mitteilungen und Gespräche vorgesehen. Am 16. September erfolgte in Colbergs Dienstzimmer die Werbung. XXX äußerte offenbar keine Bedenken sondern schrieb eine Verpflichtung, »das Sicherheitsorgan im Kampf gegen alle Gesetzesverletzungen aktiv zu unterstützen«. Er wählte sich den Decknamen »Anton« und unterschrieb mit seinem Klarnamen. Colberg fertigte einen zweiseitigen Bericht zur Werbung, in dem er auch notierte, dass XXX seine Informationen schriftlich an ihn übermitteln solle. Die diesbezüglichen Modalitäten seien ihm mitgeteilt worden. In einem weiteren zweiseitigen Schriftstück, diesmal »Treffbericht« betitelt, schilderte Colberg dann die »Anton« erteilten Aufgaben. Die von »Anton« bei diesem

satz zur Unterbindung von illegalen Briefschleusungen siehe auch Brauhnert; Hübner; Polzin (Hg.): Der DDR-Militärstrafvollzug, S. 78, 101–108.

17 Hierfür gab es Vorgaben einer Richtlinie, von der bisher nur die bis zuletzt gültige 1978er-Fassung bekannt ist: RL 01/78 des MdI, HA K, Abt. I über die inoffizielle und vertrauliche Zusammenarbeit des AG I der Kriminalpolizei mit Bürgern der DDR; BStU, MfS, BdL/Dok. Nr. 2375.

Gespräch übermittelten Informationen über andere Gefangene fasste Colberg in einem separaten siebenseitigen Bericht zusammen, den er von »Anton« mit Decknamen unterzeichnen ließ. Darin ist auch vermerkt, dass »Anton« sich bei den Mitgefangenen wahrheitswidrig als wegen Widerstandes gegen die Staatsgewalt Verurteilter, also als vermeintlich politischer Gefangener ausgab, wozu er möglicherweise von Colberg instruiert wurde. Die belastenden Informationen über den an der Briefschleusung interessierten Gefangenen reichte Colberg an das MfS weiter, das einen umfangreichen Vorgang über denjenigen führte.[18] »Anton« informierte in der Folgezeit weiter über die illegalen Briefe des Mitinsassen beziehungsweise übergab er mindestens vier solcher Schreiben an Colberg. Dieser wiederum hielt unter der Verfasserangabe Offizier für Kontrolle und Sicherheit fest, dass er einen solchen Brief mit Wasserdampf öffnete und nach Kenntnis des Inhalts nicht an die Empfängerin, sondern an das MfS weiter leitete.[19] Mindestens drei weitere Briefe gelangten über »Anton« und Colberg an die Staatssicherheit. Der Absender erhielt wegen der illegalen Briefverbindungen später 21 Tage Arreststrafe. »Anton« dagegen erfuhr wenige Wochen später, dass er zum 15. November 1968 vorzeitig auf Bewährung entlassen werden solle, was eine Halbierung seiner Freiheitsstrafe darstellte. Die Akten lassen nicht erkennen, dass damit seine inoffizielle Tätigkeit für die K I/4 honoriert werden sollte. Individuelle Strafrabatte von etwa einem Drittel waren in der DDR recht häufig, doch die Hälfte der gesamten Strafdauer zu erlassen, kam selten vor.

Im Fall »Anton« wurde andeutungsweise erkennbar, wie die Verbindung zwischen einem IKM und dem OKS Colberg gestaltet werden konnte. Basierend auf dem prinzipiellen »Recht« jedes Insassen, sich an den Offizier für Kontrolle und Sicherheit zu wenden, sollte ein entsprechender Gesprächswunsch signalisiert werden. Das konnte mündlich über die Vorgesetztenebene, besser (und konspirativer) aber durch einen verschlossenen Brief über die in jeder Kompanie vorhandenen Briefkästen initiiert werden. De facto stellten diese Kästen eine Möglichkeit dar, sich schriftlich an den OKS (oder das MfS) zu wenden, sei es mit einem Gesprächswunsch, mit einem ausführlichen Bericht oder auch nur mit einer Beschwerde. Aus der Vielzahl eingehender Briefe konnte Colberg geeignete IM-Kandidaten auswählen. In den zur Verfügung stehenden IM-Akten finden sich meist konkretere Angaben über die Verabredungen zur Verbindungsaufnahme. So instruierte Colberg im März 1970 einen Gefangenen, den er anwerben wollte, sich zukünftig nur schriftlich an ihn zu wenden. Um die Kons-

18 Das geschah im Rahmen der offiziellen Zusammenarbeit; siehe Abschnitt Zusammenarbeit von MfS, MdI und MfNV im Kap. 5.

19 Ein Beispiel für die Vermischung von offiziellem Agieren und inoffizieller Arbeit; »Anton« beschaffte den zu schleusenden Brief und übergab ihn seinem Führungsoffizier Colberg. Der hatte in seiner Funktion als OKS das Recht, den Brief zu öffnen und anzuhalten. Eine Information über den Sachverhalt übergab er dann offiziell dem MfS, zusammen mit dem einbehaltenen Brief.

piration nicht zu gefährden, sollten keinesfalls andere Strafvollzugsangehörige einbezogen werden.[20]

Colberg ließ sich vorzugsweise schriftlich von den Gefangenen berichten. Die IKM sollten ihre Berichte jedoch nicht am Arbeitsplatz oder im Verwahrraum schreiben. Stattdessen organisierten sogenannte bestätigte Offiziere des Strafvollzugs für die IKM die Möglichkeit, schriftliche Berichte zu verfassen. Hierfür wurden Schreibblock und Briefumschlag übergeben und der IKM eingeschlossen. Nach Abfassen der Berichte wurden diese im verschlossenen Umschlag dem bestätigten Offizier zur Weiterleitung übergeben, ohne dass er Kenntnis vom Inhalt erhalten sollte. Auch die Auftragserteilung erfolgte gelegentlich mittels verschlossener Umschläge.[21] Bisher ist nur ein für die Zusammenarbeit mit dem OKS bestätigter Offizier bekannt: 1972 war das der Kompanieführer und Hauptmann des Strafvollzugs, Horst Zimmermann. Über ihn sollte beispielsweise ein frisch verpflichteter IM der 1. Kompanie seine schriftlichen Informationen für Colberg liefern. Ein verschlossener Umschlag ohne Absender war an eben diesen Zimmermann zu adressieren, der Name zweimal zu unterstreichen und der Umschlag dann in den Briefkasten »Bitten und Beschwerden« der 1. Kompanie zu werfen.[22] Ob Colberg in jeder Kompanie ein solcher Offizier zur Verfügung stand, ist bisher nicht bekannt, aber naheliegend, da er mitunter die Mehrzahlform für diesen Status verwandte. Im Unterschied zur Adressierung über Zimmermann war einem IM derselben 1. Kompanie zwei Jahre zuvor vorgegeben worden, die Anschrift von Oberleutnant Colberg zu verwenden. Außerdem sollte er dabei darauf achten, dass er beim Einwurf in den Kasten nicht beobachtet wird. Die über den Kasten gelieferten Berichte sollten jeweils von Treff zu Treff vom IM nummeriert werden.[23] Eine weitere Variante galt 1972. Colberg verabredete die Verbindung zum frisch geworbenen IM »Manfred«: verschlossener Umschlag ohne Absender und adressiert mit einem großen Kreuz, einzuwerfen in den Briefkasten des Kompanieführers der 1. Kompanie.[24]

20 StVK Schwedt, OKS, Oltn. Colberg [ohne Adressat]: Protokoll, 20.3.1970; BStU, MfS, AVSV 11379/71, Bl. 26.

21 FO Colberg: Treffberichte zur Quelle Reg.-Nr. 611/70, 21. u. 23.11.1970 i. V. m. schriftlich erteiltem Auftrag v. 21.11.1970; BStU, MfS, AIM 7172/83, T. I/1, Bl. 137 u. 144–148.

22 StVK Schwedt, OKS, Oltn. Colberg [ohne Adressat]: Bericht über die durchgeführte Werbung, 5.7.1972; BStU, MfS, AIM 742/75, T. I/1, Bl. 42. Zimmermann war seit 1965 als IM »Egon« dem MfS verpflichtet. Ob das dazu führte, für Colberg geeignet zu scheinen, ist nicht ersichtlich. Wenn ja, würde dies bedeuten, dass Colberg von der inoffiziellen MfS-Anbindung Zimmermanns wusste, was eigentlich aus Konspirationsgründen nicht gewollt war.

23 StVK Schwedt, OKS, Oltn. Colberg [ohne Adressat]: Protokoll und Bericht über die erfolgte Anwerbung, jeweils 12.12.1970; BStU, MfS, BV FfO, AOG 1412/78, T. I, Bl. 42 u. T. II, S. 6 (MfS-Zählung).

24 Dieser »Manfred« [nicht identisch mit OibE bzw. IME »Manfred«] war einer der wenigen Insassen, die als Offizier ihre Strafe in Schwedt zu verbüßen hatten. Er war wegen seiner NVA-Führungserfahrung und dem relativ langen Strafmaß von 20 Monaten in Schwedt von

Die Treffen fanden an verschiedenen Orten statt, oft in den Dienstzimmern Colbergs. Eines davon lag im Verwaltungsgebäude der Dienststelle, ein anderes im Verwahrbereich der Gefangenen. Zur Wahrung der Konspiration war bei der inoffiziellen Arbeit immer zu klären, wie die Gefangenen in diese Zimmer gelangen konnten. In der Regel war eine sogenannte Zuführung erforderlich, für die es erstens eines begleitenden Aufsehers, zweitens eines Vorwandes bedurfte, insbesondere für den Zugang zum Verwaltungsgebäude. Daher verfügte Colberg bereits 1968 auch über ein Dienstzimmer im Verwahrbereich der Gefangenen.[25] In den 1970er-Jahren wurden die Treffmöglichkeiten erweitert. Dem OKS Colberg standen im Sommer 1975 neben seinem eigenen Dienstzimmer nun auch ein Büro im Verwaltungsbereich, das als Sprech- und Vernehmer-Zimmer eingerichtet war, sowie das Dienstzimmer des Kompaniechefs im Verwahrbereich[26] zur Verfügung. Kurztreffs waren auch im Arbeitsbereich möglich.[27]

Erst ab 1978 schrieb Colberg von einem Treffquartier (TQ) mit dem Decknamen »Archiv«, das er bis 1982 nutzte. Treffquartiere waren das Pendant der

vornherein dafür vorgesehen, die Funktion des Kompanieältesten zu bekleiden, die er dann auch erhielt. Mit 30 Jahren zählte er tatsächlich zu den ältesten Insassen in Schwedt. Die Besetzung des Kompanieältesten (KPÄ) der 1. Kompanie war für Colberg wichtig. Dieser KPÄ hatte »gleichzeitig alle Zugänge im Strafvollzug bis zu ihrer Eingliederung zu betreuen. Es gilt also zu gewährleisten, dass bereits die Zugänge abgeschöpft werden, um in operativer Hinsicht konkrete Entscheidungen treffen zu können«. Der Offizier reagierte auf Colbergs Anfrage zur Zusammenarbeit sofort positiv, zumal er vorher schon mit dem MfS zusammenarbeitete. Rückblickend hielt er die Haftbedingungen sogar für nicht straff genug. Pech für Colberg war, dass ihm dieser IM durch die Amnestie 1972 verlustig ging. Eigentlich hätte »Manfred« noch über ein Jahr Strafverbüßung vor sich gehabt, Akte »Manfred«; BStU, MfS, BV FfO, AOG 89/77, Zitat von Personalakte Bl. 15. Eine vom Leiter Albinus unterzeichnete Arbeitsordnung für den KPÄ von 1971 ist überliefert; BStU, MfS, AIM 10998/74, T. I/1, Bl. 75 f.

25 Bis 1982 gab es dafür leicht differierende Bezeichnungen: von Dienstzimmer im Gefangenenteil bzw. im Verwahrbereich bis Dienstzimmer des OKS im Bereich der 1. Kompanie. Zwischen 1976 und 1981 schrieb Colberg mehrmals von Treffzimmern des OKS, sowohl im Bereich der Verwaltung, als auch im Verwahr- bzw. Strafgefangenen-Bereich. In anderen Unterlagen verwandte Colberg den Begriff Kontaktzimmer. Auch hier gab es wieder zwei verschiedene, eines in der Verwaltung, das andere im Verwahrbereich. Dass die Begriffe Dienst-, Treff- und Kontaktzimmer tatsächlich unterschiedliche Räume meinten, darf bezweifelt werden. Die Trennung nach Verwaltung und Verwahrbereich hingegen ist plausibel und nachweisbar.

26 Es ist bisher unklar, welche Kompanie bzw. welcher Kompaniechef gemeint war oder ob Colberg in jeder Kompanie über diese Möglichkeit verfügte.

27 BDVP Frankfurt (Oder)/Abt. K/Dez. I/4, Oltn. Colberg [ohne Adressat]: Anhang zum Vorschlag zur Werbung, 1.8.1975; BStU, MfS, BV FfO, AOG 135/76, T.I, Bl. 34. Ähnliche Aufstellungen lassen sich auch in anderen IM-Akten finden. In Einzelfällen wurden folgende Varianten benannt: das Dienstzimmer des bestätigten Offiziers (1971), das Besucherzimmer im Verwaltungsbereich (1975), das Allzweckzimmer im Verwaltungsbereich (1975/76) bzw. die Dienstzimmer der Zug- und des Kompanieführers (1973–1979). Mit dem Allzweckzimmer dürfte das zuvor erwähnte Dienstzimmer im Verwaltungsbereich gemeint sein, das als Sprech- und Vernehmer-Zimmer eingerichtet war.

K I zu den konspirativen Wohnungen[28] des MfS. Auch dieses Treffquartier befand sich im Verwaltungsbereich. Der Deckname »Archiv« deutet auf einen entsprechend genutzten Raum hin, doch ist dessen genaue Lage unbekannt.[29]

Die Kontaktaufnahme zwischen inoffiziellen Mitarbeitern und Führungsoffizier war im Tagesablauf unter den Bedingungen des Strafvollzugs schwer zu organisieren. Neben der Frage des geeigneten Zeitpunkts war immer die Tarnung des Treffens gegenüber den Mitgefangenen und dem Personal zu beachten, was meist sogenannte Legenden erforderlich machte. Vermeintliche Begründungen für die Treffen mit dem Führungsoffizier waren die Verbindungen zur vormaligen NVA-Dienststelle des Insassen, alle Fragen der Briefverbindungen oder persönlicher Kontakte zu den Verwandten, eventuelle Vorkommnisse im Umfeld des IKM, die offiziell auszuwerten waren sowie alle persönlichen Fragen im Zusammenhang mit dem Haftalltag des IKM.[30]

Die Zuführung der IKM zum Ort des Treffens sollte, wenn möglich, über die bestätigten Offiziere erfolgen. Oft wurden verschiedene Anlässe genutzt, bei denen mehrere Gefangene zu einzelnen Gesprächen geholt wurden. In den Rahmen solcher Gespräche ließ sich das Treffen mit einem inoffiziellen Mitarbeiter gut integrieren. Selbst die Befragung von Gefangenen im Zusammenhang mit einem bekannt gewordenen Suizidvorhaben wurde zur Legendierung von Treffen mit inoffiziellen Mitarbeitern genutzt.[31] Andere Möglichkeiten eröffneten besondere Arbeitseinsätze, zum Beispiel Reinigungsarbeiten im Verwaltungsgebäude oder einzelne Handwerkerarbeiten auf dem Gelände. Auch die oben dargelegte Variante des Einschlusses zum Schreiben der Berichte war gegenüber den Mitinsassen und Aufsehern zu legendieren. Selbst die Nutzung des Kompaniebriefkastens war nicht unproblematisch: Mal war die Dauerpräsenz von Diensthabenden auf dem Flur einem unbeobachteten Briefeinwurf hinderlich, mal war die Möglichkeit des unbefugten Herausnehmens bereits eingeworfener Briefe nicht auszuschließen. Letzteres führte zum Beispiel dazu, dass der Briefkasten von der Außenseite der Tür an die Innenseite verlegt wurde.[32] Hinter-

28 Der Begriff Wohnung ist dabei nicht immer wörtlich zu nehmen. Gerade unter Armee- oder Strafvollzugsbedingungen handelte es sich oft um einzelne (Dienst-) Räume.

29 Trotz bekanntem Decknamen und zugehöriger Registriernummer ist aus den dargelegten Gründen eine Akte nicht ermittelbar. Ob es sich beim TQ »Archiv« um einen neuen Treff-Ort handelt oder ob die Richtlinie 1/78 zur inoffiziellen K-I-Arbeit nun zur konspirativeren Benennung schon genutzter Räume führte, muss offen bleiben.

30 Beispielhaft für 1975 aufgelistet in BDVP Frankfurt (Oder)/Abt. K/Dez. I/4, Oltn. Colberg [ohne Adressat]: Anhang zum Vorschlag zur Werbung, 1.8.1975; BStU, MfS, BV FfO, AOG 135/76, T. I, Bl. 34.

31 FO Colberg: Treffauswertung IM »Peter«, 11.8.1981; BStU, MfS, BV FfO, AOG 1704/81, T. II, S. 13 (MfS-Zählung).

32 StVK Schwedt, OKS, Oltn. Colberg [ohne Adressat]: Protokoll, 4.7.1972; BStU, MfS, BV Karl-Marx-Stadt, XIV 2235/80, T. I, Bl. 91 bzw. IM-Bericht »Egon« über ein besonderes Vorkommnis im Bereich der 1. Kompanie, 8.7.1975; MfS, A 642/82, Bd. 1, Bl. 266.

grund war, dass ein Gefangener das Schloss des Briefkastens aufbrach und im Kasten unter anderem einen Brief an den OKS entdeckte, den er an sich nahm. Zusammen mit einem weiteren Insassen öffnete er den Brief und stellte fest, dass dieser mit einem fingierten Namen unterschrieben war. Anhand eines Schriftbildvergleichs konnten sie den Absender identifizieren. Sie informierten einen dritten Gefangenen, der durch die im Brief enthaltenen Äußerungen belastet wurde. Anschließend gaben sie den Brief wieder in den Kasten. Zwei Tage später wurde das Vorkommnis dem Personal bekannt. Der Brief-Entnehmer kam sofort in Absonderung. Ihm wurde eine strafrechtliche Verfolgung wegen der Verletzung des Briefgeheimnisses angedroht, falls er nicht schweigen würde. Der dekonspirierte IKM konnte noch die restlichen Monate bis zu seiner Entlassung inoffiziell genutzt werden.

Doch bevor ein Brief eingeworfen werden konnte, musste er erst geschrieben werden. Nicht immer gab es die erwähnten Gelegenheiten des Einschlusses und die Abschirmung durch bestätigte Angehörige des Strafvollzuges. Mehrfach berichteten die IKM über Schwierigkeiten bei der Suche nach Schreibgelegenheiten. Ein 1979 geworbener IKM berichtete dem OKS, dass er einen Bericht nur schreiben konnte, weil er sich krankmeldete und so dem Arbeitsalltag entkam, wo er sich stets beobachtet fühlte. Später empfahl der OKS sogar, auch die Möglichkeit zu nutzen, in Arrest zu gehen, um dort unter Vorgabe einer schriftlichen Beschwerde seine Feststellungen zu übermitteln, was auch praktiziert wurde.[33] Es liegt auf der Hand, dass die vielfältigen Bemühungen um Geheimhaltung nicht immer erfolgreich waren. Die Hintergründe von sogenannten Dekonspirationen waren sehr unterschiedlich. Mal verplapperte sich ein IKM, mal wurde ein anderer beim Briefeinwurf beobachtet und bei weiteren Insassen fiel auf, dass sie ständig zum OKS gerufen wurden. Eher ungewöhnlich war, dass Gefangene mitunter vom Personal vor den inoffiziellen Mitarbeitern Colbergs gewarnt wurden. Solches geschah aber mehrfach durch mindestens drei verschiedene Strafvollzugsangehörige.[34] Auch unter Kollegen gab man sich gegebenenfalls den Hinweis, welcher Insasse »dem Genossen Colberg sein Mann ist«, was in diesem

33 IM-Bericht »Gerd«, 25.3.1979 i. V. m. Colbergs Treffeinschätzung, 11.4.1979; BStU, MfS, BV Neubrandenburg, AOG 563/84, T. II, Bl. 15 u. 27. Schon Jahre vorher wurden die besonderen Gegebenheiten des Einzelarrestes genutzt. Als 1976 während eines Treffs Zeitnot bestand, aber klar war, dass der Gefangene wegen eines Verstoßes gegen die Lagerordnung demnächst eine fünftägige Arrest-Strafe anzutreten hatte, wurde mit ihm verabredet, dass er während dieser fünf Tage die geschützte Gelegenheit zum Verfassen seiner Berichte erhält. Vgl. FO Colberg: Treffberichte »Dieter Schneider«, 29.4. u. 5.5.1976; BStU, MfS, BV Dresden, AOG 1653/80, T. II/1, Bl. 24 u. 31.

34 FO Colberg: Treffbericht IM »Schwarz«, 16.4.1971; BStU, MfS, BV FfO, AOG 646/74, Bl. 66 bzw. BDVP Frankfurt (Oder)/Abt. K/Dez. I/4, Oltn. Colberg [ohne Adressat]: Protokoll, 19.4.1977; BStU, MfS, AIM 3691/78, T. I/1, Bl. 106.

Fall postwendend dem MfS zugetragen wurde, weil der Empfänger des Hinweises IM der Staatssicherheit war.[35]

In der Regel erfolgte die inoffizielle Zusammenarbeit freiwillig. Manche Gefangene boten sich selbst an, zumeist in der Hoffnung auf Vergünstigungen, insbesondere Strafzeitverkürzung. Es ist nur ein Fall bekannt, bei dem der OKS Colberg schriftlich festhielt, dass während des Werbungsgespräches auch über ein Entgegenkommen bezüglich der Haftdauer gesprochen wurde. Nachdem dem IM-Kandidaten offenbar bereits von seinem Zugführer bei guter Führung eine vorzeitige Haftentlassung in Aussicht gestellt wurde, legte Colberg entsprechend nach, dass es auch in seinem »Interesse liegt, bei konsequenter Einhaltung der geforderten Bedingungen eine vorzeitige Haftentlassung zu befürworten, ja, bei guten Ergebnissen in der Zusammenarbeit dies Ausdruck einer Auszeichnung sein wird«.[36] Hinweise auf tatsächlich erhaltene Vergünstigungen, die direkt der inoffiziellen Zusammenarbeit zugeschrieben wurden, liegen nur wenige vor. Meist ging es um kleinere Zuwendungen (Einkaufsgutscheine, Zigaretten). Auch hierbei war zu beachten, dass das gegenüber den Mitgefangenen verborgen blieb.[37]

In Einzelfällen nahmen inoffizielle Mitarbeiter besondere Härten in Kauf. So fingierten im Sommer 1972 Colberg und ein mit ihm zusammenarbeitender Strafgefangener ein besonderes Vorkommnis (Verdacht des illegalen Bargeldbesitzes). Durch die deswegen veranlasste Absonderung dieses Gefangenen gelangte er in die Nachbarzelle des Insassen, über den er Colberg berichten sollte.[38]

Mit dem Wechsel der Verwaltung des Militärstrafvollzugs vom MdI zum MfNV entfiel die Arbeitsrichtung K I/4 und entsprechende Aufgaben wurden von der zuständigen Abteilung des MfS übernommen.

35 IM-Bericht »Heinrich Krause«, 28.4.1974; BStU, MfS, BV FfO, AIM 1956/89, T. II/1, Bl. 183.

36 StVK Schwedt, OKS, Oltn. Colberg [ohne Adressat]: Bericht über die durchgeführte Werbung, 9.11.1973; BStU, MfS, BV FfO, Abt. VII Nr. 2355, Bl. 51 f.

37 In einem Fall aus dem November 1974 notierte Colberg, dass er einem auskunftswilligen Strafgefangenen auf dessen Frage nach der Möglichkeit einer zu genehmigenden Geburtstagskarte an die Verlobte anbot, ihm diese Karte in einem verschlossenen Umschlag zur weiteren Beförderung zukommen zu lassen. Hierüber sollte er mit keiner anderen Person sprechen. Colberg will diese Karte unter Umgehung der Poststelle aufgegeben haben, vgl. BDVP Frankfurt (Oder)/Abt. K/Dez. I/4, Oltn. Colberg [ohne Adressat]: Protokoll, 18.11.1974 u. Colberg: Vermerk, 29.11.1974; BStU, MfS, BV FfO, AOG 1216/79, T. I, Bl. 16 u. 28.

38 StVK Schwedt, OKS, Oltn. Colberg [ohne Adressaten]: Protokolle, 9. u. 12.6.1972 i. V. m. Bereitschaftserklärung des involvierten Strafgefangenen v. 9.6.1972; BStU, MfS, BV Karl-Marx-Stadt, XIV 2235/80, T. I, Bl. 85–88.

6.1.2 IM des MfS

Die konspirative Arbeit mit Bediensteten des Strafvollzugs war dem MfS vorbehalten, hier hatte die K I/4 keine inoffiziellen Mitarbeiter. Als 1968 der Zivilstrafvollzug in Schwedt zum Militärgefängnis umprofiliert wurde, verfügte die Staatssicherheit schon über vier inoffizielle Mitarbeiter im Personal: »Römer«, »Arnold«, »Egon« und »Johannes«. Die drei letzteren, ab 1977 zusätzlich noch »Rudloff«, waren sehr wichtige IM. Unter den Insassen war die Staatssicherheit zwar auch inoffiziell verankert, aber in deutlich geringerem Maße als die K I/4. Der bisher früheste Nachweis von MfS-IM unter den Gefangenen[39] betrifft zwei im August 1968 geführte IM.[40] Somit war das MfS spätestens im zweiten Monat nach der Umwandlung in den Militärstrafvollzug auch inoffiziell unter den Häftlingen verankert. Die Zuständigkeit für den Militärstrafvollzug lag im MfS bis 1982 bei der Bezirksverwaltung Frankfurt (Oder), Abteilung VII. Deren Mitarbeiter verantworteten auch die inoffizielle Arbeit. Zu Beginn des Militärstrafvollzugs traten Unterleutnant Norbert Mraß und Oberleutnant Bruno Schröter als Führungsoffiziere in Erscheinung. Später kamen vor allem Detlef Feller und Reinhard Schübler zum Einsatz, während aus der Vorgesetztenebene Werner Wirth und Claus Dittrich gelegentlich Berichte mit abzeichneten oder an Treffs teilnahmen.

Die Vorgehensweise in der inoffiziellen Arbeit des MfS ähnelte der der K I/4. Die IM sollten in Erfahrung bringen, welche Gefangenen möglicherweise gegen die strenge Disziplin verstießen, ob es noch nicht aufgedeckte weitere Straftaten gäbe, ob die Aufseher es mit der Bewachung nicht so genau nahmen oder wer für andere Missstände verantwortlich war. Solche Informationen flossen dann in Vorgänge ein, die vom MfS gegen andere Personen – sowohl unter dem Personal als auch unter den Insassen – geführt wurden. Im Gegensatz zur K I/4 wurde bei den schriftlichen Verpflichtungen das Ministerium für Staatssicherheit als Partner der inoffiziellen Zusammenarbeit ausdrücklich erwähnt. In der Mehrzahl der Fälle wurde die Abkürzungsform MfS angegeben. Seltener war von den »Organen der Staatssicherheit« oder der »Militärabwehr« die Rede.

Ein weiterer wesentlicher Unterschied zur K I/4 besteht in den heutigen Recherchemöglichkeiten für den Fall, dass zunächst nur ein Deckname bekannt ist. Für die eigenen IM führte die Staatssicherheit eine Decknamenkartei mittels derer die zugehörigen Registriernummern und Archivsignaturen oft ermittelt werden können. Zusätzlich gab es noch Nachweismöglichkeiten über die sogenannten registrierten Vorgänge der einzelnen Führungsoffiziere. Von den in-

39 Unter den vorherigen Zivilstrafgefangenen war das MfS mindestens mit dem IM »Klaus Ring« vertreten, der aber im Zuge der Umprofilierung 1968 nach Rüdersdorf verlegt wurde; BStU, MfS, BV FfO, AIM 1100/71.

40 IM »Rolf Hauer« bzw. »Daniela«; BStU, MfS, AIM 4571/70 u. BStU, MfS, AIM 9390/80.

zwischen über 120 bekannt gewordenen Fällen einer IM-Tätigkeit für das MfS im Zusammenhang mit »Schwedt« ließen sich über 90 Prozent eindeutig einem Klarnamen zuordnen.

Aus dem Personal konnte das MfS 1964/65 – also noch in der Zeit des Zivilstrafvollzugs in Schwedt – drei Personen für eine inoffizielle Zusammenarbeit gewinnen, die auch nach der Umprofilierung zum Militärstrafvollzug dem MfS zur Verfügung standen. Während die inoffizielle Arbeit des Waffenmeisters Seehagen unter dem Decknamen »Römer« 1970 auslief,[41] waren »Arnold« und »Egon« bis in die 1980er-Jahre inoffiziell in Schwedt tätig.

Biogramm: Wolfgang Bailleu (2)[42]

Wolfgang Bailleu wurde am 26. Mai 1961 als IM »Arnold« für das MfS geworben. Seine handschriftliche Verpflichtung beschwor in der damaligen Phase der Systemkonfrontation die Gefahr durch die »Kräfte der Reaktion«, die »die DDR durch Spionage, Sabotage, Diversion und Agententätigkeit usw. zu schädigen« suchten. Diese martialische Formulierung hing mit seiner Tätigkeit als Leiter im Betriebsschutz des Schiffshebewerks Niederfinow zusammen und war nicht auf die spätere Arbeit im Strafvollzug ausgerichtet. Mit seiner Delegierung zur Bezirksparteischule wurde 1963 die inoffizielle Zusammenarbeit eingestellt, aber nach Antritt der Stelle als Politstellvertreter im Strafvollzug Schwedt Ende 1964 wieder aufgenommen. Zuständige Diensteinheit war die Bezirksverwaltung Frankfurt (Oder), Abteilung VII/1. Erster Führungsoffizier für »Arnold« war dort Unterleutnant Norbert Mraß, der als einen der Reaktivierungsgründe formulierte, dass Ende 1964 unter den Angehörigen des Strafvollzugskommandos Schwedt keine IM vorhanden seien. Somit wäre »Arnold« der erste

41 IM-Akte »Römer«; BStU, MfS, BV FfO, AIM 787/71.

42 Zu Bailleu liegen MfS-Akten unter den Signaturen BStU, MfS, AIM 3626/91 und BStU, MfS, A 641/82 vor. Die darunter abgelegten Bände beinhalten einen unvollständig überlieferten Personalteil und nur drei Bände seiner Arbeitsakten. Mindestens ein vierter Band der Arbeitsakte (die Zeit nach November 1980 umfassend) und ein Band mit Quittungen wurden zwar angelegt, aber bisher nicht aufgefunden. Hier ist von einer Vernichtung im Zusammenhang mit der Auflösung des MfS auszugehen. Außerdem fehlen die Arbeitsergebnisse aus der Zeit Mai 1961 bis März 1970, wofür bisher keine Erklärung gegeben werden kann. Marginale Ergänzungen für die Zeit 1966 bis 1970 ergaben sich aus anderen Akten. Die zu »Arnold« vorliegenden Aktenbände spiegeln eine zum Teil mangelhafte Aktenführung wider, die schon MfS-intern kritisiert wurde. Oftmals fehlen die in den Treffberichten erwähnten Dokumente und die Zusammenarbeit mit den »Arnold« unterstellten IM ist kaum nachvollziehbar. Die Akten der von ihm geführten IM können nur im geringen Umfang zur Ergänzung der Aktenlage genutzt werden. Für weitere biografische Details und zum dienstlichen Einsatz von Bailleu vgl. den Abschnitt Zur SED-Parteiarbeit im Kap. 2.

IM im Strafvollzug Schwedt. Im Sommer 1965 wurde »Arnold« zum Geheimen Hauptinformator umregistriert, ab 1968 Führungs-IM genannt (GHI/FIM). Nun war er Anleiter anderer IM und auch organisatorisch in die Absicherung der Treffen mit den Führungsoffizieren eingebunden. Als FIM war er bis Ende 1982 tätig. »Arnold« führte mindestens 25 IM unter den Insassen und fünf IM aus dem Personal. Zur Legendierung des inoffiziellen Einsatzes von »Arnold« wurden die Möglichkeiten genutzt, die sich aus seiner hauptamtlichen Polit- und Parteiarbeit ergaben. Aufgrund der damit verbundenen Zuständigkeit für Personal und Insassen hatte er nahezu uneingeschränkte Bewegungsmöglichkeiten im Gelände und jederzeit einen Gesprächsanlass.
Zur inhaltlichen Seite seiner inoffiziellen Arbeit in den 1960er-Jahren fehlen in seinen Akten die entsprechenden Angaben. In den Berichten ab 1970 geht es überwiegend um die Zustände im Militärstrafvollzug und belastende Angaben zu einzelnen Gefangenen und Strafvollzugsangehörigen. Mehrfach übergab er dem MfS Dokumente, die er offenbar zunächst im eigentlich dienstlichen Auftrag erstellte, dann aber mit Decknamen unterschrieb. »Arnold« berichtete auch über den Leiter Albinus, oft mit belastenden Informationen. Die Aufträge des MfS an »Arnold« beinhalteten mehrmals ausdrücklich das private Umfeld seiner Kollegen, über das er ebenfalls berichtete, zum Teil auch nur Gerüchte beisteuerte. Beispielsweise informierte er über den Empfang eines Westpaketes durch den Stabschef der Dienststelle. Zusätzlich informierte er über sehr intime Details aus der Nachbarschaft. Er erwähnte eine nervenärztliche Behandlung einer Strafvollzugsangehörigen oder Umstände der Scheidung eines Hauptmanns des Strafvollzugs. Als Polit-Stellvertreter und Sekretär der Parteigrundorganisation reagierte er auf das 1972 beobachtete Verhältnis zwischen zwei jeweils (nicht miteinander) verheirateten SV-Angehörigen dienstlich mit einer Aussprache, über die er inoffiziell dem MfS berichtete und dabei festhielt, dass es nur zu Zärtlichkeiten, nicht jedoch zum Geschlechtsverkehr gekommen sei. Der Führungsoffizier wollte darüber den Leiter der Strafvollzugseinrichtung informieren, womit ein weiteres Beispiel der Verquickung von offiziellen und inoffiziellen Ebenen der Zusammenarbeit zwischen MfS und Strafvollzug gegeben ist. Über andere Dinge berichtete »Arnold« auch ohne Auftrag, so über den Besuch des beruflichen Vorgesetzten bei der Ehefrau eines Meisters des SV, die zu Hause wohl unter Eifersüchteleien und einengenden Verhältnissen lebte. Der Politstellvertreter Bailleu versprach, sich zu kümmern und berichtete als »Arnold« dem MfS. Er notierte auch Beweise dafür, dass Aufseher der 3. Kompanie Gefangene körperlich schikanierten. Hier verwies er zusätzlich auf

Vertuschungsversuche des Leiters Albinus.[43] Er agierte gegen Insassen, indem er offiziell erstellte Berichte über die Politschulungen, mit Wiedergabe einzelner negativer Meinungen, inoffiziell dem MfS zukommen ließ. Er übergab auch Abschriften vom Postverkehr verschiedener Insassen, die er mit Decknamen unterzeichnete. Eine Einschätzung von 1980 verweist auf die erfolgreiche Einbindung des IM-Netzes von »Arnold« bei der Arbeit mit sogenannten Operativen Vorgängen oder Operativen Personenkontrollen. Entsprechende Berichte der IM beziehungsweise von »Arnold« sind in diesen Vorgängen auffindbar. »Arnold« informierte aber auch über Angelegenheiten, die mit den Strafvollzug nicht in Verbindung standen, zum Beispiel über einen Diebstahl von Zigaretten durch die Ehefrau eines Mitarbeiters der MfS-Kreisdienststelle Schwedt; das Fehlverhalten eines Abschnittsbevollmächtigten (ABV) der Volkspolizei, der betrunken in der Öffentlichkeit auffiel und auch über seine Einsätze als Reiseleiter in der Sowjetunion beziehungsweise Bulgarien (hier inklusive Übergabe einer Liste mit den Personalien aller Teilnehmer).

Zahlreiche seiner Informationen übergab »Arnold« handschriftlich, phasenweise sind seine Berichte auch auf Tonband aufgezeichnet worden. Zusätzlich reichte er Abschriften, Duplikate oder Durchschläge von dienstlichen Unterlagen mit Unterschrift seines Decknamens weiter, obwohl er nicht in jedem Fall selber Verfasser dieser Unterlagen war.[44] Für die Treffen mit dem IM »Arnold« nutzten seine Führungsoffiziere entweder das Zimmer des MfS innerhalb des Strafvollzugs oder die konspirativen Wohnungen »Tanne« und »Carmen« im Stadtgebiet. Für die Treffen »Arnolds« mit den IM aus seinem FIM-Netz wurden in der Regel keine genaueren Angaben zu den Orten vermerkt. Es ist zu vermuten, dass sie in seinem Dienstzimmer abgehalten wurden. Für die zahlenmäßig wenigen Treffen unter Beisein des Führungsoffiziers von »Arnold« ist wiederum das Zimmer des MfS als Treff-Ort benannt.

»Arnold« erhielt über einen unbekannten Zeitraum hinweg eine monatliche Zuwendung in Höhe von 150,00 Mark vom MfS. Die unvollständig überlieferte Personalakte enthält dazu keine Angaben. Der seinerzeit angelegte Quittungsband (IM-Akte Teil III) wurde nicht gefunden. Aus den Berichtsakten ist erkennbar, dass in den Monaten Juli 1979 sowie März und Mai 1980 der Empfang dieser Zuwendung vermerkt wurde. Im eigenen Interesse wünschte »Arnold« 1972 Hilfe vom MfS, da der Bürgermeis-

43 Im Abschnitt Besondere Vorkommnisse und Probleme im Kap. 2 sind Beispiele solcher oder ähnlicher Übergriffe aufgeführt, die in der Mehrzahl auf Informationen von »Arnold« zurückgingen.

44 Z. B. Aktennotizen zu sogenannten Vorkommnissen oder Stellungnahmen der darin involvierten Personen. Dabei neutralisierte »Arnold« z. T. die ursprünglichen Verfasser- oder Empfängerangaben.

ter von Niederfinow mit einer Zwangsräumung eines von »Arnold« genutzten Zimmers in einem von einem Familienmitglied geerbten Haus drohte. »Arnold« bot dieses Zimmer auch dem MfS zur Nutzung an.[45]
»Arnold« ist mindestens einmal unter den Gefangenen dekonspiriert worden. Ein als IM angeworbener Insasse offenbarte sich 1973 gegenüber einem anderen Gefangenen. Da dieser ebenfalls IM des MfS war, gelangte die Nachricht von der Dekonspiration umgehend zu Führungsoffizier Vormum.[46] Die Berichte aus der inoffiziellen Tätigkeit Bailleus werden zum Ende der 1970er-Jahre hin immer oberflächlicher und enthalten zunehmend allgemeine und redundante Floskeln. Die vorhandenen drei Berichtsbände enden im November 1980 mit zwei offiziellen Dokumenten aus der Parteiarbeit, unterschrieben mit »Arnold«. Anlässlich des Wechsels der Zuständigkeit schrieb der Führungsoffizier, Hauptmann Schübler, am 5. November 1982 eine Abschlusseinschätzung der inoffiziellen Arbeit. Diese enthielt ausschließlich »positive« Aussagen und schloss mit dem Hinweis, dass »Arnold« auch nach Übernahme durch die NVA bereit sei, inoffiziell mit dem MfS zusammen zu arbeiten.

Allein durch den Einsatz von »Arnold« verfügte das MfS über sehr gute Möglichkeiten der Informationsgewinnung als auch der Einflussnahme. Das galt für das Personal wie für die Insassen. Dennoch verließ sich die Staatssicherheit nicht nur auf »Arnold«. Wie erwähnt, arbeiteten zu Beginn des Militärstrafvollzugs auch die IM »Römer«, »Egon« und »Johannes« für die Geheimpolizei. »Römer« war zunächst als Fahrer des Leiters, später als Waffenmeister in Schwedt tätig. Sein potenzielles Einsatzgebiet betraf das Personal. Für seinen Führungsoffizier »zeigte sich jedoch, dass er die erhaltenen Aufträge nur schwerfällig oder gar nicht erfüllte. [...] Weiterhin konnte festgestellt werden, dass er für die inoffizielle Zusammenarbeit wenig Mut und Ausdauer gezeigt hat.« Da »Römer« durch seinen Einsatz als Trainer der Sportschützen auch im Freizeitbereich stark eingespannt war, wurde die Akte zu ihm 1971 geschlossen.[47] Ganz anders verhielt es sich mit »Egon«, der es bis zum Stabschef beziehungsweise Stellvertreter des Leiters brachte.

45 Der Sachverhalt wird in den Akten nicht weiter beschrieben. Hintergrund dürfte sein, dass Hauseigentümer in der DDR nicht uneingeschränkt Verfügungsgewalt über die Belegung des Wohnraums hatten.

46 IM-Bericht »Horst Lehmann«, 25.4.1973; BStU, MfS, AIM 2786/81, T. II/1, S. 19 Rs. (MfS-Zählung). Eigenartigerweise finden sich entsprechende Notizen nur in der Akte des informationserhaltenden Insassen, nicht aber in denen der von der Dekonspiration betroffenen IM.

47 IM-Akte »Römer«; BStU, MfS, BV FfO, AIM 787/71, Zitat aus Archivierungsbeschluss v. 19.7.1971, Teil I/1, [S. 44]. Auch eine Reaktivierung 1976 war nur von kurzer Dauer und überschaubarem Erfolg. Dennoch war »Römer« auf seine Weise ein Überzeugungstäter. 2014 äußerte er in einem Radio-Interview (ohne auf seine IM-Tätigkeit angesprochen worden zu sein) auf die Frage, ob er positive Erinnerungen an damals hätte: »Sehr gute! Ich würde es wie-

Biogramm: Horst Zimmermann[48]

Jahrgang 1935, Grundschule, Maschinenschlosser, Offiziersschule für Strafvollzug Radebeul,
1956 Deutsche Grenzpolizei,
1958 Strafvollzugsangehöriger in der UHA Frankfurt (Oder) (Wachtmeister, Meister),
1958 oder 1960 Eintritt in die SED,[49]
1965 Kommandoleiter im Strafvollzugskommando Schwedt (Unterleutnant),
1967 Abteilungsleiter Vollzug und Kompaniechef (Oberleutnant, Hauptmann[50]),
1975 Stellvertreter des Leiters (Hauptmann, Major),
1981 Stellvertreter Operativ,
1982 Stabschef der Disziplinareinheit (Major, Oberstleutnant).
Zudem war Zimmermann in mindestens zwei mehrmonatigen Einsätzen in der Jugendstrafanstalt Wriezen und als Mitglied überörtlicher Gremien des Strafvollzugs tätig. Nach dem Dienst als Offizier der NVA blieb Zimmermann in Schwedt und arbeitete Ende der 1980er-Jahre als Zivilbeschäftigter im Leuchtenbau mit Disziplinarbestraften der 6. Kompanie.[51]
Für das MfS wurde Zimmermann interessant, als er in Schwedt aus eigenem Antrieb das MfS darüber informierte, dass es Anzeichen einer sogenannten Gruppenbildung unter den Gefangenen gäbe. Auch übergab er beschlagnahmte Briefe, die illegal geschleust werden sollten. Daraufhin bereitete das MfS seine Werbung als Geheimer Informator (GI) vor, wozu

der machen. Den gleichen Weg würde ich noch mal gehen.« Vgl. Hammer: »Ab nach Schwedt!«, 36. Sendeminute.

48 Zu Zimmermann liegen Akten unter den Signaturen BStU, MfS, AIM 4584/91 und BStU, MfS, A 642/82 vor. Diese umfassen einen Band Personalakte und zwei Berichtsbände. Die seinerzeit angelegten Bände 3 des Berichtsteils bzw. Teil III für Quittungen und Abrechnungen sind nicht auffindbar und dürften im Zusammenhang mit der Auflösung des MfS vernichtet worden sein. Den Berichtsbänden fehlt außerdem der Zeitraum 1965 bis 1970, sodass fundierte Aussagen erst für die Jahre ab 1970 gemacht werden können. Die Arbeitsakten enden mit dem Zeitraum der Übernahme des Militärstrafvollzugs durch das MfNV bzw. des IM »Egon« durch die neu zuständige MfS-Struktur HA I/Abt. MfNV/UA Hauptstab. In Akten zu anderen Personen konnten ergänzend einige wenige »Egon«-Berichte von 1968 bzw. 1984–1987 gefunden werden.

49 Hierzu liegen widersprüchliche Angaben vor. Vermutlich war er ab 1958 Kandidat und ab 1960 Mitglied der SED.

50 Das Jahr seiner Beförderung zum Leutnant ist den Unterlagen nicht zu entnehmen.

51 Auch das Datum des Ausscheidens als NVA-Offizier ist in den vorliegenden Unterlagen nicht vermerkt. Die Hinweise auf den Wechsel zum Zivilbeschäftigten im Leuchtenbau fanden sich bei Dressler: Stillgestanden, S. 273 bzw. im Internet-Forum des Vereins Militärgefängnis Schwedt e. V.

auch die Beurteilung durch »Arnold« zählte. Am 24. Februar 1965 wurde er von der BV Frankfurt (Oder), Abteilung VII, als GI »Egon« verpflichtet. Seine damalige Dienststellung als Kommando-, später Abteilungsleiter im Vollzug bot die Möglichkeit, sowohl das Personal als auch die Insassen im Blick zu haben. »Egon« berichtete überwiegend handschriftlich und machte auch belastende Aussagen. Einzelne maschinenschriftlich vorliegende Berichte tragen die Überschrift »Abschrift vom Tonband«. In anderen Fällen übergab er dienstlich entstandene Unterlagen wie Einschätzungen oder Kontrollmaterialien, deren Herkunft er mitunter neutralisierte und zum Teil mit Decknamen abzeichnete. »Egon« brach mehrmals bewusst Versprechen, bestimmte Sachverhalte für sich zu behalten, indem er mal das MfS, mal den Parteisekretär und mal den Offizier für Kontrolle und Sicherheit informierte. In seiner Funktion hatte er Differenzen mit dem Leiter Albinus, den er mindestens zweimal hinterging: Einmal durch Bruch von Versprechen, ein anderes Mal, als er Dokumente fand, die den ehemaligen Strafvollzugsleiter Richter mit Angaben zu dessen NS-Hintergründen belasteten. Diese Papiere übergab er bewusst nicht Albinus, sondern ließ sie über seinen FIM »Arnold« dem MfS zukommen.[52]
Ähnlich wie »Arnold« informierte »Egon« auch über Dinge außerhalb des Strafvollzugs in Schwedt. Aus der beruflichen Tätigkeit betraf dies Erkenntnisse aus seinen überörtlichen Einsätzen in Frankfurt (Oder), Rüdersdorf und Wriezen. Aus eher privatem Umfeld stammen Informationen aus seinem gelegentlichen Einsatz als Reiseleiter im sozialistischen Ausland. »Egon« übergab dem MfS einen Durchschlag seines Reiseberichtes für das Reisebüro (inklusive der Teilnehmerliste). In einem anderen Fall informierte er über »liberale« Äußerungen eines Schuldirektors in einer Elternversammlung zum Empfang von West-Fernsehsendungen.
Soweit dokumentiert, fanden die Treffen mit »Egon« im Zimmer des MfS beziehungsweise in den konspirativen Wohnungen »Tanne« und »Carmen« statt. Meist heißt es allerdings lapidar, dass man sich in Schwedt getroffen habe. »Egon« hatte nacheinander mehrere Führungsoffiziere und war spätestens ab 1970 dem FIM »Arnold« zugeordnet. Für den OKS Colberg war Zimmermann einer der sogenannten bestätigten Offiziere als Mittler zu seinen IM. Zum 1. November 1982 wechselte die MfS-Zuständigkeit zur Hauptabteilung I. Wie bei »Arnold« bewertete Hauptmann Schübler in seiner Abschlusseinschätzung die inoffizielle Zusammenarbeit mit Zimmermann positiv.

52 Siehe Biogramm Siegfried Richter im Abschnitt Innere Organisation und Personal des Militärstrafvollzugs des 2. Kapitels.

Mit »Arnold« und »Egon« war das MfS im Personal sehr gut verankert. Sowohl der Polit-Stellvertreter und Parteisekretär (»Arnold«) als auch der Abteilungsleiter Vollzug und spätere Stabschef (»Egon«) erfuhren Interna aus dem Apparat und bestimmten die allgemeinen Grundregeln und das Regime, auch bezüglich der Insassen. Doch zur Lebenswelt der Gefangenen in ihren Verwahrräumen oder ihren Arbeitskommandos und deren Beziehungen untereinander hatten sie nur indirekten Bezug. Folgerichtig war das MfS daran interessiert, diese Lücke zu schließen. Das konnte durch eine geschickte Kombination erreicht werden: Der für die K I/4 tätige Offizier für Kontrolle und Sicherheit war zugleich IM der Staatssicherheit.

Biogramm: Heinz Colberg (2)[53]

Colberg wurde 1958 als Kreisfahndungsbevollmächtigter der Volkspolizei in Angermünde zum IM der dortigen MfS-Kreisdienststelle geworben. Seine handschriftliche Verpflichtungserklärung gegenüber dem MfS unter dem Decknamen »Johannes« enthielt die verbreitete Klausel des Schweigens auch gegenüber Vorgesetzten und engsten Familienangehörigen. Ihm sei bewusst, dass »ich unserem Staat und dem Weltfriedenslager großen Schaden zufügen kann, wenn ich diese Schweigepflicht verletze«. Nach seiner Versetzung nach Schwedt im Jahre 1966 war er weiter als IM tätig und wurde nun von der MfS-Bezirksverwaltung Frankfurt (Oder), Abteilung VII geführt. Während seiner Tätigkeit im Militärstrafvollzug wurden mehrere Prämien und Geschenkzuwendungen für seine inoffizielle Arbeit vermerkt. Nach der Invalidisierung und Berentung 1982 war er bis 1989 weiter als IM für die Kreisdienststelle Schwedt tätig, die ihn als FIM für das Betriebsschutzkommando und die Feuerwehr im Petrolchemischen Kombinat einsetzte.

Mit der inoffiziellen Arbeit für das MfS verfügte Colberg als Offizier für Kontrolle und Sicherheit der K I/4, mit eigenen IKM und der verdeckten Vorgangsarbeit unter den Insassen, über erhebliche Möglichkeiten der Einflussnahme auf den Militärstrafvollzug. Seine Form der inoffiziellen Zusammenarbeit mit dem MfS ist kaum vergleichbar mit der von

53 Die Aktenlage des MfS zu Colberg ist unvollständig und kompliziert: Bisher aufgefundene Personal- und Arbeitsakten seiner IM-Zeit verteilen sich auf folgende Signaturen: BStU, MfS, BV FfO, TA 1111/79; BStU, MfS, BV FfO, TA 70/84; BStU, MfS, BV FfO, AOG 1430/82 sowie BStU, MfS, BV FfO, KD Schwedt V 2331/60. Der Teil I (Personalakte) scheint unvollständig. Die vier vorliegenden Bände der Berichtsakten (Teil II) enthalten nur Material ab Mai 1970. Der Teil III für Quittungen und den Nachweis von Zuwendungen enthält ebenfalls nur Material ab 1970. Spuren der IM-Tätigkeit von »Johannes« sind aber auch in diversen Akten der von ihm geführten IM bzw. bearbeiteten Personen zu finden.

»gewöhnlichen« IM. Daher registrierte ihn das MfS 1972 in die besondere Kategorie IME um.
Wie bei »Arnold« und »Egon« liegen auch bei »Johannes« die Arbeitsergebnisse der 1960er-Jahre nicht vor.[54] Band 1 der Berichtsakten beginnt mit Material aus dem Jahr 1970. Der älteste vorliegende Treffbericht lässt eindeutig erkennen, dass sich die Zusammenarbeit zu diesem Zeitpunkt bereits verfestigt hatte, da von vereinbartem Treff-Ort und von übergebenen Berichten die Rede ist. »Johannes« informierte über zahlreiche Sachverhalte, insbesondere über sogenannte Vorkommnisse unter Angestellten und Inhaftierten. Er beteiligte sich an Postkontrollen, durchsuchte Effekten und übergab Originalschreiben von Inhaftierten an das MfS wie zum Beispiel Notizen zu einem Entwurf eines Ausreiseantrags. Zwar war Colberg in seiner Funktion zur sogenannten Bearbeitung von SV-Angehörigen nicht berechtigt, aber sein Führungsoffizier sensibilisierte ihn mindestens einmal, vermehrt auf Angehörige des Personals zu achten. »Johannes« schrieb einerseits eine große Zahl von Berichten unter Decknamen, andererseits übergab er dienstlich entstandene Unterlagen (Durchschlagexemplare oder Kopien, aber auch Abschriften), die er handschriftlich mit »Johannes« abzeichnete. Darunter waren zahlreiche Formulare aus seiner Vorgangsarbeit mit den eigenen inoffiziellen Mitarbeitern oder aus den von ihm gegen Gefangene angelegten Materialien.[55]
Die inoffizielle Seite seines Kontaktes zum MfS war mit den anderen Möglichkeiten seiner Einflussnahme eng verwoben. Wenn er beispielsweise als Oberleutnant der K I/4 einen offiziellen Informationsbericht verfasste, diesen auch dem Mitarbeiter Feller der MfS-Bezirksverwaltung Frankfurt (Oder) übermittelte und um weitere Veranlassung ersuchte, dann war dieser Adressat zugleich der Führungsoffizier des Berichtverfassers. Zusätzliche Verquickungen ergaben sich, wenn »Johannes« in einem solchen Bericht auch noch vermerkte, dass er den Gefängnisleiter des Strafvollzugs über die im Bericht beschriebenen Sachverhalte bewusst nicht informierte

54 Die Hintergründe konnten nicht geklärt werden.

55 Durch Verwendung von neutralen Papierbögen für die Durchschläge von Formularen entstand oft ein eigenes, unvollständig wirkendes Bild, das nicht immer erkennen lässt, wer der ursprüngliche Verfasser bzw. Empfänger des Schriftstückes war. Fehlende Kopf- und Adressdaten lassen sich aber in etlichen Fällen rekapitulieren, wenn die Fundstücke aus der »Johannes«-Akte mit denen aus anderen Akten abgeglichen werden. Nicht zuletzt sind viele der Schriftstücke deswegen auf ihn zurückzuführen, weil er allein berechtigt war, mit Kopfdaten wie »Offizier für Kontrolle und Sicherheit« oder »BDVP, Abt. K – Dezernat I/4« zu arbeiten und über die entsprechenden Formulare zu verfügen. Manches übergab Colberg dem MfS auch zweimal. Von den dienstlich erstellten Unterlagen, die er als OKS fertigte, um den für die aus Schwedt (zu) entlassenen Insassen zuständigen MfS-Bereich zu informieren (in der Regel war dies die MfS-Hauptabteilung I) übergab er mehrmals als »Johannes« ein Durchschlagsexemplar seinem Führungsoffizier der BV Frankfurt (Oder).

– was mehrfach geschah. Andererseits berichtete »Johannes« über wiederholte Versuche des Leiters, besondere Vorkommnisse herunterzuspielen oder zu vertuschen. »Johannes« übergab auch analytisches Material wie Monatsberichte, Kontrollergebnisse und Statistiken. Er reichte dem MfS auch Originalschreiben von Gefangenen weiter, die ihn in seiner Funktion als Offizier für Kontrolle und Sicherheit um eine Unterredung gebeten hatten. »Johannes« berichtete später über die Inhalte dieser Gespräche. Mehrfach erwähnte er dabei Decknamen und Registriernummern seiner IM.
In Einzelfällen ist erkennbar, dass das MfS »Johannes« mit bestimmten Aktionen gegen Insassen beauftragte. So sollte er zum Beispiel eine ständige Postkontrolle gegen einen Gefangenen einleiten, was er offenbar in seiner Stellung als Offizier für Kontrolle und Sicherheit regulär tun konnte.[56] Die sich einschleichende Verfahrensweise von »Johannes«, seine inoffiziellen Berichte an das MfS überwiegend auf Durchschläge seiner dienstlich erstellten Dokumente zu stützen, wurde 1976 moniert. Führungsoffizier Feller forderte eine Umstellung dahingehend, dass »Johannes« nur noch Berichte übergeben sollte, die nicht schon als Original an das Dezernat I der BDVP Frankfurt (Oder) verschickt wurden. Zwei Monate später wurde die Vorgabe erweitert: Das Dezernat I der BDVP sollte fortan keine Berichte mehr erhalten, die »Johannes« schon dem MfS lieferte. Zusätzlich wurde beanstandet, dass die vorhandenen IM der Arbeitsrichtung I/4 nicht ausreichen und »Johannes« sich verstärkt der sogenannten operativen Kontrolle des Personals widmen sollte. Die Informationen von »Johannes« beschränkten sich nicht auf dienstliche Zusammenhänge. Er berichtete beispielsweise 1980, dass ein Obermeister des Strafvollzugs seine 16-jährige Tochter derart verprügelt haben soll, dass sie in ein Krankenhaus eingeliefert wurde. Indirekt wurde dann doch ein dienstliches »Vorkommnis« daraus: Die von den Nachbarn herbeigerufene Polizei hat den Vorgang offenbar an den Operativen Diensthabenden des Militärstrafvollzugs gemeldet, der vom prügelnden Vater eine Stellungnahme einforderte, was dieser jedoch ablehnte, da es sich um Familienangelegenheiten handele.
Als Trefforte sind für »Johannes« in der Mehrzahl nur seine Dienstorte vermerkt (Schwedt, Wriezen und Rüdersdorf). Gelegentlich erfolgte eine Konkretisierung auf das Zimmer des MfS. Für die Zeiträume 1970 bis 1973 und 1975 bis 1977 ist auch die Nutzung der konspirativen Wohnungen »Tanne« beziehungsweise »Carmen« vermerkt.

56 Es finden sich Abschriften von entsprechenden Briefen in seiner IM-Akte, die offiziell als Abschrift mit Namen der abschreibenden SV-Angehörigen gezeichnet sind; BStU, MfS, BV FfO, TA 70/84, Bd. 3, Bl. 306 u. 315–318. In vielen anderen Fällen übernahm »Johannes« die Abschriften selbst und unterschrieb die daraus entstandenen Berichte mit seinem Decknamen.

Wie bei »Arnold« und »Egon« fertigte Führungsoffizier Schübler im November 1982 eine Abschlussbeurteilung für »Johannes«. Er wurde durchweg positiv eingeschätzt. Da Colberg in der neuen Struktur der Disziplinareinheit nicht mehr vorgesehen war und zudem aus gesundheitlichen Gründen aus der VP entlassen wurde, bezog sich der Hinweis auf die weitere Bereitschaft zur inoffiziellen Zusammenarbeit nicht mehr auf den Militärstrafvollzug.
Für »Johannes« liegt auch Teil III der IM-Akte vor, der Quittungen über Auslagen und Zuwendungen beinhaltet. Für die Zeit seiner Zugehörigkeit zum Militärstrafvollzug sind über 60 Quittungen vorhanden. Die Mehrzahl betrifft Auslagen, die bei den Treffen entstanden sind (Kaffee, Zigaretten, Weinbrand). Zwölf Abrechnungen beziehen sich auf Geschenke zu Weihnachten, zum Geburtstag oder zum »Tag der Volkspolizei«, aber auch zu seiner Silberhochzeit. In neun Fällen wurden Prämien gegen eine handschriftliche Bestätigung inklusive Unterschrift von »Johannes« abgerechnet.
Auch nach seinem Weggang informierte »Johannes« in Einzelfällen seinen neuen Führungsoffizier der Kreisdienststelle Schwedt über Vorgänge im Umfeld des Militärstrafvollzugs. Das betraf sowohl außerdienstliches Verhalten noch aktiver Kollegen (familiäres Umfeld, Differenzen mit der Polizei) als auch Sachverhalte zu bereits ausgeschiedenen Kollegen (unberechtigte Versuche vorzeitiger Berentung, Kaufhausdiebstahl, angedrohter Parteiaustritt). Für 1983 hieß es, »Johannes« pflege noch persönlichen Umgang mit Hauptmann Bailleu, was auf langjähriger Freundschaft basiere. Informationen über die Disziplinareinheit lieferte »Johannes« bis mindestens 1985. Der letzte diesbezügliche IM-Bericht verweist auf einen vorhergehenden Besuch von Bailleu. Dieser war zu der Zeit immer noch als IM »Arnold« aktiv.

Mit den drei hier ausführlicher beschriebenen IM unter dem Strafvollzugspersonal gab sich das MfS nicht zufrieden. In den Jahren unter MdI-Verwaltung wurden mindestens sechs weitere IM geworben, von denen »Rudloff«, »Lutz Walter« und »Gerd Schuster« intensiver mit dem MfS zusammenarbeiteten. Zusätzlich erfolgten Werbungen im Personal der Arbeitseinsatzbetriebe. Mindestens einer der in Schwedt tätigen Vertragsärzte war ebenfalls für das MfS tätig. Als wesentlichste Neuverpflichtung der 1970er-Jahre ist IM »Rudloff« zu nennen.

Biogramm: Ulrich Künkel[57]

Jahrgang 1939, Grundschule, Lehre zum Maschinenschlosser, Zentrale Lehranstalt, Fachschule des Strafvollzugs (Offizier der mittleren Laufbahn, »Staatswissenschaftler«),
1955 Maschinenschlosser,
1956 Deutsche Grenzpolizei/NVA Kommando Grenze, Ausbilder, Gruppenführer, Kontrolleur (Soldat, Feldwebel),
1964 Volkspolizeikreisamt Frankfurt (Oder)/UHA, Transportbegleiter, Stationswachtmeister (Hauptwachtmeister),
1964 Eintritt in die SED,
1964 Strafvollzugskommando Schwedt, Sachbearbeiter, Leiter Vollzugsverwaltung (Hauptwachtmeister, Meister)
1967 Fachschule (Offiziersschüler, Unterleutnant),
1970 Strafvollzugskommando Schwedt, Zugführer,
1972 Kompaniechef (Leutnant, Oberleutnant, Hauptmann).
In der ersten Zeit seiner Tätigkeit als Kompaniechef wurde er als übereifrig, eigensinnig und uneinsichtig wahrgenommen. Um zu prüfen, ob eine Entfernung aus dem Strafvollzug aus Sicherheitsgründen erforderlich sei, legte das MfS 1973 gegen ihn eine sogenannte Operativakte an.[58] Während ihm 1974 noch »Schwierigkeiten« in der Zusammenarbeit mit den Sicherheitsorganen attestiert wurden, galten diese ein Jahr später als überwunden. Sein erfolgreiches Agieren in der 2. Kompanie, deren Insassen wegen Ausreiseanträgen oder Fahnenfluchtversuchen unter besonderer Beobachtung standen, führte 1977 zur Anwerbung Künkels als inoffizieller Mitarbeiter durch Reinhard Schübler von der MfS-Bezirksverwaltung Frankfurt (Oder), Abteilung VII. Späterer Führungsoffizier war Detlef Feller. Vorrangig wurde »Rudloff« dem FIM-System von »Arnold« zugeordnet und sowohl zur Absicherung von vermeintlich negativen Militärstrafgefangenen als auch von Strafvollzugsangehörigen eingesetzt. Von

57 Auch die Aktenlage zu Künkel ist kompliziert. Teile seiner IM-Akte liegen unter zwei MfS-Signaturen vor, Teil I unter BStU, MfS, AIM 3844/91 und Teil II unter MfS, A 638/82. Der Teil I wurde durch den BStU nach Auflösung des MfS archiviert. Diese Archivierungen gehen oft mit unvollständiger Überlieferung einher. Teil II liegt definitiv unvollständig vor. 1982 wurde vermerkt, dass bereits zwei Bände angelegt waren. Bisher liegt jedoch nur der Band mit Material bis 1980 vor. »Rudloff« war jedoch bis in die 1980er-Jahre hinein inoffiziell tätig. Spuren dessen finden sich zum Teil in den Akten der von ihm ausgespähten Personen. Auch einen Teil III gab es bis mindestens 1986. Das Fehlen der Materialien ist am Schlüssigsten mit der Auflösung des MfS zu erklären. Einen zusätzlichen Einblick in die Biografie bietet das Radio-Feature von 1996 (Bärsch: Disziplinareinheit Schwedt), in dem Künkel mehrfach zu Wort kommt.

58 FO Feller: Treffbericht FIM »Arnold«, 31.10.1973; BStU, MfS, A 641/82, Bd. 1, Bl. 308. Die erwähnte Operativakte wurde bisher nicht gefunden.

ihm liegen aus den Jahren 1977 bis 1980 zahlreiche, überwiegend handschriftliche Berichte unter Decknamen vor. Dabei lieferte er oftmals belastendes Material über Insassen, Kollegen und auch den Gefängnisleiter. Das schloss teilweise politische Auffassungen der Kollegen ein und betraf oft das (Fehl-)Verhalten während der Dienstzeit. Gelegentlich berichtete er auch über Auffälligkeiten im Privatleben seiner Kollegen (Intershop-Besuch, Diebstahl). Bezüglich der Insassen informierte »Rudloff« zumeist über undiszipliniertes Verhalten. Aus der Politschulung für die Gefangenen übermittelte er Inhalte der Diskussionen (inklusive namentlicher Zuordnung der geäußerten Meinungen). Auch aus individuellen Gesprächen mit Gefangenen erstellte er Berichte für das MfS. In Einzelfällen übergab er beschlagnahmte handschriftliche Notizen oder Briefe von Insassen. Zusätzlich wurde er zu bestimmten Insassen befragt oder beauftragt, bis hin zur Beobachtung der beim Sprecher ausgetauschten Informationen. Auch zu einzelnen Kollegen erhielt »Rudloff« vom MfS gezielt Aufträge.
Künkel übergab dem MfS auch offizielle, dienstlich erstellte Schreiben (Protokolle, Berichte, Vermerke), sowohl hand- als auch maschinenschriftlich. Trefforte wurden in der Regel nicht oder nur allgemein mit Schwedt oder mit »im Bereich des Militärstrafvollzugs Schwedt« benannt. Der vorliegende Berichtsband der IM-Akte »Rudloff« enthält Material bis August 1980. Mindestens ein weiterer Band ist noch in der Zeit der MdI-Verwaltung angelegt, aber bisher nicht aufgefunden worden. Erkenntnisse über die anhaltende IM-Tätigkeit von »Rudloff« resultieren aus Funden in anderen Akten, in die seine Berichte eingeflossen sind.
Künkel wurde 1982 in das Personal für die Disziplinareinheit übernommen. Zur Übergabe des IM von der MfS-Bezirksverwaltung Frankfurt an die HA I erstellte der Frankfurter Führungsoffizier Schübler eine Abschlussbeurteilung. Sie verweist auf Einsätze bezüglich der Insassen inklusive der erfolgreichen Einbindung in sogenannte operative Personenkontrollen und Vorgänge (OPK/OV). Die inoffizielle Arbeit für das MfS wurde mit der HA I/Abt. MfNV/UA Hauptstab weitergeführt. Von Künkel liegt eine Selbstaussage vor, die er in den 1990er-Jahren in einem Radiointerview abgab.

[Bärsch:] Ob er bei der Stasi war, will ich wissen. [Künkel:] … Ähh, … sagen wir mal so: Es gab doch ein berechtigtes Nehmen und Geben. Wir wurden von der Abwehr[59] informiert, wenn, sagen wir mal, bestimmte Probleme in den Kompanien vorhanden waren. Und genauso haben wir die Leute informiert, wenn uns in der Richtung etwas bekannt war. Das war ja nicht so das Verhältnis, … wir waren aufeinander angewiesen hier. Wir hatten doch miteinander gearbeitet. Aber alles unter dem Gesichtspunkt, sagen wir mal so: Wir haben die Aufgabe, die Gefan-

59 Abwehr – umgangssprachlicher Begriff für die in der NVA anzutreffende MfS-Struktur.

> genen hier abzusichern, dass uns hier nichts passiert, dass keiner rauskommt. Und Gefahr bedeutet ja letztendlich auch, [Gefahr] dann für die ganze Öffentlichkeit. Wir haben das als echte Genossen gesehen, die mit uns gemeinsam die Aufgaben erfüllen.[60]

Mit »Rudloff« hatte das MfS einen IM, der in seiner Stellung als Kompaniechef direkten Kontakt zu den Insassen hatte. Dies war für das zeitnahe Umsetzen bestimmter Änderungen sehr wichtig, auch für das Erkennen eventueller Reaktionen unter den Gefangenen. Ebenso ergab sich dadurch für das MfS eine Kontrollmöglichkeit in Bezug auf Berichte von IM unter den Insassen. Nach bisherigen Kenntnissen hat kein anderer Kompaniechef des Militärgefängnisses so intensiv mit der Staatssicherheit zusammengearbeitet.

Auch das Personal war von Postüberwachung, Prüfung eventueller Westverbindungen und Informationssammlung über unterschiedlichste »Verfehlungen«, auch im privaten Bereich betroffen. Die IM berichteten ferner zu besonderen Anlässen (wie Feier- oder SED-Parteitage, wie die Invasion der Warschauer Pakt-Truppen in der ČSSR 1968 oder die Ausrufung des Kriegsrechts in Polen 1981) über »Stimmungen und Meinungen« sowohl der Insassen als auch des Personals. Nicht zuletzt war auch der Leiter Albinus Ziel der Ausspähung. Beispielsweise wurde die bereits geschilderte Verfahrensweise Albinus', nachträglich Protokolle der Abteilungsleiterberatungen zu fälschen, dem MfS über IM »Arnold« bekannt. Führungsoffizier Schübler wollte das dann durch Einbeziehung des IM »Johannes« und des GMS »Dieter« bestätigen beziehungsweise über IM »Heinrich Krause« solche Protokolle beschaffen.[61] Auch die bereits geschilderten Querelen zwischen Leiter Albinus und dem übrigen Personal beziehungsweise den Vertretern der Parteistrukturen wurden dem MfS inoffiziell bekannt. Durch die hohen beruflichen Positionen der IM ergaben sich vielfältige und günstige Einflussmöglichkeiten für das MfS.

Neben den geschilderten Fällen sind weitere Arten der (vermeintlichen) Zusammenarbeit von Strafvollzugsmitarbeitern mit dem MfS bekannt geworden: Ein ab 1972 im Militärstrafvollzug Schwedt arbeitender Offizier war in seiner vorherigen beruflichen Stellung vom MfS zur inoffiziellen Arbeit unter dem Decknamen »Heinrich Krause« verpflichtet worden. Bis zu seiner 1975 vorgenommenen Versetzung in die Arbeitsgruppe Strafvollzug der BDVP Frankfurt (Oder) arbeitete er inoffiziell unter den Führungsoffizieren Schröter und Fel-

60 Bärsch: Disziplinareinheit Schwedt (Radiofeature), hier 28. Minute.

61 IM-Bericht »Arnold«, 10.1.1978 i. V. m. Treffbericht FO Schübler v. 17.1.1978; BStU, MfS, A 641/82, Bd. 3, Bl. 47–50. »Dieter« war damals Stellvertreter für Politische Arbeit in Schwedt, »Heinrich Krause« war Mitarbeiter der AG SV in der BDVP, also der Institution, die Empfänger der erwähnten Protokolle war und sie hätte prüfen können.

ler beziehungsweise im FIM-System »Arnold«. Seine Berichte beziehen sich fast ausschließlich auf einzelne Strafvollzugsangehörige, mit deren Überwachung er beauftragt war. Die Berichte beinhalten Hinweise auf West-TV-Empfang, Westbesuche oder den Besitz von Westzigaretten und haben somit ausdrücklichen Bezug zum Privatbereich der jeweiligen Personen.[62] In den 1970er-Jahren war eine Mitarbeiterin der Vollzugsgeschäftsstelle über mehrere Jahre als GMS erfasst. Das MfS notierte jedoch, dass keine positiven Ergebnisse dabei erzielt wurden und dass sie sich gegenüber »negativen Personenkreisen« dekonspiriert hätte. Zugehöriges Aktenmaterial liegt nicht vor, was damit erklärt werden kann, dass in den 1970er-Jahren keine Aktenpflicht bei der GMS-Führung bestand. Auch zu dem 1979/80 als GMS »Dietmar« erfassten Gruppenführer gibt es kein Material, das zu Intensität und Inhalten der inoffiziellen Arbeit Auskunft gäbe. Lediglich eine Passage im MfS-Formular »Auskunftsbogen« verweist darauf, dass der »GMS gegenüber dem operativen Mitarbeiter offen und ehrlich ist und zu allen das MfS interessierenden Fragen bereitwillig Auskunft« gab.[63] Von 1969 bis 1983 stellte der Leiter der Abteilung Versorgungsdienste seine Wohnung der Kreisdienststelle Schwedt als Treff-Ort für deren inoffizielle Mitarbeiter zur Verfügung. Er berichtete aber nicht über den Militärstrafvollzug.[64]

In der dem Militärstrafvollzug übergeordneten Abteilung Kommandantendienst des MfNV (später Abt. Innerer Dienst) war langjährig Siegfried Mehrmann für Fragen der militärischen Disziplin und des Strafvollzuges zuständig. Mehrmann verpflichtete sich 1968 gegenüber dem MfS unter dem Decknamen »Hans Seeberg« zur inoffiziellen Mitarbeit, wurde aber erst 1978 als IM registriert und eingesetzt. Das MfS vermerkte Ende der 1970er-Jahre, dass Mehrmann »dazu neigt, das vorhandene inoffizielle Verhältnis und das dabei vorhandene gute Vertrauensverhältnis zwischen dem operativen Mitarbeiter und ihm auch in der Öffentlichkeit zu zeigen«. Es hieß aber auch, dass »seine Fähigkeiten und Möglichkeiten in der inoffiziellen Arbeit« unter anderem in »der Lösung operativer Aufgaben im Bereich des Strafvollzuges in Schwedt« bestünden. Zudem wurde seine Zuverlässigkeit gelobt, »besonders hinsichtlich der Vorbereitung der Übernahme der Strafvollzugseinheit Schwedt durch die NVA und aller in diesem Zusammenhang zu beachtenden operativen Probleme«.[65]

62 IM-Akte »Heinrich Krause«; BStU, MfS, BV FfO, AIM 1956/89.

63 [MfS/BV Frankfurt (Oder)/Abt.] VII, FO Schübler [ohne Adressat]: Auskunftsbogen für GMS »Dietmar«, 8.12.1980; BStU, MfS, BV FfO, AGMS 2154/80, Bl. 137.

64 IM-Akte »Regina«; BStU, MfS, BV FfO, AIM 31/87.

65 IM-Akte »Hans Seeberg«, Zitate aus [MfS] HA I/Abt. MfNV/UA 1, Mj. Rumpel: Beurteilung, 27.7.1979 u. 18.5.1981 sowie Abschlussvermerk, 10.11.1979; BStU, MfS, AIM 3909/91, Bl. 108 u. 116. Die Akte liegt unvollständig vor, was mit der unkontrollierten Auflösung der MfS-Strukturen innerhalb der NVA erklärt wird. Zu Mehrmann vgl. den Abschnitt Literatur bis 1989/90 in der Einleitung und den Abschnitt Demütigungen und Schikanen im Kap. 4.

Die Position Mehrmanns als Leiter der Abteilung Innerer Dienst im MfNV ist vom MfS in mindestens zwei Fällen genutzt worden, um die Termine von Entlassungen aus Schwedt beziehungsweise aus der NVA zu beeinflussen. Beide Fälle wurden ihm nicht als Abteilungsleiter, sondern als sogenanntem IM in Schlüsselposition zugeschrieben.[66]

Schon in den späten 1960er-Jahren stand dem MfS (mindestens) ein Zimmer in der Haftanstalt zur Verfügung. Somit war der zuständige MfS-Mitarbeiter auf dem Gefängnisgelände ein gewohntes Bild. Die Dokumentation der Trefforte bei den inoffiziellen Mitarbeitern im Personal blieb sehr allgemein. Oft ist nur der Ort Schwedt genannt, manchmal in der Verbindung mit dem Begriff Strafvollzug. Ebenfalls verbreitet war die Angabe Dienstzimmer – wobei oft offen blieb, ob damit das Zimmer des MfS oder das Dienstzimmer der jeweiligen IM gemeint war. Zusätzlich standen dem MfS im Schwedter Stadtgebiet die konspirativen Wohnungen »Tanne« und »Carmen« zur Verfügung. Die Wohnung »Tanne« lag im nördlichen Teil der Ernst-Thälmann-Straße (heute Berliner Straße) und gehörte der Familie des damaligen Leiters der Abteilung Innere Angelegenheiten im Rat der Stadt. Das Ehepaar stellte ab 1965 ein Zimmer für die inoffizielle Arbeit der MfS-Bezirksverwaltung Frankfurt (Oder) zur Verfügung. Schon bei der Auswahl der Wohnung vermerkte das MfS, dass es speziell um die IM des Strafvollzugskommandos Schwedt gehe, die in der Wohnung getroffen werden sollen. Zunächst wurde der IM »Arnold« in diese Wohnung eingeführt. Abrechnungen von Treffkosten verweisen darauf, dass bis 1973 dort auch IM »Johannes« getroffen wurde. Aufgrund veränderter Umstände in der Inhaberfamilie wurde 1974 die Zusammenarbeit mit »Tanne« eingestellt.[67] Ende desselben Jahres konnte das MfS eine Wohnung in der August-Bebel-Straße nutzen. Die verwitwete Inhaberin, zu deren Familie mindestens drei hauptamtliche MfS-Mitarbeiter zählten, stellte unter dem Decknamen »Carmen« ein Zimmer für die Treffen mit IM zur Verfügung. In den folgenden fünf Jahren trafen die Führungsoffiziere der BV Frankfurt (Oder) dort die IM »Arnold«, »Johannes« und »Egon«. Nach einem Umzug der Inhaberin in eine kleinere Wohnung wurde 1979 die Akte zu »Carmen« archiviert.[68]

Bisher sind für die 14 Jahre der MdI-Verwaltung des Militärstrafvollzugs in Schwedt 30 IM des MfS unter den Insassen bekannt geworden. Durchschnittlich gelangen damit etwa zwei neue Anwerbungen pro Jahr. Die beiden ältesten Fälle deuten die Spannbreite unterschiedlicher Konstellationen an. Gemeinsam war ihnen, dass sie jeweils schon in den NVA-Truppenteilen als IM verpflich-

66 [MfS]/HA I/Abt. MfNV/UA HS, Ltr. OSL Willert [ohne Adressat]: Aktenvermerk, 27.11.1987; BStU, MfS, AOPK 972/88, Bl. 79 u. Willert: Einleitungsbericht zur OPK »Schachspieler«, 27.8.1987; BStU, MfS, AOPK 1777/88, Bl. 9.

67 IM-Akte »Tanne«; BStU, MfS, BV FfO, AIM 547/74.

68 IM-Akte »Carmen«; BStU, MfS, BV FfO, AIM 1109/79.

tet und im August 1968 in Schwedt erneut zur inoffiziellen Zusammenarbeit mit dem MfS gewonnen wurden. Der eine, ein Leutnant der Volksmarine, kam nach Verurteilung wegen fahrlässiger Verletzung seiner Aufsichtspflicht als Fahrzeugverantwortlicher nach Schwedt. Er wurde wenige Monate später vorzeitig entlassen. Der andere, ein wegen Diebstahls verurteilter Unteroffiziersschüler, saß hingegen schon in Berndshof ein, wurde aus Schwedt wegen eines neuen Ermittlungsverfahrens nach Berlin verlegt und kam 1969 zum zweiten Mal nach Schwedt.[69]

Anhand eines ausführlicheren Beispiels aus dem Jahr 1969 lassen sich prinzipielle Gepflogenheiten der inoffiziellen Arbeit unter den Insassen dokumentieren: Über Mitgefangene erfuhr ein wegen eines schweren Verkehrsunfalls mit mehreren Schwerverletzten und einem Todesopfer zu 18 Monaten Freiheitsstrafe verurteilter Matrose,[70] dass der OKS Colberg Ansprechpartner für Sicherheitsfragen sei. Einen Monat nach Antritt der Strafe in Schwedt wandte er sich schriftlich an diesen OKS, bot seine Mitarbeit an und erklärte offen seine Absicht, sich so zu »führen, dass schon möglichst bald eine vorzeitige Entlassung auf den Paragrafen 349 [der Strafprozessordnung] möglich sein wird«. Gleichzeitig übermittelte er belastende Informationen über einen weiteren Insassen und unterschrieb diesen Bericht mit seinem Klarnamen. Der OKS zeigte sich interessiert und konnte einschätzen, dass der Bericht auf wahren Angaben beruhte. Bevor er jedoch eine eigene Werbung vornehmen durfte, war in den Speichern des MfS zu prüfen, ob die interessierende Person bereits bekannt oder erfasst war. Hierbei stellte sich heraus, dass der für »Schwedt« zuständige MfS-Mitarbeiter Schröter den potenziellen IM bereits für sich »reserviert« hatte, sodass der OKS den »Fall« und das bei ihm vorliegende Material an das MfS übergeben musste. Schröter erstellte dann drei Dokumente mit insgesamt acht Seiten: einen »Vorschlag zur Anwerbung«, eine »Begründung der Notwendigkeit und Zielstellung« sowie den Bericht zum »Bekanntwerden der Person«. Zusätzlich ließ er den IM »Arnold« (Polit-Offizier und Parteisekretär) einen eigenen Bericht über den IM-Kandidaten schreiben. Der Plan zur Werbung sah dann detailliert vor, dass nacheinander drei Militärstrafgefangene dem MfS-Mitarbeiter in dessen Zimmer zugeführt werden sollten. Tatsächlich wurden dann mit zweien allgemeine Fragen der Disziplin und Ordnung besprochen und der dritte wurde angeworben. Die Zuführung zum Zimmer des MfS erfolgte über IM »Arnold«. Im Werbungsgespräch belastete der frisch verpflichtete IM »Klaus Neumann« erneut Mitinsassen hinsichtlich ihrer politischen Einstellung oder

69 IM »Daniela« bzw. »Rolf Hauer«; BStU, MfS, AIM 9390/80 bzw. BStU, MfS, AIM 4571/70.

70 Die Details stammen aus der Akte des IM »Klaus Neumann«; BStU, MfS, AIM 5975/72, das Zitat aus dem Selbstanbieter-Schreiben an Oltn. Colberg v. 14.9.1969; ebenda, T. I/1, Bl. 48.

Gesprächen über Fluchtmöglichkeiten. Ergänzend berichtete er auch über das Auftreten eines betrunkenen Aufsehers. In den anschließenden Monaten traf er sich mehrmals mit »Arnold« und übermittelte ihm in schriftlichen und mündlichen Berichten Erkenntnisse aus dem Kreis der Gefangenen. Beim Treff im Mai 1970 wurde ihm mitgeteilt, dass er tatsächlich auf der Basis des § 349 der Strafprozessordnung vorzeitig entlassen werden würde. Hier hatte also das MfS mit ähnlichen Schwierigkeiten wie die K I/4 zu kämpfen: Bei guter Führung gingen ihm die IM vorzeitig verloren.

Die Variante der Zuführung mehrerer Insassen zur Legendierung von Treffs wurde auch in der Folgezeit angewendet. Die Zuführungen übernahmen oft die als IM tätigen SV-Angehörigen Bailleu und Zimmermann (»Arnold« und »Egon«).[71] Die Treffs für die verpflichteten Insassen waren immer schwierig zu gestalten. Die Lage des Zimmers des MfS in den 1960er- und 1970er-Jahren ist bisher unbekannt, aber es dürfte eher im Verwaltungsbereich als im Verwahrteil gelegen haben. Ein spontanes Aufsuchen – aus dem strengen Tagesdienstablauf heraus nahezu unmöglich – oder ein unbeobachtetes Betreten waren also nicht möglich. Die geschilderte Vorgehensweise der Einbestellung mehrerer Insassen zu Gesprächen war aufwendig und ist deswegen wohl nur praktiziert worden, wenn es neue IM anzuwerben galt oder auf besondere Vorkommnisse reagiert werden musste. Die zweite Möglichkeit bot die Nutzung des Führungs-IM »Arnold«, der aufgrund seiner offiziellen Dienststellung als Polit- und Schulungsoffizier zahlreiche Möglichkeiten hatte, an alle Gefangenen heranzutreten, diese in seinem Dienstzimmer zu empfangen oder dem Zimmer des MfS zuzuführen. In den IM-Akten spiegelt sich das entsprechend wider. Die Mehrzahl der Treffen mit IM unter den Insassen wurde von »Arnold« realisiert, der die Ergebnisse an den Führungsoffizier weitergab. Nur selten kam es zu einem direkten Treffen des Führungsoffiziers mit den IM unter den Häftlingen, dann oft auch in gleichzeitiger Anwesenheit von »Arnold«. Im Vergleich zur Vorgehensweise der K I/4 fällt auf, dass die dortigen Bemühungen um Trefforte sich vielfältiger in der Aktenführung niederschlugen.

Neben den Treffen gab es die Verbindung mittels schriftlicher Berichte. Aber die Möglichkeiten des ungestörten Berichtschreibens waren erheblich eingeschränkt. Auch hier wurde, ähnlich wie bei der K I/4, die Variante mit verschlossenen und gezielt neutral adressierten Briefumschlägen gewählt.

Die Führungsoffiziere des MfS notierten nach den Treffen mit den IM gegebenenfalls, welche Absprachen mit der Dienststellenleitung oder dem OKS notwendig erschienen. Wenn erforderlich, wurden auch andere MfS-Diensteinheiten informiert, etwa in Verbindung mit der Entlassung von Insassen aus Schwedt. Die Hinweise sollten die zuständigen Abteilungen des MfS in Kennt-

71 Ob Bailleu und Zimmermann wussten, warum welche Insassen zum MfS-Mitarbeiter gebracht werden sollten, geht aus den Akten nicht hervor.

nis setzen oder in die »Bearbeitung« der Personen einfließen. Das schien insbesondere bei der Amnestie von 1972 erforderlich. Ein Schreiben des Leiters der MfS-Hauptabteilung I, Generalmajor Kleinjung, vom 8. November 1972 an alle Bereiche der NVA enthielt die Anweisung: »Gegen NVA-Angehörige, die wegen Staatsverbrechen, Fahnenflucht, Waffendelikten, Geheimnisverrat und Staatsverleumdung inhaftiert waren, ist die operative Personenkontrolle einzuleiten und bis zur Versetzung in die Reserve bzw. Entlassung zu bearbeiten.«[72] In mehreren Fällen begann eine solche »operative Bearbeitung« aber schon in Schwedt.

IM- und Vorgangsarbeit

Staatssicherheit und K I wählten die IM unter den Gefangenen nach verschiedenen Merkmalen aus. Neben der Frage der charakterlichen Eignung und Zuverlässigkeit ging es auch um größtmögliche Flexibilität. Hierfür waren einzelne Funktionen beziehungsweise Arbeitsstellen besonders geeignet. Gefangene, die als HO-Verkäufer, Sanitäter oder in der Bibliothek zum Einsatz kamen, konnten praktisch zu allen Insassen Kontakt aufnehmen.[73] Bei der charakterlichen Eignung für IM-Arbeit saß das MfS in einer Zwickmühle. Viele Insassen hatten einen Groll auf alle staatlichen Institutionen und militärischen Hierarchien, sodass eine ideologische Übereinstimmung nicht zu erwarten war. Doch gab es Insassen, bei denen diese Hürde weniger hoch war. Das betraf in der Regel länger verpflichtete Unteroffiziere, die wegen Verkehrsunfällen mit Todesfolge oder tödlicher Schusswaffenunfälle, also gänzlich unpolitischen Delikten, verurteilt wurden. Sie waren zwar schneller zur konspirativen Arbeit zu überzeugen, hatten aber einen deutlich schwereren Stand unter den Insassen und konnten nicht immer das Vertrauen jener Gefangenen erlangen, die für das MfS wirklich von Interesse waren. Gemeinsame Motivation für alle Insassen dürfte die Aussicht auf Hafterleichterungen beziehungsweise vorzeitige Entlassung gewesen sein, was im einen oder anderen Fall die Lust zum Denunzieren befördert haben dürfte. Ähnlich wie außerhalb des Strafvollzugs, warben auch hier die Führungsoffiziere ihre IM-Kandidaten gelegentlich unter einem gewissen Druck.

Die Arbeit des MfS gegen Personen schlug sich in der Regel in Akten nieder, die als Operative Personenkontrolle oder Operativer Vorgang geführt wur-

72 BStU, MfS, HA I Nr. 15699, Bl. 9.

73 Mehrmals wurden solche begünstigenden Rahmenbedingungen auch in den Dokumenten zur Werbung dargelegt. So für einen Sanitäter: Er hat die »Möglichkeit der Kontaktaufnahmen zum gesamten Strafgefangenen-Bestand und kann sich innerhalb des Lagers ohne Aufsicht bewegen. Bei ihm sind die Möglichkeiten der laufenden schriftlichen Berichterstattung gegeben«. Vgl. BDVP Frankfurt (Oder)/Abt. K/Dez. I/4, Oltn. Colberg [ohne Adressat]: Vorschlag zur Werbung, 17.6.1974; BStU, MfS, BV FfO, AOG 1280/80, T. I, Bl. 28.

den (OPK/OV).[74] Die Mehrzahl solcher Akten schildert jedoch »nur« die Vorgeschichte der Ereignisse, die zur Verurteilung und nach Schwedt führten. Zum Innenleben des Militärgefängnisses geben diese Vorgänge keine Auskunft. Mitunter erlauben solche Vorgänge, die vor dem Strafantritt in Schwedt angelegt wurden, jedoch interessante Einblicke in die Denk- und Arbeitsweise des MfS. So in die Praxis der Vergabe von Vorgangs-Decknamen wie beim Operativen Vorgang »Feigling« gegen zwei Grenzsoldaten. Diese hatten 1976 an genau der Stelle Dienst, an der ein Jahr zuvor der NVA-Angehörige Werner Weinhold[75] bei seinem gewaltsamen Durchbruch in die Bundesrepublik zwei DDR-Grenzposten tötete. Die hier nun relevante, von den beiden »neuen« Grenzsoldaten offenbar wahrgenommene, aber nicht verhinderte Flucht eines Zivilisten wurde ihnen entsprechend nachteilig ausgelegt (Militärverbrechen mit hohem Grad der Gesellschaftsgefährlichkeit). Im Abschlussbericht heißt es unter anderem:

> So wurde erst in der Untersuchung als Ursachen bekannt, dass beide einerseits aus politisch-ideologischen Labilitätserscheinungen nicht bereit waren zur Anwendung der Schusswaffe und andererseits zugleich Angst vor einer möglichen Anwendung der Schusswaffe durch den Grenzverletzer hatten. Sich an den Verbrecher Weinhold erinnernd blieben sie direkt in gedeckter Stellung, um nicht mit dem Grenzverletzer konfrontiert zu werden.[76]

Das Militärgericht Erfurt verhängte neun beziehungsweise 14 Monate Freiheitsstrafe, die die Verurteilten in Schwedt verbüßten.[77]

Bisher konnten circa 50 Vorgänge ausgewertet werden, die im Schwedter Militärstrafvollzug oder der Disziplinareinheit gegen Personen geführt wurden.[78] Diese verteilen sich relativ gleichmäßig auf die Jahre 1968 bis 1989. Die

74 OV und OPK waren Vorgangsarten des MfS, deren Anlässe, Zielstellungen, Auflagen zu Vorgehensweise und Dokumentierung in eigenen Richtlinien zusammengefasst wurden, zuletzt RL 1/76 zur Entwicklung u. Bearbeitung Operativer Vorgänge; BStU, MfS, BdL/Dok. Nr. 3234 u. RL 1/81 zu Operativen Personenkontrollen; BStU, MfS, BdL/Dok. Nr. 6910. Zur Arbeit mit OV s. a. Pingel-Schliemann: Zersetzen.

75 Zu Weinhold siehe Abschnitt Ausreiseverlangen und Ausbrüche im 4. Kapitel.

76 [MfS]/HA I/GKS/UA Abwehr Hildburghausen [ohne Adressat]: Abschlussbericht zum OV »Feigling«, 27.12.1976; BStU, MfS, AOP 5391/77 Bl. 93–101, hier 98.

77 OV »Feigling« i. V. m. den Untersuchungsvorgängen gegen die beiden Beschuldigten; BStU, MfS, AOP 5391/77 sowie BStU, MfS, BV Suhl, AU 236/77 u. BStU, MfS, BV Suhl, AU 237/77.

78 Den nachfolgenden Betrachtungen liegen neben OPK/OV des MfS auch Materialien der K I zugrunde, deren vergleichbare Vorgänge Kriminalakten (KA) und Kontrollmaterialien (KM) waren. Die Regeln für deren Bearbeitung enthielt zuletzt die Richtlinie 04/79 des MdI über die Ordnung bei der operativen Bearbeitung von Personen sowie für die Registrierung, Verwahrung und Archivierung von Akten in der Tätigkeit des Arbeitsgebietes I der Kriminalpolizei v. 10.12.1979; BStU, MfS, BdL/Dok. Nr. 5241 (nachfolgend RL 04/79 Bearbeitungs- und Aktenordnung MdI genannt). Wegen der Gleichartigkeit des Vorgehens auch nach dem Wechsel der Verwaltungszuständigkeit für den Militärstrafvollzug und der Einrichtung der

Mehrzahl der Vorgänge richtete sich gegen Insassen. Nur in drei Fällen der 1960-/1970er-Jahre betrafen sie Bedienstete des Strafvollzugs. Mitunter arbeiteten die für den regulären Truppenteil zuständige MfS-Diensteinheit und die für Schwedt zuständige MfS-Dienststelle zusammen. Beispielsweise lief gegen einen grundwehrdienstleistenden Soldaten, der mit drei Monaten Dienst in der Disziplinareinheit bestraft wurde, schon vor Strafantritt eine operative Personenkontrolle wegen des Verdachts einer beabsichtigten Fahnenflucht. Die bearbeitende MfS-Diensteinheit wandte sich mit einem sogenannten Informationsbedarf an für die Disziplinareinheit zuständige MfS-Dienststelle und bat um die Beantwortung von sechs konkreten Einzelfragen und um Dokumentation der durchgeführten erzieherischen Maßnahmen.[79]

Die Mehrzahl der Vorgänge wurde jedoch angelegt, weil trotz der Verurteilung und nachfolgender Strafverbüßung in Schwedt die Insassen immer noch Anzeichen von Renitenz und Widerstand zeigten. Sie gaben Anlass für neue Verdachtsmomente zu Fahnen- und Republikfluchten, stellten Ausreiseanträge, wurden der »Verleumdung« und »staatsfeindlicher Hetze« beschuldigt oder verweigerten die Arbeit und die Ausbildung bis hin zum Hungerstreik. Gelegentlich wurden über die IM unter den Insassen auch Hinweise auf ältere, bisher nicht geahndete Straftaten der Insassen bekannt, denen dann nachgegangen wurde. MfS und K I/4 reagierten darauf mit Beschaffung von Informationen bei bisher zuständigen Dienststellen, Postkontrollen und Besuchsüberwachungen, Einflussnahme auf disziplinarische Bestrafungen oder Einleitung neuer Ermittlungsverfahren. Eine Variante zwischen disziplinarischer Strafe und neuem Ermittlungsverfahren stellte das sogenannte Vorbeugungsgespräch dar. Dabei wurde dem Verdächtigten in einer Aussprache durch das MfS oder die Militärstaatsanwaltschaft eindringlich vor Augen geführt, wie die bisherigen Erkenntnisse bewertet wurden und welche Konsequenzen bei unverändertem Verhalten drohten. In Verbindung mit der Nichtanrechnung der in Schwedt verbrachten Monate auf die Wehrdienstzeit erfüllten diese Gespräche aus Sicht der Initiatoren oft ihren Zweck. Mehrfach kam es aber tatsächlich zu neuen Ermittlungsverfahren. Dazu wurden die Verdächtigten in der Regel in Untersuchungshaft überführt. Je nach neuem Strafmaß folgte entweder ein verlängerter Aufenthalt (»Nachschlag«) in Schwedt oder bei einer Strafhöhe über zwei Jahren, nach unehrenhafter Entlassung aus der NVA, eine Verlegung in den zivilen Strafvollzug. Manchmal ist erkennbar, dass das durchaus in der Absicht der Betroffenen gelegen haben könnte. Motivationen konnten darin bestehen, dass länger verpflichtete Berufsunteroffiziere aus der NVA entpflichtet werden wollten, dass Gefan-

Disziplinareinheit wird auf eine Unterscheidung der beiden zeitlichen Phasen verzichtet. Relevant ist diesbezüglich nur der Wegfall der Arbeit der K I in den Jahren ab 1982.

79 [MfS]/HA I/MB III/UA Stab, Ltr. OSL Kolk an MfS/HA I/Abt. MfNV/UA HS/DE: Informationsbedarf, 19.9.1984; BStU, MfS, AOPK 11310/85, Bl. 251–253.

gene die Doppelbelastung Militär und Strafvollzug vermeiden wollten oder dass Insassen – meist in Verbindung mit Ausreisewünschen – prinzipiell der Ernsthaftigkeit ihrer Konfrontation mit dem DDR-Staat Ausdruck verleihen wollten.

Operative Maßnahmen

Bisher ist nur ein Fall bekannt, bei dem es zum Abhören eines Verwahrraumes in Schwedt kam. Dies geschah in der Zeit der MfNV-Verwaltung und betraf einen der Disziplinarbestraften. Prinzipiell wurde offenbar erst 1984 ernsthaft an solche Möglichkeiten der Informationsgewinnung gedacht. In einer Vertraulichen Verschlusssache hielt die HA I des MfS fest, dass »mit der Abteilung 26 der BV Frankfurt (Oder) [...] Vorabsprachen hinsichtlich der 1984 vorgesehenen Einleitung von Maßnahmen ›26 B‹ in den Unterbringungsräumen der disziplinarbestraften Militärpersonen« getroffen wurden.[80] Als ein Jahr später einer der beiden hauptamtlichen MfS-Mitarbeiter in der Disziplinareinheit Schwedt, Siegfried Knobelsdorf, seine Fachschulabschlussarbeit über die inoffizielle Arbeit unter Disziplinarbestraften vorlegte, waren seine auf die Abteilung 26 und ihre Möglichkeiten gerichteten Ausführungen sehr allgemein gehalten. Wahrscheinlich blieben sie pure Theorie.[81] Das einzige bisher bekannt gewordene Beispiel stammt aus dem Frühjahr 1985. Ein Disziplinarbestrafter fiel in seiner zweimonatigen Anwesenheit in Schwedt mit »politisch feindlich-negativen Äußerungen« in Verbindung mit offenen NS-Sympathien auf. Der Betreffende wurde zusammen mit einem IM »im Unterkunftsbereich so untergebracht, dass eine Kontrolle durch die Maßnahme B der Abteilung 26 möglich wurde«.[82] Der entsprechend genutzte Verwahrraum 404 lag inmitten anderer im obersten Geschoss des Gebäudes, in dem die Disziplinarbestraften untergebracht waren.[83] Aus den Monaten März und April 1985 liegen insgesamt 13 einzeln nummerierte Informationen mit Erkenntnissen aus der Abhörmaßnahme vor. Die zum Teil wörtlich wiedergegebenen Passagen enthalten auch technische Angaben, zum Beispiel zu den genutzten Tonbändern.[84] Ein weiterer Hinweis auf eine

80 [MfS]/HA I/AKG, Ltr. Oberst Riebe [ohne Adressat]: Information zum Stand der Organisation und Führung der politisch-operativen Arbeit in der DE der NVA, 5.1.1984; BStU, MfS, HA I Nr. 15717, Bl. 30–39, hier 38. Die Abt. 26 des MfS war die technisch zuständige Abteilung. Die territorial nächstgelegene Abt. 26 war die der BV Frankfurt. Maßnahme B stand für akustische Raumüberwachungen durch das MfS. Die Zusammenfassung von Abteilung und Maßnahme führte zur Bezeichnung Maßnahme 26 B.

81 Knobelsdorf: Organisation, FS-Abschlussarbeit, Bl. 38.

82 [MfS]/HA I/Abt. MfNV/UA HS [ohne Adressat]: Eröffnungsbericht zum OV »Kanonier«, 29.3.1985; BStU, MfS, AOP 9870/85, Bl. 11–15, Zitat Bl. 13.

83 Vgl. Dressler: Stillgestanden, S. 140 u. 142.

84 BStU, MfS, AOP 9870/85, Bl. 35–103. Die Nummerierung der Tonbänder erstreckte sich hier bis zur Bandnummer 923. Aus der hohen Nummer auf die Intensität zu schließen, ist

technische Beobachtung eines Disziplinarbestraften betrifft das zweite Halbjahr 1985 und den Raum 304, der direkt unter dem oben genannten lag. Räumlich und technisch wäre das plausibel; inhaltlich ist bisher nur eine damals vorgenommene »Einleitung operativ-technischer Maßnahmen« bekannt.[85] Prinzipiell wäre zu erwarten, dass auch die längerfristig in Schwedt anwesenden Militärstrafgefangenen abgehört wurden. Aus den bisher gesichteten MfS-Unterlagen zu dieser Personengruppe ist das jedoch nicht nachweisbar. Eine nachträgliche »Bestätigung« für das Vorhandensein von Abhörtechnik lieferte der letzte Stabschef, Hans-Jörg Nagel, in einem Interview im Jahre 2014:

> Was wir hinterher mitgekriegt haben: Die Disziplinareinheit war auch verwanzt, wahrscheinlich auch der Militärstrafgefangenenteil. [...] Ich wusste es echt erst, nachdem alles aufgelöst war, als Leute aus Frankfurt kamen, mit dem Barkas B 1000 und blauen Kitteln [und] in den Disziplinarteil gingen. Ich als Stabschef sollte dafür sorgen, dass für die nächsten zwei Stunden keiner reingeht. Da war mir klar: Das sind die Mauerspechte. Die holen die Wanzen.[86]

Aus Abhöraktionen resultierten auch Kontrollmöglichkeiten von inoffiziellen Mitarbeitern, die an den abgehörten Gesprächen beteiligt waren. Im hier relevanten Fall ergaben sich ergänzende Informationen, da im überwachten Raum zunächst IM »Rocky«, später dann IM »Peter Lorenz« mit untergebracht waren. Im Falle »Peter Lorenz« wurde dabei sogar eine Dekonspiration bekannt, da das MfS mitschnitt, dass der IM äußerte, dass er aufschreiben soll, ob irgendetwas vorgefallen sei, ob Begriffe wie »rote Schweine« oder so gebraucht wurden, woraufhin sich die Gespräche »bestimmten Problemen sogenannten ›Verrats‹ unter disziplinarbestraften Armeeangehörigen« widmeten.[87]

In Einzelfällen agierte das MfS auch mit sogenannten operativen Kombinationen. Diese dienten etwa dazu, einzelne Personen zu bestimmten Reaktionen zu provozieren, um sie gegebenenfalls genau deswegen strafrechtlich belangen zu können, oder solche Kombinationen sollten bisher nur inoffiziell erlangte Informationen legalisieren, um sie im Rahmen von Ermittlungsverfahren gerichtsfest einführen zu können. Bei der Realisierung von operativen Kombinationen waren inoffizielle Mitarbeiter eine wesentliche Hilfe, zum Teil sogar Voraussetspekulativ. Die Tonbänder der Abt. 26 wurden in der Regel mehrfach überspielt und de facto ist bisher keine weitere Information aus Abhörmaßnahmen bekannt.

85 FO Krugenberg: Arbeitsnachweis IME »Manfred«, 14.8.1985; BStU, MfS, AIM 5382/88, T. II/1, Bl. 163. Zum Opfer dieser Bearbeitung wurden bisher keine MfS-Akten aufgefunden.

86 Geißler: Die Disziplinareinheit 2, S. 98 u. 101.

87 IM-Akte »Peter Lorenz«; BStU, MfS, AIM 15907/85. Der Hinweis auf die Dekonspiration befindet sich in der Akte des überwachten Disziplinarbestraften, vgl. [MfS]/HA I/Abt. MfNV/UA HS/DE, Hptm. Knobelsdorf [ohne Adressat]: Information, 22.4.1985; BStU, MfS, AOP 9870/85, Bl. 103. Beide Akten enthalten kein Material über eine Auswertung der Dekonspiration oder eventuelle Konsequenzen.

zung. Es wurde bereits auf die »Opferbereitschaft« einzelner IM hingewiesen, die im Rahmen solcher Kombinationen eigene Nachteile in Kauf nahmen (z. B. eine Arreststrafe), um für die Staatssicherheit relevante Informationen zu erarbeiten oder die gewünschten Reaktionen zu provozieren.[88]

Auf einen inoffiziellen Mitarbeiter im Personal war das MfS angewiesen, als es durch einen IM unter den Insassen erfuhr, dass ein Militärstrafgefangener eine Lageskizze vom Gelände der Disziplinareinheit angefertigt und in einer Zigarettenschachtel versteckt hätte. Daraufhin plante das MfS mit IM »Rudloff« eine umständliche Überprüfung. Zunächst sollte bei einer regulären Schrankkontrolle ermittelt werden, wie viele Schachteln Zigaretten welcher Sorte der Verdächtigte in seinem Schrank bevorratete. Dann sollte eine identische Anzahl gleicher Schachteln (30 Schachteln Karo-Zigaretten) heimlich gegen die Schachteln im Schrank ausgetauscht werden. Anschließend sollten in Ruhe die Suche nach der Skizze erfolgen und die Schachteln wieder in den Schrank zurückgeschmuggelt werden. Wenn sich der Verdacht bestätigt hätte, sollte die Skizze auch offiziell »gefunden« und beschlagnahmt werden. Da bei der heimlichen Überprüfung nichts gefunden wurde, war der ganze Aufwand vergeblich.[89]

Gelegentlich nutzte das MfS den eigenen schlechten Ruf unter den Insassen, benötigte gegebenenfalls aber Hilfe von IM aus dem Personal. Im Sommer 1984 notierte MfS-Mitarbeiter Krugenberg:

> Durch operative Maßnahmen wird XXX unter den Militärstrafgefangenen isoliert und seine Glaubwürdigkeit unter den Gefangenen herabgesetzt oder unmöglich gemacht. Der IME ›Manfred‹ [Riesbeck] ist beauftragt, mit XXX im Monat September mehrere Gespräche zu führen, die den Anschein einer konspirativen Verbindung bei den anderen Militärstrafgefangenen der Kompanie erwecken sollen. Im Zusammenhang damit werden nach solchen Gesprächen Informationen über Unzulänglichkeiten/Machenschaften unter Militärstrafgefangenen ausgewertet und der XXX in das Licht eines ›Informanten‹ gerückt. [90]

88 Wie verworren dabei zum Teil gedacht wurde, offenbart ein Bericht des IM »Guido«. Er teilte als »weniger Erfreuliches« mit, dass sich in seinem Umfeld ein »positiver Kern« einer Gruppe von Gefangenen entwickelt habe, der für Ruhe und Ordnung sorge und gegen Andersdenkende energisch vorginge, sodass »Guido« Schwierigkeiten sah, an die negativeren Leute heranzukommen. Der wegen öffentlicher Herabwürdigung Verurteilte kam zu der Schlussfolgerung, dass die negativeren Gefangenen wegen seines Deliktes großes Vertrauen zu ihm hätten: »Ich hätte nie geglaubt, dass mir meine Straftat noch einmal nützlich sein wird«. Vgl. IM-Bericht »Guido«, 13.5.1983; BStU, MfS AIM 15062/84, T. II/1, S. 3 (MfS-Zählung). Als Herabwürdigung (§ 220 StGB) konnten bereits despektierliche Äußerungen über Staat und Funktionäre mit Haftstrafe geahndet werden.

89 Div. Schreiben in der Akte des Überwachten; BStU, MfS, AOPK 1777/88, Bl. 72, 77, 96, 126 f. u. 139 f.

90 FO Krugenberg: Treffberichte IMS »Hans Busch«, 4. u. 18.9.1984; BStU, MfS, BV Neubrandenburg, AIM 558/85, T. II/1, S. 15 Rs., 18 (MfS-Zählung).

Zwei Wochen später hieß es auswertend: »Die eingeleiteten Zersetzungsmaßnahmen durch den Einsatz des IME »Manfred« zeigen insbesondere beim Militärstrafgefangenen XXX die gewünschte Wirkung. Die Maßnahmen werden zielstrebig weitergeführt.«[91]

Die drei MfS-Vorgänge gegen Bedienstete betrafen zunächst zwei Meister des Strafvollzugs, die 1969 respektive 1974 wegen aktiver Kontakte zu Verwandten in der Bundesrepublik sowie Zweifeln an der politischen Einstellung und der daraus resultierenden Einstufung als sogenannte Unsicherheitsfaktoren entlassen wurden. Zur Ermittlung wurden inoffizielle Mitarbeiter eingesetzt, Personal- und SED-Unterlagen ausgewertet und der Privatbereich der Betroffenen durchleuchtet. 1977 traf es eine Sachbearbeiterin der Geschäftsstelle, die wegen ihres privaten Bekanntenkreises ebenfalls als Unsicherheitsfaktor angesehen und unter vorgeschobenen Gründen 1977 entlassen wurde.[92] Zuvor berichtete ein IM über ihre nervenärztliche Behandlung und nannte dabei auch den Namen des behandelnden Arztes.

6.1.3 Zusammenarbeit von MfS und K I/4 in der inoffiziellen Arbeit

Neben dem MfS agierte auch die K I/4 im Militärgefängnis mit inoffiziellen (kriminalpolizeilichen) Mitarbeitern. Dabei kam es zu gelegentlichen Berührungen oder gar Überschneidungen. Das lag insbesondere an der doppelten Einbindung des Offiziers für Kontrolle und Sicherheit, Colberg, als Führungsoffizier für IKM einerseits und seiner inoffiziellen Arbeit als IM des MfS andererseits. Als MfS-IM »Johannes« im Januar 1971 eine Aufstellung seiner IM im Strafvollzugskommando Schwedt fertigte und dem MfS übergab, offenbarte Colberg damit sein komplettes IM-Netz unter Zivil- und Militärstrafgefangenen, inklusive Klar- und Decknamen, Registriernummern und Arbeitseinsatzorten.[93] Welchen Nutzen die MfS-Führungsoffiziere aus diesen Kenntnissen zogen, geht aus den Akten der betreffenden IM nicht hervor, doch dürfte dieses Insiderwissen sehr nützlich gewesen sein, mindestens zur Vermeidung von Doppelwerbungen.

Zwei Jahre später, als Colberg wegen seiner zeitweiligen Einsätze in der Jugendstrafanstalt Wriezen und der Strafvollzugseinrichtung Rüdersdorf nicht ständig in Schwedt präsent war, erhöhte dies aus Sicht des MfS die Bedeutung

91 Ebenda.

92 BStU, MfS, BV FfO, AOP 508/69; BStU, MfS, BV FfO, AOPK 196/75 u. BStU, MfS, BV FfO, AOPK 628/77. Weitere Hinweise auf angebliche »operative Bearbeitung« bzw. zu angelegten Handakten ließen sich nicht verifizieren.

93 IM-Bericht »Johannes«, 25.1.1971; BStU, MfS, BV FfO, TA 1111/79, Bd. 1, Bl. 69.

für den MfS-FIM »Arnold«, da dieser von den in der Gefängnisleitung verankerten IM die besten Möglichkeiten hatte, konspirativ unter den Insassen sowie den Strafvollzugsangehörigen zu agieren. Es ist ein Zusammenhang dahingehend zu erkennen, dass in der Phase der Abordnung Colbergs die VSV/4 acht Monate lang offenbar über keine inoffiziellen Verbindungen in Schwedt verfügte und nur das MfS mit zwei IM unter den Insassen verankert war – ein einmaliger Vorgang. Insofern haben sich für diesen Zeitraum die Präsenzverhältnisse umgekehrt, da sonst die VSV/4 oder nachfolgend die K I/4 unter den Insassen deutlich mehr IM als das MfS führte.

Den Führungsoffizieren beziehungsweise dem Führungs-IM »Arnold« war mindestens in Einzelfällen bekannt, dass die erarbeiteten Informationen mit der inoffiziellen Arbeit der anderen Institution in Verbindung standen. Beispielsweise hielt der MfS-FIM »Arnold« 1973 fest, dass Colberg die Beurteilung eines Strafgefangenen, die »Arnold« beschaffen sollte, »zwecks Gewinnung zur Mitarbeit für die Abteilung IV« der MdI-Verwaltung Strafvollzug benötige.[94] Der MfS-FIM »Arnold« war also nicht nur über Colbergs Kandidaten, sondern auch über die institutionelle Anbindung der IM des OKS informiert. Im Fall von »Arnold« erreichte solches Insiderwissen gelegentlich auch seinen Führungsoffizier Feller, der daraufhin in einem Treffbericht vermerkte: »Da in der vorliegenden Information eine Person benannt wird, die für den OKS positiv erfasst ist, erhält der OKS unter Einhaltung der Konspiration Auszüge aus dieser Information«.[95] Wenig später lag eine ähnliche Konstellation vor. MfS-IM »Jawa« schrieb einen Bericht, der über den MfS-IM »Arnold« dessen Führungsoffizier Feller erreichte. Dieser notierte: »Vorliegender Informationsbericht wurde unter Einhaltung der Konspiration dem OKS Genossen Oberleutnant Colberg zur weiteren operativen Auswertung übergeben«.[96] Colberg hingegen hielt fest, dass der relevante Sachverhalt »durch den VO[97] des MfS bekannt« wurde. Inhaltlich stellt Colbergs Schreiben eine auszugsweise wörtliche Abschrift des IM-Berichts dar und ist entsprechend mit »Auszug aus einer inoffiziellen Mitteilung vom 27.7.1974« überschrieben.[98]

94 IM-Bericht »Arnold«, 3.8.1973; BStU, MfS, A 641/82, Bd. 1, Bl. 305.

95 FO Feller: Treffbericht IMS »Horst Lehmann«, 29.11.1973; BStU, MfS, AIM 2786/81, T. II/1, S. 70 (MfS-Zählung). »Positiv erfasst« war MfS-interner Sprachgebrauch für eine IM-Erfassung.

96 FO Feller: Treffbericht IMS »Jawa«, 27.7.1974; BStU, MfS, BV Cottbus, AIM 1766/80 Teil II/1, S. 47 (Akte des berichtenden IM, MfS-Seitenzählung).

97 VO steht hier noch für den Verbindungsoffizier zur MfS-Bezirksverwaltung Frankfurt (Oder). Die Bezeichnung wandelte sich nach Übernahme des Militärstrafvollzugs durch das MfNV und dem Übergang zur HA I zum V0 (sprich: Vau Null) für Verbindungsoffizier des MfS in der NVA. Der Inhaber der Stelle wurde gelegentlich auch als Vau-Nuller betitelt.

98 BDVP Frankfurt (Oder)/Abt. K/Dez. I/4, Oltn. Colberg [ohne Adressat]: Auszug aus einer inoffiziellen Mitteilung, 27.8.1974; BStU, MfS, BV Potsdam, AIM 217/78, T. I/1, Bl. 40 (Akte des Opfers der IM-Information).

Durch die Anleitung von »Johannes« zog das MfS wenigstens passiv Nutzen aus dessen IKM-Netz. Gelegentlich kalkulierten das die MfS-Mitarbeiter für eigene Ziele ein. So sollte »Johannes« 1975 verstärkt auf seine Quellen Einfluss nehmen, um aussagekräftige Berichte über offenbar erwartete Verstöße von Strafvollzugsangehörigen bezüglich der Geheimhaltungspflicht von Dienstgeheimnissen zu erhalten.[99] Das MfS akzeptierte das IM-Netz Colbergs und versuchte auch, es zu schützen. Ein Offizier des Strafvollzugs geriet 1975 unter gezielte MfS-Beobachtung, weil er »versuchte, die inoffizielle Basis des Offiziers für Kontrolle und Sicherheit gegenüber Strafgefangenen und Strafvollzugs-Angehörigen bloßzustellen«.[100]

Trotzdem dominierte die Staatssicherheit die K I/4 und behielt sich vor, Material und Hinweise der K I/4 zu kontrollieren. Ende 1975 hieß es, die Analyse »aller vorhandenen operativen Materialien auf dem Gebiet der Arbeitsrichtung I/4 [erfolge] hinsichtlich einer eventuellen Übernahme der weiteren operativen Bearbeitung durch das MfS«.[101] Mindestens in einem Fall ist ein entsprechender Vorschlag zur Übergabe an die zuständige MfS-Diensteinheit erarbeitet und von »Johannes« dem MfS – sogar zweimal – übergeben worden. Den Durchschlag des offiziellen Vermerks übergab er mit einem kommentierenden Zusatz und der Decknamenunterschrift »Johannes«. Auch im Folgejahr 1976 sichtete das MfS mit »Johannes« die vorhandenen Kontrollmaterialien und Kriminalakten der Arbeitsrichtung I/4 hinsichtlich einer eventuellen Übernahme durch das MfS.[102] Dabei beschränkte sich die Kenntnis der MfS-Mitarbeiter der Abteilung VII der MfS-Bezirksverwaltung nicht auf die Decknamen. Blieb es im oben erwähnten Fall noch bei einer verklausulierten Benennung einer »positiven Erfassung«, liegt in einem anderen Fall der deutliche Hinweis vor: »Bei dem Militärstrafgefangenen XXX handelt es sich um eine Quelle der Arbeitsrichtung I/4 des Genossen Colberg«.[103]

Eine komplette Vermischung von K I/4- und MfS-Arbeit auf der inoffiziellen Ebene lag bei der Anleitung des IM »Förster« vor, der als Berufsunteroffizier im Spätsommer 1974 in seinem NVA-Truppenteil als IM des MfS verpflichtet worden war. Für den Fall einer Verbindungsaufnahme durch unbekannte MfS-Mitarbeiter wurde eine parolenähnliche Frage-Antwort-Variante verabredet. Wenige Wochen später kam es zu einem Körperverletzungsdelikt, für das das Militär-

99 FO Feller: Treffbericht IME »Johannes«, 14.1.1975; BStU, MfS, BV FfO, TA 1111/79, Bd. 2, Bl. 48.

100 FO Feller: Treffbericht IMS »Egon«, 8.5.1975; BStU, MfS, A 642/82, Bd. 1, Bl. 250.

101 FO Feller: Treffbericht IME »Johannes«, 13.10.1975; BStU, MfS, BV FfO, TA 1111/79, Bd. 2, Bl. 179.

102 FO Feller: Treffberichte IME »Johannes«, 23.9.1975 u. 19.3.1976 i. V. m. IM-Bericht »Johannes«, 27.11.1975; BStU, MfS, BV FfO, TA 1111/79, Bd. 2, Bl. 156, 194 u. 253.

103 [MfS/BV] Frankfurt (Oder)/Abt. VII [ohne Adressat]: Ergänzung [zu einer Information des FIM »Arnold«], 20.7.1978; BStU, MfS A 641/82, Bd. 3, Bl. 115.

gericht Erfurt »Förster« eine Freiheitsstrafe von einem Jahr und drei Monaten aussprach, die er in Schwedt verbüßte. Dort wurde er im Mai 1975 von Colberg unter Verwendung der mit dem MfS abgestimmten Variante zur Kontaktaufnahme angesprochen. Das bedeutet, dass Colberg Kenntnis von den inoffiziellen Absprachen des MfS mit »Förster« gehabt haben muss. Vermutlich lagen ihm die entsprechenden Akten vor, denn der Bericht zur Kontaktaufnahme und die nachfolgend entstandenen Materialien der inoffiziellen Zusammenarbeit von »Förster« mit Colberg sind Bestandteil der MfS-IM-Akte. Colberg verfasste diese Unterlagen jeweils als IM »Johannes«, also für das MfS. Der IM »Johannes« des MfS arbeitete hier wie ein Führungs-IM oder gar Führungsoffizier des MfS, obwohl er »Förster« gegenüber »nur« als Offizier für Kontrolle und Sicherheit aufgetreten sein dürfte und aus der Sicht des MfS kein Führungs-IM war. Aus den von »Förster« erhaltenen Informationen fertigte Colberg dann formalisierte Mitteilungen unter Bezug auf diesen Decknamen für seine Kriminalakten beziehungsweise Kontrollmaterialien gegen andere Insassen. Hier trat Colberg wieder als Oberleutnant der K I in Erscheinung und das Layout der genutzten Formulare ließe zunächst auf »Förster« als einen IKM der K I/4 schließen.[104]

Im Jahr 1977 vermischten sich K-I- beziehungsweise MfS-Arbeit mit inoffiziellen Mitarbeitern gleich mehrmals. Die drei relevanten Fälle (IM »Gerold«, »René« und die Anfangsphase von IM »Rudloff«) sind dabei noch komplizierter als der von »Förster«. Letztlich wurden »Gerold« und »René« vom K-I/4-Mitarbeiter Colberg kontaktiert und geworben, aber vom MfS als IM geführt beziehungsweise die von »Rudloff« erarbeiteten Informationen sowohl vom MfS als auch von der K I/4 ausgewertet – jeweils unter Hinweis auf den inoffiziellen Charakter. Colberg wiederum agierte in diesem Fall mal mit Klarnamen, mal mit seinem Decknamen für das MfS.[105] Eingebunden war jeweils auch FIM »Arnold«. »Rudloff«, »Arnold« und »Johannes« waren Kollegen in leitenden Positionen. Alle drei wurden durch den MfS-Führungsoffizier Schübler betreut, der auch eine Beurteilung für den Auskunftsbericht zu »Gerold« verfasste.[106]

Ein weiteres Beispiel für die Vermischung der inoffiziellen Arbeit von K I/4 und MfS und die dominante Rolle der Staatssicherheit ist der Fall des bereits geschilderten Aufbruchs des Kompaniebriefkastens durch einen Gefangenen. Der dadurch dekonspirierte IM unter den Insassen arbeitete für die K I/4, das Vorkommnis meldete jedoch der MfS-IM »Egon«. Dessen Führungsoffizier Feller

104 IM-Akte »Förster«; BStU, MfS, Leipzig AIM 723/77, T. II/1, insbes. S. 8–27 (MfS-Zählung).

105 Zu »Gerold« liegen keine eigenen Akten vor. Die bisherigen Erkenntnisse beziehen sich überwiegend auf Sekundärfunde in den Berichtsakten von »Johannes« und von »Rudloff« (BStU, MfS, BV FfO, TA 70/84 u. BStU, MfS, A 638/82), zu »René« siehe BStU, MfS, BV FfO, AIM 910/80 u. zu »Rudloff« MfS, AIM 3844/91 und A 638/82.

106 Der Auskunftsbericht liegt mikroverfilmt vor; BStU, MfS, HA I, MB III, UA Stab, Film 57 lfd. Nr. 151.

behielt sich vor, erst nach Rücksprache mit seinem Vorgesetzten, Major Dittrich, zu entscheiden, ob über den Sachverhalt auch Colberg informiert werden sollte, obwohl Colberg mit einem seiner IKM betroffen war. Letztlich erhielt auch der in die Aufklärung des Vorfalls eingebundene SV-Offizier Zimmermann Kenntnis vom Decknamen und der vermuteten Identität des IKM und berichtete das als »Egon« dem MfS.[107]

6.2 Zeitabschnitt 1982 bis 1990 (MfNV)

Wie schon erwähnt, veränderten sich 1982 die Bedingungen auch für die inoffizielle Arbeit. An die Stelle der Führungsoffiziere der Frankfurter Bezirksverwaltung traten nun die beiden HA-I-Mitarbeiter Siegfried Knobelsdorf und Ronald Krugenberg. Zusätzlich wurde mit Manfred Riesbeck ein MfS-Offizier im besonderen Einsatz in Schwedt offiziell als Offizier für Sicherheit und Ordnung tätig.[108] Krugenberg war schon in den Monaten der Übergangsphase vor Ort, hatte Büros im neuen Stabsgebäude und war – ab 1983 gemeinsam mit Knobelsdorf – sichtbarer, dauerhafter präsent als die Vorgänger aus der BV Frankfurt (Oder). Riesbeck trat seinen Dienst 1983 an. Prinzipiell blieb es bei den beiden Hauptausrichtungen der inoffiziellen Arbeit: Es waren inoffizielle Mitarbeiter zu werben und zu führen und es waren sogenannte operative Vorgänge oder Personenkontrollen über »auffällige« Personen anzulegen. Für eine gewisse Kontinuität sorgte der Umstand, dass insbesondere im Personal bereits IM vorhanden waren. Ebenfalls blieb der in der übergeordneten Struktur als Leiter der Abteilung Innerer Dienst im MfNV für den bisherigen Militärstrafvollzug zuständige Mehrmann auch für die Disziplinareinheit zuständig.

6.2.1 IM des MfS unter dem Personal

Beim Personal wurde nunmehr unterschieden zwischen dem Stammpersonal aus Verwaltung und Vollzugsdienst und dem Wachzug, der überwiegend mit Grundwehrdienstleistenden besetzt war. Im Stammpersonal waren nach bisherigen Erkenntnissen zeitweise bis zu 17 Personen gleichzeitig inoffiziell für das MfS tätig (November 1988), im Wachzug bis zu vier (September 1988). Der Stellenplan sah für diese Zeit 149 Stellen im Stammpersonal und 41 im Wach-

107 Diverse Schriftstücke der »Egon«-Akte von Juli 1975; BStU, MfS, A 642/82, Bd. 1, Bl. 264–271.

108 Zu den Biografien der Genannten siehe auch Kap. 5.

zug vor.[109] Somit waren zeitweilig jeweils circa 10 Prozent des Personals dem MfS inoffiziell verpflichtet. Von den bisher bekannten 13 IM/GMS aus dem Wachzug waren zehn Grundwehrdienstleistende. Eine dritte Gruppe waren die Beschäftigten der Arbeitseinsatzbetriebe, die formal nicht zum Personal der Disziplinareinheit zählten. Wegen ihres Einflusses auf die arbeitenden Insassen in Schwedt werden deren IM hier mit betrachtet. Die inoffizielle Basis des MfS unter dem Personal bestand Mitte 1982 hauptsächlich aus den genannten IM »Arnold«,[110] »Egon« und »Rudloff«. Sie wurden von den neuen Führungsoffizieren der HA I übernommen und waren weiter inoffiziell tätig: »Arnold« bis mindestens Mai 1989,[111] »Egon« bis mindestens November 1988 und »Rudloff« bis mindestens Oktober 1987.[112]

Schon in der Aufbauphase der Disziplinareinheit konnte MfS-Offizier Krugenberg weitere Werbungen vornehmen. Das betraf zuerst den seit Dezember 1981 als Stellvertreter des Kommandeurs für Rückwärtige Dienste eingesetzten Eckhardt Zielke. Er kannte die inoffizielle Arbeit bereits aus seiner vorherigen Tätigkeit bei der 3. Luftverteidigungsdivision der NVA, in der er als IMS »Lutz Walter« für das MfS tätig war. Ab Anfang 1982 wurde der IM vom Führungsoffizier Krugenberg übernommen.[113] »Lutz Walter« sollte zunächst das Stammpersonal überwachen, insbesondere den Stabsbereich. Ab Frühjahr 1984 diente er vorrangig der Absicherung eines konspirativen Treffortes. Krugenberg konnte ab Juni 1982 mit gleich drei weiteren neuen IM unter dem Personal arbeiten. Zu diesem Zeitpunkt galt der aufzubauende Wachzug als vollständig besetzt. Allerdings häuften sich seit Monaten Hinweise auf Verstöße gegen Disziplin und Ordnung, über die »Egon« seinen noch zuständigen Führungsoffizier Schübler der Frankfurter Bezirksverwaltung informierte. Dieser wollte den Bericht »mit den Genossen der HA I« auswerten,[114] womit Krugenberg gemeint war. Daraus folgend warb dieser zwei Grundwehrdienstleistende aus dem Wachzug für die inoffizielle Mitarbeit, die er fortan als Gesellschaftliche Mitarbeiter (GMS) »Paul Anders« beziehungsweise »Fred Lange« führte, ohne ihnen die Ver-

109 MfNV, GO Streletz: Stellenplan und Ausrüstungsnachweis 7142/3 für die Disziplinareinheit ab 1.12.1986, [o. D.]; BArch, DVW 1/44162 (o. Pag.).

110 »Arnold« wurde zunächst zum IMS umgruppiert und erst ab 1984 wieder als FIM eingesetzt.

111 »Arnold« avancierte damit zum Dienstältesten und längst andauernd verpflichteten IM im Militärstrafvollzug (1968–1989).

112 Da das MfS eine vor Herbst 1989 beendete Zusammenarbeit durch Archivierung der Akten abgeschlossen hätte, das jedoch unterblieb, ist davon auszugehen, dass »Arnold«, »Egon« und »Rudloff« jeweils bis in die Endphase der Disziplinareinheit dem MfS inoffiziell verbunden waren. Nur so konnten sich die o.a. Aktenverluste einstellen.

113 IM-Akte »Lutz Walter«; BStU, MfS, AIM 3727/91. Auch diese Akte ist in Bezug auf die Schwedt-relevante Zeit unvollständig.

114 FO Schübler: Treffbericht IMS »Egon«, 25.3.1982; BStU, MfS, A 642/82, Bd. 2, Bl. 373.

gabe dieser Decknamen zu offenbaren.[115] Die dritte Werbung im Juni 1982 betraf den ebenfalls zum Aufbau der Disziplinareinheit nach Schwedt versetzten Kaderoffizier Klaus-Dieter Pfotenhauer.[116] Seit Januar 1982 war dieser vorrangig mit der sogenannten personellen Auffüllung der Disziplinareinheit befasst. Das daraus entstandene offizielle Zusammenwirken mit dem MfS bezüglich der Neueinstellungen von Zivilbeschäftigten beziehungsweise der Zuversetzung von NVA-Angehörigen wurde von Krugenberg als reibungslos und positiv eingeschätzt. Aus Sicht des MfS galt die Stelle des Kaderoffiziers als Schlüsselposition im Stab der Einheit, weshalb Pfotenhauer zusätzlich an das MfS gebunden werden sollte. Am 17. Juni 1982 verpflichtete er sich zur konspirativen Zusammenarbeit mit dem MfS und nahm den ihm vorgeschlagenen Decknamen »Gerd Schuster« an. Krugenberg führte ihn zunächst in der Kategorie GMS, bis er 1985 in die Kategorie IMS umgruppiert wurde. In den Wochen und Monaten nach der Werbung monierte »Gerd Schuster« die unzureichende Personalsituation für die Disziplinareinheit. Aufgrund der nur schleppend erfolgenden Besetzung der Planstellen sah er die Gefahr, dass die Disziplinareinheit zum vorgesehenen Termin nicht einsatzbereit wäre.[117]

Ab August 1982 übernahm Krugenberg die Führung des IMS »Dengler«. Der langjährig im VEB Instandsetzungswerk Pinnow (IWP) arbeitende Karl-Heinz Großkopf besetzte seit April 1982 die Stelle des Sicherheitsinspektors im Betriebsteil Schwedt des IWP. In diesem Betriebsteil kamen Militärstrafgefangene zum Arbeitseinsatz. Großkopf war seit 1975 mit der inoffiziellen Arbeit des MfS vertraut. Krugenberg hielt fest, »Treffs mit dem IM erfolgen regelmäßig im Rahmen der offiziellen Arbeitskontakte«, was jedoch nicht der vom MfS gewünschten Trennung der beiden Ebenen entsprach.[118] In der Folgezeit notierte Krugenberg die von Großkopf erhaltenen Informationen als mündliche Berichte des IM. Handschriftliche Berichte unter Decknamen liegen erst ab 1984 vor.

Zum Stichtag der Umstellung vom Militärstrafvollzug beziehungsweise des Beginns der Disziplinareinheit waren somit mindestens acht inoffizielle Mitarbeiter unter dem Personal dem MfS zu Diensten. Diese verteilten sich auf den Stab, den Vollzugsbereich, den Wachzug und eine Arbeitsstelle für Militärstraf-

115 GMS-Akten »Paul Anders« u. »Fred Lange«; BStU, MfS, AGMS 8750/83 u. BStU, MfS, AGMS 14824/83.

116 IM-Akte »Gerd Schuster«; BStU, MfS, AIM 5647/91, ebenfalls unvollständig überliefert.

117 [MfS/HA I/Abt. MfNV/UA HS/DE] Hptm. Krugenberg [ohne Adressat]: Operative Wertung [zu einer als Abschrift überlassenen »Einschätzung zum Stand der Auffüllung der DE«]; ebenda, S. 65 (MfS-Zählung). Pfotenhauer war über das Ende der DDR hinaus mit der Disziplinareinheit verbunden, indem er als von der Bundeswehr übernommener Offizier mit der Abwicklung der Dienststelle beauftragt war, vgl. Abschnitt Schließung und Abwicklung der Disziplinareinheit 1989/90 im Kap. 2.

118 IM-Akte »Dengler«; BStU, MfS, AIM 5781/89, Zitat aus FO Krugenberg: Treffbericht IMS »Dengler«, 28.12.1982; ebenda, T. II/1, Bl. 359.

gefangene. Damit verfügte das MfS über eine Basis, die größer war als je zuvor. Eine entscheidende Verstärkung kam kurz darauf hinzu: Ab 1. Februar 1983 war der MfS-Offizier im besonderen Einsatz (OibE) Hauptmann Manfred Riesbeck als Oberoffizier für Sicherheit und Ordnung in der Disziplinareinheit tätig.

Biogramm: Manfred Riesbeck (2)[119]

Riesbeck leistete als OibE auch inoffizielle Arbeit. Sein Vorname Manfred war gleichzeitig der Deckname für die inoffiziellen Berichte. Die Kombination der offiziellen Planstelle mit der Eigenschaft des MfS-Offiziers im besonderen Einsatz macht es im Einzelfall schwierig, die Ebenen seines Wirkens zu trennen. So sind Schriftstücke oft offiziell im Dienstbetrieb entstanden, aber zusätzlich inoffiziell dem MfS übergeben worden. »Manfred« kontrollierte darüber hinaus die Post von und an Insassen, fertigte entsprechende Abschriften für das MfS und erstellte auch Auszüge aus den Gefangenenakten für die Staatssicherheit. Er übergab sowohl die ihn aus regulärem Dienstbetrieb erreichenden Berichte der Zughelfer (Funktionsgefangene) als auch eigene Berichte über von ihm geführte Erziehungsgespräche mit den Insassen. Im Einzelfall gab es hierzu konkrete Aufträge seines Führungsoffiziers. Die so entstandenen Berichte und Informationen gingen direkt oder als Duplikat in die Akten der beobachteten Insassen ein (z. B. OPK »Übersiedler«, »Transport«, »Musikant«, OV »Meuterer«). Bei Postkontrollen war »Manfred« besonders eifrig. Die Abschriften tätigte er oft selbst und unterzeichnete mit seinem Decknamen. Als er im März 1985 versuchte, den Briefverkehr eines Gefangenen mit dessen Rechtsanwalt zu beanstanden, da darin falsche Angaben enthalten gewesen seien, wies Führungsoffizier Krugenberg darauf hin, dass das Recht der Verbindung zum Rechtsanwalt nicht beeinträchtigt werden dürfe. Die Einbehaltung einer kirchlichen Zeitschrift aus der Post eines Gefangenen und deren Übergabe an das MfS wurde hingegen nicht moniert. Andere handschriftliche Informationen von »Manfred« betrafen – oft mehrseitig – SED-Parteiversammlungen oder die Ergebnisse der Befragung von Begleitposten neu eingelieferter Gefangener. Gelegentlich setzte das MfS »Manfred« auch im Rahmen sogenannter operativer Kombinationen ein. Die Vermischung der offiziellen und der inoffiziellen Tätigkeit von Riesbeck ist zum Beispiel beim Umgang mit dem monatlich von Riesbeck für

119 Zu Biogramm Teil 1, Aufgaben und Aktenlage vgl. Abschnitt Hauptamtliche Mitarbeiter im Kap. 5. Nachfolgende Ausführungen beziehen sich ohne genauere Quellenangabe auf die IM-Akte »Manfred«; BStU, MfS, AIM 5382/88 und das OibE-Dossier; BStU, MfS, DOS 13079/92, ergänzende Fundstellen sind angegeben.

das MfNV anzufertigenden Stimmungsbericht nachvollziehbar. Das MfS vermerkte, der Inhalt des Berichtes sei zuvor mit ihm abgestimmt worden, bevor »Manfred« ein mit Decknamen unterschriebenes Durchschlagexemplar an seinen Führungsoffizier Krugenberg übergab.[120] Den Einfluss Riesbecks auf organisatorische Regelungen der Disziplinareinheit nutzte das MfS, in dem es mit diesem bestimmte Absprachen traf, beispielsweise zur Auswahl von Funktionsgefangenen. Zur Verbindung zu »Manfred« legte Führungsoffizier Knobelsdorf 1986 fest, dass mit ihm aufgrund der hohen Fluktuation von Militärstrafgefangenen und Disziplinarbestraften ein bis zwei Treffs pro Woche in der IMK/KW »Lutz Walter« durchgeführt werden. Die in der IM-Akte überlieferten sogenannten Arbeitsnachweise lassen die zum Teil täglich aufeinander folgenden Treffen mindestens für einzelne Zeiträume nachvollziehen. 1988 wurde vorgeschlagen, dass Riesbeck eine »Zulage für IM-führende Tätigkeit« bekommen solle, da er IM und GMS führe und in das Verbindungssystem des zuständigen MfS-Mitarbeiters [Knobelsdorf] zu dessen IM einbezogen sei. Der erste Teil dieser Behauptung kann aus den bisher vorliegenden Unterlagen nicht bestätigt werden[121] und widerspräche den MfS-Regularien. Die Einbeziehung in das Verbindungssystem hingegen ist aus der organisatorischen Rolle Riesbecks erklärbar.

Aus formalen Gründen wurde 1988 die IM-Akte »Manfred« archiviert. Die weitere Nachweisführung sollte in einer OibE-Akte erfolgen. Eine solche ist aus dieser Phase bisher nicht aufgefunden worden. Die Erkenntnisse zur anhaltenden Tätigkeit von »Manfred« für das MfS beruhen auf entsprechenden Funden in den Akten derjenigen, gegen die er im Einsatz war. »Manfred« war in seiner inoffiziellen Arbeit als OibE bei mindestens zwei größeren Vorgängen gegen Insassen eingebunden und übergab wie zuvor Abschriften von Post und Berichte zu den geführten Gesprächen mit Insassen. Der chronologisch letzte aufgefundene handschriftliche Bericht unter dem Decknamen »Manfred« stammt vom 3. Oktober 1989. Es ist ein mit »Aktenvermerk« überschriebenes Dokument über eine strafrechtliche Belehrung, die er als Oberstleutnant Riesbeck am Vortag einem aus Schwedt entlassenen Militärstrafgefangenen gab. »Manfred« schrieb dem zu Entlassenen, der bei dieser Belehrung kein Wort gesprochen habe, allein aus dessen Mimik eine »ablehnende, teilweise spöttische, ich möchte sogar sagen, manchmal feindliche Haltung« zu.[122] Die inoffizielle Tätigkeit

120 FO Krugenberg: Arbeitsnachweis IME »Manfred«, 25.1.1985 i. V. m. Auskunftsbericht zum Stimmungsbild in der Disziplinareinheit, 25.1.1985; BStU, MfS, AIM 5382/88, T. II/1, Bl. 17 u. 37–39.

121 Zum einzigen Fall, der als Ausnahme betrachtet werden kann, siehe Abschnitt Kontaktpersonen in diesem Kapitel.

122 OibE-Bericht »Manfred«, 3.10.1989; BStU, MfS, AOPK 12289/89, Bl. 104.

»Manfreds« galt nicht nur Insassen, sie betraf auch das Personal der Disziplinareinheit. So wurde er im Vorfeld von beabsichtigten Werbungen, wie die des Stabschefs Nagel, um Beurteilungen ersucht, die er im Falle Nagels handschriftlich und mit Decknamenunterschrift lieferte.[123] Den gravierendsten Fall des Einsatzes gegen Kollegen dürften seitenlange Abschriften von Liebesbriefen eines Kompaniechefs an eine im Med.-Punkt beschäftigte Krankenschwester für das MfS dargestellt haben.

Die Gesamtzahl der IM unter dem Personal erhöhte sich bis Januar 1984 auf sieben IM und sechs GMS.[124] Nach den bisherigen Erkenntnissen war die inoffizielle Durchdringung in den Herbstmonaten 1988 am intensivsten: Im Stammpersonal waren bis zu 17, im Wachzug bis zu vier und in den Arbeitsbereichen ebenfalls bis zu vier Personen gleichzeitig inoffiziell für die Staatssicherheit tätig. Inhaltlich und organisatorisch unterschied sich die inoffizielle Arbeit in der Disziplinareinheit nicht von der im Militärstrafvollzug der 1970er-Jahre. Eine der größten Herausforderungen bestand weiterhin in der Wahrung der Konspiration unter den strikten Bedingungen des Strafvollzugs. Aus Sicht des MfS wurden inoffizielle Mitarbeiter zur Sicherung der Konspiration (IMK/S) benötigt, deren Notwendigkeit Führungsoffizier Krugenberg so begründete:

> Der gesamte Bewegungsablauf der Militärstrafgefangenen – vom Wecken über den Arbeitseinsatz, die Ausbildung und die Freistunde bis zur Nachtruhe – unterliegt der ständigen Kontrolle durch die Militärangehörigen des Stammpersonals. Ein selbständiges Verlassen des festgelegten Bestimmungsortes ist für Strafgefangene nicht möglich. Zu jedem Gespräch und so auch zum Treff müssen Militärstrafgefangene durch Angehörige des Stammpersonals zugeführt werden. Dafür stehen der Militärstaatsanwaltschaft und den Mitarbeitern des MfS Vernehmungszimmer zur Verfügung. Aus den angeführten Gründen macht sich der Einsatz von IMK/S in den Strafvollzugskompanien zur Gewährleistung und Sicherung der konspirativen Treffdurchführung mit IM unter Militärstrafgefangenen erforderlich. Der Einsatz erfolgt zur Zuführung von IM zum Treff-Ort und gleichzeitig zur Legendierung deren Abwesenheit vom festgelegten Bestimmungsort.[125]

123 OibE-Bericht »Manfred«, 26.10.1988; BStU, MfS, AIM 5253/91, Bl. 95.

124 [MfS]/HA I/AKG, Ltr. Oberst Riebe [ohne Adressat]: Information zum Stand der Organisation und Führung der politisch-operativen Arbeit in der DE der NVA, 5.1.1984; BStU, MfS, HA I Nr. 15717, Bl. 30–39, hier 33. Von diesen dreizehn sind bisher nur elf Personen bekannt.

125 [MfS]/HA I/Abt. MfNV/UA HS/DE, Mj. Krugenberg [ohne Adressat]: Vorschlag zur Verpflichtung eines IMK/S, 30.3.1984; BStU, MfS, AIM 2121/88, T. I/1, Bl. 211. Nahezu wortgleich übernahm Knobelsdorf die Begründung zur Schaffung von IMK/S zur Betreuung der IM unter den Disziplinarbestraften, vgl. [MfS]/HA I/Abt. MfNV/UA HS/DE, Hptm. Knobelsdorf [ohne Adressat]: Vorschlag zur Verpflichtung eines IMK/S, 26.9.1985; BStU, MfS, AIM 4775/91, T. I/1, Bl. 147 f.

Vor diesem Hintergrund entschied das MfS beispielsweise 1983, dass der seit fünf Jahren als IM »Rudloff« tätige Chef der 2. Kompanie zukünftig stärker die geheimen Verbindungen zu den Häftlings-IM organisieren und abschirmen sollte. Im diesbezüglichen Vorschlag zur Verpflichtung in der neuen Kategorie IMK/S führte Krugenberg zur Erläuterung aus, »Rudloff« könne jederzeit uneingeschränkt den jeweiligen Aufenthaltsort der Insassen bestimmen. Daraus »ergeben sich ständig vielfältige Möglichkeiten, Militärstrafgefangene zum Treff zuzuführen und deren Aufenthalt gegenüber anderen Militärstrafgefangenen und Zug- und Gruppenführern des Stammpersonals zu legendieren«.[126] Sowohl die Akte von »Rudloff« als auch die Akten der IM, zu deren Schutz »Rudloff« eingesetzt wurde, enthalten für die Folgezeit detaillierte Aussagen über die jeweiligen Einweisungen in die konspirative Verbindungshaltung (ein Beispiel zeigt). Ähnlich agierte das MfS in den anderen Kompanien, wobei nicht der Kompaniechef als IM tätig sein musste. Stattdessen wurden dort der Stellvertreter des Kompaniechefs, der Hauptfeldwebel oder einzelne Zug- und Gruppenführer dem MfS verpflichtet. Mit der Hilfe des unter dem Decknamen »Freitag« agierenden Hauptfeldwebels der 3. Kompanie konnten beispielsweise die nur diesem Hauptfeldwebel und seinem Stellvertreter gestatteten Abschlussdurchsuchungen bei zu entlassenen Militärstrafgefangenen direkter beeinflusst werden. Da der MfS-Mitarbeiter Krugenberg seit längerem von vorher unzureichenden Kontrollen durch andere Berufsunteroffiziere wusste, war ihm die Problematik ein besonderes Anliegen.[127]

Die ständige Präsenz von zwei hauptamtlichen MfS-Mitarbeitern in der Disziplinareinheit ermöglichte viele offizielle Arbeitskontakte, sodass eine Anwesenheit von Strafvollzugspersonal in den Diensträumen des MfS ein gewohnter Anblick gewesen sein dürfte. Für die Treffen mit inoffiziellen Mitarbeitern ist als Treff-Ort mehrfach vom Dienstzimmer des operativen Mitarbeiters die Rede. Bis Juni 1984 gab es für Treffen des Führungsoffiziers Knobelsdorf mit den inoffiziellen Mitarbeitern aus dem Stammpersonal keine konspirative Wohnung (KW). Nach entsprechenden Vorabsprachen wurde hierfür durch »Lutz Walter« (Stellvertreter Rückwärtige Dienste) ein unbenutzter Raum im Ledigenwohnheim der Disziplinareinheit bereitgestellt. Dieser Raum befand sich in der 4. Etage des Stabsgebäudes, wo auch der Buchverkauf stattfand. Er lag zum einen neben den Unterkunftsräumen für die Ledigen, zum anderen in der Nähe des Klubraums und des Traditionszimmers der Disziplinareinheit, sodass ein sogenanntes legendiertes Aufsuchen des Zimmers möglich war.[128] Die Sicherung

126 [MfS]/HA I/Abt. MfNV/UA HS/DE, Mj. Krugenberg [ohne Adressat]: Vorschlag zur Verpflichtung eines IMK/S, 15.3.1983; BStU, MfS, AIM 3844/91, Bl. 227–230, hier 229.

127 FO Krugenberg: Arbeitsnachweis GMS »Freitag«, 6.4.1984; BStU, MfS, AIM 4176/91, T. I/1, Bl. 164.

128 [MfS]/HA I/Abt. MfNV/UA HS/DE, Hptm. Knobelsdorf [o. Adressat]: Vorschlag zur Verpflichtung eines IMK/KW, 30.5.1984; BStU, MfS, AIM 3727/91, Bl. 228–230, hier 229.

000225

HA I/MfNV/Hauptstab
Disziplinareinheit

Schwedt/Oder, den 28.06.1983

Verteiler:

1. IM-Akte Teil I IMK/S"Rudloff"
2. IM'Akte Teil I IMS "Dieter"

Festlegungen zur Gewährleistung des Verbindungssystems zum IMS "Dieter" über den IMK/S "Rudloff"

1. IMK/S "Rudloff"

Der IMK/S hat Kenntnis von der Zusammenarbeit des IMS mit dem MfS. Er kennt nicht den Decknamen und Art und Umfang der Aufträge des IMS.
Seine Aufgabe besteht in der Gewährleistung der persönlichen Treffdurchführung mit dem IMS durch den op. Mitarbeiter. Er hat die Abwesenheit des IMS zu legendieren. Darüber hinaus stellt der IMK/S die Verbindung zur schriftlichen Berichterstattung des IMS sicher, und gewährleistes bei Notwendigkeit den Informationsaustausch zwischen op. Mitarbeiter und IMS.

2. Der IMS hat keine Kenntnis von der unmittelbaren Zusammenarbeit des IMKS mit dem MfS. Der IMK/S wird dem IMS als diejenige Person in der Kompanie dargestellt, die am vertrauenswürdigsten ist, um die Verbindung des IMS zum MfS zu gewährleisten und auch gegenüber allen anderen Personen geheimzuhalten. Der IMS weiß, daß der IMK/S keine Kenntnis über seinen Decknamen und seine Aufgaben hat.

3. Zusammenwirken:
a) persönliche Treffs op. Mitarbeiter-IMS
Die Legendierung persönlicher Treffs des op.MA mit dem IMS muß entsprechedn der gegebenen Bedingungen im Militärstrafvollzug jeweils operativ entschieden werden. Treffs erfolgen in der Regel im Vernehmungszimmer. Die jeweilige Legende zur Zuführung des IMS zum Treff wird in den Treffberichten mit dem IMK/S dokumentiert und beiden IM-Akten beigegeben.
b) Berichterstattung des IMS zwischen den persönlichen Treffs:
Der IMS berichtet schriftlich. Die Berichte werden nachts während des Dienstes des IMS als DdK(Diensthabender der Kompanie)erarbeitet und unmittelbar danach in das Postfach des Kompaniechefs eingeworfen.
Der IMK/S gewährleistet die Übergabe des Berichtes (im verschlossener Umschlag) an den op. Mitarbeiter. (Der IMS brieft seinen Bericht ein und schreibt auf den Umschlag "MfS")
Der IMK/S gewährleistet, daß der IMS wöchentlich einmal DdK steht.
c) Informationen vom op. Mitarbeiter an den IMS :
Informationan des op. MA an den IMS (Präzisierung von Aufträgen o.ä.) werden dem IMS schriftlich im verschlossenen Umschlag durch den IMK/S in dessen Dienstzimmer übergeben. Dort liest der IMS die Information und unterschreibt sie mit Decknamen. Danach brieft der IMS das Schreiben wieder ein und übergibt es dem IMK/S zur Rückgabe an den op. Mitarbeiter.

Der IMS ist eingewiesen, daß er bei Informationen mit Gefahr im Verzuge sich direkt an den IMK/S wendet und ihn als Kompanievorgesetzten davon in Kenntnis setzt. (z.B. Hinweise auf unmittelbare Entweichungsabsichten)

Beide IM sind in diese Festlegungen eingewiesen.

Krugenberg
Major

Abb. 13: Festlegungen zur Verbindungshaltung
Quelle: BStU, MfS, AIM 3844/91, Bl. 225.

dieses Raumes erfolgte bis Ende 1988 durch IM »Lutz Walter«. Beide hauptamtlichen MfS-Mitarbeiter, Krugenberg und Knobelsdorf, nutzten hier die Möglichkeit heimlicher Zusammenkünfte mit den inoffiziellen Mitarbeitern »Günter Richter«, »Gerd Schuster«, »Rudloff« und »Manfred«. Ab März 1989 sicherte IM »Kurt« (Stabschef und ebenfalls Stellvertreter des Kommandeurs) den Zugang zu der KW, die nun seinen Decknamen trug. In der IM-Akte »Kurt« sind für Juni 1989 acht in die KW eingeführte IM aufgelistet.[129]

Treffen mit IM/GMS aus dem Wachzug (sowohl Grundwehrdienstleistende als auch Unteroffiziere) fanden dagegen in der »Umgebung von Schwedt« beziehungsweise »außerhalb der Disziplinareinheit« statt. Außerhalb des Dienstobjektes lag auch die KW »Volker«: Der Küchenleiter der Disziplinareinheit stellte ab 1987 ein Zimmer seiner Privatwohnung im Parterre eines Hochhauses der Friedrich-Engels-Straße zur Verfügung. Führungsoffizier Knobelsdorf nutzte diese KW für Treffen mit seinen IM unter den Zug- beziehungsweise Gruppenführern. Bis 1989 betraf das die drei IM »Koch«, »Helmut Redel« und »Andreas Schäfer«.[130]

Der bereits erwähnte IM «Dengler« des IWP wurde 1984 noch wichtiger für das MfS. Als Sicherheitsinspektor verfügte er über zwei ihm zugewiesene Diensträume, von denen er einen kaum nutzte. Dieser lag im Sozialtrakt der Werkhalle, in der die Militärstrafgefangenen zum Einsatz kamen. Führungsoffizier Krugenberg erkannte, dass »zur Gewährleistung der konspirativen Treffdurchführung mit IM unter den Militärstrafgefangenen die Einrichtung einer KW im Betriebsgelände zweckmäßig« sei und bereitete mit »Dengler« die entsprechende Nutzung dieses Raumes vor. Ab spätestens Mai 1984 stand dieser dann Krugenberg, der einen eigenen Schlüssel bekam, zur Verfügung. Welche IM dort getroffen wurden, blieb »Dengler« jedoch verborgen.[131] Weitere IM in den Produktionsbereichen der Insassen waren in den 1980er-Jahren

129 [MfS]/HA I/Abt. MfNV/UA HS/DE, Hptm. Knobelsdorf [ohne Adressat]: Bestandsaufnahme IMK/KW »Kurt«, 6.6.1989; BStU, MfS, AIM 5253/91, Bl. 128. Die Akte ist nur unvollständig überliefert. Zum Stabschef Hans-Jörg Nagel liegt als chronologisch letztes Dokument eine Beurteilung durch Führungsoffizier Knobelsdorf vor, der ihm am 26.10.1989 bescheinigte, als IM »Kurt« objektiv berichtet zu haben und dabei bereit gewesen zu sein, andere Personen zu belasten; ebenda, Bl. 122. S. a. Hammer: »Ab nach Schwedt!«.

130 [MfS]/HA I/Abt. MfNV/UA HS/DE, Hptm. Knobelsdorf [ohne Adressat]: Bestandsaufnahme IMK/KW »Volker«, 7.6.1989; BStU, MfS, AIM 5068/91, T. I/1, Bl. 157. Der Küchenleiter Karl Schadow gab als IM »Volker« auch drei schriftliche Berichte über Zustände seines Arbeitsbereiches und einen der ihm dort unterstellten Soldaten, der einen Ausreiseantrag laufen hatte; ebenda Bl. 147, 151 u. 156. Insofern ist der IMK/KW hier für mehr als zur bloßen Zur-Verfügung-Stellung eines Raumes genutzt worden.

131 [MfS]/HA I/Abt. MfNV/UA HS/DE, Mj. Krugenberg [ohne Adressat]: Vorschlag zur Verpflichtung eines IMK/KW, 28.3.1984; BStU, MfS, AIM 5781/89, T. I/1, Bl. 456.

- der Leiter für Grundfonds im Instandsetzungswerk Pinnow, der unter dem Decknamen »Gustav« dem MfS über die allgemeine Situation im Betrieb sowie über die im Produktionsbereich eingesetzten Insassen berichtete,
- ein Meister des IWP, der direkter Vorgesetzter aller als Anleiter für Militärstrafgefangene eingesetzten Betriebsangehörigen war und als GMS »Klaus« über Produktionskennziffern und -probleme informierte, aber auch belastende Angaben zu vermeintlichen Mängeln im Umgang von Zivilbeschäftigten des Betriebes mit Militärstrafgefangenen und Disziplinarbestraften sowie zu Verstößen gegen die Sicherheitsvorschriften machte und
- der Gütekontrolleur für den VEB Schiffsarmaturen und Leuchtenbau Finow/Produktionsstätte Schwedt, der Berührungspunkte mit den Militärstrafgefangenen der 2. Kompanie und den Disziplinarbestraften der 6. Kompanie hatte. Er berichtete als »Jochen« auch nach seinem 1985 vorgenommenen Wechsel zum IWP, in dem er als Anleiter im Handlaminierungsbereich wiederum mit Militärstrafgefangenen zusammentraf. Er informierte über »besondere Vorkommnisse« bei den Militärstrafgefangenen, hauptsächlich aber aus dem Bereich der Bediensteten im Betriebsteil Schwedt des IWP.[132]

Der Wachzug der Disziplinareinheit hatte eine ambivalente Stellung am Ort. Einerseits zählte er zum Personal der Disziplinareinheit und war zur Bewachung des Geländes eingesetzt. Andererseits war er NVA-typisch überwiegend mit Grundwehrdienstleistenden besetzt, die ähnliche Probleme mit den Verhältnissen in der NVA hatten, wie die zu bewachenden Insassen der Disziplinareinheit. Das brachte mit sich, dass die Auffälligkeiten im Dienstleben des Wachzuges eher denen der Insassen glichen (Unlust bis zur Befehlsverweigerung, Zweifel am Waffeneinsatz, unerlaubte Entfernung, Alkohol, EK-Tendenzen). Zusätzlich gab es eine regelmäßige Fluktuation, da die Grundwehrdienstleistenden nach ihrer Grundausbildung nur etwa ein Jahr lang zum Wachdienst eingesetzt werden konnten. Diese Probleme schlugen auch auf die Möglichkeit der inoffiziellen Zusammenarbeit durch. Häufiger als im Stammpersonal war hier Ersatz für die in Reserve versetzten Armeeangehörigen zu suchen. Unter den Unteroffizieren des Wachzuges, also im Führungspersonal, wollte das MfS deswegen auch nur solche Kandidaten als IM anwerben, die noch mindestens zwei Jahre Dienst zu absolvieren hatten.[133] Nach bisherigen Recherchen waren von 1982 bis 1989 mindestens 14 IM im Wachzug verankert. Eine durchgängige Präsenz scheint es indes nicht gegeben zu haben: Der tragische Selbstmordfall 1986 betraf den damals offenbar einzigen IM in der Wachmannschaft. Die nächste bekannte Wer-

132 BStU, MfS, AGMS 5701/91; BStU, MfS, AGMS 4768/91 u. BStU, MfS, AGMS 6184/91.

133 [MfS]/HA I/Abt. MfNV/UA HS/DE, Hptm. Knobelsdorf [ohne Adressat]: Anforderungsbild für IMS/Uffz. Wache, 18.6.1987; BStU, MfS, AIM 5045/91, Bl. 67.

bung glückte erst circa fünf Monate später.[134] Die IM im Wachzug sollten über den Umgang mit Waffen oder über »Störungen der sozialistischen Beziehungen« berichten, wie die Missstände der EK-Bewegung beschönigend umschrieben wurden. Das betraf also eher NVA-typische Gegebenheiten wie Wirkungen der »politisch-ideologischen Diversion des Gegners«[135], Fahnenfluchten oder sogenannte Gefährdungen der Gefechtsbereitschaft.[136]

Im Rahmen von operativen Personenkontrollen beziehungsweise Vorgängen, die das MfS gegen einzelne Insassen führte, sollten IM unter dem Personal zum Beispiel Einfluss auf die Belegung der Verwahrräume nehmen, die Arbeitsstellen auswählen, Schränke und Post kontrollieren, Besuche überwachen, an »Zersetzungsmaßnahmen« mitwirken oder Erkenntnisse offizialisieren, die zunächst nur inoffiziell vorlagen. Im letzteren Sinne wurde beispielsweise 1985 »Rudloff« von seinem Führungsoffizier Krugenberg aufgefordert, auffällige Verhaltensweisen eines Gefangenen in dessen Erziehungsakte zu dokumentieren, was dann offizielle Grundlage für ein neues Ermittlungsverfahren bildete. Die dort als Notizen des Kompaniechefs erscheinenden Informationen verschleierten gegenüber der Militärstaatsanwaltschaft das Interesse des MfS an dieser Person.[137]

In ähnlicher Weise nutzte Führungsoffizier Krugenberg den als IM »Dengler« verpflichteten Sicherheitsinspektor des Betriebsteils Schwedt des IWP. Dieser wurde beauftragt, »Unzulänglichkeiten der Dienstdurchführung der Kommandoleiter« nicht nur ihm, dem Führungsoffizier, zu übermitteln, sondern »entsprechend seiner funktionellen Pflichten [auch] mit den Vorgesetzten der Disziplinareinheit auszuwerten.« Krugenberg notierte zusätzlich, dies sei eine »Möglichkeit, Informationen die auch durch Gefangene erarbeitet wurden, in der Kompanie auszuwerten, ohne als MfS in Erscheinung zu treten«.[138]

Die Maßnahmen des MfS waren auch in der Phase der Disziplinareinheit keineswegs nur gegen die Insassen gerichtet. Die Aufmerksamkeit der Staatssicherheit galt auch dem Personal. Nicht nur bei den sogenannten besonderen Vorkommnissen war das MfS daran interessiert, Hintergründe zu erfahren.

134 BStU, MfS, AIM 11737/87 u. MfS, AIM 5045/91. Zum Todesfall vgl. Abschnitt Besondere Vorkommnisse im Kap. 2.

135 Politisch-ideologische Diversion (PID): »Zentraler Begriff aus der Terminologie kommunistischer Staatssicherheitsdienste, der sowohl die ideologischen Einflüsse des Westens auf die Gesellschaften des kommunistischen Machtbereichs als auch politisch und ideologisch abweichendes Denken in diesen Gesellschaften bezeichnet, das grundsätzlich auf diese äußeren Einwirkungen zurückgeführt wurde.« MfS-Lexikon, S. 72.

136 [MfS]/HA I/Abt. MfNV/UA HS/DE, Hptm. Knobelsdorf [ohne Adressat]: Individueller Informationsbedarf für den IMS »Dispatcher«, 31.3.1985; BStU, MfS, AIM 7198/86, T. I/1, Bl. 73.

137 [MfS]/HA I/Abt. MfNV/UA HS/DE, Mj. Krugenberg [ohne Adressat]: Aktenvermerk OPK »Musikant«, 30.1.1985; BStU, MfS, AOPK 6402/85, Bl. 67.

138 FO Krugenberg: Treffbericht IMS »Dengler«, 10.6.1983; BStU, MfS, AIM 5781/89, T. II/1, Bl. 362.

Prinzipiell sah sich das MfS beauftragt, das Personal der Disziplinareinheit zu »sichern«. Speziell die Aufträge an »Arnold« und »Manfred« und deren Informationen dokumentieren das Vorgehen gegen die eigenen Kollegen in der Disziplinareinheit. Eigens angelegte MfS-Vorgänge gegen einzelne Bedienstete wegen ihrer dortigen Tätigkeit sind für die hier relevante Zeit der Disziplinareinheit nicht gefunden worden.

6.2.2 IM des MfS unter den Insassen

Inoffizielle Arbeit unter Militärstrafgefangenen und Strafarrestanten

In der Übergangsphase zur Disziplinareinheit 1981/82 war das MfS unter den Militärstrafgefangenen kaum inoffiziell vertreten. 1982 wechselte die Zuständigkeit innerhalb des MfS von der BV Frankfurt (Oder)/Abteilung VII zur HA I/Abt. MfNV/Unterabteilung Hauptstab. Die Frankfurter MfS-Mitarbeiter führten im April 1982 offenbar lediglich einen IM unter den Gefangenen. Erst im September 1982 entstand ein inoffizieller Kontakt der HA I/Abt. MfNV/UA Hauptstab zu einem der Insassen. Nach bisherigen Kenntnissen konnte das MfS in den Jahren bis 1989 34 Militärstrafgefangene/Strafarrestanten zur inoffiziellen Zusammenarbeit verpflichten und zu weiteren vier eine kurze Verbindung aufbauen, in der die betreffenden Häftlinge dem MfS unter Klarnamen Auskunft gaben. Der zuständige MfS-Mitarbeiter Krugenberg strebte »zur Gewährleistung eines kontinuierlichen operativen Informationsaufkommens aus dem Bereich Militärstrafgefangener [...] unter Berücksichtigung des ständig wechselnden Bestandes an Militärstrafgefangenen ein Absicherungsverhältnis von 1:20« an.[139] Dieses Ziel scheint annähernd erreicht worden zu sein. Bezogen auf die 788 Strafgefangenen/Arrestanten bis 1989[140] ergeben die bisher bekannt gewordenen 38 Fälle inoffizieller MfS-Kontakte einen Prozentsatz von 4,8 beziehungsweise ein Absicherungsverhältnis von 1:19. Dies ist jedoch nur die quantitative Seite. Die Intensität der inoffiziellen Kontakte war sehr unterschiedlich. Auch die Dauer der IM-Phasen schwankte von zwei bis 14 Monaten. In Spitzenzeiten (wie dem Winter 1984) befanden sich bis zu sieben IM gleichzeitig unter den Gefangenen. Andererseits gab es Lücken in der Präsenz, deren größte sich 1985 auftat. Hier ist für vier aufeinanderfolgende Monate kein IM bekannt. Zwei weitere Lücken waren im Januar 1988 und im März/April 1989 zu verzeichnen. Für den Januar 1988 ist eindeutig die Amnestie vom Herbst 1987 als

139 [MfS]/HA I/Abt. MfNV/UA HS/DE, Mj. Krugenberg [ohne Adressat]: Vorschlag zum Anlegen eines IM-Vorlaufes, 30.1.1984; BStU, MfS, BV Neubrandenburg, AIM 558/85, T. I/1, Bl. 34.

140 Erik Sündram: Schwedt von gestern. In: trend (1990)5, S. 4.

Ursache zu nennen, da sie auch drei IM betraf, die von der vorzeitigen Entlassung aus Schwedt profitierten.

Die Schwierigkeiten der inoffiziellen Arbeit mit Insassen lagen auch in der Disziplinareinheit in der Wahrung der Konspiration unter den Bedingungen des Strafvollzugs. In der Regel führte das zu selteneren Treffs, überwiegend schriftlichen Berichten der IM ohne zeitnahe Rückkoppelung und Erfordernis von IM unter dem Personal für das Verbindungswesen. Passend zum Charakter des Überganges von der MdI- zur MfNV-Verwaltung beziehungsweise von der inoffiziellen Arbeit der K I/4 zum MfS ist die Gewinnung des ersten MfS-IM in der Ära der Disziplinareinheit. Ein Insasse wurde im Sommer 1982 vom Offizier für Kontrolle und Sicherheit, Colberg, kontaktiert und arbeitete dann circa zwei Monate inoffiziell für die K I/4. Wegen Colbergs anstehender Berentung und der Unterstellung des Militärstrafvollzugs unter das MfNV wurde der IM dem zuständigen MfS-Genossen Krugenberg vorgestellt, dem der IM in der Folgezeit auch Berichte übergab. Wegen guter Führung wurde der IM Ende Oktober 1982 aus Schwedt entlassen, zu einem Zeitpunkt, als der Dienstbetrieb der Disziplinareinheit noch nicht richtig angelaufen war.[141]

In den Folgemonaten bereitete Krugenberg unter den zu Freiheitsstrafen Verurteilten nahezu monatlich die Werbung von ein bis zwei Kandidaten für die inoffizielle Zusammenarbeit vor. Die Werbungsversuche schienen aber nur selten zu glücken, da nicht immer mindestens ein IM unter den Häftlingen aktiv war. Zum Jahreswechsel 1982/83 beispielsweise waren in der 2. Kompanie keine IM vorhanden. Deshalb führte Krugenberg mit 16 Militärstrafgefangenen eine als Aussprache legendierte Kandidatenvorauswahl durch. Krugenberg notierte, dass mit allen eingesetzten Funktionären unter den Gefangenen der 2. Kompanie Aussprachen hinsichtlich ihrer Tätigkeit geführt wurden, die Gespräche aber zur Verschleierung der Bestellung von IM und Werbekandidaten dienten.[142] Die Verfahrensweise glich der aus der Zeit des Militärstrafvollzuges unter MdI-Verwaltung. Die Kontakte zwischen IM und MfS wurden unverändert verschleiert. Die Informationslieferung über verschlossene Umschläge, die entweder über den Kompaniechef oder über Briefkästen dem MfS zugingen, war auch in den 1980er-Jahren eine bevorzugte Verbindungs-Variante. Doch auch dabei gab es Probleme. Weil selbst an die Familienangehörigen nur wenige Briefe geschrieben werden durften, war das Verfassen schriftlicher IM-

141 Die Berichte aus der Haft-Zeit sind nicht in seiner Akte, aber in den Akten zweier anderer Insassen abgelegt, vgl. FO Krugenberg: Treffberichte AIM »Paul«, 30.9. u. 21.10.1982; BStU, MfS, BV Cottbus, AOPK 1240/85, Bl. 18–21 u. 24 sowie BStU, MfS, BV Cottbus, AOPK 1601/83, Bl. 24. Der IM wurde nach seiner Schwedt-Entlassung in der NVA weiter inoffiziell genutzt und schrieb im Nachhinein noch einzelne Berichte über einen anderen Schwedt-Häftling, die in »seiner« IM-Akte abgelegt wurden; BStU, MfS, AIM 3000/83.

142 [MfS/HA I/Abt. MfNV]/UA HS/DE, Mj. Krugenberg [ohne Adressat]: Aussprachebericht, 27.1.1983; BStU, MfS, AOPK 14111/83, Bl. 45.

Berichte unter diesem Vorwand kaum möglich. Der Wunsch des Führungsoffiziers, wöchentlich schriftliche Berichte zu erhalten, kollidierte mit der monatlich erlaubten Anzahl von Briefen. Daher sollten alternative Gelegenheiten zum unbeobachteten Schreiben geschaffen werden. So wurden IM regelmäßig für bestimmte, auch nächtliche Dienste eingeteilt, während derer IM-Berichte verfasst werden sollten.

Andere Formen der Verschleierung von Verbindungen orientierten sich an organisatorischen Abläufen im Haftalltag. Legenden knüpften an bestimmte Bewegungsmuster an. So waren Post und Pakete für die Kompanie von der Geschäftsstelle abzuholen. Die zahnärztliche Behandlung erfolgte im Stabsgebäude, in dem auch die Zimmer des MfS lagen. Auch von Gefangenen zu erledigende Reinigungsarbeiten im Schleusenbereich oder im Stabsgebäude wurden für heimliche Treffen zwischen IM und dem MfS genutzt. Andere Legenden betrafen vorgebliche Arztvorstellungen oder die Klärung bestimmter Sachverhalte aus dem privaten oder dem Vollzugsbereich. Hauptsächlich wurden jedoch Informationen über den Postweg geliefert. Gelegentlich erfolgte dabei eine sogenannte einseitige Dekonspiration, in dem ein als IM verpflichteter Kompaniechef über erwartete Postsendungen eines bestimmten Absenders informiert wurde. Seltener erfolgte die doppelseitige Dekonspiration, bei der auch der IM unter den Gefangenen erfuhr, welcher Mitarbeiter des Vollzugsdienstes als Ansprechpartner für Fragen der inoffiziellen Arbeit mit dem MfS galt. Im Normalfall wurde dem jeweiligen IM gesagt, welcher Angehörige des Personals für die Realisierung der Briefübermittlung zuständig ist und dabei darauf verwiesen, dass die benannte Person keine Kenntnis von der inoffiziellen Zusammenarbeit des IM mit dem MfS habe. Auch die schriftliche Auftragserteilung vom Führungsoffizier an den IM erfolgte in den 1980er-Jahren mittels verschlossener Umschläge über solche Bedienstete, die gegebenenfalls auch Möglichkeiten zum Schreiben des Berichtes organisieren konnten. So in die Absicherung durch die IM unter dem Personal eingebettet trafen sich der Führungsoffizier und die IM unter den Gefangenen persönlich nur im Abstand von mehreren Wochen.[143] Dennoch blieben Risiken. Im Frühjahr 1983 notierte Krugenberg:

> Bei dem derzeit geringen Gefangenenbestand in der [2.] Kompanie ist jede Zuführung eines Gefangenen zum Treff mit großen Gefahren für eine Dekonspiration verbunden (Gefangene belauern sich gegenseitig; wer zu irgendwelchen Anlässen aus dem Verwahrbereich geführt wird, steht sofort im Verdacht der Verbindung zum MfS; auch bei sehr gut legendiertem Herauslösungen wird die Legende zwar angenommen, aber trotzdem wird den Gefangenen mit Misstrauen begegnet). Aus diesem Grunde werden persönliche Treffs auf ein Minimum beschränkt.[144]

143 Zu dieser Art des Verbindungssystems vgl. auch Abb. 13.

144 FO Krugenberg: Treffbericht IMS »Bernd Heller«, 31.5.1983; BStU, MfS, AIM 17046/84, T. II/1, Bl. 28.

Geringer Bestand an Gefangenen führte auch zwei Jahre später zu Problemen: Der IM »Günter Richter« aus dem Personal

> bekräftigte, dass unter den Militärstrafgefangenen aufgrund des geringen Bestandes das ›sich gegenseitig belauern und prüfen‹ stark ausgeprägt ist und Militärstrafgefangene, die aus irgendwelchen Gründen zu einem Vorgesetzten befohlen werden, sofort im Verdacht der Informationstätigkeit für den Vorgesetzten oder den Offizier für Sicherheit und Ordnung [Riesbeck] stehen und isoliert sind.[145]

Obwohl es seit Ende 1982 keinen OKS mehr im Militärstrafvollzug gab, benutzten die Gefangenen die alten Begriffe »OKi-Läufer« beziehungsweise »OKS-Läufer« weiter für Insassen, die zu Gesprächen in den Stab gerufen wurden.[146] Die Verdächtigungen galten dem potenziellen Denunzianten, unabhängig von der dahinter stehenden Institution. Es gab Phasen, in denen die Gefangenen besonders nach Verrätern in ihren Reihen suchten, was auch dem MfS bekannt wurde. Ein Häftling, der wiederholt den Zugführer über Missstände informierte, wurde nachts verprügelt.[147]

Wie schon im Kapitel zur inoffiziellen Arbeit zurzeit der MdI-Verwaltung dargestellt hielt das MfS einzelne Arbeitsstellen oder Funktionen für besonders relevant. Hierzu zählten die HO-Verkäufer, die Sanitäter oder die Bibliothek. Im Fall eines 1984 für die Stelle des MHO-Verkäufers vorgesehenen Strafgefangenen notierte Krugenberg das ausführlicher:

> Die Funktion des MHO-Verkäufers wird von den Militärstrafgefangenen [...] als eine Schlüsselfunktion angesehen, die erfahrungsgemäß Möglichkeiten des zusätzlichen Einkaufs, der Verbindungsaufnahme zu Militärstrafgefangenen anderer Kompanien und des illegalen Zusammentreffens zu Absprachen einräumt. Der Kandidat wurde bereits unter diesen Gesichtspunkten in diese Funktion gebracht. Er hat damit objektiv die Möglichkeiten, in der vorgesehenen Einsatzrichtung wirksam zu werden. Nach bisherigen Erfahrungen spielt die Straftat des als MHO-Verkäufers eingesetzten Militärstrafgefangenen für die ›Anerkennung und Akzeptierung‹ dieses Militärstrafgefangenen durch die operativ interessierenden Gefangenen nur eine unter-

145 FO Krugenberg: Treffbericht IMK/S »Günter Richter«, 13.8.1985; BStU, MfS, AIM 2121/88, T. II/1, Bl. 48.

146 IM-Berichte »Bernd Peters«, 4.2.1984 sowie »Hans Busch«, 3.9.1984; BStU, MfS, BV Magdeburg, AIM 579/88, T. II/1, S. 35 u. BStU, MfS, BV Neubrandenburg, AIM 558/85, T. II/1, S. 16 Rs. (jew. MfS-Zählung). OKi – in anderen Gefängnissen übliche Bezeichnung für den OKS. Der Begriff entstand vermutlich aus der (bewussten?) Fehlinterpretation der römischen Ziffer I zum Buchstaben i (Offizier K I = OKI = Oki). Interessant ist, dass die Bezeichnung Oki bzw. OKS sich noch Jahre nach der Unterstellung unter das MfNV hielt. Vermutlich wurde durch Insassen mit anderer Haftkenntnis versucht, die Erfahrungen auf die Verhältnisse im Militärstrafvollzug zu übertragen.

147 [MfS]/HA I/Abt. MfNV/UA HS/DE, Mj. Krugenberg [ohne Adressat]: Bericht über Verpflichtung, 24.2.1984; BStU, MfS, AIM 15441/84, T. I/1, Bl. 43. Wohlgemerkt, die Rache betraf Zuträgerdienste gegenüber dem Personal, nicht dem MfS.

> geordnete Rolle. Diese Militärstrafgefangenen in den Deliktgruppen Fahnenflucht oder öffentliche Herabwürdigung betrachten sich als ›politische Gefangene‹ und vermeiden politisch-operativ interessante Kontakte zu anderen Militärstrafgefangenen. Im Falle des MHO-Verkäufers ist ihnen klar, dass in der Funktion in der Regel Fahrlässigkeitstäter zum Einsatz kommen. Dort zählt dann nur die Bereitschaft des jeweiligen Militärstrafgefangenen, ihre Absichten (zusätzliche Einkäufe, Treffs mit anderen Militärstrafgefangenen in den Räumen der MHO u. a.) zu unterstützen, um ihn zu ›akzeptieren‹ und als ›Kumpel‹ zu behandeln. Diesen Gepflogenheiten hat sich der Kandidat bisher auch durch die Einweisung seines Vorgängers in der Funktion angepasst.[148]

Zur Akzeptanz und der Durchsetzungsfähigkeit unter anderen Gefangenen hielt Krugenberg in einem anderen Fall fest, dass der Kandidat

> aktiv als Gewichtheber tätig [war]. Davon ausgehend und im Zusammenhang mit seiner Straftat (Körperverletzung) hat er unter den Gefangenen keine Probleme, sich durchzusetzen. Im militärisch korrekten Verhalten gegenüber Vorgesetzten und bei der Einhaltung militärischer Normen hat der Kandidat Schwächen, was den Kandidaten im Kreis negativer Militärstrafgefangener zusätzlich Anerkennung einbringt.[149]

Eine Berücksichtigung persönlicher Hintergründe ganz anderer Art war erforderlich, als MfS-Mitarbeiter Krugenberg beabsichtigte, einen Gefangenen als IM zu verpflichten, von dem bekannt war, dass er praktizierender Katholik war. Krugenberg wollte vor der schriftlichen Verpflichtung wissen, ob der Kandidat auch gegenüber seinem Pfarrer die Verschwiegenheit wahren würde. Dies bejahte der Kandidat zur Zufriedenheit des MfS. Die handschriftliche Verpflichtungserklärung des nunmehrigen IM »Holger Schmidt« beinhaltete bemerkenswerterweise einen Passus, dass die Zusammenarbeit mit dem MfS nicht im Widerspruch zu seinem Glaubensbekenntnis als Katholik stünde. Der Vorgesetzte des Führungsoffiziers, Oberstleutnant Willert, ergänzte in einer Randnotiz: »Wenn der IM Perspektive für uns haben soll, darf nie sein Glaube (christliche Einstellung) verletzt werden«.[150]

Mitunter wurde den IM eine gewisse Opferbereitschaft abverlangt. Um IM unter den Militärstrafgefangenen die Gelegenheit zum ungestörten Schreiben der Berichte zu geben, wollte Führungsoffizier Krugenberg beispielsweise einen Gefangenen, der vorgeblich durch undiszipliniertes Verhalten aufgefallen war,

148 [MfS]/HA I/Abt. MfNV/UA HS/DE, Mj. Krugenberg [ohne Adressat]: Vorschlag zum Anlegen eines IM-Vorlaufes, 28.9.1984; BStU, MfS, AIM 12310/85, T. I/1, Bl. 47.

149 [MfS]/HA I/Abt. MfNV/UA HS/DE, Mj. Krugenberg [ohne Adressat]: Vorschlag zum Anlegen eines IM-Vorlaufes, 19.11.1985; BStU, MfS, AIM 12409/87, T. I/1, Bl. 8.

150 [MfS]/HA I/Abt. MfNV/UA HS/DE, Mj. Krugenberg [ohne Adressat]: Vorschlag zur Verpflichtung eines IMS, 20.1.1983 i. V. m. Krugenberg: Bericht über die Verpflichtung, 28.1.1983 u. Verpflichtungserklärung IM »Holger Schmidt, 28.1.1983; BStU, MfS, AIM 12558/84, T. I/1, Bl. 4 u. 76–81.

in Absonderung bringen lassen, damit er dort die gewünschten Berichte verfassen konnte.[151] Einen intensiven Einsatz zeigte IM »Bernd Heller«. Um die Militärstrafgefangenen im Leuchtenbau besser überwachen zu können, sollte er »unauffällig« von seinem Posten als Sanitäter im Med.-Punkt abgezogen werden. Um das zu erreichen, pöbelte der IM während der Ausstrahlung des »Schwarzen Kanals«[152] und kassierte drei Tage Arrest. Zusätzlich wurde sein Einsatz als Sanitäter beendet. Stattdessen kam er in den Leuchtenbau. Außerdem erhielt er einen neuen Schlafplatz im gleichen Raum wie der Gefangene, den er überwachen sollte.[153] Hier nahm also ein IM für die inoffizielle Arbeit gleich zwei Verschlechterungen in Kauf: Zum einen hatte er drei Tage Arrest zu verbüßen, zum anderen verlor er seinen »bequemeren« Posten und wurde in die Produktion verlegt, die von Normarbeit und Schichteinsatz geprägt war. Auf eine ähnliche Kombination ließ sich IM »Frank« ein. Aufgrund eines mit dem MfS abgesprochenen, fingierten Vorkommnisses wurde er einer Briefschleusung beschuldigt. Zur Strafe wurde er mit zwei Tagen Arrest bestraft, von der Arbeitsstelle in der Küche abgezogen und in den Arbeitsbereich derjenigen verlegt, für die sich das MfS besonders interessierte. Nach Rückkehr aus dem Arrest sollte er im neuen Umfeld über die ungerechtfertigte Bestrafung schimpfen und so Anerkennung bei den anderen Insassen finden.[154]

Die Motivlage der einzelnen IM ist schwer zu ergründen. Bei manchen war es der persönliche Hintergrund (z. B. war die ideologische Akzeptanz der MfS-Arbeit bei einem Berufsunteroffizier mit zehnjähriger Armeelaufbahn höher als bei einem Wehrpflichtigen mit Ausreiseantrag), bei anderen war es die Hoffnung auf Hafterleichterung oder -verkürzung. Dokumentiert ist dies selten. Aber ein gewisses Maß an Heuchelei war nicht nur bei der Konspiration nützlich, sondern sollte auch das »Eindringen« in systemkritische Kreise von Gefangenen ermöglichen. In mehreren Fällen ist das im sogenannten Anforderungsbild an die IM formuliert worden. Beispielsweise hieß es 1983 in der Vorbereitung zur Werbung von IM »Jürgen«:

> Der Kandidat muss über relativ stabile Bindungen an die DDR verfügen. Seine politische Grundhaltung muss zumindest loyal, besser auf der Basis sozialistischer Grundüberzeugungen gefestigt sein. [… Doch gleichzeitig] sollte er charakterlich so veranlagt sein, oder solche Anlagen vortäuschen können, die ihm Zugang zu feind-

151 FO Krugenberg: Treffbericht GMS »Hubert«, 9.2.1984; BStU, MfS, BV Gera, AIM 509/87, T. I/1, Bl. 48. Zur Absonderung vgl. Abschnitt Strafen und Belohnungen im Kap. 4.

152 Der »Schwarze Kanal« war eine polemisch-agitatorische Sendung des DDR-Fernsehens, die im Rahmen des Politunterrichts in der Disziplinareinheit als Pflichtveranstaltung zu verfolgen war, wenn die Schichtpläne es zuließen.

153 FO Krugenberg: Treffauswertung IMS »Bernd Heller«, 30.3.1983 i. V. m. IM-Bericht »Bernd Heller«, 12.4.1983; BStU, MfS, BV Cottbus, AOPK 1240/85, Bl. 48 u. 52.

154 FO Knobelsdorf: Treffbericht IMS »Frank«, 25.6.1986; BStU, MfS, AIM 4809/88, T. II/1, Bl. 19.

> lich-negativ eingestellten Militärstrafgefangenen ermöglichen. Die Strafgründe für die Verurteilung des Kandidaten sollten durch feindlich-negative Militärstrafgefangene ›Anerkennung‹ finden und zumindest politisch-negativem Charakter entsprechen.[155]

Für die seltenen direkten Treffen zwischen IM und Führungsoffizier wurden in den 1980er-Jahren folgende Räumlichkeiten genutzt: das Dienstzimmer eines als IM verpflichteten Kompaniechefs (1983)[156], das »Vernehmungszimmer der Schleuse« (1983 bis 1988, auch »Treffzimmer Schleuse«, nur »Schleuse« oder ganz ausführlich »ein als Vernehmungszimmer ausgewiesener Raum im Bereich der Gefangenenschleuse« genannt) und die vom Sicherheitsinspektor des Instandsetzungswerks Pinnow zur Verfügung gestellte KW »Dengler« im Sozialtrakt des Produktionsgebäudes (1984 bis 1987). In weiteren Einzelfällen ist vom »Dienstzimmer des Militärstaatsanwaltes im Stabsgebäude« (1984) und den Dienstzimmern der MfS-Mitarbeiter Krugenberg und Knobelsdorf (1984 bzw. 1987) die Rede.

Das Interesse des MfS galt auch in den 1980er-Jahren jeglichen Verstößen gegen Ordnung und Sicherheit. Dies schlug sich nieder in den individualisierten Anforderungsbildern beziehungsweise Informationswünschen, die in den IM-Akten abgelegt sind. Je nach Erkenntnislage wurden die Einsätze der IM auf einzelne Personen ausgerichtet. Bei entsprechend hoher Relevanz führte das MfS Vorgänge gegen diese Personen, in die die Berichte der IM einflossen. Aus der Zeit der Disziplinareinheit sind bisher 20 Vorgänge gegen Insassen bekannt, die sich zum Teil gegen mehrere Personen richteten. In diese Vorgänge waren je nach Möglichkeit IM involviert (auch wenn ihnen in der Regel der Überblick über die Interessenlage des MfS fehlte). Zum Repertoire des MfS in der Vorgangsführung konnten auch sogenannte Zersetzungsmaßnahmen zählen.[157] Darunter fiel auch die Diffamierung eines Insassen als Zuträger des MfS, die bereits vorgestellt wurde. Spielte das MfS hier »nur« mit dem eigenen schlechten Ruf, so sah es sich in einem anderen Fall an die Grenze der Strafbarkeit des eigenen Vorgehens gebracht. Im November 1988 musste das MfS befürchten, dass sich ein IM durch einen vorgesehenen Einsatz strafbar mache. Geplant war, dass der IM den Brief eines anderen Gefangenen entgegennähme, um diesen vorgeblich auszuschleusen. Der Beweggrund der HA I war die Vermutung, der Brief könne diffamierende Äußerungen über den Militärstrafvollzug enthalten und der wahre Adressat sei letztlich »amnesty international«. Abgesehen davon, dass

155 [MfS]/HA I/Abt. MfNV/UA HS/DE, Mj. Krugenberg [ohne Adressat]: Vorschlag zum Anlegen eines IM-Vorlaufes, 9.5.1983; BStU, MfS, AIM 15062/84, T. I/1, Bl. 33.

156 Die Reihe der zu Treffzwecken genutzten Räume ging vermutlich erheblich über die hier genannten Beispiele hinaus.

157 Siehe hierzu Suckut: Wörterbuch, S. 422 bzw. Pingel-Schliemann: Zersetzen.

sich die Vermutung später nicht erhärten ließ, wollte die HA I ihren IM vor dem Einsatz vor Strafverfolgung aus den eigenen Reihen geschützt wissen und beriet sich mit der Fachabteilung für die Bearbeitung von Straftaten durch Armeeangehörige, der HA IX/Abt. 6. Die HA IX/6 ließ sich auf das Ziel der »operativen Bearbeitung« des unter Verdacht stehenden Briefabsenders durch die Kollegen der anderen Diensteinheit ein und schlug vor: »dass der IM den Brief annimmt mit dem Ziel, diesen nicht weiterzuleiten, sondern dem MfS zu übergeben. Damit ist keine strafrechtliche Relevanz gegeben. Die disziplinarische Verantwortlichkeit durch die Annahme des Briefes ist durch die o. g. Zielstellung ebenfalls gegenstandslos.« Der IM, der den Brief entgegennehmen sollte, wurde entsprechend beauftragt. Er wurde belehrt und mit strafrechtlicher Konsequenz für den Fall bedroht, dass er den Brief, statt ihn auftragsgemäß auszuhändigen, doch nach außen schmuggeln sollte.[158]

Hatten die Aktivitäten des MfS letztlich einen Nachweis erbracht, dass strafrechtliche Relevanz erreicht sei, mussten eventuell inoffiziell bekannt gewordene Sachverhalte offizialisiert werden. Das erfolgte über IM im Personal: Zwei Beispiele sind oben vorgestellt worden.[159] War diese Frage geklärt, wurde bei der Militärstaatsanwaltschaft die Einleitung eines Ermittlungsverfahrens beantragt, zumeist durch den Kommandeur der Disziplinareinheit. Die Zusammenarbeit mit dem MfS erhielt nun offiziellen Charakter, da die Staatssicherheit als zuständiges Untersuchungsorgan agieren konnte.[160] Beispielsweise hieß es im Fall eines Militärstrafgefangenen, dem während der Verbüßung einer zehnmonatigen Freiheitsstrafe in der Disziplinareinheit unter anderem mehrfache Nichtausführung von Befehlen, Beleidigung Vorgesetzter und Widerstand gegen Vollzugsmaßnahmen vorgeworfen wurden: »Alle Vollzugsmaßnahmen einschließlich der Antragstellung auf Einleitung eines Ermittlungsverfahrens beim Militärstaatsanwalt erfolgten entsprechend der Militärstrafvollzugsordnung in Abstimmung mit dem operativen Mitarbeiter«.[161]

Probleme in der inoffiziellen Arbeit bildeten Belohnungen in Form von Prämien und Auszeichnungen. Zur Wahrung der Konspiration konnte nur auf das Repertoire der im Strafvollzug üblichen Erlaubnisse und Vergünstigungen zurückgegriffen werden, weil größere Begünstigungen zu auffällig gewesen wären.

158 Div. Schriftstücke aus den Akten des Briefschreibers und des eingebundenen IM »Max Müller«; BStU, MfS, AOPK 8542/89, Bl. 51 u. 110–114 (Zitat aus MfS/HA I/Abt. MfNV/UA HS, Hptm. Ludwig: Aktenvermerk, 3.11.1988; ebenda, Bl. 51) u. BStU, MfS, AIM 3398/89, T. II/2, Bl. 8, 15 u. 21. Der dem Sachverhalt zugrunde liegende Brief ist im Original in der MfS-Akte des Absenders zu finden.

159 Vgl. Abschnitt 6.2.1.

160 Zur Rolle des MfS in der Strafverfolgung siehe Engelmann, Roger; Joestel, Frank: Hauptabteilung IX. Untersuchung. Berlin 2016.

161 [MfS]/HA I/Abt. MfNV/UA HS, Mj. Krugenberg [ohne Adressat]: Abschlussbericht zur OPK »Musikant«, 6.3.1985; BStU, MfS, AOPK 6402/85, Bl. 78–84, hier 82.

Die Spannbreite reichte von der Übergabe von 20,00 Mark bis zur Gewährung von Ausgang während der Besuchszeit oder von Urlaub. Dabei versuchte das MfS, den IM den Eindruck zu vermitteln, dass bestimmte Vergünstigungen, die sie sowieso erhalten hätten, nur dem Einfluss des MfS zuzuschreiben seien. Finanzielle Zuwendungen waren in der Regel mit dem Decknamen gegenzuzeichnen. Eine eventuelle Einflussnahme des MfS auf größere Vergünstigungen wurde aus Konspirationsgründen oft abgelehnt. Die zumeist kargen Hinweise auf MfS-Einwirkung sind wenig aussagefähig oder gehen in die dargelegte Richtung.[162] Selbstbewusste IM trauten sich, Vergünstigungen direkt zu erbitten: »Wäre es irgendwie möglich, dass ich im April einen Außensprecher bekommen könnte als Belobigung?«, fragte 1984 IM »Dieter« handschriftlich an. Wegen eines selbstverschuldeten Vorfalls in den Folgetagen erstarb diese Hoffnung rapide.[163]

Inoffizielle Arbeit unter den Disziplinarbestraften

Grundsätzlich unterlag die IM-Arbeit unter den Disziplinarbestrafte den gleichen Regelungen wie die unter Militärstrafgefangenen und Strafarrestanten. Aus Sicht des MfS kam erschwerend hinzu, dass die disziplinar Bestraften nur maximal drei Monate in Schwedt waren. In so kurzer Zeit war eine gründliche Vorbereitung auf eine Werbung als IM in der Regel nicht möglich. Insofern ist es nicht verwunderlich, dass bisher nur fünf IM unter den Disziplinarbestraften bekannt sind. Unter Umständen liegt hier auch die Ursache dafür, dass der einzig bekannte Fall des Abhörens von Verwahrräumen einem disziplinarisch Bestraften galt und nicht den Raum von Militärstrafgefangenen traf.

Alle fünf IM unter den Disziplinarbestraften waren bereits vor Strafantritt in Schwedt als IM verpflichtet. Bei zwei von ihnen kam es in Schwedt zu keiner Zusammenarbeit mit dem MfS, jedoch belasteten sie später ehemalige Mitinsassen. In einem dritten Fall kam es bei einem IM trotz angeblicher Bekundung einer entsprechenden Bereitschaft während seiner drei Monate in Schwedt zu nur einem Treffen. Über die erwähnte Abhörmaßnahme erfuhr das MfS, dass der IM sich gegenüber den im gleichen Verwahrraum untergebrachten Insassen dahingehend äußerte, dass er aufschreiben solle, »ob hier irgendetwas vorgefallen ist«.[164]

162 Zu den tatsächlich aufgefundenen Spuren auf MfS-Einflussnahme vgl. Abschnitt 6.4.

163 IM-Bericht »Dieter«, 3.3.1984 i. V. m. Treffbericht des FO Krugenberg v. 13.3.1984; BStU, MfS, AIM 1534/85, T. II/1, S. 24 u. 26 (MfS-Zählung).

164 IM-Akte »Peter Lorenz«; BStU, MfS, AIM 15907/85. Zitat aus dem Abhörbericht: [MfS]/HA I/Abt. MfNV/UA HS/DE, Hptm. Knobelsdorf [ohne Adressat]: Information, 22.4.1985; BStU, MfS, AOP 9870/85, Bl. 103.

Deutlich schwerwiegender war der Fall des 1987 dekonspirierten IM »Hans Reif« unter den disziplinar Bestraften. Der Politstellvertreter der 6. Kompanie und ein Zugführer öffneten während ihres Dienstes unerlaubt einen Brief, der an »2000« adressiert war,[165] keinen Absender trug und sich im Postkasten der Kompanie befand. Die anonyme Adressierung war in der Disziplinareinheit die gängige Methode, dem Führungsoffizier IM-Berichte zu übermitteln. Die beiden Bediensteten konnten den Schreiber identifizieren. Durch die Meldung eines weiteren Bediensteten wurde der Vorfall erst dem Kommandeur, dann dem MfS bekannt. Neben der offiziellen Mitteilung an die übergeordnete MfNV-Abteilung Innerer Dienst über den Verstoß gegen die Postordnung und einer Information an die für die beiden Täter zuständige SED-Parteistruktur wurden die Beteiligten schriftlich zum Schweigen verpflichtet. Vom Kommandeur sollten sie zusätzlich disziplinarisch bestraft werden. Dem betroffenen IM blieb der Fakt verborgen. Der Vorfall war Anlass zu einer organisatorischen Änderung: Es sollten umgehend in den Kompanien neben den Postkästen zusätzliche Behältnisse aus Stahlblech mit Sicherheitsschloss angebracht werden, die nur der zuständige MfS-Mitarbeiter leeren konnte.[166]

Da die inoffizielle Arbeit des MfS unter den Disziplinarbestraften noch relativ neu war, sollte MfS-Mitarbeiter Knobelsdorf eine Fachschulabschlussarbeit zum Thema verfassen. Seine Betrachtungen blieben jedoch auf einer theoretisch-abstrakten Ebene und fanden in der Praxis der wenigen IM unter den disziplinar Bestraften kaum Niederschlag.[167]

6.3 Sonderformen inoffizieller Zusammenarbeit

Jenseits der in Beispielen geschilderten inoffiziellen Arbeit der K I/4 und der des MfS kam es zu Sonderformen und Grenzfällen inoffizieller Kontakte sowohl beim MfS als auch bei der K I/4.[168] Zum Teil sind dazu Normen fixiert worden,

165 »Verwaltung 2000« war der offizielle Begriff für die innerhalb der NVA verankerte Struktur des MfS.

166 [MfS]/HA I/Abt. MfNV/UA HS, Ltr. OSL Willert an HA I/Abt. LaSK/UA Stab, Ltr.: Dekonspiration des IMS »Hans Reif«, 22.5.1987 i. V. m. Willert: Bericht zur Untersuchung der Dekonspiration des IMS »Hans Reif«, 10.4.1987; BStU, MfS, AIM 7247/88, T. I/1, Bl. 96–101. Einer der beiden Beteiligten wurde kurz danach als IM verpflichtet.

167 Knobelsdorf: Organisation, FS-Abschlussarbeit. Zu den gebotenen Relativierungen bezüglich dessen Arbeit siehe Abschnitt Literatur bis 1989/90 im Einleitungskapitel.

168 Das Kriterium der inoffiziellen Zusammenarbeit nach dem Gesetz über die Unterlagen des Staatssicherheitsdienstes der ehemaligen Deutschen Demokratischen Republik (StUG) wird bei den nachfolgend beschriebenen Konstellationen teilweise aus formalen Gründen nicht erfüllt. Unabhängig davon werden in normativen Grenzfällen die Tatsache und das Ausmaß individueller Verstrickung in eine gewollte und nicht offizielle Zusammenarbeit mit der Staatssicherheit nur im konkreten Einzelfall und nach jeweiliger Aktenlage feststellbar sein.

zu Einzelfällen liegen auch Akten vor. Die Arbeit des MfS mit Kontaktpersonen (KP) geht bis in die 1950er-Jahre zurück, wo sie zum Beispiel in der IM-Richtlinie von 1958 Erwähnung findet. Die für die Überwachung der NVA zuständige MfS-Hauptabteilung I regelte zusätzlich spätestens mit der Dienstanweisung 5/63 die Arbeit von Kontaktpersonen in der NVA. Beiden Texten ist gemein, dass die Kontaktpersonen bewusst von den inoffiziellen Mitarbeitern abgegrenzt wurden.[169] Eine neue Weisung des Leiters der HA I aus dem November 1982 über die Arbeit mit Kontaktpersonen fiel zeitlich mit der Einrichtung der Disziplinareinheit zusammen. Diese Weisung wurde bisher zwar nicht aufgefunden, galt aber ausdrücklich als spezielle Arbeitsgrundlage für die beiden hauptamtlichen MfS-Mitarbeiter Krugenberg und Knobelsdorf in der Disziplinareinheit.[170] Der Weisung ging offenbar ein Antrag des Leiters der HA I zur Genehmigung der Arbeit mit Kontaktpersonen voraus, der bisher nur in Form von eineinhalb Seiten rekonstruierter Fragmente vorliegt.[171] Der Antrag verwies auf die schon erwähnten Schwierigkeiten inoffizieller Arbeit bei Insassen, die zu maximal dreimonatiger Strafverbüßung in Schwedt waren. Unter den Disziplinarbestraften sollte mit Kontaktpersonen gearbeitet werden, die zur Nachweisführung in einem sogenannten Sicherungsvorgang erfasst werden sollten.[172] Vermutlich war der Begriff Kontaktperson umgangssprachlich weiter verbreitet, als es die hier genannten Regelungen vermuten lassen.

In der Arbeit der K I/4 spielten auch sogenannte Auskunftsbereite Strafgefangene (ASG) eine Rolle. Spätestens mit der MdI-Richtlinie 4/79 wurden Formalien fixiert, welche Dokumente in deren Handakten aufzunehmen beziehungsweise wie die Karteinachweise zu gestalten waren.[173] Zu den Nachweispflichten gehörte, dass auf der Rückseite der im MdI üblichen Karteikarten für Personenerfassung (KNA 14) folgender Text einzutragen war: »Person wurde im Strafvollzug als ASG genutzt. Material befindet sich beim zuständigen Dezernat I der

169 Richtlinie 1/58 über die Arbeit mit inoffiziellen Mitarbeitern im Gebiet der DDR; BStU, MfS, BdL/Dok. Nr. 2516 u. Dienstanweisung Nr. 5/63 der HA I des MfS über die Arbeit mit Kontaktpersonen v. 1.5.1963; BStU, MfS, HA I Nr. 15549, Bl. 18–30.

170 [MfS]/HA I/AKG, Ltr. Oberst Riebe [ohne Adressat]: Information zum Stand der Organisation und Führung der politisch-operativen Arbeit in der DE der NVA, 5.1.1984; BStU, MfS, HA I Nr. 15717, Bl. 30–39, hier 32.

171 [MfS]/HA I/Abt. MfNV an Ltr. HA I: Antrag zur Genehmigung der Arbeit mit Kontaktpersonen zur Abschöpfung in der Disziplinareinheit der NVA Schwedt«, 9.11.1982; BStU, MfS, HA I Nr. 20496, Bl. 36 f.

172 Ebenda. Der Antrag wird auch in der 1985 vorgelegten Fachschul-Abschlussarbeit von Knobelsdorf im Quellen- und Literaturverzeichnis erwähnt. Knobelsdorf: Organisation, FS-Abschlussarbeit, Bl. 40. Der erwähnte Sicherungsvorgang ist bisher nicht bekannt. Ob diese Art der Zusammenarbeit mit Kontaktpersonen den Charakter einer inoffiziellen Verbindung gemäß StUG-Definition erreichte, kann nur im jeweiligen Einzelfall festgestellt werden.

173 RL 04/79 Bearbeitungs- und Aktenordnung MdI. Die Richtlinie begründet keine Formalzuordnung in Richtung einer inoffiziellen Zusammenarbeit oder IM.

Abt. K der BDVP … /des PdVP Berlin«. Eine der Karteikarten war an das MfS zu senden und wurde dort in die Klarnamenkartei F 16 eingestellt.[174]

In einzelnen Akten sind neben den beiden normativ belegten Kategorien KP und ASG weitere Bezeichnungen zu finden, oft sogar mehrere für eine Person. So lassen sich beispielsweise bei Entlassung der genutzten Personen aus Schwedt einerseits maschinenschriftliche Auskunftsberichte über Auskunftsbereite Strafgefangene (ASG) finden, direkt im Anschluss liegen aber Archivierungsverfügungen mit dem Hinweis auf eine Nutzung als Abschöpfungsperson (AP) vor.

IM der Kategorie I und II

Für die Frühphase des Militärstrafvollzugs in Schwedt wurde eine Vorläuferform der IKM nach MdI-Richtlinie 01/78 bekannt. In den Jahren 1969 bis 1972 unterschied der OKS Colberg zwischen IM der Kategorie I und II.[175] In jedem der neun bisher bekannt gewordenen Fälle liegt eine handschriftliche Verpflichtungserklärung gegenüber dem Sicherheitsorgan beziehungsweise den Sicherheitsorganen vor. Fünf nur unter Klarnamen agierende Insassen ordnete Colberg als IM der Kategorie I ein. Einer von ihnen wurde wenige Monate später von Colberg erneut und dann mit Decknamen »Peter Schmidt« verpflichtet.[176] Zwei mit Decknamen »Horst« und »Conrad« arbeitende Gefangene stufte Colberg in die Kategorie II ein. Die unter Decknamen »Alfred« sowie »Schwarz« verpflichteten Insassen wurden wiederum der Kategorie I zugeordnet.[177] Die Hintergründe für die Differenzierungen blieben unbekannt.[178]

174 Ebenda, Bl. 16 (Anlage 2). Mehrere solcher Karteikarten sind bisher bekannt geworden. Sie betreffen jeweils Insassen, deren Akten bereits 1978 archiviert wurden (z. B. BStU, MfS, BV FfO, AOG 861/78 u. BStU, MfS, BV FfO, AOG 868/78). Insofern ist davon auszugehen, dass schon die Vorläufer-Richtlinie 1/75, die bisher nicht gefunden wurde, entsprechende Regelungen enthielt.

175 Inoffizielle Mitarbeiter der VSV/4 gelten nach dem Gesetz über die Unterlagen des Staatssicherheitsdienstes der ehem. DDR nicht als inoffizielle Mitarbeiter der Staatssicherheit, vgl. StUG § 6 (4) Nr. 2 u. (5). Die Archivierungsroutinen des MfS, die zu einer Ablage z. B. als IM-Akte führten, heben diese rechtliche Bewertung nicht auf.

176 IM-Akte »Peter Schmidt«; BStU, MfS, AIM 10998/74.

177 Weitere IM der Kategorie I: BStU, MfS, AIM 7172/83; BStU, MfS, AIM 1098/73; BStU, MfS, AVSV 6161/72; BStU, MfS, AVSV 6162/72; BStU, MfS, AVSV 8786/73 u. BStU, MfS, BV FfO, AOG 646/74; IM der Kategorie II: BStU, MfS, BV FfO, AOG 1412/78 u. BStU, MfS, BV Potsdam, AIM 963/75.

178 Außer Kraft gesetzte Vorgängerdokumente der genannten MdI-Richtlinie 01/78 sind im MfS-Archiv nicht überliefert.

Informatoren

Das MfS arbeitete bis 1968 unter anderem mit der IM-Kategorie des Geheimen Informators (GI). Mit der IM-Richtlinie 1/68 wurden neue Kategorien eingeführt und die des GI abgelöst. Dennoch arbeitete Colberg als Mitarbeiter der VSV/4 ab 1971 mehrfach mit dem Begriff des Informators. Eine begründende normative Regelung ist nicht bekannt. Einerseits existieren Verschriftungen sogenannter informatorischer Befragungen, die eher den Eindruck einer Zeugenbefragung oder Beschuldigtenvernehmung hinterlassen. (»Mit dem Gegenstand meiner Befragung vertraut gemacht und zur Wahrheit ermahnt, gebe ich folgende Aussage zu Protokoll: …«[179]). Andererseits liegen bis 1975 separate Dokumente vor, in denen Colberg als Herkunft der Inhalte auf Informatoren verwies (einmal mit Hinweis auf eine unterlassene Verpflichtung). Colbergs Handeln scheint widersprüchlich, was besonders am Beispiel eines Insassen deutlich wird, der 1971 zwei Strafen in Schwedt absaß. Während der Verbüßung eines zweimonatigen Strafarrestes im ersten Halbjahr 1971 wurde der Betreffende »nicht verpflichtet, sondern seine Nutzung erfolgte nur als Informator«. Als dieser aber im zweiten Halbjahr zu einer nunmehr achtmonatigen Strafe wieder in Schwedt erschien, notierte Colberg, dass der Insasse »mit Abgabe einer schriftlichen Erklärung zur Gewährleistung der Ordnung und Sicherheit während seiner Strafverbüßung als Informator« gewonnen wurde.[180] Die zusätzliche Vergabe von Registriernummern in diesem und in anderen Fällen spricht für eine geregelte Verfahrensweise, die vermutlich einem unbekannten Regelwerk der VSV/4 entstammen. Aus dem Jahr 1972 sind zwei weitere Fälle von Informatoren bekannt. Einer verpflichtete sich unter Klarnamen zur Unterstützung der Sicherheitsorgane und wurde fortan von Colberg erfolgreich als Informator genutzt (aber mehrmals auch IM bzw. IMK genannt). Nach neunmonatiger Zusammenarbeit unterschied Colberg ihn dennoch gegenüber seinen inoffiziellen Verbindungen: »Da durch die zuständige Diensteinheit [des MfS] eine Freigabe bisher nicht erfolgte, wurde von einer Anwerbung als IM Abstand genommen«.[181] Im ande-

179 Z. B.: StVK Schwedt [ohne Adressat]: Protokoll über die informatorische Befragung des MSG, 10.9.1971 [maschinenschriftl. Exemplar mit alleiniger Unterschrift des befragten MSG]; BStU, MfS, AVSV 8786/73, Bl. 15.

180 StVK Schwedt, OKS, Oltn. Colberg an MfS/BV Frankfurt (Oder)/Abt. VII: Operative Feststellungen zum MSG E., 20.3.1972 u. Colberg [ohne Adressat]: Abverfügung ins Archiv, 4.4.1972; BStU, MfS, AVSV 6161/72, Bl. 68 u. 78. Die handschriftliche Verpflichtung desjenigen unter Klarnamen gegenüber den Sicherheitsorganen befindet sich ebenda, Bl. 18.

181 BStU, MfS, BV Neubrandenburg, AOP 671/82. Handschriftliche Verpflichtung v. 18.1.1972 in Bd. 9, Bl. 100, Zitat aus StVK Schwedt, OKS, Oltn. Colberg an MfS, HA I: IMK Reg.-Nr. 606/72, 16.10.1972; ebenda, Bl. 79. Das Erfordernis einer Freigabe durch das MfS entsprach vermutlich einer Regelung der Ordnung über die Überprüfung von Personen mit Suchzettel und die Registrierung und Archivierung der operativen Dokumente der Abteilung IV der Verwaltung Strafvollzug v. 22.4.1966; BStU, MfS, BdL/Dok. Nr. 10085.

ren Fall wurde ein Insasse im Zusammenhang mit einem konkret geschilderten Sachverhalt zunächst als Informator bezeichnet, direkt danach aber auf seine Nutzung als Abschöpfungsquelle verwiesen,[182] womit eine weitere Sorte von inoffiziellen Kontakten benannt ist. Nach 1972 geriet der Begriff Informator offenbar außer Gebrauch.

Abschöpfquellen, Abschöpfungspersonen

Unter Abschöpfen wird in der Regel eine vom Informationsgeber nicht bemerkte Ausnutzung zum Erlangen bestimmter Informationen verstanden. Insofern ist in diesen Fällen zunächst nicht von einer bewussten Lieferung von Informationen zugunsten der Staatssicherheit oder der K I/4 auszugehen. Dennoch gab es etliche Konstellationen, in denen sich Insassen gut abschöpfen ließen oder in denen eine Abschöpfungsphase in eine Mitarbeit mündete. Daher war oft auch von »Kandidaten« die Rede. Eine Abschöpfung in Verbindung mit dem Kandidatenstatus konnte sich über mehrere Monate hinziehen. Colberg formulierte beispielsweise im Zusammenhang mit der anstehenden Entlassung aus Schwedt, dass ein durchgängiger Kontakt bestand und der Kandidat erfolgreich abgeschöpft wurde.[183] Da der Kandidat während dieser Zeit bewusst den Kontakt zum OKS suchte und z. T. auch schriftliche, definitiv belastende Informationen gab, scheint die Verwendung des Begriffs der Abschöpfung hier nicht sachgerecht. Auch den umgekehrten Fall gab es: Als sich 1974 der IKM »Maier« gegenüber Strafvollzugsangehörigen und Mitgefangenen dekonspirierte, wollte der K I/4-Offizier Colberg ihn bis zur Entlassung nur noch abschöpfen.[184] Die prinzipielle Relevanz für die K I/4 zeigt sich auch darin, dass sie Abschöpfungspersonen beziehungsweise -quellen mit einer eigenen Registriernummer erfasste und auf den Karten der Personenkartei einen Zusatz »Wurde im Strafvollzug als Abschöpfungsperson genutzt« vermerkte. In der Sprache der K I/4 hieß es im Fall erwartungsgemäßen Verhaltens beispielsweise, der Betreffende »war ansprechbar und trug durch die Übermittlung von Informationen bei, dass eine hohe Ordnung und Sicherheit in seinem Bereich gewährleistet werden konnte« oder »Vorkommnisse, von denen er Kenntnis hat, teilt er ohne Bedenken mit«.[185]

182 StVK Schwedt, OKS, Oltn. Colberg an MfS/BV Frankfurt (Oder)/Abt. VII: Treffen von SG nach ihrer Haftentlassung, 30.6.1972; BStU, MfS, BV Karl-Marx-Stadt, XIV 2235/80, T. I, Bl. 90.

183 BDVP Frankfurt (Oder)/Abt. K/Dez. I/4, Hptm. Colberg [ohne Adressat]: Vorschlag zur Abschreibung, 20.1.1982; BStU, MfS, BV FfO, AOG 214/82, Bl. 65.

184 BDVP Frankfurt (Oder)/Abt. K/Dez. I/4, Oltn. Colberg [ohne Adressat]: Protokoll, 3.5.1974; BStU, MfS, BV FfO, Abt. VII Nr. 2357, Bl. 71.

185 BDVP Frankfurt (Oder)/Abt. K/Dez. I/4, Oltn. Colberg [ohne Adressaten]: Auskunftsberichte über Abschöpfungspersonen, 20.7. u. 5.12.1977; BStU, MfS, BV FfO, AOG 863/78,

Bestenfalls schrieben die abgeschöpften Insassen auch eigene Berichte. Auffällig ist, dass in mehreren Fällen ein und dieselbe Person unterschiedlich bezeichnet wurde. Ein Gefangener wurde sowohl Abschöpfungsperson, als auch Kandidat und Informant genannt, ein anderer wurde mit den Begriffen Abschöpfungsquelle beziehungsweise auskunftsbereiter Strafgefangener und Abschöpfungsperson in Verbindung gebracht.[186] Mit Wegfall der Arbeitsrichtung I/4 und Installation der Disziplinareinheit reduzierten sich die Fälle dokumentierter Abschöpfungen. Doch auch MfS-Mitarbeiter Krugenberg hielt einen Kontakt zu einem Militärstrafgefangenen, zu dem er notierte, er werde »weiter auf Kontakt gehalten und zur Lage im Schwerpunktbereich abgeschöpft«. Andererseits verwies er darauf, dass dieser Gefangene bewusst das Gespräch suchte und dabei auch belastende Sachverhalte mitteilte.[187] Insofern ist auch hier der Begriff Abschöpfung eher unzureichend.

Auskunftsbereite Strafgefangene (ASG)

Neben dem Begriff der Abschöpfungsperson nutzte Colberg für denselben Insassen oft auch die Bezeichnung Auskunftsbereiter Strafgefangener (ASG). Diese Kategorie war kein Spezifikum für den Militärstrafvollzug. Spätestens mit der Ende 1979 verabschiedeten Bearbeitungs- und Aktenordnung der K I gab es für die ASG ein vorgeschriebenes Procedere von Karteinachweisen und zur Führung von Handakten, das für alle Gefängnisse des MdI galt.[188] Für die Jahre 1977 bis 1982 sind bisher 16 Auskunftsbereite Strafgefangene in Schwedt bekannt. Den Kontakt hielt der K I/4-Offizier Colberg, der auch die entsprechenden Akten führte. Schriftliche Verpflichtungen der ASG wurden nicht vorgenommen. Den Akten ist nicht in jedem Fall zu entnehmen, wie intensiv die Auskunftsbereitschaft war. Mitunter ist gar nicht erkennbar, worauf die behaup-

Bl. 24 u. BStU, MfS, BV FfO, AOG 864/78, Bl. 32.

186 Zwei Informationen Colbergs über den Strafgefangenen XXX, jeweils 16.3.1977; BStU, MfS, BV FfO, AOG 864/78, Bl. 8 f. u. drei Colberg-Dokumente über den Strafgefangenen YYY von 1977/78; BStU, MfS, BV FfO, AOG 868/78, Bl. 3, 14 f.

187 [MfS/HA I/Abt. MfNV]/UA HS/DE, Mj. Krugenberg [ohne Adressat]: Aussprachebericht, 2.3.1983; BStU, MfS, BV Cottbus, AOPK 1240/85, Bl. 40.

188 RL 04/79 Bearbeitungs- und Aktenordnung MdI. Aufgrund des Gebrauchs des Begriffs des Auskunftsbereiten Strafgefangenen durch Colberg schon in den Jahren ab 1977 ist davon auszugehen, dass bei Formulierung der Richtlinie 1979 auf bestehenden Erfahrungen aufgebaut wurde. Auch hier begründet die Erwähnung in MdI-Richtlinien nicht eine Annahme, bei ASG könne es sich normativ um inoffizielle Quellen gehandelt haben. ASG waren keine IKM, zeigten sich jedoch in bestimmtem Maße kooperationswillig. Vgl. dazu auch die im aktuellen Abschnitt dokumentierte Herangehensweise Colbergs, zwischen IKM und ASG klar zu differenzieren.

tete Nutzung basierte. Im Negativfall musste Colberg sogar eingestehen, dass ein bestätigter ASG

> jedoch in keiner Weise seiner Aufgabe gerecht [wurde]. Er war zwar mit Strafantritt bereit für die Disziplin, Ordnung und Sicherheit einzutreten, hat dieses jedoch nicht verwirklicht und beging selbst Verstöße gegen die Hausordnung.
> Er war auch nicht bereit über Feststellungen zu berichten, die eine Gefährdung der Disziplin, Ordnung und Sicherheit darstellten. Wurden diesbezügliche Fragen gestellt, dann will er nichts gesehen und gehört haben.[189]

Bei entsprechender Relevanz wurden die durch ASG erhaltenen Informationen von Colberg in eigene Berichte und Vermerke aufgenommen und fanden so Eingang in die Akten der Personen, gegen die Colberg entsprechende Materialien angelegt hatte. Die Herkunft der Informationen wurde dabei in der Regel ohne Namensnennung mit dem Hinweis auf den Status als ASG in Verbindung mit der vergebenen Registriernummer angegeben. Von einzelnen der bisher ermittelten ASG konnten keine (vollständigen) Personalien recherchiert werden.

Mindestens einmal ergab sich aus einer »informatorischen Befragung« ein perspektivvoller Kontakt zwischen dem K I/4-Offizier Colberg und einem Insassen. Insofern wurde aus einer offiziellen Befragung ein anhaltender Kontakt, bei dem der Insasse auch unaufgefordert zulasten anderer Personen berichtete. Von Colberg wurde derjenige als auskunftsbereiter Strafgefangener geführt und nach dessen Entlassung aus Schwedt festgehalten, dass dieser auch als IM geeignet sei.[190] Als definitiv auskunftsbereit stellte sich ein 1978 als Gehilfe des Zugführers eingesetzter Strafarrestant heraus. Er schrieb in zwei Monaten acht handschriftliche Berichte unter Klarnamen mit andere Personen belastenden Informationen. Nach seiner Entlassung vermerkte Colberg:

> Als ASG erfüllte er voll und ganz die in ihn gesetzten Erwartungen. Er berichtete laufend über getroffene Feststellungen und trug somit erheblich zur allseitigen Gewährleistung der Disziplin, Ordnung und Sicherheit im Bereich der Strafarrestanten bei. Er ist ansprechbar, auskunftsbereit und hat eine positive Einstellung zur DDR und der sozialistischen Staatengemeinschaft.[191]

Aus einem Bericht, den MfS-IM »Johannes« im Februar 1982 unterzeichnete, ergibt sich, dass auch dem MfS spätestens damit der Terminus »bestätigter ASG«

189 BDVP Frankfurt (Oder), Abt. K/Dez. I/4, Oltn. Colberg [ohne Adressat]: Aktenvermerk: 10.1.1978; BStU, MfS, BV FfO, AOG 861/78, Bl. 11.

190 BStU, MfS, AOG 31/81.

191 BDVP Frankfurt (Oder)/Abt. K/Dez. I/4, Oltn. Colberg [ohne Adressat]: Auskunftsbericht über ASG, 13.4.1978; BStU, MfS, BV FfO, AOG 860/78, Bl. 22.

bekannt wurde.[192] Der bisher bekannte chronologisch letzte Gebrauch des Kürzels ASG stammt aus dem März 1982.[193]

Kontaktpersonen (KP)

MfS-Regelungen zur Arbeit mit Kontaktpersonen wurden bereits erwähnt. Doch auch der Offizier für Kontrolle und Sicherheit (OKS) verwandte diesen Begriff. Das reicht bis in die Frühphase des Militärstrafvollzugs in Schwedt zurück. Die älteste Spur führt zu der alternativen Weihnachtsfeier 1968.[194] Diese war im Vorfeld schon dem OKS über eine Kontaktperson angekündigt worden. OKS Colberg informierte daraufhin das MfS und verwies in eben dieser Meldung auf die inoffizielle Herkunft der Information durch die Kontaktperson »Kiesewalter«.[195] Regeln zur Arbeit mit Kontaktpersonen scheint es seinerzeit in der VSV/4 nicht gegeben zu haben: Für die relevante Person liegt keine eigene Akte vor, weitere Berichte sind unter den Termini »inoffiziell« beziehungsweise »Quelle« verschriftet worden und alle Funde stammen aus der Akte einer der ausgespähten Personen.[196] Auch die weiteren Informationen gingen wiederum an das MfS. Bei der Information einer anderen Kontaktperson schränkte Colberg 1969 die Glaubwürdigkeit deutlich ein. Zwar gab er die Information ebenfalls an das MfS weiter, ergänzte aber: »Zu der Quelle ist zu sagen, dass diese vom Unterzeichnenden keinen Auftrag zur Kontaktierung mit XXX hatte. Sie ist nicht glaubwürdig, hat sich selbst zur Mitarbeit angeboten und wird wegen Sammlung von Nachrichten operativ bearbeitet.«[197]

192 IM-Bericht »Johannes« [o. D., Febr. 1982]; BStU, MfS, BV FfO, KD Schwedt, V 2331/60, Bd. II/4, Bl. 97.

193 [BDVP Frankfurt (Oder)/Abt. K/Dez. I/4], Hptm. Colberg [ohne Adressat und Titel]: Notizen unter Bezug auf ASG XXX, 31.3.1982; BStU, MfS, BV FfO, AOG 973/92, T. I, Bl. 56.

194 Vgl. den Abschnitt Nonkonformes Verhalten der Insassen im Kap. 4.

195 StVK Schwedt, OKS, Ltn. Colberg an MfS/BV Frankfurt (Oder)/Abt. VII: Gruppierung, 21.12.1968; BStU, MfS, AU 85/69, Bd. 5, Bl. 117. Auch wenn Colberg von einer inoffiziell erhobenen Information spricht, gilt für den Zeitpunkt und die Zuordnung zur VSV/4, dass diese KP keine inoffizielle Quelle im Sinne des StUG war. Für den Zeitraum zwischen 1.1.1974 und der Inkraftsetzung der MdI-RL 01/78 kann die Einzelfallprüfung zur Bewertung des Bestehens einer inoffiziellen Zusammenarbeit mit der K I/4 führen. Nach Inkraftsetzen der MdI-RL 01/78 war die Kriminalpolizeiliche Kontaktperson (KK) eine Kategorie der IKM. Zur KK vgl. Das Arbeitsgebiet I, S. 18.

196 Z. B. Colberg an MfS/BV Frankfurt (Oder)/Abt. VII: Abschrift eines inoffiziellen Berichtes, 4.10.1968 bzw. Operative Feststellungen, 5.2.1969; ebenda, Bl. 78 u. 136.

197 Colberg an MfS/BV Frankfurt (Oder)/Abt. VII: Feststellungen zum SG S., 13.6.1969; ebenda, Bl. 140. Der chronologisch nächste und derzeit letzte bekannte Fall des Gebrauchs des Begriffs Kontaktperson durch die VSV/4 geht auf das Jahr 1972 zurück. Ohne dass erkennbar ist, ob der informierende Insasse zuvor im Blick von VSV/4 oder MfS stand, wurde dessen vertrauliche Mitteilung über einen ehemaligen Strafgefangenen unter der Statusangabe Kon-

Für die inoffizielle Arbeit des MfS mit Kontaktpersonen gibt es nur sehr wenige Hinweise auf einen tatsächlichen Einsatz. Ein analytischer Hinweis stammt aus dem Jahr 1984. Demnach sollen vom MfS-Mitarbeiter Knobelsdorf im Jahr 1983 »auf der Grundlage der Weisung des Leiters der HA I vom 9.11.1982 über die Arbeit mit Kontaktpersonen acht derartige Quellen unter den Disziplinarbestraften geschaffen« worden sein.[198] Deren Akten waren aber schon zum Zeitpunkt der damaligen Feststellung nicht mehr einsehbar. Stattdessen wurde auf die Schwierigkeiten verwiesen:

> Die Gewinnung der Kontaktpersonen und die Organisierung der Zusammenarbeit mit diesen gestalten sich entsprechend den Regimeverhältnissen/dem Tagesablauf in der 5. und 6. Kompanie sowie wegen der kurzen Kommandierungszeit von ein bis drei Monaten komplizierter als bei Militärstrafgefangenen. Aufklärungsunterlagen, die die Eignung, Ehrlichkeit und Zuverlässigkeit nachweisen, sind nicht vorhanden. Es bestehen unter den obigen Bedingungen geringe Überprüfungsmöglichkeiten zu den Kandidaten. Eine systematische Zusammenarbeit/Abschöpfung ist aus Gründen der Konspiration nicht möglich. Das von den Kontaktpersonen gewonnene Informationsaufkommen ist zur allgemeinen politisch-operativen Lageeinschätzung geeignet.[199]

Für 1983 ist bisher nur eine Kontaktperson bekannt, die aber wegen der längeren Aufenthaltsdauer in Schwedt nicht zu den angeführten acht Fällen unter den Disziplinarbestraften zählen kann. Dem unter Decknamen »Hans« agierenden Insassen wurde bescheinigt, dass er »seit fünf Monaten in seiner Berichtstätigkeit ehrlich und zuverlässig« war.[200] Auffällig ist hier, dass die KP »Hans« vom IME »Manfred« (Riesbeck[201]) geführt wurde, während Krugenberg nur in dessen Abwesenheit zu »Hans« Kontakt hatte.[202] Der einzige Hinweis auf eine weitere MfS-Kontaktperson stammt aus dem August 1985 und bezieht sich auf die auswertenden Notizen des MfS-Mitarbeiters Krugenberg zur Nachweisführung seiner Treffen mit IME »Manfred«. Bezüglich der Neuzugänge unter den Diszi-

taktperson notiert. Siehe IM-Bericht »Johannes«, 5.4.1972; BStU, MfS, BV FfO, TA 1111/79, Bd. 1, Bl. 241.

198 [MfS]/HA I/AKG, Ltr. Oberst Riebe [ohne Adressat]: Information zum Stand der Organisation und Führung der politisch-operativen Arbeit in der DE der NVA, 5.1.1984; BStU, MfS, HA I Nr. 15717, Bl. 30–39, hier 34. Im Gegensatz zur KK des AG I des MdI ist die KP des MfS normativ nicht mit inoffiziellen Mitarbeitern gleichzusetzen. Eine willentliche und nicht offizielle Kooperation mit dem MfS ist für jeden Einzelfall nach Aktenlage festzustellen.

199 Ebenda, Bl. 35.

200 Bericht »Hans« [o. D., Okt. 1983] mit ergänzenden Notizen des MfS-MA Krugenberg; BStU, MfS, AOP 10009/84, Bd. 1, Bl. 85.

201 Riesbeck war eigentlich OibE. Nur die Aktenführung erfolgte phasenweise unter dem Status IME.

202 FO Krugenberg: Bericht über eine Aussprache mit der KP »Hans« des IME »Manfred«, 2.11.1983; Ebenda, Bl. 114.

plinarbestraften heißt es, dass die operative Nutzung eines Soldaten als Kontaktperson geprüft werden sollte.[203] Ergebnisse dieser Prüfung oder gar Nachweise eines entsprechenden Einsatzes als KP sind nicht bekannt.

Informationen aus Entlassungsgesprächen und Aussprachen

Vor den Entlassungen aus Schwedt wurde mit den Insassen in der Regel ein formales Gespräch geführt. Das erfolgte mal durch den Kompaniechef, mal durch den Offizier für Kontrolle und Sicherheit Colberg, durch den Oberoffizier für Sicherheit und Ordnung Riesbeck oder durch den Offizier für politische Schulung Bailleu. Dabei wurde nach Kenntnissen über Verstöße gegen die Sicherheit und Ordnung gefragt, ihnen aber andererseits offenbar auch Gelegenheit gegeben, in der Rückschau Kritik zu äußern. So mancher nutzte dies, um entweder Missstände im Strafvollzug anzusprechen oder um andere Insassen zu belasten. Da diese Gespräche nicht immer direkt am letzten Tag der Anwesenheit erfolgten, ergaben sich Rückmeldungen beziehungsweise Auswertungen unter den anderen Gefangenen. Im Januar 1971 beispielsweise war ein Insasse bereits am Vortag seiner Entlassung beim Kompaniechef zum Gespräch. Anschließend konnte er den Mitgefangenen mitteilen, er wäre befragt worden, welche Häftlinge eine negative Beeinflussung ausüben, was eine allgemeine Beunruhigung und Diskussion unter den Insassen ausgelöst haben soll.[204] Auch die letztmalige Verwendung des Begriffs Kontaktperson durch den Offizier für Kontrolle und Sicherheit, Colberg, geht auf eine solche Entlassungssituation zurück. Am Vortag des Termins informierte ein Gefangener darüber, dass ein anderer, bereits entlassener Insasse angeblich im illegalen Besitz einer Waffe sei. Colberg notierte diese Information als vertrauliche Mitteilung durch die Kontaktperson und übergab diesen Bericht mit Decknamenunterschrift »Johannes« an das MfS.[205] In einem anderen Fall konnte Colberg die Entlassungssituation zu einer erfolgreichen Abschöpfung nutzen. Im Ergebnis schrieb Colberg noch am Entlassungstag ein zweiseitiges Protokoll, das er dem von ihm gegen einen anderen Insassen angelegten Kontrollmaterial zufügte.[206] Ähnlich agierte Colberg in einem weiteren Fall, bei dem er ebenfalls tagesaktuell sein Protokoll verfasste, diesmal aber auf

203 FO Krugenberg: Arbeitsnachweis IME »Manfred«, 9.8.1985; BStU, MfS, AIM 5382/88, T. II/1, Bl. 151.

204 FO Colberg: Treffbericht zur Quelle Reg.-Nr. 611/70, 1.2.1971; BStU, MfS, AIM 7172/83, T. I/1, Bl. 167.

205 IM-Bericht »Johannes«, 5.4.1972; BStU, MfS, BV FfO, TA 1111/79, Bd. 1, Bl. 241.

206 BDVP Frankfurt (Oder)/Abt. K/Dez. I/4, Oltn. Colberg [ohne Adressat]: Protokoll über das Ergebnis der Abschöpfung des MSG XXX, 27.4.1976; BStU, MfS, BV FfO, AOG 152/77, Bl. 17.

den Begriff der Abschöpfung verzichtete und stattdessen vom »Ergebnis einer Befragung« schrieb.[207]

Einzelne der zu Entlassenden hinterließen schriftliche Informationen. Bailleu etwa führte 1977 ein Gespräch mit einem Gefangenen, der vorzeitig auf Bewährung frei kam und brachte ihn dazu, belastende Angaben über einen anderen Insassen zu machen. Er weigerte sich zwar, als Zeuge gegen den anderen aufzutreten, hinterließ aber eine handschriftliche Einschätzung über den Betreffenden. Bailleu fertigte hierzu einen Bericht, den er als »Arnold« dem MfS übergab und in dem er darauf verwies, dass die mündlichen Äußerungen des Entlassenen noch mehr Belastungen enthielten.[208] Die zuletzt geschilderten Beispiele gingen jeweils zulasten anderer Insassen, gegen die die K I/4 oder das MfS bereits ermittelten und eigene Vorgänge führten. Im folgenden Fall war die Information des zu Entlassenden jedoch der Anlass, einen neuen operativen Vorgang gegen gleich vier Insassen zu eröffnen. Ein zu sechs Monaten Strafarrest verurteilter VP-Anwärter[209] meldete sich von sich aus am Tag seiner Entlassung bei dem MfS-Mitarbeiter Krugenberg und übergab einen Brief eines anderen Militärstrafgefangenen, den der zu Entlassende illegal aus dem Strafvollzug herausschleusen sollte. Da es in dem Brief um geplante Entweichungen, Ausreise und Nahrungsverweigerung ging, wertete das MfS die Briefübergabe als sogenannte operativ-bedeutsame Erstinformation und eröffnete den operativen Vorgang »Meuterer«, zunächst gegen den Briefschreiber und einen im Brief benannten weiteren Insassen, der gleiche Ziele verfolgt haben sollte. Später wurde der Vorgang auf zwei weitere Gefangene ausgedehnt. Nach mehrmonatigen Bemühungen hatte das MfS genug Material zusammen, um gegen drei der Beobachteten ein neues Ermittlungsverfahren einzuleiten. Letztlich wurden diese zu neuen Strafen zwischen 22 und 32 Monaten verurteilt.[210] In einem anderen Fall wurde ein zu schleusender Kassiber von einem zur Entlassung anstehenden Militärstrafgefangenen an den Kompaniechef übergeben. Dieser reichte ihn an den Oberoffizier für Sicherheit und Ordnung Riesbeck weiter, der wiederum als »Manfred« hierzu einen Aktenvermerk fertigte und diesen mit dem Originalkassiber dem MfS zukommen ließ.[211]

207 BDVP Frankfurt (Oder)/Abt. K/Dez. I/4, Oltn. Colberg [ohne Adressat]: Protokoll, 1.12.1976; BStU, MfS, BV Leipzig, AOP 2211/80, Bl. 89.

208 IM-Bericht »Arnold«, 1.2.1977 i. V. m. handschriftlichem Bericht des entlassenen MSG YYY, 31.1.1977; BStU, MfS, A 641/82, Bd. 2, Bl. 375 u. BStU, MfS, BV FfO, AOP 997/77, Bl. 180.

209 VP-Anwärter – niedrigster Mannschaftsdienstgrad der VP-Bereitschaften. Der 1,5-jährige Dienst bei der Bereitschaftspolizei war dem Grundwehrdienst der NVA gleichgestellt.

210 Akte OV »Meuterer«; BStU, MfS, AOP 10009/84.

211 OibE-Bericht »Manfred«: Aktenvermerk zum Kassiber, 17.7.1986 i. V. m. Kassiber; BStU, MfS, AOPK 7015/87, Bl. 28 f.

Letztlich gab es noch eine kleine Zahl von Fällen, die sich keiner der bisherigen Konstellationen zuordnen lassen. Der nachfolgend geschilderte gibt gleichzeitig Einblick in das Vorgehen Colbergs, wenn ein Gefangener sich weigerte, Informationen zu liefern: Im Frühjahr 1972 erhielt Colberg über eine seiner Quellen Kenntnis davon, dass ein aus der U-Haft Erfurt nach Schwedt gekommener Strafgefangener in dieser U-Haft von einem anderen Insassen, einem Major, über bisher unentdeckte Straftaten informiert wurde. Vor diesem Hintergrund führte Colberg mit dem Mitwissenden eine »legendierte Aussprache«. Dabei kamen sie auch auf die U-Haft zu sprechen und Colberg spürte, dass sein Gesprächspartner

> nicht gewillt [war], eine Auskunft zu geben. Unter der Legende, dass ich ein Ermittlungsersuchen von Erfurt habe und aufgrund dessen diese Befragung erfolgt, da bekannt ist, dass er Kenntnis von strafbaren Handlungen des XXX hat, die dieser bisher beim Untersuchungsorgan nicht zugegeben hat, reagierte er wie folgt: ›Dann muss ich ja den Major ganz schön in die Pfanne hauen‹. Auch hiernach überlegte er weiterhin, ob er nun aussagen soll oder nicht. Ihm wurde dann aufgezeigt, dass er nur zwei Möglichkeiten zur Aussage hat. Diese Möglichkeiten sind:
> – Eine offizielle Aussage nach der Strafprozessordnung, wozu er verpflichtet ist,
> – Seine Feststellungen zum anliegenden Sachverhalt vertraulich mitzuteilen, die dann keinen offiziellen Charakter haben. Er erklärte sich dann zu einer vertraulichen Aussage bereit, in dem von ihm selbst der festgestellte Sachverhalt in Berichtsform niedergeschrieben wurde.[212]

Colberg leitete die so gewonnenen Erkenntnisse unter Nennung aller Namen an die zuständige MfS-Diensteinheit weiter, verwies aber tatsächlich darauf, dass er die Aussagebereitschaft nur erreichte, »unter der Bedingung, dass seine Mitteilung vertraulich behandelt wird. Ich habe ihm dieses Versprechen gegeben und bitte, dass dies bei der Durchführung der sich aus dem Bericht ergebenden Maßnahmen beachtet wird«.[213] Als zwei Monate später die Entlassung des Informanten anstand, konnte Colberg ihn erneut dazu bewegen, andere Personen zu belasten. Da er nun einen insgesamt positiven Eindruck vom Insassen hatte, wollte Colberg ihn der nachfolgend zuständigen MfS-Diensteinheit als IM-Kandidaten vorschlagen. Er verwies auf die Umstände der bisherigen Informationsgewinnung und insbesondere darauf, dass derjenige »nicht inoffiziell gearbeitet bzw. Aufträge erhalten« hat. Dennoch verfasste er seine Berichte zu den neuen Informationen unter Verweis auf die Herkunft von einem IM-Kandidaten.[214]

212 StVK Schwedt, OKS Oltn. Colberg [ohne Adressat]: Protokoll, 14.4.1972; BStU, MfS, AVSV 762/73, Bl. 14 f.

213 Colberg an MfS/HA I: Inoffizielle Feststellungen zur Klärung eines anliegenden Ermittlungsverfahrens, 15.4.1972; ebenda, Bl. 20.

214 Colberg [ohne Adressat]: Vorschlag zur Übergabe eines IM-Kandidaten, 22.6.1972; ebenda, Bl. 49. Eine inoffizielle Zusammenarbeit kam jedoch nicht zustande.

Ein weiterer Sonderfall betraf einen Insassen, der im Februar 1983, noch vor Strafantritt in Schwedt, bereits in der U-Haft inoffiziell genutzt wurde. Da dieser bereits Anfang April wieder aus Schwedt entlassen werden sollte, wurde er vom MfS-Mitarbeiter Krugenberg zwar inoffiziell genutzt, aber nicht förmlich geworben. Krugenberg bezeichnete ihn mal als Quelle, mal als IM-Vorlauf. Der Insasse fertigte dann unter Klarnamen mindestens drei sogenannte Niederschriften, in denen er andere Gefangene belastete.[215]

So variantenreich K I/4 und MfS auch an Informationen zu gelangen suchten, nicht alle Insassen waren zu Spitzeldiensten bereit. »Ich hätte ja an der sozialistischen Gesellschaft etwas ›gutzumachen‹, gab er [der Hauptmann von der Staatssicherheit] mir zu verstehen. Ich habe ihm klargemacht, dass ich für eine Zusammenarbeit nicht zur Verfügung stand und meine Haftzeit voll absitzen werde.«[216] Eine so klare Abfuhr mag selten gewesen sein und die ideologische, phrasenhafte »Pflicht zur Wiedergutmachung« verfing bei den meisten Insassen sicher nicht. Erfolgreicher köderte das MfS eventuelle Kandidaten wohl mit der Aussicht auf Strafrabatt.

6.4 Vergünstigungen für IM aus der Zusammenarbeit

Die Tatsache, dass das MfS Einfluss auf die Geschehnisse im Militärstrafvollzug hatte und diesen Einfluss nutzte, wurde mehrfach dargelegt. Nachfolgend geht es um die Frage, ob oder in welcher Form das MfS als Belohnung für die inoffizielle Zusammenarbeit Vergünstigungen effektiv bewirkte oder ob es lediglich den Eindruck zu erwecken suchte, bestimmte günstige Entwicklungen und Entscheidungen seien auf das MfS zurückzuführen. Vorab sei darauf hingewiesen, dass Indizien hierfür in den Unterlagen nur sehr selten zu finden sind und oft in der Aussage vage bleiben. Grundsätzlich war bei eventuellen Vergünstigungen für inoffizielle Mitarbeiter unter Haftbedingungen die Gewährleistung der Konspiration ein maßgeblicher, mitunter hinderlicher Faktor. Vieles ließ sich im Rahmen der Regelungen für Belobigungen und Bestrafungen einrichten. Dennoch war der Hinweis auf die Gefährdung der Konspiration eine mehrfach gegebene (u. U. auch vorgeschobene) Begründung für eine bestimmte Zurückhaltung. So ließen sich auch IM unter den Insassen nicht ohne weiteres vor

215 Niederschriften v. 21. u. 29.3.1983 sowie Abschrift der Niederschrift v. 8.4.1983; BStU, MfS, BV Cottbus, AOPK 1240/85, Bl. 46 f. u. 49. Da die Personalien des Insassen nicht vollständig bekannt sind, kann nicht geprüft werden, ob zu ihm eine eigene Akte vorliegt. Der Nachweis seiner Tätigkeit besteht in wenigen Blatt im Vorgang desjenigen, der das Opfer der Information des IM-Vorlaufs war.

216 Interview mit Ingolf B. in Brauhnert; Hübner; Polzin (Hg.): Der DDR-Militärstrafvollzug, S. 164–181, hier 177.

einer Strafe schützen, wenn sie entsprechenden Anlass gaben. Trotzdem wurde je nach Interessenlage und Möglichkeiten versucht, die Folgen oder Begleitumstände von Bestrafungen abzumindern. Dem IM »Richard Neumann« etwa wurde 1971 wegen seiner Beteiligung an Schiebergeschäften in der HO-Verkaufsstelle durch FIM »Arnold« mitgeteilt, »dass er selbst auch mit einer Bestrafung zu rechnen hat. Es wird aber dafür Sorge getragen, dass er dadurch keine Verschlechterung in Bezug auf Lebensmittel und Rauchwaren hat«. Führungsoffizier Schröter hielt zusätzlich folgenden Auftrag fest: »Durch FIM ›Arnold‹ absichern lassen, dass dem IM keine materiellen Nachteile entstehen«.[217]

Für die Insassen besonders verheißungsvoll war natürlich die Möglichkeit, durch eine entsprechende Einflussnahme früher entlassen zu werden. Auch auf eine Verkürzung des nachzudienenden Wehrdienstes beziehungsweise den prinzipiellen Ausschluss aus der NVA richteten sich Hoffnungen und Wünsche. Die Möglichkeiten des MfS waren verschieden. Die unauffälligste Variante war die Befürwortung von ohnehin vorgesehenen vorzeitigen Entlassungen, die unabhängig von einer eventuellen inoffiziellen Mitarbeit anstanden. Für 1984 lässt sich das teilweise bei dem IM »Bernd Peters« nachvollziehen. Der MfS-Mitarbeiter Krugenberg notierte: »Auf Grund der zuverlässigen Arbeit des IM wurde seine vorzeitige Entlassung aus dem Militärstrafvollzug mit der Strafaussetzung auf Bewährung gemäß § 349 Strafprozessordnung unterstützt«. Wie dies tatsächlich geschehen sollte, ist nicht dokumentiert. Der eigentliche Antrag auf Strafaussetzung stammte aus der Feder vom Kommandeur Decker und ließ nicht erkennen, dass eine inoffizielle Zusammenarbeit mit dem MfS vorlag.[218]

Im Falle des IM »Harry Kreuzer«, dem Führungsoffizier Krugenberg 1985 eine »ausgezeichnete inoffizielle Arbeit« bescheinigte, gab es eine direktere Einflussnahme. Krugenberg schrieb, dass für »Harry Kreuzer« »über IM in Schlüsselposition eine Strafaussetzung auf Bewährung gemäß § 349 Strafprozessordnung

217 FO Schröter: Ergänzung [zu IM-Bericht »Richard Neumann« und zu dessen Treff mit FIM »Arnold«, o. D., Ende Sep. 1971]; BStU, MfS, BV Rostock, AIM 474/82, T. II/1, [S. 58].

218 NVA/DE, Kommandeur OSL Decker an Militärgericht Neubrandenburg: Antrag zur Strafaussetzung auf Bewährung, 2.3.1984 i. V. m. [MfS]/HA I/Abt. MfNV/UA HS/DE, Mj. Krugenberg [ohne Adressat]: Einschätzung zur Übergabe des IMS »Bernd Peters«, 12.4.1984; BStU, MfS, BV Magdeburg, AIM 579/88, T. I/1, Bl. 99 f. Ein Jahr zuvor notierte FO Krugenberg zu einem IM, der »im Interesse der Auftragserfüllung mehrfach erhebliche Nachteile im Vollzugsprozess in Kauf« nahm: »Aufgrund der erfolgreichen operativen Arbeit des IM wurde seine vorzeitige Entlassung aus dem Strafvollzug auf konspirativem Wege angeregt und bestätigt«. Vgl. [MfS]/HA I/[Abt.] MfNV/UA HS/DE, Mj. Krugenberg [ohne Adressat]: Abschlusseinschätzung zur Zusammenarbeit mit dem IMS »Bernd Heller«, 1.10.1983; BStU, MfS, AIM 17047/84, T. I/1, Bl. 73. Noch Ende Mai 1983 sprach sich Kommandeur Decker demgegenüber in einem Führungsbericht deutlich gegen eine Strafaussetzung auf Bewährung aus; ebenda, T. I/1, Bl. 64.

und seine vorzeitige Entlassung aus den Strafvollzug erwirkt werden« konnte.[219] Auch wenn an dieser Stelle nicht explizit erwähnt, ist davon auszugehen, dass mit dem IM in Schlüsselposition der Abteilungsleiter Innerer Dienst im MfNV, Oberst Siegfried Mehrmann, gemeint war, der in dieser Position seit 1978 als IM »Hans Seeberg« für das MfS arbeitete.[220] In zwei weiteren Fällen aus dem Jahre 1987 gingen Entscheidungen zu einzelnen Insassen definitiv auf diesen IM zurück. Gegen beide betroffenen Insassen hatte das MfS bereits eigene Vorgänge angelegt. Zunächst ging es um einen Militärstrafgefangenen, gegen den das MfS in Schwedt eine operative Personenkontrolle eröffnete, als bekannt wurde, dass er nach seiner Haftentlassung einen Ausreiseantrag stellen wollte. MfS-Mitarbeiter Knobelsdorf organisierte den Einsatz mehrerer IM in dessen Umfeld, darunter zwei Insassen. Diese beiden und der Betreffende selbst fielen dann unter die Amnestie von 1987. Um die Bearbeitungsmöglichkeiten optimal zu nutzen, sollten die Entlassungstage, die verteilt auf sechs verschiedene Termine zwischen 13. Oktober und 10. Dezember 1987 fielen, abgestimmt werden. Zum Einsatz des IM »Hans Seeberg« heißt es diesbezüglich: »Es handelt sich um einen IM in Schlüsselposition mit Aufsichtspflicht über den Militärstrafvollzug. Über den IM wird organisiert, dass XXX erst am 10.12.1987 (letzter Termin) amnestiert wird. Gleichzeitig wird die Amnestierung der IMS ›Mario Richter‹ und IMS ›Stephan‹ zu einem operativ günstigen Zeitpunkt festgelegt.«[221]

Der zweite Fall einer MfS-initiierten Entscheidung Mehrmanns betraf einen Strafarrestanten, gegen den das MfS noch vier Wochen vor seiner Entlassung einen Vorgang angelegt hatte. Der Betreffende verbüßte eine Strafe wegen unerlaubter Entfernung. Das MfS suchte rechtfertigende Belege für eine korrigierende Anklage und Verurteilung wegen Fahnenflucht und dementsprechend höherem Strafmaß. Nachdem sich erwies, dass eine (erneute) strafrechtliche Ahndung nicht möglich war, entschlossen sich Armee und Staatssicherheit zu einer radikalen Entscheidung. Dem als Unsicherheitsfaktor betrachteten und potenziell als fahnenfluchtwillig angesehenen Insassen wurden nach Haftent-

219 [MfS]/HA I/Abt. MfNV/UA HS/DE, Mj. Krugenberg [ohne Adressat]: Abschlussvermerk IMS »Harry Kreuzer«, 18.1.1985; BStU, MfS, AIM 15995/85, T. I/1, Bl. 13. Ähnliches notierte Krugenberg bereits zwei Monate vorher für den IM »Hans Busch«: »Über IM in Schlüsselposition konnte die Strafaussetzung auf Bewährung für den IM erwirkt werden«; siehe FO Krugenberg: Beurteilung [für IMS »Hans Busch«, ohne Adressat], 26.11.1984; BStU, MfS, BV Neubrandenburg, AIM 558/85, T. I/1, Bl. 19.

220 IM-Akte »Hans Seeberg«; BStU, MfS, AIM 3909/91. »Harry Kreuzer« wurden zusätzlich sechs Monate seiner nachzudienenden Wehrdienstzeit erlassen. Als Begründung wurde seine sehr gute Arbeit im NVA-Dienstbereich angeführt; vgl. [HA I/MB V/UA 1. MSD]/MSR-1 [ohne Adressat]: Abschlusseinschätzung IMS »Harry Kreuzer«, 31.10.1985; BStU, MfS, AIM 15995/85, T. I/1, Bl. 15. Ein MfS-Einfluss ist nicht dokumentiert.

221 [MfS]/HA I/Abt. MfNV/UA HS, Hptm. Knobelsdorf [ohne Adressat]: Einleitungsbericht zur OPK »Schachspieler«, 27.8.1987; BStU, MfS, AOPK 1777/88, Bl. 5–10, hier 9. Zur Amnestie vgl. Abschnitt Vorzeitige Entlassungen im Kap. 4.

lassung die noch zu leistenden 16 Monate Grundwehrdienst erlassen: Über IM »Hans Seeberg« wurde veranlasst, dass der Betreffende »mit Strafende am 30.11.1987 aus der Disziplinareinheit in seinen Truppenteil zurückgeführt und von dort aus der NVA entlassen wird«.[222]

Um eine vorgezogene Entlassung aus der NVA ging es auch bei einem Disziplinarbestraften, der 1986 wegen seiner Bestrafung einen Monat Wehrdienst nachzudienen hatte. Die begünstigende Entscheidung fiel im Zusammenspiel der für den Wohnort und der für den regulären NVA-Truppenteil zuständigen MfS-Diensteinheiten. Der ehemalige Insasse und dessen Ehefrau waren seit längerer Zeit Antragsteller auf Ausreise und das MfS vermutete heimliche Kontakte zu politischen Institutionen der Bundesrepublik. Die Staatssicherheit »verwanzte« die Wohnung des Paares und entließ den Betreffenden überraschend zwei Wochen vorzeitig in die Reserve. Durch das Mithören der in dieser Ausnahmesituation geführten Gespräche erhoffte sich das MfS Hinweise zur Bestätigung des Verdachtes.[223]

Während in diesen Fällen das MfS offenbar tatsächlich Einfluss nahm,[224] täuschte die Staatssicherheit in anderen Fällen eine Intervention offenbar nur vor. Ein Strafgefangener mit einjähriger Strafdauer, der drei Monate vorzeitig auf Bewährung aus Schwedt entlassen wurde, war für die MfS-Diensteinheit seines Heimatortes wegen seiner Westverwandtschaft interessant. Vor diesem Hintergrund gab es schon in Schwedt mehrere Gespräche zwischen der »fremden« MfS-Diensteinheit (der BV Berlin) und dem Gefangenen. Als der MfS-Mitarbeiter der BV Berlin Kenntnis davon bekam, dass der Gefangene aufgrund einer NVA-Entscheidung nicht die volle Zeit nachdienen sollte, wollte er das als Maßnahme des MfS suggerieren: »Eine Entlassung aus der Armee nach Strafableistung könnte somit als unser Verdienst ausgegeben werden«.[225] Genauso geschah es. Der ehemalige Gefangene, der sich als Unteroffizier zu

222 [MfS]/HA I/Abt. MfNV/UA HS, Ltr. OSL Willert [ohne Adressat]: Aktenvermerk, 27.11.1987; BStU, MfS, AOPK 972/88, Bl. 79. Unterzeichner Willert war der Vorgesetzte der MfS-Mitarbeiter vor Ort in Schwedt, hier speziell von Knobelsdorf.

223 [MfS/BV Dresden]/KD Bischofswerda [ohne Adressat]: Koordinierung mit HA I/[Abt. MB III]/UA 7. PD/PR-14, Einleitung weiterer Maßnahmen, 30.10.1986; BStU, MfS, BV Dresden, AOP 1509/88, Bl. 117. Die Kombination brachte dem MfS keinen Erfolg.

224 Ein möglicherweise fürsorglicher Fall der Einflussnahme seitens des MfS soll nicht verschwiegen werden. Durch Informationen eines IM erhielt das MfS Kenntnis darüber, dass die Ehefrau eines Strafgefangenen mit der Rolle als alleinerziehende Mutter überfordert war und zusätzlich unter Nachstellungen von Kollegen ihres Mannes litt. In Auswertung dieser Situation verfügte der MfS-Führungsoffizier Vormum, dass FIM »Arnold« über seine Möglichkeiten auf der dienstlichen Ebene einen zusätzlichen Sprecher für den betroffenen Insassen und seine Frau organisieren sollte, siehe FO Vormum: Treffbericht IMS »Horst Lehmann«, 30.6.1973; BStU, MfS, AIM 2786/81, T. II/1, S. 10 f. (MfS-Zählung) i. V. m. Vormum: Treffauswertung zu FIM »Arnold«, 30.6.1973; MfS, A 641/82, Bd. 1, Bl. 293. Ob es tatsächlich dazu kam, ist unbekannt.

225 [MfS/BV Berlin]/Abt. II/2, Oltn. Neumann [ohne Adressat]: Bericht über eine erfolgte Kontaktaufnahme, 28.6.1985 u. Oltn. Neumann: Vermerk über die Fortsetzung der Kontakt-

einem dreijährigen Wehrdienst verpflichtet hatte, wurde trotz seines circa neunmonatigen Aufenthaltes in Schwedt zum regulären Ablauftermin der drei Jahre aus der NVA entlassen. Die BV Berlin notierte nochmals: »Diesbezügliche Erfolge hinsichtlich seiner Armeeentlassung wurden als unsere Bemühungen herausgestellt. Diese Maßnahme zeigte bei XXX positive Wirkung«.[226]

Etwas anders lag der Fall bei einem wegen Fahnenflucht zu 20 Monaten verurteilten Matrosen, der schon in der Untersuchungshaft einen Ausreiseantrag gestellt hatte. Als er nach der Verurteilung nach Schwedt kam, zog er nach mehreren sogenannten Erziehungsgesprächen seinen Ausreiseantrag zurück, bat aber darum, dass das gegenüber seinen Mitgefangenen nicht offenbart werde. Dem wurde offenbar statt gegeben, denn die Sorge des Insassen, wegen der Rücknahme des Antrags in »schlechten Ruf« zu geraten, ergänzte sich mit der Absicht des MfS, einen IM in den Kreisen der politischen Gefangenen aufzubauen. Sechs Wochen nach Rüchme des Antrags erfolgte im Juni 1987 die Verpflichtung zum IM »Mario Richter«. Parallel dazu wurde die 1987er-Amnestie vorbereitet, bei der aus Sicht des MfS nur im Ausnahmefall eine zusätzliche Entlassung aus dem aktiven Wehrdienst verfügt werden sollte. Ohne dass erkennbar ist, vor welchem Hintergrund diese Entscheidung fiel, gelangte »Mario Richter« in die Gruppe der amnestierten und aus der NVA zu entlassenden Armeeangehörigen. Führungsoffizier Krugenberg notierte: »Dem IM wurde dargelegt, dass das Ausscheiden aus dem aktiven Wehrdienst aufgrund der Einflussnahme durch das MfS erfolgte und durch das MfS bestimmte Gegenleistungen dafür verlangt werden«. Belege für diesen Einfluss liegen jedoch nicht vor.[227]

Ebenfalls 1987 notierte ein Führungsoffizier in Vorbereitung eines Treffs mit IM »Dirk Richter«, dass der IM darüber informiert werden sollte, dass er vermutlich nicht nachdienen müsse und dass dies dem MfS zu verdanken sei. Da nur drei Wochen später eine eher desaströse Bilanz der inoffiziellen Zusammenarbeit gezogen wurde (seit Monaten gezeigtes Ausweichverhalten bei der Kontaktaufnahme in Verbindung mit neuen Disziplinlosigkeiten bei der NVA) und das Ende der inoffiziellen Zusammenarbeit wegen der anstehenden NVA-Entlassung absehbar war, wurde hier wohl eher versucht, den Kontakt zum IM zu retten.[228]

aufnahme, 6.8.1985; BStU, MfS, BV Berlin, AIM 4870/91, Bl. 54–60, hier 60 u. Bl. 61–64, hier 63.

226 Ders.: Vermerk über die Fortsetzung des Kontaktgespräches, 26.8.1985; ebenda, Bl. 71–74, hier 72. Die vermerkte »positive Wirkung« bestand in erfolgreicher Verpflichtung zum IM »Büchner«.

227 Zu Amnestie und Liste der zu Entlassenen siehe BStU, MfS, HA I Nr. 15340. Zitat aus FO Knobelsdorf: Beurteilung, 21.12.1987; BStU, MfS, AIM 7420/88, T. I/1, Bl. 74. Die erwartete Gegenleistung blieb aus. Einem Kontakt zur örtlichen MfS-Kreisdienststelle entzog sich der IM.

228 [MfS/HA I/MB III/UA 4. MSD]/PR-4, Oltn. Steinwerth: Treffbericht IMS »Dirk Richter«, 22.3.1988 i. V. m. Oltn. Steinwerth: Abschlussbericht zum IMS »Dirk Richter«,

Nur aus der Erinnerung eines Disziplinarbestraften rekonstruiert und nicht durch Akten belegt ist die Schilderung, wie der Oberoffizier für Sicherheit und Ordnung Riesbeck 1983 versuchte, mittels mündlicher Versprechungen einen Insassen für sich arbeiten zu lassen.

> Ich bin am Anfang, nach zwei, drei Tagen, von einem Vorgesetzten, der sich Manfred nannte, angesprochen worden, ob ich denn für die spitzeln würde – unter der Prämisse, dass ich einen Monat erlassen bekomme. Ich hatte dort mit drei Monaten in der Disziplinareinheit die Höchststrafe, die man dort bekommen konnte. Die meisten, die da drin waren, hatten in der Regel ein bis zwei Monate.

Riesbeck bot also an,

> wenn ich was höre, wenn jemand flüchten will, wenn die sich zusammenrotten, egal was oder andere Auffälligkeiten, dann könnte ich einen Monat erlassen bekommen. Da habe ich dann so gesagt: Können Sie mir das schriftlich geben? Da hat er natürlich ›Nein‹ gesagt oder es verneint und ich habe gesagt: ›Sehen Sie!‹ Damit war dann auch das Gespräch erledigt.[229]

Ähnliches wurde aus dem gleichen Jahr auch aus dem Bereich der Militärstrafgefangenen bekannt. Ein wegen Unterlassung der Anzeige einer Fahnenflucht im schweren Fall gemäß § 225 StGB zu einem Jahr Freiheitsstrafe Verurteilter:

> [ich hatte] im September 1983 die Hälfte meiner Haftzeit geschafft. Zu diesem Zeitpunkt wurde ich in den Stab der Disziplinareinheit geführt, wo ein Hauptmann von der Staatssicherheit mit mir sprechen wollte. Das Gespräch lief darauf hinaus, dass ich vorzeitig entlassen werden könnte, wenn ich mit ihm zusammenarbeiten würde. Ich hätte ja an der sozialistischen Gesellschaft etwas ›gutzumachen‹, gab er mir zu verstehen. Ich habe ihm klargemacht, dass ich für eine Zusammenarbeit nicht zur Verfügung stand und meine Haftzeit voll absitzen werde.[230]

Insgesamt kann die verbreitete Annahme, MfS und K I/4 hätten bei erfolgreicher Zusammenarbeit mit einem Insassen in jedem Fall eine vorzeitige Entlassung aus dem Militärstrafvollzug oder gar der NVA bewirkt, nicht bestätigt werden. Im Gegenteil: Von den circa 200 IM profitierten nach bisheriger Erkenntnis nur sechs von einer Reduzierung ihrer nachzudienenden Wehrdienstzeit. Diesen Vorteil genossen aber auch mindestens sieben weitere Personen, ohne eine IM-Verpflichtung eingegangen zu sein.[231]

5.4.1988; BStU, MfS, AIM 3733/88, T. I/1, Bl. 132 u. ebenda, T. II/1, Bl. 147.

229 Gespräch mit Detlef Fahle in Geißler: Die Disziplinareinheit 2, S. 81–94, hier 85, mit leicht modifizierter Verschriftung der wörtlichen Rede.

230 Interview mit Ingolf B. in Brauhnert; Hübner; Polzin (Hg.): Der DDR-Militärstrafvollzug, S. 164–181, hier 177. Er musste seine Strafe voll absitzen.

231 Zu sehr ähnlichen Befunden kamen Schekahn und Wunschik in ihrer Studie über Zelleninformatoren in der UHA Rostock. Vgl. Jenny Schekahn; Tobias Wunschik: Die Un-

Einzelne IM bedankten sich bei der Staatssicherheit für erhaltene Vergünstigungen. Darin zeigt sich deren prinzipielle Wahrnehmung, die erfolgreiche Suggestion durch das MfS oder auch eine Liebedienerei der IM. Den vorliegenden Akten ist jedoch nicht zu entnehmen, ob oder wie das MfS tatsächlich an den begünstigenden Entscheidungen beteiligt war. So bedankte sich zum Beispiel 1983 GMS »Viktor« im Rahmen eines schriftlichen Berichtes bei seinem Führungsoffizier Krugenberg für einen absolvierten Urlaub, für den sich letzterer eingesetzt hätte. Ein MfS-Einfluss ist jedoch nicht dokumentiert. Die Beurteilung des Gefangenen durch Kommandeur Decker verweist auf positives Gesamtverhalten des Insassen, das Grundlage für mehrere Auszeichnungen, darunter einen Sonderurlaub, gewesen sei. In Kenntnis seiner für 14 Tage später anstehenden vorzeitigen Entlassung schrieb »Viktor« in einem weiteren Bericht »und ich möchte mich dafür noch bedanken, dass ich von Ihnen unterstützt wurde. Dass mir also das Leben nicht so schwer gefallen ist«.[232]

In einem anderen Fall ging 1985 ein zwölf Jahre zuvor auf Bewährung entlassener Gefangener davon aus, dass seine damals um neun Monate vorgezogene Entlassung aus dem Strafvollzug (das Strafmaß betrug 20 Monate) ein eingelöstes Versprechen des MfS war, dem er in Schwedt inoffiziell unter dem Decknamen »Paul Fischer« verpflichtet war. In den Akten ist dies aber nicht dokumentiert. Allerdings handelt es sich bei »Paul Fischer« um den IM, der sich gegenüber einem Mitinsassen dekonspirierte und auch noch seinen Kontaktmann »Balljö« mit benannte. Das könnte seinerzeit ein Motiv für das MfS gewesen sein, sich für eine vorzeitige Entlassung einzusetzen, um entsprechende Unruhe zu mildern.[233]

Einen karrierefördernden Einfluss schrieb sich das MfS im Fall eines Unteroffiziersschülers zu, der wegen Hausfriedensbruchs und versuchter Vergewaltigung zu einer Freiheitsstrafe von zwei Jahren verurteilt worden war. Trotz seiner Degradierung zum Soldaten im Grundwehrdienst hatte er weiter Interesse an

tersuchungshaftanstalt der Staatssicherheit in Rostock. Berlin 2012, Bl. 132 f. Ebenso wenig schützte eine inoffizielle Zusammenarbeit mit dem MfS oder der K I vor einer späteren Einberufung als Reservist.

232 GMS-Berichte »Viktor, 8.6. u. 15.8.1983 i. V. m. NVA/DE, Kommandeur OSL Decker an Militärstaatsanwalt Berlin: Führungsbericht, 15.7.1983; BStU, MfS, AGMS 9779/84, Bl. 258, 273 u. 277. Ähnliches kam auch bei der K I/4 vor. Der eifrig und belastend informierende IKM »Kunkel« durfte im Juni 1976 einen »Sprecher außerhalb« des Vollzugs wahrnehmen. Handschriftlich reflektierte er: »Nicht zuletzt möchte ich mich bei Ihnen [Colberg] für Ihre Unterstützung bedanken, mit deren Hilfe ich am 13.6.1976 in Ausgang durfte«, vgl. IM-Bericht »Kunkel«, 3.7.1976; BStU, MfS, BV FfO, AOG 1667/76, T. II, [S. 81]. Eine tatsächliche Einflussnahme Colbergs auf die Gewährung des Ausgangs lässt die Akte nicht erkennen.

233 Zu »Paul Fischer« liegen mehrere Akten vor. Der relevante Hinweis auf seine Wahrnehmung des MfS als Verantwortlichen für die vorzeitige Entlassung findet sich in [MfS/BV Berlin]/KD Marzahn, Ltn. Wenzel [ohne Adressat]: Bericht über die Kontaktaufnahme zum IM-Kandidaten »Paul Fischer«, 25.4.1985; BStU, MfS, BV Berlin, AIM 7353/91, Bl. 47.

einer Laufbahn als Berufsunteroffizier. Wegen guter Führung in Schwedt wurde er knapp acht Monate früher entlassen und kam als Soldat in ein Panzerregiment. Von der dort zuständigen MfS-Diensteinheit wurde er wenige Monate später als IM »Dieter Schade« verpflichtet. In einer Rückschau des MfS heißt es: »Mit Unterstützung von uns wurde es ihm ermöglicht, seinen Dienst weiter als Berufsunteroffizier in der NVA zu versehen«. Als er aber zwei Jahre später erneut wegen einer versuchten Vergewaltigung verurteilt wurde, kam es endgültig zur Degradierung, zur Entlassung aus der NVA und dem Ende der inoffiziellen Zusammenarbeit.[234]

234 IM-Akte »Dieter Schade«; BStU, MfS, AIM 6663/88, Zitat aus [MfS]/HA I/MB III/UA 7. PD/PR 15 [ohne Adressat]: Abschlusseinschätzung, 18.6.1988; ebenda, T. I/1, Bl. 173.

7. Zusammenfassung und Stand der Aufarbeitung

Mitte der 1990er-Jahre analysierte der damalige Leiter der Abteilung Justizvollzug in der Berliner Senatsverwaltung für Justiz, Christoph Flügge, in einem Aufsatz die Schwierigkeiten bei der Recherche nach den »wahren Zustände[n] in den DDR-Gefängnissen«. Seinem Fazit zufolge bliebe

> festzuhalten, dass die offenbar umfangreiche Aktenvernichtung es für die Zukunft wohl unmöglich gemacht hat, zumindest aber erheblich erschwert hat, ein zuverlässiges Bild der Geschichte des Strafvollzuges der DDR sowie eine Darstellung der Struktur der Organisation, der Verantwortlichkeiten der handelnden Personen, der Größe der Anstalten, der wahren Gefangenenzahlen, der besonderen Vorkommnisse wie Meutereien, Suizide, Todesfälle, Ausbrüche etc. und der internen Weisungen zu zeichnen. Auch dürfte der Nachwelt für immer verborgen bleiben, ob es im System jemals interne Auseinandersetzungen gegeben hat, welchen Einfluss welche Personen oder Gruppen hatten und wie auf Kritik von außen und auf internationale Entwicklungen reagiert worden ist.[1]

Diese allgemeine Bestandsaufnahme zu den DDR-Gefängnissen galt auch für Schwedt. Als über zehn Jahre später in der Behörde des BStU erwogen wurde, ein Projekt zum Militärstrafvollzug in Schwedt aufzulegen, geschah auch das vor dem Hintergrund weitgehender Unkenntnis zum Themenkomplex. Inzwischen hat sich das – unabhängig von dieser Studie – erheblich geändert. Neben wissenschaftlichen Veröffentlichungen erschienen autobiografische Darstellungen und Zeitzeugenberichte. Zusätzlich fanden sich Betroffene und Interessierte in einem Internet-Forum zusammen, das inzwischen über 800 angemeldete Mitwirkende hat und von einem eigenen Verein getragen wird.[2]

Misslich bleibt der Umstand, dass die meisten Akten abhandengekommen sind. Die Gegebenheit, dass nach Entlassung der letzten Häftlinge, Ende April 1990, fast einhundert Bedienstete noch über Monate vor Ort waren, führte offenbar zu einer weitgehend unkontrollierten Selbstauflösung. Ein mehrseitiges Übergabeprotokoll aus dem August 1990 suggeriert zwar formalisiertes,

1 Christoph Flügge: Wie war es wirklich in den DDR-Gefängnissen? Über die Schwierigkeiten mit einer »amtlichen Auskunft«. In: Horch und Guck (1995) 4(17), S. 21–25, Zitat S. 25.

2 Siehe z. B. Wenzke: Ab nach Schwedt!; Dressler: Stillgestanden; Geißler: Die Disziplinareinheit 2; Auerswald: … sonst kommst du nach Schwedt!; Brauhnert: Sag dein letztes Gebet; Brauhnert; Hübner; Polzin (Hg.): Der DDR-Militärstrafvollzug sowie http://www.psrb.de/militaer.

abrechenbares Handeln, de facto verlieren sich danach viele Spuren, insbesondere solche zu den Unterlagen.[3] Listen zu Häftlingen oder zum Personal sind unbekannt. Die Gefangenenakten sind verschollen, die Personalakten liegen in unbekannter Größenordnung an mindestens zwei verschiedenen Orten unter Verschluss und von den Verwaltungsakten gibt es nur verstreute Reste in unterschiedlichen Archiven.[4] Nur zu einem sehr geringen Teil konnten vor dieser Studie personenbezogene Unterlagen zur Auswertung genutzt werden.

Im Rahmen des vorliegenden Forschungsprojektes, das sich weitgehend auf die Überlieferung des MfS stützt, konnte manche Lücke geschlossen werden. Zwar hat das Ministerium für Staatssicherheit keine eigenen Sachakten zum Militärstrafvollzug geführt. Doch aus dem Interesse des MfS an allem, was im weitesten Sinne mit Sicherheit oder deren vorgeblicher Gefährdung zu tun hatte, entstanden sowohl zu Bediensteten als auch zu Insassen eine Reihe von Vorgängen. Zusätzlich bildete das MfS Sammlungen zu sogenannten besonderen Vorkommnissen in der NVA, in denen auch projektrelevante Bezüge enthalten waren. Im Rahmen dieser Studie wurden über 900, zum Teil mehrbändige, Signaturen zu MfS-Unterlagen gesichtet und ausgewertet. Der intensive Zugriff auf die MfS-Unterlagen half, das insbesondere von Rüdiger Wenzke und Torsten Dressler vorgezeichnete Bild zu »Schwedt« abzurunden, zu ergänzen und in mancher Hinsicht auch zu korrigieren. Ein Effekt besteht auch in der ausführlichen Beschreibung der Vor-Ort-Verhältnisse. Basierend auf der großen Zahl individualisierter Akten können das Regime und der Haftalltag detaillierter als je zuvor beschrieben werden. Die theoretischen Grundlagen und Vorgaben aus Richtlinien und Strafvollzugsordnungen sind durch eine Vielzahl sowohl bestätigender als auch differierender Einzelfälle ergänzt worden. Beteiligte Institutionen waren einerseits für die offizielle Verwaltung die Ministerien des Innern beziehungsweise für Nationale Verteidigung, andererseits das Ministerium für Staatssicherheit und die Arbeitsrichtung I der Kriminalpolizei für zusätzliche Sicherungsaufgaben und inoffizielles Agieren. Auf allen Ebenen wirkte außerdem der Einfluss der SED. Diese Doppelstrukturen haben mit »Sicherheit« kontrollierend und korrigierend gewirkt. Es wurde deutlich, dass das MfS unter den Bediensteten durchgängig von 1968 bis 1989, oft mit mehreren IM, vertreten war. Außerdem waren fast durchgängig inoffizielle Mitarbeiter der K I oder des MfS unter den Insassen präsent, mit bis zu 15 IM gleichzeitig. Für die Verarbeitung der gewonnenen Informationen gab es reguläre Wege über die Partner des offiziellen Zusammenwirkens im Stab und den Verwaltungshierarchien. Weitere Möglichkeiten ergaben sich über Parteistrukturen und inoffizielle Verbindungen.

3 Vgl. Kap. 2, Abschnitt Schließung und Abwicklung der Disziplinareinheit.
4 Vgl. in der Einleitung Überblick über Archive mit relevanten Beständen.

»Schwedt« war integraler Bestandteil des SED-Herrschaftssystems und des gegen die Gesellschaft gerichteten Repressionsapparates. Erst nach dem Mauerbau konnten die Wehrpflicht eingeführt und danach die Bestrafungsformen verschärft werden. Schon in der Zeit der Freiwilligenarmee führten die anhaltenden Personalsorgen in Polizei und Armee dazu, dass straffällig gewordene Uniformträger mit einem Strafmaß bis zu zwei Jahren nicht mehr entlassen wurden, sondern nach Verbüßung der Strafe weiter dienen mussten. Im Extremfall konnten im zivilen Leben begangene Straftaten oder Delikte der allgemeinen Kriminalität unter den verschärften Bedingungen eines militärisch organisierten Strafvollzugs geahndet werden. Die kaum erwachsenen jungen Männer wurden nicht nur mit der ungeliebten Wehrpflicht konfrontiert, sondern liefen gegebenenfalls Gefahr, auch einer besonderen Härte von Bestrafung ausgesetzt zu sein, die, wenn nicht schon prinzipiell ungerechtfertigt, dann wenigstens als Summe von Vollzug und militärischer Umgebung unverhältnismäßig in ihr Leben eingriff. Die Nichtanrechnung der Strafdauer auf die Wehrpflichtzeit beziehungsweise die in der Regel mit der Strafe verbundene Pflicht des Nachdienens wurde zudem als zusätzliche Bestrafung empfunden.

Die Verantwortlichen in der DDR, speziell in der NVA, operierten bewusst mit dem sich verstärkenden, schlechten Ruf von »Schwedt«. Die Insassen erlebten Einschüchterung, standen unter Schweigepflicht und erhielten gegebenenfalls Auflagen, die aus einer vorzeitigen Bewährungsentlassung resultierten. Das Zusammenspiel von Einschüchterung und Schweigen schuf in der Wahrnehmung der Armeeangehörigen, die mit Schwedt-Rückkehrern konfrontiert waren, wesentlich den abschreckenden Mythos Schwedt.

Aus heutiger Sicht stellt sich das System Schwedt differenziert dar. Es gab ein hartes Tagesregime mit einer Kombination von Schichtarbeit, militärischer Ausbildung sowie ideologischer Schulung. Es gab eine Menge von Ungerechtigkeiten, es kamen Schikanen und Übergriffe vor, auch untereinander. Doch es gab keine Arbeit im »Steinbruch«, keine Todesfälle, keine vollendeten Suizide unter den Insassen. »Schwedt« war vermutlich nicht das schlimmste Gefängnis in der DDR. Was es besonders machte, waren drei Dinge: die Kombination des Strafvollzugs mit militärischem Ausbildungsalltag, das sehr junge Alter der Insassen und die Tatsache der nachzudienenden Wehrdienstzeit.

Innerhalb der NVA-Hierarchien mag es kritische Einstellungen zur Praxis der Disziplinareinheit oder den begleitenden Umständen gegeben haben. Im Rahmen dieses Projektes sind nur sehr wenige entsprechende Hinweise bekannt geworden. So achtete die Abt. Innerer Dienst des MfNV in den 1980er-Jahren wenigstens partiell darauf, unnötige Härten zu vermeiden. Im Zusammenhang mit den organisierten Sammeltransporten per Bahn, die für die Gefangenen sehr strapaziös waren, kam es zu der bemerkenswerten Aussage, dass auch bei Straffälligen die Menschenwürde zu beachten sei.[5] An der Militärstrafpraxis mit Arrestanten, Strafgefangenen und Disziplinarbestraften wurde jedoch festgehalten. Erst nach dem Fall der Mauer schlug das Justiz- dem Verteidigungsministerium vor, den »Dienst in der Disziplinareinheit« sofort abzuschaffen.[6] Zur Begründung verwies das MfJ darauf, dass die Festlegungen zur Freiheitsbeschränkung im Widerspruch zu verfassungsmäßig garantierten Persönlichkeitsrechten stünden und auch nicht durch die diese Rechte einschränkenden Bestimmungen über den Wehrdienst zu rechtfertigen wären.[7] Knapp zwei Wochen später entsprach das MfNV dem Vorschlag.[8] Ob das als späte Selbsterkenntnis oder beginnendes rechtsstaatliches Handeln zu interpretieren ist, kann angesichts der wenigen bekannten Dokumente nicht gesagt werden. An der Praxis der Militärgerichte sollte auch im Dezember 1989 noch festgehalten werden und eine Übertragung militärgerichtlicher Aufgaben an zivile Gerichte wurde abgelehnt.[9]

Die politische Aufarbeitung vollzog sich schleppend. Die Stadt Schwedt verweist zu Recht darauf, dass die Verantwortung für das damalige Geschehen nicht auf der kommunalen Ebene, sondern in der Wehrpflicht beziehungsweise bei den Ministerien des Innern, für Nationale Verteidigung und für Staatssicherheit zu suchen sei. Erschwerend kommt hinzu, dass etliche der in Schwedt verbüßten Strafen auf Delikte zurückgingen, die tatsächlich strafwürdig waren (z. B. Körperverletzung, Diebstahl, Sittlichkeitsvergehen), auch wenn es oft die fragwürdigen Bedingungen innerhalb der »bewaffneten Organe« waren, die mitursächlich für die Taten anzusehen sind.

Erst rund 20 Jahre nach der friedlichen Revolution kam in der Landes- und Kommunalpolitik ein Nachdenken in Gang, das nicht von Schwedt aus initiiert wurde. Gedenkpolitisch gibt es inzwischen Erklärungen, Anregungen, Empfehlungen und erste Erfolge. Das 2009 vom Land Brandenburg vorgestellte Geschichtskonzept beschrieb zunächst – wenn auch fehlerhaft – die Hintergründe des Militärstrafvollzugs beziehungsweise den Überlieferungszustand und kam im Kapitel »Handlungsbedarf und Perspektiven« zu folgendem Schluss:

5 MfNV/Abt. ID, Ltr. Oberst Mehrmann an Kommandeur der DE: Entscheidung zum Neuerervorschlag, 11.2.1984; BArch, DVW 1/126210 (o. Pag.). Vgl. Kap. 4, Abschnitt Gepflogenheiten von Strafantritt und Entlassung.

6 Vgl. Kap. 2, Abschnitt Juristische und militärdisziplinarische Normierungen.

7 Stv. MfJ, GM Kalwert an stv. MfNV, GO Streletz [o. T.], 29.11.1989; BArch, DVW 9/69578 (o. Pag.).

8 Stv. MfNV, GO Streletz an stv. MfJ, GM Kalwert [o. T.], 12.12.1989; BArch, DVW 9/69578 (o. Pag.).

9 [MfJ]/HA Militärgerichte/UA Recht, OSL Penndorf [ohne Adressat]: Position der HA MG zur Tätigkeit der Militärgerichte im einheitlichen Gerichtssystem der DDR, 13.12.1989; BArch, DVW 9/69579 (o. Pag.). Zu Reform und Ende der Militärjustiz in der DDR s. a. Wenzke: Ab nach Schwedt!, S. 69–72 bzw. Wagner: Die Militärjustiz, S. 468–470.

> Darüber hinaus ist der Forschungsstand zur Geschichte des Militärgefängnisses Schwedt nach wie vor lückenhaft, und heute erinnert kaum etwas an die Geschichte der Repression, die hinter diesen Gefängnismauern verübt worden ist. Über die Intensivierung der Forschung hinaus sind aus Sicht der Landesregierung Initiativen anzuregen, die sich der Erinnerung an dieses Kapitel der Justiz in der DDR widmen.[10]

Im Jahr 2011 erschien die vom Militärgeschichtlichen Forschungsamt verantwortete Studie von Rüdiger Wenzke, die erstmals ausführlicher die Hintergründe des Militärgefängnisses, der Disziplinareinheit Schwedt vorstellte.[11] Es dauerte drei weitere Jahre, bis eine Enquetekommission des Landes Brandenburg das Thema aufgriff. Sie formulierte als Handlungsempfehlung die

> Entwicklung eines Konzeptes für den Erinnerungsort Militärgefängnis Schwedt. Das Land sollte sich diesem wichtigen Ausschnitt der Landesgeschichte stärker stellen, dabei auf Vorarbeiten und Akteure vor Ort zurückgreifen, das ebenfalls in Brandenburg ansässige Militärgeschichtliche Forschungsamt (MGFA) und gegebenenfalls auch das Militärhistorische Museum der Bundeswehr in Dresden bei der Entwicklung einer Konzeption einbeziehen.[12]

Die Brandenburger Landesbeauftragte zur Aufarbeitung der Folgen der kommunistischen Diktatur (LAkD) hatte sich jedoch bereits des Themas angenommen. Bei der LAkD werden seit Jahren verschiedene Projektideen gebündelt, vernetzt, gefördert und vorangetrieben. Parallel dazu versuchte der Verein DDR-Militärgefängnis Schwedt, Dynamik in die Diskussion zu bringen und lud zu Geländeführungen, Vorträgen und Diskussionsrunden ein.[13] 2015 folgte er einer Einladung zum Ausschuss für Wissenschaft, Forschung und Kultur des Brandenburger Landtags, woraus anhaltende Gespräche über die politische Bildungsarbeit zum Erinnerungsort »Ehemaliges Militärgefängnis Schwedt« entstanden.[14]

Das Stadtmuseum Schwedt zeigt engagiert Interesse am Thema, ist aber wegen der personellen, räumlichen und finanzpolitischen Hintergründe in seinen Möglichkeiten stark eingeschränkt. So kann es nicht verwundern, dass die brandenburgische Zwischenbilanz zur Musealisierung der DDR noch 2012 den

10 Geschichte vor Ort: Erinnerungskultur im Land Brandenburg für die Zeit von 1933 bis 1990. Konzept der Landesregierung. Potsdam 2009. (Landtag Brandenburg. Drucksache; 4/7529), S. 48 f., Zitat von S. 52.

11 Wenzke: Ab nach Schwedt!

12 Aufarbeitung der Geschichte und Bewältigung von Folgen der SED-Diktatur und des Übergangs in einen demokratischen Rechtsstaat im Land Brandenburg. Abschlussbericht der Enquete-Kommission 5/1. Potsdam 2014. (Landtag Brandenburg. Schriften; 2014, 5), S. 319.

13 Exemplarisch dazu: Geschichte des »DDR-Armeeknastes« detailgetreu rekonstruiert. Verein stellt öffentlich erstmals Baupläne und Gebäudegrundrisse, Originalfotos und Archivmaterialien vor. In: Märkische Oderzeitung v. 29.3.2014, Uckermark Anzeiger, S. 12.

14 http://www.psrb.de/militaer/?path=aktuell-detail.php&id=38.

Militärstrafvollzug in Schwedt nicht erwähnte.[15] Seit Frühjahr 2016 ist jedoch eine vom Museum initiierte Ausstellung vorhanden, die nach ihrer Erstpräsentation im Museum in den Räumen der ehemaligen Disziplinareinheit gezeigt wird und zu der eine mobile Variante als Wanderausstellung bestellt werden kann.[16] Vorbestellungen liegen vor und reichen terminlich bis in das Jahr 2018 hinein.

Die räumlichen Bedingungen vor Ort lassen einen Gesamtüberblick über die damaligen Verhältnisse nicht mehr zu. Die Liegenschaft ist in Teilstücke zergliedert worden, von denen mehrere an verschiedene, überwiegend gewerbetreibende Nutzer verkauft wurden. Die Mehrzahl der ehemaligen Gebäude ist abgerissen, etliche Mauern und Zäune ebenso. Nur wenige Häuser sind erhalten geblieben, von denen wiederum nur einzelne unter Denkmalschutz stehen. Für andere Gebäude ist der Denkmalschutzstatus abgelehnt worden. Der Verein Militärgefängnis Schwedt e. V. hat ein Projekt initiiert, bei dem durch eine virtuelle Rekonstruktion die früheren baulichen Gegebenheiten in einem 3-D-Modell visualisiert wurden.[17] Im September 2016 wurden an der Außenmauer der Disziplinareinheit drei Informationstafeln enthüllt, die auf den »Ort der Repression« hinweisen.[18] Im Jahr 2018 sollen weitere Stelen zusätzliche Informationen bieten.

Die Frage der Nutzung noch vorhandener Originalräume für gedenkpolitische Bildungsarbeit ist umstritten. Das hängt nicht nur von prinzipiellen politischen Entscheidungen ab. Die Frage der Finanzierung, die dezentrale Lage am Stadtrand und die dort vorherrschenden infrastrukturellen Bedingungen (gekappte Anschlüsse von Strom, Wasser usw.) stellen beeinträchtigende Faktoren dar. Der Verein Militärgefängnis Schwedt e. V. kann aktuell die Erdgeschoßräume des ehemaligen Disziplinarbereiches im Rahmen von Geländeführungen nutzen und die dortigen Arrestzellen zeigen (siehe Titelbild).

Prinzipielle Schwierigkeiten bereitet aus mehreren Gründen die juristische Aufarbeitung. Den Disziplinarbestraften fehlen Unterlagen, die ihren Anspruch begründen könnten. Da sie nicht gerichtlich verurteilt, sondern per Kommandeursbefehl nach Schwedt »versetzt« wurden, gibt es kein Urteil. Die Kommandeursbefehle waren in der Regel zu vernichten. Strafarrestanten verbüßten eine

15 Susanne Köstering: DDR-Geschichte in brandenburgischen Museen. Eine Zwischenbilanz. In: Katrin Hammerstein, Jan Scheunemann (Hg.): Die Musealisierung der DDR. Wege, Möglichkeiten und Grenzen der Darstellung von Zeitgeschichte in stadt- und regionalgeschichtlichen Museen. Berlin 2012, S. 173–189.

16 Vgl. Einleitung, Abschnitt Mediale und politische Aufarbeitung.

17 Bilder daraus enthält das auf den Geländeführungen angebotene Informationsheft Militärjustiz und Strafvollzug in der NVA/DDR. Der fast vergessene Ort. Begleitmaterial für die öffentlichen Führungen/Hg. v. DDR-Militärgefängnis Schwedt e. V. Neuenhagen 2015. Zum aktuellen Stand siehe die Vereinswebseite http://www.psrb.de/militaer/.

18 Ein weiterer Mosaikstein gegen das Vergessen. In: Märkische Oderzeitung v. 13.09.2016, Uckermark Anzeiger Schwedt, S. 13 sowie http://www.psrb.de/militaer/?path=aktuell-detail.php&id=43.

maximal sechsmonatige Strafe, womit ihnen die sogenannte Opferrente verwehrt bleibt, da diese erst ab sechs Monaten Haft gezahlt wird. Gleiches gilt für die Disziplinarbestraften, die bis zu drei Monate in Schwedt waren. Schwierig ist auch die Trennung der politischen Delikte von denen der allgemeinen Kriminalität. Einerseits gab es fließende Übergänge, andererseits wurden oft mehrere Strafvorwürfe zusammengefasst und abgeurteilt, sodass rehabilitierungswürdige Anteile schwer ermittelbar sind. So wundert es nicht, dass unter den wenigen im Rahmen dieses Projektes bekannt gewordenen Rehabilitierungsversuchen auch einige Fälle zu finden sind, bei denen subjektives Gerechtigkeitsempfinden und tatsächlich juristische Rechtskorrektur auseinanderklaffen. Die bundesdeutschen Gerichte orientierten sich z. T. eng am Wortlaut der Formulierungen der DDR-Urteile, deren Ideologielastigkeit einerseits kaum übersehbar ist, denen andererseits »blind« gefolgt wurde, wenn keine politische Begründung für eine Verurteilung gegeben wurde. Selbst im Fall annähernd gleicher Straftatvorwürfe kam es in der Spruchpraxis bei den Rehabilitierungen zu sehr unterschiedlichen Ergebnissen.

Dem Autor sind aus Literatur und Aktenstudium drei unterschiedlich gehandhabte Rehabilitierungsfälle bekannt geworden, bei denen NVA-Angehörige zuvor jeweils auf der Grundlage des § 225 DDR-StGB (Unterlassung der Anzeige) verurteilt wurden. Sie hatten ihre Mitwisserschaft von Fahnenfluchtvorhaben nicht offenbart beziehungsweise Republikflüchtige an ihrem Vorhaben nicht gehindert. Ingolf B., der wegen Unterlassung der Anzeige einer Fahnenflucht im schweren Fall zu einer Freiheitsstrafe von 12 Monaten verurteilt wurde, schildert seine Erfahrungen:

> Ich habe dann einen Antrag auf Rehabilitierung gestellt, der 1994 aber nur teilweise anerkannt wurde. Begründung: Fahnenflucht sei auch in demokratisch verfassten Staaten eine Straftat, nur meine Haftzeit sei zu lang und damit Unrecht gewesen. Ich akzeptiere diese Einschätzung bis heute nicht, da für mich die DDR ein Unrechtsstaat war, der sich an keine rechtsstaatlichen Normen hielt. Das Verfahren hätte nach meiner Ansicht schon damals in der DDR wegen gravierender Formfehler eingestellt werden müssen. Aber dieser Ansicht ist man auch in der zweiten Instanz 1995 meiner Klage nicht gefolgt.[19]

Ähnlich ging es zunächst auch Karsten Wodarczak, der unter Bezug auf den gleichen StGB-Paragrafen zu 15 Monaten Freiheitsentzug verurteilt wurde. 1991 erhielt er die Mitteilung, dass Fahnenflucht in jedem Land eine Straftat darstelle. Erst im zweiten Anlauf bekam er 1994 die Korrektur, dass seine »Freiheitsstrafe für rechtsstaatwidrig erklärt und aufgehoben« sei.[20] Im dritten Fall wurde ein Soldat im Grundwehrdienst unter gleichem Tatvorwurf zu sechs Mo-

19 Brauhnert; Hübner; Polzin (Hg.): Der DDR-Militärstrafvollzug, S. 181.
20 Michael Bluhm: Zeitreisen vom Aufbruch. Leipzig 2015, Kap. 7 der Begleit-DVD, 3.–6. Min.

naten Strafarrest verurteilt. Das Rehabilitierungsurteil änderte die Strafe nicht hinsichtlich der Dauer, sondern setzte diese lediglich zur Bewährung aus. Eine weitergehende Rehabilitierung wurde vom Gericht abgelehnt, unter anderem mit der Begründung, dass der § 225 StGB der DDR nicht unter den Regelaufhebungskatalog des Gesetzes über die Rehabilitierung und Entschädigung von Opfern rechtsstaatswidriger Strafverfolgungsmaßnahmen im Beitrittsgebiet falle. Im Übrigen sei der damaligen Urteilsbegründung keine politische Komponente zu entnehmen, weswegen der mögliche Rehabilitierungsgrund einer erlittenen politischen Verfolgung nicht zutreffe.[21] Ein Angehöriger der Grenztruppen, der mit einem anderen Wehrdienstleistenden einen Republikflüchtigen bewusst ignorierte und über die Grenze ließ, wurde hingegen nach § 262 DDR-StGB (Verletzung der Dienstvorschiften über die Grenzsicherung) verurteilt und bekam eine Strafe von 14 Monaten. Er wurde nach dem Mauerfall rehabilitiert und haftentschädigt.[22]

In einem weiteren Fall wurde ein Armeeangehöriger wegen Befehlsverweigerung zunächst zu acht Monaten Freiheitsentzug verurteilt. Eine weitere Verurteilung wegen vorgeblich in Schwedt geäußerter staatsfeindlicher Hetze erhöhte das Strafmaß um weitere 20 Monate. Eine Rehabilitierung lehnte das zuständige Landgericht 2010 gänzlich ab und begründete das zum einen mit dem fehlenden Nachweis einer politischen Verfolgung, zum anderen mit einem (fragwürdigen) Hinweis darauf, dass »die zu Grunde liegenden Strafakten nicht mehr beschafft werden konnten«. Beim BStU liegen im ehemaligen Zentralarchiv des MfS jedoch fünf Bände des entsprechenden Untersuchungsvorgangs vor.[23]

Zum Schluss sollen zwei zufriedenstellende Rehabilitierungen vorgestellt werden. Ein wegen Staatsverleumdung verurteilter Unteroffizier, der eine 15-monatige Freiheitsstrafe bis zum letzten Tag verbüßen musste, wurde 1992 in vollem Umfang rehabilitiert. Der Anspruch auf soziale Ausgleichsleistungen und die Anrechnung der Haftzeit als rentenversicherungspflichtige Tätigkeit wurden zusätzlich gerichtlich festgestellt.[24] Klaus Auerswald, der 1968 unter dem Vorwurf der staatsgefährdenden Hetze und Propaganda zu 20 Monaten Freiheitsstrafe verurteilt wurde, resümierte:

> Durch die Abschaffung des Unrechtssystems DDR mitsamt der Stasi kam ich in den freudigen und zuckersüßen Genuss der Rehabilitierung. […] Mit Freuden zeigte ich

21 Entscheidung des Landgerichts Neubrandenburg v. 3.4.1995, Az.: II RhB 58/92. Der zugrunde liegende Fall aus dem Jahre 1985 ist aus Sicht des MfS dokumentiert in BStU, MfS, AU 13973/85.

22 Budde: Willkür!, S. 315.

23 Entscheidung des Landgerichts Neubrandenburg v. 27.7.2010, Az.: 812 RHS 130/09. Die Dokumentation aus Sicht des MfS enthält BStU, MfS, AU 10836/70.

24 Beschluss des Bezirksgericht Rostock v. 19.3.1992, Geschäftsnummer RRO 321/90, 15 RHS 308/91-StA Rostock.

> nun den SED-Bekannten in meiner Umgebung die bundesdeutsche Gerichtsverfügung, die bestätigte, dass ich, auch im Sinne des DDR-Rechtes, zu Unrecht verurteilt worden war.[25]

Schwedt war über einen Zeitraum von mehr als 20 Jahren Standort des Militärstrafvollzugs in der DDR, der zuletzt verharmlosend Disziplinareinheit hieß. Es verging ein fast ebenso langer Zeitraum, bis mehr als nur einige wenige Betroffene den Mut fanden, sich darüber zu äußern. Auch aus Politik, Öffentlichkeit und Wissenschaft war zu dem Thema lange nur wenig zu vernehmen. Das hat sich mit dem wachsenden zeitlichen Abstand zur Auflösung der Disziplinareinheit gewandelt. Dieses Buch versteht sich als weiterer Beitrag dazu.

25 Auerswald: … sonst kommst du nach Schwedt!, S. 218.

Danksagung

Dieses Buch wäre ohne die Ermutigung und Unterstützung zahlreicher Personen so nie entstanden. Dies betrifft Kolleginnen und Kollegen des BStU genauso wie zahlreiche Personen außerhalb der Behörde. Projektidee, -konzeption und -durchführung wurden unter aktiver Begleitung durch Ilko-Sascha Kowalczuk realisiert. Erste inhaltliche Orientierung erhielt ich durch Rüdiger Wenzke vom damaligen Militärgeschichtlichen Forschungsamt. Hilfe bei der Sichtung unzähliger Akten leisteten unter anderem einige Praktikantinnen und Praktikanten, besonders Anne-Sophie Behm und Katja Fitschen. Tobias Wunschik und Roger Engelmann gaben zahlreiche fachkundige und kritische Hinweise. Für die redaktionelle Begleitung und druckreife Umsetzung danke ich Martin Erdmann, Thomas Heyden und Ralf Trinks. Stefan Csévi gebührt Dank für die Überlassung von Fotos, insbesondere des Titelbildes. Die Vernetzung mit Zeitzeugen einerseits, Akteuren der politischen Aufarbeitung/Bildung andererseits verdanke ich Marie Anne Subklew-Jeutner von der Landesbeauftragten Brandenburgs zur Aufarbeitung der Folgen der kommunistischen Diktatur. Ehemalige Insassen von Schwedt gewährten mir Zugang zu ihren Erinnerungen. Das waren, insbesondere die Frühphase des Militärstrafvollzugs betreffend, Klaus Auerswald, Günter Meyer, Hans Rother und Manfred Schulze. In Bezug auf die 1980er-Jahre leisteten diese Unterstützung Ingolf Berthold, Paul Brauhnert, Detlef Fahle und Ilja Hübner. Der Verein »Militärgefängnis Schwedt e. V.« ließ mich in seinem Internetforum als »Stasi-Forscher« am Austausch von Erfahrungen zahlreicher weiterer Betroffener teilhaben, woraus sich manch zusätzlicher Kontakt ergab. Anke Grodon vom Stadtmuseum Schwedt war die wesentliche Bezugsperson vor Ort. Torsten Dressler bereicherte mit seinem archäologischen Ansatz die Erkenntnislage zum Themenkomplex. Viele weitere Personen, die ich hier nicht erwähne, gaben das Ihrige hinzu. Nicht zuletzt erhielt ich von Astrid Rose anhaltend aufmunternde Unterstützung. Letztlich danke ich allen, die mitgeholfen haben, dieses Thema transparenter zu machen.

Arno Polzin, Januar 2018

8. Anhang

8.1 Tabellen- und Abbildungsverzeichnis

8.1.1 Abbildungsverzeichnis

8.1.2 Tabellenverzeichnis

8.2 Abkürzungsverzeichnis

Für Abkürzungen aus dem MfS-Themenkomplex beachte auch: Abkürzungsverzeichnis. Häufig verwendete Abkürzungen und Begriffe des Ministeriums für Staatssicherheit/Hg. BStU. 11. Aufl. Berlin 2015. Online-Zugriff: http://www.bstu.bund.de/DE/Service/Abkuerzungsverzeichnis/mfs-abkuerzungsverzeichnis_node.html.

AAK	Außenarbeitskommando
ABV	Abschnittsbevollmächtigter (der Volkspolizei)
ADN	Allgemeiner Deutscher Nachrichtendienst
AEB	Arbeitseinsatzbereich/-betrieb
AfNS	Amt für Nationale Sicherheit
AG	Arbeitsgebiet
	Arbeitsgruppe
AGM	Arbeitsgruppe des Ministers
AGMS	archivierte Akte eines GMS
AHJ	Ausbildungshalbjahr
AIM	archivierter IM-Vorgang oder IM-Vorlauf
AJ	Ausbildungsjahr
AKAG	archivierte Akte der Kriminalpolizei, Arbeitsgebiet I (ab 1987)
AKG	Auswertungs- und Kontrollgruppe (des MfS)
AKK	archivierte(s Material aus) Kerblochkarteierfassung
AOG	archiviertes Material des AG I der Kripo
AOI	Arbeits-, Orientierungs- und Informationshinweis
AOP	archivierter Operativer Vorgang
AOPK	archivierte Operative Personenkontrolle
AP	Abschöpfungsperson
	Allgemeine Personenablage
AQ	Abschöpfungsquelle
AR	Arbeitsrichtung
ASG	Armeesportgemeinschaft
	auskunftsbereiter Strafgefangener
ASK	Armeesportklub
ASt.	Außenstelle
ASV	Armeesportvereinigung
AU	archivierter Untersuchungsvorgang
Auffg.	Auffüllung
AVSV	archivierte Akte der Verwaltung Strafvollzug (VSV/4)
B 1000	Kleinbus, Kleintransporter der Barkas-Werke (DDR)
BA (B/A)	Bekleidung/Ausrüstung
BArch	Bundesarchiv
Bd.	Band
BdL	Büro der Leitung
BDVP	Bezirksbehörde der Deutschen Volkspolizei
BKH	Bezirkskrankenhaus
BLHA	Brandenburgisches Landeshauptarchiv
BMK	Bau- und Montagekombinat

BStU	Bundesbeauftragter für die Unterlagen des Staatssicherheitsdienstes der ehemaligen Deutschen Demokratischen Republik
BTS	Betriebsteil Schwedt (des Instandsetzungswerks Pinnow)
BU	Berufsunteroffizier
bV	besonderes Vorkommnis
BV	Bezirksverwaltung
BVA	Bundesverwaltungsamt
ČSSR	Československá socialistická republika (dt.: Tschechoslowakische Sozialistische Republik)
DA	Dienstanweisung Durchführungs-Anweisung
DB	Disziplinarbestrafter Durchführungsbestimmung
DBwV	Deutscher Bundeswehr-Verband
DE	Diensteinheit Disziplinareinheit
DdK (DDK)	Diensthabender der Kompanie
DDR	Deutsche Demokratische Republik
DdV	Diensthabender des Verwahrbereichs
Dez.	Dezernat
DHJ	Diensthalbjahr
DisE (DISE)	Disziplinareinheit
DLF	Deutschlandfunk
Dok.	Dokument
DV	Dienstvorgesetzte/r Dienstvorschrift
DVP	Deutsche Volkspolizei
EDV	Elektronische Datenverarbeitung
EK	Entlassungskandidat
EOS	Erweiterte Oberschule
EV	Ermittlungsverfahren
EVW	Erdölverarbeitungswerk
F	Fernverkehrsstraße Form/Formblatt/Formular
F 16	Personenkartei(karte) des MfS
F 77	Decknamenkartei des MfS
FDGB	Freier Deutscher Gewerkschaftsbund
FDJ	Freie Deutsche Jugend
FfO/Ffo	Frankfurt (Oder)
FIM	Führungs-IM
FO	Führungsoffizier
FS	Fachschule
GBl.	Gesetzblatt
Gen.	Genosse
Genn.	Genossin
GHI	Geheimer Hauptinformator
GI	Geheimer Informator
GKS	Grenzkommando Süd

GL	Generalleutnant
GM	Generalmajor
GMS	Gesellschaftlicher Mitarbeiter für Sicherheit
GO	Generaloberst
	Grundorganisation (der SED)
GST	Gesellschaft für Sport und Technik
GSTW	Gefangenensammeltransportwagen
GT	Grenztruppen
GTW	Gefangenentransportwagen
GUP	glasfaserverstärktes ungesättigtes Polyester(harz)
GVS	Geheime Verschlusssache
GWD	Grundwehrdienst
	Grundwehrdienstleistender
GWDP	Grundwehrdienstleistende Person
HA	Haftakte/Handakte
	Hauptabteilung
Hfw.	Hauptfeldwebel
Hg.	Herausgeber
HO	Handelsorganisation
Hptm.	Hauptmann
HS	Hauptstab
HUB	Humboldt-Universität zu Berlin
Hwmstr.	Hauptwachtmeister
IAK	Innenarbeitskommando
ID	Innerer Dienst
IKM	Inoffizieller Kriminalpolizeilicher Mitarbeiter
IM	Inoffizieller Mitarbeiter
IME	Inoffizieller Mitarbeiter in Schlüsselposition, im besonderen Einsatz
IMK	Inoffizieller Mitarbeiter zur Sicherung der Konspiration
IMK/S	Inoffizieller Mitarbeiter zur Sicherung der Konspiration/Sicherung
IMK/KW	Inoffizieller Mitarbeiter für Konspiration/Konspirative Wohnung
IMS	Inoffizieller Mitarbeiter für Sicherheit
i. V. m.	in Verbindung mit
IWP	Instandsetzungswerk Pinnow
JHS	Juristische Hochschule
JVA	Justizvollzugsanstalt
K	Kriminalpolizei
K I	Arbeitsrichtung I der Kriminalpolizei
KA	Kriminalakte (AR I/4)
KAP	Kooperative Abteilung Pflanzenproduktion
KC	Kompaniechef
KD	Kommandantendienst
	Kreisdienststelle
Kdo.	Kommando
KG	Kreisgericht
KK	Kleinkaliber
	Kriminalpolizeiliche Kontaktperson
KM	Kontrollmaterial (AR I/4)

KMS	Karl-Marx-Stadt
KNA 14	Karteikarte zur Personenerfassung im MdI (ähnl. F 16) (KNA – Kriminalpolizeiliche Nachricht)
Komp./Kp.	Kompanie
KP	Kontaktperson/en
KP 17	Täterlichtbildkarte (KP – Kriminalpolizei)
KPÄ	Kompanieälteste/r
KPKK	Kreisparteikontrollkommission (der SED)
KS	Kader und Schulung
KW	konspirative Wohnung
LAK	leicht absetzbarer/abwerfbarer Kofferaufbau für Lkw
LAkD	Landesbeauftragte zur Aufarbeitung der Folgen der kommunistischen Diktatur (Brandenburg)
LaSK	Landstreitkräfte
LB	Leuchtenbau
LMG	leichtes Maschinengewehr
LStU	Landesbeauftragte/r für die Stasi-Unterlagen
Ltn.	Leutnant
Ltr.	Leiter/in
MB	Militärbezirk
MdI	Ministerium des Innern
MDR	Mitteldeutscher Rundfunk
Med. Punkt	Medizinischer Stützpunkt
MF	Mikrofilm
MfAuV	Ministerium für Abrüstung und Verteidigung
MfJ	Ministerium für Justiz
MfNV	Ministerium für Nationale Verteidigung
MfS	Ministerium für Staatssicherheit
MfVA	Ministerium für Verteidigung und Abrüstung (eigentl. MfAuV)
MG	Militärgericht
MGFA	Militärgeschichtliches Forschungsamt
MHO	Militärhandelsorganisation
MKE	militärische Körperertüchtigung
MMA	Militärmedizinische Akademie
MOG	Militärobergericht
MOSTA	Militäroberstaatsanwalt(schaft)
Mot.	motorisiert
MPi	Maschinenpistole
MSD	Motorisierte Schützendivision
MSG	Militärstrafgefangene/r
MSR	Motorisiertes Schützenregiment
MStA	Militärstaatsanwalt(schaft)
MStG	Militärstrafgesetz
Mstr.	Meister
MStVK	Militärstrafvollzugskommando
MSTVO	Militärstrafvollzugsordnung
MStVE (MSVE)	Militärstrafvollzugseinrichtung
MVS	Mitgliederversammlung
ND	Neues Deutschland

NS	Nationalsozialismus
NVA	Nationale Volksarmee
NVR	Nationaler Verteidigungsrat
o. D.	ohne Datum
o. Pag.	ohne Paginierung
o. T.	ohne Titel
o. Verf.	ohne Verfasser
OB	Oberbürgermeister
OD	Objektdienststelle
ODH	operativer Diensthabender
OF	Oberfähnrich
Offz.	Offizier
OG	Oberstes Gericht
OHS	Offiziershochschule
OibE	Offizier im besonderen Einsatz
OKS	Offizier für Kontrolle und Sicherheit
Oltn.	Oberleutnant
OO	Oberoffizier
OOSuO	Oberoffizier für Sicherheit und Ordnung
OPK	Operative Personenkontrolle
O/S	Ordnung und Sicherheit
OSL	Oberstleutnant
OuS	Ordnung und Sicherheit
OV	Operativer Vorgang
PAG	politisch-aktuelles Gespräch
PCK	Petrolchemisches Kombinat
PdVP	Präsidium der Volkspolizei
PF/PSF	Postfach/Postschließfach
PGH	Produktionsgenossenschaft des Handwerks
PID	Politisch-ideologische Diversion
PKS	Papier- und Kartonwerke Schwedt
Pkw	Personenkraftwagen
PLZ	Postleitzahl
PO	Parteiorganisation
POS	Polytechnische Oberschule
POZW	Partner des offiziellen Zusammenwirkens
PSA	Persönliche Schutzausrüstung
PV	Politstellvertreter
RIAS	Rundfunk im amerikanischen Sektor
RL	Richtlinie
Rs	Rückseite
SA	Strafarrest(ant)
SAPMO	Stiftung Archiv der Partei und Massenorganisationen (der DDR) im Bundesarchiv
SaZ	Soldat auf Zeit
SDP	Sozialdemokratische Partei in der DDR
SED	Sozialistische Einheitspartei
SFB	Sender Freies Berlin

SG	Strafgefangene/r
SKS	Sonderkartei Strafnachrichten
SLF	(VEB) Schiffsarmaturen und Leuchtenbau (Eberswalde/Finow)
StAG	Staatsanwaltschaftsgesetz
StEG	Strafrechtsergänzungsgesetz
StGB	Strafgesetzbuch
StK	Stellvertreter des Kommandeurs
StPO	Strafprozessordnung
StUG	Stasi-Unterlagen-Gesetz
Stv.	Stellvertreter/stellvertretender
StVE	Strafvollzugseinrichtung
StVK (SVK)	Strafvollzugskommando
SU	Sowjetunion
SV	Strafvollzug
SV 1	Karteikarte der Zentralen Gefangenenkartei des MdI
SV 7	Aufnahmebogen
SV 7 a	Übersichtsblatt
SV 7 b	Erziehungsprogramm
SV 7 c	Nachweisbogen
SV 19	Tätowierungsbogen
SVWG	Strafvollzugs- und Wiedereingliederungsgesetz
T. I	Teil 1, Personalteil einer IM-Akte
T. II	Teil 2, Berichtsteil, Arbeitsakte einer IM-Akte
TA	Teilablage
TBK	Tiefbaukombinat
TDAP	Tagesdienstablaufplan
Tel.	Telefonnummer
tgl.	tauglich
TQ	Treffquartier
TV	Television (Fernsehen)
	Transport und Versorgung (Wach- u. TV-Zug)
UA	Unterabteilung
UaZ	Unteroffizier auf Zeit
UdSSR	Union der Sozialistischen Sowjetrepubliken
Uffz.	Unteroffizier
UHA	Untersuchungshaftanstalt
UKA	Unterkunftsabteilung
UTP	Unterrichtstag in der Produktion
UV	Untersuchungsvorgang
V0	Vau Null; Synonym für Verbindungsoffizier
VE	Volkseigen
VEB	Volkseigener Betrieb
VD	Versorgungsdienste
Verf.	Verfasser/in
VO	Verbindungsoffizier
VP	Volkspolizei
VPKA	Volkspolizeikreisamt
VR	Verwahrraum
	Volksrepublik

VS	Verschlusssache
VSV	Verwaltung Strafvollzug im MdI
VWR	Verwahrraum
VVS	Vertrauliche Verschlusssache
VZG	Vollzugsgeschäftsstelle
WBK	Wehrbezirkskommando
	Wohnungsbaukombinat
WKK	Wehrkreiskommando
ZB	Zivilbeschäftigte/r
ZDF	Zweites Deutsches Fernsehen
ZK	Zentralkomitee
ZKD	Zentraler Kurierdienst
ZV	Zivilverteidigung

8.3 Literaturverzeichnis

8.3.1 Literatur/Medienveröffentlichungen

Das Arbeitsgebiet I der Kriminalpolizei. Aufgaben, Struktur und Verhältnis zum Ministerium für Staatssicherheit/Hg. v. BStU. Berlin 1994.

Auerswald, Klaus: ... sonst kommst du nach Schwedt! Bericht eines Militärstrafgefangenen. Rudolstadt 2010.

Aufarbeitung der Geschichte und Bewältigung von Folgen der SED-Diktatur und des Übergangs in einen demokratischen Rechtsstaat im Land Brandenburg. Abschlussbericht der Enquete-Kommission 5/1. Potsdam 2014. (Schriften des Landtages Brandenburg; 2014,5).

Ausreisen oder dableiben? Regulierungsstrategien der Staatssicherheit/Hg. v. BStU. 2. Aufl. Berlin 1998. (BStU. Reihe B, Analysen und Berichte; 1997,1).

Bärsch, Thomas: Disziplinareinheit Schwedt. Das Militärgefängnis der DDR. MDR-Hörfunk-Feature. Erstausstrahlung am 2.3.1996, MDR Kultur.

Bastian, Uwe; Neubert, Hildigund: Schamlos ausgebeutet. Das System der Haftzwangsarbeit politischer Gefangener des SED-Staates. Berlin 2003.

Bensch, Georg: Schüsse in die Luft und ihre Folgen. Honeckers Militärstraflager sind überfüllt. In Mukran auf Rügen stehen 120 Armeesträflinge im Einsatz. In: Das Ostpreußenblatt v. 21.7.1984, S. 13.

Bersch, Falk; Dirksen, Hans Hermann: Strafvollzug Berndshof/Ueckermünde (1952–1972). Schwerin 2012.

Blankennagel, Jens: Vergessene »Schwedter Gardinen«. Das einzige DDR-Militärgefängnis verfällt und war noch kein Fall für die Geschichtsaufarbeitung. In: Berliner Zeitung v. 29.6.2000, S. 29.

Bluhm, Michael: Zeitreisen vom Aufbruch. Leipzig 2015.

Bookjans, Jan Henrik: Militärjustiz in der DDR 1963–1990. Clausthal-Zellerfeld, 2006.

Brauhnert, Paul: Komm' Se, komm' Se, Strafgefangener. Der Militärstrafvollzug Schwedt. Ein Gefängnis für junge Seelen. Graphic Novel. Schwedt 2016.

Brauhnert, Paul: Militärstrafvollzug Schwedt. Die Anatomie eines Mythos. In: Horch und Guck (2012) 4 (78), S. 48–51.

Brauhnert, Paul: Sag dein letztes Gebet. Norderstedt 2009.

Brauhnert, Paul: Tiere in Menschengestalt. Die Anatomie eines Mythos. Militärstrafvollzug Schwedt. Ein Bericht mit Illustrationen. Bonn 2011.

Brauhnert, Paul; Hübner, Ilja (Hg.): Spür die Angst. Die Disziplinarstrafeinheit des Militärgefängnisses in Schwedt/Oder. Schwedt 2012.

Brauhnert, Paul; Hübner, Ilja; Polzin, Arno (Hg.): Der DDR-Militärstrafvollzug und die Disziplinareinheit in Schwedt (1968–1990). Zeitzeugen brechen ihr Schweigen. Berlin 2013.

Budde, Heidrun: Willkür! Die Schattenseite der DDR. Rostock 2002.

DDR-Militärgefängnis Schwedt e. V. http://www.psrb.de/militaer/.

DDR-Militärgefängnis Schwedt. Forum. http://www.psrb.de/militaer/phpbb/.

Dirksen, Hans-Hermann: »Keine Gnade den Feinden unserer Republik«. Die Verfolgung der Zeugen Jehovas in der SBZ/DDR 1945–1990, Berlin 2001.

Dölling, Birger: Strafvollzug zwischen Wende und Wiedervereinigung. Kriminalpolitik und Gefangenenprotest im letzten Jahr der DDR. Berlin 2009.

Dressler, Torsten: »Armeeknast Schwedt«. Mythos und Realität. Das DDR-Militärgefängnis und die NVA-Disziplinareinheit Schwedt/Oder von 1968 bis 1990. Eine archäologische Bestandsdokumentation. In: Horch und Guck (2014) 1 (80), S. 76–81.

Dressler, Torsten: »Stillgestanden – Blick zur Flamme!«. Das DDR-Militärstrafgefängnis und die NVA-Disziplinareinheit in Schwedt/Oder von 1968–1990. Baugeschichte, Bestandsdokumentation und Zeitzeugenberichte. Berlin 2013.
Dünkel, Frieder; Lang, Sabine: Jugendstrafvollzug in den neuen und alten Bundesländern. In: Bereswill, Mechthild; Höynck, Theresia (Hg.): Jugendstrafvollzug in Deutschland. Grundlagen, Konzepte, Handlungsfelder. Godesberg 2002.
Eisenfeld, Bernd: Die Ausreisebewegung. Eine Erscheinungsform widerständigen Verhaltens. In: Poppe, Ulrike; Eckert, Rainer; Kowalczuk, Ilko-Sascha (Hg.): Zwischen Selbstbehauptung und Anpassung. Formen des Widerstandes und der Opposition in der DDR. Berlin 1995.
Eisenfeld, Bernd: Strategien des Ministeriums für Staatssicherheit zur Steuerung der Ausreisebewegung. In: Ausreisen oder dableiben? Regulierungsstrategien der Staatssicherheit. 2. Aufl. Berlin 1998. (BStU. Analysen und Berichte; B 1/97).
Eisenfeld, Bernd; Schicketanz, Peter: Bausoldaten in der DDR. Die »Zusammenführung feindlich negativer Kräfte« in der NVA. Berlin 2011.
Engelmann, Roger; Joestel, Frank: Hauptabteilung IX. Untersuchung. Berlin 2016. (BStU. MfS-Handbuch; III/8).
Eppelmann, Rainer: Fremd im eigenen Haus. Mein Leben im anderen Deutschland. Köln 1993.
Ernst, K.[arin]: Militärstrafgefangene nannten Forderungen. In: Neuer Tag v. 8.12.1989, S. 2.
Ernst, Karin: Das Tor öffnete sich. In: Neuer Tag v. 16.12.1989, Lokalseite Schwedt.
Finn, Gerhard; Fricke, Karl Wilhelm: Politischer Strafvollzug in der DDR. Köln 1981.
Flemming, Axel: Ab nach Schwedt! Deutschlandradio Kultur, Länderreport. Erstausstrahlung am 21.11.2012.
Flügge, Christoph: Wie war es wirklich in den DDR-Gefängnissen? Über die Schwierigkeiten mit einer »amtlichen Auskunft«. In: Horch und Guck (1995) 4 (17), S. 21–25.
Förster, Andreas: Das Schweigen von Schwedt. In: Berliner Zeitung v. 25.3.2011, S. 3.
Friedrich, Karl-Heinz: Der Bestand »Militäroberstaatsanwalt« (MOStA) der ehemaligen DDR im Militärischen Zwischenarchiv Potsdam, In: Mitteilungen aus dem Bundesarchiv (1994) 1/2, S. 37–40.
Geipel, Ines: Generation Mauer. Stuttgart 2014.
Geißler, Christopher: Die Disziplinareinheit 2 der Nationalen Volksarmee in Schwedt (1982–1990). Die Angst als Herrschaftsmittel in der DDR. Eine Untersuchung anhand der Bestrafung »Dienst in der Disziplinareinheit«. Ursachen, Auslöser und Rückwirkungen. Masterarbeit TU Dresden. 2014.
Geschichte des »DDR-Armeeknastes« detailgetreu rekonstruiert. Verein stellt öffentlich erstmals Baupläne und Gebäudegrundrisse, Originalfotos und Archivmaterialien vor. In: Märkische Oderzeitung v. 29.3.2014, Uckermark Anzeiger, S. 12.
Geschichte vor Ort. Erinnerungskultur im Land Brandenburg für die Zeit von 1933 bis 1990. Konzept der Landesregierung. Potsdam 2009. (Landtag Brandenburg. Drucksache; 4/7529).
Grashoff, Udo: »In einem Anfall von Depression …«. Selbsttötungen in der DDR. Berlin 2006.
Grodon, Anke: Das Militärgefängnis und die Disziplinareinheit in Schwedt. In: Schwedter Museumsblätter 3 (2010), S. 20–23.
Hammer, Benjamin: »Ab nach Schwedt!« Die fast vergessene Geschichte des DDR-Militärgefängnisses. Deutschlandfunk/Wochenendjournal. Ausstrahlungen am 12.7.2014 und leicht modifiziert am 4.10.2014. Erweiterte Internetdarstellung:
http://www.deutschlandfunk.de/wochenendjournal-spezial.2248.de.html.
Hanisch, Wilfried: Herbst 1989. NVA und Grenztruppen der DDR. Chronologie wesentlicher Handlungen und Rahmenbedingungen. In: Was war die NVA? Studien, Analysen, Berichte/Arbeitsgruppe Geschichte der NVA und Integration ehemaliger NVA-Angehöriger in Gesellschaft und Bundeswehr beim Landesverband Ost des DBwV. Berlin 2001, S. 535–565. Online-Publikation: http://www.aggi-info.de/SB_IH/fileadmin/Artikel/info%2005/Art1.pdf.

Hartmann, Alfred: Die geringfügigen Militärstraftaten und ihre Abgabe an den Kommandeur zur Behandlung nach der Disziplinarvorschrift der Nationalen Volksarmee – DV 10/6. Dissertation 1966, Universitätsbibliothek Potsdam bzw. Die geringfügigen Militärstraftaten und ihre Abgabe an den Kommandeur zur Behandlung nach der Disziplinarvorschrift der Nationalen Volksarmee – DV 10/6. Die Behandlung im militärischen Kollektiv. Berlin 1968.

Haussmann, Leander: NVA. Köln 2005.

Herz, Andrea (Hg.): »So reingepfercht.« Vom Transport politischer DDR-Gefangener. Erfurt 2013. (LStU Thüringen. Kleine Reihe; 1).

Heidenreich, Ronny: Aufruhr hinter Gittern. Das »Gelbe Elend« im Herbst 1989. Leipzig 2009.

Hübner, Ilja: Ein gottverdammter Albtraum. Hörspiel. Brandenburg 2015. Uraufführung am 31.5.2015 im Gauß-Gymnasium Schwedt.

Hürtgen, Renate: Ausreise per Antrag. Der lange Weg nach drüben. Göttingen 2014.

Irmen, Helmut: Stasi und Militärjustiz. Der Einfluss des Ministeriums für Staatssicherheit auf Strafverfahren und Strafvollzug in der Militärjustiz der DDR. Berlin 2014.

Joksch, Reinhard; Starina, Stefan: Armeeknast Schwedt – Das Straflager der NVA. TV-Erstausstrahlung vermutl. am 26.3.2001, auch: Wer dort war schweigt. Das DDR-Militärgefängnis Schwedt zwischen Mythos und Wahrheit. Film von Reinhard Joksch und Stefan Starina. Mit umfangr. didakt. Begleitmaterial. Berlin 2012.

Kampa, Nicole: Die Strafgewalt der Kommandeure in der Nationalen Volksarmee. Eine rechtshistorische und rechtstatsächliche Untersuchung zu dem Rechtsinstitut der »Abgabe von geringfügigen Straftaten« an den Kommandeur. Dissertation, 2003. Aachen 2004.

Kein Verfahren wegen Befehlsverweigerung. In: ND v. 6.11.1989, S. 2.

Knobelsdorf, Siegfried: Organisation und Durchführung der inoffiziellen politisch-operativen Arbeit unter disziplinar bestraften Armeeangehörigen in der Disziplinareinheit der NVA. Fachschulabschlussarbeit. Potsdam 1985. BStU, MfS, JHS MF VVS 1724/84.

Köhler, Christiane: Spurensuche und Tränen nach 21 Jahren. Besuch im ehemaligen Militärgefängnis. In: Märkische Oderzeitung v. 4.6.2011, S. 15.

Koop, Volker: Abgewickelt? Auf den Spuren der Nationalen Volksarmee. Bonn 1995.

Koop, Volker: Erbe NVA. Eindrücke aus ihrer Geschichte und den Tagen der Wende. Waldbröl 1993.

Koop, Volker: Im Kittchen sind die Zimmer frei. In: Märkische Oderzeitung v. 2.1.1991.

Köstering, Susanne: DDR-Geschichte in brandenburgischen Museen. Eine Zwischenbilanz. In: Hammerstein, Katrin; Scheunemann, Jan (Hg.): Die Musealisierung der DDR. Wege, Möglichkeiten und Grenzen der Darstellung von Zeitgeschichte in stadt- und regionalgeschichtlichen Museen. Berlin 2012, S. 173–189.

Krüger, Sebastian: Schwedt und das Schweigen. In: Super Illu (2013) 18, S. 36.

Lapp, Peter Joachim: Frontdienst im Frieden. Die Grenztruppen der DDR. Entwicklung, Struktur, Aufgaben. 2., überarb. u. aktualis. Aufl. Koblenz 1987.

Lapp, Peter Joachim: Grenzregime der DDR. Aachen 2013.

Lenz, Reinhold: Der Lenz ist da. Der Lebensweg eines Justizvollzugsbeamten 1943–2003. Berlin 2003.

Lochen, Hans-Hermann; Meyer-Seitz, Christian (Hg.): Die geheimen Anweisungen zur Diskriminierung Ausreisewilliger. Dokumente der Stasi und des Ministeriums des Innern, Berlin 1992.

Lucht, Roland (Hg.): Das Archiv der Stasi. Begriffe. Göttingen 2015.

Marxen, Klaus; Werle, Gerhard: Strafjustiz und DDR-Unrecht. Berlin 2002.

Mehrmann, Siegfried: Die rechtliche Stellung der zu Freiheitsstrafen verurteilten Militärpersonen und der Vollzug der Freiheitsstrafen an Militärpersonen. Berlin 1975.

Menschenrechtskomitee beendete 19. Tagung. In: Junge Welt v. 29.7.1983, S. 15.

Das MfS-Lexikon. Begriffe, Personen und Strukturen der Staatssicherheit der DDR/Hg. v. Roger Engelmann u. a. 3. aktual. Aufl. Berlin 2016.

Militärjustiz und Strafvollzug in der NVA/DDR. Der fast vergessene Ort. Begleitmaterial für die öffentlichen Führungen/Hg. v. DDR-Militärgefängnis Schwedt e. V. Neuenhagen 2015.

Militärlexikon/Redaktionskollegium. 2. Aufl. Berlin 1973.

Möller, Klaus-Peter: Der wahre E. Ein Wörterbuch der DDR-Soldatensprache, Berlin 2000.

Naumann, Lutz-Peter: Ein Glaser aus Genthin wollte zu uns, da landete er im Gulag. Bericht aus Erich Honeckers Strafbataillon. In: Berliner Morgenpost v. 11.7.1982, S. 49.

Naumann, Lutz-Peter: Frau demonstriert für verhaftete Ost-Verwandte. In: Berliner Morgenpost v. 13.12.1985.

NVA-Forum. http://www.nva-forum.de.

NVA-Soldaten hinter Gittern. Der Militärknast Schwedt als Ort der Repression. Die Dokumentation zur Ausstellung/Hg. v. Stadtmuseum Schwedt/Oder. Schwedt 2016.

Peters, Jan-Henrik: Der Gefangenentransport auf der Schiene. In: Kill, Susanne; Kopper, Christopher; Peters, Jan-Henrik: Die Reichsbahn und der Strafvollzug in der DDR. Häftlingsarbeit und Zwangsarbeit in der SED-Diktatur. Essen 2016, S. 143–197.

Pfeil, Harry: Dieser Terror, diese Zermürbungstaktik. Ein ehemaliger DDR-Agent über seine Arbeit für den Staatssicherheitsdienst. In: Der Spiegel 31 (1977) 5, S. 49.

Pingel-Schliemann, Sandra: Zersetzen. Strategie einer Diktatur. Berlin 2004.

Politische Gefangene in der DDR. Eine Enquete der Arbeitsgemeinschaft 13. August/Hg. v. d. Arbeitsgemeinschaft 13. August. Berlin 1987.

Polzin, Arno: Mythos Schwedt. In: Horch und Guck (2010) 4 (70), S. 10–15.

Poppe, Ulrike; Eckert, Rainer; Kowalczuk, Ilko-Sascha (Hg.): Zwischen Selbstbehauptung und Anpassung. Formen des Widerstandes und der Opposition in der DDR. Berlin 1995.

Rath, Johannes: Himmelstoß kommandiert bei Schwedt. Militärstrafvollzug der »DDR«. Schaufeln im Kombinat, üben mit dem Holzgewehr. In: Die Welt v. 26.5.1970.

Rauhut, Michael: Schalmei und Lederjacke. Rock und Politik in der DDR der achtziger Jahre. Erfurt 2002.

Roloff, Stefan: Das Schweigen. The silence. Cast: Klaus Auerswald, Christian Beuchel, Hans Rother, Manfred Schulze. 2011. http://when6is9.de/films-and-videos/the-silence/

Sachse, Christian: Das System der Zwangsarbeit in der SED-Diktatur. Die wirtschaftliche und politische Dimension. Leipzig 2014.

Sälter, Gerhard: Grenzpolizisten. Konformität, Verweigerung und Repression in der Grenzpolizei und den Grenztruppen der DDR 1952 bis 1965. Berlin 2009.

Schekahn, Jenny; Wunschik, Tobias: Die Untersuchungshaftanstalt der Staatssicherheit in Rostock. Ermittlungsverfahren, Zelleninformatoren und Haftbedingungen in der Ära Honecker. Berlin 2012. (BStU. BF informiert; 31).

Schmidt, K. [Pseud.]: Gefaßt! In: Hermann, Ingolf: Die Deutsch-Deutsche Grenze. Von Possek bis Lehesten, von Ludwigsstadt nach Prex. Eine Dokumentation. 3. Aufl. Plauen 1998, S. 134–141.

Springer, Philipp: Verbaute Träume. Herrschaft, Stadtentwicklung und Lebensrealität in der sozialistischen Industriestadt Schwedt. Berlin 2006.

Staadt, Jochen: Suizide in den Grenztruppen. In: Schroeder, Klaus; Staadt, Jochen (Hg.): Die Todesopfer des DDR-Grenzregimes an der innerdeutschen Grenze 1949–1989. Ein biografisches Handbuch. Frankfurt/M. 2017, S. 529–535.

Suckut, Siegfried (Hg.): Das Wörterbuch der Staatssicherheit. Definitionen zur »politisch-operativen Arbeit«. Berlin 1996. (BStU. Analysen und Dokumente; 5).

Sündram, Erik: Schwedt von gestern. In: trend (1990) 5, S. 4 (abgedruckt bei Wenzke: Ab nach Schwedt!, S. 379).

Sündram, Erik: Sondergerichte. In: trend (1990) 15, S. 5.

Szkibik, Heinz: Sozialistischer Strafvollzug. Erziehung durch Arbeit. [Ost]Berlin 1969.

Tellkamp, Uwe: Der Turm. Frankfurt/M. 2008.
Tyb'l, Lothar: Die EK-Bewegung. Berlin 2015.
Ullrich, Eckhard: Kulturschock NVA. Briefe eines Wehrpflichtigen 1971–1973, Berlin 2013.
Wachtel, Stefan: Delikt 220. Bestimmungsort Schwedt. Gefängnistagebuch. Rudolstadt 1991.
Wagner, Heinz Josef: Die Militärjustiz der DDR. Unter besonderer Berücksichtigung der Rechtsprechung der Militärgerichte. Berlin 2006. (2 Bde).
Weberling, Johannes (Hg.): Zwangsarbeit in der DDR. Ein offenes Thema gesamtdeutscher Aufarbeitung. Baden-Baden 2015.
Weil, Andrea: Weißt du noch? Mitten aus'm Schwedter DDR-Alltag. Geschichten und Episoden. Kassel 2015.
Wende-Chronik Neues Forum jetzt. Schwedt 1989/90/Hg. v. d. Forschungsgemeinschaft für technischen Umweltschutz und Logistik e. V. Schwedt 2009.
Wenzke, Rüdiger: Ab nach Schwedt! Die Geschichte des DDR-Militärstrafvollzugs. Berlin 2011.
Wenzke, Rüdiger: NVA-Soldaten hinter Gittern. »Schwedt« und der militärische Strafvollzug in der DDR. In: Klewin, Silke u. a. (Hg.): Hinter Gittern. Zur Geschichte der Inhaftierung zwischen Bestrafung, Besserung und politischem Ausschluss vom 18. Jahrhundert bis zur Gegenwart. Leipzig 2010, S. 219–240.
Wenzke, Rüdiger (Hg.): Staatsfeinde in Uniform? Widerständiges Verhalten und politische Verfolgung in der NVA. Berlin 2005.
Wenzke, Rüdiger: Zwischen Bestenabzeichen und Armeeknast. Wahrnehmungen und Forschungen zum Innenleben der DDR-Volksarmee. In: Ehlert, Hans u.a. (Hg.): Militär, Staat und Gesellschaft der DDR. Berlin 2004, S. 497–530.
Wer dort war schweigt. Das DDR-Militärgefängnis Schwedt zwischen Mythos und Wahrheit. Film von Reinhard Joksch und Stefan Starina. Mit umfangr. didakt. Begleitmaterial. Berlin 2012.
Werkentin, Falco: Politische Strafjustiz in der Ära Ulbricht. Berlin 1995.
Wesensbitter, Mikis: Wir hatten ja nüscht im Osten ... nich' ma Spaß! Die ganze Wahrheit über '89. Berlin 2015.
Windolff, Daniela: »Endlich kann ich sprechen ...« Ehemalige Insassen und ein Wärter des berüchtigten Schwedter NVA-Knastes führen heute Besucher. In: Märkische Oderzeitung v. 29.10.2013, S. 13.
Wölbern, Jan Philipp: Der Häftlingsfreikauf aus der DDR 1962/63–1989. Zwischen Menschenhandel und humanitären Aktionen. Göttingen 2014. (BStU. Analysen und Dokumente; 38).
Wölbern, Jan Philipp: Die historische Aufarbeitung der Zwangsarbeit politischer Häftlinge im Strafvollzug der DDR. Potsdam 2015. https://www.beauftragte-neue-laender.de/BNL/Redaktion/DE/Downloads/Anlagen/studie-zwangsarbeit-politischer-haeftlinge-in-der-ddr.pdf?__blob=publicationFile&v=3.
Wolf, Stephan: »Bausoldat ist eben ein Status«. Bausoldaten und das MfS in Prora. In: Waffenverweigerer in Uniform. Tagungsband/Hg. v. Prora-Zentrum. Bergen 2011, S. 74–92. (Wiss. Reihe. Prora-Zentrum; 2).
Wolf, Stephan: Hauptabteilung NVA und Grenztruppen. Berlin 2005. (BStU. MfS-Handbuch; III/13).
Wunschik, Tobias: Hauptabteilung VII: Ministerium des Innern, Deutsche Volkspolizei. Berlin 2009. (BStU. MfS-Handbuch; III/15).
Wunschik, Tobias: Knastware für den Klassenfeind. Häftlingsarbeit in der DDR, der Ost-West-Handel und die Staatssicherheit (1970–1989). Göttingen 2014. (BStU. Analysen und Dokumente; 37).

Wunschik, Tobias: Mechanismen und Herrschaft im Staat der SED. Staatssicherheit und Volkspolizei in der DDR. In: Zimmermann, Volker u.a. (Hg.): Ordnung und Sicherheit, Devianz und Kriminalität im Staatssozialismus. Göttingen 2014, S. 83–109.

Wunschik, Tobias: Selbstbehauptung und politischer Protest von Gefangenen im DDR-Strafvollzug. In: Neubert, Ehrhart; Eisenfeld, Bernd (Hg.): Macht, Ohnmacht, Gegenmacht. Grundfragen zur politischen Gegnerschaft in der DDR. Bremen 2001, S. 267–292. (BStU. Analysen und Dokumente; 21).

Wunschik, Tobias: »Überall wird der Stalinismus beseitigt, nur in unserer Dienststelle nicht!« Das autokratische Regime des Leiters der Haftanstalt Brandenburg-Görden Fritz Ackermann. In: Timmermann, Heiner (Hg.): Die DDR. Analysen eines aufgegebenen Staates. Berlin 2001, S. 321–342.

Wunschik, Tobias: »Zinker« und »Zellenrutscher«. Die Inoffiziellen Mitarbeiter der Staatssicherheit im Strafvollzug der DDR. In: Horch und Guck (2003) 4 (44), S. 61–70.

Yonan, Gabriele (Hg.): Im Visier der Stasi. Jehovas Zeugen in der DDR. Niedersteinbach 2000.

Zivilcourage und Kompromiss. Bausoldaten in der DDR 1964–1990. Kongressschrift. Berlin, 2005. (Schriftenreihe des Robert-Havemann-Archivs; 9).

(letzter Zugriff auf Web-Adressen: 9.10.2017)

8.3.2 Gesetzblätter/Amtliche Veröffentlichungen

Beschluss des Staatsrates der DDR über eine Amnestie v. 6.10.1972. In: ND v. 7.10.1972, S. 2.

Beschluss des Staatsrates der DDR über eine Amnestie v. 24.9.1979. In: DDR-GBl. T. I (1979) 30, S. 281 f.

Beschluss des Staatsrates der DDR über eine Amnestie v. 17.7.1987. In: DDR-GBl. T. I (1987) 17, S. 191.

Beschluss des Staatsrates der DDR über eine Amnestie v. 6.12.1989. In: DDR-GBl. T. I (1989) 20, S. 266.

Dienstlaufbahnordnung NVA 1962 (eigentl.: Erlass des Staatsrates der DDR über den aktiven Wehrdienst in der NVA v. 24.1.1962). In: DDR-GBl. T. I (1962) 1, S. 6–11.

Dienstlaufbahnordnung NVA 1970 (eigentl.: Erlass des Staatsrates der DDR über den aktiven Wehrdienst in der NVA v. 10.12.1970). In: DDR-GBl. T. I (1970) 25, S. 382–390.

Dienstlaufbahnordnung MdI 1976 (eigentl.: Anordnung des Nationalen Verteidigungsrates der DDR über den Dienst in der Deutschen Volkspolizei sowie in den Organen Feuerwehr und Strafvollzug des MdI v. 3.5.1976). In: DDR-GBl. T. I (1976) 20, S. 277–280.

Dienstlaufbahnordnung NVA 1982 (eigentl.: Anordnung des NVR der DDR über den Verlauf des Wehrdienstes in der NVA v. 25.3.1982). In: DDR-GBl. T. I (1982) 12, S. 237–241.

Gesetz über die Unterlagen des Staatssicherheitsdienstes der ehemaligen Deutschen Demokratischen Republik (Stasi-Unterlagen-Gesetz – StUG). In d. F. v. 1.3.2012: BGBl. I (2012), S. 442.

Militärgerichtsordnung 1963 (eigentl.: Erlass des Staatsrates der DDR über die Stellung und die Aufgaben der Gerichte für Militärstrafsachen v. 4.4.1963). In: DDR-GBl. T. I (1963) 4, S. 71–75.

Militärgerichtsordnung 1974 (eigentl.: Anordnung des NVR der DDR über die Aufgaben, Zuständigkeit und Organisation der Militärgerichte v. 27.9.1974). In: DDR-GBl. T. I (1974) 52, S. 481–486. 1. DB zur Militärgerichtsordnung v. 12.5.1975. In: DDR-GBl. T. I (1975) 25, S. 454–455.

Militärstrafgesetz (eigentl.: 2. Gesetz zur Ergänzung des Strafgesetzbuches v. 24.1.1962). In: DDR-GBl. T. I (1962) 2, S. 25–28.

Strafgesetzbuch v. 12.1.1968. In: DDR-GBl. T. I (1968) 1, S. 1–48.

Strafgesetzbuch v. 19.12.1974. In: DDR-GBl. T. I (1975) 3, S. 14–58.

Strafgesetzbuch 1979 (eigentl.: Gesetz zur Änderung und Ergänzung straf- und strafverfahrensrechtlicher Bestimmungen und des Gesetzes zur Bekämpfung von Ordnungswidrigkeiten – 3. Strafrechtsänderungsgesetz v. 28.6.1979). In: DDR-GBl. T. I (1979) 17, S. 139–146.

Strafprozessordnung v. 12.1.1968. In: DDR-GBl. T. I (1968) 1, S. 49–96.

Strafprozessordnung v. 19.12.1974. In: DDR-GBl. T. I (1975) 4, S. 62–106.

Strafrechtsergänzungsgesetz 1957 (eigentl.: Gesetz zur Ergänzung des Strafgesetzbuches v. 11.12.1957). In: DDR-GBl. T. I (1957) 78, S. 643–647.

Strafvollzugsgesetz 1977 (eigentl.: Gesetz über den Vollzug der Strafen mit Freiheitsentzug v. 7.4.1977). In: DDR-GBl. T. I (1977) 10, S. 109–117.

Strafvollzugs- und Wiedereingliederungsgesetz 1968 (eigentl. Gesetz über den Vollzug der Strafen mit Freiheitsentzug und über die Wiedereingliederung Strafentlassener in das gesellschaftliche Leben – SVWG v. 12.1.1968). In: DDR-GBl. T. I (1968) 3, S. 109–120.

Strafvollzugs- und Wiedereingliederungsgesetz 1974 (eigentl. Gesetz über den Vollzug der Strafen mit Freiheitsentzug und über die Wiedereingliederung Strafentlassener in das gesellschaftliche Leben – SVWG v. 19.12.1974). In: DDR-GBl. T. I (1975) 5, S. 110–118. 1. DB zum SVWG v. 25.3.1975. In: DDR-GBl. T. I (1975) 17, S. 313–320.

Verfassung der DDR v. 6.4.1968. In: DDR-GBl. T. I (1968) 8, S. 199–222.

Verordnung zur Regelung von Fragen der Familienzusammenführung und der Eheschließung zwischen Bürgern der DDR und Ausländern v. 15.9.1983. In: DDR-GBl. T. I (1983) 26, S. 254 f.

Wehrdienstgesetz 1982 (eigentl.: Gesetz über den Wehrdienst in der DDR v. 25.3.1982). In: DDR-GBl. T. I (1982) 12, S. 221–229.

Wehrpflichtgesetz 1962 (eigentl.: Gesetz über die allgemeine Wehrpflicht v. 24.1.1962). In: DDR-GBl. T. I (1962) 1, S. 2–6.

8.4 Quellenverzeichnis

8.4.1 Anweisungen, Befehle und sonstige Vorschriften

Anordnung Nr. 47/54 des MdI v. 30.11.1954 über die Einweisung von Strafgefangenen in das Straflager Berndshof; BStU, MfS, BdL/Dok. Nr. 50482.

Anweisung der MdI-HA Kriminalpolizei v. 2.11.1981 zum Einsatz der speziellen Mittel und Methoden der AR I/4; BStU, MfS, BdL/Dok. Nr. 10223.

Anweisung Nr. 042/71 des MdI über die Bearbeitung und Entscheidung von Anträgen auf Übersiedlung von Bürgern der DDR in die BRD und nach Westberlin in der Fassung v. 6.6.1973; BStU, MfS, BdL/Dok. Nr. 10744, Bl. 1–21.

Arbeits-, Orientierungs- und Informationshinweis Nr. 11/82 des Leiters der HA I v. 10.9.1982: »Aufgabenstellung zur politisch-operativen Sicherung des Vollzuges von Freiheits-, Arrest- und Disziplinarstrafen an Militärpersonen in der Disziplinareinheit Schwedt«; BStU, MfS, HA I Nr. 15652, aktualisiert durch:

AOI Nr. I/15/87 des Leiters der HA I v. 14.9.1987 [ohne Titel]; BStU, MfS, HA I Nr. 20496, Bl. 38 f.

Befehl Nr. 30/54 des MdI v. 11.3.1954 zur Regelung der Inhaftierung von VP-Angehörigen; BStU, MfS, BdL/Dok. Nr. 50294.

Befehl Nr. 71/57 des MfNV v. 2.9.1957 über die Bildung der Militärstaatsanwaltschaft; BArch, DVW 1/1832, Bl. 48–54.

Befehl Nr. 17/72 des MfS zur Bildung der KD Schwedt und der KD Angermünde aus der KD Schwedt/Angermünde und der OD Schwedt mit Wirkung v. 1.6.1972; BStU, MfS, BdL/Dok. Nr. 1476.

Befehl Nr. 26/81 des MfNV v. 30.3.1981 über die Vorbereitung der Bildung einer Disziplinareinheit und der Übernahme des Strafvollzugs und der Untersuchungshaft an Militärpersonen durch das MfNV; BArch, DVW 1/67006, Bl. 67–75.

Befehl Nr. 51/81 des MfNV v. 15.6.1981 über die Aufstellung der Disziplinareinheit; BArch, DVW 1/67006, Bl. 248–251.

Befehl des Chefs der NVA Nr. 8/90 über die Auflösung der Disziplinareinheit v. 31.5.1990; BArch, DVW 1/44496, Bl. 11–13, zugl. Dressler: Stillgestanden, S. 319.

Beschlussprotokoll zur 62. Sitzung des NVR am 21.11.1980, enthält u. a. die »Grundsätze zur Schaffung der Disziplinarstrafe ›Dienst in der Disziplinareinheit‹«, zur Übernahme des Strafvollzugs und der Untersuchungshaft an Militärpersonen durch das MfNV sowie zur Einziehung von Sachen«; http://www.argus.bstu.bundesarchiv.de/DVW1_NVR/mets/DVW1_NVR_39523/index.htm?target=midosaFraContent&backlink=/argus-bstu/DVW1_NVR/index.htm-kid-4e743c14-4451-41ad-9a52-891136a2e880&sign=DVW%20 1/39523.

Dienstanweisung Nr. 5/63 der HA I des MfS über die Arbeit mit Kontaktpersonen v. 1.5.1963; BStU, MfS, HA I Nr. 15549, Bl. 18–30.

Dienstanweisung Nr. 1/74 des MfS zur politisch-operativen Sicherung des Arbeitsgebietes I der Kriminalpolizei und über das Zusammenwirken der Diensteinheiten des MfS mit dem AG I v. 5.11.1974; BStU, MfS, BdL/Dok. Nr. 2370.

Dienstanweisung Nr. 2/75 des MfS über politisch-operative Aufgaben des MfS im Strafvollzug der DDR v. 13.3.1975; BStU, MfS, BdL/Dok. Nr. 2378.

Disziplinarordnung des SV 1976 (eigentl.: Ordnung Nr. 62/76 des MdI über Disziplinarbefugnisse und disziplinarische Verantwortlichkeit im Organ Strafvollzug v. 17.6.1976); BStU, MfS, BdL/Dok. Nr. 9205.

Disziplinarvorschrift der NVA 1963 (DV-10/6); BStU, MfS, ZAGG Nr. 2299, Bl. 1–58.

Disziplinarvorschrift MfNV 1982 (eigentl.: Dienstvorschrift DV 010/0/006 des MfNV über Disziplinarbefugnisse und disziplinarische Verantwortlichkeit v. 21.6.1982); BStU, MfS, HA IX Nr. 16509.

Durchführungs-Anweisung des Leiters der Verwaltung Strafvollzug zum Befehl 23/80 des MdI und Chefs der DVP v. 10.9.1981; BStU, MfS, BdL/Dok. Nr. 10222.

Innendienstordnung des SV 1976 (eigentl.: Ordnung Nr. 61/76 des MdI über den inneren Dienst im Organ Strafvollzug v. 17.6.1976); BStU, MfS, BdL/Dok. Nr. 9203.

Melde- und Untersuchungsordnung des MfNV 1983 (eigentl.: Ordnung Nr. 036/9/001 des MfNV über die Meldung, Untersuchung und Bearbeitung von Straftaten und besonderen Vorkommnissen sowie über die Aufgaben bei der Durchsetzung des sozialistischen Rechts v. 25.3.1983); BStU, MfS, HA I Nr. 17445.

Militärstrafvollzugsordnung 1968 (eigentl.: 2. DB zum Strafvollzugs- und Wiedereingliederungsgesetz – Ordnung über den Strafvollzug an Militärpersonen v. 15.6.1968); BStU, MfS, BdL/Dok. Nr. 10069.

Militärstrafvollzugsordnung 1975 (eigentl.: Ordnung Nr. 106/75 des MdI über die Durchführung des Vollzuges der Strafen mit Freiheitsentzug an Militärpersonen und die Durchführung des Strafarrestes v. 25.3.1975); BStU, MfS, BdL Nr. 1398.

Militärstrafvollzugsordnung 1982 (eigentl.: Ordnung Nr. 036/9/005 des MfNV v. 17.12.1982 über den Vollzug der Strafen mit Freiheitsentzug an Militärpersonen); BStU, MfS, AGM Nr. 610.

Ordnung über die Überprüfung von Personen mit Suchzettel und die Registrierung und Archivierung der operativen Dokumente der Abteilung IV der Verwaltung Strafvollzug v. 22.4.1966; BStU, MfS, BdL/Dok. Nr. 10085.

Ordnung über den Strafvollzug an Militärpersonen 1968 – siehe Militärstrafvollzugsordnung 1968.

Ordnung Nr. 036/9/001 des MfNV – siehe Melde- und Untersuchungsordnung.

Ordnung Nr. 036/9/004 des MfNV über den Dienst in der Disziplinareinheit v. 17.12.1982; BStU, MfS, AGM Nr. 610, Bl. 151.

Ordnung Nr. 036/9/005 des MfNV – siehe Militärstrafvollzugsordnung 1982.

Ordnung Nr. 036/9/006 des MfNV über den Vollzug der Untersuchungshaft an Militärpersonen in Untersuchungshaftarrestanstalten der NVA v. 24.5.1983; BStU, MfS, HA IX Nr. 1420, Bl. 125–152.

Richtlinie Nr. 1/58 des MfS über die Arbeit mit inoffiziellen Mitarbeitern im Gebiet der DDR, BStU, MfS, BdL/Dok. Nr. 2516.

Richtlinie Nr. 01/77 des Chefs der Verwaltung Militärwissenschaft im MfNV zur Chronikführung im Truppenteil v. 28.12.1977; BStU, MfS, BdL/Dok. Nr. 12550.

Richtlinie 1/76 des MfS zur Entwicklung und Bearbeitung Operativer Vorgänge; BStU, MfS, BdL/Dok. Nr. 3234.

Richtlinie 03/76 des MdI über die Aufgaben des Arbeitsgebietes I der Kriminalpolizei zur operativen Kontrolle von Personen; BStU, MfS, BdL/Dok. Nr. 9064.

Richtlinie 01/78 des MdI, HA K, Abt. I über die inoffizielle und vertrauliche Zusammenarbeit des Arbeitsgebietes I der Kriminalpolizei mit Bürgern der DDR; MfS, BdL/Dok. Nr. 2375.

Richtlinie 1/79 des MfS zur Arbeit mit Inoffiziellen Mitarbeitern und Gesellschaftlichen Mitarbeitern für Sicherheit; BStU, MfS, BdL/Dok. Nr. 3278.

Richtlinie 04/79 des MdI über die Ordnung bei der operativen Bearbeitung von Personen sowie für die Registrierung, Verwahrung und Archivierung von Akten in der Tätigkeit des Arbeitsgebietes I der Kriminalpolizei v. 10.12.1979 – Bearbeitungs- und Aktenordnung; BStU, MfS, BdL/Dok. Nr. 5241.

Richtlinie 1/81 des MfS zur Operativen Personenkontrolle; BStU, MfS, BdL/Dok. Nr. 6910.

Sicherungsordnung SV 1981 (eigentl.: Teilausgabe der Ordnung Nr. 0102/81 des MdI und Chefs der DVP über die Gewährleistung der Sicherheit der Strafvollzugseinrichtungen,

Jugendhäuser und Untersuchungshaftanstalten, Teil A, v. 18.12.1981); BStU, MfS, BdL/Dok. Nr. 11178.

Strafarrestordnung 1964 (eigentl.: Anordnung des MfNV über die Durchführung der Vollstreckung und des Vollzuges des Strafarrestes v. 24.6.1964); BStU, MfS, BdL/Dok. Nr. 15132.

Strafvollzugsordnung 1968 (eigentl.: 1. DB zum SVWG v. 15.6.1968); BStU, MfS, BdL/Dok. Nr. 10068.

Strafvollzugsordnung 1975 (eigentl. Ordnung Nr. 0107/75 des MdI über die Durchführung des Vollzuges der Strafen mit Freiheitsentzug v. 25.3.1975),
Teil A; BStU, MfS, BdL/Dok. Nr. 9198,
Teil B; BStU, MfS, BdL/Dok. Nr. 9199.

Strafvollzugsordnung 1977 (eigentl. Ordnung Nr. 0107/77 des MdI über die Durchführung des Vollzuges der Strafen mit Freiheitsentzug v. 7.4.1977),
Teil A; BStU, MfS, BdL/Dok. Nr. 9263,
Teil B; BStU, MfS, BdL/Dok. Nr. 9276,
Teil C; BStU, MfS, BdL/Dok. Nr. 9277,
Teil D; BStU, MfS, BdL/Dok. Nr. 9279,
Teil E v. 19.1.1978; BStU, MfS, BdL/Dok. Nr. 9280.

Umlaufplan für die Gefangenen-Sammeltransportwagen auf dem Streckennetz der Deutschen Reichsbahn. Gültig v. 28.5.1989–26.5.1990. Erlassen durch MdI/VSV; BStU, MfS, HA VII Nr. 5722, Bl. 1–13.

Vereinbarung von MdI und MfNV über die Vorbereitung und Durchführung des Vollzuges von Freiheitsstrafen und des Vollzuges von Strafarrest an Militärpersonen v. 3.5.1968; BArch, DVW 1/30205, Bl. 8–12.

8.4.2 Archivquellen/Signaturen aus dem Bundesarchiv, inkl. Militärarchiv Freiburg

BArch, B 197

BArch, DO 1/3375, DO 1/3701, DO 1/3780, DO 1/3816, DO 1/12088, DO 1/12170

BArch, DP 1/22374

BArch, DVW 1/1832, DVW 1/30205, DVW 1/44067, DVW 1/44162, DVW 1/44496, DVW 1/44536, DVW 1/44967, DVW 1/55615, DVW 1/55627, DVW 1/55631, DVW 1/55634, DVW 1/55651, DVW 1/67006, DVW 1/116312, DVW 1/126201-126218

BArch, DVW 5-16/74001 (Chronik der Disziplinareinheit)

BArch, DVW 9/69578, DVW 9/69579, DVW 9/69661

BArch, DVW 13

8.4.3 Archivquellen/Signaturen des BStU

Personengebundene Vorgänge des Zentralarchivs

BStU, MfS, AGMS 22598/80, AGMS 8750/83, AGMS 14824/83, AGMS 9779/84, AGMS 9147/85, AGMS 4387/91, AGMS 4767/91, AGMS 4768/91, AGMS 5701/91, AGMS 6184/91, AGMS 6566/91

BStU, MfS, AIM 13929/69, AIM 4512/70, AIM 4571/70, AIM 5975/72, AIM 1098/73, AIM 10998/74, AIM 742/75, AIM 3691/78, AIM 9390/80, AIM 2786/81, AIM 3000/83, AIM 7172/83, AIM 7183/83, AIM 12558/84, AIM 15062/84, AIM 15441/84, AIM 17046/84, AIM 1534/85, AIM 12310/85, AIM 15907/85, AIM 15995/85, AIM 5151/86,

AIM 7198/86, AIM 11736/87, AIM 11737/87, AIM 12409/87, AIM 124/88, AIM 2121/88, AIM 3733/88, AIM 4809/88, AIM 5382/88, AIM 5467/88, AIM 6663/88, AIM 7247/88, AIM 7420/88, AIM 3397/89, AIM 3398/89, AIM 5657/89, AIM 5781/89, AIM 12256/89, AIM 3626/91 + A 641/82, AIM 3727/91, AIM 3844/91 + A 638/82, AIM 3909/91, AIM 4176/91, AIM 4388/91, AIM 4509/91, AIM 4584/91 + A 642/82, AIM 4753/91, AIM 4775/91, AIM 5045/91, AIM 5068/91, AIM 5253/91, AIM 5647/91, AIM 6358/91, AIM 6719/91, AIM 18068/91

BStU, MfS, AKK 22848/80

BStU, MfS, AOG 31/81, AOG 1023/84

BStU, MfS, AOP 12509/72, AOP 5058/73, AOP 5391/77, AOP 11903/79, AOP 23176/80, AOP 8973/81, AOP 2517/84, AOP 10009/84, AOP 9870/85, AOP 4977/87, AOP 5436/87

BStU, MfS, AOPK 7301/73, AOPK 1507/76, AOPK 1541/76, AOPK 6034/80, AOPK 1601/83, AOPK 14111/83, AOPK 7243/84, AOPK 6402/85, AOPK 11310/85, AOPK 7015/87, AOPK 72/88, AOPK 1777/88, AOPK 8542/89, AOPK 12289/89, AOPK 3559/91

BStU, MfS, AP 14786/76, AP 4746/83

BStU, MfS, AU 85/69, AU 10836/70

BStU, MfS, AVSV 11371/71, AVSV 11379/71, AVSV 6161/72, AVSV 6162/72, AVSV 762/73, AVSV 3942/73, AVSV 8786/73

BStU, MfS, DOS 13075/92, DOS 13079/92

BStU, MfS, G-SKS 3709

BStU, MfS, HA I/MB III/UA Stab, Film 57, lfd. Nr. 151

BStU, MfS, KS 19082/90, KS 19695/90, KS 20343/90

Sachakten aus dem Zentralarchiv

MfS/Büro der Leitung/Dokumentenstelle

BStU, MfS, BdL/Dok. Nr. 1476, BdL/Dok. Nr. 2370, BdL/Dok. Nr. 2375, BdL/Dok. Nr. 2378, BdL/Dok. Nr. 2516, BdL/Dok. Nr. 3234, BdL/Dok. Nr. 3278, BdL/Dok. Nr. 5241, BdL/Dok. Nr. 6910, BdL/Dok. Nr. 9188, BdL/Dok. Nr. 9198, BdL/Dok. Nr. 9199, BdL/Dok. Nr. 9203, BdL/Dok. Nr. 9205, BdL/Dok. Nr. 9263, BdL/Dok. Nr. 9276, BdL/Dok. Nr. 9277, BdL/Dok. Nr. 9279, BdL/Dok. Nr. 9280, BdL/Dok. Nr. 10068, BdL/Dok. Nr. 10222, BdL/Dok. Nr. 10223, BdL/Dok. Nr. 10394, BdL/Dok. Nr. 10744, BdL/Dok. Nr. 11178, BdL/Dok. Nr. 50294, BdL/Dok. Nr. 50482

MfS/sonstige Diensteinheiten

BStU, MfS, HA I Nrn. 10352, 12818, 13456, 13509, 14337, 14851, 14868, 15091, 15112, 15340, 15549, 15652, 15699, 15717, 15768, 15801, 17445, 19872, 20046–20049, 20496

BStU, MfS, HA VII Nr. 5722

BStU, MfS, HA IX Nrn. 1420, 3081, 3575, 16509

BStU, MfS, Abt. XII Nr. 7770

BStU, MfS, AGM Nrn. 371, 610

BStU, MfS, JHS Nr. 20102, JHS MF GVS 1-73/81, JHS MF VVS 1724/84

BStU, MfS, Rechtsstelle Nr. 688

BStU, MfS, ZAGG Nr. 2299

MfS/Bezirksverwaltungen (Personen- und Sachakten)

BStU, MfS, BV Berlin, AIM 4870/91, AIM 7353/91

BStU, MfS, BV Cottbus, AIM 1766/80, AOPK 1601/83, AOPK 1240/85

BStU, MfS, BV Dresden, AIM 1417/83, AOG 1653/80, AOP 1452/88, AOP 1509/88

BStU, MfS, BV Erfurt, AOG 1911/80

BStU, MfS, BV FfO, AGMS 2154/80

AIM 1051/63, AIM 787/71, AIM 1100/71, AIM 547/74, AIM 872/74, AIM 1109/79, AIM 910/80, AIM 31/87, AIM 252/89, AIM 1956/89,

TA 15/81, TA 70/84, TA 1111/79
AOG 646/74, AOG 1165/75, AOG 1772/75, AOG 135/76, AOG 431/76, AOG 1628/76, AOG 1667/76, AOG 1717/76, AOG 89/77, AOG 497/77, AOG 152/77, AOG 860/78, AOG 861/78, AOG 862/78, AOG 863/78, AOG 864/78, AOG 865/78, AOG 868/78, AOG 1412/78, AOG 1216/79; AOG 1562/79, AOG 1055/80, AOG 1280/80, AOG 1704/81, AOG 214/82, AOG 793/82, AOG 1430/82
AOP 508/69, AOP 997/77, AOP 326/81, AOPK 196/75, AOPK 105/77, AOPK 628/77, AOPK 303/78
AU 1161/73
Abt. Fin Nr. 1121
Abt. VII Nr. 217, Abt. VII Nr. 2355, Abt. VII Nr. 2356, Abt. VII Nr. 2357, Abt. VII Nr. 2358
Ast I 221-3-71
KS II 209/78
KD Schwedt V 2331/60, KD Schwedt V 540/87
BStU, MfS, BV Gera, AIM 509/87
BStU, MfS, BV Halle, AKAG 3431/86, AOG 2650/79, VIII 1774/89
BStU, MfS, BV Karl-Marx-Stadt, AIM 2143/88, XIV 2235/80, XVIII 358, XVIII 4679/86, KD Freiberg F 988
BStU, MfS, BV Leipzig, AIM 1545/71, AIM 723/77, AOG 18/85, AOP 2211/80, AP 849/82
BStU, MfS, BV Magdeburg, AIM 579/88, AOG 781/78, AOG 43/79
BStU, MfS, BV Neubrandenburg, AIM 1168/79, AIM 558/85, AOG 563/84, AOP 671/82
BStU, MfS, BV Potsdam, AIM 963/75, AIM 217/78, AKAG 2650/87, AOG 587/83, AOPK 2122/87, KS II 215/77
BStU, MfS, BV Rostock, AIM 474/82, AIM 3729/91, AOG 3041/86, AOP 1515/87, AU 2325/73
BStU, MfS, BV Schwerin, AIM 1420/84
BStU, MfS, BV Suhl, AOG 978/84, AU 236/77, AU 237/77

8.4.4 Archivquellen/Signaturen des Brandenburgischen Landeshauptarchivs

BLHA, Rep. 671/16.1, Bezirksbehörde der Deutschen Volkspolizei Frankfurt (Oder), Nrn. 296–301, 322

Hinweis:
Das Brandenburgische Landeshauptarchiv nahm eine Änderung von Teilen seiner Signaturen vor. Mit Stand Juli 2017 gilt statt Rep. 671 / 16.1. Nr. xxx nunmehr 671 BDVP Ffo xxx, aus den lfd. Nr. 296–301 und 322 wurden die lfd. Nr. 1120–25 und 1142.

8.5 Personenverzeichnis

8.6 Angaben zum Autor

Arno Polzin, Dipl.-Ing. (FH), wurde 1962 geboren. Nach der Schulausbildung absolvierte er eine Werkzeugmacher-Lehre und danach ein Maschinenbau-Studium in Ost-Berlin. 1990 war er Mitglied des Berliner Bürgerkomitees zur Kontrolle der Auflösung der Staatssicherheit. Seit Ende 1990 ist er Mitarbeiter in der Behörde des Bundesbeauftragten für die Unterlagen des Staatssicherheitsdienstes der ehemaligen DDR und seit 2003 eben dort in der Abt. Bildung und Forschung tätig. Schwerpunkte seiner bisherigen Forschung/Publikationen lagen in Studien zum Dissidenten Robert Havemann und Aufsätzen zu Tätigkeitsaspekten des MfS. Darüber hinaus ist er Mitherausgeber von Publikationen der Forschungsabteilung des BStU und zum Themenkreis DDR-Militärstrafvollzug aktiv.